Berend Kordes

Lexikon der Jetztlebenden SchleswigHolsteinischen

und Eutinschen Schriftsteller

Berend Kordes

Lexikon der Jetztlebenden SchleswigHolsteinischen
und Eutinschen Schriftsteller

ISBN/EAN: 9783743333390

Hergestellt in Europa, USA, Kanada, Australien, Japan

Cover: Foto ©ninafisch / pixelio.de

Manufactured and distributed by brebook publishing software
(www.brebook.com)

Berend Kordes

Lexikon der Jetztlebenden SchleswigHolsteinischen

LEXIKON

DER JETZTLEBENDEN

SCHLESWIG-HOLSTEINISCHEN

UND EUTINISCHEN

SCHRIFTSTELLER

MÖGLICHST VOLLSTÄNDIG

ZUSAMMENGETRAGEN

VON

B E R E N D K O R D E S

PROFESSOR und UNTERBIBLIOTHEKAR IN KIEL.

———————

Mihi quidem nulli fatis eruditi videntur, quibus noftra ignota funt.

CIC. DE F. B. ET M. 1, 2.

———————

Subfcriptionspreifs 1 Rthlr. 24 Schill. } Schlesw. Holft. Courant.
Ladenpreis . . 2 — —

======================================

SCHLESWIG

IM VERLAGE BEI JOHANN GOTTLOB RÖHSS.

1797.

Vorrede,

welche vielleicht die Stelle einer Recenſion vertreten, wenigſtens den Geſichtspunkt bei Beurtheilung des Werks angeben kann.

Endlich erſcheint nach einem Zeitraum von fünf vollen Jahren dieſes litterariſche Werk, welches keineswegs weder *J. Molleri* Cimbriam litteratam entbehrlich machen wird, wie ein *Profeſſor* wähnte, noch zu akademiſchen Vorleſungen beſtimmt iſt, wie ein *Studirender* vermuthete, ſondern einzig und allein — nach dem Vorgange mehrerer Gelehrten älterer und neuerer Zeiten, welche unter andern *J. M. Franke* (in Catalogo Bibliothecae Bunauianae I, 1.) und *E. J. Koch* (im litterariſchen Magazin 1, 18 ff.) gröſſentheils namhaft machen — einen Verſuch enthalten ſoll, in Anſehung der Herzogthümer Schleswig und Holſtein (mit Einſchluſs des Hochſtifts Lübeck) das zu leiſten, was *Menſel's* eben ſo mühſame als verdienſtliche Arbeit bei jeder neuen Ausgabe auf eine immer mehr befriedigende Weiſe für ganz Deutſchland leiſtet. Schon im Jahr 1791 wurde daſſelbe vom

Pro-

Profeffor *Niemann,* deffen Aufforderung es eigentlich feine erfte Entftehung verdankt, in den Provinzial-Berichten (Heft 5. S. 202.) vorläufig, und zwei Jahre nachher vom Sammler felbft in demfelben Journal (Heft 2. S. 11 ff. Beil) beftimmter angekündigt. Es wird nicht unnütz feyn für die, welche jenes periodifche Werk nicht in Händen haben, die *zweite* Ankündigung hier ganz einzurücken:

„Mit Beziehung auf die im fünften Hefte des fünften Jahrgangs diefer Prov. Ber. (S. 202.) befindliche kurze Anzeige finde ich nöthig, mich jetzt einmal über die Einrichtung und Befchaffenheit diefes Werks, welches ich unter Händen habe, etwas näher zu erklären, und zugleich fowohl den richtigen Gefichtspunkt, aus dem man es anzufehen habe, feftzufetzen, als auch, wie weit ich fchon in meiner Arbeit gekommen bin, und worin ich noch der Unterftützung thätiger Landsleute bedarf, anzuzeigen.

So wie fich das gelehrte Deutfchland über alle Schriftfteller erftreckt, die theils in Deutfchland leben, fie mögen nun Deutfche oder Nichtdeutfche feyn, theils als geborne Deutfche im Auslande fich befinden; fo erftreckt fich das Verzeichnifs aller jetztlebenden Schleswig-Hollfteinifchen Schriftfteller, fowohl über die, welche in diefen beiden Herzogthümern, ohne

Rück-

Rückficht auf ihr eigenes Vaterland wohnen, als auch
auf die gebornen Schleswig-Holfteiner, die aufserhalb
Landes leben. Die Hauptablicht des *Meufelfchen*
Werks geht ferner dahin, ein möglichft vollftändiges
Schriftenverzeichnifs zu liefern, jedoch fo, dafs ganz
kurze biographifche Nachrichten — Ort, Jahr und Tag
der Geburt, Amt oder Aemter — hinzugefügt werden.
Daffelbe ift auch meine Abficht, und der würde fich
gewifs fehr irren, welcher hier Lebensbefchreibungen
erwarten wollte, — ein Gedanke, der nur dem in den
Sinn kommen kann, welcher das *Meufelfche* Werk
niemals in Händen gehabt haben mufs. Ein litteräri-
fches Werk diefer Art, welches fich auf *gewiffe* Provinzen einfchliefst, kann weit eher eine relative —
ja, im Fall der nöthigen Unterftützung, die möglich
gröfste — Vollftändigkeit erreichen, als das gelehrte
Deutfchland, welches ohnehin nur dann erft fich der
Vollkommenheit nähern würde, wenn man in den
einzelnen Ländern des deutfchen Reichs fpecielle No-
menklaturen der Schriftfteller zu verfertigen bedacht
wäre. Dafs aber diefe nicht nur zur Berichtigung und
Vervollkommnung jenes allgemeinen Werks beitra-
gen, fondern auch überhaupt allen, die über litterärifche Gegenftände Betrachtungen anzuftellen geneigt
find, manche angenehme Unterhaltung gewähren wür-

den;

den; demjenigen aber, der den litterarifchen Charakter namhafter Länder und den befondern Beitrag ihrer Bewohner zur allgemeinen Litteratur nach feinem Wefen und Gehalte würdigen will, durchaus unentbehrlich find — das ift, dünkt mich, hervorfpringend. Wenigftens kann und will ich es nicht verhehlen, dafs ich oft, wenn ich die Materialien zu meinem litterarifchen Werke zufammenftellte oder durchfah, mich über meine Landsleute nicht wenig freute, die — nicht zufrieden, aus neun Büchern das zehnte zufammenzuftoppeln, wohin z. B. die vielen einzelnen Ueberfetzungen und Erklärungen biblifcher Bücher, die Ausgaben der Klasfiker cum notis variorum, oder gar cum Commentario perpetuo, in gewiffen Ländern gehören — eine Arbeit, zu der nur gefunde Finger nöthig find — eigentliche Produkte des Geiftes über wiffenfchaftliche Gegenftände, namentlich über unfre eigentliche Länderkunde, Polizei und Statiftik, z. B. über die neue Schleswig-Holfteinifche Münze, Niederlegung der Domainen, Abfchaffung der Leibeigenfchaft u. f. w. geliefert haben und noch liefern. Um nun jene Vollftändigkeit zu erreichen, habe ich nicht nur alle kleinen, mir bekannten, Schriften — felbft Schulprogramme und einzelne Predigten nicht ausgefchloffen — aufgenommen, (welche im gelehrten Deutfch-

land

land nicht selten fehlen und fehlen *müssen*, weil sie oft
nicht über die Gränze ihres Orts hinaus kommen; aber
auch fehlen *können*, weil sie meistens individuel und
local sind,) sondern auch einzelne, in periodischen
Schriften zerstreute Abhandlungen (in Ansehung deren
Meusel's Werk gleichfalls in einigen Artikeln vollstän-
diger ist, als in andern, je nachdem nämlich sein Kor-
respondent mehr oder weniger zum Abschreiben Lust
hatte) aus diesen Prov. Ber., (denen das gelehrte Schles-
wig-Holstein ohnehin als litterärisches Register dienen
wird), aus dem deutschen Museum u. s. w. Mit den
Schriften der Gelehrten in Altona, Hamburg und
Wandsbeck hoffe ich schon ganz fertig zu seyn, da ich
die Titel derselben nicht nur selbst geordnet, sondern
auch nach Altona geschickt habe, um von den Verfas-
fern selbst die Unrichtigkeiten verbessern und die Lük-
ken ausfüllen zu lassen, bei welchem Geschäfte mir
zwei dortige Gelehrte, denen ich dafür meinen erge-
bensten Dank abstatte, mit einer ausnehmenden Theilnahme behülflich gewesen sind. Dasselbe werde ich
nächstens mit den Schriftstellern thun, welche in Kopenhagen und einigen beträchtlichen Oertern unserer
beiden Herzogthümer leben. Allein da ich unmüg-
lich, wie sich von selbst versteht, an alle und jede Schriftsteller, ja nicht einmal nach allen Städten und Dörfern,

wo Schriftſteller leben, hinſchreiben kann, ſo muſs ich
mich doch auch, bei aller Mühe, die ich gern anwen-
de, auf den Beiſtand auswärtiger Beförderer verlaſſen.
Dieſe erſuche ich hiemit, mir von den Schriftſtellern
ihrer Gegend gefälligſt Nachricht zu ertheilen, und
hierbei beſonders auf kleine Schriften — z. B. auf Predigten — ihr Augenmerk zu richten, da mir die gröſſern Schriften und eigentlichen Bücher oder Werke
weniger unbekannt ſind. Beſonders wünſche ich —
nicht ſowohl aus blofser Liebhaberei — obgleich
auch dieſe *hier* mit ins Spiel kömmt — ſondern auch,
weil die Vollſtändigkeit meines Buchs es erfordert,
von allen Schulprogrammen und ähnlichen Schriften,
welche die Lehrer der ſogenannten lateiniſchen Schulen in unſern Herzogthümern geſchrieben haben, ein
vollſtändiges Verzeichniſs zu erhalten, um auch hier
keine Lücke übrig laſſen zu dürfen. Man ſagt mir
zwar, dafs es nicht allenthalben Sitte iſt, beim Examen und andern Gelegenheiten Programme zu ſchreiben; allein ich weiſs nicht, ob diefs *durchaus* richtig
iſt. So hörte ich z. B. einmal, dafs es in Rendsburg
nicht gewöhnlich ſey, Schulſchriften zu ediren, und
doch fand ich noch neulich in *Friedr. Ekkard's* Nachtrag zur däniſchen Litteratur (welcher ſich im 15ten
Theil des hiſtoriſchen Journals von *Gatterer* befindet)

bei

bei dem ehemaligen Rector in der Altſtadt Rendsburg, *Chriſtian Peter Claſen*, exegetiſche Programme angeführt, woraus wenigſtens erhellt, daſs es ehemals dort gebräuchlich war, dergleichen Schriften bei gewiſſen Gelegenheiten drucken zu laſſen. Je mehr ich alſo durch Beiträge dieſer und anderer Art mich unterſtützt ſehe, deſto eher kann ich auf Vollſtändigkeit meines Werks hoffen, welches ohnehin von der Art iſt, daſs es bloſs durch Vollſtändigkeit eine verdienſtliche Arbeit wird.

Faſt noch mehr liegt mir an Beſchreibungen unſerer merkwürdigern öffentlichen und Privatbibliotheken und Naturalienſammlungen, wie auch an Nachrichten von Künſtlern und Kunſtſammlungen, wodurch ein anderes Werk des Hofraths *Meuſel* berichtigt und ergänzt werden könnte. Einige Beiträge dieſer Art habe ich ſchon in Händen, und ich hoffe noch mehrere zu erhalten. Allein auch hier muſs ich unſere Künſtler, wie auch die Beſitzer jener Bibliotheken, Naturalien und Kunſtſammlungen auffordern, mir beſondere Beſchreibungen gütigſt zukommen zu laſſen.

Wann übrigens das Werk erſcheinen werde, will ich lieber nicht beſtimmen, als nachher mein Wort nicht erfüllen. Da ich, wie geſagt, hauptſächlich für Vollſtändigkeit zu ſorgen willens bin, ſo verſteht es

ſich,

fich, dafs die frühere oder fpätere Erfcheinung blofs
und allein von den Beiträgen, die ich noch erhalten
werde, abhängen wird., Inzwifchen denke ich noch
im Sommer fo weit mit der Arbeit kommen zu kön-
uen, dafs es in der nächften Michaelismeffe erfcheinen kann. Kiel, im Februar 1793."

Aus diefer Ankündigung erhellt, dafs ich befonders willens war, die beiden bekannten Werke des
Hofraths *Meufel* (das gelehrte Deutfchland und das
Künftlerlexikon) mit Rückficht auf unfre Herzogthümer zu ergänzen. In Anfehung des zweiten war ich
jedoch nicht fo glücklich, als ich wünfchte, und ent-
fchlofs mich daher zuletzt, das Wenige, was mir
entweder mitgetheilt wurde, oder aus eigner Kunde
bekannt war, lieber in den zweiten Anhang zu verweifen, als ganz zu übergehen. Deftomehr forgte ich
daher gleich anfangs für die Vollftändigkeit des Schrift-
ftellerverzeichniffes, welche ich auf folgende Weife
zu erreichen fuchte. Zuerft gieng ich nicht nur die
vierte Ausgabe des gelehrten Deutfchlandes mit ihren
fünf Supplementen, fo wie *Jens Worms* Forfœg til et
Lexikon over danfke, norfke og islandfke lærde
Mænd (3 Theile) zu meiner Abficht durch — worin
mir, in Anfehung der *ausgewanderten* Schleswig-Holfteinifchen Schriftfteller, fchon *Niemann* in den Prov.
Ber.

Ber. 1787. H. 4. S. 497 ff. vorgegangen war — fondern verband noch damit *Fr. Ekkard's* Ueberficht der
dänifchen Litteratur unter der Regierung Chriftian VII.
in *Gatterer's* hiftorifchem Journal B. 15. Dafs ich bei
diefer Arbeit *alle* Namen aufgezeichnet habe, welche
in den drei genannten Werken vorkommen und in
meinen Plan gehören, will und kann ich nicht verbür-
gen. So glaubte ich z. B. mit dem alphabetifchen Regifter ganz fertig zu feyn, als in der Oftermeffe 1795
die erfte Abtheilung des fünften Nachtrages vom gelehrten Deutfchland erfchien. Ob ich nun aus demfelben mit Recht den *H... Frahm* aufgenommen habe,
den *Friedrich Auguft Lorenz* aber nicht, kann ich felbft
diefen Augenblick noch nicht beftimmen. Blos *Meufel's* Angaben brachten mich auf die Vermuthung, dafs
der erfte ein Landeskind, der andere wohl ein Fremder
feyn könnte, da es fchon zu fpät war, fichere Nachrichten einzuziehen. Auf eben die Weife überfah ich
vielleicht hie und da einen Schriftfteller, welcher im
Worm oder *Ekkard* angeführt wird, ohne dafs fein Geburtsort bemerkt ift. Diefer hätte als Landeskind entweder im Schriftftellerlexikon felbft, oder im Fall er
fchon geftorben ift, im erften Anhang vorkommen
müffen. Denn fo viele Beiträge ich auch, befonders
durch Freunde in Dännemark, erhielt; fo konnten
doch

doch nicht alle Fragen, welche ich an fie that, hinlänglich von ihnen beantwortet werden, zumal, da
faft alle in der Hauptftadt lebten, diefen aber manches
unbekannt bleiben mufste, was in den übrigen Gegenden des Königreichs vorfiel.

Als ich mit diefer Arbeit fertig war, und hierauf
jeden Artikel auf einen befondern Zettel gefchrieben
hatte, fchickte ich die meiften derfelben entweder an
die einzelnen Schriftfteller felbft, oder an Gelehrte
einer gewiffen Gegend und eines gewiffen Orts, welches den Erfolg hatte, dafs ich bald *Autographa*, bald
revidirte Zettel zurück erhielt. Es verdient in diefer
Hinficht befonders die Güte der Herren Juft. R. *Lawätz*
und Paft. *Bolten* in Altona, Paft. *Scholz* in Bovenau,
Paft. *Volquarts* in Heide, Doct. *Ekkard* und Kandidat
Markuffen in Kopenhagen, Doct. *Sidon* in Ploen, und
Paft. *Nagel* in Siefeby einer dankbaren Erwähnung, da
fie nicht nur dafür forgten, dafs die auf einzelne Zettel gefchriebenen Artikel revidirt wurden, oder mir
dafür Autographa verfchaften, fondern mich auch
durch *mitgetheilte* Nachrichten auf neue, mir bisher
unbekannte, Schriftfteller aufmerkfam machten. Un-
terdeffen liefs ich in den Prov. Ber. 1793. H. 5. die
wiffenfchaftliche und topographifche Ueberficht der
jetztlebenden Schleswig-Holfteinifchen Schriftfteller
ab-

abdrucken, und machte zugleich in der Beil. S. 6 ff.
auf mehrere Lücken aufmerkſam, um deren Ausfüllung ich die Beförderer meines Werks erſuchte, welches auch, wenigſtens im Ganzen, einen guten Erfolg
hatte. Bald darauf kündigte ich in den Prov. Ber. 1793.
H. 6. S. 8. Beil. das Werk auf Subſcription an, war
aber nicht ſo glücklich, ſo viele Unterſtützung zu finden, um vor Schaden gedeckt zu ſeyn. Dadurch erhielt ich Gelegenheit, die einzelnen Artikel noch mehr
zu berichtigen, welches mir deſto angenehmer ſeyn
muſste, da ich bald einſah, daſs nicht alle Autographe,
revidirte und mitgetheilte Artikel ſo genau und vollſtändig waren, als ich es eigentlich beabſichtigte. Daher wäre es gewiſſermaſſen nicht nöthig geweſen, zu
Ende der Artikel, Autographum, Revidirt, Mitgetheilt,
hinzu zu ſetzen. So bin ich z. B. mit dem Artikel *Carl
Friedrib Cramer*, der mir überhaupt vielleicht am aller-
meiſten (*W. E. Chriſtiani* im erſten Anhange allenfals
ausgenommen) zu ſchaffen machte, trotz dem (Revidirt) noch immer nicht aufs Reine gekommen. Noch
mehr gilt dieſs von einigen Autographen, deren Verfaſſer nur eine relatiye Vollſtändigkeit zum Zwecke
ſich gemacht zu haben ſchienen. Da ich im Gegentheil
nach der möglich größten Vollſtändigkeit ſtrebte, ſo
ging ich jetzt bei längerer Muſſe andere litterariſche
Werke,

Werke, welche ich bei der erſten Arbeit, wo *Meuſel,* *Worm* und *Ekkard* zum Grunde gelegt waren, nur hin und wieder verglichen hatte, noch einmal genau durch, um aus ihnen alles das zu ſammlen, was für meine Abſicht brauchbar war. Dahin gehört unter andern: 1) *Ekkard's* Regiſter zu den Göttinger Zeitungen, deſſen Werth ich ſchon lange anerkannt hatte, bei dieſem Geſchäft aber immer mehr und mehr, einſehen lernte, ſo wie ich auch zugleich bemerkte, daſs *Meu-* *ſel* es bei ſeinem gelehrten Deutſchlande (ſo wie *Reuſs* bei ſeinem gelehrten England), nicht in dem Grade gebraucht hatte, als es in der That verdient. In Anſe-hung dieſes Punkts ſei es mir erlaubt, ein einziges Beiſpiel anzuführen, um dadurch zu verhüten, daſs nicht ein gewiſſer längſt verſtorbener Schriftſteller aus der vierten Ausgabe in die fünfte hinüber getragen wird, obgleich aus des Verfaſſers Staatenhiſtorie (3te Auflage S. 375.) zu vermuthen iſt, daſs er längſt den Fehler ſelbſt eingeſehen hat. *Heinrich Jakob* (nicht Johann Jacob, wie *Ekkard* durch einen Druckfehler hat) Sievers (richtiger *Sivers*), Sohn des Cantors Hin-rich Sivers in Lübek, ſtarb den 6ten Nov. 1736, vgl. J. H. v. Seelen Ehrengedächtniſs deſſelben. Lübek. Fo-lio — Doctor der Theologie, königl. Hofprediger und Probſt der Probſtei Norra-Tiuſt und Pfarrherr in Try-

ſerum

ferum und Hannäs; geb. zu Lübek den ......, ſtarb
1758. Ihn betreffende Lebensnachrichten findet man
nicht nur in dem von *Lalvätz* aufgeführten *Gezelius*,
ſondern es ſollen auch einige in des *Verfaſſers* Geſchichte Chriſti (Lübek 1732) S. 191 fg. vorkommen.
Seine Schriften gehören nicht hieher; allein das Original, deſſen *Ueberſetzung Meuſel* anführt, und die,
ſo viel ich weiſs, einen Bruder des E. N. Bagge, den
Johann Friedrich Bagge (Rathsherrn in Lübek, ſtarb
1784) zum Verfaſſer hat, obgleich es in deſſen Lebensbeſchreibung nicht bemerkt wird, erſchien 1754. 4.,
nachdem vorher *J. D. Overbeck* in Bibliotheca Noua
Lubecenſi 4, 141 darauf aufmerkſam gemacht hatte.
— Auch dienten 2) bedeutende Bücherverzeichniſſe
däniſcher Gelehrten, welche bei Anlegung ihrer Bibliotheken für die Vollſtändigkeit der Schleswig-Holſteiniſchen Litteratur ſorgten, nicht wenig zu unſerm
Zwecke, wodurch wirklich einige Artikel ergänzt
und berichtiget werden konnten. Auf dieſem Wege
fand ich unter andern einen Schriftſteller, der zwar
meines Wiſſens kein Landeskind iſt, von dem aber
hier zur Berichtigung einer Stelle in *Meuſel's* Litteratur der Statiſtik einige Nachricht gegeben werden ſoll.
S. 473 heiſst es: *Wilh. Ginmeier* (vermuthlich *Schin-*
meier) Diſcours ſur la préeminence du roi de Dannemarc

marc au deſſus des autres rois de l'Europe. 1731. 8.
Ueberzeugt, daſs *Hielmſtierne's* Katalog in Anſehung
der däniſchen Litteratur vollſtändig wäre, ſuchte ich
dieſe Schrift in deſſen Bogſamling, welches jedoch für
dieſsmal vergebens war. Allein der *Thottiſche* Katalog gab Auskúnſt; 5, 2, 394 wird angeführt Diſcours
— par *Fred. Guill. Ginheimer* 1731. 4. (nicht 8.).
Auch eine deutſche gleichfals im genannten Katalog
vorkommende Ueberſetzung dieſer Schrift hatte ich
einmal in Händen: *F. W. Ginheimer's* unvorgreifliche
Gedanken von den Vorzügen der Könige zu Dännemark, Norwegen — für andern europäiſchen Königen.
Frankf. u. Leipz. 1740. 58 S. 4. Einer andern Schrift
deſſelben Verfaſſers, welcher im *Worm* gänzlich fehlt,
betitelt: Reflexions für les defauts de la verſiſication
françaiſe 1727. 8. gedenkt auch irgendwo der genannte
Katalog. — 3) Nutzte ich mit vorzüglichem Fleiſse
die Nachrichten von dem Zuſtande der Wiſſenſchaften
in den däniſchen Staaten, die fortgeſetzten Nachrichten und das däniſche Journal. Was hier verſtorbene
Schriftſteller oder litterariſche Gegenſtände betraf,
wurde in einen der drei Anhänge verwieſen, beſonders
in den 3ten, wodurch mithin der Bünauiſche Katalog,
deſſen Verfaſſer nur die in der däniſchen Bibliothek
befindlichen Abhandlungen eintragen konnte, ergänzt
iſt.

ift. — 4) Auch andre Werke wurden nicht vergeffen, welche jedoch bald wegen ihrer Materie, bald wegen ihrer Form nur wenige Ausbeute lieferten. Zu der erften Gattung gehören z. E. die biographifchen Schriften von *Weidlich*, welche ich jedoch nicht alle erhalten konnte, von *Börner* u. f. w. Zu der letzten Gattung aber ganz vorzüglich *Schwarze's* Nachrichten von Kiel, welches Büchelchen in litterarifcher Hinficht faft gar keinen Werth hat, in Anfehung unbedeutender Kleinigkeiten aber gleichfam übervollftändig ift, nur dafs es auch nicht felten Unrichtigkeiten enthält, z. E. wenn S. 316 von einer *ordentlichen* und *wohlbeftellten* Buchhandlung die Rede ift, wovon Andere nichts wiffen, wenn auch zugegeben werden mufs, dafs *Boffiegel's* damalige Buchhandlung noch immer beffer war, als die gegenwärtige *fogenannte* Bohnifche, welche über alle Befchreibung elend ift, fo dafs man fich wundern müfste, wie das akademifche Confiftorium dabei fo gleichgütig feyn könnte, wenn nicht bekannt wäre, dafs die etwanigen Bücherfreunde ohnehin aus benachbarten Buchhandlungen mit dem, was fie brauchen, fogleich verforgt werden können. Auch (*Joh. Heinr. Chriftian Beutlers* *)) allgemeines Sachregifter über

die

---

*) Durch einen Gedächtnifsfehler ift diefer Schriftfteller im Werke felbft, fo viel man fich erinnert, Beuthner genannt worden.

die wichtigsten deutschen Zeit- und Wochenschriften,
ist keinesweges von der Einrichtung, daß es bei *dieser*
Arbeit in dem Grade benutzt werden konnte, als *J.
S. Ersch's* Repertorium über die allgemeinere deutschen Journale,

Mit dieser zweiten Revision verstrich beinahe ein
Jahr, als ich Gelegenheit hatte, einen Verleger zu finden, welcher daher das Werk in den Prov. Ber. 1794.
H. 6. S. 5. Beil. und nachher noch einmal 1795. H. 3.
S. 11. Beil. ankündigte. Mit dem Drucke wurde im Julius 1795 der Anfang gemacht, und dieser ging so lang-
sam von statten, daß zu Ende des Jahrs erst 7 Bogen
abgezogen waren.   Ich war daher, um in alle Artikel
eine gewisse Gleichförmigkeit zu bringen, genöthigt,
beim Schriftenverzeichniß als *terminum ad quem* den
Schluß des genannten Jahres anzunehmen. Es mußten
also die im vorigen Jahre abgedruckten Bogen auf doppelte Weise mehrere Zusätze und Verbesserungen bekommen, welche beym Gebrauch des Werkes nicht zu
übersehen sind, und über deren Menge sich niemand
wundern wird.   Denn theils war die Michaelismesse
mitzunehmen, und was sonst an kleinen Schriften vom
vorigen Jahre bekannt wurde, theils mußten auch die
Abhandlungen, welche sich in den letzten Stücken
der verschiedenen, besonders einheimischen, Journale

z.

z. B. der Prov. Ber., des deutſchen Magazins und des Genius der Zeit befinden, gehörigen Orts eingetragen werden; zu geſchweigen, daſs auch neuere Schriftſteller entweder wirklich erſt 1795 auftraten, oder doch wenigſtens erſt in dieſem Jahre bekannt wurden, wie denn auch ſelbſt *Niemann* immer Nachträge zu den Schriftenverzeichniſſen verfloſſener Jahre zu liefern genöthigt iſt, woraus ich ſelbſt manche kleine Schriften zuerſt kennen lernte, ſo wie auch beſonders mein fleisſigſter Correſpondent immer fortfuhr, mich mit neuen Beiträgen zu unterſtützen. Die Litteratur geht alſo eigentlich nur bis 1795 (incluſ.)*), und nur ſelten nahm ich auf die des jetzigen Jahres Rückſicht, in dem Falle z. E., wenn 1796 entweder neue Ausgaben oder Fortſetzungen eines ſchon früher erſchienenen Werkes herauskamen oder Schriften erſchienen, die vorher ſchon angekündigt und mithin aufgeführt waren, oder ſonſt ein Umſtand eintrat, wodurch es rathſam wurde, eine Schrift des jetzigen

b 2

Jahres

---

*) Daher man auch den Johann Friedrich Ernſt Albrecht und deſſen Frau Sophie A. in dieſem Werke nicht antrifft, welche ſich, dem allgem. litter. Anzeiger 1796. No. XV. S. 165. zufolge, zu Altona aufhalten, aber wahrſcheinlich erſt in dieſem Jahre dahin gezogen ſind, welches auch von Johann Georg Schloſſer gilt, welcher gleichfals erſt in dieſem Jahre ſich zu Eutin niedregelaſſen hat.

Jahres gleich mitzunehmen. Hingegen auf die einzelnen Abhandlungen in Journalen von 1796 wurde ganz und gar keine Rückficht genommen. Was den *terminum a quo* anbetrift, fo läfst fich diefer natürlich in Anfehung der Jahre nicht beftimmen. Gut ift zwar *Ekkard's* Idee, in *Gatterer's* hiftorifchem Journal, alle Schriftfteller, welche unter Chriftian VII. gefchrieben haben, als folche zu betrachten, welche zufammen gelebt haben, und daher zu einem Ganzen vereinigt werden müffen, worüber wir uns auch einmal in Kopenhagen mündlich befprachen; allein mehrere Umftände ftimmten mich doch zuletzt, fo fehr mir auch jene Idee gefiel, wieder für meinen anfänglichen Plan, nur lebende aufzuführen, und verftorbene, von denen ich noch etwas zu fagen hatte, in den erften Anhang zu verweifen.

Je länger ich nun in den fünf Jahren Zeit hatte, an diefem Werke zu arbeiten, defto mehr erreichte ich auch, wie ich mir fchmeichle, die möglich gröfste Vollftändigkeit, welche man jedoch nicht nach der Anzahl der Artikel im Ganzen, verglichen mit dem gelehrten Deutfchlande, fondern nach der Menge der aufgeführten Schriften in einzelnen Artikeln beurtheilen mufs. Denn in jenem Werke können und müffen, wie fchon in der frühern, oben wieder abgedruckdruckten, Ankündigung bemerkt wurde, und auch *Meufel's* Verfahren (vgl. *Michaelfen* mit unferm Wer-ke) zu erkennen giebt, viele Artikel ganz fehlen. Dahin gehören Schriftsteller, welche 1) nur einen oder etliche Auffätze in die Prov. Ber. einrückten, (die von uns aufgenommen wurden, etwa ein paar aufgenommen, die keinen geographisch-statistischen Werth haben); 2) eine, vielleicht nicht einmal selbst gemachte, Doctordisputation, vertheidigten (welche mir größtentheils durch eine mitgetheilte Nachricht bekannt wurden, wo ich jedoch nicht selten in einer Parenthese bemerkte, ob sie vom Präses oder Respon-denten herrühre — vgl. *Ackermann, Ebio, J. C. Ker-stens* 1 — welches bei *Floris*, verglichen mit den Zu-fätzen, vergessen wurde, da hingegen *Joh. Christoph Richter* aus Horst, von dem irgendwo in *Meufel's* hi-storischer Litteratur, in *Nicolai's* Reisen und in der Berliner Monatsschrift die Rede seyn soll, ausgelassen wurde, weil *Klüber* in der kleinen juristischen Biblio-thek St. 26. die Disputation, worauf es ankömmt, dem Präses *Franz Joseph Bodmann* beizulegen scheint, dem auch *Meufel* im 5ten Nachtrage richtig gefolgt ist. Doch gehörte zur Vollständigkeit zuweilen N. N. §§. D. inaug. . . . . aufzuführen, wenn man mit ziem-licher Gewißheit den Respondenten als Verfasser der

Di-

lich ift. So wie man übrigens das genannte Werk bei
diefer Arbeit mit zum Grunde legte, fo ift auch deffen
verdienftvollem Verfaffer durch ein vorgefetztes M.
oder N. (wodurch, wie von felbft erhellt, das Werk
nach der 4ten Ausgabe mit feinen fünf Nachträgen
angedeutet wird) das Nachfchlagen erleichtert, zu
gefchweigen, dafs diefes Zeichen auch noch zu andern Betrachtungen mancher Art Gelegenheit geben
kann. Parenthefen, welche eine Negation enthalten,
liefern gewöhnlich Berichtigungen jenes Werkes,
z. B. *Callifen* (Chriftian — nicht Carl). Uebrigens
wünfchte ich, dafs ich nach *Meufel's* Vorgange die
Schriften und Abhandlungen überall gehörig abgefon-
dert hätte, welches nur fehr felten, gröfstentheils bei
Autographen, gefchehen ift, fo wie ich es auf der andern Seite gewiffermafsen bedaure, dafs ich in Anfehung der Kürze der biographifchen Nachrichten, dem
genannten Gelehrten zu fehr gefolgt bin, welches
noch neulich der Recenfent in der allg. Litt. Zeit. an
den Sammler des Neueften gelehrten Berlins tadelte.
Gern hätte ich wenigftens von diefem und jenem
mehrere Nachrichten der Art gewünfcht, die ich zwar
zuweilen erhielt, auch nicht felten, wenn fie dazu
geeignet waren, benutzte, aber doch nicht allemal
aufzunehmen für Pflicht hielt. Ueberhaupt wird aber,

denke

denke ich, die verfchiedene Form der Artikel, welche
man auch oft ohne den Zufatz: Autographum, Revidirt, Mitgetheilt, leicht bemerken kann, eine angenehme Unterhaltung gewähren. In Anfehung des
Verzeichniffes der Schriften und einzelnen Abhandlungen fuchte ich die größte Vollftändigkeit zu erreichen. Was dafelbft zwifchen den Titeln in Parenthefen fteht, ift größtentheils, wenigftens, wenn es
litterarifchen Inhalts ift, von dem Sammler, welcher
nicht Luft hatte, die Autographa, revidirten und mitgetheilten Zettel blos abzufchreiben, fondern auch
noch fonft durch Noten mancher Art die Arbeit nützlich zu machen fuchte. So ift z. E. von den Difputationen, welche ihren eigentlichen Verfaffern größtentheils beigelegt werden, fchon gefprochen. Dahin
gehört ferner die Revifion des Repertoriums der allg.
Litt. Zeit. und des *Heinfius*fchen Bücherkatalogs, welches doppelte Gefchäft ich jedoch bald wieder aufgab
und befonders nur dann zu unternehmen genöthigt
war, wenn ich ein nicht genaues Autographum vor
mir hatte, wo die Anficht der genannten Werke mir
nicht felten auf die Spur half. Denn überhaupt kann
jeder, wer Luft hat, leicht das erfte Werk ergänzen,
dahingegen die Berichtigung des 2ten (wo fogar ein
Schriftfteller *Sextus Julius Frontinus Adler* vorkömmt)

b 5

nicht

nicht nur mühsam, sondern auch unnöthig seyn möchte, weil es besonders nur bestimmt ist, den Ladenpreis
einer Schrift anzugeben, so sehr auch der Verfasser
desselben behaupten mag, daß es in keiner öffentlichen
Bibliothek fehlen dürfe. Auch ein Verzeichniß der
anonymischen Schriftsteller wollte ich (s. S. 35.) liefern, um dem fleisigen *Ersch* in die Hände zu arbeiten.
Allein es unterblieb, theils, um das Werk nicht zu
vertheuren, theils, weil ich besonders bei dänischen
Schriften nicht immer von ihrer Anonymität Gewißheit hatte. In Ansehung der Anonymen selbst ist *Meusel's* Glaubensbekenntniß auch das meinige, und daher
war ich, wie ich denke, vorsichtig; nur mußte ich bei
revidirten Artikeln anmerken: N. N. hat sich zu der im
Meusel ihm beigelegten Schrift nicht bekannt, so wie
ich es auch nicht für Unrecht hielt, Schriftsteller aufzuführen, welche als Verfasser anonymer Schriften
allgemein bekannt sind, wenn ich auch nicht immer
ihre Erlaubniß hatte, weil dies oft schon zu spät war,
z. E. bei *Dietrich Boysen* in den Zusätzen, der nicht
nöthig gehabt hätte, seinen Namen zu verschweigen,
da von ihm keinesweges jener Ausspruch gilt: wer
Arges thut, hasset das Licht. Daß übrigens ein ⸸ das
Zeichen einer anonymischen Schrift sei, ist den Lesern
des gelehrten Deutschlandes bekannt; nur im Artikel

Tetens,

Tetens, wo es von ihm selbst einen andern Gebrauch erhielt, mußte die Anonymität ausdrücklich angezeigt werden. Ausserdem war ich auch willens, die sämmtlichen in den neun Jahrgängen der Prov. Ber. befindlichen Abhandlungen nach dem *Schützisch-Hufelandischen* System zusammen zu stellen, da nur sehr wenige dort eingerückte Abhandlungen der erstern Jahrgänge in dem Repert. der Allg. Litt. Zeit. gehörigen Orts eingetragen sind, um theils das *erschienene* zu ergänzen, theils zur Vollständigkeit des nächstens *erscheinenden* vorläufig beizutragen. Doch diesem Geschäfte wird sich mit eigenthümlichern Fleiße und größerer Sachkenntniß, zufolge einer schon vor geraumer Zeit geschehenen Ankündigung, unser *Niemann* unterziehen, und so den, im Intell. Blatt der allg. deutsch. Bibl. 1794 S.... und anderswo kurz bestimmten Werth dieses periodischen Werks, welches wahrscheinlich wegen der Buchhändler*) noch nicht so ausgebreitet ist, als es zu seyn verdient, in ein noch helleres Licht setzen. Allein eine andre Arbeit behalte ich mir zu einer andern Zeit und für einen andern Ort vor, nämlich den Beweis zu führen, daß in der sogenannten Allg. Litt. Zeit.

---

*) So meldete mir vor geraumer Zeit ein fränkischer Gelehrter, er habe den ersten Jahrgang dieses Werkes so theuer bezahlen müssen, daß ihm die Lust, sich auch die folgenden anzuschaffen, durchaus hätte vergehen müssen.

Zeit. viele wichtige, felbft in den Mefskatalogen vorkommende, Schleswig-Holfteinifche Schriften von
den Jahren 1785-90 (oder vielmehr bis 1795) nicht
recenfirt find, welches auch in Anfehung der abge-
fchloffenen deutfchen Bibliothek gilt, die gleichfals
den Namen einer allgemeinen nicht verdient.

In Anfehung der Schriften *deutfcher* Gelehrten
(diefs Wort in dem Sinne genommen, worinn *Meufel*
es braucht) denke ich auf gröffere oder geringere Vollftändigkeit fowohl als Genauigkeit Anfpruch machen
zu können, weil mir hier die meiften Hülfsmittel zu
Gebote ftanden. Was aber *die* Artikel betrift, welche blos aus *Worm* gefchöpft werden mufsten, fo find
diefe, wie ich beforge, wo nicht alle, doch gröfstentheils am meiften unvollftändig und am wenigften genau. Denn obgleich ich auch diefe Artikel entweder
als Autographa oder revidirt zurück erhielt, fo ift
doch fchon bemerkt, dafs ihre Vollftändigkeit nichts
weniger als zuverläfig ift. So wie mich daher der
nicht ganz litterarifch genaue *Jens Worm* (königl. dänifcher Juftitzrath und Rector zu Aarhuus; geb. dafelbft
den 24 Aug. 1716, ftarb als emeritus den 31 Dec. (?)
1790) nicht felten im Stiche liefs, fo ift auch in Dännemark oder vielmehr in Kopenhagen für mein Werk
nicht alles genau nachgefehen und berichtiget, wel-

                                                             ches

ches auch, im Fall, dafs die Schriftfteller nicht in der
Hauptftadt lebten, nicht füglich anging. Am fchlimm-
ften ift es, dafs in jenem Lexikon, deffen übriger
Werth gewifs nicht verkannt wird, theils die anonymifchen Schriften nicht bemerklich gemacht, theils
die Titel lateinifcher oder deutfcher Abhandlungen
nicht felten dänifch, oder auch umgekehrt, überfetzt
find.   Aufserdem ift auch der 3te Theil diefes Werks
(welcher in *Meufel's* Litteratur der Statiftik S. 478.
und in *Eyring's* Ausgabe des *Heumann*ifchen Con-
fpectus S. 165 fehlt) jetzt fchon 12 Jahre alt, weswegen man fich, in Anfehung neuerer Schriften oder
Schriftfteller felbft, wo es an Autographen, revidirten
oder mitgetheilten Zetteln entweder ganz fehlte oder
diefelben nicht genau genug waren, an andre Hülfsmittel halten mufste, die man aber nicht alle, fo wie
man es gewünfcht hätte, bei der Hand hatte. Möchte
doch ein dänifcher Gelehrter in Kopenhagen, dem der
Nordifche Saal offen fteht, fich durch eine Fortfetzung
diefes Werks (welches fogar dem gebornen Holfteiner und grofsen Litterator, *J. D. Reufs*, zufolge der
Vorrede feines gelehrten Englands, unbekannt geblieben zu feyn fcheint) verdient machen, oder es vielmehr nach *Eyring's* Wunfch lateinifch umarbeiten,
um es vermittelft diefer mehr allgemeinen Sprache
noch

noch gemeinnütziger zu machen. Denn *Meuſel* z. B. scheint es nur nach dem Vorgang anderer Schriftſteller oder ſeiner Correſpondenten citirt zu haben, nie aus eigner Anſicht. Sonſt würde er bei *Johann Paul Gottfried Pflug* (geb. zu Wetzlar den 23 Nov. 1741) daſſelbe verglichen, und ſowol dieſen als andere Artikel, daraus ergänzt haben.

Daſs die *doppelte Ueberſicht*, ſo wie ſie in dieſem Werke vorkömmt, von der, welche vor drei Jahren in den Prov. Ber. bekannt gemacht wurde, zwar nicht im Weſentlichen, aber doch in andern Rückſichten, beſonders in Anſehung der Zahl der Schriftſteller, verſchieden ſeyn müſſe, verſteht ſich von ſelbſt. Was 1) die *topographiſche* Ueberſicht anbetrift, ſo findet man, daſs von den 486 Schriftſtellern im Lexikon, (jedoch ſaluo errore calculi) 220 Schleswig-Holſteiner im Vaterlande blieben, wozu noch 32 in den Herzogthümern Lebende kommen, deren Vaterland nicht bekannt iſt, daſs 94 auswanderten, 117 aber einwanderten. Folglich ſind in jener Ueberſicht zuſammen 463 aufgeführt. Daſs aber dieſe Anzahl mit den im Lexikon alphabetiſch geordneten 486 Schriftſtellern nicht überein kömmt, rührt daher, weil bei der Zählung theils das Hochſtift Lübek übergangen wurde, theils die, deren Vaterland oder Aufenthaltsort unbe-

unbekannt ift, nicht mitgerechnet find. Uebrigens
find die in den Zufätzen und Verbefferungen hinzu-
gekommenen neuen Schriftfteller hier nicht mitge-
zählt, fo wie fie auch in der doppelten Ueberficht
felbft fehlen.   2) In Anfehung der *wiffenfchaftlichen*
Ueberficht, welche gröfstentheils nach *Buble's* Grund-
zügen einer allgemeinen Enkyklopädie aller Wiffenfchaften geordnet ift, habe ich mir das a potiori fit de-
nominatio zur Regel gemacht, nur dafs ich oft, wenn
ich überzeugt war, dafs einer in mehreren Fächern
fich gleich grofse Verdienfte erwarb, diefen mehr als
einmal aufgeführt habe.   Doch bin ich nicht in Ab-
rede, dafs ich in *diefem Falle* (denn *einmal* wird man
jeden Schriftfteller auch hier finden, follte man ihn
auch zuletzt unter die Rubrik der Mifcellanfchrift-
fteller haben hinbringen müffen) manches überfah,
wie es mir in der frühern Ueberficht mit einem Manne
gegangen ift, bei dem ich wahrhaftig nicht feit geftern
oder ehegeftern, fondern fo lange mich Litteratur in-
teresfirt, unfchlüsfig bin, ob ich ihn mehr wegen feiner genauen Kenntnifs unferer Landesgefchichte, oder
wegen feiner tiefen Gelehrfamkeit der orientalifchen
Sprachen fchätzen foll. Ueberhaupt koftete mir *diefe*
Ueberficht mehr Mühe, als die topographifche, und
ihr fehlt vorzüglich aus verfchiedenen Urfachen die
Voll-

Difputation annehmen konnte. Eine Lükke der Art
im Artikel *Eichel* ift in den Zufätzen ausgefüllt, vermittelft des gefchriebenen Katalogs der Bibliothek
des Conferenzraths *von Cronftern* in Schleswig, welche jetzt nach dem Tode ihres Befitzers nicht verkauft, fondern vertrödelt wird); 3) einzelne Predigten oder Gelegenheitsreden drucken zu laffen, für
gut fanden; 4) *unbedeutende* oder *locale* Schulprogramme zu fchreiben, Veranlaffung fanden u. f. w.
(Auch die vielén genealogifchen Tabellen des *O. H.
Moller*, deren Werth der Recenfent in der Kieler Zeitung 1774 S. 279 fehr richtig würdigt, durften nicht
im allgemeinen angeführt, fondern mufsten auch einzeln regiftrirt werden). Schriftfteller diefer Art, welche ich aus keiner argen Abficht die Deos minorum
gentium nennen möchte, gehören, wie gefagt, keinesweges in ein *gelehrtes Deutfchland*, wohl aber in ein
fohreibendes Schleswig-Holftein. Nur ift mehr als
wahrfcheinlich, dafs manche von ihnen fchon feit
einiger Zeit Verftorbene im Werke felbft noch als
Lebende aufgeführt werden. Denn ich wagte es
nicht, mit *Adelung* diejenigen, welche über 60 Jahre
alt find, als Verftorbene auszulaffen, welchen Grundfatz er fo gewiffenhaft befolgt hat, dafs er fogar den
ehrwürdigen Greis *J. N. von Hontbeim* unter die

Tod-

Todten rechnet, weil diefer damals, als jener Lexiko-
graph fich mit dem Buchftaben H. befchäftigte, das
Glück oder Unglück hatte, 87 Jahre alt zu feyn. Der
Tod *diefes* Mannes aber würde, wenn er damals fchon
erfolgt wäre, eben fo gewifs bekannt geworden feyn,
als man zu feiner Zeit *Bodmer's* Abfterben erfuhr,
welches ein zu fleisfiger Correfpondent dem Verfaffer
des gelehrten Deutfchlandes meldete, der fchon einigemal gewünfcht hat, lieber auf das Hinfcheiden minder bekannter Schriftfteller aufmerkfam gemacht zu
werden. Dafs nun nicht auch von mir der eine oder
andere, welcher nach dem *Horaz* illacrimabilis urge-
tur ignotusque longa nocte, als lebend aufgeführt wird,
ift höchft wahrfcheinlich; allein da ich von feinem
Tode keine gewiffe Nachricht hatte, fo bekam er in
dem Lexikon felbft feinen Platz. — Nicht alfo die
beträchtlichere Anzahl der von uns alphabetifch geordneten Schriftfteller, fondern einzelne Artikel
(*Abahramfon, H. Callifen* u. f. w.) in unferm Werke
vgl. mit dem gelehrten Deutfchlande, werden des er-
fteren gröfsere Vollftändigkeit anzeigen, welche befonders dadurch erreicht wurde, dafs man fich an die
Schriftfteller felbft mittelbar oder unmittelbar wenden konnte, welches bei einem Werke von dem Um-
fange des gelehrten Deutfchlandes durchaus unmög-

lich

lich ift. So wie man übrigens das genannte Werk bei
diefer Arbeit mit zum Grunde legte, fo ift auch deffen
verdienftvollem Verfaffer durch ein vorgefetztes M.
oder N. (wodurch, wie von felbft erhellt, das Werk
nach der 4ten Ausgabe mit feinen fünf Nachträgen
angedeutet wird) das Nachfchlagen erleichtert, zu
gefchweigen, dafs diefes Zeichen auch noch zu andern Betrachtungen mancher Art Gelegenheit geben
kann. Parenthefen, welche eine Negation enthalten,
liefern gewöhnlich Berichtigungen jenes Werkes,
z. B. *Callifen* (Chriftian — nicht Carl). Uebrigens
wünfchte ich, dafs ich nach *Meufel's* Vorgange die
Schriften und Abhandlungen überall gehörig abgefon-
dert hätte, welches nur fehr felten, gröfstentheils bei
Autographen, gefchehen ift, fo wie ich es auf der andern Seite gewiffermafsen bedaure, dafs ich in Anfehung der Kürze der biographifchen Nachrichten, dem
genannten Gelehrten zu fehr gefolgt bin, welches
noch neulich der Recenfent in der allg. Litt. Zeit. an
den Sammler des Neueften gelehrten Berlins tadelte.
Gern hätte ich wenigftens von diefem und jenem
mehrere Nachrichten der Art gewünfcht, die ich zwar
zuweilen erhielt, auch nicht felten, wenn fie dazu
geeignet waren, benutzte, aber doch nicht allemal
aufzunehmen für Pflicht hielt. Ueberhaupt wird aber,

denke

denke ich, die verfchiedene Form der Artikel, welche
man auch oft ohne den Zufatz: Autographum, Revidirt, Mitgetheilt, leicht bemerken kann, eine angenehme Unterhaltung gewähren. In Anfehung des
Verzeichniffes der Schriften und einzelnen Abhandlungen fuchte ich die gröfste Vollftändigkeit zu erreichen. Was dafelbft zwifchen den Titeln in Parenthefen fteht, ift gröfstentheils, wenigftens, wenn es
litterarifchen Inhalts ift, von dem Sammler, welcher
nicht Luft hatte, die Autographa, revidirten und mitgetheilten Zettel blos abzufchreiben, fondern auch
noch fonft durch Noten mancher Art die Arbeit nützlich zu machen fuchte. So ift z. E. von den Difputationen, welche ihren eigentlichen Verfaffern gröfstentheils beigelegt werden, fchon gefprochen. Dahin
gehört ferner die Revifion des Repertoriums der allg.
Litt. Zeit. und des *Heinfiusfchen* Bücherkatalogs, welches doppelte Gefchäft ich jedoch bald wieder aufgab
und befonders nur dann zu unternehmen genöthigt
war, wenn ich ein nicht genaues Autographum vor
mir hatte, wo die Anficht der genannten Werke mir
nicht felten auf die Spur half. Denn überhaupt kann
jeder, wer Luft hat, leicht das erfte Werk ergänzen,
dahingegen die Berichtigung des 2ten (wo fogar ein
Schriftfteller *Sextus Julius Frontinus Adler* vorkömmt)

nicht

nicht nur mühfam, fondern auch unnöthig feyn möchte, weil es befonders nur beftimmt ift, den Ladenpreis
einer Schrift anzugeben, fo fehr auch der Verfaffer
deffelben behaupten mag, dafs es in keiner öffentlichen
Bibliothek fehlen dürfe. Auch ein Verzeichnifs der
anonymifchen Schriftfteller wollte ich (f. S. 35.) liefern, um dem fleifsigen *Erfch* in die Hände zu arbeiten.
Allein es unterblieb, theils, um das Werk nicht zu
vertheuren, theils, weil ich befonders bei dänifchen
Schriften nicht immer von ihrer Anonymität Gewifsheit hatte. In Anfehung der Anonymen felbft ift *Meufel's* Glaubensbekenntnifs auch das meinige, und daher
war ich, wie ich denke, vorfichtig; nur mufste ich bei
revidirten Artikeln anmerken: N. N. hat fich zu der im
Meufel ihm beigelegten Schrift nicht bekannt, fo wie
ich es auch nicht für Unrecht hielt, Schriftfteller aufzuführen, welche als Verfaffer anonymer Schriften
allgemein bekannt find, wenn ich auch nicht immer
ihre Erlaubnifs hatte, weil diefs oft fchon zu fpät war,
z. E. bei *Dietrich Boyfen* in den Zufätzen, der nicht
nöthig gehabt hätte, feinen Namen zu verfchweigen,
da von ihm keinesweges jener Ausfpruch gilt: wer
Arges thut, haffet das Licht. Dafs übrigens ein * das
Zeichen einer anonymifchen Schrift fei, ift den Lefern
des gelehrten Deutfchlandes bekannt; nur im Artikel

Tetens,

Tetens, wo es von ihm felbft einen andern Gebrauch
erhielt, mufste die Anonymität ausdrücklich angezeigt
werden. Ausferdem war ich auch willens, die fämmtlichen in den neun Jahrgängen der Prov. Ber. befindlichen Abhandlungen nach dem *Schützifch - Hufelandi-*
fchen Syftem zufammen zu ftellen, da nur fehr wenige
dort eingerückte Abhandlungen der erftern Jahrgänge
in dem Repert. der Allg. Litt. Zeit. gehörigen Orts eingetragen find, um theils das *erfchienene* zu ergänzen,
theils zur Vollftändigkeit des nächftens *erfcheinenden*
vorläufig beizutragen. Doch diefem Gefchäfte wird
fich mit eigenthümlichern Fleifse und größerer Sach-
kenntnifs, zufolge einer fchon vor geraumer Zeit ge-
fchehenen Ankündigung, unfer *Niemann* unterziehen,
und fo den, im Intell. Blatt der allg. deutf. Bibl. 1794
S.... und anderswo kurz beftimmten Werth diefes
periodifchen Werks, welches wahrfcheinlich wegen
der Buchhändler*) noch nicht fo ausgebreitet ift, als
es zu feyn verdient, in ein noch helleres Licht fetzen.
Allein eine andre Arbeit behalte ich mir zu einer andern Zeit und für einen andern Ort vor, nämlich den
Beweis zu führen, dafs in der fogenannten Allg. Litt.

Zeit.

*) So meldete mir vor geraumer Zeit ein fränkifcher Gelehrter, er
habe den erften Jahrgang diefes Werkes fo theuer bezahlen müffen, dafs ihm die Luft, fich auch die folgenden anzufchaffen,
durchaus hätte vergehen müffen.

Zeit, viele wichtige, felbft in den Mefskatalogen vorkommende, Schleswig-Holfteinifche Schriften von
den Jahren 1785-90 (oder vielmehr bis 1795) nicht
recenfirt find, welches auch in Anfehung der abge-
fchloffenen deutfchen Bibliothek gilt, die gleichfals
den Namen einer allgemeinen nicht verdient.

In Anfehung der Schriften *deutfcher* Gelehrten
(diefs Wort in dem Sinne genommen, worinn *Meufel*
es braucht) denke ich auf gröffere oder geringere Vollftändigkeit fowohl als Genauigkeit Anfpruch machen
zu können, weil mir hier die meiften Hülfsmittel zu
Gebote ftanden. Was aber *die* Artikel betrift, welche blos aus *Worm* gefchöpft werden mufsten, fo find
diefe, wie ich beforge, wo nicht alle, doch gröfstentheils am meiften unvollftändig und am wenigften genau. Denn obgleich ich auch diefe Artikel entweder
als Autographa oder revidirt zurück erhielt, fo ift
doch fchon bemerkt, dafs ihre Vollftändigkeit nichts
weniger als zuverläffig ift. So wie mich daher der
nicht ganz litterarifch genaue *Jens Worm* (königl. dänifcher Juftitzrath und Rector zu Aarhuus; geb. dafelbft
den 24 Aug. 1716, ftarb als emeritus den 31 Dec. (?)
1790) nicht felten im Stiche liefs, fo ift auch in Dännemark oder vielmehr in Kopenhagen für mein Werk
nicht alles genau nachgefehen und berichtiget, wel-

                                    ches

ches auch, im Fall, daſs die Schriftſteller nicht in der Hauptſtadt lebten, nicht füglich anging. Am ſchlimmſten iſt es, daſs in jenem Lexikon, deſſen übriger Werth gewiſs nicht verkannt wird, theils die anonymiſchen Schriften nicht bemerklich gemacht, theils die Titel lateiniſcher oder deutſcher Abhandlungen nicht ſelten däniſch, oder auch umgekehrt, überſetzt ſind. Auſserdem iſt auch der 3te Theil dieſes Werks (welcher in *Meuſel's* Litteratur der Statiſtik S. 478. und in *Eyring's* Ausgabe des *Heumann*iſchen Conſpectus S. 165 fehlt) jetzt ſchon 12 Jahre alt, weswegen man ſich, in Anſehung neuerer Schriften oder Schriftſteller ſelbſt, wo es an Autographen, revidirten oder mitgetheilten Zetteln entweder ganz fehlte oder dieſelben nicht genau genug waren, an andre Hülfsmittel halten muſste, die man aber nicht alle, ſo wie man es gewünſcht hätte, bei der Hand hatte. Möchte doch ein däniſcher Gelehrter in Kopenhagen, dem der *Nordiſche Saal* offen ſteht, ſich durch eine Fortſetzung dieſes Werks (welches ſogar dem gebornen Holſteiner und groſsen Litterator, *J. D. Reuſs*, zufolge der Vorrede ſeines gelehrten Englands, unbekannt geblieben zu ſeyn ſcheint) verdient machen, oder es vielmehr nach *Eyring's* Wunſch lateiniſch umarbeiten, um es vermittelſt dieſer mehr allgemeinen Sprache

noch

noch gemeinnütziger zu machen. Denn *Meufel* z. B.
fcheint es nur nach dem Vorgang anderer Schriftfteller oder feiner Correfpondenten citirt zu haben, nie
aus eigner Anficht.   Sonft würde er bei *Johann Paul
Gottfried Pflug* (geb. zu Wetzlar den 23 Nov. 1741)
daffelbe verglichen, und fowol diefen als andere Artikel, daraus ergänzt haben.

Dafs die *doppelte Ueberficht*, fo wie fie in diefem
Werke vorkömmt, von der, welche vor drei Jahren
in den Prov. Ber. bekannt gemacht wurde, zwar nicht
im Wefentlichen, aber doch in andern Rückfichten,
befonders in Anfehung der Zahl der Schriftfteller,
verfchieden feyn müffe, verfteht fich von felbft. Was
1) die *topographifche* Ueberficht anbetrift, fo findet
man, dafs von den 486 Schriftftellern im Lexikon,
(jedoch faluo errore calculi) 220 Schleswig-Holfteiner im Vaterlande blieben, wozu noch 32 in den
Herzogthümern Lebende kommen, deren Vaterland
nicht bekannt ift, dafs 94 auswanderten, 117 aber einwanderten.   Folglich find in jener Ueberficht zufammen 463 aufgeführt.   Dafs aber diefe Anzahl mit den
im Lexikon alphabetifch geordneten 486 Schriftftellern nicht überein kömmt, rührt daher, weil bei der
Zählung theils das Hochftift Lübek übergangen wurde, theils die, deren Vaterland oder Aufenthaltsort
unbe-

unbekannt ist, nicht mitgerechnet find. Uebrigens
find die in den Zufätzen und Verbefferungen hinzu-
gekommenen neuen Schriftfteller hier nicht mitge-
zählt, fo wie fie auch in der doppelten Ueberficht
felbft fehlen. 2) In Anfehung der *wiffenfchaftlichen*
Ueberficht, welche gröfstentheils nach *Buble's* Grund-
zügen einer allgemeinen Enkyklopädie aller Wiffenfchaften geordnet ift, habe ich mir das a potiori fit de-
nominatio zur Regel gemacht, nur dafs ich oft, wenn
ich überzeugt war, dafs einer in mehreren Fächern
fich gleich grofse Verdienfte erwarb, diefen mehr als
einmal aufgeführt habe. Doch bin ich nicht in Ab-
rede, dafs ich in *diefem Falle* (denn *einmal* wird man
jeden Schriftfteller auch hier finden, follte man ihn
auch zuletzt unter die Rubrik der Mifcellanfchrift-
fteller haben hinbringen müffen) manches überfah,
wie es mir in der frühern Ueberficht mit einem Manne
gegangen ift, bei dem ich wahrhaftig nicht feit geftern
oder ehegeftern, fondern fo lange mich Litteratur in-
tereffirt, unfchlüsfig bin, ob ich ihn mehr wegen feiner genauen Kenntnifs unferer Landesgefchichte, oder
wegen feiner tiefen Gelehrfamkeit der orientalifchen
Sprachen fchätzen foll. Ueberhaupt koftete mir *diefe*
Ueberficht mehr Mühe, als die topographifche, und
ihr fehlt vorzüglich aus verfchiedenen Urfachen die

Voll-

Vollkommenheit, welche ich ihr zu geben fuchte.
Denn 1) wurde es mir bei manchen fchwer, wo ich
ihn hinfetzen follte, weswegen ich ihm vielleicht eine
Stelle anwies, wo er fich felbft am wenigften fucht.
Zwar hätte ich diefer Schwierigkeit dadurch ausswei-
chen können, wenn ich die befondere Rubrik von
Mifcellanfchriftftellern weiter hätte ausdehnen wollen.   Daher wird man fich auch 2) nicht wundern,
manche in einer Claffe zufammengeftellt zu finden,
die doch fo fehr contraftiren — (denn exempla funt
odiofa). Diefs wäre theils durch jene Rubrik vermie-
den, theils auch dadurch, dafs ich bei einigen Wiffenfchaften mehr Unterabtheilungen gemacht hätte, wie
ich z.B. bei der Theologie that, wo es auch am leich-
teften anging.   Vielleicht hätten auch 3) *noch* einige
unter mehr als eine Rubrik gehört, und mancher fucht
vielleicht da feinen Namen vergebens, wo er am lieb-
ften ihn anzutreffen gewünfcht hätte.   Allein ich fah,
wie gefagt, bei der Wahl des Platzes bald auf die
Wichtigkeit, bald aber auch auf die *Menge* der Schriften in den verfchiedenen Wiffenfchaften u. f. w. Aus
diefer Ueberficht nun liefsen fich allerdings mancherlei Refultate ziehen, z. B. in welchem Verhältniffe die
verfchiedenen Wiffenfchaften von unfern Landsleuten
bearbeitet find.   Allein zu gefchweigen, dafs diefe

Unter-

Unterſuchung leicht jeder von ſelbſt anſtellen kann, ſo iſt die Sache auch überhaupt nicht wenig ſchwer. Denn wer wollte wol, um einen concreten Fall anzuführen, behaupten, daſs *die* zur Erweiterung der Arzeneikunde beigetragen haben, die eine einzige Inauguraldiſputation entweder ſelbſt geſchrieben, oder ſich von andern haben ſchreiben laſſen. Erfreulich iſt die Anzahl derer, welche die Landeskunde in gröſſern Werken oder einzelnen Abhandlungen, z. B. in den Prov. Ber. bearbeitet haben. Eine *vollſtändige* Regiſtratur der Volksſchriften ſeit ihrer Entſtehung könnte vielleicht einem Schleswig-Holſteiniſchen *Nyerup* zu einer Reviſion derſelben Veranlaſſung geben, welche der däniſche Litterator dieſes Namens, in Anſehung der däniſchen Schriften dieſer Art, neulich in der Iris mit glücklichem Erfolge angeſtellt hat.

Der Zweck, den ich bei den drei Anhängen (auf die ich aber wegen ihrer Unvollſtändigkeit durchaus keinen Werth ſetze; daher ihrer auch auf den Titel nicht gedacht wird) vor Augen hatte, iſt aus ihrer Anſicht ſchon von ſelbſt ſichtbar. Doch muſs hier noch folgendes erinnert werden. Die Anhänge, wenigſtens den 2ten und 3ten, hinzuzuſetzen, entſchloſs ich mich erſt ſpät. Daher wiederholen ſie *bald* etwas, was ſchon im Schriftſtellerlexikon bemerkt war, ſind *bald*

genauer als jenes (vgl. z. E. den Artikel *Brinken* mit
der Nachricht von der Schule zu Hadersleben im 3ten
Anhange) *bald* aber auch unvollkommner (*Uden* z. B.
wird unter dem Artikel *J. J. Peterſen* angeführt, fehlt
aber im erſten Anhange, weil ſich bei der Ausarbei-
tung deſſelben fand, daſs hier nichts zum gelehrten
Deutſchland hinzuzuſetzen war). Denn eigentlich
dient derſelbe zur Berichtigung und Ergänzung der
oft genannten Arbeiten *Meuſel's*, *Worm's* und *Ekkard's*
(wievol auch zugleich auf des erſtern hin und wieder
abgedruckte Aufforderung, ihm zu einem gelehrten
Deutſchlande, die ſeit 1750 verſtorbenen Schriftſteller betreffend, Rückſicht genommen wurde, welches
beſonders *die* Artikel anzeigen, denen keiner von den
drei Buchſtaben vorgeſetzt iſt, wobei man nur be-
dauert, daſs es dieſsmal in keiner gröſſern Ausdehnung
geſchehen konnte). Nur viermal machte ich eine Ausnahme. *W. E. Chriſtiani's* Artikel verdiente aus mehr
denn einer Urſache ganz abgedruckt zu werden,
theils, weil er im gelehrten Deutſchlande, beſonders
in Anſehung der kleinen Schriften, ſo unvollſtändig iſt,
theils, weil ich auf dieſe Art das Andenken eines Mannes ehren zu können glaubte, dem ich z-- Theil
meine jetzige Lage zu verdanken habe. Sollte ihm
auch der Nekrolog kein Denkmal ſtiften, ſo werden
doch

doch feine vielen Schriften, die nicht nur ein Beweis feines grofsen Fleifses, fondern auch feiner ausgebreiteten Kenntniffe find, und der rühmliche Eifer, womit er einige Jahre, als der Einzige in feiner Facultät, alle Theile der Philofophie zu lehren bemüht war, feinen Namen, wenn auch nicht dem ganzen Publicum des Nekrologs, doch wenigftens unfern beiden Herzogthümern unvergefslich machen. Dafs unfer Auffatz vollftändiger ift, als der, welchen man bei *J. C. Koppe* findet, ift hervorfpringend. Allein, ob er ganz vollftändig ift, fteht zu bezweifeln. Diefs wäre möglich gewefen, wenn diefer Gelehrte nicht vor der Revifion des ihm von mir mitgetheilten Zettels geftorben wäre. Jetzt mufste ich mich blos an ein von der Güte des Profeffors *Heinze* mir mitgetheiltes Autographum halten, worin der Verfaffer aber nur feine Schriften von 1764-1770, und vielleicht auch diefe nicht einmal vollftändig, verzeichnet hatte, und in Anfehung der neuern, befonders die Kieler Zeitung und Prov. Berichte zu Rathe ziehen. Doch kam es mir fehr zu ftatten, dafs ich felbft eine beträchtliche Anzahl feiner kleinen Schriften (fo wie auch *P. C. Henrici's* Programme) befitze, welches das im Schriftenverzeichniffe bei der Angabe des Formats felten vorkommende? anzeigt, wodurch diejenigen Difputationen, Pro-

gram-

gramme, Reden u. f. w. angedeutet werden, welche
mir bisher noch nicht zu Geficht gekommen find. —
Auch *A. G. Carftens* (freilich kein geborner Schleswig-Holfteiner, aber doch lange als ein folcher anerkannt). *W. F. Graf von Schmettow* und *P. C. Henrici*
verdienten einen gröffern Platz. Jene, weil fie als
Staatsmänner und Gelehrte gleich achtungswürdig
waren, und ich von dem erften einen revidirten Zettel, von dem andern aber ein Autographum erhalten
hatte, die ich nicht wollte verloren gehen laffen; diefer, weil er fich eine geraume Zeit um die gelehrte
Bildung fo vieler Jünglinge unfers Vaterlandes in
einem vorzüglichen Grade verdient gemacht hatte.
Dafs im erften Anhange E die einigemal genannte Ek-
kardfche Ueberficht anzeigt, verfteht fich von felbft.
Aus diefem vor *Scholz, Schreiber, Schumacher* und
andern nicht gefetzten Buchftaben erhellt, dafs in ihr
Schriftfteller fehlen, welche doch in Chriftian VII.
Zeit fallen. Aufser den Arbeiten der drei oft genannten Gelehrten, welche in dem erften Anhange ergänzt
und berichtigt werden, war auch auf unfere frühere
Ueberficht in den Prov. Ber. 1793. H. 5. Rückficht
zu nehmen, fo dafs hier z. E. die unter der Zeit *ausgewanderten* Schriftfteller aufgeführt wurden, welche
ins Werk felbft nicht gehören, z. E. *J. W. von Archenholz*

Lolz u. f. w. Solche hingegen, deren Auswanderung
mir fchon vor dem Drucke jener Ueberficht bekannt
wurde, und die daher auch in ihr nicht aufgenommen
wurden, fanden felbft im erften Anhange keinen Platz,
z. E. ...... *von Eck,* welcher im 2ten und 5ten Nachtrage des gel. Deutfchl. vorkömmt, im Neueften gel.
Berlin aber fehlt, und höchft wahrfcheinlich kein
Landeskind ift. *Eingewanderte* Schriftfteller, die nur
auf eine Zeitlang in unfern Herzogthümern fich aufzuhalten fcheinen (vgl. Genius der Zeit. Sept. 1795.
und allg. litter. Anzeiger. 1796. No. XV. S. 161.),
nahm ich im Lexikon felbft nicht auf, den einzigen
Demangeon ausgenommen, nicht fowol, weil er mir
nahe genug war, um mündlich mit ihm fprechen zu
können, als vielmehr, weil es damals, als fein Artikel
abgedruckt werden follte, den Anfchein hatte, als ob
er im Lande zu bleiben Willens wäre. Allein, fo fehr
ich auch dafür forgte, dafs alle die, welche im Werke
felbft fehlen *mufsten,* in jener Ueberficht aber vorkommen, im erften Anhange aufgeführt würden, fo
wird man doch noch vielleicht in der Ueberficht den
einen oder andern noch *lebenden* finden, welcher im
erften Anhange nicht vorkommen *konnte,* im Werke
felbft aber nicht vorkommen *wollte,* und fich bald aus
diefem, bald aus jenem Grunde den Platz gänzlich

verbat. So fehlt z. E. ein noch lebender Schriftsteller
N. N. (denn ich darf ihn, feinem Verlangen zufolge,
durchaus nicht nennen), welcher schon in *Ekkard's*
Ueberficht, so wie per prolepfin hiftorico-litterariam
einmal in *Harles* Ausgabe der *Fabriciusfifchen* Bibliotheca Graeca vorkömmt, blos deswegen, weil er zu
befcheiden (?) war, mit den andern in Reih und Glied
geftellt zu werden. Im 2ten Anhange ift befonders
nur von Bibliotheken und Kabinettern in den Herzogthümern die Rede; von andern war nicht leicht Nachricht zu erhalten. So foll *Friedrich von Habn* zu
Remplin eine Bibliothek befitzen, die im Fache der
Naturgefchichte fehr koftbar ift, auch einen vortreflichen phyfikalifchen Apparat und ein fo fchönes Obfer-
vatorium haben, dafs *Bode* felbft auf demfelben öfte-
rer, als auf den Berlinifchen, feine Beobachtungen
anftellt. Dafs in Anfehung der Kieler Univerfitätsbibliothek nicht einmal die Anzahl der Bände angegeben ift, rührt befonders daher, weil man bei derfelben
noch Gefchäfte von mancherlei Art hat, die vorher
geendigt werden müffen, ehe man an die Aufzählung
der Bände denken kann, zu gefchweigen, dafs es un-
gewifs ift, wie bald man, nach dem Vorfchlage eines
Anonymen in den philofoph. Annalen (1795. Nr. 20.),
"auf die Aufräumung unferer öffentlichen Bibliothek
bedacht

bedacht ift, und zwei Drittel der Bücher mit gutem Fuge verbrennen zu müffen glaubt." So wie übrigens diefer zweite Anhang zum Supplement des *Meufel-*fchen Künftlerlexikons dienen foll, fo find die Materialien des dritten nach *J. M. Franke's* meifterhaftem Plan geordnet, den man nach meiner Meinung zur Erleichterung der Litteratoren bei dem Repertorium der Allg. Litt. Zeit. hätte befolgen follen.

Was die *Druckfehler* anbetrift, fo denke ich, werden deren nicht viele feyn, da das Werk nicht nur einen aufmerkfamen Setzer erhalten hat, fondern auch einen gelehrten Corrector, den Conrector *Schulz* in Schleswig, den ich hiemit öffentlich für feine Mühe danke. Seine Hülfe war mir befonders bei den Artikeln wichtig, in welchen dänifche Titeln vorkommen, die ich bei meiner geringen Kenntnifs der Sprache nicht allemal ganz verftand. Er corrigirte daher die dänifchen Stellen, welche entweder fchon im *Worm* verdruckt oder im Manufcript unrichtig gefchrieben waren, auf das forgfältigfte. Nur einmal nahm er zu mir feine Zuflucht, und verhütete dadurch, dafs nicht ein Druckfehler beim *Worm* in meine Arbeit übergetragen wurde. Im Artikel *Skaaning* hiefs es anfangs: Granders Jord i et lidet Rum, det er, geographifke Tabeller. Er machte mich auf das erfte Wort auf-

merk-

merkfam, als ein folches, welches gar nicht dänifch
wäre. Ich fand es jedoch fo im *Worm*, und zwar mit
deutfchen Lettern. Wäre es lateinifch gedruckt gewefen, fo hätte ich es fogleich für ein Nomen pro-
prium angefehen, wofür ich es denn auch jetzt, ungeachtet der deutfchen Lettern, anfah. Aufferdem
bemerkte ich auch fogleich, es müffe hier ein Druckfehler feyn, weil ich *Grander* für kein Nomen pro-
prium halten konnte und wollte. *Thott's* Katalog
(5, 3, 18.) half mir auch hier auf die Spur. Dort fand
ich: *Geander's* geographifche Tabellen. Nürnb. 1753.
8. Daf. 1760. 8. *Heinfius* führt den Titel vollftändiger an: *Geander* von der Oberelbe, die Erde in einem
kleinen Raum, oder geographifche Tabellen. Nürnb.
1766. 8. Diefer Pfeudonym ift nach *Adelung*, *Johann
Chriftian Muldener*, im *Jöcher*, welcher 1711 ftarb.
Dafs deffen Schrift noch 1766 wieder aufgelegt wurde, wird niemanden befremden, welcher fich erinnert,
dafs faft in jedem Mefskatalog des izigen Decenniums
verlegene Waare wiederum vorkömmt, z. E. *Benjamin Schmolkens* Communionbuch, Aleri Gradus ad Par-
naffum und ähnliche Sächelchen der Art, deren No-
menklatur, etwa im *Genius der Zeit*, vielleicht eben fo
wünfchenswerth, obgleich weniger tröftlich feyn
möchte, als eine von *Chph. Heinr. Schmid* projectirte
Neua Bibliotheca latens et promiffa.

Mehr wüſste ich nicht hinzuſetzen. Das Geſagte
iſt hinreichend, um den Geſichtspunkt bei Beurtheilung dieſes Werkes anzugeben, welches, wie ich
eben finde, gröſtentheils nach *den* Ideen ausgearbeitet iſt, die *Friedrich Roch* (vgl. allg. Litt. Anz. S. 330
ff.) von Schriften dieſer Art zu haben ſcheint. Hiemit ſei es alſo dem Urtheile der Kenner unterworfen.
Bei allem Streben nach Vollſtändigkeit und Genauigkeit wird doch gewiſs mancher hie und da Lücken
finden oder Mängel bemerken, deren Ausfüllung und
Verbeſſerung ich mit Dank annehmen werde, ſo wie
ich überhaupt nur von ſolchen Männern beurtheilt
zu werden wünſche, die denen ähnlich ſind, welche
in der Vorrede zu *Meuſels* hiſtoriſch - litterariſch - bi-
bliographiſchem Magazin St. 1. S. VI. fg. verzeichnet
ſind, wenig bekümmert um die vielen alltäglichen
Recenſenten litterariſcher Werke, die hier überhaupt
gar keine Stimme haben (vgl. erbauliche Gedanken
bei Erſcheinung der 8ten Ausgabe von *Heumann's*
Conſpectus; im genannten Magazin St. 7 u. 8. S. 30 ff.).
Daſs die ſogenannten Dii minorum gentium, welche
mir entweder bekannt waren oder bekannt gemacht
wurden — denn eigentliche Jagd habe ich nicht auf
ſie gemacht, um alle zu bekommen, welches vielleicht
doch noch leichter geweſen wäre, als die *Penſioniſten,*

deren

deren Name in unsern Herzogthümern Legion ift,
zu verzeichnen — nicht blos nach eignem Gutdün-
ken, fondern auch nach dem richtigen Urtheile des
Litterators A. W. Cramer und des *Statiftikers* A. C.
H. Niemann, in ein fpecielles Werk diefer Art aufgenommen werden mufsten, diefs werden, denke ich,
Kenner billigen, fo wie Afterlitteratoren es tadeln,
und mit dem, von ihnen felbft oft nicht einmal ver-
ftandenen Namen der Mikrologie belegen oder vielmehr brandmarken mögen.

Kiel im October 1796.

***

Zufatz zu Seite 541.

S. 137. *von Göffel* ftarb den 20 Dec. 1796.

S. 139. *Greif* ftarb im Dec. 1796.

S. 291. *Scheel* (M. J.) ftarb den 29 Dec. 1796.

Subscribentenverzeichniß.

Se. Hochfürstl. Durchlaucht, der Prinz Carl, Landgraf
  zu Heſſen, auf Gottorff.

Ibre Hochfürstl. Durchlaucht, die Frau Herzogin von Braun-
  ſchweig-Lüneburg-Bevern, zu Glücksburg.

Ibre Hochfürstl. Durchl., die Prinzeſſin Louiſe Carolina
  Chriſtina, zu Schleswig-Holſtein-Sonderburg, auf
  Auguſtenburg.

Herr Kapitain Abrahamſon in Kopenhagen.

— Oberconſiſtorialrath und Generalſuperintendent Adler
  in Schleswig.

— Kammerherr v. Ahlefeldt, Probſt des adlichen
  Kloſters zu Preetz.

— Hans Ahlmann in Sonderburg.

— Michael Ahlmann in Sonderburg.

— Inſpektor Ambders in Sonderburg.

— Kaufmann Asmus in Sonderburg.

— Profeſſor Baden in Kiel.

— Paſtor Balemann in Schönberg.

— Paſtor Balslev zu Dyppel.
  Die Bibliothek des Jägercorps in Eckernförde.

— Herr Biehl, Kaufmann in Sonderburg.

— Obriſt von Binzer in Kiel.

— Paſtor Biörenſen in Schottburg.

— Verwalter Blatt zu Loitmark.

— Compaſtor Bolten in Altona.

— Paſtor Boyſen in Alt-Hadersleben.

— Licent. Med. et Chir. A. Boyſen in Kopenhagen.

— Paſtor Boyſen zu Nübel.

— Rathsverwandter Boyſen in Sonderburg.

— Candidat Brandt in Preetz.

— Rector Brinken in Hadersleben.

— Kammerherr von Brockdorff in Kiel.

— Etatsrath Bruyn in Schleswig.

— Probſt Burdorf in Itzehoe.

— Kanzelei-Secretair Buſch in Glückſtadt.

— Oberconſiſt. R. u. Generalſup. Calliſen in Rendsburg.

— Kaufmann Lorenz Carſtens in Sonderburg.

— Dr. Chemnitz in Preetz.

— Doctor Juris Clauſen in Kopenhagen.

Herr

Herr Juſtizrath von Klöcker in Schleswig.
— C. Köhnke in Kopenhagen.
— Paſtor Köſter in Kiel.
— Profeſſor, Krebs in Kopenhagen.
— Kriegsmann in Sonderburg.
— Juſtizrath Küſter in Schleswig.
— Pagenhofmeiſter Lau in Schleswig.
— Juſtizrath Lawätz in Altona.
— Advocat Lindenban jun. in Hadersleben.
— Kloſterſchreiber Löſeken in Preetz.
— Paſtor Loppnau in Plöen.
— Paſtor Lorenzen in Clixbüll.
— Hardesvoigt Lüders in Lutzhöft.
— Amtsverwalter Lüders in Schleswig.
— Dr. Manthey in Kopenhagen.
— Paſtor Martini in Plöen.
— Paſtor Maſsmann in Kopenhagen.
— Madſen in Sonderburg.
— Profeſſor Mellmann in Kiel. 2 Exempl.
— Paſtor Mielch in Preetz. 2 Exempl.
— Candidat Momſen in Sonderburg.
— Rathsverwandter Momſen in Sonderburg.
— Profeſſor Maller in Kiel.
— Doctor Muller in Kopenhagen.
— Dr. Münter in Kopenhagen.
— Paſtor Mumſen zu Satrup.
— Profeſſor Naſſer in Kiel.
— Juſtizrath Niebuhr in Meldorf.
— Profeſſor Niemann in Kiel.
— Cantor Niſſen in Sonderburg.
— Profeſſor Olivarius in Kiel.
— Landinſpektor Otte in Arild.
— Kanzleyſekretair Otte in Schleswig.
— Kaufmann Heinrich Otzen in Sonderburg.
— Landinſpektor Paulſen in Schleswig.
— Apotheker Paulſen in Sonderburg.
— Organiſt Peters auf Föhr.
— Paſtor Peterſen zu Broacker.
— Advokat Peterſen ſen. in Huſum.
— Actuarius Peterſen in Schleswig.
— Etatsrath Peterſen in Schleswig.

Herr *Andreas Peterfen* in Sonderburg.
— *Jacob Peterfen* zu Südenfcenhoff in Angeln.
— Advocat *Petri* in Schleswig.
— Hardesvoigt *Poffelt* in Schleswig.
   Die *Predigerbibliothek* in Preetz.
— Kanzeleyrath *Prehn* in Sonderburg.
— Commerzrath *Rambufch* in Schleswig.
— Zollinfpektor *Rambufch* in Schleswig.
— Kammerrath *Rambufch* in Sonderburg.
— Sekretair *Ravit* in Schleswig.
— Infpector *Reiche* zu Ründhoff.
— Juftizrath *Reyher* in Kiel.
— Paftor *Georg Reimer* in Rendsburg.
— Profeffor *Reinhold* in Kiel.
— Paftor *Reuter* in Horsbüll.
— Advocat *Ruchmann* in Plöen.
— Geheimeconferenzrath von *Rumohr* in Schleswig.
— *Runge*, Hauslehrer in Flensburg.
— Apotheker *Säfs* in Hadersleben.
— Geheimerath von *Schack* in Kiel.
— v. *Scheel*, Studiofus in Kopenhagen.
— Paftor *Schetelig* in Hufum.
— Paftor *Schetelig* in Schönberg.
— Sekretair *Schirm* in Schleswig.
— Graf von *Schmettau* in Schleswig.
— Kammerherr von *Schmieden* in Schleswig.
— Stvabschirurgus *Schmidt* in Hadersleben.
— Advocat *Schmidt* in Kiel.
— Klofterprediger *Schmidt* in Preetz.
— Probft *Schmidt* in Tondern.
— *Schmitterlo*, Buchhändler in Heide.
— Paftor *Schölz* in Bovenau.
— Profeffor *Schrader* der Aeltere in Kiel.
— Paftor *Schröder* in Hadersleben.
— Paftor *Schrödter* in Welt.
— Paftor *Schütze* in Bärkau.
— Conrector *Schulz* in Schleswig.
— Dr. *Schumacher* in Hadersleben.
— Kaufmann *Schwark* in Sonderburg.
— Paftor *Fr. Chrift. Schwartz* in Bredftedt.
— Paftor *Schwenfen* zu Hörup.

Herr

Herr Affeffor *Schwers* in Kiel.
— Oberconfiftorialrath *Schwollmann* in Schleswig.
— P. *Seebufen* zu Rebberg.
— Dr. *Sidon* in Plöen.
— *Sönningfen* in St. Jürgensbye bei Flensburg.
— Dr. *Sörenfen* in Glückftadt.
— Etatsrath *Stemann* in Hufum.
— Conferentrath von *Stemann* in Schleswig.
— Kanzeleifekretair *Stilke* in Plöen.
— Paftor *Suhr* in Plöen.
— Dr. *Thiefs* in Kiel.
— Paftor *Thiefen* in Lunden.
— Rector *Thöming* in Eckernförde.
— Dr. *Tobiefen* in Hufum.
— Dr. *Thor Straten* in Flensburg.
— Etatsrath *Trendelenburg* in Kiel.
— Studiofus medic. *Uffhaufen* in Kopenhagen.
— Advocat *Valentiner* in Schleswig.
— Kanzeleifekretair *Valentiner* in Schleswig.
— Dr. *Valett* in Kiel.
— Organift *Vent* in Satrup.
— Profeffor *Viborg* in Kopenhagen.
— Paftor *Vollertfen* zu Hütten.
— Hofrath *Vofs* in Eutin.
— Profeffor *Weber* in Kiel.
— Advocat *Weinmann* der Jüngere zu Süderftapel.
— *Wernich* in Sonderburg.
— Paftor *Wichmann* in Rabenkirchen.
— Landcommiffionsfekretair *Wiengarten* in Schleswig.
— Schulcollege *Wilckens* in Preetz.
— Paftor *Windekilde* zu Satrup.
— Paftor *Witte* der Aeltere in Schleswig.
— Rector *Wolf* in Schleswig.
— Controlleur *Zorn* in Preetz.

(N. 1 — 5.) ABRAHAMSON (Werner Hans Friedrich), *Artilleriecapitain* feit 1785 (ging 1787 aus dem Kriegsdienſt mit Penfion und Beybehaltung der Artillerieuniform), *Lehrer der Erdbeſchreibung, der deutſchen und däniſchen Sprache an der Artillerieſchule* feit 1771, *Lehrer der Philoſophie, des deutſchen und däniſchen Stils bey der Landcadettenakademie zu Kopenhagen* feit 1780, auch feit 1782 Mitglied der königl. Norwegiſchen Gefellſchaft der Wiſſenſchaften zu Trondhiem; *geboren zu Schleswig den 10 April 1744.* §§. Verfaſſer dreyer Auffätze in der 1767 wöchentlich erſchienenen Tillæg til Adreſſe‐Comtoirets‐Efterretninger. * Vier Gedichte über Eigenſchaften des höchſten Weſens, von *Chriſtopher Smart.* Eine Preisſchrift. (Dieſer Zuſatz, wofür es eigentlich Preisſchriften heiſsen müſste, iſt, ohne fein Wiſſen, auf den Titel geſetzt.) Aus dem Engliſchen ins Deutſche (aber nicht metriſch) überſetzt, mit beygedrucktem Original. Kopenh. und Leipz. 1768. gr. 8. Landsfaderen og Erobreren. Et Priisdigt; im 7ten Stück der Forſœg i de ſkiœnne og nyttige Videnſkaber, famlede ved et patriotiſk Selſkab. Kbhvn. 1769. 8. (Der Landesvater und der Eroberer, überſetzt durch *J. A. F. Schifmann.* Kopenh. 1770. 8. 1 Bogen.) * Bey *Gellerts* Grabe den 23 Dec. 1769. (Schlesw.) 4. (Ein Gedicht von einem

A   Bo‐

Bogen.) Recenſionen in den beyden erſten Iahrgängen des kritiſchen Blattes, welches von 1770 bis 1785
unterm Titel: Sammlung einiger litterariſchen Nachrichten, in 8. erſt in Schleswig, hernach in Rendsburg herauskam. * Randgloſſen zur moraliſchen,
ſatyriſchen und kritiſchen Anatomie der Schriften auf
Hrn. Prof. *Gellerts* Tod, zu den Fortſetzungen derſelben und zu dem Friedensrichter zwiſchen dem Verfaſſer des Traums und den Anatomien. Leipz. 1771.
8. * Tanker om Krigsſtanden og dens Forbedring.
Kbhavn. 1771. 8. * Azan, oder der von Schulden
befreyte Fürſt; eine Erzählung, veranlaſt durch die
Preſsfreyheit in Dännemark. (Dieſer letzte Zuſatz
iſt ohne ſein Wiſſen auf den Titel geſetzt.) Aus dem
Däniſchen überſetzt. Kopenh. und Leipz. 1771. 8.
Aufſätze, gebundene und ungebundene, in der Wochenſchrift: Bibliothek for nyttige Skriver. Kbhavn.
1772. 4. (Vergl. *J. Zoëga* im Anhange.) * Kriti-
ſke Tanker over Syngeſtykket, Tronfœlgen i Sidon,
(af *N. K. Bredal*) og Efterſtykket, den dramatiſke
Journal (af ....) ved H. J.*** (Hans Johanſen.)
Kbhvn. 1772. 8. Magiſter Sebaldus Nothankers Lev-
net og Meninger. 1 Bind. Kbhvn. 1774. 8. 2 Bind.
1776. (Der dritte Band iſt, nach *Worms* Angabe 3,
569, von *Petrus Nicolai Nyegaard.*) * Die Wirkung
des Chriſtenthums auf den Zuſtand der Völker in Europa, von *Tyge Rothe.* Aus dem Däniſchen überſetzt,
4 Bände. Kopenh. 1775 bis 1783. 8. * Declamationen über einige Maurerpflichten, nebſt einer Cantate

tate auf die hohe Johannisfeyer, von dem Bruder
Redner d. L. Z. z. N. i. K. W. H. F. A. L. b. d. A.
und L. b. d. A. S. mit Erlaubnifs der Obern. Kopenh.
1776. 8. ⁺ Trauerrede zum feyerlichen Andenken
des weil. Hochwürdigften Provincial-Grofsmeifters
der vereinigten Freymaurerlogen in Deutfchland und
den königl. dänifchen Reichen und Ländern, gehalten
in der Trauerverfammlung im Jenner 1777 vom
Bruder Redner in der Loge Zorobabel zum Nord-
ftern. Kopenh. 1777. 8. ⁺ Antheil an: Sange over
Infœdsretten ved et Selfkab. 1777. Gebundene und
ungebundene Auffätze in der Monatsfchrift: Det almindelige danfke Bibliothek) Kbhvn. 1778-1780.
8. (Er war auch, nebft *Paulus Dankel Baft* und *Laurentius Smith*, Redacteur diefes Werks.) Recenfionen
in dem kritifchen Wochenblatte, welches in Kopenhagen feit 1724. 8. herauskömmt, damals unter dem
Titel: Nye Tidender om curieufe og lærde Sager,
nachher unter mehrmals verändertem Titel, izt aber
feit mehreren Iahren unter folgendem: Kiœbenhavn-
fke lærde Efterretninger. Von ihm find Recenfionen und Anzeigen darin, im Iahrg. 1778 und hernach im Iahrg. 1789 und den ff. bis izt. Neue Declamationen über einige Maurerpflichten in den L L.
Z. z. N. und Fr. z. gekr. H. i. K. von dem Bruder
Redner — Mit Erlaubnifs der Obern. Kopenh. 1779.
8. Grofse und gute Handlungen einiger Dänen, Norweger und Holfteiner, gefammelt von *Ove Malling*.
Aus dem Dänifchen überfetzt, 2 Theile. Kopenh.

1779. 8. (Von einer *andern* Ueberſetzung, die *Wilh.*
Heinſius ohne Angabe des Verlegers und Druckjahres
anführt, ſ. *L. Bielefeld* und *N. Oeſt.*) Recenſionen in
der kritiſchen Quartalſchrift: Almindelig danſk Lit
teratur-Journal. Kbhvn. 1779 bis 1784. 8. Geſchichte der königl. Artillerieſchule in Kopenhagen,
nebſt zwo Reden, welche in derſelben bey öffentlichen Prüfungen gehalten wurden. Kopenh. 1780.
8. Prolog for Fiſkerne, holden den 23 Mart. 1781,
da Digteren *J. Ewald* blev begravet. 4. Antheil an:
* Sange til Tidsfordriv for danſke Soemænd, (welche
W. E. Chriſtiani deutſch überſetzt hat.) Kbhvn. 1781.
8. Chriſtl Kirke. Oratorium. Et Priisdigt; im 14-
ten Stück der Forſ. i. d. ſk. og nytt. Videnſk. Kbhvn.
1783. Declamationen und Reden über Maurerpflichten und bey Feyerlichkeiten, nebſt Maurerge-
dichten. Theils verbeſſerte Auflage, theils bisher ungedruckte Stücke. Kopenh. 1785. 8. Gebundene
und ungebundene Auffätze in der däniſchen Monatsſchrift Minerva, die ſeit 1785. 8. in Kopenhagen herauskömmt. Udkaſt, hvorledes Kavalleriſter baade
Officerer og Gemene kunne i Fredstid giœres due-
lige til Feltttieneſten, og tydelige Begreber om Alt
dem bibringes. Paa hœi Befaling overſat af det Tydſke. Kbhvn. 1786. 8. (Iſt nicht blos Ueberſetzung;
die Manöver ſind umgearbeitet. — Fehlt im Repert.
der L. Z., ſo wie man den Titel des *Originals* gar
nicht angeben kann.) * Tronfœlgeren i Gondar.
Fortælling med Underſœgelſer. Kbhvn. 1787. 8.
(Zwey-

(Zweymal gedruckt in demſelben Iahr.) * Fragmenter af Samtaler, ſom Bilager til Skrivter: Tronfœlgeren i Gondar. Kbhvn. 1787. 8: Forſœg til en nye Forklaring over et Sted i Horatſes poetiſke Brev om Digtkonſten (V. 189.); im 2ten Theil der nye Samling af det kongel. norſke Videnſkabers Selſkabs Skrivter. Kbhvn. 1788. 4. (Dieſe Abhandl. fehlt im Repert. der L. Z. II, 714 ᵇ).) * Grundlinier til mathematiſk Geographie. (Kbhvn. 1789.) 8. * Kaiſer Joſephs Tod. (Kópenh.) 1790. 4. (Ein Gedicht.) * Til Nytte og Fornoielſe, Nyaarsgave. Kbhvn. 1790. 8. (Unter der Vorrede hat er ſich genannt.) * Hvad af den tydſke Sproglære bœr læres udenad. (Kbhvn. 1790. 8. — Iſt ein Auszug aus der deutſchen Sprachlehre. Kopenh. 1790.) * Om Trykkefrihed og Preſſetvang; af et Brev. Kbhvn. 1790. 8. * Anmerkninger til Stykket i Minervas Januar, kaldet: til Forfatteren af Folkets Rœſt om Tydſkerne. Kbhvn. 1790. 8. (Vergl. Intell. Blatt der A. L. Z. 1790. S. 931.) Landcadet Sœren Chriſtian Meyer. Kbhvn. 1791. 8. Gebundene und ungebundene Auffätze in der däniſchen Wochenſchrift: den danſke Tilſkuer. Kbhvn. 1791 ff. 8. (woraus: „Das Lied vom ſchönen Midel; ein neu aufgefundenes altes däniſches Volkslied, nebſt der Melodie," im 3ten Theil der *Bragur* deutſch überſetzt iſt.) * De ruſſiſke Robinſoner, en virkelig Tildragelſe. Nyaarsgave. Kbhvn. 1792. 12. * *J. Adams* Beantwortung der Paineſchen Schrift von den Rechten der Menſchen. Aus dem

Herr Kammerherr J. C. v. Gössel in Kiel.
— Pastor Grangaard zu Schobüll.
— Candidat Greiff in Flensburg.
— Doctor Gumprecht in Kopenhagen.
— Hammer, Hofmeister in Kopenhagen.
— Pastor Hammer in Nienstädten.
— Candidat Hansen in Flensburg.
— Probst Hansen in Schleswig.
— Pastor Harries zu Brügge.
— Hartmeyer zu Stocksee.
— Kammerrath Hasselmann in Plöen.
— Professor Hegewisch in Kiel.
— Professor Heinze in Kiel.
— Advocat Hellmann in Schleswig.
— Kammerherr Hennings in Plöen.
— Pastor Henningsen zu Töstrup.
— Leibmedicus Hensler in Kiel.
— Professor Hensler in Kiel.
— Pastor Hensler in Schleswig.
— Chirurgus Herboldt in Kopenhagen.
— Candidat Holm in Kiel, aus Lübek.
— Pastor Holst in Kiel.
— Doctor Jacobsen in Kopenhagen.
— Hausvoigt Jacobsen in Schleswig.
— Advocat Jahn in Kiel.
— Professor Jasperson in Flensburg.
— Jensen, Handlungsbedienter in Flensburg.
— Professor Jensen in Kiel.
— Stadtcassirer Jepsen in Sonderburg.
— Polizeymeister Jess in Kiel.
— Hofprediger Jessen zu Augustenburg.
— Pastor Jessen in Detzbüll.
— Nicolai Jessen in Sonderburg.
— Mechanicus Jürgensen in Schleswig.
— Pastor Kallmer in Fahretoft.
— Kammersecretair Kamphövener in Schleswig.
— Candidat Kelter in Rendsburg.
— Christian Karberg in Sonderburg.
— Lorenz Karberg in Sonderburg.
— Secretair Kirstein in Kopenhagen.
— Copiist Klinge in Schleswig.

Herr

Herr *Andreas Petersen* in *Sonderburg*.
— *Jacob Petersen* zu *Südenscenhoff* in *Angeln*.
— *Advocat Petri* in *Schleswig*.
— *Hardesvoigt Posselt* in *Schleswig*.
  Die *Predigerbibliothek* in *Preetz*.
— *Kanzeleyrath Prehn* in *Sonderburg*.
— *Commerzrath Rambusch* in *Schleswig*.
— *Zöllinspektor Rambusch* in *Schleswig*.
— *Kammerrath Rambusch* in *Sonderburg*.
— *Sekretair Ravit* in *Schleswig*.
— *Inspector Reich* zu *Rundhoff*.
— *Justizrath Reyher* in *Kiel*.
— *Pastor Georg Reimer* in *Rendsburg*.
— *Professor Reinbold* in *Kiel*.
— *Pastor Reuter* in *Horsbüll*.
— *Advocat Ruchmann* in *Plöen*.
— *Geheimeconferenzrath von Rumohr* in *Schleswig*.
— *Runge*, *Hauslehrer* in *Flensburg*.
— *Apotheker Säss* in *Hadersleben*.
— *Geheimerath von Schack* in *Kiel*.
— *v. Scheel*, *Studiosus* in *Kopenhagen*.
— *Pastor Schetelig* in *Husum*.
— *Pastor Schetelig* in *Schönberg*.
— *Sekretair Schirm* in *Schleswig*.
— *Graf von Schmettau* in *Schleswig*.
— *Kammerherr von Schmieden* in *Schleswig*.
— *Stnabschirurgus Schmidt* in *Hadersleben*.
— *Advocat Schmidt* in *Kiel*.
— *Klosterprediger Schmidt* in *Preetz*.
— *Probst Schmidt* in *Tondern*.
— *Schmitterlo*, *Buchhändler* in *Heide*.
— *Pastor Scholz* in *Bovenau*.
— *Professor Schrader* der *Aeltere* in *Kiel*.
— *Pastor Schröder* in *Hadersleben*.
— *Pastor Schrödter* in *Welt*.
— *Pastor Schütze* in *Bärkau*.
— *Conrector Schulz* in *Schleswig*.
— *Dr. Schumacher* in *Hadersleben*.
— *Kaufmann Schwark* in *Sonderburg*.
— *Pastor Fr. Christ. Schwartz* in *Bredstedt*.
— *Pastor Schwensen* zu *Hörup*.

Herr

Herr Affeffor *Schwers in Kiel.*
— Oberconfiftorialrath *Schwollmann in Schleswig.*
— P. *Seebufen zu Rehberg.*
— Dr. *Sidon in Plöen.*
— *Sönningfen in St. Jürgensbye bei Flensburg.*
— Dr. *Sörenfen in Glückstade.*
— Etatsrath *Stemann in Husum.*
— Conferenzrath von *Stemann in Schleswig.*
— Kanzeleifekretair *Stilke in Plöen.*
— Paftor *Suhr in Plöen.*
— Dr. *Thiefs in Kiel.*
— Paftor *Thiefen in Lunden.*
— Rector *Thöming in Eckernförde.*
— Dr. *Tobiefen in Husum.*
— Dr. *Thor Straten in Flensburg.*
— Etatsrath *Trendelenburg in Kiel.*
— Studiofus medic. *Uffhaufen in Kopenhagen.*
— Advocat *Valentiner in Schleswig.*
— Kanzeleifekretair *Valentiner in Schleswig.*
— Dr. *Valett in Kiel.*
— Organift *Vent in Satrup.*
— Profeffor *Viborg in Kopenhagen.*
— Paftor *Vollertfen zu Hütten.*
— Hofrath *Vofs in Eutin.*
— Profeffor *Weber in Kiel.*
— Advocat *Weinmann der Jüngere zu Süderftapel.*
— *Wetnich in Sonderburg.*
— Paftor *Wichmann in Rabenkirchen.*
— Landcommiffionsfekretair *Wiengarten in Schleswig.*
— Schulcollege *Wilckens in Preetz.*
— Paftor *Windekilde zu Satrup.*
— Paftor *Witte der Aeltere in Schleswig.*
— Rector *Wolf in Schleswig.*
— Controlleur *Zorn in Preetz.*

(N. 1 — 5.) ABRAHAMSON (Werner Hans Friedrich), *Artilleriecapitain* feit 1785 (ging 1787 aus dem Kriegsdienſt mit Penſion und Beybehaltung der Artillerieuniform), *Lehrer der Erdbeſchreibung, der deutſchen und däniſchen Sprache an der Artillerieſchule* feit 1771, *Lehrer der Philoſophie, des deutſchen und däniſchen Stils bey der Landcadettenakademie zu Kopenhagen* feit 1780, auch feit 1782 Mitglied der königl. Norwegiſchen Geſellſchaft der Wiſſenſchaften zu Trondhiem; *geboren zu Schleswig den 10 April 1744.* §§. Verfaſſer dreyer Auffätze in der 1767 wöchentlich erſchienenen Tillæg til Adreſſe-Comtoirets-Efterretninger. * Vier Gedichte über Eigenſchaften des höchſten Weſens; von *Chriſtopher Smart.* Eine Preisſchrift. (Dieſer Zuſatz, wofür es eigentlich Preisſchriften heiſſen müſste, iſt, ohne ſein Wiſſen, auf den Titel geſetzt.) Aus dem Engliſchen ins Deutſche (aber nicht metriſch) überſetzt, mit beygedrucktem Original. Kopenh. und Leipz. 1768. gr. 8. Landsfaderen og Erobreren. Et Priisdigt; im 7ten Stück der Forſøg i de ſkiœnne og nyttige Videnſkaber, ſamlede ved et patriotiſk Selſkab. Kbhvn. 1769. 8. (Der Landesvater und der Eroberer, überſetzt durch *J. A. F. Schifmann.* Kopenh. 1770. 8. 1 Bogen.) * Bey *Gellerts* Grabe den 23 Dec. 1769. (Schlesw.) 4. (Ein Gedicht von einem

Bogen.) Recenſionen in den beyden erſten Iahrgängen des kritiſchen Blattes, welches von 1770 bis 1785
unterm Titel: Sammlung einiger litterariſchen Nachrichten, in 8. erſt in Schleswig, hernach in Rendsburg herauskam. * Randgloſſen zur moraliſchen,
ſatyriſchen und kritiſchen Anatomie der Schriften auf
Hrn. Prof. *Gellerts* Tod, zu den Fortſetzungen derſelben und zu dem Friedensrichter zwiſchen dem Verfaſſer des Traums und den Anatomien. Leipz. 1771.
8. * Tanker om Krigsſtanden og dens Forbedring.
Kbhavn. 1771. 8. *Azan, oder der von Schulden
befreyte Fürſt; eine Erzählung, veranlaſt durch die
Preſsfreyheit in Dännemark. (Dieſer letzte Zuſatz
iſt ohne ſein Wiſſen auf den Titel geſetzt.) Aus dem
Däniſchen überſetzt. Kopenh. und Leipz. 1771. 8.
Auſſätze, gebundene und ungebundene, in der Wochenſchrift: Bibliothek for nyttige Skrivier. Kbhavn.
1772. 4. (Vergl. *J. Zoëga* im Anhange.) * Kriti-
ſke Tanker over Syngeſtykket, Tronfœlgen i Sidon,
(af *N. K. Bredal*) og Efterſtykket, den dramatiſke
Journal (af ....) ved H. J.*** (Hans Johanſen.)
Kbhvn. 1772. 8. Magiſter Sebaldus Nothankers Lev-
net og Meninger. 1 Bind. Kbhvn. 1774. 8. 2 Bind.
1776. (Der dritte Band iſt, nach *Worms* Angabe 3,
569, von *Petrus Nicolai Nyegaard*.) * Die Wirkung
des Chriſtenthums auf den Zuſtand der Völker in Europa, von *Tyge Rothe*. Aus dem Däniſchen überſetzt,
4 Bände. Kopenh. 1775 bis 1783. 8. * Declamationen über einige Maurerpflichten, nebſt einer Cantate

tate auf die hohe Johannisfeyer, von dem Bruder
Redner d. L. Z. z. N. i. K. W. H. F. A. L. b. d. A.
und L. b. d. A. S. mit Erlaubnifs der Obern. Kopenh.
1776. 8. * Trauerrede zum feyerlichen Andenken
des weil. Hochwûrdigſten Provincial-Groſsmeiſters
der vereinigten Freymaurerlogen in Deutſchland und
den königl. däniſchen Reichen und Ländern, gehalten
in der Trauerverſammlung im Jenner 1777 vom
Bruder Redner in der Loge Zorobabel zum Nord-
ſtern. Kopenh. 1777. 8. *Antheil an: Sange over
Infœdsretten ved et Selſkab. 1777. Gebundene und
ungebundene Auffätze in der Monatsſchrift: Det almindelige danſke Bibliothek) Kbhvn. 1778-1780.
8. (Er war auch, nebſt *Paulus Dankel Baſt* und *Laurentius Smith*, Redaĉteur dieſes Werks.) Recenſionen
in dem kritiſchen Wochenblatte, welches in Kopenhagen ſeit 1724. 8. herauskömmt, damals unter dem
Titel: Nye Tidender om curieuſe og lærde Sager,
nachher unter mehrmals verändertem Titel, izt aber
ſeit mehreren Iahren unter folgendem: Kiœbenhavnſke lærde Efterretninger. Von ihm ſind Recenſionen und Anzeigen darin, im Iahrg. 1778 und hernach im Iahrg. 1789 und den ff. bis izt. Neue Declamationen über einige Maurerpflichten in den L L.
Z. z. N. und Fr. z. gekr. H. i. K. von dem Bruder
Redner — Mit Erlaubniſs der Obern. Kopenh. 1779.
8. Große und gute Handlungen einiger Dänen, Norweger und Holſteiner, geſammelt von *Ove Malling*.
Aus dem Däniſchen überſetzt, 2 Theile. Kopenh.

1779. 8. (Von einer *andern* Ueberſetzung, die *Wilh.*
Heinſius ohne Angabe des Verlegers und Druckjahres
anführt, ſ. *L. Bielefeld* und *N. Oeſt.*) Recenſionen in
der kritiſchen Quartalſchrift: Almindelig danſk Lit
teratur-Journal. Kbhvn. 1779 bis 1784. 8. Geſchichte der königl. Artillerieſchule in Kopenhagen,
nebſt zwo Reden, welche in derſelben bey öffentlichen Prüfungen gehalten wurden. Kopenh. 1780.
8. Prolog for Fiſkerne, holden den 23 Mart. 1781,
da Digteren *J. Ewald* blev begravet. 4. Antheil an:
* Sange til Tidsfordriv for danſke Soemænd, (welche
W. E. Chriſtiani deutſch überſetzt hat.) Kbhvn. 1781.
8. Chriſti Kirke. Oratorium. Et Priisdigt; im 14-
ten Stück der Forſ. i. d. ſk. og nytt. Videnſk. Kbhvn.
1783. Declamationen und Reden über Maurerpflichten und bey Feyerlichkeiten, nebſt Maurerge-
dichten. Theils verbeſſerte Auflage, theils bisher ungedruckte Stücke. Kopenh. 1785. 8. Gebundene
und ungebundene Auffätze in der däniſchen Monatsſchrift Minerva, die ſeit 1785. 8. in Kopenhagen herauskömmt. Udkaſt, hvorledes *Kavalleriſter* baade
Officerer og Gemene kunne i Fredstid giøres due-
lige til Felttieneſten, og tydelige Begreber om Alt
dem bibringes. Paa høei Befaling overſat af det Tydſke. Kbhvn. 1786. 8. (Iſt nicht blos Ueberſetzung;
die Manöver ſind umgearbeitet. — Fehlt im Repert.
der L. Z., ſo wie man den Titel des *Originals* gar
nicht angeben kann.) * Tronfølgeren i Gondar.
Fortælling med Underſøgelſer. Kbhvn. 1787. 8.
(Zwey-

(Zweymal gedruckt in demselben Iahr.) *Fragmenter af Samtaler, som Bilager til Skrivter: Tronfœlgeren i Gondar. Kbhvn. 1787. 8. Forsœg til en nye Forklaring over et Sted i Horatses poetiske Brev om Digtkonsten (V. 189.); im 2ten Theil der nye Samling af det kongel. norske Videnskabers Selskabs Skrivter. Kbhvn. 1788. 4. (Diese Abhandl. fehlt im Repert. der L. Z. II, 714 b).) *Grundlinier til mathematisk Geographie. (Kbhvn. 1789.) 8. *Kaiser Josephs Tod. (Kopenh.) 1790. 4. (Ein Gedicht.) *Til Nytte og Fornoielse, Nyaarsgave. Kbhvn. 1790. 8. (Unter der Vorrede hat er sich genannt.) *Hvad af den tydske Sproglære bœr læres udenad. (Kbhvn. 1790. 8. — Ist ein Auszug aus der deutschen Sprachlehre. Kopenh. 1790.) *Om Trykkefrihed og Pressetvang; af et Brev. Kbhvn. 1790. 8. *Anmerkninger til Stykket i Minervas Januar, kaldet: til Forfatteren af Folkets Rœst om Tydskerne. Kbhvn. 1790. 8. (Vergl. Intell. Blatt der A. L. Z. 1790. S. 931.) Landcadet Sœren Christian Meyer. Kbhvn. 1791. 8. Gebundene und ungebundene Aufsätze in der dänischen Wochenschrift: den danske Tilskuer. Kbhvn. 1791 ff. 8. (woraus: „Das Lied vom schönen Midel; ein neu aufgefundenes altes dänisches Volkslied, nebst der Melodie," im 3ten Theil der *Bragur* deutsch übersetzt ist.) *De russiske Robinsoner, en virkelig Tildragelse. Nyaarsgave. Kbhvn. 1792. 12. *J. *Adams* Beantwortung der Paineschen Schrift von den Rechten der Menschen. Aus dem

Eng-

Englifchen. Kopenh. 1793. 8. *Fredrik Bagger den
Vindfkibelige. Nyaarsgave. Kbhvn. 1794. 20. (Unter der Vorrede hat er fich genannt.) Gebundene
und ungebundene Auffätze in der Quartalfchrift: Det
danfke Krigsbibliothek, et Quartalsfkrivt, udgivet
af *Ravert* og *Abrahamfon.* 1794. 8. med Kobb. (wird
fortgefetzt.) *Kort Udtog af den tydfke Sproglære.
(Kbhvn. 1795.) 8. (Ift eine verbefferte Auflage der
1790 unterm Titel: Hvad — erfchienenen Schrift.)
— Hat fich öffentlichen Nachrichten zufolge mit *N.
E. Balle* zur Verfertigung eines neuen dänifchen Ge-
fangbuchs vereinigt. — Das von ihm in der Michaelismeffe 1787 angekündigte „Vollftändige Protocoll
der Commiffion, welche verordnet worden, Gefetze
vorzufchlagen, wodurch die bürgerlichen Rechte der
Bauern auf den adelichen Gütern in Dännemark beftimmt und gefichert werden. Aus dem Dänifchen
überfetzt und mit den nöthigften Sacherklärungen
begleitet," wird *nicht* erfcheinen. (*Gröftentbeils Autographum.*)

(M.) ACKERMANN (Johann Friedrich), *Doctor der A.
G. und derfelben, wie auch der Phyfik, ordentlicher Profeffor zu Kiel feit* 1760, *auch feit* 1775 *Archiater* mit
Etatsraths Range, *und feit* 1780 *Quäftor der Univerfität; geb. zu Waldkirchen im Vogtlande den 3 Febr.* 1726.
§§. D. inaugur. de voce naturae. Goetting. 1751. 4.
(praef. *G. G. Richter*, in deffen opufcc. medicis fie
wieder abgedruckt ift.) Praefagia medica ex prae-
cordiis. ib. 1752. 4. Pr. de incognito apud veteres
in-

inftrumentorum phyficorum ufu. Chilon., 1760. 4.
Oratio de ftudiis litterarum valetudinis et vitae con-
firmandae optima praefidia praeftantibus. ib. eod. 4.
Difp. hiftoriae aetheris P. I. ib. 1768. 4. Comment. obfervationum phyfico-aftronomicarum et
meteorologicarum, cum figg.; accedunt eiusdem
oratt. duae proreƈtorales. ib. 1770. 4. Commentatio epiftolaris de infitione variolarum ad *G. G.*
Richter. ib. 1771. 8. Pr. quo enarratur morbus et
feƈtio nuper (a. d. 2 Febr.) adufti (*Friderici Caroli*
Meisner, Archid. Chilonienf.—vergl. Kieler gel. Zeit.
1771. S. 119 ff.) ib. 1771. 4. (Auch deutfch: Nachricht von der fonderbaren Wirkung eines Wetter-
ftrahls; vermehrte Ausgabe. Kiel 1772. 8.) Obfer-
vationes chirurgicae. ib. 1772. 4. Nofologiae Holfatiae P. I. ib. 1773. 4. Difp. obsf. medico-chi-
rurgicarum fpecimen. ib. 1775. 4. (Pr.) Ad variolarum infitionem quaedam analeƈta. ib. eod. 4. Difp.
obsf. chirurgicas compleƈtens. ib. 1781. 4. (Pr.)
Obfervatio ufus emeticorum in pleuritide vera in-
flammatoria egregii. ib. 1782. 4. D. de malignita-
tis morborum difertioribus fignis. ib. eod. 4. D. de
venenorum aƈtione. ib. eod. 4. D. de antimonii ufu
medico. ib. 1786. 4. (Pr.) Memorabile graviditatis
fere biennis exemplum. ib. 1790. 4. — Die ihm im
Meufel beygelegte „D. de miasmate contagiofo," ift
nicht von ihm, fo wie die „D. de tinƈturae Guayacinae virtute antarthritica" von *J. C. Kerftens.* (*Re-*
vidir:.)

ADAMI (Johann Wilhelm), *Iuftitzrath und erfter Canze-leyfecretair in Glückftadt;* geb. zu .... 17... §§. * Zufällige Gedanken über den wenigen Betrieb in Holftein; in den Schlesw. Holft. Prov. Ber. 1789. H. 5. (M. u. N. 1. 2. 5.) ADLER (Georg Chriftian), Sohn des Georg Chriftian Adler im *Adelung;* vergl. aufser dem *E. F. Neubauer* und *J. G. W. Dunkel* Acta hift. eccl. Th. 38. S. 266. und im Anhange S. 1080. — *Königl. dänifcher Kirchenprobft in Pinneberg und Altona und Hauptpaftor der Evangelifch-Lutherifchen Gemeine zu Altona* feit 1791, vorher feit 1765 erfter und feit 1759 zweyter Compaftor dafelbft, feit 1758 Paftor zu Sarau, feit 1755 Prediger auf Arnis; *geb. zu Alt-Brandenburg den 6 May 1734.* §§. Der von Gott frommen Regenten verheifsene Segen; eine Rede am Iubelfefte der unumfchränkten Erb - Regierung in den Königreichen Dännemark, Norwegen — Altona 1761. 8. Entwurf der Predigten, welche er von Advent 1759 bis dahin 1763 über die ordentlichen Epifteln gehalten hat, 2 Bände. Dafelbft. 8. D. G. C. *Maternus von Cilano* ausführliche Abhandlung der römifchen Alterthümer, in Ordnung gebracht und herausgegeben. 4 Theile. Daf. 1775. 1776. 8. Des *T. Livius* aus Padua römifche Gefchichte, von C. G. *Maternus von Cilano* überfetzt; zum Druck befördert und mit einigen Anmerkungen begleitet. 8 Theile. Daf. 1778. 1779. 8. Ausführliche Befchreibung der Stadt Rom, mit (15) Kupf. Daf. 1781. 4. Nachricht von den pontinifchen Stumpfen und deren Austrocknung, mit einer

einer genauen Karte derselben. Hamb. 1784 (eigentlich 1783). 4. *S. Jul. Frontini* de aquaeductibus
u bis Romae commentarius, cum figg. Alton. 1792.
8. Einige Predigtentwürfe in *J. G. Reichenbachs*
Vormittagspredigten von 1766 und 1767. — Vergl.
Boltens Kirchennachrichten von Altona. 1, 110 ff.
(*Revidirt.*)

(M. v. N. 1. 2. 4. 5.) ADLER (Jakob Georg Chriſtian),
des vorigen Sohn — *D. der Theologie* ſeit 1790, *Oberconſiſtorialrath, Generalſuperintendent des Herzogthums
Schleswig und Kirchenprobſt zu Tondern* ſeit 1792, vorher ſeit 1789 deutſcher Hofprediger und ſeit 1785
Paſtor an der deutſchen Friederichskirche zu Chri-
ſtianshaven, zuerſt ſeit 1783 auſerordentlicher Profeſſor der ſyriſchen Sprache und ſeit 1788 auſerordentlicher Prof. der Theologie zu Kopenhagen; *geb.
auf Arnis*, in der Schliesharde, Amts Gottorff, *den
6 Dec. 1756.* §§. סדר תקוני שטרות. Sammlung
von gerichtlichen jüdiſchen Contracten, rabbiniſch
und deutſch. Hamb. 1773. 8. Zweyte Auflage. Altona 1792. 8. Iudaeorum codicis ſacri rite ſcriben-
di leges ad recte aeſtimandos codices manuſcriptos
antiquos per veteres. E libello Talmudico: מסכת
הספרים (Tractat der Schreiber) in latinum conver-
ſas et annotationibus neceſſariis explicatas, eruditis
examinandas tradit. Hamb. 1779. 4. Deſcriptio
codicum quorundam Cuficorum, partes Corani exhi-
bentium in bibliotheca regia Hafnienſi et ex iisdem
de ſcriptura Cufica Arabum obſervationes novae;

prac-

praemittitur difquifitio generalis de arte fcribendi
apud Arabes, ex ipfis auctoribus arabicis iisque ad-
huc ineditis fumta. Altonae 1780. 8 mai. Mufeum
Cuficum Borgianum Velitris illuftratum. Rom. 1782.
4 mai. (Deutfch abgekürzt mit Vermehrungen von
J. G. Eichhorn: „Von der Religion der Drufen," im
Repertor. für bibl. und morgenländifche Litteratur,
Th. 12.) T. 2. Hafniae 1792. 4 mai. — hat auch
den befondern Titel: Collectio nova numorum Cuficorum feu Arabicorum CXVI continens nümos ple-
rosque ineditos e Mufeo Borgiano et Adleriano di-
gefta et explicata, und erhielt 1794 einen neuen Titel: — editio fecunda aucta fupplemento (numorum
Cuficorum quibus e munificentia ill. *P. F. Submii* au-
ctum eft mufeum Adlerianum), cum VI tabb. — Von
den Kurden in Afien. An den Herrn Hofrath *Eichhorn* in Jena; in Beziehung auf deffen Repertorium 8.
152 ff.; in *Schlözers* Staatsanzeigen H. 10. S. 197 ff.
(1783.) Kurze Ueberficht feiner biblifch-kritifchen
Reife nach Rom. Altona 1783. 8. Reifebemerkun-
gen auf einer Reife nach Rom, aus feinem Tagebuche
herausgegeben, mit einer Vorrede von feinem Bruder *Johann Chriftoph Georg Adler* (Obergerichtsadvo-
caten in Altona). Altona und Hamb. 1784. 8. Brevis linguae Syriacae inftitutio, in ufum tironum. Altonae 1784. 8. Beyträge zu Montfaucons Hexaplen, aus einer Handfchrift der Pfalme codex Vatica-
nus 754; im 14ten Th. des Repertoriums (1784).
Neue Beyträge zur Gefchichte der Drufen, aus den
arabi-

arabifchen Handfchriften der köpigl. Bibliothek zu
Kopenhagen; daf. Th. 15. Antrittspredigt in der
Friederichskirche auf Chriftianshaven am Himmel-
fahrtstage 1785, zum Beften der Chriftianshavner
Freyfchule. Kopenh. 1785. (auch ins Dänifche über-
fetzt.) Das erfte gedruckte Stück des griechifchen
N. T. vom Iahr 1504 befchrieben; im Repertorium
Th. 18. (1786.) (Pr.) Nonnulla Matthaei et Marci
enuntiata ex indole linguae Syriacae explicata et ob-
fervationes quaedam in hiftoriam utriusque evange-
lii. Hafniae 1786. 4. Bibliotheca biblica Sereniff.
Würtembergenfium ducis, olim Lorckiana, edita et
Sereniff. duci defcripta. V Partes. Altonae 1787. 4.
Kammuwa, Einweihungsformular zum zweyten
Grade der Bomanifchen Mönche in Ava, mit einem
Kupfer; im deutfchen gemeinnützigen Magazin 1ften
Iahrg. 1ftes Stück. 1788. Novi teftamenti verfio-
nes Syriacae, fimplex, Philoxeniana et Hierofolymi-
tana, denuo examinatae et ad fidem codicum manufcriptorum bibliothecarum Vaticanae, Angelicae, Af-
femanianae, Mediceae, regiae aliarumque novis obfervationibus atque VIII tabulis aeri incifis illuftra-
tae. Hafniae 1789. 4. Vergl. mit: Epiftolae duae,
una R. P. A. *Antonii Georgii*, Aug. Procur. generalis,
altera *J. G. C. Adleri*, in quibus loca nonnulla ope-
ris Adleriani de verfionibus Syriacis N. T. exami-
nantur. Hafniae 1791. 4. Antrittspredigt in der
Schlofskirche am vierten Sonntage nach Oftern, über
Luca 2, 49. Kopenh. 1789 (auch dänifch). Die
Forde-

Forderungen Iefu in Abficht des Gehorfams gegen
die Landesobrigkeit; eine Predigt über das Evangelium am 23 Sonntage nach Trinitat., in der Friederichskirche gehalten. Kopenh. 1789. 8. Difp. inaugur. Nonnulla de vaticiniis V. T. de Chrifto. Hafniae 1790. 4. *Abulfedae* annales Moslemici arabice
et latine, opera et ftudiis *Jo. Jak. Reiskii*, fumptibus
atque aufpiciis *Petri Frid. Submii*, nun primum edidit.
T. 1. Res geftas a Muhammede ufque ad excidium
Chalifarum Ommiadarum continens. Hafn. 1790.
4 mai. T. 2. continens res geftas fub Chalifis Ab-
bafidis et Ommiadis in Hifpania, ufque ad annum
400. ib. eod. T. 3. continens res geftas ab anno
401. ufque ad finem dynaftiae Chalifarum Fatemi-
darum a. 567. ib. 1791. T. 4. continens res geftas
ab anno fugae 401. ufque ad finem a. 660. ib. 1792.
T. 5. continens quidquid reftat de opere Abulfedae
et indices. ib. 1794. Einige Predigten, gehalten vor
den Königl. dänifchen Herrfchaften und auf allerhöchften Befehl herausgegeben. Kopenh. 1790. 8.
Das Sittenbuch Aattifuwadi (aus einem malabarifchen
Original); im deutfchen Magazin 1791. Febr. Abfchiedspredigt in der Friederichskirche am dritten
Faftenfonntage, den 3 März 1793. Kopenh. (auch
dänifch.) Abfchiedspredigt in der Schlofskirche am
Palmfonntage, den 24 März 1793. Daf. (auch dänifch.) Rede bey Einweihung der Kirche zu Geltingen. Flensb. 1795. 8. — Endlich ftehen im 7ten
Theile von *Balthafar Münters* Predigten über die ge-
wöhn-

wöhnlichen Sonntagsevangelien, in Verbindung mit andern Schriftstellen, (Kopenh. und Leipzig 1785) *zwey Predigten* von ihm, nämlich: Das Unerforschliche in der göttlichen Regierung, gehalten am ersten Sonntage nach Neujahr, über Matth. 2, 19-23, vergl. mit Röm. 11, 33. und: Die Verbindung unsers gegenwärtigen Lebens mit dem zukünftigen, gehalten am 10 Sonntage nach Trinitat., über Lucä 19, 41-48, vergl. mit Gal. 6, 7; so wie man in S. A. G. *Schmidts* Einweihungsfeyer der Kirche zu Cappeln (Flensb. 1793. 8.) seine *Einweihungsrede* findet. — Vergl. *Worm* Th. 3. S. 10 und 892, auch das Programm von *Jeremias Wöldicke*, welches bey Gelegenheit seiner Doctorpromotion gedruckt ward. — *Zweymal* zu Kopenhagen in Kupfer gestochen, aber beydemal schlecht getroffen. *(Revidirt.)*

AHLMANN (Johann Conrad), *Secretair auf dem Amthause zu Bredstedt* seit 1794; *geb. zu Sonderburg den 9 Octob. 1773.* §§. * Der Hermansberg (verteutscht aus: Labyrinten eller Reise giennem Tydskland, Schweiz og Frankerig, ved *Jens Baggesen.* Foerste Deel. 1792); im teutschen Mercur Ian. 1794. * Noch ein Fragment aus *J. Baggesen's* Reisen, Manheim; das. April. * Drittes Fragment, aus *J. Baggesen's* Reisetagebuch; das. May. * *Rousseau's* Insel, oder St. Peter im Bielersee (Fragment aus *J. B.* Reisen); das. Ian. 1795. — Hat dem Herausgeber des teutschen Mercurs versprochen, von Zeit zu Zeit *dänische* Abhandl., die in demselben eine Stelle verdienen, zu übersetzen. *(Rev.)*

(N.

(N. 1. 2. 4. 5.) ALBRECHT (Heinrich Chriſtoph), *lebt seit 1794 auf seinem Gute Kielseng bey Flensburg,* vorher privatiſirender Gelehrter zu Hamburg und zuerſt Mitdirector einer Erziehungsanſtalt zu Eppendorf bey Hamburg (Lehrer der engl. Sprache zu Halle und Hamburg war er nie); *geb. zu Hamburg im Novemb. 1763.* . §§. *Venus und Adonis; Tarquin und Lucretia. Zwey Gedichte von *Shakeſpeare;* aus dem Engliſchen überſetzt. Mit beygedrucktem Original. Halle 1783. gr. 8. Verſuch einer kritiſchen engliſchen Sprachlehre; vorzüglich nach dem Engl. des D. *Lowth;* Biſchof zu London. Daſ. 1784. gr. 8. A ſhort Grammar of the german tongue. Hamb. 1786. 8. *Joh. Jak. Bachmair's* engliſche Grammatik, verbeſſert herausgegeben. Daſ. 1789. 8. *Neue Hamburgiſche Dramaturgie. Daſ. 1791. 8. (hörte mit dem 16ten St. ſchon wieder auf.) Gab mit *J. A. Fährenkrüger* (nicht: *Wächter*, der nur Mitarbeiter war) heraus: *Hamburgiſche Monatsſchrift, 6 Stücke. Daſ. 1791. 8. Materialien zu einer kritiſchen Geſchichte der Freymaurerey. Erſte Sammlung. Daſ. 1792. 8. Verſuch über den Patriotismus. 1ster Th. Daſ. 1793. 8. (Th. 2. iſt angekündigt.) Unterſuchungen über die engliſche Staatsverfaſſung, nach den neueſten Veranlaſſungen der Geſchichte dieſes Landes. 2 Theile. Lübeck 1794. 8. *Unterſuchung über wahre und fabelhafte Theologie, von *Th. Paine.* Aus dem Engl. überſetzt und mit Anmerkungen und Zuſätzen des Ueberſetzers begleitet. Deutſchl. 1794. 8. Carl I.
von

von England, ein hiſtoriſches Fragment; im Genius
der Zeit, April 1795. — Ein Paar anonymiſche Schriften, zur Vertheidigung des Freyherrn *von Knigge* gegen J. G. Zimmermann. — Antheil an der Hamburger allgem. Litter. Zeitung, am Braunſchw. nachher
Schlesw. Journal, (aûs dem: Geheime Geſchichte eines geweſenen Roſenkreuzers. Hamb. 179., beſonders abgedruckt iſt,) am Journal aller Journale, und
an der Predigerzeitung 1790. 1791. — Das Uebungs-
buch zur Erlernung der engliſchen Sprache, welches
W. Heinſius ihm beylegt, iſt, dem gelehrten Deutſchland zufolge, von ſeinem Bruder *Dieterich Rudolph.*
(*Sollte* nicht revidirt werden.)

(M. u. N. 2. 4. 5.) ALERS (Chriſtian Wilhelm), *Doctor
der Philoſophie und Paſtor zu Ueterſen* in der Herrſchaft
Pinneberg ſeit 1789, vorher ſeit 1768 erſter Prediger zu Rellingen in derſelben Herrſchaft; *geb. zu
Hamburg den 6 Dec. 1737.* §§. Predigten und Auszüge einiger Confirmationsreden. Theil 1. Hamb.
1773. 8. Th. 2. 1775. Ein Verſuch über die Reden des Apoſtels Paulus zur Ehre des Chriſtenthums.
Daſ. 1776. 4. Rede bey der Taufe eines erwachſe-
nen Mohren. Daſ. 1777. 8. Kraut und Unkraut,
beydes bis zur Ernte; eine Predigt über Matth. 13.
24-50. Daſ. 1786. 8. Gedichte der Religion, dem
Vaterlande und der Freundſchaft geſungen. 3 Bände.
Daſ. 1786. 1787. 1788. 8. — Viele *Gedichte* in Hamburg. Wochenſchriften und Zeitſchriften, auch eine
Predigt von der Liebe fürs Vaterland, über das Evangelium

gelium Luca 10, 41-48, am 10 Sonntage nach Trinitat., in der erften Sammlung der von öffentlichen
Lehrern in Schleswig und Holftein gehaltenen (und
von *Jakob Jochims* herausgegebenen) Predigten und
Reden. Flensb. und Leipz. 1784. 8.) — Vergl. *Boltens* K. N. von Altona 2, 222.

(M. u. N. 1.) AMBROSIUS (Eduard), *Hofrath* und von
1789 bis 1794 Landvogt *auf Sylt*, vorher auf Glücksburg; *geb. zu Flensburg :745.* §§. * An den Herrn
(Georg Bruyn) Verfaffer der Prüfung der Gedänken
des Hrn. Profeffor *Fabricius* von der Volksvermehrung in Dännemark. Flensb. 1782. 8. * *Andr. Schytte*
Dännemarks und Norwegens natürliche und politifche Verfaffung; deutfch überfetzt, mit einigen Zufätzen und Anmerkungen. 1fter Theil. Flensb. 1782.
8. 2ten Th. 1ftes Stück 1785. * Verfuch über die
Staatsverfaffung von Spanien. Hamb. und Kiel 1783.
8. * Kurze Nachrichten von Sylt. Kopenh. 1792. 8.
(wieder abgedruckt in den Prov. Bericht. 1792. H.
4.) — *(Revidirt.)*

ANDERSEN (Andreas Otto), *Caffirer bey der Schleswig-
Holfteinifchen Speciesbank in Altona* feit 1788, vorher
feit 1777 Bankcaffirer; *geb. dafelbft den 19 Iul. 1751.*
§§. * Tabellen, wornach die Silber-Barren in der Altonaifchen Bank in Bankogeld zu berechnen, von 15
Loth 12 Grän bis 15 Loth 16½ Grän, mit der Berechnung des feinen Silbers, die Mark fein a 27 ℳ︁
10 ß und 27 ℳ︁ 12 ß. Altona. 41 S. in Querquart.
(Unter der Dedication find die Verf. genannt, nämlich

lich S. Jenſen, *A. O. Anderſen* und D. Stahl, von welchen Stahl ſchon verſtorben, Jenſen aber, ein geborner Däne, itzt in Dännemark iſt.) — *(Mitgetheilt.)*

APPENFELDER (Auguſt Moriz), *Grofsfürſtlicher Capi-*
tain ſeit 1773, erbielt 1774 ſeinen Abſchied und priva-
tiſirt in Kiel; geb. daſelbſt den 5 Dec. 1740. §§. *Etwas zur Aufklärung an das vernünftige und forſchen-
de Kieliſche Stadtvolk, in Verſen, mit Anmerkungen
in Proſa, von einem Liebhaber der Wahrheit. Gedruckt in Deutſchland (Kiel) 1788. 8. *(Mitgetheilt.)*

BADEN (Torkel), Sohn des *Jakob B.* im *Meuſel* und
Worm, mit welchem er in gelehrten Zeitungen und
ſelbſt N. 5. verwechſelt wird — *Doctor der Philoſophie*
und auſserordentlicher Profeſſor der Eloquenz und Philo-
logie in Kiel ſeit 1794, auch ſeit 1795 zweyter Cuſtos der Univerſitätsbibliothek, (vorher ſeit 1793
aufserordentlicher Profeſſor der Philologie zu Kopenhagen,) Mitglied der Akademie der Volſcer zu Ve-
letri und correſpondirendes Mitglied der königl. Geſellſchaft der Wiſſenſchaften in Göttingen; *geb. auf*
Friederichsburg den 27 Iul. 1765. §§. De eloquentia
Paulina ſpecimen. Hafn. 1786. 8. Arae Deo ignoto dicatae (Act. 17, 23.) cauſſas ex antiquiſſimae religionis natura probabiliter eſſe repetendas, contra
Diogenis Laërtii narrationem diſp. ib. 1787. 8. (D.
inaugur.) de cauſſis neglectae a Romanis tragoediae.
Götting. 1789. 8. De arte ac iudicio Flavii Philo-
ſtrati in deſcribendis imaginibus commentatio. Hafniae 1792. 4. Ein Aufſatz über die Normalſchule

(M.) BECHSTEDT (Johann Cafpar), *Kunft- und Luft-gärtner zu Steinberg* in der Nieharde Amts Flensburg, (vorher zu Louifenlund;) *geb. zu .... im Magdeburgifchen unweit Halle 17 ...* §§. Vollftändiges Niederfächfifches Land- und Gartenbuch. 3 Theile. Flensb. und Leipz. 1772-1774. 8. Der Küchengartenbau, für den Gärtner und Gartenliebhaber befchrieben. Schlesw. 1795. 8. Küchengartenkalender; aus dem Küchengartenbau befonders abgedruckt. Daf. 1795. 8. *(Mitgetheilt.)*

BECKER (Johann Hermann), Sohn des verftorbenen *Hermann Ludewig B.*, Leibmedicus bey der verwittweten Herzogin von Mecklenburg-Schwerin, Verfaffers einiger Briete, die *Car. Chriftoph. Engel* fpeciminibus medicis (Berol. 1781. 8.) beygefügt find — *Doctor der A. G. und ausübender Arzt in Altona* feit 1794; *geb. zu Schwerin den 5 Iun. 1770.* §§. D. inaugur. medica exhibens quaeftionem: an phthifi pulmoniali exulceratae conveniant remedia tonica? quam — defendit auctor. Roftoch. 1793. 8. *(Mitgetheilt)*. Hat in Verbindung mit *F. G. A. Bouchholz* angekündigt: „Auszüge aus den neueften medicinifchen Streitfchriften."

BEHRENS (S... ied Johann Georg), *Doctor der Rechte und Amtsfchreiber auf Bordesholm* feit 1795, vorher Adjunct der Iuriftenfacultät in Kiel feit 1794 und zuerft feit 1792 Privatdocent dafelbft; *geb. zu Marne* in Süderdithmarfchen *den 17 Iul. 1768.* §§. (Diff. inaugur.) De periculo et commodo rei fub lege addictio-

dictionis in diem venditae commentatio. Kil. 1793.
8. (*Revidirt.*)

BENDIXEN (Johann Aegidius), *Pastor zu Böhl* in der
Struxdorfharde Amts Gottorff seit 1791, vorher
Pastor zu Hollingstedt in der Ahrensharde desselben
Amts; *geb. zu Schleswig 1740.* §§. Nachricht von ei-
nigen neuerlichst im Schleswigschen gefundenen rö-
mischen Silbermünzen; in den Schlesw. Holst. Prov.
Ber. 1788. H. 3. Ueber die Freuden des Christen-
thums und die Pflicht, es standhaft zu bekennen (eine
Predigt und eine Confirmationsrede). 1790. 8 (*Re-
vidirt.*)

BENDIXEN (Johann Jakob), *Doctor der A. G., Physikus
der Stadt Schleswig und des Amts Gottorff, wie auch zu
Cappeln,* seit 1778, vorher seit 1772 Physikus zu Segeberg und zuerst ausübender Arzt zu Apenrade; *geb.
zu Tondern den 15 August 1741.* §§. D. inaugur. de
diarrhoeae in febribus exanthematicis noxa et salute.
Halae Magdeb. 1765. 4.—Einige Aufsätze in gelehrten Journalen und im Schlesw. Wochenblatt. (*Autographum.*)

VAN DEN BERG (Hendrik), *Mennonitischer Schullehrer
in Altona; geb. zu Rotterdam den 13 Febr. 1743.* §§. Aan-
sprak van H. van den B. Informator, aan de Cura-
toren der School den Eerw. Kerkenraad de Contri-
bueeren de Leeden en aan de Kinderen — beygefügt
der in *Boltens* Kirchennachrichten von Altona 1, 304
aufgeführten Schrift: Redevoering ter Inwyding van
de gemeentelyke School te Altona opgerecht; uitge-

   spro-

ſprocken d. 12 Sept. 1774. door *Pieter Beets.* Altona
1774. gr. 8. * Gedagten by het Grav van ouzen
zaligen Leeraar R. *Rabuſen*; in einer bey dieſer Gelegenheit Altona 1793. 8. erſchienenen und unter
Karsdorp aufgeführten Sammlung.

BERNTH (Peter Ludewig), Bruderſohn des Johann Ludewig im *Worm* — *Paſtor zu Warnitz* Amts Apenrade
ſeit 1793, vorher ſeit 1781 reſidirender Capellan
zu St. Laurentii auf Weſterlandsföhr, zum Stifte Ripen gehörig, ſeit 1782 Paſtor zu Enge in der Karrharde Amts Tondern, und ſeit 1789 Paſtor zu Nord-
lügum im Amte Lügumkloſter; *geb. zu Kopenhagen
den 18 Iun. 1754.* §§. De ανϑρωποϑυσίᾳ inter Iudaeos
legibus non ſtabilita. . . . 1775 (als Baccalaureus der
Philoſophie). Verſuch eines Beweiſes, daſs wahre
Chriſten bey einer monarchiſchenStaatsverfaſſung ſich
des Genuſſes ihrer Menſchenrechte zu erfreuen haben (eine Predigt). Schlesw. und Leipz. 1793. gr. 8.
(Revidirt.)

BIELEFELD (Ludewig), *Paſtor zu Sterup* in der Nieharde Amts Flensburg ſeit 1757, vorher ſeit 1743
Feldprediger bey der Königinn Leibregiment und
ſeit 1744 Paſtor zu Ockholm in der Landſchaft Bredt-
ſtedt; *geb. zu Kellingbuſen Amts Rendsburg den 17 Iul.
1717.* §§. Beſorgte die zweyte Hälfte der zu Flensburg und Leipzig 1779. gr. 8. anonymiſch erſchienenen Ueberſetzung von *Ove Mallings* groſsen und guten Handlungen einiger Dänen, Norweger und Holſteiner (vergl. *N. Oeſt*); und überſetzte: „En god Sam-
wit-

wittigheds faſte Slot." (Aus dem Engliſchen des *Shef-*
field.) Kbhvn. 174.. *(Nach dem Autographum.)*

von BINZER (Ludewig Jakob), *Oberſter des Iägercorps*
zu Kiel; geb. zu … *in der Graffchaft Hanau 174..* (?)
§§. * Etwas von der Entſtehung, dem Zweck und
dem Zuſtande der däniſchen Iägercorps; in den
Schlesw. Holſt. Prov. Ber. 1787. H. 2. * Eine Bitte
an unſere Topographen; daſ. 1792. H. 3. Ueber
die Oxenwather Heide zwiſchen Haderslehen und
Ripen; ein Schreiben an den Herausgeber, bey Gelegenheit des diesjährigen Lagers; daſ. H. 4. *(konnte*
nicht revidirt werden.)

BIOERENSEN (Johann), Sohn des Magiſter *Lorenz B.*,
Rectors zu Hadersleben bis 1762 und nachmaligen
Paſtors zu Stenderup im Amte Hadersleben, wo er
1784 ſtarb — *Paſtor zu Schottburg* in der Fröfsharde
Amts Hadersleben ſeit 1789, vorher ſeit 1784 Collaborator an der Schule zu Hadersleben; *geb. daſelbſt*
den 5 Febr. 1759. §§. * Kurzer Verſuch über die beſte Einrichtung und den zweckmäſsigen Unterricht
in Bürger- und Dorfſchulen. Hadersleb. 1792. 32 S.
4. (unter der Zueignung hat er ſich genannt.) — Antheil an der unter *J. Boyſen* aufgeführten Haderslɛ-
biſchen Monatsſchrift. *(Nach dem Autographum.)*

BISCHOPF (Jakob), *Kaufmann in Flensburg;* geb. zu …
17… §§. * Betrachtungen über die Evangelien.
Aus dem Däniſchen überſetzt. 1ſter Theil. Flensb.
1793. 8. *(Mitgetheilt.)*

BLATT (Jürgen), *Verwalter des Gutes Lóitmark* im Lande Schwanfen feit 1760; *geb. zu Flensburg den 24 Auguſt 1735.* §§. * Betrachtungen über die erörterte
Frage: wie dem Bauernſtande Freyheit und Eigenthum in den Ländern, wo ihm beydes fehlt, verfchaft
werden hönne. Flensb. 1769. 8. * Erläuterte Münz-
tabellen zum alltäglichen Gebrauch bey der neuen
Münzverordnung, fowohl in Species- als Courant-
münze, nach ihrem Gewicht. Schlesw. 1788. 8. * Ueber die Niederlegung der Domänen und Landgüter
in den Herzogthümern Schleswig und Holftein, und
über die damit verbundenen wirklichen und fchein-
baren Vortheile. Flensb. Schlesw. und Leipz. 1790.
8. Antikritiken im 7ten und 9ten Stück der monatlichen Ueberficht der gefamten Litteratur, (Schlesw.
1791. 8.) wider *Esmarch's* Recenfion im 2ten Stück.
(Der Verleger jenes Journals hat nachher den ganzen Schriftwechfel Beyder unter folgendem Titel gefammelt:) * Briefe über die Niederlegung der adelichen Güter und über die neulich herausgekommenen Bemerkungen über Angeln (von *F. W. Otte*).
Flensb. und Leipz. 1793. 8. Kann der Rokken in
Trefp ausarten? — nebft einem Briefe an den Herrn
Rector Esmarch; in den Schlesw. Holft. Prov. Ber.
1794. H. 3. *(Aus dem Autographum.)*

BLOCK (Peter Ulrich), *Diakonus zu Preetz* feit 1785;
geb. zu Meldorf in Süderdithmarfchen *den 4 Octob. 1759.*
§§. Antritspredigt, gehalten über das Evangelium
am zweyten Oftertage Luc. 24, 13-35. Kiel 1785.
8.

8. Bey dem Sarge einer fehr rechtfchaffenen und gutdenkenden Frau, Maria Elifabet Drivern. Kiel 1791. 8. Von der Pflicht des Chriften, den Armen nach feinem Vermögen beyzuftehen. Eine Predigt am Sonntage Miferic. Dom. über Matth. 6, 1-4. Daf. 1793. 8. Dankpredigt für die Errettung der königl. Familie und der Refidenzftadt Kopenhagen, da am 26 Febr. 1794 das königl. Schloß Chriftians-burg abbrannte, am Sonntage Reminifcere über Ief. 43, 1-3. gehalten. Daf. 1794. 8. *(Revidirt.)*

BOEHME (Matthias Chriftian), *Paftor zu Oxenwadt und Iels*, in der Grammharde Amts Hadersleben, feit 1758, vorher feit 1751 Schiffsprediger in Oftindien und Bengalen; *geb. zu Sonderburg auf der Infel Alfen den 9 Sept. 1727.* §§. Den funde Ords Form. Ha-dersleb. 1754. (Ein Katechismus.) Nyeaars-Gave d. e. et lidet Stykke af (Auguft Herrmann?) Francke's Vei til Livet, overfat med Fortale. Hadersl. 1764. 8. *Eberhard David Haubers* Tanker om aandelige Anfägtninger; overfat paa Danfk. Kbhvn. 1760. 8. Chrift opbyggelige Spœrsmaal for Bœrn ...... Vergl. *Worm* 1, 128 und 3, 95. *(Autographum.)*

(M. u. N. 5.) BOIE (Heinrich Chriftian), Sohn des 1776 verftorbenen *Johann Friederich B.*, Kirchenpróbften des Amts Flensburg und der Landfchaft Bredftedt, wie auch Hauptpaftors zu St. Nikolai in Flensburg — *Königl. dänifcher Etatsrath* feit 1790, (vorher feit 1781 würklicher Iuftitzrath,) *und Landvogt der Land-fchaft Süderdithmarfchen, zu Meldorf*, feit 1781, (vorher

feit 1776 Generalftabsfecretair zu Hannover;) *geb.*
zu Meldorf den 19 Iul. 1744 (nicht 1745). §§. *Antheil mit *J. J. Efchenburg,* D. *Schiebeler,* I., G. *Crome,*
C. D. *Ebeling,* J. J. *Engel* und andern an den Hamburgifchen Unterhaltungen. 60 Stücke in 10 Bänden.
Hamb. 1766-1771. gr. 8. * Mufenalmanach oder
poetifche Blumenlefe. Götting. 1770-1775. 16. —
Gab heraus: Teutfches Mufeum. Leipzig 1776-1788.
(erft in Gefellfchaft mit *Dohm*, feit dem Anfang des
Iahrs 1778 aber allein. Monatlich erfchien ein Stück
in 8.) und: Neues teutfches Mufeum feit dem Iul.
1789-1791. *Chandlers* Reifen in Kleinafien; aus
dem Englifchen. Leipzig 1776. gr. 8. * *Chandlers*
Reifen in Griechenland; aus dem Engl. Daf. 1777.
gr. 8. — Gab der Brüder *Chrift.* und *Friedr. Leopold*
Grafen zu *Stolberg* Gedichte heraus. Daf. 1779. 8. —
Arbeitete ehedem auch an der Ienaifchen gelehrten
Zeitung. — Zu den ihm im gel. Deutfchlande beygelegten *Gedichten* hat er fich nicht bekannt. (*Revidirt.*)

(M.) BOLTEN (Joachim Friederich), Vaterbruder der
beyden folgenden, ift nicht, wie N. 5. behauptet,
1786 geftorben — D. der A. G. feit 1740 *und Prakti-
kus, wie auch Protophyfikus zu Hamburg* feit 1754, vorher feit 1747 Subphyfikus dafelbft; *geb. zu Horft*
Amts Steinburg, *den 11 Aug. 1718.* §§. Diff. epiftolaris ad *G. C. Maternum de Cilano,* continens, medita-
tiones quasdam philofophico-medicas de tuffis phthi-
ficae incompefcibilis vera caufa. Halae Magd. 1739.
4. D. inaugur. medico-chirurgica de gangliis generatim.

ratim. Hal. Magd. 1740. 4. Einige Auffätze von
der Blatterinoculation wider den D. *Reimarus*; im
Hamburger Correfpondenten 1770. Nachricht von
einer neuen Thierpflanze, mit illum. Kupfern. Hamb.
1770. 4. Auch lateinifch: Epiftola de novo quodam Zoophytorum genere ad Linneum. ib. 1771. 4.
Bericht von der Schlaffucht eines jungen Handelsbedienten zu Hamburg; in der neuen Hamb. Zeitung
1773. Ein Brief wider die Blatterimpfung; in der
Sammlung merkwürd. Erfahrungen, die den Werth
und grofsen Nutzen der Pockeninoculation näher beftimmen können. St. 1. (1774.) Nachricht von einem mit dem künftlichen Magneten gemachten Verfuche in einer Nervenkrankheit. Hamb. 1775. 4.
Fortgefetzte Nachricht von den mit dem künftlichen
Magneten gemachten Verfuchen in der Nervenkrankheit der Iungfer B. Daf. 1775. gr. 4. Ausführlich
befchriebene Krankengefchichte der Iungfer *Mariane
Branden.* Daf. 1779. 4. Etwas von den Ammonshörnern; in den Befchäftigungen der Berliner Gefellfchaft naturforfchender Freunde. B. 4. (1779.) —
Hat eine der vollftändigften Sammlungen von Konchylien und Seegewächfen, welche *Joh. Dominicus
Schulze,* D. der Medicin in Hamburg (vergl. Nekrolog auf das Iahr 1790. Th. 2. S. 12:) heftweife zu
befchreiben öffentlich verfprochen hatte, allein durch
den Tod verhindert nur Einen Bogen lieferte. — S.
Joh. Adr. Boltens Kirchennachrichten von Altona 1,
79. (*Revidirt.*)

BOL-

in Wien; in der dänifchen Monatsfchrift Minerva
179.. Recenfus trium codicum manufcriptorum
Horatii vor der von feinem Vater in ufum fcholarum
(Hafn. 1793. 8.) beforgten Ausgabe diefes Dichters.
Om det faa kalde Solens Billede paa en antik Mar-
mortavle i Rom. Kbhvn. 1794. 8.   Om det mufi-
kalfke Skuefpil. Daf. 1794. 8. * (Pr.) Rerum gefta-
rum Dionis Syracufii recognitio Kil. 1795. 4. *(Pr.)
Specimen lectionum variantium, ad Claudianum de
raptu Proferpinae, e duobus codd. Mftis. Italicis. ib.
eod. 4. — Befchäftiget fich mit einer Ausgabe der
Tragödien des Seneca, deren Handfchriften er in Wien
und Italien-verglichen hat. — *(Nach dem Autographum)*
(M. u. N. 1. 5.) BALEMANN (Georg Gottlob), Sohn
des *Heinrich B.* († 1761), Bifchöflich Lübekifch- und
Herzogl. Schlesw. Holft. Kirchen- und Confiftorial-
raths, Superintendenten der Bifchöfl. Lübekifchen Kirchen und Hauptpaftors zu Eutin; vergl *J H. von
Seelens* Ehrengedächtnifs auf denfelben. Lübek 1761.
Fol. — *Anhalt - Bernburgifcher Geheimer Regierungsrath
und Kammergerichtsaffeffor zu Wetzlar,* vorher Subde-
ligirter bey der Kammergerichtsvifitation dafelbft
und Sachfen-Coburgifcher geheimer Legationsrath;
geb. zu Eutin den 1 Sept. 1735. §§. * Etwas Vorläufi-
ges von den gefetzlichen, perfönlichen Eigenfchaften
eines Reichsftändifchen Vifitators des kaiferl. und
Reichskammergerichts. .... 1774. 8. * Beyträge
zur Revifion und Verbefferung der fünf erften Titel
des Concepts der kaiferlichen Kammergerichtsord-
nung.

nung. Lemgo 1778. 4. * Viſitationsſchlüſſe, die
Verbeſſerung des kaiſerl. Reichskammergerichtlichen
Iuſtizweſens betreffend. Daſ. 1779. 4. Zweyte und
letzte Hauptabtheilung. Daſ. 1780. 4.

BARGUM (Ludolph Conrad), *Conſiſtorialrath* (ſeit 1777),
Kirchenprobſt und Paſtor zu Apenrade ſeit 1763 (vor-
her Feldprobſt und zuerſt Paſtor auf Seeland); *geb.*
zu Kopenhagen den 29 Nov. 1726. §§. Des Freyherrn
Ludewig von Holberg däniſche und norwegiſche Staats-
geſchichte; (nach der dritten 1762 erſchienenen, von
Job. Erichſen und *Chriſt. Magnus Olrik* verbeſſerten
und ſehr vermehrten Ausgabe des Originals) ins
Deutſche überſetzt. Kopenh. und Leipz. 1750. 4. —
Vergl. *Worm* 1, 65. und 3, 52. *(Revidirt.)*

(M. u. N. 3. 4.) VON BAUDISSIN (Caroline Adelheit
Cornelia), *geborne Gräfin von Schimmelmann*, *lebt auf*
ihrem Gute Knop Kirchſpiels Däniſchenhagen im dä-
niſchen Walde; *geb. zu Dresden den 21 Ian. 1759.* §§.
* Briefe der Agnes und Ida; im deutſchen Muſ. 1782.
St. 7. * Die Dorfgeſellſchaft; ein unterrichtendes
Leſebuch fürs Volk. (Hamb. 1791. 8.) 1ſter und 2ter
Theil. Kiel und Leipz. 1792. 8. (däniſch überſetzt
von L. .. *Haſſe* in Friedericia. ... 179 3.)

BAY (Bernhard Detlef), *Paſtor zu Schönkirchen* Amts
Kiel ſeit 17.., vorher Diakonus zu Schönberg in
der Probſtey; *geb. zu Preetz 17...* §§. Andenken der
verewigten Gräfin C. zu Ranzau (auf Oppendorf).
1792. 8. *(Mitgetheilt.)*

(M.)

(M.) BECHSTEDT (Johann Cafpar), *Kunſt- und Luſt-gärtner zu Steinberg* in der Nieharde Amts Flensburg, (vorher zu Louifenlund;) *geb. zu . . . . im Magdeburgiſchen unweit Halle 17 . . .* §§. Vollſtändiges Niederſächſiſches Land- und Gartenbuch. 3 Theile. Flensb. und Leipz. 1772-1774. 8. Der Küchengartenbau, für den Gärtner und Gartenliebhaber befchrieben. Schlesw. 1795. 8. Küchengartenkalender; aus dem Küchengartenbau befonders abgedruckt. Daſ. 1795. 8. *(Mitgetheilt.)*

BECKER (Johann Hermann), Sohn des verſtorbenen *Hermann Ludewig B.*, Leibmedicus bey der verwittweten Herzogin von Mecklenburg-Schwerin, Verfaſſers einiger Briefe, die *Car. Chriſtoph. Engel* fpeciminibus medicis (Berol. 1781. 8.) beygefügt find — *Doctor der A. G. und ausübender Arzt in Altona* feit *1794; geb. zu Schwerin den 5 Iun. 1770.* §§. D. inaugur. medica exhibens quaeſtionem: an phthiſi pulmoniali exulceratae conveniant remedia tonica? quam — defendit auctor. Roſtoch. 1793. 8. *(Mitgetheilt.)* Hat in Verbindung mit *F. G. A. Buchholz* angekündigt: „Auszüge aus den neueſten mediciniſchen Streitſchriften."

BEHRENS (S. ● ied Johann Georg), *Doctor der Rechte und Amtsſchreiber auf Bordesholm* feit 1795, vorher Adjunct der Iuriſtenfacultät in Kiel feit 1794 und zuerſt feit 1792 Privatdocent dafelbſt; *geb. zu Marne in Süderdithmarſchen den 17 Iul. 1768.* §§. (Diſſ. inaugur.) De periculo et commodo rei ſub lege addictio-

dictionis in diem venditae commentatio. Kil. 1793.
8. (*Revidirt.*)

BENDIXEN (Johann Aegidius), *Paſtor zu Böhl* in der
Struxdorfharde Amts Gottorff ſeit 1791, vorher
Paſtor zu Hollingſtedt in der Ahrensharde deſſelben
Amts; *geb. zu Schleswig 1740.* §§. Nachricht von ei-
nigen neuerlichſt im Schleswigſchen gefundenen rö-
miſchen Silbermünzen; in den Schlesw. Holſt. Prov.
Ber. 1788. H. 3.   Ueber die Freuden des Chriſten-
thums und die Pflicht, es ſtandhaft zu bekennen (eine
Predigt und eine Confirmationsrede). 1790. 8. (*Re-*
vidirt.)

BENDIXEN (Johann Jakob), *Doctor der A. G., Phyſikus*
der Stadt Schleswig und des Amts Gottorff, wie auch zu
Cappeln, ſeit 1778, vorher ſeit 1772 Phyſikus zu Segeberg und zuerſt ausübender Arzt zu Apenrade; *geb.*
zu Tondern den 15 Auguſt 1741. §§. D. inaugur. de
diarrhoeae in febribus exanthematicis noxa et ſalute.
Halae Magdeb. 1765. 4. — Einige Aufſätze in gelehrten Journalen und im Schlesw. Wochenblatt. (*Auto-*
graphum.)

VAN DEN BERG (Hendrik), *Mennonitiſcher Schullehrer*
in Altona; geb. zu Rotterdam den 13 Febr. 1743. §§. Aan-
ſprak van H. van den B. Informator, aan de Cura-
toren der School den Eerw. Kerkenraad de Contri-
bueeren de Leeden en aan de Kinderen — beygefügt
der in *Bolteus* Kirchennachrichten von Altona 1, 304
aufgeführten Schrift: Redevoering ter Inwyding van
de gemeentelyke School te Altona opgerecht; uitge-

ſpro-

fprocken d. 12 Sept. 1774. door *Pieter Beets.* Altona
1774. gr. 8. * Gedagten by het Grav van ouzen
zaligen Leeraar R. *Rabufen*; in einer bey diefer Gelegenheit Altona 1793. 8. erfchienenen und unter
Karsdorp aufgeführten Sammlung.

BERNTH (Peter Ludewig), Bruderfohn des Johann Ludewig im *Worm — Paftor zu Warnitz* Amts Apenrade
feit 1793, vorher feit 1781 refidirender Capellan
zu St. Laurentii auf Wefterlandsföhr, zum Stifte Ripen gehörig, feit 1782 Paftor zu Enge in der Karrharde Amts Tondern, und feit 1789 Paftor zu Nord-
lügum im Amte Lügumklofter; *geb. zu Kopenhagen
den 18 Iun. 1754.* §§. De ανϑρωποϑυσια inter Iudaeos
legibus non ftabilita. ... 1775 (als Baccalaureus der
Philofophie). Verfuch eines Beweifes, dafs wahre
Chriften bey einer monarchifchenStaatsverfaffung fich
des Genuffes ihrer Menfchenrechte zu erfreuen haben (eine Predigt). Schlesw. und Leipz. 1793. gr. 8.
(Revidirt.)

BIELEFELD (Ludewig), *Paftor zu Sterup* in der Nieharde Amts Flensburg feit 1757, vorher feit 1743
Feldprediger bey der Königinn Leibregiment und
feit 1744 Paftor zu Ockholm in der Landfchaft Bredt-
ftedt; *geb. zu Kellingbufen* Amts Rendsburg *den 17 Iul.
1717.* §§. Beforgte die zweyte Hälfte der zu Flensburg und Leipzig 1779. gr. 8. anonymifch erfchienenen Ueberfetzung von *Ove Mallings* grofsen und guten Handlungen einiger Dänen, Norweger und Holfteiner (vergl. *N. Oeft*); und überfetzte: „En god Sam-
wit-

wittigheds faste Slot." (Aus dem Englischen des *Shef-field.*) Kbhvn. 174.. *(Nach dem Autographum.)*

VON BINZER (Ludewig Jakob), *Oberster des Iägercorps zu Kiel*; geb. zu ... *in der Graffchaft Hanau 174..* (?) §§. * Etwas von der Entstehung, dem Zweck und dem Zustande der dänischen Iägercorps; in den Schlesw. Holst. Prov. Ber. 1787. H. 2. * Eine Bitte an unsere Topographen; das. 1792. H. 3. Ueber die Oxenwather Heide zwischen Hadersleben und Ripen; ein Schreiben an den Herausgeber, bey Gelegenheit des diesjährigen Lagers; das. H. 4. (*konnte nicht revidirt werden.*)

BIOERENSEN (Johann), Sohn des Magister *Lorenz B.*, Rectors zu Hadersleben bis 1762 und nachmaligen Pastors zu Stenderup im Amte Hadersleben, wo er 1784 starb — *Pastor zu Schottburg* in der Frösharde Amts Hadersleben seit 1789, vorher seit 1784 Collaborator an der Schule zu Hadersleben; *geb. daselbst den 5 Febr. 1759.* §§. * Kurzer Versuch über die beste Einrichtung und den zweckmässigen Unterricht in Bürger- und Dorffchulen. Hadersleb. 1792. 32 S. 4. (unter der Zueignung hat er sich genannt.) — Antheil an der unter *J. Boysen* aufgeführten Haderslebischen Monatsschrift. *(Nach dem Autographum.)*

BISCHOPF (Jakob), *Kaufmann in Flensburg; geb. zu ...* 17... §§. * Betrachtungen über die Evangelien. Aus dem Dänischen übersetzt. 1ster Theil. Flensb. 1793. 8. *(Mitgetheilt.)*

BLATT (Jürgen), *Verwalter des Gutes Lóitmark* im Lande Schwanſen ſeit 1760; *geb. zu Flensburg den 24 Auguſt 1735.* §§. *Betrachtungen über die erörterte
Frage: wie dem Bauernſtande Freyheit und Eigenthum in den Ländern, wo ihm beydes fehlt, verſchaft
werden hönne. Flensb. 1769. 8. *Erläuterte Münz-
tabellen zum alltäglichen Gebrauch bey der neuen
Münzverordnung, ſowohl in Species- als Courant-
münze, nach ihrem Gewicht. Schlesw. 1788. 8. *Ueber die Niederlegung der Domänen und Landgüter
in den Herzogthümern Schleswig und Holſtein, und
über die damit verbundenen wirklichen und ſchein-
baren Vortheile. Flensb. Schlesw. und Leipz. 1790.
8. Antikritiken im 7ten und 9ten Stück der monatlichen Ueberſicht der geſamten Litteratur, (Schlesw.
1791. 8.) wider *Esmarch's* Recenſion im 2ten Stück.
(Der Verleger jenes Journals hat nachher den ganzen Schriftwechſel Beyder unter folgendem Titel geſammelt:) *Briefe über die Niederlegung der adelichen Güter und über die neulich herausgekommenen Bemerkungen über Angeln (von *F. W. Otte*).
Flensb. und Leipz. 1793. 8. Kann der Rokken in
Treſp ausarten? — nebſt einem Briefe an den Herrn
Rector Esmarch; in den Schlesw. Holſt. Prov. Ber.
1794. H. 3. *(Aus dem Autographbum.)*

BLOCK (Peter Ulrich), *Diakonus zu Preetz* ſeit 1785;
geb. zu Meldorf in Süderdithmarſchen *den 4 October. 1759.*
§§. Antritspredigt, gehalten über das Evangelium
am zweyten Oſtertage Luc. 24, 13-35. Kiel 1785.
8.

8. Bey dem Sarge einer fehr rechtfchaffenen und
gutdenkenden Frau, Maria Elifabet Drivern. Kiel
1791. 8. Von der Pflicht des Chriften, den Armen
nach feinem Vermögen beyzuftehen. Eine Predigt
am Sonntage Miferic. Dom. über Matth. 6, 1-4.
Daf. 1793. 8. Dankpredigt für die Errettung der
königl. Familie und der Refidenzftadt Kopenhagen,
da am 26 Febr. 1794 das königl. Schlofs Chriftians-
burg abbrannte, am Sonntage Reminifcere über Ief.
43, 1-3. gehalten. Daf. 1794. 8. (*Revidirt.*)

BOEHME (Matthias Chriftian), *Paftor zu Oxenwadt und
Iels*, in der Grammharde Amts Hadersleben, feit
1758, vorher feit 1751 Schiffsprediger in Oftindien
und Bengalen; *geb. zu Sonderburg* auf der Infel Alfen
den 9 Sept. 1717. §§. Den funde Ords Form. Ha-
dersleb. 1754. (Ein Katechismus.) Nyeaars-Gave
d. e. et lidet Stykke af (Auguft Herrmann?) Francke's
Vei til Livet, overfat med Fortale. Hadersl. 1764.
8. *Eberhard David Haubers* Tanker om aandelige
Anfägtninger; overfat paa Danfk. Kbhvn. 1760. 8.
Chrift opbyggelige Spœrsmaal for Bœrn ......
Vergl. *Worm* 1, 128 und 3, 95. (*Autographum.*)

(M. u. N. 5.) BOIE (Heinrich Chriftian), Sohn des 1776
verftorbenen *Juhann Friederich B.*, Kirchenpröbften
des Amts Flensburg und der Landfchaft Bredftedt,
wie auch Hauptpaftors zu St. Nikolai in Flensburg
— *Königl. dänifcher Etatsrath* feit 1790, (vorher feit
1781 würklicher Iuftitzrath,) *und Landvogt der Landfchaft Süderdithmarfchen, zu Meldorf*, feit 1781, (vorher

feit 1776 Generalſtabsſecretair zu Hannover;) *geb.*
zu Meldorf den 19 Iul. 1744 (nicht 1745). §§. *Antheil mit *J. J. Eſchenburg*, D. *Schiebeler*, L. *G. Crome*,
C. D. *Ebeling*, *J. J. Engel* und andern an den Hamburgiſchen Unterhaltungen. 60 Stücke in 10 Bänden.
Hamb. 1766-1771. gr. 8. * Muſenalmanach oder
poetiſche Blumenleſe. Götting. 1770-1775. 16. —
Gab heraus: Teutſches Muſeum. Leipzig 1776-1788.
(erſt in Geſellſchaft mit *Dohm*, ſeit dem Anfang des
Iahrs 1778 aber allein. Monatlich erſchien ein Stück
in 8.) und: Neues teutſches Muſeum ſeit dem Iul.
1789-1791. *Chandlers* Reiſen in Kleinaſien; aus
dem Engliſchen. Leipzig 1776. gr. 8. * *Chandlers*
Reiſen in Griechenland; aus dem Engl. Daſ. 1777.
gr. 8. — Gab der Brüder *Chriſt.* und *Friedr. Leopold*
Grafen zu *Stolberg* Gedichte heraus. Daſ. 1779. 8. —
Arbeitete ehedem auch an der Ienaiſchen gelehrten
Zeitung. — Zu den ihm im gel. Deutſchlande beygelegten *Gedichten* hat er ſich nicht bekannt. (*Revidirt.*)

(M.) BOLTEN (Joachim Friederich), Vaterbruder der
beyden folgenden, iſt nicht, wie N. 5. behauptet,
1786 geſtorben — *D. der A. G.* ſeit 1740 *und Prakti-
kus, wie auch Protophyſikus zu Hamburg* ſeit 1754, vorher ſeit 1747 Subphyſikus daſelbſt; *geb. zu Horſt
Amts Steinburg, den 11 Aug. 1718.* §§. Diſſ. epiſtola-
ris ad *G. C. Maternum de Cilano*, continens, medita-
tiones quasdam philoſophico-medicas de tuſſis phthi-
ſicae incompeſcibilis vera cauſa. Halae Magd. 1739.
4. D. inaugur. medico-chirurgica de gangliis generatim.

ratim. Hal. Magd. 1740. 4. Einige Auffätze von der Blatterinoculation wider den D. *Reimarus*; im Hamburger Correfpondenten 1770. Nachricht von einer neuen Thierpflanze, mit illum. Kupfern. Hamb. 1770. 4. Auch lateinifch: Epiftola de novo quodam Zoophytorum genere ad Linneum. ib. 1771. 4. Bericht von der Schlaffucht eines jungen Handelsbedienten zu Hamburg; in der neuen Hamb. Zeitung 1773. Ein Brief wider die Blatterimpfung; in der Samfnlung merkwürd. Erfahrungen, die den Werth und grofen Nutzen der Pockeninoculation näher beftimmen können. St. 1. (1774.) Nachricht von einem mit dem künftlichen Magneten gemachten Verfuche in einer Nervenkrankheit. Hamb. 1775. 4. Fortgefetzte Nachricht von den mit dem künftlichen Magneten gemachten Verfuchen in der Nervenkrankheit der Iungfer B. Daf. 1775. gr. 4. Ausführlich befchriebene Krankengefchichte der Iungfer *Marique Branden*. Daf. 1779. 4. Etwas von den Ammonshörnern; in den Befchäftigungen der Berliner Gefellfchaft naturforfchender Freunde. B. 4. (1779.) — Hat eine der vollftändigften Sammlungen von Konchylien und Seegewächfen, welche *Joh. Dominicus Schulze*, D. der Medicin in Hamburg (vergl. Nekrolog auf das Iahr 1790. Th. 2. S. 12:) heftweife zu befchreiben öffentlich verfprochen hatte, allein durch den Tod verhindert nur Einen Bogen lieferte. — S. Joh. Adr. Boltens Kirchennachrichten von Altona 1, 79. (*Revidirt.*)

BOL-

BOLTEN (Joachim Hermann), *Hauptpaftor in Mildftedt* Amts Hufum feit 1784, vorher feit 1778 Compa-ftor dafelbft, zuerft feit 1773 Diakonus in Schwab-ftedt; geb. *zu Süderftapel in der Landfchaft.Stapelholm den 31 Dec. 1746.* §§. Antrittspredigt, von dem fchul-digen Gehorfam der Zuhörer gegen ihre Lehrer, über Hebr. 13, 17. in der Kirche zu Schwabftedt den 20 Febr. 1774 gehalten. Flensb. 8. *Alte Klagen über Bettelunfug auf dem platten Lande, erneuert im Iahr 1789, mit (*A. Niemanns*) erborgten Anmerkungen und Zufätzen aus einigen neuern Schriften über Ar-menpflege; in den Schlesw. Holft. Prov. Ber. 1791. H. 1.—Vergl. *J. A. Boltens* Kirchennachrichten von Altona 1, 78. (*Revidirt.*)

(M. u. N. 1-5.) BOLTEN (Johann Adrian), *erfter Com-paftor zu Altona* feit 1791, vorher zweyter feit 1782, zuerft Diakonus zu Wöhrden in Süderdithmarfchen feit 1772; *geb. zu Süderftapel in der Landfchaft Stapel-holm den 11 Sept. 1742.* §§ Diff. biblica de Keri et Cethibh vocabulis compofitis ac divinae dignitatis, praefide *Jo. Chriftoph. Sticht* publice defenfa. Alton. 1760. 4. Epift. gratulatoria quinque locis voces Keri et Cethibh tanquam compofitas exponens. Hamb. 1765. 4. Die Bergpredigt Iefu in einer neuen Ue-berfetzung, mit Anmerkungen Daf. 1768. 8. An-trittspredigt, in der Kirche zu Wöhrden am 15 May 1772, als am großen Buftage, gehalten. Daf. 1772. 8. Kern-Gebete aus dem Königl. Schlesw. Holft. Gefangbuche. Heide 1774. 12. Befchreibung und

Nach-

Nachrichten von der im Herzogthum Schleswig belegenen Landschaft Stapelholm, nebst einer Landkarte
von derselben. Wöhrden 1777. 8. Dithmarsische
Geschichte mit Kupfern. 4 Theile. Flensb. und Leipzig 1781-1788. gr. 8. Predigt-Entwürfe über die
epistolischen Texte. Erster Iahrgang. Altona 1786.
gr. 8. Zweyter Iahrg. 1787. Historische Kirchen-
Nachrichten von der Stadt Altona und deren verschiedenen Religions-Parteyen, von der Herrschaft Pinneberg und von der Grafschaft Ranzau. 2 Theile.
Das. 1790 und 1791. 8. Der Bericht des Matthaeus
von Iesu dem Messia übersetzt und mit Anmerkungen begleitet. Das. 1791. gr. 8. Der Bericht des
Marcus — begleitet. Das. 1795. gr. 8. (Eine ähnliche Arbeit über den Lucas hat er auch so weit schon
fertig, daß daran nur die letzte Hand gelegt werden
soll.) — Viele kleine exegetische Abhandlungen in
den Hamburg. Nachrichten aus dem Reiche der Gelehrsamkeit, z. B. über die Versuchung Iesu vom Sa-
tan, Anmerkungen über *J. D. Michaelis* Uebersetzung
des Buchs Hiobs — auch andere Aufsätze in der Dithmarsischen Wochenschrift zum Nutzen und Vergnügen, z. E. im 5ten Stück vom 29 April 1775: Extract aus einem Gottorffischen Amtsregister vom Iahr
1517, mit Anmerkungen — und in einigen periodischen Schriften, namentlich im Altonaischen gelehrten Mercur, z.B. Anzeige von seiner Sammlung Nie-
dersächsischer Bibeln — und einige Recensionen in
der Predigerzeitung. — Zum Drucke fertig liegt eine

Gram-

Grammatica Armenica. — Sein Bildniſs ſteht vor der
Dithmarſiſchen Geſchichte. — Vergl. *deſſen* Kirchennachrichten von Altona I, 130-139. (*Revidirt.*)

BONG (Otto Chriſtian), Sohn des 1795 verſtorbenen
Chirurgus und Bürgercapitains *Joh. Andr. Bong* in
Altona (S. Schlesw. Holſt. Prov. Ber. 1787. H. 4.
S. 519.) — *D. der A. G. und ſeit 1767 ausübender Arzt
und Accoucheur in Altona; geb. daſelbſt den 2 Aug. 1740.*
§§. Diſſ. inaugur. de pulſu, ut ſigno fallaci, praeſ.
Jo. Petro Eberhard. Halae 1767. 4. (*Mitgetheilt.*)

BORNHOLT (Hinrich), *Doctor der A. G. in Hamburg,*
vorher bis 1758 Katechet am Waiſen- und Zuchthauſe zu Altona; *geb. zu Altona den 10 Ian. 1727.* §§.
Sendſchreiben an Hrn. *Cruſe*, worin demſelben zu
ſeiner Abreiſe Glück wünſchet und zugleich von einigen Urſachen, warum die heutigen Philoſophen ſo
uneins ſind, handelt. Jena 1749. 2½ Bog. 4. Commentatio philoſ. de eſſentia animae humanae. Alton.
1750. 2 Bog. 4. D. inaugur. de febri tam naturali
quam artificiali. Lugd. Bat. 1769. 3 Bog. 4. Glückwunſch an *Adolph Friedr. Grotendyk* zu ſeinem 80ſten
Geburtstage, den 29 Iun. 1784, nebſt Unterſuchung
der Frage: Warum einige Greiſe vor andern in ihrem hohen Alter eine dauerhafte Geſundheit beſitzen?
aus mediciniſchen und theologiſchen Gründen. Hamb.
1784. 20 (2?) Bog. 4. Der Banquerottierer. Haud
eſt nocens, quicunque non ſponte eſt nocens. *Seneca.*
1790. 1 Bog. 8. Etwas über die Unvernunft der
Religionsſpötter. Hamb. 1793. 5 Bog. 8. (*Mitgetheilt.*)

BOY-

BOYSEN (P.... D....), *Paſtor zu Veſterborg und Birket auf Laaland ſeit* 178.; *geb. zu Emmerlef* in der Hoy-ersharde Amts Tondern 17... §§. Tale til Ve-ſterborg og Birkets Menighed, i Anledning af Chri-ſtiansborgs Ildebrand ved Stedets Præſt; in der dä-niſchen Monatsſchrift Iris, (herausgegeben von *S. Paulſen,*) Iahrg. 4. May 1794. S. 146-166. (*Mit-getheilt.*)

BOYSEN (Jakob), *Paſtor zu Altbadersleben* ſeit 1790, vorher Diakonus zu St. Johannis auf Föhr ſeit 1780; *geb. zu Spandett,* in der Hvidingharde in Törning Lehn, Amts Hadersleben, *den 17 Auguſt 1753,* woſelbſt ſein Vater *Andreas B.* Prediger und Probſt in der Hvi-dingharde war. §§. Beſchreibung der Inſel Föhr; in den Schlesw. Holſt. Prov. Ber. 1791. H. 3. und 1793. H. 1. 3. 6. Berichtigung einer Stelle in *Scheels* militäriſch-ſtatiſtiſcher Anſicht der Herzogthümer, die Inſel Föhr betreffend; daſ. 1794. H. 4. — Ver-ſchiedene Aufſätze in: Haderslevſk Maanedſkrivt til almeennyttige Kundſkabers Udbredelſe. 1793 og 1794. 8., deren Mitherausgeber er war. (*Autograph.*)

BREDING (Nikolaus), *Iuſtitzrath und Landſchreiber* (ſeit 1781 auf Pellworm) *zu Garding,* im Weſtertheil der Landſchaft Eiderſtedt, ſeit 1795, vorher Regi-ſtrator bey der deutſchen Rentekammer in Kopenha-gen; *geb. zu Tönningen* 17... §§. Das beglückte Dän-nemark (ein Gedicht auf den Geburtstag des Königs). Helmſt. 1764. 4. Elegie auf das hohe Abſterben Friederichs V. Kopenh. 1766. 4. Der nordiſche
Sit-

Sittenfreund, eine moralifche Wochenfchrift auf das
Iahr 1767. Kopenh. 8. (vergl. dänifches Iournal 2,
48.) Mehrere Gelegenheitsgedichte. Vergl. *Worm* 1,
161 und 3, 111.

(N. 5.) BREMER (Johann Gottfried), *lebt zu Berlin;*
„geb. zu Altona 1743, lebte zu Altona 1769, zu Ber-
„lin (wo er auch mit oder für *Büfching* gearbeitet ha-
„ben foll) 1770, zu Leipzig 1772 und überfetzte aus
„dem Franzöfifchen. Er *zeichnet* vorzüglich fchön
„mit der Feder, *malt* in Paftell und *radirte* feinen
„Grundrifs von Altona 1771." (Aus *Ekkards* Ueberficht der dänifchen Litteratur, unter Chriftian VII. S.
133.) — Fehlt in *Nicolai's* Befchreibung von Berlin
und in *Meufels* Künftlerlexicon, und wurde erft durch
N. 5. und durch: Neueftes gelehrtes Berlin, von *N.*
H. Schmidt und *D. G. G. Mehring* dem gröfsern Publicum bekannt. Aus beyden Werken konnte daher noch folgendes Schriftenverzeichnifs entlehnt
werden: * Grundrifs der Stadt Altona. ... 1771.
(ift, zufolge der Ekkardfchen Angabe, blofs eine *Char-*
te; oder ift etwa die von *W. Heinfius* aufgeführte
Schrift: Grundrifs der Stadt Altona und Profpect derfelben, nebft Befchreibung und Gefchichte. Hamb.
1773. 8. feine Arbeit?*) * Ueber die Lehren der See-
lenwanderung der Braminen von Indoftan; aus dem
Franz. des Hrn. *Sinner.* Leipzig 1772. (oder 1773
nach *Meufels* bibl. hiftor. 2, 2, 80.) 8. (fehlt im *Erfcb.*)
* Die Moral des Epikurs; aus dem Franz. des Hrn.
Bat-

---

*) Nein; vergl. Praetorius im Anhange.

Batteux. .... 1772. 8. (erfchien nach *Hifsmann* und *Fabricii* bibl. Graeca Mietau 1774 und erhielt einen neuen Titel Halberft. 1792. 8.) * Das Genie des Hrn. *Hume*; aus dem Franz. Leipz. 1773. 8. * Etwas aus den Papieren eines Verftorbenen. Daf. 1774. 8. * Wahre Maximen des Lebens für Perfonen von Stande. Daf. 1774. 8. * Lehren der Tugend und Rechtfchaffenheit für Studierende. Berlin 1776. 8. * Verfuch einer Apologie des Epikurs, von einem Antibatteuxianer. Daf. 1776. 8. * Moralphilofophie eines Morgenländers. Daf. 1777. 8. * (Die letzten?) Reden eines proteftantifchen Gottesgelehrten, mit einer Vorrede des O. C. R. *Teller.* Daf. 1780. 8. * Ueber die Unfterblichkeit der Seele. Nach einer Argumentation von der grofsen Seele Friederichs des Einzigen. Ein Dialog, in Verbindung zweyer Anekdoten und anderer damit verknüpften Raifonnements. Mit einem Schreiben an den Hrn. O. C. R. *Spalding* und deffen Antwort. Daf. 1787. 8. * Ueber den Charakter und die Schickfale des Freyherrn von der *Trenck* und über den Ton, der in den Schriften deffelben herrfcht. Daf. 1787. 8. * Etwas über die Beleuchtung der Trenckifchen Lebensgefchichte. Daf. 1787. 8. * In Belgium liberatum, verfus aliquot. ... 1787. * Auf Hollands Befreyung, einige Reime. ... 1787. * Ueber verfchiedene Gegenftände, vorzüglich aus der Naturgefchichte und Völkerkunde, zur Unterhaltung und Erholung für die Iugend. Erftes Bändchen. Berlin 1788. 8. * Der Lauf der

C

Welt,

Welt, oder Befchreibung der Winterluftbarkeiten in
Berlin. Eine populäre Quartalfchrift. 2 Bändchen.
Berlin 1788. 8. (wird im alphabet. Reg. des Repert.
dem *H. W. Seyfried* beygelegt.) * Ueber Mofes Mendelsfohns Bart. Daf. 1788. 8. * Betrachtungen über
den thierifchen Magnetismus. Aus dem Franz. des
Hrn. *Bergaffe*; nebft des Hrn. Marq. v. *Chatellux* Gedanken über die Bewegung. Mit einer Vorrede des
Hrn. Grafen von *Brühl.* Dresd. 1790. 8. * Tippo
Saib und Laura, oder Strafe und Rettung in den Fol-
gen des jugendlichen Leichtfinns zweyer Militairper-
fonen; eine authentifche Gefchichte. Berlin 1791. 8.
* Die innerften Geheimniffe und Fortfchritte der fran-
zöfifchen Revolution, aufgedeckt und detaillirt von
einem Augenzeugen von Stande. Aus dem Franzöf.
Daf. 1792. 8. * Tafchenbuch für Freunde edler
Grundfätze; fortgefetzt durch einen Beytrag ver-
mifchter Auffätze in Profa und Verfen aufs Iahr 1792.
Daf. 1792. 16. * Einige Bemerkungen über den
Nachtrag zu (*Knüppeln's, Nencke's* und *C. L. Paalzow's*)
Büften Berlinifcher Gelehrten, Schriftfteller und Künft-
ler. Daf. 1792. 8. (*in welchen fich diefes vollftändige
Verzeichnifs feiner Schriften befindet.* Zu ihnen gehört
noch:) * Billetfpiel. Daf. 1793. * Die fymbolifche
Weisheit der Aegypter. Daf. 1793. 8. — Noch ift
von ihm: * *Jofeph Tieffenthalers* Erdbefchreibung, aus
dem Lateinifchen, nebft den Zeichnungen zu den Ku-
pfern und andern Arbeiten für *Joh. Bernoulli,* den
Herausgeber und Bearbeiter diefes Werks. — *Einige*

Auf-

Auffätze im Magazin für Frauenzimmer, der moralifchen Encyklopädie u. f. w., nebft dem 2ten Th. der
Briefe über einige Begebenheiten feit dem Lahre 1740.
(*Nachtrag:* Erft bey der alphabetifchen Aufzeichnung
feiner durchaus anonymifchen Schriften fand man,
durch Hülfe des *Erfch*, dafs diefer Schriftfteller, welches felbft *Meufeln* entgieng, fchon im *erften* Theile
des gelehrten Deutfchlands fteht, wo jedoch der Titel
der aufgefuhrten Schrift nicht *fo* genau angegeben ift,
als *Erfch* ihn eintrug, der auch für *folche* „diligens
induftria" den Dank der Litteratoren verdient.)

VON BRINCKEN —— jetzt BRINCKEN fchlecht und
recht (Adolph Rudolph), *Rector zu Hadersleben* feit
1786, vorher feit 1782 Rector zu Wilfter in der
Wilftermarfch; *geb. zu Hattftedt* Amts Hufum *den
24 Iul. 1754.* §§. Verfchiedene kleine Programme
(die nicht angegeben find). Mehrere Auffätze in den
Schlesw. Holft. Prov. Ber. (namentlich: Vorerinnerungen wegen einer Topographie der Stadt Hadersleben 1793. H. 1. Ergänzung einer Nachricht von
dem St. Johannishofpital in Hadersleben; daf. H. 2.
Aftenftücke, die lateinifche Schule in Hadersleben betreffend. 1795. H. 2 und 3. *Lebensnachrichten des
Cafpar Salomo von Saldern; daf. H. 2.) Anonyme
Beyträge zu einigen andern periodifchen Schriften,
z. B. dem Braunfchw. Journal, Archiv für Schwärmerey und Aufklärung, u. a. m. Beytrag zur Gefchichte
der königl. lateinifchen Schule zu Hadersleben. 1790.
8. (*Autographum.*)

BROCK-

BROCKDORFF (Cai Friedrich), aus dem Haufe Ofte-
rade, *Hilburghaufifcher Kammerherr* und Grofskreuz
des weltlichen Stiftordens St. Joachim, wohnt *in Kiel*;
geb. zu Thümoes Stifts Wiburg in Iütland 1728. §§.
Eine Vertheidigungsfchrift gegen feine Feinde und
Verfolger (die er wegen feines langen Aufenthalts in
Afien fich zuzog, weil er in feiner Iugend ein Freund
von Reifen war). Berl. 1784. Abgenöthigte Ehrenrettung gegen *Joh. Nik. Blume* und Conforten. Daf.
1787. 8. * Leben eines Niederfächfifchen Edel-
manns, ein Gegenftück zu *Trenks* Leben. 2 Theile.
Daf. 1789. 8. Der 3te Theil erfchien 1795, in welchem nicht allein das Fehlende im Werke felbft ein-
gefügt ift, fondern noch viele moralifche Gedanken
und manche ins Lächerliche gezeigte Zeitbegeben-
heiten zwifchengeftreut find. *(Autographum.)*

(N. 5.) Freyherr VON BROCKDORFF (Cai Lorenz),
*dritter Deputirter in der deutfchen Canzley zu Kopenha-
gen* feit 1795, vorher Land- und Obergerichtsrath
in Schleswig; *geb zu . . . . . 17 . . .* §§. * Von den
Decimationsrechten einiger Städte im Herzogthume
Schleswig; in den Schlesw. Holft. Prov. Ber. 1789.
H. 4. — Beforgt mit *F. L. von Eggers:* * Corpus ftatutorum Slesvicenfium, oder Sammlung der in dem
Herzogthum Schleswig geltenden Land- und Stadt-
rechte, nebft den für diefe Gegenden erlaffenen neuern Verfügungen, mit Anmerkungen begleitet. 1fter
Band die fämtlichen Landfchaften betreffend, nämlich Eyderftedt, Nordftrand, Stapelholm und Feh-
marn.

marn. Schlesw. 1794. 4. (Unter der Vorrede haben sie sich genannt.) 2ter B. betreffend die Städte: Schleswig, Eckernförde, Flensburg, Apenrade, Hadersleben und Husum. Daſ. 1795.

BROCKDORFF (Chriſtian Heinrich Joachim), aus dem Hauſe Rohlſtorf, *Herzogl. Würtembergiſcher Hofoberforſtmeiſter und Kammerjunker in Stuttgard*; geb. zu ...... 17... §§. Gedanken zur Errichtung einer Förſterſchule, nebſt einigen vorausgeſchickten Bemerkungen über die Nothwendigkeit derſelben. Hamb. und Leipzig 1792. 8. — Einige anonymiſche Aufſätze in *Fried. Carl Moſer's* Forſtarchiv.

BRUNS (Franz Bernhard), Bruder des folgenden — *Archidiakonus an der Jakobikirche in Lübeck*, vorher zweyter und zuerſt (ſeit 1758) dritter Diakonus; geb. zu *Werder Amts Segeberg den 11 Iun. 1733*. §§. Rede bey der Taufe eines zu Chriſto bekehrten Iſraeliten aus Amſterdam, ſonſt Ioſua Levi, itzt Daniel Hinrich Jacobi genannt, den 26 März 1772 gehalten, ſamt ſeinem bey dieſer Gelegenheit abgelegten Glaubensbekenntmiſs und einem kurzen Anhange von einigen Lebensumſtänden dieſes Proſelyten. Lübeck. 8. Predigt über die gewöhnliche Epiſtel am 3 Sonnt. nach Epiphan. 1783, als am Tage ſeiner 25 jährigen Amtsführung gehalten, und auf Verlangen herausgegeben. Daſ. 8. — Noch einige nach Lübeckiſcher Sitte verfertigte *Lebensbeſchreibungen* in deutſcher Sprache. (M. u. N. 1. S. 81. u. 730. N. 2. 4. 5.) BRUNS (Paul Jakob), *D. der Philoſophie* ſeit 1764, *ordentlicher Profeſſor*

der

der Litterärgefchichte, auch Bibliotbekar zu Helmftädt
feit 1781, vorher Privatdocent in Jena von 1764
bis 1766, conferirte die Reuchlinifchen Mſſ. in Carls-
ruhe und reiſte nach der Schweiz und Frankreich
1766 und 1767, war 1768 Candidat in Lübeck,
gieng 1769 auf Kennicotts Einladung nach England, war 1770 bis 1773 für ihn auf Reiſen, arbeitete 1773 bis 1780 an deſſen Werke in Oxford,
privatiſirte 1781 in Göttingen, wo er eben an-
fangen wollte Vorleſungen zu halten, als er obigen
Ruf erhielt; geb. zu Preetz (in feinen frühern Schriften nennt er fich Lubecenfem, welches auch Kennicott
thut, und hin und wieder nachgefchrieben iſt, z. B.
von Björnſtahl in feinen Briefen und Saxe im Ono-
maſticum — allein an diefem Orte wurde er erzogen)
den 18 Iul. 1743. §§ Tentamen metaphyſicum de-
monſtrationem unitatis divinae fiſtens. Jenae 1764.
Diſſ. de diſtinctionibus affectionum divinarum rite
formandis. ib. eod. Εναντιοφαινόμενα ex variis auctoribus collecta et cum ἐναντιοφαινομένοις in facris litteris obviis collata. ib. 1765. Elogium Jo. Reuch-
lini; in Actis foc. lat. Marchico-Badenſis. 1767. Benj.
Kennicott notae criticae in Pſ. 42. 43. 48 et 89. Ex
Anglico vertit et appendice auxit. Lipſ. 1772. 8. De
libello contra B. K. ejusque collationem Mſſ. ebr. nuper gallice (a de May, f. Michaelis oriental. Biblioth.
5, 104. oder eigentlich Ignace du May) edito epiſtola
(ab ipſo B. K. fcripta) ad amicum. Ex Anglico vertit fuasque ad eundem B. K. litteras adjecit. Romae
1772.

1772. 8. Fragmentum ex libro LXXXXI hiſtoriae
T. *Livii* nunc primum eruit ex cod. MS. Vaticano,
quondam Palatino, inter Latinos ſignato No. 24.
Hamb. 1773. Fol. Antheil an der Ausgabe des Ken-
nicottſchen Bibelwerks, von dem 1776 der 1ſte und
1781 der 2te Band zu Oxford in Fol. erſchien. Von
einem ſyriſch-hexaplariſchen Mſcr. in der Ambro-
fianiſchen Bibliothek zu Mayland; im 3ten Th. des
Eichhornſchen Repert. (1778.) Zu 1 Joh. 5, 7; daſ.
Joh. Ernſt Grabe Anmerkungen über 1 Moſ. 49. Aus
den Grabiſchen Handſchriften auf der Bodlejaniſchen
Bibliothek mitgetheilt; daſ. Th. 4. (1779.) Nachricht von der griechiſchen Ueberſetzung des A. T. in
einem Codex zu Venedig (als Auszug aus einem Briefe); daſ. S. 280-283. Apologie für *Kennicott*; daſ.
Th. 6. (1780.) De rebus geſtis *Richardi* Angliae regis in Palaeſtina; excerptum ex *Greg. Abulpharagii*
chronico, edidit, vertit, illuſtravit. Oxonii 1780.
4 mai. (Daſſelbe Stück vom Verfaſſer ſelbſt überſetzt im 7ten Th. des Repert. unter dem Titel: Ein
Excerpt aus G. A. oder Barhebräus ſyriſcher Chronik.) Schreiben über die Kennicottſche Bibel, nebſt
Nachrichten von ſeinen zukünftigen Arbeiten darüber; in den Greifswalder kritiſchen Nachrichten.
1781. S. 154 ff. (Pr.) Epiſtolam Samaritanam Si-
chemitarum tertiam ad *Jobum Ludolfum*, ex autogra-
pho, quod ſervatur in bibliotheca cl. *Büttneri*, (quondam) Prof.Goetting., nunc primum edidit, verſionem
notasque adjecit. Helmſt. 1781. 4. (wieder abge-

druckt im Repertor. Th. 13.) Or. aditialis de eo,
quod praeftandum reftat in litteris orientalibus. ib.
eod. 4. Ueber Hrn. D. *(Thomas) Randolphs* (in Oxford) Erklärung des Gelübdes Iephta im B, d. Richter 11, 30. 31; in Eichhorns Repert. T. 8. (1781.)
Curae Hexaplares in librum 4 Regum; daf. Th. 8.
9. 10. Beytrag zu den Nachrichten von den Iuden
zu Codschin im 14ten Th. des Büschingschen Magazins; daf. Th. 9. (1781.) * Langsame Schritte in
der biblischen Kritik; daf. Auszug aus *Eusebii* Chronik aus dem Syrischen überfetzt; daf. Th. 11. (1782).
De mendis typographicis editionis van der Hooghti-
anae a Kennicotto non sublatis; daf. Th. 12. (1783).
De variis lectionibus bibliorum Kennicottianorum;
daf. und Th. 13. (Drey) vermischte Bemerkungen:
1) Etwas über die Sabäischen Fragmente. 2) Antwort auf eine Anfrage wegen der MSS. des R. *Joseph
Kimchi.* 3) Beytrag zur Nachricht von dem hebräi-
schen Pfalter, gedruckt zu Basel 1547; daf. Th. 12.
Beyträge zu *Montfaucons* Hexaplen und Varianten,
aus einem griech. Mscr. der Pfalme auf der Bodleja-
nischen Bibliothek zu Oxford; daf. Th. 13. (1783.)
Index locorum, quae mandante cl. *Kennicotto* in codd.
hebraic. V. T. evolvit; daf. Diff. generalis in V. T.
hebraicum cum variis lectionibus ex codd. MSS. et impreffis, auctore *B. Kennicott*; recudi curavit et notas
adjecit. Brunsvici 1783. 8 mai. * Verfaffung der
Univerfität Oxford; in der Berliner Monatsschrift.
1783. May. Handbuch der alten Erdbeschreibung,
zum

zum Gebrauch der 11 gröſſern d'Anvilliſchen Landcharten. Aus den beſten Quellen verfaſt. 2ten Bandes 1ſter Th. von Aſien. Nürnb, 1785. 8. und 2ten
Band. 2ter Th. von Afrika (das Capit. von Aegypten
hat T. J. Ditmar ausgearbeitet). Daſ. 1786. (Nur
der erſte Band iſt lateiniſch überſetzt, unter dem Titel: Compendium geographiae antiquae mappis d'An-
villianis accommodatum et ex optimis ſcriptoribus
elaboratum,) Handbuch — Landcharten; des 2ten
B. 1ſter Th. oder Aſiens Cap. 5. 6. Phönicien, Cöle-
ſyrien und Palaſtina. Mit einer Landcharte. Zweyte
verbeſſerte und vermehrte Ausgabe. Daſ. 1794. 8.
Entwurf einer Einleitung ins A. T., zum Gebrauch
ſeiner Vorleſungen. Helmſt. 1784. 8. Maccabae-
orum liber primus, graece ſecundum exemplar Vati-
canum in uſum lectionum reſudi curavit. ib. eod. 8.
Von Hakem, Califen in Aegypten. Aus Abulfaradſch
ſyriſcher Chronik; im Repert. Th. 14. (1784.) Bemerkungen über einige wichtige Lesarten der Cotto-
nianiſchen griechiſchen Handſchrift des 1 B. Moſ.; daſ.
Syriſche Nachrichten von den griechiſchen Ueberſetzungen, aus Manuſcripten geſammelt; daſ. Bemerkungen über einige der vornehmſten Ausgaben
der alten ſyriſchen Ueberſetzung des N. T. und Varianten zu den Evangelien dieſer Ueberſetzung. Aus
einem Wolfenbüttler Codex; daſ. und Th. 15. 16.
Excerpte aus Chaldäiſchen Mſſ. der Bibel; daſ. Th.
15. Ueber die vierte Ekloge Virgils; in der Berlin.
Monatsſchr. 1784. Octob. Ueber akademiſche Vor-

leſun-

lefungen in Deutfchland; in der Berlin. Monatsfchr.
1785. Sept. Ueber die Naffairier und Drufen; im
Repert. Th. 17. (1785.) In dem „catalogus bibliothecae D *Ant. Jul. v. d. Hardt*, quae codd. Mff. et libris impreffis, inter quos rariffimi deprehenduntur,
conftat, 1786 divendendae" ift die Vorrede und das
Verzeichniß der Mff. S. 1-51 von ihm. Ueber die
Anerkennung proteftantifcher Könige in Rom; in
der Berlin. Monatsfchr. 1787. Sept. Ob im Hebrai-
fchen kein Name für die Tugend fey; daf. Octob.
Ueber die Sonntagsfchulen in England; daf. 1788.
Jul. Geographifches Handbuch in Hinficht auf In-
duftrie und Handlung. Leipz. 1788. 8. 2te recht-
mäßige Auflage. Nürnb. 1789. 8. (gehört eigentlich zur Suite der Nordcarolinifchen Lehrbücher.)
Neues geographifches Handbuch — fyftematifch geordnet und bis auf die itzigen Zeiten fortgefetzt.
(oder 2ter Theil.) Nürnb. 1793. 8. Bar Hebraei
chronicon fyriacum e codd. Bodlejanis defcripfit,
maximam partem vertit notisque illuftravit *P. J.
Bruns*, edidit, ex parte vertit notasque adjecit *Ge.
Guil. Kirfch*. Lipf. 1789. 4. 2 Bände (1fter Band
Text, 2ter Band Ueberfetzung und Noten). Ein
englifcher Brief von Rotterdam datirt: To Mr. Urban, worin der Gebrauch gezeigt wird, den *Gibbon*
von feinem zu Oxford 1780 gedruckten Excerpt in
der Gefchichte des englifchen Königs *Richard Löwen-
berz* hätte machen können; in Gentleman's Maga-
zine. 1789. Dec. p. 1109. Appendix ad chronicon
Greg.

Greg. *Abulfaragii*, ſyriace et latine edidit; in *Paulus* neuem Repert. Th. 1. (1790.) Erläuterung der Unterſchriften in den hebräiſchen MſſT. aus der jüdiſchen Geſchichte; daſ. Th. 2. Ueber die älteſten Sagen der moſaiſchen Menſchengeſchichte; daſ. Geſchichte der alten Erdbeſchreibung ſeit 1760; in *E. A. W. Zimmermanns* Annalen der Geographie und Statiſtik. 2ter Band (1790). Vorſchlag an die Iuden, das Purimfeſt abzuſchaffen; in der Berlin. Monatsſchr. 1790. April. Luſtige Erzählungen aus dem Syriſchen; daſ. Octob. Was haben wir den Miſſionen zu danken? Ein Auszug aus einer den 25 Iun. 1789 von ihm gehaltenen akademiſchen Rede; daſ. Dec. Verſuch einer ſyſtematiſchen Erdbeſchreibung der entfernteſten Welttheile, Afrika, Aſien, Amerika und Südindien. Th. 1 oder Aegypten. Frankf. am Mayn 1791. 8. (iſt von S. 177 an ſeine Arbeit, die ein Anonym bey ſeiner Kränklichkeit aufgeben muſste.) Th. 2. oder Nubien, Sennar und Habeſh. 1793. Th. 3. oder Südafrika. 1795. Repoſitorium für die neueſte Geographie, Statiſtik und Geſchichte, herausgegeben von *P. J. Bruns* und *E. A. W. Zimmermann.* 3 Bände mit Kupf. und Karten. Tübing. 1792 und 1793. 8. Ergänzung der bisherigen Nachrichten von den Johanniſchriften, nach Abrah. Echellenſis: in *Paulus* Memorabilien. St. 3. (1792.) Von dem alten Evangelienbuch zu Aachen; daſ. Zur Berichtigung der ſyriſchen Chronik des Barhebräus, aus einem vatikaniſchen Codex; daſ. Bemerkungen über die Marchtale-

talerifche genealogifche Tafel; in *Paulus* Memorab.
St. 4. (1793.) Werthfchätzung und Benutzung deutfcher Schrifterklärer in England; in *H. Pb. C. Henke's*
Archiv für die neuefte Kirchengefchichte, 2tes Quartal. 1794. I. B. Mof. 22. erklärt; in den Memorabilien, St. 6. (1794.) Ueber die Zahl Vierzig im A.
T.; daf. St. 7. (1795.)— Ob „Wegweifer für Reifende durch die vornehmften Länder Europa's, 1fter Th.
Berlin 1795. kl. 8." wirklich erfchienen fey, hat man
nicht erfahren können. — Noch hat er „des Grafen
Berchtbolds Anweifung für Reifende, theils abgekürzt,
theils ergänzt, theils überhaupt zweckmäfiger bearbeitet" deutfch herausgegeben. Braunfchw. 1791. 8.
fo wie auch in *Henke's* Gefellfchaft von 1782 bis
1787 incluf. die annales litterariae Helmftädienfes,
wovon alle Monate ein Stück erfchien; an den annal.
litter. Helmft., die C. A. Günther 1788 und 1789 herausgab, gearbeitet, und dafür nachher Recenfionen
in der Helmftädter gelehrten Zeitung geliefert, welche 1791 ihren Anfang nahm, 1792 in der Form
einer Quartalfchrift erfchien und 1793 mit dem dritten Quartal aufhörte.— Antheil *ehemals* an der Ienaifchen gelehrten Zeitung 1764 bis 1766, dem deutfchen Mufeum 1776 bis 1780, in welchen Iahren
Auszüge aus feinen in England an den Herausgeber
(*H. C. Boie*) gefchriebenen Briefen ftehen und ein Auffatz über *Jak. Jon. Björnftåhl's* Charakter vorkömmt,
dem hiftorifchen Portefeuille 1786 bis 1788, worin
theils eigene Auffätze, theils Ueberfetzungen von ihm
vor-

vorkommen, und *E. A. W. Zimmermanns* Annalen der
Geographie und Statiſtik. Braunſchw. 1790 ff.; —
itzt an der allgemeinen deutſchen Biblioth. vom 57-
ſten Bande an, und der allgem. Litteraturzeitung ſeit
ihrem Anfange. — Ankündigung einer Sammlung von
noch nicht gedruckten Predigten D. *M. Luthers.* —
Sein ziemlich gut getroffenes Bildniſs vor dem 116-
ten Bande der allgem. d. Bibl. *(Revidirt.)*

(M. u. N. 1.) BRUYN (Georg), *Königl. däniſcher Etatsrath*
ſeit 1773 und erſter Bürgermeiſter zu Schleswig ſeit 1760;
geb. daſelbſt den 15 Nov. 1735. §§. * Prüfung der Gedanken' des Hrn. *J. C. Fabricius* über die Volksvermehrung, inſonderheit in Dännemark. Altona 1782.
8. Auffoderung an ſeine Mitbürger zur Theilnahme
an den Canalhandel, mit vielen Kupfern. Daſ. 1785.
4. Ankündigung eines öffentlichen Unterrichts für
die Söhne Schleswiger Bürger; in den Provinzialberichten 1794. H. 4. *(Revidirt.)*

(M.) BURCHARDI (Chriſtian Auguſt), Sohn des 1772
verſtorbenen Probſten zu Sonderburg *Hinrich Anton*
B. — *Paſtor zu Kettingen* auf der Inſel Alſen Stifts Fynen ſeit 1793, vorher ſeit 1785 Paſtor zu Atzbüll
und Hofprediger zu Gravenſtein, zuerſt Hofmeiſter
dreyer Grafen von Moltke zu Kopenhagen und Göttingen; *geb. zu Sonderburg den ... 1752.* §§. Diſſ. philoſoph. de legibus motus fortuitis ad mundum opti-
mum relatis, quam ſub praeſidio *Andreae Weberi* defendit auctor. Kil. 1772. 4. * Verſuch in Fabeln
und andern Gedichten. Kopenh. 1781. 8. Gedichte
für

für die Mufik über Gegenſtände der Religion. Kopenh. 1782,8. *Nachricht von den Ziegelhöfen am Flensburgiſchen Meerbuſen; in den Schlesw. Holſt. Prov. Ber. 1787. H. 5. Spinnſchule zu Gravenſtein im Auguſtenburgiſchen; daſ. 1790. H. 4. Vergl. *Worm* 3, 132.

(N. 5.) BURDORF (Peter), *Probſt* (?) *und Hauptpaſtor zu Itzehoe* ſeit 1795, vorher ſeit 1783 Diakonus an der Domkirche in Schleswig und ſeit 1782 Diakonus zu Gettorf; *geb. zu Weslingbuhren* in Norderdithmarſchen *den 22 Iun. 1753.* §§. Zwey Predigten: Von der Theilnehmung an dem Glück und den Freuden unſerer Mitmenſchen, am erſten Adventſonntage über das Evangelium Matth. 21, 1-9. Von der Schönheit des Chriſtenthums und der Pflicht, es ſtandhaft zu bekennen, am vierten Adventſonntage über das Evangel. Joh. 1, 19 ff. Schlesw. 1791. 8. Predigten über die Evangelien an den Sonn- und Feſttagen des ganzen Iahres. 1ſter Band. Schlesw. und Leipzig 1793. gr. 8. (B. 2. wird in der Michaelismeſſe 1795 erſcheinen.) Predigt nach der Hinrichtung eines Mörders. Daſ. 1793. 8. Ueber den Einfluſs des Predigers auf die Vervollkommnung des öffentlichen Gottesdienſtes (eine Predigt). Flensb. 1794. 8. Ueber die Erhaltung des Lebens und das zu frühe Begraben. 2 Theile. Daſ. 1794. 8. Winke zur Beförderung der Feyerlichkeit des öffentlichen Gottesdienſtes. 2 Theile. Schlesw. und Leipzig 1795. 8. *(Revidirt)*

BUS-

BUSSAEUS (Samuel Ulrich), *Diakonus zu Itzeboe* feit 1768, vorher Cantor dafelbſt; *geb. zu Croſſen* in Schle-ſien 17... §§. Die Geſtalt eines Sünders, der in ſich ſchlägt; in *J. M. Görze's* Sammlung erbaulicher Canzelreden. *(Mitgetheilt.)*

(N. 4. 5.) BUTENSCHOEN (Johann Friedrich), ... *in Strasburg* (?); *geb. zu Bramſtedt* Amts Segeberg den *14 Iun. 1764.* §§. Leiden zweyer edlen Liebenden, nach dem Spaniſchen des Don *Miguet de Cervantes Saovedra*; nebſt dem merkwürdigen Leben diefes be-rühmten Spaniers und einem Verfuche über die ſpa-niſche ſchöne Litteratur. Heidelb. 1789. 8. Cäſar, Cato und Friedrich von Preußen, ein hiſtoriſches Lefebuch. Daf. 1788. 8. Romantiſche, komiſche, rührende und moraliſche Unterhaltungen. 1ſter Th. St. Gallen 1791. gr. 8. Alexander der Eroberer, dramatiſch bearbeitet, mit Kupf. von Küffener. 1ſter Th. Zürch 1791. 8.

(M.) CALLISEN (Chriſtian — nicht: Carl), Bruder der beyden folgenden — *Regierungs- und Obergerichtsadvo-cat zu Glückſtadt* feit 1761; *geb. zu Preetz* (wo ſein Vater Kloſterprediger war) *den 5 April 1742.* §§. Promtuarium iuridicum über die in den Schleswig-Holſteiniſchen Anzeigen von 1750 bis zu Ende 1768 enthaltenen Schleswigſchen, königl. Holſteiniſchen und gemeinſchaftlichen Verordnungen, auch unter-obrigkeitlichen Verfügungen, proclamata praecluſiva über adeliche Güter und Commünen, juriſtiſche Ab-handlungen u. f. w., in alphabetiſcher Ordnung nach

den

den Materien zufammengetragen und refp. extrahirt.
Plön 1769. 4. (Auf eigene Koften gedruckt.) Zweyte (durch Nachweifungen auf neuere Verordnungen)
vermehrte Auflage. Glückft. 1791. Fortgefetztes
promtuarium iuridicum, in welchem die — — Verordnungen u. f. w. von 1769 bis zu Ende 1788 gleichfalls in alphabetifcher — — extrahirt find. (Hamb.)
1789. 4. (Auf eigene Koften) — „Eine ziemlich beträchtliche Anzahl von Satzfchriften, in zum Theil
fehr intereffanten Procefsfachen, welche bey dem Holfteinifchen adelichen Landgerichte und bey den fon-
ftigen höchften Dikafterien in Glückftadt rechtshän-
gig gewefen und von ihm geführt find." *(Revidirt.)*
(M. u. N. 2. 4. 5.) CALLISEN (Heinrich), *Doctor der A.*
G. feit 1772, *würklicher Iuftizrath* feit 1784, *Gene-*
raldirector der chirurgifchen Akademie feit 1794 und feit
1773 *Profeffor der Chirurgie zu Kopenhagen,* (vorher
auch von 1771 bis 1795 Oberchirurgus beym See-
Etat), wie auch feit 1769 Mitglied der chirurgifchen
Akademie zu Paris, feit 1770 der Societät der Wiffenfchaften zu London, feit 1780 der königl. Gefellfchaft der Wiffenfchaften zu Kopenhagen und feit
1774 des Collegii medici dafelbft; *geb. zu Preetz den*
11 May 1740. §§. (D. inaugur.) Praefidii claffis regiae fanitatem confervandi methodus. Hafn. 1772. 8.
(Ueberfetzt von *Joh. Paul Gottfried Pflug:* Ueber die
Mittel, die Seefahrenden und insbefondre die Befaz-
zungen der königl. dänifchen Kriegsfchiffe gefund zu
erhalten; den Schiffswundärzten und andern Seefah-

ren-

renden zum Beſten überſetzt. Kopenh. 1778. 8.)
Inſtitutiones chirurgiae hodiernae in uſum academi-
cum adornátae. Hafn. 1777. 8. (Deutſch von *A. A.
Richter*. Halle 1785. 8. und von einem Anonymen:
Grundſätze der heutigen Chirurgie. Wien 1783. 8.;
auch ins Franzöſiſche, Spaniſche und Ruſſiſche überſetzt.) Til mine Medborgere, i Anledning af Hr.
Regimentsfeldſkiær *Fd. Martini's* under 29 Oct. 1784
udgivne trykte Brev og dets Fölger. Kbhvn. 1785.
8. (Deutſch unter dem Titel: Antwort auf *Martini's* Brief an *Tode*. Aus dem Däniſchen. Kopenh. 1786.
8. — fehlt im Repert. V, 1072.) Svar efter Lövte
paa de, i de nyeſte Kiœbenhavnſke Efteretn. om lærde Sager indrykkede Oplysninger (af *N. Riegels*) i
Anledning af min *(Martini's)* Erklæring til mine Medborgere. Kbhvn. 1785. 8. (deutſch überſetzt von
F. Martini; vergl. den Anhang.) Principia ſyſtema-
tis chirurgiae hodiernae. P. 1 et 2. Hafn. 1788 et
1790. 8 mai. (Deutſch von C. G. *Kühn*: Grundſätze
des Syſtems der ganzen heutigen Chirurgie, zum öffentlichen und Privatgebrauche eingerichtet. 2 Theile.
Kopenh. 1788 und 1791. gr. 8. und von einem Anonymen Wien 1786-1791. gr. 8. 3 Theile; auch ins
Franzöſiſche, Spaniſche und Ruſſiſche überſetzt.) —
Obſ. de gravi concuſſione capitis cum fractura baſeos
cranii letali, in qua ſectio ſinus longitudinalis durae
matris inſtituebatur; in ſoc. med. Hafn. Collect. Vol.
I. De utero atque vaginae duplici obſervatio; daſ.
De hydrophobia a cane lambente inducta obsſ. duae;

D   daſ.

daſ. De hydrope ovarii obſ.; daſ. Vol. 2. De
variis formationis calli impedimentis; daſ. Obſ.
de concretione polypoſa, cava, ramoſa, tuſſi reiecta;
in Actis ſoc. med. Hafn. Vol. 1. Hernia letalis cum
ruptura atque ſtructura omenti; daſ. Circa incon-
ſtantiam ſymptomatum in hernia omentali annotata;
daſ. Annotationum circa callum oſſium continuatio fractae patellae reunionem maxime attingens;
daſ. De ſumma ebrietate obſ.; daſ. Vol. 2. Obſervata quaedam medico - chirurgica; daſ. Specimen
deſcriptionis morborum anno 1779 in noſocomio
nautico graſſantium. Particula 1. de inflammatio-
nibus pectoris; in Actis regiae ſoc. med. Hafn. Vol.
1. Obſervata quaedam circa febrem putridam annorum 1779 et 1780 cum adiunctis monitis circa
inefficaciem corticis Peruviani et efficaciſſimam vim
pulveris ſeminum ſinapeos Anglicani; daſ. Relatio
epidemiae bilioſo- nervoſo- putridae in claſſe regia
ac noſocomio nautico anno 1781 graſſantis una cum
obſervatis circa effectum camphorae doſi conſuetis
longe maiori datae et ſeminum ſinapeos Anglicani
intus ſumtorum; daſ. Obſ. de herniotomia ob ac-
cedentem trismum letali; daſ. Vol. 2. Obſ. de diarrhoeae cum obſtructione alvi haud infrequenti con-
nubio; daſ. Deſcriptio epidemiae bilioſo- nervoſo-
putridae inter nautas claſſis regiae anni 1788 et 1789;
daſ. Vol. 3. De fatis fauſtis et infauſtis perforatio-
nis proceſſus maſtoidei pro ſurditate auferenda, adiectis cautelis practicis; daſ. (Dieſe mediciniſchen
und

und chirurgiſchen Beobachtungen werden, zufolge
des allgem. Bücherverzeichniſſes, Oſtermeſſe 1795,
in einer deutſchen Ueberſetzung erſcheinen.)— Ana-
tomiſk Beſkrivelſe over et Foſter med tvende Hove-
der; im 2ten Bande der neuen Sammlung der Schriften der königl. däniſchen Geſellſchaft.   Om en Cur
paa et blindfœdt Pigebarn 9 Aar gammel; daſ. Noch
eine *däniſche* Abhandlung über den beſtändigen Verluſt und die Wiedererſetzung der thieriſchen Wär-
me, und die verſchiedenen Quellen derſelben; daſ.
Th. 4.— „Sein Bildnis vor der Wiener Ueberſetzung
der principia ſyſt. chir. hod. ſcheint nach dem Kopenhagener geſtochen zu ſeyn und gleicht einiger-
maſſen." — Vergl. *Worm* 3, 137 und einen Auszug
aus *Abr. Kall's* Programm in *J. C. Tode* medic. chirurg.
Biblioth. I, 125. *(Revidirt.)*

(N. 5.) CALLISEN (Johann Leonhard), *Oberconſiſtorial-*
rath, Generalſuperintendent des Herzogthums Holſtein und
Kirchenprobſt zu Rendsburg ſeit 1792, vorher ſeit 1782
Paſtor zu Oldesloe, ſeit 1769 Paſtor zu Zarpen im
Amte Reinfeld und ſeit 1764 Paſtor in der Neuſtadt
vor Plön; *geb. zu Preetz den 23 Aug. 1738.* §§. Warum
wird im gemeinen Leben ſo wenig von Gott geredet, da es doch der nützlichſte Gegenſtand der Unterhaltung iſt? Kopenh. 1791. 8.   (Eine Abhandlung, welche in Kopenhagen das Acceſſit erhielt.)
Zweyte Aufl. Schleſw. und Leipzig 1793.   Ueber
den Freyheitsſinn unſerer Zeit. Altona 1791. gr. 8.
Die letzten Tage unſers Herrn Ieſu Chriſti. Lübeck

1791. 8. (auch mit dem Zufatze: erfte Hälfte. Schleswig und Leipzig 1793. 8.) Ift es rathfam, bey unferm bisherigen Glauben an die Weifsagungen der
Bibel von unferm Herrn Chrifto zu bleiben? Lübeck
1792. 8. Zweyte vermehrte Aufl. Schlesw. 1794.
Von dem geringen, doch herrlichen Anfange des Lebens Chrifti und der Seinen auf Erden (eine Predigt).
Schlesw. und Leipz. 1794. 8. Ueber den Werth der
Aufklärung unferer Zeit. Daf. 1795. 8. (Revidirt.)

CAPITO (Johann), *Doctor der A. G.* feit 1776 *und* feit
1771 *Wundarzt* an der königl. allgemeinen Pflegean-
ftalt beym Wartouhofpital *zu Kopenhagen; geb. zu
Wilfter den 21 Dec. 1746.* §§. * Beobachtungen in:
Gefchichte und Verfuche einer chirurgifchen Privat-
gefellfchaft zu Kopenhagen (herausgegeben von *J. C.
Tode*). Kopenh. 1774. 8. * Obff. medicae (oblatae?)
in focietate exercitatoria (von der *J. C. Tode* in feiner medicinifch-chirurgifchen Bibliothek hin und
wieder Nachricht gibt). ib. 1776. Spec. inaugür.
de obfervatione medica. ib. 1776. 4. Vergl. *Worm*
3, 143. *(Autographum.)*

CARL, *Prinz von Heffen-Caffel, königl. dänifcher Feldmarfchall und Statthalter von Schleswig und Holftein; geb. zu
Caffel den 19 Dec. 1744.* §§. Memoires fur la cam-
pagne de 1788 en Suede. à Kiel 1789. 8. (Deutfch
von C... L... *Langelotz*: Denkwürdigkeiten des
Feldzugs gegen Schweden im Iahr 1788, vom Prinzen Carl von Heffen. Flensb. 1790. 8. — Einer an-

dern *deutfcben* Ueberfetzung, und einer *englifchen* gedenkt Repert. IX, 151 und 153.)

CARSTENS (Hinrich Gottlieb), *der Wiffenfchaften* (?)
*Beflifsener, itzt auf einer Gefchäftsreife nach Spanien; geb.
zu Altona den 29 Iun. 1771.* §§. Tordenfkjold. Ein
. Volksbuch. Dulce et decorum eft pro patria — vi-
vere. Altona und Leipz. bey J.H.Kaven und in Rendsburg bey Martini. 1794. 158 S. 8. *(Autographbum.)*

(M.) CARTHEUSER (Carl Wilhelm), Sohn des Joh.
Friedr. C. im *Adelung* und Bruder des Friedr. Aug.
C. im *Meufel — Doctor der A. G. und ausübender Arzt
in Glückftadt, wie auch königl. dänifcher Canzeleyrath (vorher zu Hamburg); geb. zu Halle* im Magdeburgifchen
den 22 Nov. 1735. §§. D. inaugur. de oleo Cajeput.
Francof. ad Viadr. 1754. 4. (Eigentlich, obgleich
von *Adelung* übergangen, unter dem Vorfitze feines
Vaters, als Verfaffers, vertheidigt, da fie von *Fr. Ekkard* im Regifter zu den Göttinger Zeitungen diefem
mit beygelegt, in *F. Baernefs* Nachrichten (3, 389.)
aber, und in *E. G. Baldingers* Magazin für Aerzte (St.
4.), fo wie von *J. S. Erfch* allein zugefchrieben wird:
J. F. Cartheufers Abhandlung von dem feften flüch-
tig öhligen Salze in den ätherifchen Oehlen — überfetzt von *J. C. G. Ackermann.*) Betrachtungen über
einige Materien aus der Diätetik. Hamb. und Leipz.
1756. 8. Vermehrte Betrachtungen über einige M.
aus der D. Altona 1763. 8. *(Revidirt.)*

(M. u. N. 1. 2. 4.) CELLARIUS (Joh. Elias), Bruder (?)
des Ludewig Friedrich C. im *Meufel — Paftor zu Trit-*

tau feit 1788, vorher feit 1771 Rector zu Hufum, zuerft feit 1768 Hauslehrer bey dem Baron v. Gerftorf in Rendsburg; *geb. zu Rudolftadt* im Fürftenthum Schwarzburg *den 3 Ian. 1744.* §§. Das chriftliche Verhalten gegen Irrende in der Religion. Flensb. und Leipzig 1777. 8. Der Ruhm des Gerechten im Tode (eine Predigt am Charfreyt.) ...... 1787. *Catalogus bibliothecae theologicae a Petro Kochio (deffen *Leben* er vorgefetzt hat), Paftori Wizworthienfi collectae ac 1787 divendendae. Slesvici. 8. *Befchreibung von Paläftina, in (.... *Ingwerfens*) biblifcher Gefchichte des A. T. Hufum 1792. 8. — Seine Schulfchriften find *theils* deutfche, 1) unter dem Titel: Hufumifche Schulfachen, erfte bis eilfte Sammlung. Flensb. 1775 - 1787. 4. *Erfte* enthält einen Lections-katalog und die Unterfuchung zweyer Fragen: Ob es gut und nützlich fey, daß die Landprediger fich mit der Vorbereitung junger Leute auf die Univerfität befaffen? und: Woher es komme, daß man nicht fo viel wohl präparirte junge Leute auf die Univerfität fenden könne, als man wohl wolle? 1775. *Zweyte:* Lectionenanzeige und Nachricht von der Schulbibliothek. 1776. *Dritte:* Ueber die höchftnöthige Autorität der Schullehrer. 1777. *Vierte:* Anweif. zur Bildung guter Sitten in den Schulen. 1788. *Fünfte:* Berechnung des Fleifses der Lehrer und Schüler in Erreichung des Schulzweckes. 1779. *Sechste:* Lectionenanzeige und Nachricht von der Schulbibliothek. 1780. *Anhang zur fechften Sammlung:* Wie der

Schul-

Schullehrer feinen Schülern Vaterlandsliebe einflöfsen könne? 1780. *Siebente*: Analecta quaedam de veterum poëtarum lectione iuvenum ftudiis commendanda. 1781. *Achte*: Entwurf der vom Könige unterm 1ften Nov. 1783 confirmirten Bürgerfchule in Combination mit den lateinifchen Claffen, nebft einer Vorrede und fernere Beyträge zur Methodik. 1784. *Neunte*: Gedanken über Lob und Tadel, als Beförderungsmittel des Fleißes und guter Sitten unter den Schülern. 1785. *Zehnte*: Erklärung über Schulzeugniffe. 1786. (Vergl. *G. S. Francke*.) *Eilfte*: Ueber Schulwiffenfchaften und ihren Nutzen, auf Veranlaffung der Campifchen Fragmente. 1787. (Vergl. *denfelben*.) — 2) noch einige Programme vom Iahr 1772-1774 und fonft bey außerordentlichen Fällen vom Iahr 1777-1785. — 3) Abfchiedsrede zu Hufum am letzten Examine über die Frage: Warum widerftreben Menfchen mehr den Wahrheiten für Herz und Gewiffen, als den Religionslehren überhaupt? Schleswig 1787. 8. — *theils* lateinifche: 1) commentationum facrarum particulae quatuor. Slesv. 4. *Prima*: In Eph. 3, 14-21. 1785. *Secunda*: In Eph. 6, 10-20. 1786. *Tertia*: In 1 Corinth. 13, 8-13. 1786. *Quarta*: De morum doctrinae, per Mofen traditae, praeftantia iufte definienda. 1788. — 2) Außerdem noch *vier* andere: Vindiciae vaticinii Meffiani Ief. 61, 1. 2. 1772. Annotationes quaedam de dono didactico. 1774. Demofthenes et Cicero inter fe comparantur. 1782. De fcopo in iuventutis inftitutione.

D 4 ' 1784.

1784. — Einige einzelne, anonymifch erfchienene,
Predigten. (*Theils Autographum, theils mitgetheilt.*)

CHEMNITZ (Johann Hieronymus), *Doctor der A. G.
und ausübender Arzt in Preetz; geb. zu Gickau*, einer
adlichen Kirche in Wagrien, *den 30 Ian. 1724.* §§. D.
inaugur. de tabe dorfuali, quam praefide *J. G. Bren-
del* defendet auctor. Götting. 1749. 4.

(N. 4. 5.) CHRISTIANI (Chriftoph Johann Rudolph),
deutfcher Hofprediger in Kopenhagen feit 1793, wie auch
feit 1795 Director des Erziehungsinftituts vor diefer
Stadt, vorher feit 1787 Paftor zu Kalebuy und Moldenit in der Struxdorfer Harde Amts Gottorff; *geb.
zu Norbye* im Lande Schwanfen *den 15 April 1761.* §§.
Ueber die Beftimmung, Würde und Bildung chriftlicher Lehrer. Schlesw. 1789. 8. Briefe zur Beförderung eines weitern Nachdenkens über die zweck-
mäfsigfte Einrichtung des öffentlichen Gottesdienftes. Hamb. 1790. 8. Anleitung zum fruchtbaren
Nachdenken über die wichtigften Angelegenheiten
des Menfchen, nachdenkenden jungen Chriften bey
ihrer Confirmation gewidmet. Daf. 1791. 8. 2ter
Theil (auch unter dem Titel: Belehrungen und Rath-
gebungen zur Erlangung einer wahren Glückfeligkeit). Daf. 1792. 8. Betrachtungen, veranlafst durch
eine Recenfion meiner Abhandlung über die B. W.
und B. chriftl. L. im 2ten St. des 89ften Bandes der
allgem. deutfchen Biblioth.; im Braunfchw. Journal
St. 3. 1790. Kurze Erklärung über die Erinnerungen im Iunius des Braunfchw. Journals; daf. St. 8.

Bey-

Beyträge zur Beförderung wahrer Weisheit, Tugend
und Glückseligkeit. 4 Stücke. Schlesw. 1793. 8. Predigt auf Veranlaſſung der Feuersbrunſt, welche den
26 Febr. 1794 das königl. Reſidenzſchloſs Chriſtiansburg verheerte. Kopenh. 1794. 8. Vorläufige Ankündigung einer Erziehungsanſtalt bey Kopenhagen.
Daſ. 1794. 8. (Auch abgedruckt im Gænius der Zeit
1794. Dec.) Predigten. Daſ. 1794. kl. 8. Predigten. 1ſter Band. Lübeck und Leipzig 1795. gr. 8.
(Beyde *Schriften* find vielleicht *nicht* verſchieden.) —
Hat angekündigt: „Beyträge zur Veredlung der
Menſchheit, herausgegeben aus dem Erziehungsinſtitut bey Kopenhagen," welches heftweiſe in viertel-
jährigen Fortſetzungen, in däniſcher und deutſcher
Sprache erſcheinen wird. *(Revidirt.)*

CHRISTIANI (Conrad), Vaterbruder des folgenden —
Apotheker zu Kiel; geb. daſelbſt den 13 Aug. 1732. §§.
*Etwas über das neue Londner und andere Apothe-
kerbücher. Hamb. 1790. 8. (wird im allgem. Re-
pertor. der Litteratur V, 1690 und N. 5. dem *P. G.
Henſler* irrig zugeſchrieben.)

[N. 5.) CHRISTIANI (Johann Wilhelm), Sohn des *Wilhelm Ernſt* C. im Anhange — *Doftor der Philoſophie
und ſeit 1795 Adjunft der philoſoph. Facultät zu Kiel,*
vorher ſeit 1793 Privatdocent; *geb. daſelbſt den 24
März 1771.* §§. Commentatio, qua explicantur fundamenta calculi, quem ab infinito nominamus et
oſtenditur, quomodo iis, quae tradiderunt Euclides,
Archimedes, Apollonius Pergaeus innitatur calculus

infiniti.

infiniti. Gött. 1792. 4. Mit 2 Kupfertaf. (ift eigentlich die von der philofoph. Facultät zu Göttingen im
genannten Iahre gekrönte Preisfchrift.) Die Lehre
von der geometrifchen und ökonomifchen Vertheilung der Felder. Nach der dänifchen Schrift des Hrn.
Niels Morville bearbeitet, mit *Käftners* Vorrede. Gött.
1793. gr⬤. mit 3 Kupf. D. inaugurat. exhibens
fupplementa ad commentationem de fundamentis calculi, quem ab infinito nominamus, anno fuperiori
editam. Kil. 1793. 4. — Vergl. *W. E. Chriftiani's* Programm: prolufio, qua oftenditur eandem fere in hiftoria, quam in mathefi, vim habere contextum rerum. 1793. 4.

CHRISTIANI (Wilhelm Rudolph), *Paftor bey der Zucht-
hausgemeine in Glückftadt* feit 1792; geb. *zu Altona den
9 Ian. 1760.* §§. Glaubensbekenntnifs; eingerückt in
Rud. Gerb. Behrmanns Reden bey deffen Taufhand-
lung. Hamb. 1785. 8. *(Autographum.)*

CLASEN (Erich Friedrich), *Paftor zu Tellingftedt* in Norderdithmarfchen feit 1787, vorher feit 1779 Diakonus dafelbft; *geb. zu Rendsburg* (wo fein Vater *Chriftian Peter C. Rector war)* 175.. §§. ....

CLASEN (Johann Joachim), Bruder des vorigen — *Paftor zu Ulsnis,* in der Schliesharde Amts Gottorff, feit
1763, vorher feit 1762 dänifcher Feldprediger; *geb.
zu Rendsburg 17...* §§. Gedanken bey der Tren-
nung feines Freundes. Helmft. 1756. 4. Diff. phi-
lologico-theologica de homologia S. Thomae Apo-
ftoli

ftoli ad Joh. 20, 28. quam praef. *J. B. Carpzov* tue-
bitur auctor. ib. 1757. 4.

CLAUDIUS (Chriftian Detlef), jüngerer Bruder des folgenden — *Doctor der A. G. und Phyfikus in* den Städten Heiligenhaven, *Lütjenburg* (wo er wohnt), Neuftadt und Oldenburg, auch dem Amte Cifmar; *geb.
zu Rheinfeld* Amts Ahrensbök 175.. §§........;
(eine kleine Schrift, welche er herausgab, als er unter *Ehlers* die Segeberger (?) Schule frequentirte.) D.
inaugur. de morbis, quorum curatio cum periculo
fufcipitur. Gött. 1773. 4.

(M. u. N. 1. 2. 4. 5.) CLAUDIUS (Matthias), *erfter Revifor bey der Schleswig-Holfteinifchen Bank zu Altona* feit
1788, *wohnt zu Wandsbeck* feit 1777, nachdem er
1776 Oberlandcommiffar zu Darmftadt gewefen
war; *geb. zu Rheinfeld* Amts Ahrensbök *den.... 1743.*
§§. *Tändeleyen und Erzählungen. Jena 1763. 8.
Wandsbeck, eine Art von Romanze, von Asmus, pro
tempore Boten dafelbft; mit einer Zufchrift an den
Kaifer von Iapan. 1773. (Diefes Gedicht, nebft andern poetifchen und profaifchen Auflätzen, die im
Wandsbecker Boten, im Göttingfchen Mufenalmanach und in den Hamburger Addrefscomtoir-Nachrichten zerftreut waren, hat er unter folgendem Titel gefammelt:) Asmus omnia fua fecum portans,
oder fämtliche Werke des Wandsbecker Boten. 2 Th.
Hamb. und Wandsb. 1775. 8. (Neue Ausgabe 1790.)
3ter Th. 1778. 4ter Th. Breslau 1783. 5ter Th.
1790. (Von den Ueberfetzungen einzelner Stücke

vergl.

vergl. *Erſch* und von der däniſchen *J. E. Heilmann.*)
Geſchichte des Aegyptiſchen Königs Sethos; aus dem
Franz. (des Abbé *Terraſſon*). 2 Theile. Bresl. 1777.
1778. 8. Neue Auflage. 'Leipz. 1784. 8. Reiſen
des Cyrus, eine moraliſche Geſchichte, nebſt einer
Abhandlung über die Mythologie und alte Theologie, von *(Andr. Micb.) Ramſay*; aus dem Franz. (welches, den Nachrichten von der Stolliſchen Biblioth.
— N. CCXCVIII — zufolge, wahrſcheinlich *ihn ſelbſt*
zum Verf. hat.) Mit einer Vorrede. Daſ. 1780. 8.
Irrthum und Wahrheit, oder Rückweis für die Menſchen auf das allgemeine Principium aller Erkenntniſs, von einem unbekannten Philoſophen; aus dem
Franz. Hamb. 1782. 8. * Schilderung von Paris.
Aus dem Franz. (des *Mercier.*) Auszugsweiſe überſetzt. 4 Theile. Breslau 1782-1784. 8. (wird nach
einer Bemerkung im zweyten Nachtrage des gelehrten Deutſchlandes auch dem *S. G. Bürde* beygelegt.)
* Zwey Recenſionen, in Sachen der Herren *Leſſing,
Moſes Mendelſohn* und *Jacobi.* Hamb. 1786. 8. *Auch
ein Beytrag über die neue Politik, herausgegeben
von Asmus; iſt aus dem — noch nicht erſchienenem?
— 6ten Theile des Wandsbecker Botens beſonders
abgedruckt). (1794) 8. (däniſch von *J. E. Heilmann.*)
— Von ihm iſt auch der deutſche, ſonſt Wandsbecker
Bote, eine politiſche Zeitung, die Bode in Hamburg
druckte, vom J. 1770 an bis 1775 im Oĉtober, wo
ſie aufhörte. — Recenſionen in der neuen Hamburger Zeitung 1775. 1776. — Sein Bildniſs im 3ten Th.

von

von *Lavaters* Phyſiognomik. — Wegen ſeines Aufenthalts in Darmſtadt findet man litterariſche, ihn
betreffende, Nachrichten in *Strieders* Grundlage zu
einer Heſſiſchen Gelehrten und Schriftſteller Geſchichte. B. 2. — Ob übrigens *Fr. Ekkard* S. 230. ihm mit
Recht den Volksroman: Leben und Meinungen des
Til Eulenſpiegels, 1ſter Theil. 1779. 8. beylege, iſt
zu bezweifeln, da Meuſel dieſe Schrift dem *F. Herzberg* zuſchreibt. (Gröſtentheils *aus dem gelehrten
Deutſchlands* entlehnt; denn obiger Auffatz *ſollte* nicht
berichtigt werden, weil *dieſer* Schriftſteller „nicht
einſieht, zu was die Lebensbeſchreibungen, (??) wenn
die Leute nicht ungewöhnliche Verdienſte haben,
gut ſind und *ſonderlich ihm* alle Lebensbeſchreibungen, ſo lange die Leute leben, etwas unſchickliches
zu haben dünken.")

CLAUS (Johann Caſimir), *Paſtor zu Hohn* Amts Hütten
ſeit 1754; geb. *zu Moringen* im Hannöverſchen 1728.
§§. Predigt von der Vortreflichkeit des Gebots von
der Liebe des Nächſten, Hamb. 1754. 4. Ueber die
Weisheit und Güte Gottes in Beſtimmung des Le-
bensziels wahrer Gläubigen. 8. (Ein Glückwunſch
an *A. Struenſee*; auch der, bey Gelegenheit ſeines Iu-
biläums erſchienenen, Sammlung einverleibt.)

CLAUS (Johann Elias), *Paſtor zu Bornhöver* Amts Segeberg ſeit 1781, vorher ſeit 1770 Diakonus zu Heiligenhaven; *geb. zu Gerbſtädt* im Mansfeldiſchen 17...
§§. Eine kleine Rede bey Gelegenheit eines zu Depenau hingerichteten Delinquenten. ...

CLAU.

CLAUSEN (Chriſtian), *Paſtor zu Bau* in der Wiesharde
Amts Flensburg ſeit 1789, vorher zuerſt Katechet
am Zuchthauſe zu Altona, dann Prediger zu Sames
im Lauenburgiſchen, darauf Prediger zu Siebeneichen;
geb. zu Flensburg 175.. §§. Verſuch eines Unterrichts
in den Hauptwahrheiten der chriſtlichen Religion.
Eine Vorbereitung zu dem neuen Schlesw. Holſtein.
Katechismus. Flensb. 1792. 8. Heiliges Dankopfer
für die gnadenreiche Hülfe des Herrn am Tage der
gröſsten Gefahr (den 26 Febr. 1794). Flensb. 1794.
8. Vergl. *Boltens* Kirchennachrichten von Altona 1,
182.

CLAUSSEN (Heinrich Friedrich Chriſtian), *privatiſirender* (?) *Rechtsgelehrter zu Kopenhagen; geb. zu Kiel 177..*
§§. Litterariſche Nachrichten von *Adam Smith;* im
deutſchen Magazin 1795. Iun. — Hat angekündigt:
Récueil des Traités, mémoires, actes et autres ecrits
publics, qui ont été redigés et publiés par la Cour
de Dannemarc depuis l'avenement au trone du Roi
regnant juſqu' à l'epoque actuelle, ou depuis 1766
juſqu' à 1794.

(N. 5) CLAUSSEN (Lorenz), *Müller auf Düppelburg* Amts
Sonderburg; *geb. zu ... 17 ...* §§. Practiſche Anweiſung zum Mühlenbau, worin deutlich und gründ-
lich gelehrt wird, wie Mehl- Malz- und Grützmüh-
len, ſie mögen durch Wind, Waſſer oder Pferde in
Bewegung geſetzt werden ſollen, auf das vortheil-
hafteſte einzurichten find. Nebſt einer Beſchreibung
zweyer Maſchinen zur Reinigung des Korns (welche
mit

mit 1 dazu gehörigem Kupf. auch befonders abgedruckt ift). Eine belohnte Preifchrift. Leipz. 1792.
4. mit 10 Kupf.

(N. 5.) COHEN (Raphael), *Oberrabiner der Synagoge der
bochdeutfchen Iuden in Altona* feit 1776, vorher in Pinsk,
nachher in Pofen; *geb. zu Druis in Polen* 17... §§.
ספר תורת יקותיאל (ein auf 100 Blättern in Fol.
zu Berlin im Iahr 1772 (5532) abgedruckter Theil
eines Comment. über *Jore Dea*). ספר מרפא לשון
(enthält eine Sammlung moralifcher Reden oder vielmehr תוכחות, das ift, jüdifcher Strafpredigten)...
ספר שאלות ותשובות ושב הכהן .4.(5550) 1790
(Gutachten über allerley aufgeworfne Fragen). Alton.
1792 (5552). Fol. ספר שאלות הכהנים תורה.
Daf. 1792 (5552). Fol. — Vergl. vor allen Dingen
Boltens Kirchennachr. von Altona 2, 179-181.

COOPMANS (Gadfo), *Doctor der Weltweisheit und A. G.
und feit 1793 aufserordentlicher Profeffor der Chemie zu
Kiel*, (vorher feit 1791 aufserordentlicher Profeffor
der Chemie zu Kopenhagen und feit 1773 ordentlicher Profeffor der Medicin, Chemie und materia
medica zu Franeker), auch Mitglied der Gefellfchaft
der Wiffenfchaften zu Paris, Brüffel, Harlem und
Uetrecht, fo wie der batavifchen Gefellfchaft der Ex-
perimentalphyfik zu Rotterdam; *geb. zu Franeker den
12 Ian. 1746.* §§. Diff. phyfica de ventis. Franequ.
1770. 4. Diff. chirurgica de cyphofi. ib. eod. 4.
Befchouwing der Natuur van den Heere C. *Bonnet*,
ver

vertaald, en met eenige Aanmerkingen vermeerdert.
1-3 Deel. Franek. 1774-1776. 8. Oratio de me-
dicamentis indigenis ad morbos belli familiares feliciter depellendos suffecturis. ib. 1774 4. Varis sive
de variolis carmen. ib. 1783. 4. (Auch L.B. 1787.
8. mit einer deutschen Ueberfetzung. — Vergl. *Meufels* histor. litter. bibliographisches Magaz. St. 7. 8. S.
314.) Beschouwing van het Water; in: Hande-
lingen van het Geneeskunding Genootschap, onder
de Zinspreuk fervandis civibus. Deel XI. Amsterd.
1786. 8. Diss. medico-practica de recens-natorum
aphthis; in: Histoire de la société royale de méde-
cine. Années 1787 & 1788. Paris 1790. 4. Ver-
handeling over de oorzaaken en verscheidenheden
van het beslag op de Tong; in: Verhandelingen van
het Bataafsche Genootschap der Proefondervindely-
ke Wysbegeerte. Deel IX. Rotterd. 1790. 4. D.
physica de origine et natura turfarum f. cespitum;
im ....ten Theil der Schriften der Brüsseler Akademie 179.. Opuscula physico-medica. Vol. I. (in
dessen Vorrede er *sein Leben* erzählt.) Hafn. 1793. 8.
(3 Theile zum wenigsten werden folgen.) Carmen
elegiacum in natalem 27 Friderici, Daniae principis
regii, publice dictum d. 28 Ian. 1795. Kil. 4. — Einzelne Gedichte in lateinischer und holländischer Sprache. — Arbeitet an einem lateinisch-französischem
Lexicon. *(Revidirt.)* Die im Repert. der Litter. V, 227.
aufgeführte Schrift ist, zufolge der Götting. Zeitung
1791. S. 1010, von seinem Vater, welches im alpha-
beti-

betifchen Regifter des Repertor, nicht bemerkbar gemacht ift.

CORNIELSEN (Hans Marx), *privatifirt in Schleswig; geb.*
zu Tetenbull im Weftertheil der Landfchaft Eyderftedt *den 10 Sept. 1748.* §§. Topographifche Nachrichten vom Amte Gottorff. Erfter Verfuch. Schlesw.
1792. *(Revidirt.)*

(N. 5.) CRAMER (Andreas Wilhelm), Bruder des folgenden — *Doctor der Rechte und derfelben ordentlicher*
Profeffor zu Kiel feit 1792, vorher feit 1785 aufserordentlicher Profeffor dafelbft; *geb. zu Kopenhagen*
den 24 Dec. 1760. §§. *A. F. Trendelenburgio* moderan-
te de SCto Claudiano ad Tac. Annal. 12, 53. pauca
difputat. KiL 1782. 4. D. Vefpafianus f. de vita et
legislatione T. Flavii Vefpafiani Imp. commentarius.
Jenae 1785. 8. (D. inaug.) lectiones membranae
Florentinae. Slesvici 1785. 4. Spicilegium anim-
adverfionum in C. Suetonium Tranquillum. Spec. 1.
Lubec. 1786. 8. Dispunctionum iuris civilis liber
primus. Suerini et Wismariae 1791. 8. Ad hiftoriam Novellarum Iuftiniani Imp. analecta litteraria.
Kil. 1794. 4. (ein Programm zum Geburtstage des
Königs.) — Recenfionen in den letzten Iahrgängen
der Kieler gelehrten Zeitung. *(Revidirt.)*

(M. u. N. 1-5.) CRAMER (Carl Friederich), *Doctor der*
Philofophie, feit 1775 aufserordentlicher und feit 1780
ordentlicher *Profeffor* der griechifchen und orientalifchen Sprachen, wie auch der Homiletik zu Kiel,
privatifirt feit 1794 *in Hamburg; geb. zu Quedlinburg*

E   *den*

den 7 März 1752. §§. Bey der Froriepſchen und Be-
ckerſchen Verbindung. Lübeck 1771. 4. Bey Bernſtorffs Tode, an ſeinen Vater. Daſ. 1772. 4. Rolf
Krage, ein Trauerſpiel, aus dem Däniſchen (des *J.
Ewald*). Hamb. 1772. 4. Von der Frinnerung an
die vergangenen Handlungen unſers Lebens. Eine
Predigt. Götting. 1773. 8. Freuden der Ewigkeit,
eine reiche Vergeltung der irdiſchen Leiden eines
Chriſten. Eine Predigt. Lübeck 1774. 8. Vier Predigten. Leipzig 1775. 8. Ueber den Prológ. Daſ.
1776. 8. (und im 1ſten Iahrg. ſeines Magaz. der Muſik
S. 608 ff.) *Klopſtock in Fragmenten aus Briefen
von Tellow an Eliſa. Hamb. 1777. 8. *Fortſetzung.
Daſ. (1778.) 8. Skythiſche Denkmäler in Palaſtina.
Kiel und Hamb. 1777. 8. (Vergl. Kieler Litteraturjournal 1780. St. 1. S. 74-95, wo er ſich gegen
J. B. Koppe's Recenſion in den Götting. Anzeigen vertheidigt.) Klopſtock. Er und über ihn. Herausgegeben — 1ſter Theil. 1724-1747. Hamb. 1780. 8.
2ter Theil. 1748-1750. Deſſau 1781. 3ter Theil.
1751-1754. Daſ. 1782. (umgedruckt und vermehrt.
Leipzig und Altona Theil 1. 1782. Th. 2. 1792.
Th. 3. 1783.) 4. Th. 1755. Leipz. und Alt. 1790.
gr. 8. 5. Th. 1755. Daſ. 1793. Beylage und Nach-
leſe zum 5ten Th. Daſ. 1793. (Ob der 6te Theil erſchienen iſt, hat man nicht erfahren können; der 7te
hingegen macht das 9te Stück des menſchlichen Lebens aus.) *Leben meines Vaters. Aus dem Franz.
(des *Retif de la Bert.*) Lübeck 1780. 8. Fiſkerne.
Et Syngeſpil i tre Handlinger, af *J. Ewald* (Kbhvn.

1780. 8.) recenfirt und *überfetzt* im Kieler Litteraturjournal 1780. St. 7. 8. 9. Die Erziehung der
Kinder in der Ordnung der Natur, oder kurzer In-
begrif der natürlichen Gefchichte der Kinder in ih-
rem jüngern Alter, zum Gebrauch für Hausväter und
Hausmütter. Von Mr. de *Fourcroy*, Verfaffer der
Briefe über die phyfifche Erziehung der Kinder. In
2 Theilen überfetzt. Lübeck 1781. 8. Polyhymnia.
8 Theile. 1782-1792. (Armida; eine tragifche
Oper von *Cb. Coltellini* und *Ant. Salieri.* — Maria und
Johannes. Ein Paffionsoratorium von *J. Ewald.* In
Mufik gefetzt von *Schulz.* — Aline, Königinn von Gol-
conda. Clavierauszug einer Oper von *Schulz.* — *J.
A. Cramers* Lieder, componirt von *F. L. A. Kunzen.*
— Athalia, ein Trauerfpiel mit Chören. Nach *Ra-
cine.* Die Mufik von *Schulz.* — Orpheus und Eurydice.
Eine tragifche Oper nach dem Dänifchen. Die Mufik
von *Naumann;* auch im 8ten und 9ten Th. des Maga-
zins der Mufik. — Holger Danfke oder Oberon; eine
Oper in 3 Aften, von *Baggefen,* componirt von *F. L.
A. Kunzen.* — Hermann und die Fürften, componirt
von demfelben.) Salz und Scherz vor Gericht; eine
Sammlung ironifcher und unterhaltender Memoires.
Aus dem Franz. Leipzig und Deffau 1783. 8. Magazin der Mufik. 1fter Jahrg. in 12 Stücken. Hamb,
1783. 8. 2ten Iahrg. St. 1-7. 1784-1786. Die
neue Heloife, oder Briefe zweyer Liebenden, von
Rouffeau. Aus dem Franz. 4 Theile mit Kupf. von
Chodowiecki. Berlin 1785 fg. 8. (hat auch den Ti-
    tel:

tel: *R's.* fämtliche Werke. Th. 3-6.) Kurze Ueberficht der franzöfifchen Mufik. Daf. 1786. 8. Flora,
enthaltend Compofitionen für Gefäng und Clavier,
von Gräve, Gluck, Bach, Ad. Kunzen, F. L. A. Kunzen, Reichardt, Schwanenberger. Erfte Sammlung.
Hamb. 1787. 4. *Rouffeau's* Politik. Neu überfetzt.
2 Theile. Berlin 1787. 8. (hat auch den Titel: *R's.*
fämtliche Werke. Th. 1. 2.) *(A. C.) Hwiid's* Reife
durch Deutfchland. Ein Turnier zwifchen Heinze
und Cramer in Kiel, gehalten vor dem *plain good fenfe*
O G *good bumor* des Copenhagener Publicum. Kiel
1788. 8. Emil, oder über die Erziehung, von *J. J.*
Rouffeau, Bürger zu Genf. 4 Theile. Aus dem Franz.
überfetzt. Mit erläuternden, beftimmenden und berichtigenden Anmerkungen der Gefellfchaft der Re-
viforen aus dem Revifionswerke (deffen 12-15ten
Theil er ausmacht) befonders abgedruckt und herausgegeben von *J. H. Campe.* Braunfchw. 1789-1791.
8. (auch unter dem Titel: *R's.* fämtliche Werke,
überf. Th. 7-10. Berlin 1788-1791. 8.) *Bagge-*
fen. Kiel 1789. 8. Ueber die Kieler Univerfitätsbibliothek. Daf. 1791. 8. (ward Oftern 1795 von Ka-
ven in Altona auf die M, ffe gebracht — und ift merk-
würdig als *das einzige Buch in der Welt,* welches keinen mit dem Buchftaben A fignirten Bogen hat.)
Menfchliches Leben. 1ftes bis 8tes Stück. Gerechtigkeit und Gleichheit! Altona und Leipz. 1792. 8.
(Das 4-6te St. führt auch den Titel: *J. A. Cramer.*
Seine hinterlaffenen Gedichte, herausgegeben von feinem

nem Sohne. 1ſtes bis 3tes St. Die 5 andern Stücke, welche ihm ſelbſt eigen ſind, haben auch zur Auf-ſchrift: Neſeggab, oder Geſchichte meiner Reiſen nach den Caraibiſchen Inſeln.) 9 St. 1792. (auch un-ter dem *dreyfachen* Titel: Der Tod — Commentar über den Meſſias. 4 St. — Klopſtock (F. G.) Ueber ihn. 7 St.) 10 St. 1793. (auch unter dem Titel: Bagge-ſen oder das Labyrinth. Eine Reiſe durch Deutſch-land, die Schweiz und Frankreich. Aus dem Däni-ſchen überſetzt und mit Anmerkungen. 1 St.) 11 St. 1793. (oder: Baggeſen — 2 St. oder: Kiel, Eutin, Lü-beck. Ueberſetzt aus B. L.) 12 St. 1794. (auch un-ter dem *dreyfachen* Titel: *Sieyes* Schriften. Die Vor-rechte und was iſt der Bürgerſtand? 1 St. — Eleuthe-ria. 1 St. — Ehrenrettung der Gironde. 1 St.) 13 St. 1794. (auch unter dem *dreyfachen* Titel: Anhang zu der erſten Dodekade des menſchlichen Lebens — Iſmael (Charles Frederic). Ein Buch voll Späne ohne Fugen oder Zuſammenhang. 2 St. — Kritiſche Acten oder das Pro und Contra zur Würdigung meines Buches: Menſchliches Leben etc. 3 St.) 14 St. 1794. (auch unter dem *dreyfachen* Titel: Baggeſen. 3 St. — Hamburg. Altona. Ueberſetzung aus B. L. — Voll-ſtändige Acten des Proceſſes der gerichtlichen Unter-ſuchung ex officio durch des Königs Generalfiſcal, an-hängig gemacht gegen Thomas Paine, aus dem Engl.) 15 St. 1795. (auch unter dem ..... fachen Titel: Baggeſen. 4 St.....) 16 St. 1795. (auch unter dem ..... fachen Titel: Baggeſen. 5 St......) Ueber mein

Schickſal (Manuſcript für Freunde). Fata volen-
tem ducunt, nolentem trahunt. Seneca. Kiél 1794.
8. *Louvet's* Schickſal, geſammlet und überſetzt. St.
I. 2. 3. Altona 1795. 8. — *Gedichte* im Göttingſchen
Muſenalmanach, *Recenſionen* in dem ehemaligen Kieler Litteratur-Iournal von 1780 und 1781, in der
neuen Hamburger Zeitung, im Wandsbecker Boten
und im däniſchen Iournal, welches 1767 ff. unter
Auflicht des Paſtors *Joſias Lorck* in Kopenhagen herauskam. — (*Revidirt.*) Ueberſetzt für Bohn und
Comp. in Lübeck: Anecdotes of the life of the R. H.
William Pitt and of the principal events of his life in
3 Voll.(nach der dritten Ausg.des Origin. Lond. 1793.)

DAHL (Johann Chriſtian), *Doctor der A. G. zu* ...; *geb.*
zu Schleswig den ... 17... §§. D. inaug. aphorismos
quosdam phyſico-medicos continens. Erlang. 1791.
8 min. (Dieſen Schriftſteller kennt niemand in ganz
Schleswig. Sollte wohl in der Erlanger gel. Zeitung, woraus dieſe Nachricht entlehnt iſt, *Schleswig*
ein Druckfehler ſeyn? Zufolge der Vorrede des 1ſten
Th. von *G. W. A. Fikenſcher's* Geſchichte der Univerſität
zu Erlang. (1795) wird der *dritte* Th. Auskunft geben.

DAME (Johann Friedrich), *Paſtor zu Tömmerup* in Artz-
probſtey, Amts *Kallundborg auf Seeland; geb. zu Witz-*
wortö in der Landſchaft Eiderſtedt *den 31 Ian. 1755.* §§.
Geheimeraad Schubarts Afhandling om adſkillige
Græsarters Egenſkaber og fordeelagtigſte Dyrknings-
maade. Af det Tydſke overſat. Kbhvn. 1786. 8.
(*Nach dem Autographum.*)

DAMM (Rasmus), ... *in Wittſtedt* in der Gramm-

harde Amts Hadersleben; *geb. zu* .... : *17* ... §§.
Ueber die Landesvertheilung. Hadersl. 1794. 8.

(M. u. N. 5.) DANIELSEN (Erasmus), *Rector der Stadtfchule zu Kiel* feit 1778, *und* feit 1790 *Profeſſor honorarius; geb. zu Eckenis* Kirchfpiels Bohren in Angeln
den 21 April 1743. §§. *Gedanken über die wahre
Philofophie des Chriftenthums für jedermann, von
E. Flensb. 1775. 64 S. 8. * Wahre Philofophie des
Chriftenthums für jedermann, von E. Kiel 1775. 8.
Vorläufige Einleitung 110 S., nähere Einleitung 224
S. * Auch etwas über Wahrheit, Denken und Lehren, auf Veranlaſſung der Schrift gleichen Inhalts
(von *Riebe*). Hamb. und Leipz. 1777. 8. Erklärung
des vorigen holfteinifchen Katechismus. Kiel 1780.
8. Der Chrift bey dem Abendmahle Iefu. Flensb.
1783. 8. Lehrbuch für Anfänger in Erlernung der
lateinifchen Sprache und zur erften Bildung der Iugend, als Verfuch einer neuen Methode. Kiel 1788.
8. Hamb. 1792. 8. Kurze Erklärung der in dem
Schlesw. Holftein. Landeskatechismus enthaltenen
Religionslehren. Hamb. 1792. 8. Tafchenbuch
über die Richtigkeit der deutfchen Sprache im Spre-
chen und Schreiben. Erfter Theil (dem *zwey* folgen
werden). Kiel 1795. 8. — Außerdem fchrieb er abwechfelnd mit *N. B. Lange* (vergl. den Anhang) folgende Programme: Nachricht von den lateinifchen
Claſſen der Kielifchen Stadtfchule, als Einladung zur
öffentlichen Prüfung der Schüler am 21 Octob. 1779.
Iftes Stück. (Kiel) 4. 3tes St.; Etwas über Verbef-

ſerung der Kieliſchen Schuldiſciplin. 1781. 5tes St.:
Einige Gedanken über die beſte Schule. 1783. 7tes
St.: Ueber die Vortheile einer öffentlichen Schule an
dem Orte, wo eine Univerſität iſt. 1785. 9tes St.:
Etwas über die Erziehung überhaupt und über Ehrliebe in Apſicht der Erziehung insbeſondere. 1787.
11tes St.: Warum wird durch allen Unterricht mit
der Iugend ſo wenig erreicht? 1790. — Halbjährige
Nachrichten von dem Fleiſſe und den Fortſchritten
der Schüler der lateiniſchen Stadtſchule in ihren eigenen Arbeiten enthalten. 1ſtes St. Kiel den 14 Apr.
1791. 2tes St. Kiel den 30 Sept. 1791. 3tes und
4tes St. Kiel den 30 März und den 30 Auguſt 1792,
deren Vertheilung bis zur Obrigkeitlichen Beſtimmung der Tage des öffentlichen Schulexamens (welches jedoch im Iahr 1795 noch nicht angeſtellt war)
verſchoben wird. — Arbeitet an zwey Schriften, betitelt: „Ueber die 4 erſten Capitel des 1ſten Buchs
Moſes, für nachdenkende Leſer," und: „Der 119te
Pſalm wörtlich überſetzt und ausführlich analyſirt,
nebſt einer freyen Ueberſetzung, vorangeſchickt eine
kurze Grammatik der hebr. Sprache zum Gebrauch
für Schulen." *(Revidirt.)*

DANZMANN (Heinrich Wilhelm), *Doctor der A. G. und
ausübender Arzt zu Lübeck; geb. zu Kiel den 5 Sept. 1759.*
§§. D. inaug. de epidemicis morbis in expeditioni-
bus navalibus obſervatis. Kiliae 1785. 4.

(N. 1. 3. 4.) DAU (Chriſtfried Ulrich), *Rathsherr zu Altona,* protocollführender und expedirender Director
der

der Schlesw. Holst. Speciesbank seit 1787, auch seit 1792 Mitglied der General-Lotto-Direction und des Commerz-Collegiums daselbst, vorher seit 1778 Volontair bey der deutschen Canzeley zu Kopenhagen und seit 1782 Canzeleysecretair und Gehülfe im Canzeleyarchiv; *geb. zu Itzeboe den 25 Sept. 1751.* §§. Staats- und Gelehrten-Geschichte Griechenlands, von *Carlo Denina*; aus dem Italienischen mit Anmerkungen und Zusätzen. 1ster Th. Flensb. und Leipz. 1783. 2ten Th. 1ster B. 1785. gr. 8. * Geschichte der Staatsveränderung von Dännemark, von *Johann Andrews*; aus dem Engl. übersetzt. 1ster Th. Kopenh. und Leipz. (Flensb.) 1786. 8. *Peter Topp Wandall's* Lebensbeschreibung der verdienten Männer, die zu Jägerpriis durch Denksteine verewigt worden; aus dem Danischen übersetzt. 2 Bände. Meldorf und Leipz. 1787. 8. — „Die von ihm angekündigte Uebersetzung von *Knut Lünov Rahbek's* Briefen eines alten Schauspielers erschien nicht, weil der Verfasser eine andere (von *Ch. H. Reichel.* Kopenh. 1785. 8.) durch Mittheilung von Berichtigungen und Zusätzen unterstützte. — Beschäftigt sich mit einer systematischen Sammlung aller die Stadt Altona angehenden Verordnungen und Verfügungen." — Zu den ihm und C. U. D. *von Eggers* beygelegten „Materialien zur Statistik der dänischen Staaten, aus Urkunden und beglaubten Nachrichten, nebst einer charakteristischen Uebersicht der dänischen Litteratur. 1ster Band. Flensb. und Leipz. 1784. 8. 2ter Band. 1786. 3ter B. 1790." hat er sich *nicht* bekannt. — Vergl. *Worm* 3, 167. (*Revidirt.*)

DEMANGEON (Jean Baptiſte), *franzöſiſcher Bürger*, ſeit 1794 *zu Kiel*; *geb. zu Hadigni* im Departement des Vôges *den 1 Dec. 1764.* §§. Abhandlung über die franzöſ. Ausſprache. Leipzig 1791. 8. Lettre ſur les prêtres ſéditieuſes et refraĉtaires. à Paris 1791. 8. Geſchichte meiner Vertreibung aus Leipzig. Ein Bey-trag zur Charakteriſtik der daſigen Univerſität und churſächſiſchen Regierung (ohne Druckort). 1794. 8. Auszug der franzöſ. Sprachlehre, zum Gebrauch der Deutſchen. Kiel 1795. 8. (*Nach dem Autographum.*)

(N. 3. u. 5.) Graf VON DERNATH (Friederich Otto), *lebt* abwechſelnd *zu Haſſelburg in Wagrien* und *And-wortſkow auf Seeland*; *geb. zu . . . . den 12 Aug. 1734.* §§. Verſuche bey Brunnenarbeiten, gemacht von dem (ehemaligen) Eigenthümer des Oldesloer Salzwerks; in *Heinze's* neuem Kieliſchen Magaz. B. 1. St. 1. *Hi-ſtoriſche Bruchſtücke zur Aufklärung der Geſchichte des Oldesloer Salzwerks (ohne Druckort). 1787. 4. (Auch in *Heinze's* neuem Magaz. B. 2. St. 4.) Ueber das Salzweſen unſers Vaterlandes; in den Schlesw. Holſt. Prov. Ber. 1789. H. 2. Von den däniſchen Salinen; im politiſchen Journal 1790. St. 8. Etwas über beſſere Landeskultur; in den Schl. Holſt. Prov. Ber. 1791. H. 2.

DETLEFSEN (Peter Friedrich), *Ober- und Landgerichts-wie auch Regierungsadvocat zu Schleswig* ſeit 1792, vor-her ſeit 1788 Untergerichtsadvocat daſelbſt, zuerſt Candidat der Theologie und eine Zeitlang Collabo-rator an der Stadtſchule zu Kiel; *geb. auf Arnis den 3 Sept.*

3 Sept. 1761. §§. Ein Paar einzelne Predigten: Zur Beförderung richtiger Einsichten in die Religion und gottgefälliger Gesinnung. Kiel 1786. 8. *(Revidirt.)*

DIECK (Friedrich Wilhelm), *Studiosus der Theologie zu Kiel seit* 1792; *geb. zu Potsdam den 30 May 1761.* §§. * Deutliche Anweisung, Vergrößerungsgläser auf eine leichte Art zu schleifen, wie auch einfache und zusammengesetzte Sonnenmikroskope zu verfertigen. Hamb. 1793. 8. mit 2 Kupfertafeln. (Unter der Vorrede hat er sich genannt.) — Arbeitet an: Anweisung, besonders für Landleute, wie man Feuersbrünste schnell löscht, und wie man die Strohdächer und das Holz an den Häusern feuersicher macht, welche Schrift Michaelis (Hamb. 1795. 8.) erscheinen wird. *(Revidirt.)*

DIERCKS (Reimer), *Untergerichtsadvocat auf Freudenthal* bey Itzehoe seit 1794; *geb. zu Büsum* in Norderdithmarschen *den 19 Oktob. 1754.* * Etwas über die beyden Landschaften Süder- und Norderdithmarschen und den Verfall des dasigen Credits. Altona 1791. 8. *(Revidirt.)*

(N. 5.) von DOERING (Eustachius), Sohn des folgenden — *Königl. dänischer Premierlieutenant zu Schleswig; geb. zu Wolfenbüttel* (?) 17 ... §§. Gab mit ..... *Reinhard* heraus: * Neues hamburgisches Archiv zur Verbreitung nützlicher und angenehmer Kenntnisse unter Ungelehrten und jungen Personen beyderley Geschlechts. 6 Stücke. Hamb. 1789. 8.

(N. 1.) von DOERING (Johann), *Königl. dänischer Kammer-*

merherr und Amtmann zu Sonderburg (wo er wohnt)
und Norburg feit 1790, privatifirte feit 1781 zu Altona und war zuerft Droft zu Wolfenbüttel; geb. zu
Lüneburg den 5 Aug. 1741. §§. Rede auf den König
(Georg III). Götting. 1762. gr. 4. Gedichte in Mufenalmanachen, befonders im Göttingfchen; auch einige befonders gedruckt. — Einige (unter dem Namen Ws.) in Mufik gefetzt von Reichardt, Schulz,
Weiß, Schönfeldt und Hohbein, in deffen Liedern
mit Melodien fürs Clavier. Wolfenb. 1784. 4. —
Einige Ueberfetzungen, die nicht angegeben find.
(Revidirt.)

DOMEIER (Heinrich Ludwig), Bruder des Johann Gabriel D. im Meufel und im Nekrolog auf 1790 —
Paftor zu Nortorf Amts Rendsburg feit 1763, vorher
feit 1755 Candidat in Hamburg; geb. zu Moringen
im Hannöverfchen den 17 Ian. 1733. §§. Befchrieb
feine Sammlung von Holfteinifchen Steinarten und Ver-
fteinerungen; in den Schlesw. Holft. Anzeigen 1781.
St. 8. und 11. (wieder abgedruckt in J. S. Schröters
Werke: Für die Litteratur und Kenntnifs der Naturgefchichte, fonderlich der Conchylien und Steine,
2ten B. 3te Abth.) welchen Auffatz er vermehrt und
verbeffert bekannt zu machen willens ift. — Nachrichten von Glashütten, die ehemals im Bezirk der
Nortorfer Parochie im Amte Rendsburg waren und
Vorfchläge, diefelben wieder aufzurichten; in den
Schlesw. Holft. Prov. Ber. 1787. H. 4. Nachricht
von einigen Naturmerkwürdigkeiten und Ueberreften

des

des Alterthums im Herzogthum Holſtein; daſ. 1789.
H. 2. Entwurf einer Topographie und Naturgeſchichte des Kirchſpiels Nortorf, nebſt einer Probe
derſelben; daſ. 1790. H. 1. Fortſetzung —; daſ.
1794. H. 2. — Beſitzt eine Sammlung von Naturalien, wie auch Seltenheiten und Kunſtſachen, die er
ſchon ſeit 1751-1754, da er zu Göttingen ſtudirte,
zu ſammeln anfing, nachher in ſeiner Vaterſtadt und
daranf zu Hamburg, wo er ſich von 1755-1763 als
Candidat aufhielt, wie auch zu Nortorf ſich zu erwerben fortfuhr.   *(Nach dem Autographum.)*

(M.) EBERHARD (Johann Paul), Bruder des Johann
Peter E. im *Adelung,* wo *Börners* Nachrichten 3, 144 ff.
und 641 ff. nebſt *Baldingers* Ergänzungen, (welche
Lawätz bey ſeinem biographiſchen Katalog allein gebraucht hat) nicht genützt ſind — *Doctor der Philoſo-*
phie ſeit 1762 *und Privatdocent zu Göttingen* ſeit 1753,
wie auch Gräflich Stolberg-Wernigerodiſcher Archi-
tekt; *geb. zu Altona den 23 Ian. 1723.* §§. Beſchreibung
einer neuen Meſstafel. Halle 1753. 8. De novo
transportatoris uſu. Goett. 1754. 4. Verſuch über
die Kriegsbaukunſt, aus dem Franzöſiſ. Daſ. 1757.
8. mit Kupf. — Stach in Kupfer: Vorſtellung der Ge
gend um Göttingen, auf 2 Kärtchen. 1760. 8. (Gött.
Zeit. 1760, 1193); zeigte der königl. Geſellſchaft
der Wiſſenſch. ein von ihm verfertigtes Modell der
Brücke des Julius Caſar's über den Rhein. B. G. I. 4.
(daſ. 1762, 769); legte derſelben Geſellſchaft einen
Verſuch vor, Caſar's Brücke über den Rhein betreffend;

fend; (Gött. Zeit. 1766, 865.) — S. *Pütters* Geschichte der Univerfität Göttingen, Th. I. S. 202 fg. (*konnte
nicht berichtigt werden.*)

EBIO (Gerhard Dieterich), *Doctor der A. G. und privatifirender Arzt zu Friederichsstadt*; *geb. zu Garding* im
Weftertheil der Landfchaft Eiderftedt *den 5 Sept. 1746.*
§§. Diff. folemnis medica de febre amphemerina ftipulari in tractu Eyderoftadienfi quotannis epidemica
praefide *J. C. Kerftens* (dem fie im *Meufel* irrig beygelegt wird). Kilon. 1774. 4. *(Mitgetheilt.)*

(N. I. 3. 4.) ECKARD (Friederich Simon), *Paftor* (nicht
Rector) *zu Renfefeld* im Hochftifte Lübeck feit 1779,
vorher feit 1764 Paftor zu Schönwalde in Wagrien;
geb. zu Neuftadt in Mecklenburg, (wo fein Vater Nikolaus Franz E. Rector der Stadtfchule war) *den ....
Iul. 1736.* §§. Kurzgefafste Gefchichte der Bibel in
ihrer Verbindung, zum Gebrauch der Iugend. Lübeck
1785. 8. (erfchien als Schulbuch 1793, in Verbindung mit dem biblifchen Religionsbuche.) Ueber
die Bibel und deren Gefchichte. 4 Stücke. Lübeck
1785 ff. 8. Einleitung in die chriftliche Lehre. Daf.
1786. 8. Philofophifche und kritifche Unterfuchungen über das A. T. und deffen Göttlichkeit, befonders
über die mofaifche Religion; ein Commentar zu den
philofoph. und krit. Unterfuchungen eines Ungenannten (*J. H. Schulz*) über das A. T. und deffen Göttlichkeit. Greifsw. 1787. 8. Ormuzds lebendiges Wort
an Zoroafter oder Zendavefta, in einem Auszuge;
nebft einer Darftellung des Religionsfyftems der Par-
fen.

fen. Greifsw. 1789. 8. — Noch finden fich von ihm
2 Auffätze in (*H. Corodi's*) Beyträgen zur Beförderung
des vernünftigen Denkens in der Religion: Zur Berichtigung der Frage: Was haben wir in Adam verloren? im 15ten Hefte, und: Ueber den Einfluß der
Geifterwelt auf uns Menfchen, nach dem Paulini-
fchen Lehrbegrif Ephef. 6, 12; im 17ten Heft. *(Mitgetheilt.)*

(M. u. N. 1-5.) ECKERMANN (Jakob Chriftoph Ru-
dolf), *Doctor der Theologie* feit 1784 *und derfelben ordentlicher Profeffor zu Kiel* feit 1782 (vorher feit 1775
Rector zu Eutin); *geb. zu Wedendorf*, einem Gräflich
Bernftorffifchen Gute in Meklenburg-Schwerin, *den
6 Sept. 1754.* §§. Beförderung der Tugend ift ein
Hauptendzweck aller Schularbeiten. Eutin 1775. gr.
8. Gedanken über die Unzufriedenheit. Lüb. 1777.
8. Neue Auflage; daf. 1788. Die gewöhnlichen
Fehler, welche bey der Wahl des künftigen Standes
begangen werden. Daf. 1777. 8. Verfuch einer
neuen poetifchen Ueberfetzung des Buches Hiob, nebft
einigen Vorerinnerungen und einer nachftehenden
erläuternden Umfchreibung. Leipz. und Lüb. 1778.
8. Animadverfiones in librum Job. ib. 1779. 8.
Ueber die Erziehung der Kinder, in Beziehung auf
die Wahl ihres Standes. Lübeck 1779. 8. Ueber
die Verbefferung böfer Neigungen und Gewohnhei-
ten. Daf. 1780. 8. Ueber die Nutzbarkeit des Unterrichts in Sprachen. Eutin 1781. 8. Die Schöpfung.
Mofe 1ften Buchs 1fter Abfchn. dichterifch umfchrie-
ben;

ben; im deutfchen Mufeum 1783. Octob. Ueber
die gegen eine Stelle in *Schröckhs* Kirchengefchichte
neulich erhobene Klage; daf. Nov. De vaticiniis
libri duo. Hamb. 1784. 8. * Gefchichte der Ver-
falfchungen des Chriftenthums, in 2 Bänden (aus dem
Engl. des *J. Prieftley*). Hamb. 1785. 8. Die Pflichten derjenigen, welche vorzüglich Gelegenheit haben, ihr Erkenntnifs zu verbeffern. Eine Predigt. Kiel
1785. 8. Joel mettifch überfetzt mit einer neuen
Erklärung. Lüb. und Leipz. 1786. 8. Ans Vaterland. Als die Ankunft Sr. Königl. Hoheit des
Kronprinzen Friederich in Kiel erwartet wurde.
Kiel 1787. 8. Theolog. Béyträge. 4 Bände (jeder von 3 Stücken). Altona 1790 bis 1795. 8.
B. 1. St. 1. 2. 3. zweyte verbefferte Auflage. 1794.
1795. Compendium theologiae chriftianae theore-
ticae biblico-hiftoricae. ib. 1791. 8. Editio 2. ib.
1792. (*Döderleins*,) *Eckermanns* (und *Löfflers*) Gutachten über einige wichtige Religionsgegenftände;
in Beziehung auf den Religionsprocefs des Predigers
Schulz in Gielsdorf. Görliz 1794. 8.— Auffätze im
deutfchen gemeinnützigen Magazin. Leipzig 1787-
1790. und im deutfchen Magazin. Hamb. 1791 und
Altona feit 1792. (z. E. über die Ehe; im Iul. 1793.)
— Recenfionen im Kieler Litteraturjournal und in
der Kieler Zeitung, wie auch in der allgem. deutfchen
Bibliothek und den theolog. Annalen. — Sein Leben
fteht in *J. R. G. Beyers* allgemeinem Magazin für Prediger. B. 9. St. 4. (*Revidirt.*)

ECK-

ECKHARDT (Johann David Adam), *Buchdrucker in Al-*
tona; *geb. zu Eisleben den 28 Iul. 1743.* §§. Anfangsgründe der Zeichenkunſt für Eltern und Kinder mittlern und geringen Standes. Altona 1777. Queerſol.
Zweyte und vermehrte Auflage. ...... Ein Briefwechſel zwiſchen ihm und dem Lic. *Wittenberg* in Hamburg iſt abgedruckt in: Factum appellationis cum
deductione gravaminum in Sachen des Advoc. *Calli-*
ſen in Vollmacht des Buchdr. *Eckhardt*, Beklagten, itzt
Appellanten, wider Lic. *A. Wittenberg*, Klägern, itzt
Appellaten, in puncto prätendirter Bezahlung eines
honorarii für vierteljährige Beſorgung des gelehrten
Artikels im Reichspoſtreuter u. ſ. w. Altona. Fol.
(Mitgetheilt.) Schnitt Bilder in Holz zu *J. H. Cam-*
pe's Leſebuch. (Gött. Anzeigen 1779, 59.)

ECKSTEIN (Johann Ferdinand), *Kaufmann in Altona*;
geb. zu Gelnhauſen in der Wetterau 17... §§. Des
Proſelyten aus dem Iudenthum *J. F. Eckſteins* Ueber-
zeugungsgründe, daſs Ieſus der Chriſten die erfüllte
Hofnung Iſraels ſey, herausgegeben von *Joh. Schack*
Hinmark (Worm 3, 339). Kopenh. 1774. 8. *(Mit-*
getheilt.)

ECKSTORFF (Hermann Chriſtoph), *Buchdrucker in Al-*
tona; *geb. daſelbſt den 8 Iun. 1757.* §§. *Rede von Erfindung der Buchdruckerkunſt, bey Gelegenheit ſeiner Aufnahme in die Buchdruckergeſellſchaft. Altona
1774. 8. *(Mitgetheilt.)*

(N. 2-5.) VON EGGERS (Chriſtian Ulrich Detlef), zweyter Sohn des H. F. von E. — *Doctor der Rechte* (1791).

F *außer-*

auſſerordentlicher Profeſſor der Cameralwiſſenſchaften
(1785) und *des Staatsrechtes* (1788) *in Kopenhagen,*
Secretair bey der Creditcaſſe (1786), zugleich Mitglied der Direction (1790), Mitglied und Referent
in der Isländiſchen Handels-Realiſations-Commiſſion
(1787), in der Finnmarkiſchen (1788), in der Grön-
ländiſchen Handels-Commiſſion (1788), der Faröi-
ſchen (1789), Secretair bey einer, die Rechnungen
des Seeweſens betreffenden, Commiſſion (1789), Mitglied der Isländiſchen Litteratur-Geſellſchaft (1787)
und der königl. norwegiſchen Geſellſchaft der Wiſſenſchaften (1793); *geb. zu Itzehoe den 11 May 1758.*
§§. Hatte ſtarken Antheil an *Breitkopfs* Magazin des
Buch- und Kunſthandels (1788 ff.), lieferte auch verſchiedene Abhandlungen zum Göttinger Magazin
(1780 ff.), namentlich: Bruchſtücke zur däniſchen
Statiſtik. B. 3. St. 2. 3., zu (*R. F.* Grafen von *Lynar*
und *C. G. Küttners*) neuen Miſcellaneen, hiſtoriſchen,
politiſchen, moraliſchen, auch ſonſt philoſophiſchen
Inhalts (1775 ff.) und zum hiſtoriſchen Portefeuille
(1782 ff.).— Ankündigung einer phyſikaliſchen und
ſtatiſtiſchen Beſchreibung Islands. Kopenh. 1783. 8.
Hiſtoriſch - politiſche Abhandlung über den Zuſtand
der däniſchen Bauern, nebſt einer Skizze der Geſchichte
der Menſchheit, in Rückſicht auf Aufklärung und
Volksfreyheit. Daſ. 1784. 8. (wird noch nicht ausgegeben.) Gedächtnißrede auf Maximilian Iulius
Leopold von Braunſchweig, gehalten in der Verſammlung der 3 vereinigten Logen zu Kopenhagen. Kopenh.

penh. und Flensb. 1785. 8. *Johann Jakob Roußeau,*
ein Gemälde zur Ehre der Menschheit. 1 Heft: Rouß-
feau der Iüngling, Daf. 1786. 8. (ift-noch nicht in
den Buchladen gekommen.) Summarifk Indhold
af hans Forelæsninger over Statsvidenfkaberne.
Kbhvn. 1785. 8. (*Deutfch*: Summarifcher Inhalt
feiner Vorlefungen über Staatswiffenfchaften. Daf.
1785. 8.) Om den Danfke Statskundfkab og Danfke politifke Skrivter. Tre Forelæsninger. Kbhvn.
1786. 8. Ueber Dänifche Staatskunde und Dänifche politifche Schriften. Drey Vorlefungen (ift Ueberfetzung der vorigen Schrift). Nebft einem Schrift-
ftellerverzeichniffe und einer Inhaltsanzeige feiner
Vorlefungen. Daf. 1786. 8. *Probierftein für ächte
Freymaurer, ein Denkzettel für Rofenkreuzer, Iefui-
ten, Illuminaten und irrende Ritter. 2 Theile. Daf.
1786. 8. Skizze und Fragmente einer Gefchichte
der Menfchheit, in Rückficht auf Aufklärung und
Volksfreyheit. 1fter Band. Flensb. 1786. 8. Phy-
fikalifche und ftatiftifche Befchreibung von Island,
aus authentifchen Quellen und nach den neueften
Nachrichten. Des 1ften Theils 1fte Abtheilung. Kopenh. 1786. gr. 8. D. inaugur. de iure imperantis
libertatem perfonalem perfectam reftituendi rufticis
glebae adfcriptis. Götting. 1791. 8. Pr. exhibens
notitiam legum ecclefiafticarum Daniae poft facrorum emendationem conditarum atque librorum, qui
pro fymbolicis et liturgicis habendi funt; accedit
oratio de incrementis ftudii J. P. et univerfalis et par-

　　　　　　　　　ticula-

und Octob. 1793. .... Teutſches gemeinnützi-
ges Magazin. 1ſter Band, oder 1ſtes und 2tes Vierteljahr. Leipz. 1788. gr. 8. 2ter B. oder 3tes und 4tes
Vierteljahr. 1788. 3ter B. oder des 2ten Iahrgangs
1ſtes und 2tes Vierteljahr. 4ter B. oder des 2ten
Iahrg. 3tes (1789) und 4tes Vierteljahr. 1790. —
Unter ſeinem Namen ſtehen folgende Aufſätze darin:
Ueber das Gemeinnützige und Unterhaltende bey wiſ-
ſenſchaftlichen Gegenſtänden, in Rückſicht auf das
deutſche Magazin; 1ſten Iahrg. 1ſtes Vierteljahr.
Geſchichte eines Kindermordes, nebſt einigen allge-
meinen Bemerkungen; daſ. Briefe an Frau von B.
über die Aufhebung der Leibeigenſchaft und Frohn-
dïenſte; 1ſten Iahrg. 2tes Viertelj., 1ſten Iahrg. 3tes
Viertelj. und 2ten Iahrg. 3tes Viertelj. Raiſonnirte
Darſtellung der neuen Schleswig-Holſt. Münz- und
Bankeinrichtung; 1ſten Iahrg. 4tes Viertelj. und 2ten
Iahrg. 1ſtes Viertelj. Authentiſche Beſchreibung der
Einrichtung der Creditcaſſe für die Königreiche Dännemark und Norwegen, und die Herzogth. Schleswig und Holſtein; 2ten Iahrg. 2tes und 4tes Viertelj.
Deutſches Magazin. 1ſter und 2ter B. Hamb. 1791.
8. 3ter B. bis 10ter B. Altona 1792 bis 1795. 8.
In dieſer Monatſchrift ſind folgende Aufſätze von
ihm: 1791. Febr. Ueber die Realiſirung der Kopenhagener Bankzettel und Einrichtung der neuen Däniſchen und Norwegiſchen Speciesbank. — April: Nachricht von dem Fortgange der Geſellſchaft der Neger-
freunde in Paris. Mit einer Nutzanwendung für
Deutſch-

Deutfchland. — 1792. Ian. Summarifche Data zur
Kenntnifs der Franzöfifchen Finanzen vom 1 May
1789 bis zum 1 Ian. 1791, mit einer ftatiftifchen Tabelle. — Febr. Erklärung über den Auffatz: Ueber
die nöthige Vorficht bey Standeserhöhungen in
Deutfchland, welcher wider des Herausgebers Wiffen und Willen aus dem in Hamburg gedruckten De-
cember-Stück des Magazins 1791 herausgefchnitten
und daher in dem unter feinen Augen gedruckten Fe-
bruar-Stück von 1792 wieder eingerückt ward. —
Daf. Gefchichte des Auffatzes über die nöthige Vorficht bey Standeserhöhungen in Deutfchl. — April:
Bemerkung eines Franzofen über *Wielands* neuefte Erklärung über die Conftitution, aus dem Moniteur
vom 16 Febr. 1792 frey überfetzt. — May: Litterarifche Anekdote, die, Gottlob! eine Seltenheit ift. —
Auguft: *Locke's* Einfluß auf *Mirabeau's* Bildung. —
Octob. Legung des Grundfteins zum Monument der
Bauernfreyheit in Dännemark. — Nov. Summarifche
Volkslifte der vereinigten Staaten von Nordamerika
vom Iahre 1790 (fortgefetzt im Octob. 1794). —
Dec. Befteht die Prefsfreyheit in Dännemark blos in
Abfchaffung der Cenfur? (eine Ueberfetzung der Abhandlung in der dänifchen Minerva 1791. Nov.) —
1793. Ian. Das Befferwerden. — Febr. Ueber einen
erheblichen Mifsverftand bey Schätzung der franzöfifchen Affignaten. — März: Es ift nicht alles Gold,
was glänzt. — Daf. Zufatz zu den Bemerkungen über
die franzöfifchen Affignaten. — April: Kann der Kö-

F 4

nig

nig von Dännemark als Herzog von Holſtein ſein Contingent zum Reichskriege wider Frankreich wei-gern? — May: Ertrag der Kriegsſteuer für Kopenha-gen vom Iahr 1789. — Iun. Ein engliſcher Bericht von der Ermordung Ludewigs XVI. — Iul. Verglei-chung der Schiffahrt der verſchiedenen Nationen durch den Sund in den Iahren 1789 bis 1792 (fort-geſetzt im Iun. 1794 und im März 1795). — Auguſt: Fernere Vermehrung der franzöſiſchen Aſſignaten. — Sept. Anekdoten von der Ermordung Ludew. XVI. — Octob. Nachricht von dem Zuſtande der Reichs-operationscaſſe (fortgeſetzt im Iun. 1794 und im Febr. 1795). — Nov. Zuckerausfuhr aus St. Croix von 1780 bis 1792, mit einer Tabelle. — Dec. Nach-richt von dem geſamten Rückſtande auf die Kam-merzieler am 31 Dec. 1791. — 1794. Ian. Kindliche Zärtlichkeit. Eine wahre Anekdote aus dem Feld-zuge 1791. Aus einem däniſchen Blatte. — Febr. Re-de des Sidi Mehemet Ibrahim über die Rechtmäſsig-keit der Seeräuberey, gehalten im Divan zu Algier 1687. — März: Nachricht von einer neuen Schrift über die franzöſiſche Revolution. — April: Probe der neueſten franzöſiſchen Volksphiloſophie. — May: Das däniſche Volk bey dem Brande des Schloſſes Chri-ſtiansburg. — Iul. Nachricht von der Geſellſchaft zur Erhaltung der Freyheit und des Eigenthums gegen Republikaner und Gleichmacher in England. — Au-guſt: Ueber den Proceſs des engliſchen Geſandten zu Kopenhagen, Hrn. *von Hailes*, gegen den Profeſſor *Rabbek*, nebſt dem Originalſchreiben des Hrn. von

Hailes und der Antwort des Grafen von Bernſtorff
und den übrigen Aſtenſtücken. — Sept. Ein Vorſchlag, die akademiſchen Preisſchriften berreffend. —
Nov. Summariſche Berechnung der Kammerzieler
bis zum 31 Dec. 1792. — Dec. Soll England durchaus nicht Frieden machen? — 1795. April: Robeſpierre; nach einem engliſchen Blatte. — May: Pſychologiſche Frage, *Fontenelle* betreffend. — Iun. Des
Hrn. *de la Harpe* Urtheil über die Verfolgungen, welche Rouſſeau erlitt. — Iul. Lord *Chatams* Meinung über
Verantwortlichkeit eines Staatsbeamten. — Aug. *Cromwels* Meinung von der Volksſouverainität. — Sept. Sollen Prediger über Freyheit und Gleichheit von der
Kanzel reden? — Oſtob. Nachricht von den wichtigſten Abänderungen bey der endlich erfolgten
Einführung des neuen Preuſſiſchen Geſetzbuchs. —
Recenſionen im Fache der Iurisprudenz und Staatswiſſenſchaft in den *Kopenhagener lærde Efterretninger.*
— Seine Abhandlungen „über den Entwurf eines allgemeinen Geſetzbuchs für die Preuſſiſchen Staaten"
erhielten in Berlin mehrmals den Preis, ſo wie ihm
auch der auf die „Abfaſſung eines Lehrbuchs nach
dem neuen Preuſſiſchen Geſetzbuche" ausgezahlte
Preis von 500 Rthlr. zuerkannt wurde. — Zu den
ihm beygelegten „Materialien zur Statiſtik der däniſchen Staaten" (vergl. *Dau*) und zur „ſtatiſtiſch-tabellariſchen Ueberſicht der Volksmenge in den königl.
däniſchen Staaten, als Beylage zu dem 2ten Theil der
Mater. Flensb. und Leipz. 1787. 8." hat er ſich nicht
bekannt. — Vgl. *Worm* Th. 3. S. 181 und 923. *(Revid.)*

(N. 5.) VON EGGERS (Emil Auguft Friedrich), dritter Sohn des Heinr. Friedr. von E. — *Regierungsrath zu Glückftadt* feit 1794, vorher Aufcultant; *geb. dafelbft den 7 Jul. 1759.* §§. Verfuch über die peinliche Rechts- und Gerichtsverfaffung in Holftein. 1fter Th. Hamb. 1788. 8. (hat auch den Titel: Gefchichte der befondern peinlichen Rechte in Holftein.) 2ter Th. Daf. 1790. 8. (hat auch den Titel: Lehrbuch des gegenwärtigen peinlichen Rechts in Holftein.) Philofophifcher Abrifs von dem allgemeinen bürgerlichen Rechtsverfahren. Ein Verfuch. Flensb. 1790. 8. (wird N. 5. dem C. U. D. v. *Eggers* beygelegt.) Proberelation aus bürgerlichen Rechtsacten der Königl. Dännemarkifchen Regierungscanzeley in Holftein zu Glückftadt — Schlesw. und Leipz. 1793. 40 S. Fol. (*Autographum.*) — Hat angekündigt: „Iahrgänge der Rechtspflege bey dem Holftein. Obergerichte."

(N. 5.) VON EGGERS (Friedrich Ludwig), vierter Sohn des H. F. von E. — *Obergerichtsaufcultant in Schleswig* feit 1787; *geb. zu Glückftadt den 5 Iun. 1763.* §§. Criminalgefchichten aus gerichtlichen Acten; im deutfchen Magazin 1792. Iul. und Aug. *Ueber die Gerichts- und Rechtsverfaffung in der Landfchaft Fehmern; in den Schlesw. Holft. Prov. Ber. 1793. H. 2. — Mitherausgeber des: *Corpus ftatutorum Slesvicenfium. Vergl. C. L. Frhr. *von Brockdorff.* (*Revidirt.*)

VON EGGERS (Georg Wilhelm), fünfter und jüngfter Sohn des H. F. v. E. — *Königl. Infpector des Kronprinzenkoogs in Süderdithmarfchen* feit 1792; *geb. zu Glück- ftadt*

ſtadt den 13 März 1765. §§. * Verſuch eines ſyſtematiſchen Lehrbuchs des natürlichen Staatsrechts. Altona 1790. gr. 8. (*Revidirt.*)

VON EGGERS (Heinrich Friedrich); *geb. zu Meldorf* in
Süderdithmarſchen *den 31 May 1722,* Sohn des vormaligen Iuſtitzraths *Johann Hinrich Eggers* daſelbſt —
Doctor der Philoſophie ſeit 1745, übte ſich zuerſt
bey ſeinem Bruder Chriſtian Siegfried, Landvogt von
Süderdithmarſchen in praktiſchen juriſtiſchen Arbeiten, ward 1746 zum Lehrer und Erzieher bey dem
neuerrichteten Carolinum zu Braunſchweig angeſtellt, bis er 1749 in Herzogl. Holſtein-Plöniſche
Dienſte trat, worin er als Canzeleyrath und Amtsverwalter zu Rheinfeld verſchiedene Iahre alle obrig-
keitliche und Cameralgeſchäfte eines Ober- und einzigen Beamten verwaltete. Dies Amt verwechſelte
er 1752 mit einer Rathsſtelle in der Herzogl. Canzeley und Kammer zu Plön. Von derſelben nahm er
1754 ſeine Erlaſſung, ſuchte nunmehr königliche
Dienſte und privatiſirte desfalls verſchiedene Iahre
zu Itzehoe, bis er 1758 die Anſetzung als königlicher
Canzeley- und Regierungsrath *in Glückſtadt* erhielt
und bald nachher die Stadtpräſidentur bekam, welche er 1775 wegen ſeines Aufrückens zu einer höhern
hern Rathsgage niederlegen muſſte. Im Iahr 1781
ward er zum *Conferenzrath,* (nachdem er ſeit 1774
Etatsrath geweſen und vorher Iuſtitzrath geworden
war,) 1783 zum *Vice-Canzler der Landesregierung und
Land-Canzler bey dem adelichen Landgerichte* ernannt,
erhielt

erhielt auch 1790 vom Kaiſer Ioſeph II. die Erhebung in den Reichsadel und wurde 1792 bey der Taufe der Prinzeſſin Maria Louiſe unter die *Ritter vom Dannebrog-Orden* aufgenommen.*) §§. De philoſophiae practicae indole atque ambitu diſquiſitio philoſophica praeſide *Godofr. Profe.* Altonae 1745. 4. *Jo. Gottfr. Schaumburg* pro loco in ordine JCtorum rite obtinendo d. 31 Dec. 1742 diſputanti gratulatur et de ritu veterum Romanorum JCtos variis de rebus conſulendi paucis differit. Jenae. 4. Diſſ. logico-mathematica, in qua ad geometriam generatim applicatur theoria de ordine, quo definitiones, ſyſtema compoſiturus, formare atque ponere debet. ib. 1745. 4. (iſt ſeine Inauguraldiſputation.) Comment. philoſoph. de ſapienti iuſtitiam adminiſtrandi ratione Sinénſibus uſitata, qua *Chriſtiano Siegfried Eggers* — novam dignitatem atque officium — fratris officio ſatisfacturus gratulatur. ib. eod. 4. Comparatio inter *Euphratem* philoſophum ac *Joach. Georg. Daries,* quum oratione ſolemni munus profeſſoris Moralium ac Politices capeſſeret, inſtituta. Lipſ. 1745. 4. Vernünftige Gedanken von den Pflichten gegen uns ſelbſt, in Anſehung des innern Zuſtandes und deren Ausübung, nach den Geſetzen der Weisheit entworfen. Wolfenb. 1748. 8. *(Mitgetheilt.)* Dazu ſetze man noch folgende Abhandlung: *Caſp. Jac. Hutbio* ad

ob-

---

*) ſo wie im Iahr 1795 zum Adminiſtrator der Graffchaft Ranzau und Intendenten der Herrſchaft Herzhorn, Sommer und Grönland ernannt.

obeundum munus Prof. Theol. in Acad. Erlang. gratulaturus breviter commentatur de more veterum
pro amicis vota nuncupandi ac solvendi. Jen. 1743.
4. (Diese im mitgetheilten Aufsatze eigentlich *nicht*
aufgeführte Abhandl. traf man zufällig auf der Kieler Univerfitätsbibliothek an, fand sie nachher sogar
selbst im Catal. Bibl. Bunavianae 2, 349. und glaubte
daher desto eher, sie auch hier eintragen zu müssen.)
VON EGGERS (Heinrich Peter), erster Sohn des Heinr.
Friedr. von E. — *würklicher Canzeleyrath und Secretair*
im deutschen Departement des Generalpostamts zu Kopen-
hagen seit 1794, vorher seit 1779 Canzeleysecretair
und seit 1781 auch Canzelist im Expeditionscomtoir
bemeldter Canzeley, zuerst seit 1776 Volontair; *geb.*
zu Segeberg den 19 Decemb. 1751. §§. *Forklaring af
den Schulzifke Methode, at finde Længden til Söes, i
Sammenligning med den nu brugelige Distancemaa-
ling mellem Maane og Stierner; in der Minerva Dec.
1789. Om Grœnlands Oesterbygds fande Belig-
genhed — wurde 1792 von der königl. dänischen
landwirthschaftlichen Gesellschaft mit ihrer dritten
goldenen Medaille belohnt und im vierten Bande ihrer Preisschriften (Kopenh. 1794.) gedruckt, auch
nachher *von ihm selbst* überfetzt: Ueber die wahre Lage des alten Oftgrœnlands. Kiel 1794. 8. mit 2 Karten. *(Autographum.)*
EGGERS (Matthias Simon), *Kämmereybote in Altona; geb.*
dafelbst im Febr. 1761. §§. Trauerrede, dem unver-
geßlichen Andenken des zum Herrn heimgegangenen
Hoch-

nig von Dännemark als Herzog von Holſtein ſein
Contingent zum Reichskriege wider Frankreich wei-
gern? — May: Ertrag der Kriegsſteuer für Kopenhagen vom Iahr 1789. — Iun. Ein engliſcher Bericht
von der Ermordung Ludewigs XVI. — Iul. Vergleichung der Schiffahrt der verſchiedenen Nationen
durch den Sund in den Iahren 1789 bis 1792 (fortgeſetzt im Iun. 1794 und im März 1795). — Auguſt:
Fernere Vermehrung der franzöſiſchen Aſſignaten. —
Sept. Anekdoten von der Ermordung Ludew. XVI.
— Octob Nachricht von dem Zuſtande der Reichs-
operationscaſſe (fortgeſetzt im Iun. 1794 und im
Febr. 1795). — Nov. Zuckerausfuhr aus St. Croix
von 1780 bis 1792, mit einer Tabelle. — Dec. Nachricht von dem geſamten Rückſtande auf die Kammerzieler am 31 Dec. 1791. — 1794. Ian. Kindliche
Zärtlichkeit. Eine wahre Anekdote aus dem Feld-
zuge 1791. Aus einem däniſchen Blatte. — Febr. Rede des Sidi Mehemet Ibrahim über die Rechtmäſsig-
keit der Seeräuberey, gehalten im Divan zu Algier
1687. — März: Nachricht von einer neuen Schrift
über die franzöſiſche Revolution. — April: Probe
der neueſten franzöſiſchen Volksphiloſophie. — May:
Das däniſche Volk bey dem Brande des Schloſſes Chri-
ſtiansburg. — Iul. Nachricht von der Geſellſchaft zur
Erhaltung der Freyheit und des Eigenthums gegen
Republikaner und Gleichmacher in England. — Auguſt: Ueber den Proceſs des engliſchen Geſandten zu
Kopenhagen, Hrn. *von Hailes*, gegen den Profeſſor
Rahbek, nebſt dem Originalſchreiben des Hrn. von

Hailes und der Antwort des Grafen von Bernſtorff und den übrigen Aćtenſtücken. — Sept. Ein Vorſchlag, die akademiſchen Preisſchriften berreffend. — Nov. Summariſche Berechnung der Kammerzieler bis zum 31 Dec. 1792. — Dec. Soll England durchaus nicht Frieden machen? — 1795. April: Robeſpierre; nach einem engliſchen Blatte. — May: Pſychologiſche Frage, *Fontenelle* betreffend. — Iun. Des Hrn. *de la Harpe* Urtheil über die Verfolgungen, welche Rouſſeau erlitt. — Iul. Lord *Chatams* Meinung über Verantwortlichkeit eines Staatsbeamten. — Aug. *Cromwels* Meinung von der Volksſouverainität. — Sept. Sollen Prediger über Freyheit und Gleichheit von der Kanzel reden? — Oćtob. Nachricht von den wichtigſten Abänderungen bey der endlich erfolgten Einführung des neuen Preußiſchen Geſetzbuchs. — Recenſionen im Fache der Iurisprudenz und Staatswiſſenſchaft in den *Kopenhagener lærde Efterretninger.* — Seine Abhandlungen „über den Entwurf eines allgemeinen Geſetzbuchs für die Preuſſiſchen Staaten" erhielten in Berlin mehrmals den Preis, ſo wie ihm auch der auf die „Abfaſſung eines Lehrbuchs nach dem neuen Preuſſiſchen Geſetzbuche" ausgezahlte Preis von 500 Rthlr. zuerkannt wurde. — Zu den ihm beygelegten „Materialien zur Statiſtik der däniſchen Staaten" (vergl. *Dau*) und zur „ſtatiſtiſch-tabellariſchen Ueberſicht der Volksmenge in den königl. däniſchen Staaten, als Beylage zu dem 2ten Theil der Mater. Flensb. und Leipz. 1787. 8." hat er ſich nicht bekannt. — Vgl. *Worm* Th. 3. S. 181 und 923. *(Revid.)*

auſſerordentlicher *Profeſſor der Cameralwiſſenſchaften*
(1785) und *des Staatsrechtes* (1788) *in Kopenhagen,*
Secretair bey der Creditcaſſe (1786), zugleich Mitglied der Direction (1790), Mitglied und Referent
in der Isländiſchen Handels-Realiſations-Commiſſion
(1787), in der Finnmarkiſchen (1788), in der Grön-
ländiſchen Handels-Commiſſion (1788), der Faröi-
ſchen (1789), Secretair bey einer, die Rechnungen
des Seeweſens betreffenden, Commiſſion (1789), Mitglied der Isländiſchen Litteratur-Geſellſchaft (1787)
und der königl. norwegiſchen Geſellſchaft der Wiſſenſchaften (1793); *geb. zu Itzehoe den 11 May 1758.*
§§. Hatte ſtarken Antheil an *Breitkopfs* Magazin des
Buch- und Kunſthandels (1788 ff.), lieferte auch verſchiedene Abhandlungen zum Göttinger Magazin
(1780 ff.), namentlich: Bruchſtücke zur däniſchen
Statiſtik. B. 3. St. 2. 3., zu (*R. F.* Grafen von *Lynar*
und *C. G. Küttners*) neuen Miſcellaneen, hiſtoriſchen,
politiſchen, moraliſchen, auch ſonſt philoſophiſchen
Inhalts (1775 ff.) und zum hiſtoriſchen Portefeuille
(1782 ff.). — Ankündigung einer phyſikaliſchen und
ſtatiſtiſchen Beſchreibung Islands. Kopenh. 1783. 8.
Hiſtoriſch-politiſche Abhandlung über den Zuſtand
der däniſchen Bauern, nebſt einer Skizze der Geſchichte
der Menſchheit, in Rückſicht auf Aufklärung und
Volksfreyheit. Daſ. 1784. 8. (wird noch nicht ausgegeben.) Gedächtniſsrede auf Maximilian Iulius
Leopold von Braunſchweig, gehalten in der Verſammlung der 3 vereinigten Logen zu Kopenhagen. Kopenh.

penh. und Flensb. 1785. 8. *Johann Jakob Rouffeau,*
ein Gemälde zur Ehre der Menfchheit. 1 Heft: Rouffeau der Iüngling. Daf. 1786. 8. (ift noch nicht in
den Buchladen gekommen.) Summarifk Indhold
af hans Forelæsninger over Statsvidenfkaberne.
Kbhvn. 1785. 8. *(Deutfch:* Summarifcher Inhalt
feiner Vorlefungen über Staatswiffenfchaften. Daf.
1785. 8.) Om den Danfke Statskundfkab og Danfke politifke Skrivter. Tre Forelæsninger. Kbhvn.
1786. 8. Ueber Dänifche Staatskunde und Dänifche politifche Schriften. Drey Vorlefungen (ift Ueberfetzung der vorigen Schrift). Nebft einem Schrift-
ftellerverzeichniffe und einer Inhaltsanzeige feiner
Vorlefungen. Daf. 1786. 8. *Probierftein für ächte
Freymaurer, ein Denkzettel für Rofenkreuzer, Iefui-
ten, Illuminaten und irrende Ritter. 2 Theile. Daf.
1786. 8. Skizze und Fragmente einer Gefchichte
der Menfchheit, in Rückficht auf Aufklärung und
Volksfreyheit. 1fter Band. Flensb. 1786. 8. Phy-
fikalifche und ftatiftifche Befchreibung von Island,
aus authentifchen Quellen und nach den neueften
Nachrichten. Des 1ften Theils 1fte Abtheilung. Kopenh. 1786. gr. 8. D. inaugur. de iure imperantis
libertatem perfonalem perfectam reftituendi rufticis
glebae adfcriptis. Götting. 1791. 8. Pr. exhibens
notitiam legum ecclefiafticarum Daniae poft facrorum emendationem conditarum atque librorum, qui
pro fymbolicis et liturgicis habendi funt; accedit
oratio de incrementis ftudii J. P. et univerfalis et par-

ticularis inftaurata religione evangelica adiuvante.
Hafniae 1791. 4. Alton. 1792. Om Trykkefrihe-
dens Hiftorie i Danmark, overfat af det Tydfke, og
fœlger en Afhandling om vores Trykkefrihedens
Omfang. Kbhvn. 1791. 8. (Das Original der *erften*
Abhandlung fteht im Ian. und Febr. des deutfchen
Magazins von 1791 und ift daraus unter dem Titel:
* Ueber die neueften Verordnungen in Anfehung der
Prefsfreyheit in Dännemark, nebft der vollftandigen
Epiftel *Voltaire*'s an den König von Dannemark über
diefen Gegenftand. Hamb. 1791. 8. einzeln abgedruckt.) Underretning om den nye Danfke og Norfke Species-Bank. 8. *C. F. T. von Lütticbau* vorlau-
fige Bekanntmachung einer weit getriebenen Vermef-
fenheit des Prof. *C. U. D. von Eggers* in Kopenhagen.
Neue mit vermeffenen Anmerkungen verfehene Ausgabe. Kopenh. 1792. 8. Auch *dänifcb*, forœget med
corpus delifti famt flere hiftorifke Oplysninger. Daf.
1792. 8. Sonnenklarer Beweis der unglaublichen Ver-
meffenheit eines Kopenhagner Profeffors, oder corpus delifti und hiftorifche Erläuterungen in Sachen
des Reichsgrafen *C. F. T. von Lüttichau* gegen *C. U.
D. von Eggers.* Daf. 1792. 8. Rechtliche Unterfuchung der Aeufserungen im deutfchen Magazin für
den December 1792, über den Hrn. Reichsgrafen *C.
F. T. von Lütticbau.* Daf. 1792. 8. Til Publicum
om Rigsgreven *C. F. T. von Lütticbau.* Kbhvn. 1792.
8. Aufklärungen in Rückficht auf die Erhebung des
Hrn. *C. F. T. von Lütticbau* in den Reichsgrafenftand.
Daf.

Daſ. 1792. gr. 8. (enthält die *vier* unmittelbar vorhergehenden kleinen deutſchen Auffätze.)   Bemerkungen über den Geiſt der neuern Landwirthſchafts-
geſetze in Dännemark, und die dagegen erregten Be-
ſchwerden. Alt. 1792. gr. 8.   *Sammlung von Urkunden und Aktenſtücken zur Geſchichte der neuen
Preuſsiſchen Geſetzgebung, nebſt einer Abbildung
und Beſchreibung der Preismedaillen. Kiel 1794. 8.
Denkwürdigkeiten der franzöſiſchen Revolution, in
vorzüglicher Rückſicht auf Staatsrecht und Politik.
1ſter und 2ter Band. Kopenh. 1794. 1795. 8. (Th.
3. iſt angekündigt, Th. 1. däniſch überſetzt von *Matth.*
Rathje. Kopenh. 1795.) Raiſonneret Plan til et Univer-
ſitet for Norge. Chriſtiania 1794. 8.   (Eine Preisſchrift.)   Archiv für Staatswiſſenſchaft und Geſetzgebung. 1ſter Band. Zürich 1795. gr. 8. — In der
däniſchen Monatsſchrift Minerva ſind folgende Aufſätze von ihm: Udfœrlig Efterretning om Creditcaſſen. Sept. 1789.   Kan Regieringen have tilſtrække-
lige Grunde, for at lade en Afgivt vedvare, ſkiœnt
den er ſkadelig for den almindelige Velfærd? Nov.
Anmærkninger om Tallotteriets Ophævelſe i Danmark. Ian. May. Iun. 1790.   Efterretning om det
Chr. Hichman at Creditcaſſen tilſtaende Laan og den
ſiden, mod ham anlagte Sag. Octob.   Indberetning
om der Kongel. Grœnlandſke Handel og de nyeſte
ved ſamme foretagne Forandringer. Ian. Febr. April.
May. 1791.   Beſtaaer vor Trykkefrihed allene deri,
at Cenſuren er ophævet? Octob.   Fortſættelſe af
Indberetningen om den Grœnlandſke Handel. März

und Octob. 1793. .... Teutſches gemeinnützi-
ges Magazin. 1ſter Band, oder 1ſtes und 2tes Vierteljahr. Leipz. 1788. gr. 8. 2ter B. oder 3tes und 4tes
Vierteljahr. 1788. 3ter B. oder des 2ten Iahrgangs
1ſtes und 2tes Vierteljahr. 4ter B. oder des 2ten
Iahrg. 3tes (1789) und 4tes Vierteljahr. 1790. —
Unter ſeinem Namen ſtehen folgende Aufſätze darin:
Ueber das Gemeinnützige und Unterhaltende bey wiſ-
ſenſchaftlichen Gegenſtänden, in Rückſicht auf das
deutſche Magazin; 1ſten Iahrg. 1ſtes Vierteljahr.
Geſchichte eines Kindermordes, nebſt einigen allge-
meinen Bemerkungen; daſ. Briefe an Frau von B.
über die Aufhebung der Leibeigenſchaft und Frohn-
dienſte; 1ſten Iahrg. 2tes Viertelj., 1ſten Iahrg. 3tes
Viertelj. und 2ten Iahrg. 3tes Viertelj. Raiſonnirte
Darſtellung der neuen Schleswig-Holſt. Münz- und
Bankeinrichtung; 1ſten Iahrg. 4tes Viertelj. und 2ten
Iahrg. 1ſtes Viertelj. Authentiſche Beſchreibung der
Einrichtung der Creditcaſſe für die Königreiche Dännemark und Norwegen, und die Herzogth. Schleswig und Holſtein; 2ten Iahrg. 2tes und 4tes Viertelj.
Deutſches Magazin. 1ſter und 2ter B. Hamb. 1791.
8. 3ter B. bis 10ter B. Altona 1792 bis 1795. 8.
In dieſer Monatsſchrift ſind folgende Aufſätze von
ihm: 1791. Febr. Ueber die Realiſirung der Kopenhagener Bankzettel und Einrichtung der neuen Däniſchen und Norwegiſchen Speciesbank. — April: Nachricht von dem Fortgange der Geſellſchaft der Neger-
freunde in Paris. Mit einer Nutzanwendung für
Deutſch-

Deutfchland. — 1792. Ian. Summarifche Data zur
Kenntnifs der Franzöfifchen Finanzen vom 1 May
1789 bis zum 1 Ian. 1791, mit einer ftatiftifchen Tabelle. — Febr. Erklärung über den Auffatz: Ueber
die nöthige Vorficht bey Standeserhöhungen in
Deutfchland, welcher wider des Herausgebers Wiffen und Willen aus dem in Hamburg gedruckten De-
cember-Stück des Magazins 1791 herausgefchnitten
und daher in dem unter feinen Augen gedruckten Fe-
bruar-Stück von 1792 wieder eingerückt ward. —
Daf. Gefchichte des Auffatzes über die nöthige Vorficht bey Standeserhöhungen in Deutfchl. — April:
Bemerkung eines Franzofen über *Wielands* neuefte Erklärung über die Conftitution, aus dem Moniteur
vom 16 Febr. 1792 frey überfetzt. — May: Litterarifche Anekdote, die, Gottlob! eine Seltenheit ift. —
Auguft: *Locke's* Einflufs auf *Mirabeau's* Bildung. —
Octob. Legung des Grundfteins zum Monument der
Bauernfreyheit in Dännemark. — Nov. Summarifche
Volkslifte der vereinigten Staaten von Nordamerika
vom Iahre 1790 (fortgefetzt im Octob. 1794). —
Dec. Befteht die Prefsfreyheit in Dännemark blos in
Abfchaffung der Cenfur? (eine Ueberfetzung der Abhandlung in der dänifchen Minerva 1791. Nov.) —
1793. Ian. Das Befferwerden. — Febr. Ueber einen
erheblichen Mifsverftand bey Schätzung der franzöfifchen Affignaten. — März: Es ift nicht alles Gold,
was glänzt. — Daf. Zufatz zu den Bemerkungen über
die franzöfifchen Affignaten. — April: Kann der Kö-

F 4

nig

nig von Dännemark als Herzog von Holstein fein Contingent zum Reichskriege wider Frankreich weigern? — May: Ertrag der Kriegssteuer für Kopenhagen vom Iahr 1789. — Iun. Ein englischer Bericht von der Ermordung Ludewigs XVI. — Iul. Vergleichung der Schiffahrt der verschiedenen Nationen durch den Sund in den Iahren 1789 bis 1792 (fortgesetzt im Iun. 1794 und im März 1795). — August: Fernere Vermehrung der französischen Assignaten. — Sept. Anekdoten von der Ermordung Ludew. XVI. — Octob. Nachricht von dem Zustande der Reichsoperationscasse (fortgesetzt im Iun. 1794 und im Febr. 1795). — Nov. Zuckerausfuhr aus St. Croix von 1780 bis 1792, mit einer Tabelle. — Dec. Nachricht von dem gesamten Rückstande auf die Kammerzieler am 31 Dec. 1791. — 1794. Ian. Kindliche Zärtlichkeit. Eine wahre Anekdote aus dem Feldzuge 1791. Aus einem dänischen Blatte. — Febr. Rede des Sidi Mehemet Ibrahim über die Rechtmäßigkeit der Seeräuberey, gehalten im Divan zu Algier 1687. — März: Nachricht von einer neuen Schrift über die französische Revolution. — April: Probe der neuesten französischen Volksphilosophie. — May: Das dänische Volk bey dem Brande des Schlosses Christiansburg. — Iul. Nachricht von der Gesellschaft zur Erhaltung der Freyheit und des Eigenthums gegen Republikaner und Gleichmacher in England. — August: Ueber den Proceß des englischen Gesandten zu Kopenhagen, Hrn. *von Hailes*, gegen den Professor *Rahbek*, nebst dem Originalschreiben des Hrn. von

Hailes und der Antwort des Grafen von Bernſtorff
und den übrigen Actenſtücken. — Sept. Ein Vorſchlag, die akademiſchen Preisſchriften berreffend. —
Nov. Summariſche Berechnung der Kammerzieler
bis zum 31 Dec. 1792. — Dec. Soll England durchaus nicht Frieden machen? — 1795. April: Robeſpierre; nach einem engliſchen Blatte. — May: Pſychologiſche Frage, *Fontenelle* betreffend. — Iun. Des
Hrn. *de la Harpe* Urtheil über die Verfolgungen, welche Rouſſeau erlitt. — Iul. Lord *Chatams* Meinung über
Verantwortlichkeit eines Staatsbeamten. — Aug. *Cromwels* Meinung von der Volksſouverainität. — Sept. Sollen Prediger über Freyheit und Gleichheit von der
Kanzel reden? — Octob. Nachricht von den wichtigſten Abänderungen bey der endlich erfolgten
Einführung des neuen Preußiſchen Geſetzbuchs. —
Recenſionen im Fache der Iurisprudenz und Staatswiſſenſchaft in den *Kopenhagener lærde Efterretninger.*
— Seine Abhandlungen „über den Entwurf eines allgemeinen Geſetzbuchs für die Preußiſchen Staaten"
erhielten in Berlin mehrmals den Preis, ſo wie ihm
auch der auf die „Abfaſſung eines Lehrbuchs nach
dem neuen Preußiſchen Geſetzbuche" ausgezahlte
Preis von 500 Rthlr. zuerkannt wurde. — Zu den
ihm beygelegten „Materialien zur Statiſtik der däniſchen Staaten" (vergl. *Dau*) und zur „ſtatiſtiſch-tabellariſchen Ueberſicht der Volksmenge in den königl.
däniſchen Staaten, als Beylage zu dem 2ten Theil der
Mater. Flensb. und Leipz. 1787. 8." hat er ſich nicht
bekannt. — Vgl. *Worm* Th. 3. S. 181 und 923. *(Revid.)*

(N. 5.) von EGGERS (Emil Auguſt Friedrich), dritter Sohn des Heinr. Friedr. von E. — *Regierungsrath zu Glückſtadt* ſeit 1794, vorher Auſcultant; *geb. daſelbſt den 7 Jul. 1759.* §§. Verſuch über die peinliche Rechts- und Gerichtsverfaſſung in Holſtein. 1ſter Th. Hamb. 1788. 8. (hat auch den Titel: Geſchichte der beſon- dern peinlichen Rechte in Holſtein.) 2ter Th. Daſ. 1790. 8. (hat auch den Titel: Lehrbuch des gegen- wärtigen peinlichen Rechts in Holſtein.) Philoſo- phiſcher Abriſs von dem allgemeinen bürgerlichen Rechtsverfahren. Ein Verſuch. Flensb. 1790. 8. (wird N. 5. dem *C. U. D. v. Eggers* beygelegt.) Probere- lation aus bürgerlichen Rechtsacten der Königl. Dän- nemarkiſchen Regierungscanzeley in Holſtein zu Glückſtadt — Schlesw. und Leipz. 1793. 40 S. Fol. (*Autographum.*) — Hat angekündigt: „Jahrgänge der Rechtspflege bey dem Holſtein. Obergerichte."

(N. 5.) von EGGERS (Friedrich Ludwig), vierter Sohn des H. F. von E. — *Obergerichtsauſcultant in Schleswig* ſeit 1787; *geb. zu Glückſtade den 5 Jun. 1763.* §§. Cri- minalgeſchichten aus gerichtlichen Acten; im deut- ſchen Magazin 1792. Jul. und Aug. *Ueber die Ge- richts- und Rechtsverfaſſung in der Landſchaft Feh- mern; in den Schlesw. Holſt. Prov. Ber. 1793. H. 2. — Mitherausgeber des: *Corpus ſtatutorum Slesvi- cenſium. Vergl. C. L. Frhr. von Brockdorff. (Revidirt.)

von EGGERS (Georg Wilhelm), fünfter und jüngſter Sohn des H. F. v. E. — *Königl. Inſpector des Kronprin- zenkoogs in Süderdithmorſchen* ſeit 1792; *geb. zu Glück-*

ſtadt

ftadt den 13 März 1765. §§. * Verfuch eines fyftema-
tifchen Lehrbuchs des natürlichen Staatsrechts. Altona 1790. gr. 8. (*Revidirt.*)

von EGGERS (Heinrich Friedrich); *geb. zu Meldorf* in
Süderdithmarfchen *den 31 May 1721,* Sohn des vormaligen Iuftitzraths *Johann Hinrich Eggers* dafelbft —
Doctor der Philofophie feit 1745, übte fich zuerft
bey feinem Bruder Chriftian Siegfried, Landvogt von
Süderdithmarfchen in praktifchen juriftifchen Arbeiten, ward 1746 zum Lehrer und Erzieher bey dem
neuerrichteten Carolinum zu Braunfchweig angeftellt, bis er 1749 in Herzogl. Holftein-Plönifche
Dienfte trat, worin ef als Canzeleyrath und Amtsverwalter zu Rheinfeld verfchiedene Iahre alle obrig-
keitliche und Cameralgefchäfte eines Ober- und einzigen Beamten verwaltete. Dies Amt verwechfelte
er 1752 mit einer Rathsftelle in der Herzogl. Canzeley und Kammer zu Plön. Von derfelben nahm er
1754 feine Erlaffung, fuchte nunmehr königliche
Dienfte und privatifirte desfalls verfchiedene Iahre
zu Itzehoe, bis er 1758 die Anfetzung als königlicher
Canzeley- und Regierungsrath *in Glückftadt* erhielt
und bald nachher die Stadtpräfidentur bekam, welche er 1775 wegen feines Aufrückens zu einer höhern
hern Rathsgage niederlegen mufste. Im Iahr 1781
ward er zum *Conferenzrath,* (nachdem er feit 1774
Etatsrath gewefen und vorher Iuftitzrath geworden
war,) 1783 zum *Vice-Canzler der Landesregierung und
Land-Canzler bey dem adelichen Landgerichte* ernannt,

erhielt

erhielt auch 1790 vom Kaiſer Ioſeph II. die Erhebung in den Reichsadel und wurde 1792 bey der
Taufe der Prinzeſſin Maria Louiſe unter die *Ritter
vom Dannebrog-Orden* aufgenommen.*) §§. De philoſophiae practicae indole atque ambitu diſquiſitio philoſophica praeſide *Godofr. Profe.* Altonae 1741. 4.
Jo. Gottfr. Schaumburg pro loco in ordine JCtorum
rite obtinendo d. 31 Dec. 1742 diſputanti gratulatur et de ritu veterum Romanorum JCtos variis de
rebus conſulendi paucis differit. Jenae. 4. Diſſ. logico-mathematica, in qua ad geometriam generatim
applicatur theoria de ordine, quo definitiones, ſyſtema compoſiturus, formare atque ponere debet. ib.
1745. 4. (iſt ſeine Inauguraldiſputation.) Comment.
philoſoph. de ſapienti iuſtitiam adminiſtrandi ratione
Sinénſibus uſitata, qua *Chriſtiano Siegfried Eggers* —
novam dignitatem atque officium — fratris officio
ſatisfacturus gratulatur. ib. eod. 4. Comparatio
inter *Euphratem* philoſophum ac *Joach. Georg. Daries,*
quum oratione ſolemni munus profeſſoris Moralium
ac Politices capeſſeret, inſtituta. Lipſ. 1745. 4. Vernünftige Gedanken von den Pflichten gegen uns
ſelbſt, in Anſehung des innern Zuſtandes und deren
Ausübung, nach den Geſetzen der Weisheit entworfen. Wolfenb. 1748. 8. *(Mitgetheilt.)* Dazu ſetze
man noch folgende Abhandlung: *Caſp. Jac. Hutbio* ad
ob-

*) ſo wie im Iahr 1795 zum Adminiſtrator der Grafſchaft
Ranzau und Intendenten der Herrſchaft Herzhorn, Sommer
und Grönland ernennt.

obeundum munus Prof. Theol. in Acad. Erlang. gratulaturus breviter commentatur de more veterum
pro amicis vota nuncupandi ac solvendi. Jen. 1743.
4. (Diese im mitgetheilten Auffatze eigentlich *nicht*
aufgeführte Abhandl. traf man zufällig auf der Kieler Univerfitätsbibliothek an, fand fie nachher fogar
felbft im Catal. Bibl. Bunavianae 2, 349. und glaubte
daher defto eher, fie auch hier eintragen zu müffen.)
VON EGGERS (Heinrich Peter), erfter Sohn des Heinr.
Friedr. von E. — *würklicher Canzeleyrath und Secretair*
im deutfchen Departement des Generalpoftamts zu Kopen-
hagen feit 1794, vorher feit 1779 Canzeleyfecretair
und feit 1781 auch Canzelift im Expeditionscomtoir
bemeldter Canzeley, zuerft feit 1776 Volontair; *geb.*
zu Segeberg den 29 Decemb. 1751. §§, *Forklaring af
den Schulzifke Methode, at finde Længden til Söes, i
Sammenligning med den nu brugelige Diftancernaa-
ling mellem Maane og Stierner; in der Minerva Dec.
1789. Om Grœnlands Oefterbygds fande Belig-
genhed — wurde 1792 von der königl. danifchen
landwirthfchaftlichen Gefellfchaft mit ihrer dritten
goldenen Medaille belohnt und im vierten Bande ihrer Preisfchriften (Kopenh. 1794.) gedruckt, auch
nachher *von ihm felbft* überfetzt: Ueber die wahre Lage des alten Oftgrœnlands. Kiel 1794. 8. mit 2 Karten. *(Autographum.)*
EGGERS (Matthias Simon), *Kämmereybote in Altona; geb.*
dafelbft im Febr. 1761. §§. Trauerrede, dem unver-
geßlichen Andenken des zum Herrn heimgegangenen
Hoch-

Hochwürdigen Deputirten Altfchottifchen Obermei-
fters Br. *Jakob Wilbelm von Affern*, königl. dänifchen
Conferenzraths zu Altona, gewidmet, und gehalten
in der Loge Ferdinand zum Felfen in Hamburg am
13 Ian. 1793 vom Br. M. S. E. Hamb. gedruckt von
J. P. Tonder. 16 S. 8. Rede, der Feyer des St. Jo-
hannisfeftes gewidmet und in der Loge Ferdinands
zum Felfen in Hamburg gehalten — den 30 Iun. 1793.
16 S. 8. *(Mitgetheilt.)*

(M. u. N. 1-5.) EHLERS (Martin), *Doctor und ordentlicher Profeffor der Philofophie in Kiel* feit 1776; geb.
zu Nortorf in der Wilftermarfch *den 6 Ion. 1732.* Er
ward Rector in Segeberg 1760. Aufser andern An-
trägen zn Rectoraten oder Lehrftellen bey Schul- und
Lehranftalten erhielt er dafelbft einen wiederholten
Ruf nach St. Petersburg an die Stelle, welche *Bafching*
niedergelegt hatte. Er nahm den letzten Ruf unter
der Bedingung an, dafs er feine geradezu fuchende
Erlaffung erhielt. Der fel. Graf *Bernftorff* hielt ihn
aber im Lande zurück, und er ging darauf als Rector
an die nun in ein Gymnafium verwandelte Schule
in Oldenburg. Er lehnte hier einen Ruf nach Magdeburg an die Stelle ab, die izt *Funck* bekleidet und
damals auf feinen Vorfchlag erhielt. Wie das Ol-
denburgifche gegen das Grofsfürftlich-Holfteinifche
vertaufcht werden follte, wurde er 1771 als Profeffor und Rector an das akademifche Gymnafium in
Altona verfetzt, wo Anträge von Weimar und Stralfund an ihn eingingen. In Kiel fchlug er noch einen

Ruf

Ruf nach Dresden aus. §§. Die Vorzüge einer un-
umschränkten monarchischen Regierung vor andern
Regierungsformen. Eine Iubelrede. Altona 1761. 4.
Quatenus scholae magister Philosophus esse debeat?
1763. 4. Von der bey Zulaßung und Beförderung
der Iugend zum Studieren nöthigen Behutsamkeit.
Altona 1764. 4. Gedanken von den zur Verbesse-
rung der Schulen nothwendigen Erfordernissen. Altona und Lübeck 1766. 8. Ob es ein sicheres Merk-
mal von der guten und rechtschaffenen Amtsführung
eines Schulmanns sey, wenn er an seinem Orte allgemein geliebt und gelobt wird? Altona 1766. 4. Oratio de iusto auctoritatis in opinionibus pretio. Oldenb. 1769. 4. Von der Schädlichkeit einer zahlreichen Iugend in Schulen. Daß. 1769. 4. Vom Nuz-
zen und Schaden der Schauspiele. Daß. 1770. 4. Gedanken vom Vocabellernen beym Unterricht in Sprachen (die überhaupt eine Anleitung zur geschwinden
und gründlichen Erlernung der Sprachen in sich enthalten). Altona 1770. 8. Von dem Einfluße der
Wahrheit in menschliche Glückseligkeit. Oldenb.
1770. 4. Gedanken über den Luxus. Daß. 1770. 4.
De habitu bonarum artium ad religionem et virtutem. ib. 1771. 4. Von den Einflüßen, welche die
Art, wie Schullehrer beurtheilt werden, in Schul- und
Erziehungsgeschäfte hat. Daß. 1771. 8. Anmerkungen über die, seine Abhandlung: vom Vocabellernen
betreffende, Recension in Klotzens deutscher Biblioth.
Daß. 1771. 8. Von den Vortheilen und Vergnü-
gun-

gungen, welche Eltern im Unterricht und in der Bildung der Iugend vor Schullehrern voraus haben. Altona 1771. 8. Von der Nothwendigkeit, beym Er-
ziehungsgeschäft vorzüglich auf die Bildung des Herzens zu sehen. Daf. 1771. 8. Von Glückseligkeiten
des Regentenstandes. Daf. 1773. 8. Einige das Altonaische Gymnasium betreffende Bemerkungen und
Gedanken. Daf. 1774. 4. Fasciculus differtationum
argumenti philofophici. Flensb. et Lipf. 1775. 8.
Sammlung kleiner das Schul- und Erziehungswesen
betreffenden Schriften, worin vorher gedachte deutsche Schulschriften und außerdem Gedanken über
Penfionseinrichtungen und eine Abhandlung von einigen das Erziehungswesen betreffenden unerkann-
ten Hindernissen und Einrichtungen enthalten sind.
Flensb. und Leipz. 1776. 8. Abhandlung über die
Entwickelung der Seelenfähigkeit, in Absicht auf die
moralische Bildung des Menschen; im 1sten Th. der
Cramerschen Beyträge zur Beförderung theologi-
scher und anderer wichtigen Kenntnisse (1777). Gedanken über den Charakter unserer Zeit und über
die sich darauf beziehenden Pflichten; daf. im 2ten
Th. (1778.) Betrachtungen über die Sittlichkeit der
Vergnügungen. 2 Bände. Flensb. 1779. 8. (Der
Abschnitt: „Vergnügungen des geselligen Umgangs”
ist *dänisch* übersetzt in Almeennyttige Samlinger 2 St.)
Zweyte verbesserte Ausgabe 1790. Ueber die Lehre
von der menschlichen Freyheit. Dessau 1782. 8.
(*Französisch* von *Joseph Gabriel Percin*, der 1787 als
Lector

Lector der franzöſiſchen Sprache zu Kiel ſtarb, überſetzt, mit einer Vorrede und mit einem Geſpräch vom
Ueberſetzer und mit einem Zuſatz vom Verfaſſer, unterm Titel: Diſcours ſur la liberté. à Deſſau & Leipſ.
1783. 8.) Ueber die Sympathie, mit Rückſicht auf
deren eigentliche Beſchaffenheit und auf deren Verhältniſs zur Selbſtliebe und Wohlthätigkeit; im 4ten
Th. der Cramerſchen Beyträge (1783). Ueber die
Unzuläſſigkeit des Büchernachdrucks nach dem natürlichen Zwangsrecht. Deſſau 1784. 8. Antheil
an der allgemeinen Reviſion des geſamten Schul- und
Erziehungsweſens. Hamb. 1785 ff. Winke für gute
Fürſten, Prinzenerzieher und Volksfreunde. 2 Theile.
Kiel und Hamb. 1786. 1787. 8. Anmerkungen zu
Finks Etwas über Anleihen; in den Schlesw. Holſt.
Prov. Ber. 1788. H. 3. Ideen zu einem patriotiſchen Bunde; im deutſchen gemeinnützigen Magazin
1 Jahrg. 3 Viertelj. S. 102-125. und 4 Viertelj. S.
34-62. (1788.) Geſpräche zwiſchen einem Fürſten
und ſeinem Rath über die zur Verbeſſerung des Fi-
nanzzuſtandes und zur Abhelfung mancher Staats-
übel zu veranſtaltenden Maaſsregeln; daſ. 2 Iahrg.
3 Viertelj. S. 116-139. (1789.) Sendſchreiben eines Kammerdieners an ſeinen Herrn, ein Raffinement
in der Politik betreffend; daſ. 4 Viertelj. S. 167-190.
Kieliſcher Handkalender für die Iahre 1788-1792.
12. Schleswig-Holſteiniſcher Specialkalender für
dieſelben Iahre. Kiel 1787-1791. 8. Staatswiſſen-
ſchaftliche Auffätze. Kiel 1791. 8. Buch zum Leſe-

G   ler-

lernen, (Glückftädtifches Lefebuch vom fel. C. R.
Lange herausgegeben,) zum allgemeinen Gebrauch in
den Herzogthümern Schleswig und Holftein verbeffert. Kiel. 8. Sendfchreiben an *Wieland*, zur Antwort auf deffen Zufchrift, die franzöfifche Revolution und Conftitution betreffend; im deutfchen Merkur 1792. St. 7. *(Autographum.)* Antheil am: *Wochenblatt zum Beften der Armen in Kiel. 1794 ff. 8.
(Vergl. *G. Holft.*) Litterarifche Gedanken von der
Schrift des Hrn. Prof. *Hegewifch* in Kiel über Neutralität; im Genius der Zeit 1794. Sept. Von den
Pflichten, welche Staatsbürger in Zeiten des Getreidemangels oder der Theurung gegen ihren Staat zu
erfüllen haben; in den Prov. Ber. 1795. H. 5. (ift
aus dem Wochenblatte zum Beften der Armen in Kiel
wieder abgedruckt, wurde aber auch befonders für
Freunde abgezogen.) Gedanken eines Ungenannten
über die Abhandlung von den Pflichten der Staatsbürger in Zeiten des Getreidemangels — mit Anmerkungen; daf. Antheil an der Vorrede zu *Sufemihls*
Predigten. (Vergl. *Reinhold.*)

EICHEL (Johann), *Doctor der Arzneygelahrtheit und Provinzialmedicus auf Fynen, in Odenfee wohnhaft; geb. zu
Hoftrup in der Schluxharde Amts Tondern den* .....
174.. §§. Difp. inaugur........ Experimenta circa fenfum videndi; in foc. med. Hafn. collect. Vol. I.
p. 238. (1774.) Continuatio; ibid. p. 330. Epiftola de variolis ad avunculum fuum D. *Fabricium*,
medic. nofoc. Hafn. Fridericiani, anno 1766 miffa

notis-

notisque quibusdam 1774 adiectis; ibid. Vol. II.
(1775.) Scarlatinae conſtitutio epidemica annorum
1776 et 1777; in Actis ſoc. med. Hafn. Vol. II. (1779.)
— Vergl. *Worm* 3, 182 und 923.

(N. 5.) EIMBKE (Georg), *Doctor der Philoſophie* (ſeit
1793) *und Arzeneygelahrtheit* (ſeit 1794), *wie auch* ſeit
1795 *Adjunct der mediciniſchen Facultät zu Kiel*, vorher ſeit 1793 Privatdocent; *geb. zu Hamburg den* 17
Dec. 1771. §§. Verſuch einer ſyſtematiſchen Nomen-
klatur für die phlogiſtiſche und antiphlogiſtiſche Chemie. Halle 1793. 8. Etwas über unſer Küchenge-
ſchirr; in den Prov. Ber. 1794. H. 5. Spec. inaugur. ſiſtens analyſin chemicam fontium muriatico-
rum Oldesloënſium. Kil. 1794. 8. Verſuche über
den Wärmeſtoff; in *J. A. C. Gren's* Journal der Phyſik B. 7. Ueber das Leuchten des Phosphorus in
Stikgas; daſ. B. 8. *(Revidirn.)* Wird von „*Briſſon's*
Traité élementaire ou Principes de phyſique 3 TT.
Paris 1789-1792." eine Ueberſetzung mit vielen Zuſätzen und Anmerkungen beſorgen, wovon Theil 1.
Hamb. 1796 herauskömmt.

(M. u. N. 1-5.) EKKARD (Friedrich), *Doctor der Philoſophie* ſeit 1784 *und Sekretair der königlichen Bibliothek
zu Kopenhagen* ſeit November 1790; vorher ſeit 1785
Amanuenſis bey derſelben, ſchon berufen oder ernannt 1784, zuerſt ſeit 1772 Privatdocent und zugleich von 1775-1781 Amanuenſis und Bibliothek-
ſchreiber zu Göttingen; *geb. zu Friedericksort im däniſchen Walde den 6 Dec. 1744.* §§. *Auffätze in zwo

Hamburger Wochenſchriften (beſonders in dem red-
lichen Hamburger) 1766 ff. *Moraliſche Erholungs-
ſtunden. Aus dem Franzöſiſchen. Altona 1768, 8.
* Sam. Bourn's Uebereinſtimmung der natürlichen und
geoffenbarten Religion. Aus dem Engliſchen. 4 Th.
Daſ. 1770 ff. *Deſſelben geiſtliche Reden über auserleſene Parabeln unſers Heilandes. 2 Theile. Daſ.
1771. 8. (Beyde Werke hat er gemeinſchaftlich mit
Duſch überſetzt.) * Dav. Hume's Leben der Königinnen Maria und Eliſabet; in deſſen Geſchichte von
England. B. 5 und 6. Breslau 1770 ff. 4. *Catalogus bibliothecae Borgeeſtianae. Hamb. 1772. 8.
* Ueberſetzungen aus dem Engliſchen in den letzten
Stücken des enkyklop. Journals. Cleve 1775. 8. Ueberſicht der Oerter, wo die bekannteſten griechiſchen
Schriftſteller lebten; nebſt einer Grundlage zur Geſchichte der Bibliotheken, wo ſie in Handſchriften
erhalten worden. Gieſsen 1776. 8. *Bibliothecae
Richterianae P. III. philologica et critica P. IV. theo-
logica. Goett. 1775. 1776. 8. Antheil an Eyrings
Litteraturalmanachen für 1776 und 1777. gr. 8.
Vermehrte die Litteratur in Achenwalds Staatsklug-
heit 1779. 8. Aſiatiſche Thiernamen, geſammelt
aus C. W. Büttners Handſchriften, mit zwey lateiniſchen Schreiben an C. W. J. Gatterer; in deſſen Bre-
viarium Zoologiae P. I. (Gött. 1780.) Litterari-
ſches Handbuch der bekannten höhern Lehranſtal-
ten in und auſſer Teutſchland, in ſtatiſtiſch-chrono-
logiſcher Ordnung; oder Fortſetzung der akademiſchen

fchen Nachrichten, umgearbeitet. Th. 1. Erlangen
1780. 8. Th. 2. 1782. Hatte Antheil am Kin-
deralmanach. Nürnb. 1781. 8. fo wie am Reifen-
den, einer Wochenfchrift zur Ausbreitung gemeinnütziger Kenntniffe. Hamb. 1782. 8. *Tafchenbuch
für Kinder und Kinderfreunde. Nürnb. 1782. 8.
Tafchenbuch — Daf. 1783. 8. (hat auch den Titel:
Kurzes Lehrbuch der Naturgefchichte für Kinder und
Kinderfreunde. Nürnb. und Leipzig 1782. 8. und
ift mit einer neuen Vorrede gedruckt 1783 und ohne
des Verfaffers Namen mit fremden Zufätzen 1792.
Seinen kurzen Text zu 12 ausgemalten Abbildungen
füdafiatifcher Völker, der ein Anhang des Tafchen-
buchs 1783 war, hat der Verleger auch unter einem
befondern Titel herausgegeben.) Allgemeines Regifter über die Göttingifchen gelehrten Anzeigen von
1753-1782. 2 Theile. Gött. 1784. 1785. 8. (Der
1ſte Th. begreift die anonymifchen Schriften und der
2te in zwey ftarken Hälften die genannten Schriftfteller.) *Erinnerungen über einige Briefe eines vorgeblichen Franzofen *(Cafp. Riesbeck)*, der fehr fonder-
bar von Sachfen bis über die Elbe hinübergereifet
feyn will, von einem Veteran aus Thüringen, der ehemals auch reifete, aber bedächtlicher. Alethinien (Altona) 1784. 8. Catalogus bibliothecae *Walchianae.*
Goett. 1784. 8. *Schreiben über ein Werkchen unter dem Titel: Schilderung des deutfchen Reichs und
der deutfchen Litteratur, von einem Engländer zu
Berlin für feine Freunde zu London; nebft einem

      kurzen

kurzen Auszuge der Wezelſchen Schrift über deutſche
Sprache, von Hrn. Abbé *Kenzinger*; beyde aus dem
Franzöſ. frey überſetzt, mit kurzen Berichtigungen
und Zuſätzen. Alt. 1785. 8. Regiſter zu Hrn. Hofrath *Schlözer's* Staatsanzeigen. H. 1 - 24. Gött. 1785.
gr. 8. Regiſter zu H. 25 - 48. Daſ. 1790. Regiſter
zu H. 49 - 72. Daſ. 1795. *Catalogus bibliothecae
Joh. Sam. Auguſtini. Hafn. 1786. 8. *Bibliothecae
Lorckianae P. III. philologica et miſcellanea, ib. 1787.
8. Vorrede zu *(Carl Heinr. Krögen's)* kleinen Vorleſungen für verheyrathete und unverheyrathete
Frauenzimmer, zum Unterricht und Vergnügen, Mit
einem Schreiben an das deutſche Publicum begleitet.
Kopenh. und Leipz. 1787. 8. Gedächtniſsrede über
Joh. Mich. Geuſs — gehalten vom Hrn. Iuſtitzrath
Ove Malling; aus dem Däniſchen überſetzt und mit
einigen Zuſätzen begleitet. Kopenh. 1787. gr. 8.
*Stroeetanker om Lærdom og lærde Tidender. Kbhvn.
1787. 4. * Kiœbenhavns Tidender. 1787. 4. 1 -
18de Stykke. Udkaſt til en fuldſtændig Haandbog
over almeennyttig Kundſkab og Litteratur. Kbhvn.
1788. 8. Fuldſtændig Haandbog over almeennyttig Kundſkab og dens Litteratur. Mathematiſk-phy-
ſiſke Deel. Kbhvn. 1788. 8. Philoſophiſk - politi-
ſke Deel. 1789. Statiſtiſk - hiſtoriſke (eller anti-
quariſke) Deel. 1790. Nogle Oply'sninger over
mine Haandbœger om almeennyttig Kundſkab og
dens Litteratur, tillige med nogen Efterretning om
mine Studeringer og litterariſke Henſigter, for dem,

der

der ikke kiende mig. Kbhvn. 1789. 8. *Catalogus
bibliothecae *Thottianae*. T. III. P, I et II. Libri Math.
Phyf. Med. Philof. Oecon. et Polit. ib. 1790. 8 mai.
Iordbefkrivelfe for unge og ældre Læfere, tildeels efter Hr. *Carl Gotthold Reichels* tydfke Haandbog, overfat ved *Morten Hallager*, overalt foröeget og tildeels
rettet ved *F. E.* Kbhvn. 1793. 8. *Catalogus bibliothecae *Theodori Holmfkjold.* ib. 1794. 8. *Niels
Prahl's* litterarifke Fortjenefter (1 Bogen in 8.); vor
deffen hinterlaffenen Ueberfetzung des Schummelfchen
kleinen Voltaire. 1794. Claffificeret Fortegnelfe over
de nyefte og brugbarefte Bœger og fmaae Skrifter
fiden 1789, med Arke-Tallets og Kohbertavlernes
Angivelfe og Prifer 1794. 8. Syftematifk Vejled-
ning til almeennyttige Naturkundfkab ifær Væxt-Ri-
gets 1795. 8. med Kobb. — Uebrigens lieferte er,
während feines Aufenthalts in Deutfchland, *Recenfionen* im Reichspoftreuter 1770 ff. und in der Hamburger neuen Zeitung 1771 ff., in den Gothaifchen
und Greifswaldifchen gelehrten Zeitungen feit 1780,
auch *Auffätze, Recenfionen* und *Nachrichten* in Gatterers hiftorifchem Journal (in deffen 15ten Bande von
ihm die „Ueberficht der dänifchen Litteratur unter der
Regierung Chriftians VII." herrührt; allein der Auffatz: Dänifche, Norwegifche und Isländifche Litteratur B. 12. nicht ihn, wie *Meufel* in der Litteratur der
Statiftik S. 478. vermuthet, fondern wahrfcheinlich
Gatterer felbft zum Verfaffer hat. Vergl. B. 15. S. 98.)
und in Meufels hiftorifcher Litteratur 1781-1784,

(namentlich: *Geſchichte einiger Wappenſchilde der
däniſchen Monarchie, aus den neueſten Unterſuchungen darüber; 1782. St. 9.) ferner die pädagogiſche
Litteratur in *M. Hiſsmanns* Anleitung zur Kenntniſs
der philoſoph. Litteratur. Lemgo 1778. 8., ein Paar
Auffätze, Dännemark angehend, in der Bibliothek für
Denker. Gera 1783. gr. 8. (namentlich: Ueber den
Zuſtand der Gelehrſamkeit in Dännemark, und: Die
künftigen Folgen des Indigenatrechts. St. 6.), einen
teutſchen Auszug aus *P. J. Heylen's* zu Brüſſel 1774
gekrönter Preisſchrift: de Belgicae hodiernae fluviis
eorumque mutationibus, im 2ten Th. der Meuſelſchen Beyträge zur Erweiterung der Geſchichtskun-
de, einige kleine *Beyträge* zum politiſchen Journal
1781 - 1785. und zum Niederelbiſchen Magazin. —
Wegen eines Fehlgriſs des itzigen Aſſeſſors *Oye* zu
Schleswig, damaligen Kopenhagener Correſpondenten des politiſchen Journals, der einige Ausfälle gegen ſich oder den *E. R. von Schirach* von den ſpätern
Mitarbeitern an Kiœbenhavns Tidender 1787 dem
erſtern Verfaſſer derſelben *Ekkard* unrichtig zuſchrieb
und ihn desfalls in einem Fliegeblatte angrif, vertheidigte dieſer ſich ebenfalls in einem dergleichen
Blatte: *Til det tænkende Publicum. Kbhvn. 1787.
8. — Er hat von 1785 bis itzt Antheil an: Nyeſte
Kiœbenhavnſke Efterretninger, om lærde Sager, beſonders im geographiſchen und grammatiſchen, auch
litterariſchen Fache, macht auch ſeit 1790 die Regiſter zu dieſer gelehrten Zeitung und hat ſeit 1794
auch

auch einigen Antheil an der Kritik og Antikritik. —
Seit 1792 gibt er die Wochenfchrift *Samleren* heraus,
woran er feit dem 4ten und noch mehr feit dem 6ten
Bande den ftärkften Antheil hat, redigirte auch für
1792 und 1793: Fuldftændig Addreſs- og Stats-For-
tegnelſe over Danmark, Norge og Provinſerne. Kiœbenh. 12. und für 1792, 1794 und 1795: Kiœbenhavns Boepœls Vejviſere, und zwar die beyden neueften mit Zuſatzen anderer Art, weswegen ſie folgenden veränderten Titel erhielten: Topographiſk og
œkonomiſk Lommebog over Kiœbenhavns Mœrk-
værdigheder. 1794. 1795. 12. — Als Stifter einer
kleinen wohlthätigen Geſellſchaft gab er auch heraus: *Plan til en mindſtbekofteilg Opdragelſes- og
Underſtœttelſes-Anſtalt for fattige Piger. Kbhvn.
1789. 8. und ließ für die Stiftung unter ſeiner Durch-
ficht überfetzen: *F. Schulz's* Leopoldine, overſat ved
And. Høyſen. Kbhvn. 1792. 8. Endlich hat er mit
Berichtigungen und Zuſatzen zu den geographiſchen,
naturkundigen, moralifchen, litterarifchen und gram-
matifchen Abtheilungen neu herausgegeben: (*Niels
Prahl's*) Læfebog for Bœrn og den tilvoxende Ung-
dom. 4de Oplag. Kbhvn. 1793. 8. und (6) hiſtoriſke, litterarifke og philofophifke Anmœrkninger til
(*Johann Schwab's*) Priisſkrivt om Hindringer og Be-
fordrings Midler for Religionens moralſke Virknin-
ger, overſat ved *Bœrge Pofcholan Kofod.* 1793. 8. (fehlt
im *Erſch*) hinzugefügt. — „Ueber ſeine *litterarifche Erziehung* und den, trotz aller Hinderniſſe, beſtändig

im Geficht behaltenen *Zielpunct*, warum diefer Schriftfteller das *Studieren* ftatt aller andern Vergnügungen
wählte und dem für ihn fo undankbaren Stande treu
blieb, obgleich Temperament und erfte Erziehung
ihn dem Kriegsftande weit mehr geneigt machte, f.
obige *Oplysninger*, welchem erften Stücke noch nicht
mehrere gefolgt find." — Sein Schattenrifs vor feinem
Tafchenbuch für Kinder und Kinderfreunde 1784.
(Theils *revidirt*, theils *Autographum*.)

EKKARD (Henrike Elifabet), geborne *Bornfchreiber*; geb.
zu Altona den 16 Ian. 1745, verheyrathet mit dem vorigen
Schriftfteller 1769.   Sie hatte ftarke Neigung, gelehrt
oder wenigftens dramatifche Schriftftellerinn zu werden; aber die Härte, womit man in jenen Zeiten, befonders zu Altona, Leute zu behandeln pflegte, die
fich blos aus Liebe verheyratheten, zwang fie zu
ganz entgegengefetzten Arbeiten und ihre fchönften
Tage verftrichen — fine linea! Plane zu Schaufpie-
len hat fie entworfen; aber zur Ausführung fehlten
— bequeme Umftände.   Zuweilen nur glückte ihr
ein Vers; und *Briefe* fchrieb fie oft für andere, die
felbft keine zu fchreiben wufsten, aber nie einen für
fich felbft, weil fie davon nichts für fich hofte, obgleich Andre oft durch jene Briefe erlangten, was fie
fuchten.   Gedruckt find von ihr blofs *Neujahrswün-*
fche für 1768 Altona 8. und wieder andere dergleichen 1771 Hamb. 8., auch andere zu Altona 1771.
An Mufenalmanachen wollte fie nie etwas einfchicken.
(Mitgetheilt.)

ERHAR-

ERHARDI (Asmus Friedrich), *Paſtor zu Bordesholm* ſeit 1784, vorher ſeit 1781 Paſtor zu Brockdorff und ſeit 1771 Compaſtor zu Grube; *geb. zu Schmalſtede* Kirchſpiels und Amts Bordesholm *den 3 Iul. 1746.* §§. Die Geburt Ieſu. Eine Cantate. Von *J. F. Hobein* dem jüngern in Muſik geſetzt und aufgeführt. 1763. 4. Lieder eines Jünglings. Greifsw. 1766. 8. Etwas vom Spargelbau; in den Schlesw. Holſt. Anzeigen 1784. St. 19. Letzte Bitten und Wünſche eines Vaters an ſeinen Sohn bey deſſen Abreiſe auf die Akademie; daſ. St. 19. Gedanken eines vaterländiſchen Volksfreundes: zur Prüfung und Beherzigung; daſ. 1786. St. 49. Ueber das Durchſaugen der Brüſte, nebſt angehängten verſchiedenen Mitteln dagegen; daſ. 1787. St. 14 und 16. An meine Freunde, deren Gebäude vom Schwamm angegriffen werden; daſ. St. 29. Nachricht von einer bey Berlin neulich entſtandenen Anſtalt zur Beförderung der Baumzucht und einer hinlänglichen Kenntniſs derſelben; daſ. St. 30. Nachricht von einer unter den Pferden und dem Hornvieh graſſirenden Krankheit; daſ. 1789. St. 50. Hamburg. Addreſs-Comt. Nachricht. 1789. St. 99. Alton. Addreſs-Comt. Nachr. 1789. St. 101. (Dazu gehört noch eine im Iahr 1790 auf Begehren der, der Hornviehſeuche wegen allerhöchſt verordneten, beſtändigen Commiſſion in Kopenhagen abgefaſste und von der Zeit an zum Druck fertig liegende ausführlichere Schrift: Ueber das im Ausgange des Iahrs 1789 an den Pferden und dem Rindvieh

in

in Holſtein bemerkte Zungengeſchwür.)—Nachricht
von einer Zwerginn, die ſich itzt zu Bordesholm in
der Nähe von Kiel aufhält; in den Prov. Ber. 1790.
H. 3. Nachricht vom Spörgel, einem auf Sandfel-
dern wachſenden Futterkraut und von dem Verſuche, der in dieſem Iahr mit der Einführung deſſelben
in die Holſteiniſche Landwirthſchaft wird gemacht
werden; daſ. H. 4. Die meiſten ökonomiſchen und
andern gemeinnützigen und litterariſchen Abhandlungen und Anſſätze in den Schlesw. Holſt. Anzeigen
in der letzten Hälfte des Iahrs 1790, und von den
I. 1791, 1792 und 1793. Verſchiedene kleine Beyträge zu auswärtigen periodiſchen Schriften. *(Au-
rographbum.)*

(N. 1. 2. 4. 5.) ESMARCH (Heinrich Peter Chriſtian),
Reƈtor der Domſchule zu Schleswig ſeit 1778, vorher
ſeit 1770 Conreƈtor derſelben Schule; *geb. zu Ulnis*
in der Schliesharde Amts Gottorff *den 21 Febr. 1745.*
§§. *Speccii* praxis declinationum et coniugationum,
umgearbeitet. Flensb. 1779. 8. Zweyte Auflage
1780. Vierte verbeſſerte und vermehrte Auflage
1789. Sechste Auflage 1794. *Nachricht von den
geendigten Leƈtionen in den beyden erſten Claſſen
der königl. Domſchule zu Schleswig. Eine Einladung
(von ihm und dem Conreƈtor *Dirkſen*). Flsb. 1780.
4. Pr. De verbi Χαριτος vi et interpretatione. ibid.
1780. 4. Pr. De praepoſitionibus, quae in N. T. cir-
cumſcribunt genitivum. ib. 1781. 4. Pr. De leƈtio-
nibus vulgatis priorum verſuum Pſalmi XVI. ibid.
1782.

1782. 4. Virgils Gedicht von der Landwirthschaft, überſetzt. Daſ. 1783. 8. Pr. De voce Eἰς in N. T. circumſcribente Dativum. ib. 1783. 4. Der Brief an die Galater überſetzt. Altona 1784. 8. Der Brief an die Epheſer überſetzt. 1785. 8. Anfangsgründe der Naturgeſchichte, welche zugleich zur Uebung in der lateiniſchen Sprache dienen können. Flsb. 1787. 8. Virgils Eklogen überſetzt. Schlesw. 1787. 8. Zweyte Auflage. Daſ. 1788. Schleswigſche Flora. Daſ. 1789. 8. Erſte bis ſechste Fortſetzung. Daſ. 1790-1795. Seine *Recenſion* der bekannten Schrift, über: Die Niederlegung der Domänen (ſ. *Blaet*) in der monatlichen Ueberſicht und *Antikritik* iſt wieder abgedruckt in den, unter genanntem Schriftſteller, aufgeführten Briefen — An den Hrn. Verwalter *Jürgen Blatt*. Schlesw. und Leipz. 1793. 8. Beſchreibung der Gräſer, rietartigen Gewächſe, Schäftlinge und Kannenkräuter, welche in den Herzogthümern Schleswig und Holſtein wild wachſen. Schlsw. 1794. 8. — Antheil an der monatl. Ueberſicht (ſ. *zur Mühlen*). *(Revidirt.)* Von ihm angekünd.: Praecepta maxime neceſſaria theol. dogmat. in uſum ſcholar. inferiorum e *Mori* Epitome theol. chriſt. potiſſimum excerpta. — EVERS (Joachim Lorenz), *Goldſchmidt in Altona*; geb. *daſelbſt den 20 Sept. 1758*. §§. Von dem Uebertriebenen in den menſchlichen Handlungen. Vorgeleſen bey der Feyer des Johannisfeſtes 1794 in der Loge Ferdinand zum Felſen zu Hamburg von Br. *J. L. E.* Redner der Loge. Als Handſchrift für Ordensbrüder. 8. — Auſſerdem ſind von ihm ein Paar Gedichte

heraus: Bey der Todtenfeyer *Ferdinands* des Men-
schenfreundes, Herzogs von Braunschweig, General-
grofsmeisters der vereinigten Logen in Deutschland,
in der Loge Ferdinand zum Felsen zu Hamburg den
5 Sept. 1792. von Br. *J. L. E.* 8. Ein anderes auf
eine Altonaer Hochzeit. (*Mitgetheilt.*)

(M. u. N. I. 2. 4.) VON EWALD (Johann), *Oberster des
Schleswigschen Iägercorps und des Schleswig-Holsteinischen leichten Infanterie-Bataillons zu Eckernförde* seit
1795, vorher seit 1788 Obristlieutenant; war 1760
Volontaircadett, wurde 1761 Fähndrich im Gilsi-
schen Infant. Regim., 1765 Secondlieutenant in der
Garde, 1774 Capitain der Leibjäger, gieng 1776 als
Capitain einer Iägercompagnie nach Amerika und
wurde 1784 Capitain bey dem Dittfurthschen Infan-
terieregiment; geb. zu *Cassel den 30 März 1744* (nicht
1743). §§. *Gedanken eines Hessischen Officiers
über das, was man bey Führung eines Detaschements
im Felde zu thun hat. Cassel 1774. 8. Der Parthey-
gänger, oder über den Dienst der leichten Truppen.
.... 1784. 8. Abhandlung über den kleinen Krieg.
Cassel 1785. 8. Abhandlung über den Dienst der
leichten Truppen. Schlesw. 1790. 8. *Gespräche
eines Husarencorporals, eines Iägers und leichten In-
fanteristen über den Dienst der leichten Soldaten. Altona 1794. 8. (*Revidirt.*)

EYBEL (Gottlieb Friedrich), *Diakonus an der Marienkirche in Flensburg,* vorher seit 1754 Diakonus zu
Bordelum in der Landschaft Bredstedt; geb. zu .....
im Vogtlande *1714.* §§. ......

FABRICIUS (Chriſtian Albrecht), _königl. däniſcher Can-_
zeleyrath und Committirter im General-Landes- Oekono-
mie- und Commerz-Collegium zu Kopenhagen, (vorher
zweyter Adminiſtrator der Zahlenlotterie daſelbſt,)
auch Mitglied der Direction der königlichen Creditkaſſe, Mitpräſident der königl. däniſchen Landhaus-
haltungsgeſellſchaft und Mitdirector der Kopenhagener Geſellſchaft zur Aufnahme der Naturhiſtorie;
geb. zu Apenrade den 21 April 1734. §. Forſœg i at
beſvare det opgivne Spœrsmaal: Hvad er det, ſom
meeſt trykker Borgerſtandens Næring i de ſmaae
Kiœbſtæder, og hvorledes kan derpaa beſt raades
Boed? eingerückt in: œconomiſke Magazin 8 Bind.
(Kbhvn. 1764.) Tanker om de nye Indretninger
i Landvæſenet. Slaverie fœder Nederdrægtighed,
Dovenſkab og Vankundighed. Frihed fœder Liv,
Aand, Oplysning og Sæder. Kbhvn. 1 H. 1784. 8.
2 H. 1786. 3 H. 1786. 4 H. 1787. (auch unter
dem Titel: Noget endnu om de nye Indretninger i
Landvæſenet.) Hvis forfatning er den lykkeligſte
enten den Danſke Fæſte-Bondes, eller den Meklen-
borgſke Livegne-Bondes? in der däniſchen Minerva 1785. St. 6. Brev til en Ven angaaende de op-
kommende Stridigheder i Anledning af den ſaa kald-
te jydſke Ambaſſade. Kbhvn. 1791. Vergl. _Worm_
_3, 924._ _(Nach dem Autographum.)_

FABRICIUS (Friedrich Wilhelm Peter), Sohn des Johann Chriſtian F. im _Worm_ — _Doctor der A. G. und_
Privatgelehrter auf Bornholm; geb. zu Tondern den 14 Dec.
_1742._

1741. §§. De motu humorum progreffivo, veteribus non ignoto. Alton. 1762. 4. (D. inaug.) tentamen medicum de Emetotrophia. Edinb. 1767. 8. Vergl. *Worm* 1, 294.

(M. u. N. 1 - 5.) FABRICIUS (Johann Chriftian), Bruder des vorigen, wird von *J. G. Dahler* (S. 528) irrig als verftorben aufgeführt — *Doctor der Philofophie und Profeffor der Oekonomie, Naturlehre und Cameralwiffenfchaften zu K* feit 1775, vorher feit 1770 Profeffor der Oekonomie zu Kopenhagen; *geb. zu Tondern den 7 Ian. 1748.* §§. Vertheidigung der Moofse auf fauern Wiefen; in *D. G. Schreber's* Sammlung verfchiedener Schriften aus den ökonomifchen, Policey- und Cameralwiffenfchaften. Th. 5. (1766.) Anfangsgründe der ökonomifchen Wiffenfchaften, zum Gebrauch akademifcher Vorlefungen. Flensb. 1773. 8. Zweyte verbefferte Auflage. Kopenh. 1783. (Eine dänifche Ueberfetzung ift in den Kopenhag. Addrefs-Comt. Nachrichten 1795 Nr. 242. angekündigt.) Forfœg til en Afhandling om Planternes Sygdomme; in: Norfke Videnfkaber Selfk. Skrifter. 5 Deel. Syftema entomologiae, liftens infectorum claffes, ordines, genera, fpecies, adiectis fynonymis locis, defcriptionibus, obfervationibus. Flensb. et Lipf. 1775. 8. Befchreibung der weifsen Ameife; im 1ften Bande der Befchäftigungen der Gefellfchaft naturforfchender Freunde in Berlin (1775). Genera infectorum eorumque characteres naturales, fecundum numerum, figuram, fitum et proportionem omnium partium oris;

oris; adiecta mantissa specierum nuper detectarum.
Kil. 1777. 8. Versuch über die Gesetze des Natur-
reichs; im 2ten Th. der Cramerschen Beyträge (1778).
Philosophia entomologica, sistens scientiae fundamenta, adiectis definitionibus, exemplis, observationibus,
adumbrationibus. Hamb. et Kil. 1778. 8 mai. Mi-
neralogische und technologische Bemerkungen auf
einer Reise durch verschiedene Provinzen in England
und Schottland; mit Anmerkungen und Zusätzen
von *J. J. Ferber*, in des *letztern* neuen Beyträgen zur
Mineralgeschichte verschiedener Länder. B. I.(1778.)
Reise nach Norwegen, mit Bemerkungen aus der Na-
turgeschichte und Oekonomie. Hamb. 1779. 8. (ist
auch zu Amsterdam 1781. 8. ins *Holländische* übersetzt, und steht auszugsweise theils im 2ten B. der
Nürnberger Sammlung neuer Reisebeschreibungen
1780. 8., theils *dänisch* in der Samling af de beste og
nyeste Reisebeskrivelser. 2 D.) Nähere Umstände
aus dem Leben des Ritters von Linné; im deutschen
Museum 1780. St. 5 und 7. Betrachtung des Lin-
néischen Systems und seines eigenen Systems der Entomologie; im 2ten B. der Schriften naturforschen-
der Freunde (1781). Von der Volksvermehrung,
insonderheit in Dännemark. Hamb. und Kiel 1781.
8. Species insectorum exhibentes eorum differentias
specificas, synonyma auctorum, loca natalia, meta-
morphosin; adiectis observationibus, descriptioni-
bus. T. I. 2. Hamb. 1781. 8 mai. Betrachtungen
über die allgemeinen Einrichtungen in der Natur.

H. Das.

Daſ. 1781. 8. Ankündigung einer ökonomiſchen
Geſchichte Friederich V.; im Kieliſchen Magazin B.
1. St. 2. Ertrag der Bauernhöfe in Dännemark
1764 ff.; im hiſtoriſchen Portefeuille 1783. St. 2.
Om Hœre-Redſkaberne hos Krebs og Krabber; in:
Nye Samling af det Kongel. danſke Videnſk. Selſk.
Skrifter. 2 Deel (1783). *H. Sanders* ökonomiſche
Naturgeſchichte für den teutſchen Landmann und
die Iugend in den mittlern Schulen, fortgeſetzt. 4ter
Th. Leipz. 1784. 8. (Auch unter dem Titel: Cultur
der Gewächſe, zum Gebrauch des Landmanns. — Th.
5. iſt angekündigt.) Briefe über London, vermiſchten Inhalts. Deſſau 1784. 8. (*Drey* waren ſchon
vorher ins Kieler Magazin eingerückt.) Von der Erziehung, beſonders in Dännemark. Daſ. 1784. 8.
Beſchreibung der Atlasmücke in ihrer Puppe (tipula
ſericea); im 5ten Bande der Schriften der Berliner
Geſellſchaft naturforſchender Freunde (1784). Nachrichten vom däniſchen Handel; im hiſtoriſchen Portefeuille 1785. St. 3-5. (Dieſelben?) Hiſtoriſche Nachrichten vom däniſchen Handel; im polit. Journal 1785.
B. 2. S. 302 ff. 383 ff. 495 ff. (im Zuſammenhange
und erweitert wiederholt in *ſeinen* Policeyſchriften
Theil 1. S. 11-306.) Schreiben von den neueſten
Einrichtungen in Wien; daſ. St. 6. Schreiben vom
Zuſtande der Wiſſenſchaften im Oeſterreichſchen;
daſ. St. 7. Ungedruckte Briefe auf einer Reiſe durch
Deutſchland; daſ. 1786. St. 3 ff. Briefe auf einer
Reiſe durch Rußland 1786; daſ. 1786. St. 2 und

II.

11. 1787. St. 2 und 4. (*Franz*. im esprit des Jour-
naux 1788. VII. X.)　Lob der Leibeigenschaft; im
neuen Kielischen Magazin (1786) B. 1. St. 3. (*dänisch*
überfetzt in der Minerva.)　Policeyschriftén. 1 Th.
Kiel 1786. Kopenh. 1787. 8. (Daraus *dänisch* überfetzt: Hvori beftaaer Borgerdyd? Kbhvn. 1786. 8.)
2 Th. 1789.　Mantiffa infectorum, fiftens eorum
fpecies nuper detectas, adiectis characteribus generi-
cis, differentiis fpecificis, emendationibus, obfervationibus. T. I et II. Hafn. 1787. 8 mai.　Dännemarks Finanz- und Schuldenwefen; im neuen Kielifchen Magazin B. 2. St. 1. (1787.)　Schreiben über
dem von dem Bauernftande in Bernftorff errichteten
Obelifk; im hiftor. Portef. 1787.　Nova infectorum genera; in Skrifter af Naturhiftorie-Selfkabet.
B. 1. (1790.)　Auch eingerückt in *J. G. Schneiders*
neueftem Magazin der Entomologie St. 1.　Von einigen, dem Gefchlechte Ips fich nähernden, Infecten-
gefchlechtern; in den Abhandlungen der naturforfchenden Gefellfchaft in Paris. Th. 1. (1792.)　Car.
a Linné praelectiones in ordines naturales plantarum
e proprio et *J. C. Fabricii* Mto. edidit P. D. Giefeke.
Hamb. 1792. 8.　Entomologia fyftematica emen-
data et aucta fecundum claffes, ordines, genera, fpecies; adiectis fynonymis, locis, obfervationibus, defcriptionibus. T. 1. Hafn. 1792. 8.　T. 2 et T. 3.
P. 1. 1793. T. 3. P. 2. et T. 4. et ult. 1794.　Ueber Schriften von Infecten; in Skrifter af Naturhiftorie-Selfkabet. B. 3. (1793.)　Mineralogifche und

　techno-

technologifche Bemerkungen auf einer Reife durch
verfchiedene Provinzen in England und Schottland;
in *J. J. Ferbers* Nachrichten und Befchreibungen einiger chemifchen Fabriken. Halberft. 1794. 8. Vgl.
Worm 1, 296. 3, 205 und 925. und *Martin Thrane*
Brünnich litteraturae danicae fcientiarum naturalium
T. 2. oder bibliotheca auctorum et librorum fcien-
tias naturales tractantium pag. 200 fq. *(Revidirt.)*

PALLESEN (Lorenz Nikolai), *Paftor zu Söborg und Gil-*
leleie auf Seeland feit 1793, vorher feit 1790 Garni-
fonsprediger in der Citadelle Friedrichshaven; *geb.*
zu Biert in der Tyftrupper Harde Amts Hadersleben
den 20 April 1759. §§. Die Pflicht der Dankbarkeit
gegen Gott. Eine Predigt am 14ten Sonntage nach
Trinit. 1790. Kopenh. 8. Magazin for Religions-
lærere. 4 Binde. Kbhvn. 1793-1795. 8. (das Werk
wird 5 bis 6 Bände ausmachen, wovon aber 2 Drit-
theile Ueberfetzungen find.) Hvad der fkal trœfte
os over Kongeboligen Chriftiansborgs fœrgelige Lev-
ninger, foréftillet i en Prædiken paa 2 S. i Faften
over Ef. 43, 1-3. Kbhvn. 8. Ueber das Viele und
Mancherley, das Gott uns Menfchen auf Erden be-
reitet hat. Eine Predigt, gehalten in der Frauenkirche
zu Hadersleben am 2ten S. nach Trinitatis 1795. 8.
(Nach dem Autographum.)

FEDDERSEN (Broder), *Paftor zu Kaltenkirchen* Amts Segeberg, vorher deutfcher Capellan bey der Garnifonskirche in Kopenhagen; *geb. zu .... 17 ...* §§.
Abfchiedspredigt in der Garnifonskirche zu Kopenhagen.

hagen. Kopenh. 1790. 8. Antrittspredigt zu Kaltenkirchen. Daſ. 1790. 8. *(Mitgetheilt.)*

(M.) FEDDERSEN (Peter), *Obergerichtsadvocat zu Altona* ſeit 1772, vorher Secretair des Doctors J. U. Pauli zu Hamburg; *geb. zu Flensburg den 11 April 1742* (nicht 1744). §§. *Gemeinnützige Nachrichten aus dem Reiche der Wiſſenſchaften und der Künſte. Hamb 1768 (nicht 1765). 4. *Anleitung für den geringen Mann in Städten und auf dem Lande, in Abſicht auf ſeine Geſundheit, von *Tiſſot*, aus dem Franzöſ. Daſ. 1767. 8. *(Revidirt.)*

PEHSE (Johann Heinrich), Sohn des Johann Heinrich F. im *Adelung* — *Paſtor zu Oldenswort* im Oſtertheile der Landſchaft Eiderſtedt ſeit 1787, vorher ſeit 1782 Diakonus zu Neukirchen in Norderdithmarſchen und ſeit 1777 Diakonus zu Delve; *geb. zu Hemme* in Norderdithmarſchen *1754.* §§. Ehrengedächtniſſ von ſeinem Vater, Magiſter J. H. P. Heide 1777. 8.

FELDMANN (Maſius Johann), *Profeſſor* (ſeit 1795) *und Conrector in Altona* (ſeit 1794), vorher ſeit 1789 Subrector daſelbſt; *geb. zu Wilſter den 20 Febr. 1762.* §§. Der Zeitengeiſt. Ein Gedicht am königlichen Geburtstage 1793, im Hörſale des akademiſchen Gymnaſiums in Altona vorgeleſen. Alt. 1793. 4. — Iſt auch Ueberſetzer des 3ten Th. der (unter *J. C. N. Niemann* aufgeführten) neueſten Geſchichte Frankreichs, aus dem Engl. *(Mitgetheilt.)*

(N. 5.) FIDALGO (Benjamin Muſſaphia) *der ältere, Kaufmann von der portugieſiſchen Judengemeine, in Altona* ſeit

1768 wohnhaft; *geb. zu Hamburg den 22 Sept. 1711.*
§§. Fragment des Eſſais du Vieillard du Mont Liba-
non ou VIIme ſection des Dialogues entre le Vieillard du M. L. & le Vieillard du Mont Caucaſe. Ex-
trait du reſte de l'ouvrage, qui eſt encore en Manu-
ſcrit. Altona 1784. 8. 2 edit. 1790. Replica in
Sachen des Propheten Samuels, contra Agag, König
der Amalekiter, in puncto homi- et infanticidii. Hierauf folgt ein merkwürdiges und vermuthlich inter-
eſſantes Geſpräch, betitelt: (Alte Neuigkeiten und
neue Alterthümer.) Daſ. 1785. 8. Vergl. *Bolten* 2,
199. *(Revidirt.)*

(N. 4. u. 5.) FINK (Otto Jakob), *Kaufmann in Altona;*
geb. daſelbſt den 26 Dec. 1749. §§. * Freymüthige Bemerkungen über das Finanzweſen des königl. däniſchen Staats. (1787.) 8. * Nachtrag zu den freym.
Bemerk. (1787.) 8. * Unvorgreifliche Prüfung deſſen, wodurch Herr Etatsrath *Zoëga* dasjenige, was
er von dem Plane der projektirten neuen Münzveränderung in den Herzogth. Schleswig und Holſtein
in ſeinen Schriften bekannt gemacht, hat rechtferti-
gen wollen. Altona 1787. 8. (Ein Auszug daraus
in *Schedels* Journal für die Handlung. B. 3. H. 5.)
* Auch etwas über Banken, Banknoten und Handlung,
zur Beantwortung eines Sendſchreibens (von *J. H.*
Wiebe) aus Kopenhagen. Daſ. 1788. 8. * Abgenöthigte Beantwortung der Beſchuldigung, daſs meine
Berechnung über die Kupfermünze falſch ſey. Nebſt
Abfertigung des alten Holſteiners wegen ſeiner höh-
niſchen

niſchen Ausfälle auf eine unvorgreifliche Prüfung —
Daſ. 1788. 8. *Nähere Erläuterung der Berechnung
über die neue Schlesw. Holſt. Kupfermünze. Auch
etwas an den (ehemaligen) Hrn. Profeſſor *Tetens* in
Kiel. Daſ. 1788. 8. Etwas über Anleihen, welche
Unterthanen aus der Staatsinduſtriecaſſe gereicht werden; in den Schlesw. Holſt. Prov. Ber. 1788. H. 3.
Erwiederung gegen des Hrn. Prof. *Ehlers* in Kiel An-
merkungen über mein Etwas über Anleihen aus der
Staatsinduſtriecaſſe. Daſ. 1788. 8. (Auszug daraus
in den Prov. Ber. 1788. H. 6.) * Etwas über das
richtige Adjuſtiren der Münze. Mehr über die Vortheile der Wipper. Vieles über die Verwechſelung
der alten Däniſchen gegen die neue Schlesw. Holſt.
Münze. Daſ. 1788. 8. — Vergl. *(Adolfs Friederichs
Meyers*, Hof- und Landgerichtsadvocaten in Preetz)
Exceptionaldeduction in der Appellationsinſtanz, mit
Gründen für den Beſcheid in der erſten Inſtanz. Von
Seiten des Kaufmanns O. J. *Fink* in Altona, Provo-
caten, itzt Appellaten, wider die Directeurs des dortigen königl. Bankcontoirs, Provocanten, itzt Appellanten; betreffend eine von Letztern wider Erſtern
angeſtellte vermeintliche Diffamations- und Injurien-
klage — Altona 1791. Fol. — *(Revidirt.)*

(N. 3 - 5.) FISCHER (Johann Leonhard), *Doctor der Philoſophie* (ſeit 1785) *und Arzeneygelahrtheit* (ſeit 1789),
auch ſeit 1793 ordentlicher *Profeſſor der Chirurgie und
Anatomie zu Kiel,* vorher ſeit 1789 auſerordentlicher
Profeſſor der Medicin und ſeit 1786 Profeſtor beym

anatomiſchen Theater in Leipzig; *geb. zu Culmbach den 19 May 1760.* §§. *P. C. F. Werneri* vermium in-teſtinalium brevis expoſitio. Continuatio ſecunda, poſt mortem auctoris (1785) edita atque tabb. 2 ae-neis aucta. Cum 4 tabb. ad nat. pictis. Lipſ. 1786. 8. Continuatio tertia, cum 5 tabb. ibid. 1788. Ob-ſervationes de oeſtro ovino atque bovino factae, di-ſput. quam defendet a. d. 15 Dec. ib. 1787. 4. cum 4 tabb. Ueber die Finnen im Schweinefleiſch, mit 1 Kupf.; im deutſchen gemeinnützigen Magazin 1ſten Iahrg. (1788) 3tes Viertelj. (Diſp. inaug.) Taeniae hydatigenae in plexu choroideo nuper inventae hi-ſtoria. Accedunt nonnulla alius argumenti de ver-mibus inteſtinalibus obſſ. ib. 1789. 4. c. tab. aenea. Anweiſung zur praktiſchen Zergliederungskunſt, nach Anleitung des *Thomas Pole* anatomical inſtructor. Mit 13 Kupfert. Daſ. 1791. gr. 8. Neurologiae genera-lis tractatus, deſcriptio anatomica nervorum lumba-lium, ſacralium et extremitatum interiorum. ibid. 1791. Fol. Cum 4 tabb. linearibus et 4 adumbratis. Anweiſung zur praktiſchen Zergliederungskunſt; die Zubereitung der Sinnenwerkzeuge und der Einge-weide. Daſ. 1793. 8. mit 6 Kupfert. („Anweiſung zur praktiſchen Zergliederungskunſt; die Zuberei-tung des Hirns und der Nerven," und eine Abhand-lung: „über gerichtliche Section" wird Oſtern 1796 erſcheinen.) — Mehrere Aufſätze in verſchiedenen Journalen. — Der von *W. Heinſius* ihm beygelegte „Abriſs eines neuen Syſtems über die menſchliche Na-

tur"

tur" ift nicht von ihm. — Vergl. (*J. G. Eck's*) Leipziger gel. Tagebuch auf 1786. S. 5 f.   (Revidirt.)

FLESSBURG (Jens), *königl. dänifcher Etatsrath,* (war bis
1795, wo er auf fein Anfuchen entlaffen wurde, Amts-
verwalter und Hausvogt im Amte Hütten und Har-
desvogt in der Hüttener Harde,) *wohnhaft zu Flecke-
buy; geb. zu ..... 17...* §§. *Nachricht von dem
Zuftande der Landfchulen in der Hüttener Harde des
Herzogthums Schleswig, nebft einer ohngefähren
Ueberficht von dem Ertrage des Leinbaues und der
Webereyen im Iahr 1792; in den Schlesw. Holft.
Prov. Ber. 1793. H. 5.

(M. u N. 4. 5.) FLOR (Matthäus Johann), *Hauptpaftor
zu Neuenkirchen in Norderdithmarfchen* feit 1782, vorher feit 1774 Diakonus dafelbft; *geb. zu Neumünfter
den 29 Iun. 1740.* §§. Predigt von der Sünde wider
den heiligen Geift, über Matth. 12. 31. 34. Glückftadt 1770. 4.   Die Gottheit Chrifti .....   Die eigentliche und fchriftmäfsige Lehre der evangelifch-
lutherifchen Kirche vom heiligen Abendmahl. Hamburg 1771. 8.   Von den Leiden der Thiere. Daf.
1772. 8.   Die Grundfefte des chriftlichen Glaubens
und der Hofnung zur ewigen Seligkeit. Bützow und
Wismar 1772. 8.   Die Grundfefte — Seligkeit vertheidigt. Daf. 1772. 8.   Meine Gedanken über befondere Unglücksfälle und allgemeine Landplagen.
Kiel 1786. 8.   Von Recht und Freyheit eines Predigers und Schriftftellers, nebft einigen Bemerkungen
über die Schwächen in der neuen Lehrart von den

gött-

göttlichen Strafen. Daſ. 1787. 8. Meine Lebensgeſchichte, oder Gottes Rath ſiegt über Mangel und
Feindſcháft. Heide 1791. 8. Ein Wort vielleicht
zu feiner Zeit, aus dem vormals ſo genannten freyen
Dithmarſchenlande über Monarchen und Monar-
chien. Altona 1793. 8. — Vergl. *Johann Chriſtian
Flohr* im Anhange.

FLORIS (........) ...... geb. zu ..... 17... §§. .....
(N. 1 - 5.) FOCK (Johann Georg), *Conſiſtorialrath und
Hauptpaſtor an der Nicolaikirche zu Kiel* feit 1795; vorher
*Superintendeut der evangel. Kirchen in den Inneröſterreichi-
ſchen Landen und Paſtor der evangel. Gemeine zu Wien* feit
1783, auch feit 1785 geiſtlicher Rath des Conſiſtoriums der A. C. daſelbſt, feit 1782 däniſcher Legationsprediger daſelbſt, zuerſt feit 1779 Rector in feiner Vaterſtadt; *geb. zu Neumünſter den 16 Nov. 1757.*
§§. Predigt bey feyerlicher Eröfnung des öffentlichen Gottesdienſtes der evangel. lutheriſchen Gemeine in Wien und dem Antritt des öffentlichen Lehr-
amts bey dieſer Gemeine, am 7 Sonntage nach Trinitat. Wien 1783. 8. Predigt zur Empfehlung des
allgemeinen Armeninſtituts, am 13 Sonnt. nach Trinitat. Daſ. 1783. 8. Predigt bey Einweihung des
lutheriſchen Bethauſes zu Wien, über 1 Moſ. 28, 16.
17. Daſ. 1784. 8. Vorrede zum zweyten Theil der
Geſchichte der Proteſtanten in Oeſterreich, Steier-
mark, Kärnthen und Krain, von 1520 bis auf die
neueſte Zeit, von *G. E. Waldau.* Anſpach 1784. 8.
Vorrede zu *M. Bogenhardt's* evangeliſchem Chriſten.
Presburg 1784. 8. Gebete und Formulare, welche

beym lutherischen Gottesdienste in Wien gebraucht
werden; im ersten Bande des liturgischen Magazins
von *Seiler*. Erlang. 1784. 8. Anrede bey der Taufe
eines Iuden, welche den 19 Iun. 1785 in dem hiesigen Bethause der Augsburg. Confessionsverwandten
verrichtet worden ist, nebst der ganzen übrigen Tauf-
handlung. Wien 1785. 8. Rüge auffallender Un-
wahrheiten und Verläumdungen, welche der Verfasser der Reisen durch das südliche Deutschland (*Phil.*
Ludw. Herm. Röder) von der evangelischen Gemeine
zu Wien, ihrer gottesdienstlichen Einrichtung und
dem Charakter ihrer Prediger in die Welt gestreuet;
im Journal von und für Teutschland 1789. St. 11.
Einige Charakterzüge des sel. Hrn. *Ernst Friedr. Andr.*
Cnopf's, gewesenen Consistorialraths und zweyten
Predigers der evangel. Gemeine A. G. zu Wien; in
Beyers allgemeinem Magazin für Prediger. B. 1. St. 5.
(1789.) auch einzeln (Nürnb.) 1789. 8. Beruhi-
gungsgründe der Vernunft und des Christenthums
bey dem gegenwärtigen Kriege; eine Predigt über
Ps. 46. Wien 1790. 8. Predigt bey Veranlassung
des Todes unsers geliebten Kaisers, Josephs II, über
Ps. 116, 15. Am Sonnt. Reminiscere gehalten. Das.
1790. 8. (auch in der Auswahl der — Gedächtniss-
predigten — auf K. Josephs Tod, oder des neuen Magazins vorzüglicher Predigten 7ten Th.) Ermunte-
rungsrede an seine Gemeine nach der Huldigung Leo-
polds II. Das. 1790. gr. 8. Sammlung einiger Can-
zelvorträge. Das. 1791. gr. 8. Gedächtnissrede auf
den

den höchſtſeligen Kaiſer Leopold II, über Luc. 12, 42.-44. gehalten. Wien 1792. 8. Zwey öffentliche Vorträge über die ächte Bürgertreue. Im Bethauſe der Augsburg. Confeſſionsverwandten zu Wien gehalten. Daſ. 1793. 8. Zweyte Aufl. mit Genehmigung des Verf. herausgegeben und mit Anmerkungen verſehen von J. C. *Velthuſen.* Stade 1793. 8. Anleitung zur gründlichen Erkenntniſs der chriſtlichen Religion, zum Gebrauch in den Schulen der Augsburg. Confeſſionsverw. in den kaiſerl. königl. Erblanden. Nach höherm Auftrage verfaſt. Wien 1794. 8. (Eine neue Auflage iſt angekündigt.) Vorſchlag, die Nutzbarkeit der öffentlichen Religionsvorträge zu befördern; im neuen theologiſchen Journal von *Hänlein* und *Ammon.* B. 4. St. 1. (1794.) Ermunterungen an die Proteſtanten zu einem ſtillen und ruhigen Leben in aller Gottſeligkeit und Ehrbarkeit. (Eine Predigt.) Wien 1794. 8. (Wieder abgedruckt in:) Zwey öffentliche Vorträge, veranlaſt durch die gegenwärtigen Zeitumſtände. Gehalten im Bethauſe der Augsb. Conf. Verwandten. Daſ. 1794. 8. Zwey Kriegspredigten; in *Veltbuſens* chriſtlichem Troſtbuche in Kriegszeiten (1795). — Wird, in Verbindung mit ſeinem Collegen .... *Schmidt,* für Joſeph Stahel und Comp. überſetzen: (John? — vergl. Gött. Zeit. 1795. S. 1505.) Drysdale's ſermons. (*Konnte* nicht berichtigt werden.)

FORCHHAMMER (Johann Ludolph), *Subrector der Stadtſchule und Lehrer der Bürgerſchule in Huſum* ſeit **1788;**

1788; *geb. zu Rabenkirchen* in der Schliesharde Amts Gottorff *den 12 Octob. 1764.* §§. Nachricht von der Bürgerschule zu Husum und einer damit verbundenen kleinen Erziehungsanstalt; in den Schlesw. Holst. Prov. Ber. 1793. H. 3 und 4.

(N. 5.) FRAHM (H . . .), *königl. dänischer Regimentschirurgus zu . . . . ; geb. zu . . . . 17 . . .* §§. Beschreibung einer neuen Methode, veraltete Geschwüre der untern Gliedmasen zu heilen. Altona 1794. 8.

(N. 4. 5.) FRANCKE (Georg Samuel), *Rector an der Stadtschule zu Husum* seit 1788, vorher seit 1784 Lehrer an der neu zu errichtenden Bürgerschule, oder vierter Lehrer an der Stadtschule daselbst; *geb. zu Hörnerkirchen* in der Graffschaft Ranzau *den 7 Sept. 1763.* §§. Empfehlung und Entwickelung der Lehrmethode mathematischer Anfangsgründe auf niedern Schulen; in *J. E. Cellarius* 10 Sammlung Husumischer Schulsachen. Schlesw. 1786. 4. In wiefern Unterricht in den Anfangsgründen der angewandten Mathematik in einer Bürgerschule nöthig sey; in der 11 Sammlung. Das. 1787. 4. *Philosophisch-theologische Abhandlung über das Verdienst der christlichen Religion um die Lehre von der Unsterblichkeit der menschlichen Seele. Flensb. 1788. 8. Commentationes quaedam theologicae de librorum V. T. in institutione populi praestantia et usu. *Prima* universalis quid de II. V. T. in instit. pop. praest. et usu in universum sit iudicandum? Slesvici 1788. 4. Ueber die Vorzüge und Mängel unsers Zeitalters für

den

den ſtudirenden Iüngling.   Rede beym Antritt des
Reſtorats. Schlesw. 1788. 8.   * Einige Ideen über
das Verhältniſs der Religion zur Sittlichkeit, in einigen Briefen.   Veranlaſst durch die von den Directo-
ren des Stolpeſchen Legats in Leiden für das Iahr
1789 bekanntgemachte Preisfrage: An ſint officia,
atque hominem natura obligatum eſſe demonſtrari
nequeat, niſi poſita animarum immortalitate? Kiel
1789. 8. (auch als Programm in der 12 — 13 iſt
ein Druckfehler — Sammlung Huſum. Schulſachen.)
Ueber den Hang zu Zerſtreuungen bey der ſtudirenden Iugend, nebſt Lebensumſtände und Charakterzüge des Hrn. *Johann Heinrich Friſe*, geweſenen Con-
rectors zu Huſum (welche im Magaz. für Schulen
B. 1. St. 2. wieder abgedruckt find); in der 13 Sammlung Huſ. Schulſ. Schlesw. 1790. 8.   Huſ. Schulſ.
14 Sammlung; voran ein Brief über die Frage: In
wiefern öffentliche von Schullehrern ſelbſt mitgetheilte Schulnachrichten zur Charlataneria ſcholaſtica
und in wiefern ſie vielmehr in das Gebiet der Pflichten gehören, die gewiſſenhafte Schulmänner dem Publikum überhaupt, dem öffentlichen Inſtitut, woran
ſie arbeiten, und ſich ſelbſt ſchuldig find? Daſ. 1791.
8.   Pr. Xenophontis in Cyropaedia „imperatoris
labores honore fieri leviores iisdem militum,‟ quem-
admodum ad ordinem eruditorum queant accom-
modari? ib. 1792. 4.   Huſ. Schulſ. 15 Sammlung
(enthält eine Nachricht von der ſeit Oſtern 1791 ge-
troffenen veränderten Einrichtung der dortigen Stadtschule

ſchule und den darnach ſeit der Zeit getriebenen Le-
ctionen). Schlesw. 1792. 8. Unterricht in den nöthigſten Sachkenntniſſen für die bürgerliche Iugend
(in Verbindung mit *J. G. Witt*). Daſ. 1792 (eigentlich 1793). 8. Zwey ſtarke Theile (mit 9 Kpf. zum
2 Th.), nebſt drey Anhängen (mit 2 Kpf. zum 3 Anhange). Daſ. 1793. (Der *erſte* hat auch den beſondern Titel: Kurzer Unterricht von den Geſchöpfen
der Erde und vornämlich von dem Menſchen, als
dem edelſten derſelben. Der *zweyte*: Kurzer Unterricht in hiſtoriſchen, geographiſchen, mathematiſchen, phyſikaliſchen und mathematiſch-phyſikali-
ſchen Kenntniſſen, ſoweit ſie gemeinnützlich ſind.
Der *erſte* Anhang enthält die Erdbeſchreibung und
Geſchichte von Dännemark., nebſt einer genealogiſchen Tabelle und Zeittafel; der *zweyte* das Wichtig-
ſte aus der deutſchen Sprachlehre; der *dritte* die Anfangsgründe der Steuermannskunſt.) Virgils Aen.
Geſ. 6, 255-753. in Hexametern überſetzt; ein Verſuch und eine Probe, nebſt einem Nachtrage zur 15-
ten Samml. Huſ. Schulſ. Daſ. (1793) 8. Huſ. Schulſ.
16 Samml. Voran: Ueber den Gehalt des erſten Ci-
ceronianiſchen Tuſculaniſchen Dialogs, in Beziehung
auf den Phädon des Plato; in Form eines Briefes
(nebſt einer Memorie auf den ſel. Conſ. Rath *Mayer*).
Daſ. 1793. 8. (Die philologiſche Abhandlung ſteht
auch im Schulmagazin B. 2. St. 2.) Einige Canzelreden, für nachdenkende Freunde des bibliſchen Chriſtenthums beſtimmt, erweitert und mit einigen Anmerkungen begleitet. Daſ. 1793. 8. De ratione, qua

éft critica philófophia ad interpretationem librorum
in primis facrorum (vor der 17 Samml. Huf. Schulf.)
Slesvici 1794. 8. (auch abgedruckt im neuen Schulmagazin 3, 2.)   Pr. orationis, qua in fchola faluta-
vit *Wolfrathum.*   Socratis laudes, quibus concludit
Xenophon Memorabilium opusculum cuilibet dofto-
ri chriftiaho feftandae proponuntur. ib. eod. 8. De
novo officia eruditorum tamquam peculiarem doftri-
nae morum partem fingulatim traftandi more in
univerfitatibus nonnullis litterariis nuper ufu recepto
acroafis. (vor der 18 Samml. Huf. Schulf.) ib. 1795.
8. — Aufserdem hat er *theils* einige kleine Auffätze
in die Schlesw. Holft. Prov. Ber. einrücken laffen, (namentlich: Einige Nachrichten über den Zuftand der
Manufafturen und Fai iken in der Stadt Hufum 1787.
H. 2.   Einige Nachrichten über den gegenwärtigen
Zuftand der Manufafturen und Fabriken in Friederichsftadt; H. 5. Proben des Manufafturfleifses im
nördlichen Theile des Herzogthums Schleswig 1792.
H. 3.) *theils* Bemerkungen über einzelne Stellen des
Tacitus Ann. l. 1. cap. 28. und de Germ. c. 12. 13.
im Schulmagazin B. 1. St. 2. mitgetheilt. (*Nach dem
Autographum.*)

(M.) FRANCKE (Joachim), *Doftor der A. G. und ausübender Arzt zu Schleswig* feit 1752, *auch königl. dänifcher Archiater* feit 1781; *geb. zu Wilfter den 25 Febr.*
1726. §§. D. inaug. praef. *G. E. Hambergero* (dem
Adelung fie beylegt) de calore et frigore corporis humani et de modo agendi medicamentorum refrige-

ran-

rantium et calefacientium. Jenae 1751. 4. Philofophifche Betrachtung der Arzeneykunde und des
Arztes. .... 1753. (ift wahrfcheinlich nicht verfchieden von der in *Wilhelm Heinfius* allgemeinem Bücher-
lexikon aufgeführten Schrift: Philofophifche Abbildung der Arzeneyerkenntnifs und des Arzeneyver-
ftändigen überhaupt betrachtet. Altona 1754. 8.)
Verfuch in phyfifchen Betrachtungen über die Urfache
und Entftehungsart des Erdbebens. Schlesw. 1756.
8. *(Nach dem Autographum.)*

FRIEDERICH CHRISTIAN, *Herzog zu Holftein-Sonder-
burg-Auguftenburg*, fucc. feinem Vater den 15 Nov.
1794; *geb. den 28 Nov. 1765.* §§. Rede, gehalten bey
Austheilung der jährl. akadem. Preife in Kopenhagen,
den 11 April 1795; in den Pröv. Ber. 1795. H. 4.

(N. 1.) FRIEDERICI (Ernft Ludewig), *Hofprediger auf
Glücksburg* in der Munkbrarupper Harde Amts Flensburg feit 1787, vorher Paftor zu Kahlebuy und Moldenit; *geb. zu Burg auf Fehmern* (wo fein Vater Georg
Ernft F. Kirchenprobft und Hauptpaftor war) *den
9 May 1751.* §§. *Empfehlung der Rechen- und
Schreibkunft, auch für Leibeigene. Hamb. 1782. 8.
(wird im *Meufel* einem von unferm Schriftfteller verfchiedenen E... L... *Friederici* beygelegt.) Pauli
Brief an die Römer, überfetzt. Daf. 1783. 8. *Nachricht von einer neuangelegten Induftriefchule im Flecken Glücksburg; in den Schl. Holft. Prov. Ber. 1793.
H. 5. Predigten am Pfingftfefte; auf höchftem Befehl zum Druck gegeben. Altona 1794. 8. Schul-

regle-

reglement für die vereinigte Lehr- und Arbeitsfchule in Glücksburg, nebft einer darauf fich beziehenden Predigt und Einweihungsrede. Flensb. 1795. 8. — In Göttingen, wo er von 1768 bis 1771 ftudirte, war er einer der erften Mitarbeiter der philologifchen Bibliothek, die unter *C. W. F. Walchs* Auficht 1770 ff. herauskam. *(Mitgetheilt.)*

FRIES (Heinrich Hanfen), *Doctor der A. G. und ausüben-der Arzt zu Flensburg feit* 1768; *geb. dafelbft den 27 März 1743.* §§. D. inaug. de caufa caloris in corpore animali. Halae 1766. 4. *(Mitgetheilt.)*

FRISE (Conrad Heinrich), *des Predigtamts Candidat zu Flensburg; geb. zu Hufum den 1 März 1763.* §§. *Er-zählungen, moralifchen und hiftorifchen Inhalts, aus dem Englifchen. Flensb. 1789. 8. * Die erfahrne Rathgeberinn, in einer Reihe von Briefen einer Mut-ter an ihre Töchter. Daf. 1792. 8. Anleitung zur vernünftigen Beurtheilnng und Benutzung trauriger Naturbegebenheiten. Eine Predigt über 1 Mof. 35, 3. bey Gelegenheit der eingeäfcherten königlichen Burg den 30 Märs 1794 zu Flensburg gehalten. Daf. 1794. 8. — Einige anonymifche Auffätze in verfchie-denen Journalen und Wochenblättern. *(Mitgetheilt.)*

FROELICH (F.. H.. W..), *Diakonus zu Grundhoff* in der Husbye-Harde Amts Flensburg feit 1794; *geb. auf Glücksburg den 25 Sept. 1769.* §§. Das Erntefeft. Ein Singfpiel in einem Aufzuge. Aus dem Dänifchen von *Thaarup*, nach der Mufik des Kapellmeifters *Schulz* überfetzt. Altona 1795. 8.

FUERSEN (Johann Nikolaus), *Bürgermeifter zu Eckern-*

förde; geb. zu *Schleswig den 10 Nov. 1757.* §§. Nachricht von dem Fortgange der in Eckernförde angeordneten Verbefferung des Armenwefens; in den Schl. Holft. Prov. Ber. 1793. H. 1. *(Revidirt.)*

(N. 5.) FUNK (Nikolaus), *zweyter Compaftor zu Altona* feit 1791, vorher feit 1790 Adjunct an derfelben Kirche und Nachmittagsprediger zu Ottenfen; *geb. zu Marne* (nicht: Morne) in Süderdithmarfchen *den 12 May 1767.* §§. Zwo Antrittspredigten, gehalten zu Altona und Ottenfen. Altona 1790. **8.** Predigt zum Andenken des fel. C. R. und Probften *Lange*, gehalten am zweyten Sonntage nach Epiph. Daf. 1791. **8.** Rede bey der Einweihung der neuen Armen- und Wayfenhausfchule in Altona gehalten. Daf. 1794. **8.** *(Rev.)*

GARMSEN (Johann Heinrich), *Doctor der A. G. und ausübender Arzt zu Tondern; geb. dafelbft den 21 Febr. 1722.* §§. D. inauguralis de ciborum concoctione in ventriculo. Hafn. 1764. **8.** — Vergl. *Worm* 3, 237.

GEHRT (Johann), *Doctor der A. G. und feit 1761 ausübender Arzt in Altona; geb. zu Wilfter den 30 Aug. 1737.* §§. D. inaugur. de nitro cubico, praefide *Rud. Auguft. Vogel.* Goett. 1760. 4. *(Mitgetheilt.)*

GERCKEN (Sebaftian Hinrich), *Licenciat der Rechte und zweyter Stadtfecretair in Altona; geb. zu Lübeck den 24 Iul. 1728.* §§. Difp. de juribus fidejufforis cambialis. Gieffae 1752. 4. *(Mitgetheilt.)*

(N. 1 u. 5.) GERSON (Jofeph), *Doctor der Medicin und Chirurgie, wie auch ausübender Arzt und Geburtshelfer,* von 1776 bis 1779 in Altona, wo er auch anatomi-

fche

ſche Vorleſungen gehalten hat, und ſeit 1779 *in Ham-*
burg, jüdiſcher Nation; geb. *zu Altona im Iunius 1756.*
§§. Hiſtoria febris putridae, ex dilacerata et relicta
poſt abortum in utero placenta ortae; in Coll. ſoc.
med. Hafn. Vol. 2. (1775.) Haemorrhagia vehe-
mens uteri foetus forcipe extractus; in *Tode's* medi-
ciniſch-chirurg. Bibl. B. 2. St. 2. S. 199 ff. . Partus
gemellorum larga haemorrhagia ſtipatus; daſ. B. 3.
St. 3. S. 211 ff. Sylloge obſervationum de partu la-
borioſo, diſſ. inaug. praeſide *Jo. Andr. Murray.* Goett.
1776. 4. Beobachtung bey einer Frau, die eine
Frucht in ihrer Muttertrompete drey Iahre und einige Monate getragen, welche durch den Hintern ent-
bunden worden, mit erläuternden Geſchichten und
Anmerkungeu. Hamb. 1784. 8. — Aus dem bey ſeiner Promotion herausgekommenen Programm von
J. A. Murray ſind einige biographiſche Nachrichten
von ihm aufgenommen in *Tode's* Bibl. B. 5. St. 1. S.
113. *(Mitgetheilt.)*

(M. u. N. 1. 5.) von GERSTENBERG (Heinrich — nicht:
Hans — Wilhelm), *privatiſirt* ſeit 1785 *in Altona,* war
zuerſt Dragonerlieutenant zu Schleswig, dann Rittmeiſter zu Kopenhagen, ſeit 1771 geheimer Confe-
renzſecretair daſelbſt, ſeit 1773 Committirter in der
Rentekammer daſelbſt und ſeit 1775 däniſcher Re-
ſident und Conſul zu Lübeck; *geb. zu Tondern den*
3 Ian. 1737. §§. Tändeleyen. Leipzig 1759. Verbeſſerte Auflage 1760. 8. 3te Aufl. 1765. 8. *Proſaiſche Gedichte. Altona 1759. 8. (*Worm*: Kopenh.
1770

1770 fcheint ein neuer Titel zu feyn.) *Kriegslieder eines königl. dänifchen Grenadiers bey Eröffnung des Feldzuges. (Altona) 1762. 12. *Handbuch für einen Reuter, von *Ole Madfen* (oder W. F. Graf von Schmettau I.) Reuter. Altona 1763. *Die Braut, eine Tragödie nach *Fr. Beaumont* und *J. Fletcher.* Nebft kritifchen und biographifchen Abhandlungen über die vier gröfsten Dichter des ältern Brittifchen Theaters und einem Schreiben an den Hrn. Kreis-fteuereinnehmer *Weiffe.* Kopenh. und Leipzig 1765. 8. *Briefe über Merkwürdigkeiten der Litteratur. 1fter Band in 3 Sammlungen. Schlesw. 1766. 1767. 8. Die 4te Sammlung führt den Titel: Ueber Merkwürdigkeiten der Litteratur; der Fortfetzung erftes Stück. Hamb. und Bremen 1770. 8. (Die Abhandlung über die fchlechte Einrichtung des Italienifchen Singgedichtes ift aus diefen Briefen auch in C. F. Cramers Magazin der Mufik — Iahrg. 2. St. 5 und 6. — abgedruckt.) *Gedichte eines Skalden. Kopenh. 1766. Ariadne auf Naxos; eine tragifche Cantate mit *Schlegels* Prokris und Kephalus, componirt von *Scheiben.* Daf. 1767. Fol. — mit Veränderungen aus einem Briefe des Verfaffers herausgegeben von *J. C. F. Bach.* Lemgo 1774. — mit neuen Veränderungen in *Reichards* Theaterjournal. (Italienifch überfetzt. Neapel 1782.) Ugolino, eine Tragödie in 5 Aufzügen. Hamb. und Bremen 1768. kl. 4. (Dänifch überfetzt von *J(ohann) H(ermann) M(ejer).* Kopenh. 1779. 8.) Minona oder die Angelfachfen, ein tra-

gifches Melodrama in 4 Acten. Hamb. 1785. *Zwey
Kammern im Staate? oder Eine? nach *Bolingbroke*
fyftematifch beantwortet von Jammerfried Wett-
ftein; im deutfchen Magazin 1792. Nov. *Die Theorie der Kategorien entwickelt und erläutert. Altona
1795. 8. *Ob die Accentuation der Ausfprache vom
Sylbenmaafse abhängen könne? im Genius der Zeit
Iun. 1795. — Hat auch hauptfächlich Antheil an der
Holfteinifchen Wochenfchrift, dem Hypochondri-
ften. Schlesw. 1763. Frankf. und Leipzig 1767.
Verbeff. Ausgabe. Hamb. und Schlesw. 1771. 2 Bände, und fchrieb ehedem auch Recenfionen für die
neue Hamburger Zeitung. — Seine Grazie ift franzö-
fifch nachgebildet von *Berquin* in deffen 1775 erfchienenen Gedichten. Ueberfetzungen einzelner Gedichte aber finden fich in den reviews, im Journal étran-
ger, in *Hubers* Choix Tom. 2, in *Bertola's* Idea della
bella letter. Alem. Tom. 1, fo wie Gratierne in *Birchs*
nye hiftorifk Magazin af Fortællinger. B. 2. St. 2. —
Sein Hymnus auf die Harmonie, componirt von *F.
L. A. Kunzen*, erfcheint bey *H. G. Nägeli* in Zürich.
— Sein Bildnifs vor dem Voffifchen Mufenalmanach
auf das Iahr 1777, (wo fich auch in verfchiedenen
Iahrgängen *Gedichte* von ihm finden), und vor dem
50 Band der neuen Bibl. der fchönen Wiffenfch. Vgl.
Worm 1, 347 und 3, 243. (*Revidirt.*) Von der ihm
hie und da beygelegten Ueberfetzung des *Beattie's* f.
von Rüdinger.

(M. u. N. 4. 5.) GEYSER (Samuel Gottfried), Bruder
des

des *Chriſtian Gottlieb G.* in *Meuſels* Künſtlerlexikon — *Doctor der Philoſophie* (ſeit 1765) *und Theologie, der letzten ordentlicher Profeſſor zu Kiel* ſeit 1777, *wie auch* Königl. Daniſcher Kirchenrath ſeit 1782, *würklicher Kirchenrath* ſeit 1789, vorher ſeit 1771 Profeſſor der morgenländiſchen Sprachen an dem Gymnaſium zu Reval und zuerſt Adjunct der philoſophiſchen Facultät zu Wittenberg; *geb. zu Görlitz den 12 Ian. 1740.*
§ §. Diſſertatt. tres de uſu patrum. Wittenb. 1765. 4. Pr. Poëtae Graeci antiquiores interpretis ſacrarum litterarúm magiſtri. ib. 1768. 4. Predigt vom weiſen Verhalten der Heiligen in Anſehung ihrer verborgenen Fehler. Leipzig 1769. 4. Progr. vom Patriotismus. Reval 1771. 4. Pr. von der Leichtigkeit des Patriotismus unter einer guten Regierung. Daſ. 1772. Pr. zu der Feyer des feſtlichen Tages, welcher dem Andenken des 1774 mit den Türken geſchloſſenen Friedens gewidmet iſt. Daſ. 1775. 4. Pr. von der Theilnahme des Staats an der öffentlichen Erziehung. Daſ. 1775. 4. Pr. von der Nothwendigkeit, den öffentlichen Schulunterricht den Bedürfniſſen und dem Geſchmack der jedesmaligen Zeiten anzupaſſen. Daſ. 1776. 4. * Zweifel bey der gewöhnlichen Ueberſetzung und Erklärung einiger Stellen in den Pſalmen; im 2ten Bande der Cramerſchen Beyträge (1778). Progr. Paſchale: Diſputantur nonnulla univerſe de dubitationibus contra hiſtoriam reditus J. C. ad vitam allatis. Kil. 1778. 4. Aphorismi ethici in uſum ſcholarum ſuarum ſcripti. ibid.

I 4 1789.

1789. 8. (wird im Bremer Schulmag. 2, 1, 212 — mirabile dictu! — zu den *Chrestomastbien* gerechnet.) — Recenfionen in den novis Actis Eruditorum, *J. A. Ernesti's* theologifcher Bibliothek, und den Hallifchen gelehrten Zeitungen. — Vergl. *Gadebufcb* im 1ften Th. feiner Liefländifchen Bibliothek und *J. C. Veltbufeus* Programm zur Doctorpromotion: annotationum philologicarum et exegeticarum ad Ief. 63, 1 - 6. fafcic. 2. Kil. 1777. 4. *(Revidirt.)* Sein von *Oefer* gezeichnetes Bild wird fein Bruder in Kupfer ftechen.

(N. 5.) GISEKE (Ludwig), Sohn des Nikolas Dietrich G. im *Adelung* und Bruder des Ernft Johann Ludwig Otto G. im *Meufel — Herzogl. Braunfcbweig-Beverifcber Ratb zu Glücksburg* feit 1794 (vorher Secretair zu Meisdorf); *geb. zu Quedlinburg* (nicht: Hamburg) *den 21 Iul. 1756.* §§. Seine litterarifchen Arbeiten find meiftens in Journalen zerftreut und zum Theil ohne feinen Namen erfchienen in: Allerneuefte Mannigfaltigkeiten, von den Iahren 1783 und 1784. Deutfches Mufeum, von den I. 1785 bis 1788. Göttingfche Blumenlefe, von den I. 1786 bis 1790. Neuer deutfcher Mercur, von den I. 1790 und 1791. Deutfches Magazin, von den I. 1791 und 1792. Braunfchweigifches Magazin, von den I. 1791 bis 1793. — Gab mit feinem Bruder heraus: *Gemälde ländlicher Glückfeligkeit. Von zwey Brüdern* (unter der Dedication haben fie fich genannt). Leipzig 1791. 8. (Den Anfang einer fchwedifchen Ueberfetzung liefs

Gjör-

Gjörwell beforgen.) — Erzählungen aus dem Men-
fchenleben, dem Thierreich und der Ideenwelt. Daf.
1794. 8. mit einem Kupf. (*Nach dem Autographum.*)

GLASEMEYER (Nikolaus Hinrich), *Paſtor zu Breiten-*
burg in der Herrfchaft gleichen Namens, Probſtéy
Münſterdorf; *geb. zu Kellingbufen* Amts Rendsburg
1731. §§. Eine Trauerrede zu Iena..... Eine Rede
bey der Hinrichtung einer Mordbrennerinn ......
(*Mitgetheilt.*)

von GOESSEL (Friederich Chriſtian), *Königl. Däniſcher*
Kammerberr und Conferenzrath in Schleswig, welchen
Ort er Oſtern 1796 mit *Kiel* vertaufchen wird; wár
vorher aufserordentlicher Gefandter am türkifchen
Hofe, nachdem er in auswärtigen Angelegenheiten
feines Hofes in Berlin, Madrid und Venedig als Lega-
tionsfecretair, chargé des affaires und Legationsrath
gedient hatte; *geb. zu Schleswig den 3 Auguſt 1722.* §§.
*Freymüthige Gedanken über Patriotismus oder Va-
terlandsliebe, von einem Weltbeobachter. Schlesw.
und Kiel 1787. 8. Sendfchreiben an Hrn. B. D. R.,
die Schädlichkeit nächtlicher Privatfchmaufereyen
betreffend. Daf. 1794. 8. (*Nach dem Autographum.*)

(N. 3. 4. 5.) GOSCH (Jofias Ludwig), *privatifirt* feit
1794 *zu Hamburg*, lebte vorhin zu Kopenhagen, Leipzig und Weimar; *geb. zu Preetz den 12 Ian. 1765.* §§.
Entwurf eines Plans zu einem vollſtändigen Syſtem
der fämtlichen, einem Staatswirthe nothwendigen
Wiffenfchaften; zur Erläuterung verbunden mit einer Entwiklung einiger der erſten Gegenſtände der

I 5   Staats-

Staatswirthſchaft. Kopenh. 1787. 8. Philoſophi-
ſche Aphorismen über die Staatswirthſchaft. Daſ.
1789. 8.* Fragmente über den Ideenumlauf. Daſ.
1789. 8. Menſchenlehre für den Weltbürger und
Staatsmann. 1ſter Band. Daſ. 1789. 8. (fehlt im Repert.) Der Geiſt der Menſchenkenntniſſe und Staats-
weisheit. 1ſten B. 1ſtes St. Sept. 1790. Berlin. 8.
Geſpräch über den Ausſpruch des Plato, daß die Welt
nicht eher glücklich werden kann, bis die Regenten
Philoſophen oder die Philoſophen Regenten werden;
nebſt einer Nachricht von verſchiedenen herauszu-
gebenden Schriften. Kopenh. 1791. 8. *Bibliothek
der Charitinnen. 1ſter B. mit Kupf. Gotha 1792.
12. 2ter B. 1794. *Politiſch- ſtatiſtiſch- mercan-
tiliſches Muſeum, oder Beyträge zur Aufklärung in
der Staatswiſſenſchaft und zur Leitung der kaufmänniſchen Speculation. 1ſter Band. Erfurt 1794. 8.—
Die von ihm in der Oſtermeſſe 1795 *anonymiſch* angekündigte Ueberſetzung: Die Ritter vom weißen
Schwan, oder der Hof Carls des Großen. Eine hiſtoriſche Erzählung. Aus dem Franzöſiſchen der Gräfin von *Genlis*. 3 Bände. Hamb. 8. erſcheint Oſtern
1796. (Revidirt.)

GRANGAARD (Paul Hanſen), *Paſtor zu Schobüll* Amts
Huſum; *geb. zu Wisbye*, einer Gemeine des Gutes
Tröyborg unter der Inſpection des Biſchofs zu Ripen
im Herzogthum Schleswig bey Tondern, *den 25 März
1764*. §§. Verſuch einer metriſchen Ueberſetzung
des Propheten Jonas. Flensb. 1792. 8. (Revidirt.)

GRAUER

GRAUER (Hieronymus), *Prediger zu Ries* Amts Apenrade feit 1795; *geb. zu Jordkirch* deſſelben Amts *den*
.....177.. §§. *Einige Nachrichten von den in
den Aemtern Tondern und Apenrade verfertigten
Tüchern; in den Schlesw. Holſt. Prov. Ber. 1792.
H. 5.

GREIF (Georg Hinrich), *Diakonus an der St. Nikolaikirche in Flensburg* feit 1782, vorher feit 1762 Diakonus zu Büfum in Norderdithmarſchen; *geb. zu Heide
den 2 Iun. 1734*. §§. Aufſer einigen *Gedichten*, die zu
verſchiedenen Zeiten und bey verſchiedenen Gelegenheiten einzeln dem Druck übergeben wurden: über
die Vollkommenheit der Zahl (9), wozu *Fontenellens*
und von *Mairans* Bemerkungen Anlaſſ gaben; in der
Leipziger gelehrten Zeitung 1765. N. 53. Die Freunde, nicht die Feinde Iefu find die beſten Zeugen feiner Auferſtehung. Eine Predigt über Apoſtelg. 10,
34-41. zu Büfum am andern Oſtertage 1766 gehalten; in der zu Heide 1779 herausgekommenen Sammlung von Predigten und Reden, welche von öffentlichen Lehrern im Herzogthum Schleswig und Holſtein gehalten worden. Zwey Predigten: von den
Gerechten, die es gut haben, und: von dem Zuna-
hen Gottes zu dem, der fich zu ihm naht. Flensb.
1777. 8. Eine Wahlpredigt, zu Tönning 1780 gehalten. ..... Eine Copulationsrede bey der Verehli-
gung des Flensburger Kaufmanns Joſias Lorck. .....
— Leichenpredigten und Parentationen bey Sterb-
fällen in Flensburg. (*Nach dem Autographum.*)

(N.

(N. 2-4.) GREVE (Peter), *Paſtor zu Friederichsort* im däniſchen Walde ſeit 1769; geb. *zu Ueterſen den* .... *1732*. §§. Exercitationes ſacrae (ſex). Flensb. 1784. 8. Die Gröſse und Herrlichkeit Gottes in ſeiner Vorſehung und Regierung der Welt überhaupt, und der Kirche Chriſti insbeſondere. Daſ. 1787. 8. *(Sollte nicht revidirt werden.)*

GROENLAND (Peter), *Canzeleyſecretair in der deutſchen Canzeley zu Kopenhagen; geb. zu Wilſter den 15 Octob. 1761.* §§. *Melodien zu Liedern mit oder ohne Begleitung des Claviers zu ſingen. 1ſtes Heft. Kopenh. und Leipz. 1791. gr. 8. Akademiſches Liederbuch, in Muſik geſetzt. 2ter Th. Altona und Leipz. 1795. Fol. — Verſchiedene kleine Melodien im deutſchen Magazin. — Mitarbeiter an: Studien für Tonkünſtler und Muſikfreunde, herausgegeben von *Kunzen* und *Reichardt*. *(Revidirt.)*

(M. u. N. 2. 3. 5.) GROT (Joachim Chriſtian), *Paſtor bey der evangeliſch-lutheriſchen Gemeine auf Waſiley-Oſtrow zu St. Petersburg; geb. zu Plön den* ......174.. §§. Kanzelrede von der Rechtmäſsigkeit der Blattereinimpfung aus allgemeinen Gründen. An dem jährlichen Dankfeſt wegen der Wiederherſtellung Katharina II. und Paul Petrowitſch den 21 Nov. 1769 gehalten. Mietau. 8. Zwote Kanzelr. von der Rechtmäſsigk. der Blattereinimpfung aus beſondern Gründen. — 1770 gehalten. Daſ. 8. Dritte Kanzelr. von der Rechtm. der Blattereinimpf. in Anſehung der Pflichten gegen Gott. — 1771 gehalten. Reval. 8.

Bey-

Beytrag zur Geſchichte der evangeliſch-lutheriſchen
Kirchen in Rußland, nebſt einigen Erbauungsreden,
welche die Aufrichtung der Katharinenkirche veranlaſſt hat. Mietau 1772. 8. Geſangbuch für die lu-
theriſche Gemeine zu St. Petersburg. 1773. Betrachtung über die göttlichen Gerichte in einigen Erbauungsreden, welche durch die in der Stadt Moſcau
ausgebreitete Peſt veranlaſſt wurden. Leipzig 1774.
8. Predigt von der Vermeſſenheit des Unglaubens,
nebſt einer ruſſiſchen Ueberſetzung (von *Er. Rich-
mann*). Petersb. 1779. 8. Nachricht von einer neuen
Einrichtung der Katharinenſchule in der zweyten
Linie auf Waſiley-Oſtrow; im Petersb. Journal. ....
(auch einzeln? — *ruſſiſch* in einer zweyten Auflage.
Petersb. 1780. 4.) Einrichtung einer in Petersburg
für Sterbefälle geſtifteten Geſellſchaft. Zweyte Aufl.
Petersb. 1779. 4. Petersburgiſche Kanzelvorträge.
1ſter Theil. Leipz. 1781. gr. 8. (enthält, außer den
drey einzeln gedruckten Kanzelreden von der Rechtmäßigkeit der Blattereinimpfung, noch *acht* ſpäter
gehaltene Predigten über eben dieſen Gegenſtand, ſo
daſs die im *Meuſel* aufgeführten „Kanzelreden über
die Blattereinimpfung, *Zwey* Th." gar nicht zu exiſti-
ren ſcheinen.) 2ter Th. 1782. (auch unter dem Titel: Kanzelvorträge über Religionslehren, die nach
den Bedürfniſſen der Zeit und der Umſtände ausge-
wählt ſind.) Rede, die bey der am 3 Iun. 1780 vorgenommenen Prüfung der Katharinenſchule und bey
der Niederlegung des Amts ihrer Lehrer gehalten

wur-

wurde. Reval. 4. Von der Pflicht, über die Wege der Vorsehung nachzudenken; Kanzelvortrag bey dem Leichenbegängnisse des Hrn. E. L. Stein, Doctor der A. G., über Jer. 10, 3. Petersb. 1790 8. Beytrag zur Beförderung der Gottesverehrung und guter Gesinnungen in Religionsliedern. Königsb. 1793. gr. 8. Fürchterliche Folgen der missverstandenen Volksfreyheit. Predigt am 3ten Sonnt. nach Ostern 1794, über die Epistel 1 Petri 2, 11-20. Petersb. 1794. gr. 8. (*Konnte* nicht revidirt werden.)

(N. 2. 4. 5.) GRUENING (Andreas), *Schulhalter in Hamburg* seit 1792, vorher in Altona; *geb. auf Selkmühle Kirchspiels Haddebye Amts Gottorff den 28 Sept. 1756.* §§. Versuch eines Unterrichts in den 4 Species für Kinder. Altona 1782. 8. 4te Auflage. Das. 1792. Vermehrte Aufl. 1795. Rechenbuch für Kinder, zum Gebrauch in Schulen. Altona 1783. 8. 2te Aufl. 1784. 3te Aufl. 1791. Reductionstabellen der Banco-Noten zu Courant. Das. 1786. Fibel und Anleitung zum Gebrauch der Grüningschen Fibel, nebst einem kleinen Entwurf einer Schulordnung. Hamb. 1789. 8. — Gewann einen Preis über ...... welche Arbeit aber nicht als Preisschrift, sondern als eine Anweisung für Schullehrer, wie selbige zweckmäßig Unterricht in der Religion, Lesen, Schreiben und Rechnen für den künftigen Handwerker geben können, erscheinen wird. (*Revidirt.*)

GRUENING (Nikolaus), Bruder des vorigen — *Schulhalter zu Hamburg; geb. zu Husum 1765.* §§. Wahre Dar-

Darſtellung des Vorgangs in Betref Asmus Hanſens
und ſeines Sohns. Hamb. 1793. 8. *(Mitgetheilt.)*

GUELDENZOPFF (Johann Peter), *Doctor der A. G. und
ausübender Arzt in Altona; geb. zu Neſt im Mecklenburgiſchen im Dec. 1732.* §§. D. inaug. de electione
venarum ſub ſanguinis ventilatione ſubinde neceſſaria praeſ. *G. C. Detharding.* Bützov. 1765. 4. *(Mitgetheilt.)*

GUNDELACH (Johann Daniel), *Paſtor zu Petersdorf* auf
Fehmern ſeit 1782, vorher ſeit 1764 Diakonus daſelbſt; *geb. zu Plön 1739.* §§. Die Vortheile langwie-
riger Krankheiten. Eine Standrede, in Iena gehalten
den 27 Iul. 1759. Iena 1759. 4. Die moraliſche
Vergleichung nach dem Muſter Plutarchs. Daſ. 1760.
4. *(Mitgetheilt.)*

HAELSEN (Johann Andreas), *Paſtor zu Bergenhuſen* in
der Landſchaft Stapelholm ſeit 1769, vorher ſeit
1753 zuerſt Cantor und Schulcolleg, dann Conrector
an der Domſchule in Schleswig; *geb. zu .... im Brandenburgiſchen den .... 17...* §§. Exercitatio de eo,
an polygamia patrum V. T. fuerit licita? Slesvici
1758. 4. Vergl. *Boltens* Beſchreibung von Stapelholm. S. 381.

BARON VON HAGER (Johann Wilhelm Friedrich), aus
dem Hauſe Altenſtaig, *königl. däniſcher Inſtitzrath in
Altona; geb. zu Laubach bey Wetzlar den 29 Ian. 1728.*
§§. Kurzgefaſster Unterricht von dem Holzbau, als
dem einzigen Mittel, dem einreiſenden Holzmangel
in Zeiten vorzubeugen. Kopenh. 1763. 8. — Beſorgte
                                                      die

die Flensburgifchen Addrefscomtoir-Nachrichten der
Iahre 1766 bis 1770 und die Altonaifchen Addref-
comtoir-Nachrichten vom Oct. 1773 bis zum Schluffe vom erften Quartal 1793, wo fie C. F. Kifs über-
nahm. (*Mitgetheilt.*)

HAGGE (....), *Schulmeifter zu Seeth*, Kirchfpiels Süderftapel in der Landfchaft Stapelholm; *geb. zu .... den*
.... 17... §§. *Gedanken über die Feldmäufe und
ihre Verheerungen in der Landfchaft Stapelholm; in
den Schlesw. Holft. Prov. Ber. 1788. H. 5.

VON HAHN (Friederich), *Mecklenburgifcher Erblandmar-
fchall, Ritter des Dannebrogorden* (feit 1783), *Erbherr
auf Remplin, Bafedow u. f. w., zu Remplin bey der Stadt
Malchin im Mecklenburgifchen; geb. auf Neuhaus* (?), einem adel.Gute im Oldenburger Diftrict Wagriens, *den*
...... 17... §§. Mehrere (?) Abhandlungen in *Bode's* Aftronomifchem Iahrbuche, z. E. über die Strei-
fen des Iupiters und deren Veränderung; im aftron.
Iahrb. für 1794. ......

HANKE (Carl); *geb. zu Roswalde* in Mähren *1750, gegenwärtig in Flensburg*, wohin er 1792 von Schleswig
unter vortheilhaftern Bedingungen berufen wurde,
um dort nach und nach die Mufik mehr in Aufnahme zu bringen und zugleich auf königlichem Befehl
eine Singfchule anzulegen, wozu die Stadt arme Kinder beyderley Gefchlechts für ihre Rechnung gibt.
Er ift Verfaffer einiger mufikalifchen und dramati-
fchen Auffätze in periodifchen Schriften, wo auch
einzelne Lieder von ihm vorkommen; hat das Singfpiel

ſpiel Robert und Hannchen, die Geſänge und Chöre
zum luſtigen Tag oder der Hochzeit des Figaro, drucken laſſen; ferner Geſänge beym Clavier für Kenner und Liebhaber. Th. 1. 2. 1790. Th. 3. 4. (welche die durch die Vermählung des Kronprinzen ver-
anlaſsten Geſänge und Lieder enthalten) 1791. Seinen muſikaliſchen Vorrath, ſo wie die Anfangsgründe ſeiner Singſchule, will er auch nach und nach herausgeben. (*Autographum.*)—Hat 1795 angekündigt:
Geſänge und Lieder einheimiſcher Dichter für Kenner und Liebhaber, 2 Theile in Queerfol.

HANSEN (Detlef Nikolai), *Probſt ſeit* 1792 *und Hauptpaſtor an der Domkirche in Schleswig* ſeit 1778, vorher
ſeit 1762 Diakonus daſelbſt; *geb. daſelbſt den 29 Iun.
1736.* §§. Rede in Gegenwart des Kronprinzen und
der Kronprinzeſſin am Tage nach ihrer Vermählung
gehalten in der Domkirche zu Schleswig. Schlesw.
1790. (*Revidirt.*)

HANSEN (Hans Chriſtopher), *Paſtor zu Hol/ingſtedt* in
der Arensharde Amts Gottorff ſeit 1795, vorher ſeit
1789 Conrector zu Glückſtadt und ſeit 1784 Katechet am Kieliſchen Schulmeiſterſeminarium; *geb. zu
Straxdorf in Angeln den 13 May 1764.* §§. Pr. Warum iſt es nicht rathſam, Iünglinge, welche man den
Wiſſenſchaften gewidmet hat, vor ihrem zwanzig-
ſten Iahre nach der Akademie zu ſchicken? Glückſt.
1792. 4. Pr. Empfehlung der gemeinnützigen
Kenntniſſe, worin die älteſten Quartaner der hieſigen
Stadtſchule nach *Fried. Conr. Langens* Leſebuch Unter-

K   richt

richt erhalten. Daſ. 1794. 4. (*Revidirt.*) — Arbeitet an einer griechiſchen Grammatik und an einer chreſtomathia τῶν ό.

VON HARBOE (Chriſtine), *geborne Falſen, Rittmeiſterinn zu Hadersleben;* geb. *daſelbſt* (?) *176.* (?). §§. Iuliane, oder die Belohnung der Tugend; ein Luſtſpiel in 5 Aufzügen. .... Allzuviel an einem Tage; ein Luſtſpiel in 2 Aufzügen. ..... Moraliſches Allerley. ..... — Dieſe Schriften ſind zu Anfang des vorigen Decennius (höchſt wahrſcheinlich, mit Ausnahme der moral. Allerley, *anonymiſch*) erſchienen. (*Mitgetheilt.*)

HARGENS (Chriſtian Friedrich), Sohn des folgenden — *Doctor der A. G., ausübender Arzt und Privatdocent zu Kiel* ſeit 1793, auch ſeit 1794 actives Mitglied der Geſellſchaft correſpondirender Aerzte zu Iena; geb. *zu Eutin den 8 Febr. 1773.* §§. D. inaug. exhibens eorum, quae in partu difficili et praeternaturali ſub ipſam partus periodum peragenda ſunt, ſciagraphiam ſyſtematicam. Kil. 1793. 8.— Anonymiſcher Verfaſſer und Ueberſetzer mehrerer Aufſätze in C. *W. Hufelands* Aufklärungen für die Arzeneykunde und Annalen der franzöſiſchen Arzeneykunde. — Arbeitet an einer Ueberſetzung von Underwood's Werk: On the diſeaſes of children. (Ed. 2. 1790. 8. 2 Vols.) mit erläuternden Zuſätzen und praktiſchen Anmerkungen. — V. rd Antheil nehmen an *Hufelands* Journal für die praktiſche Arzeneykunde und Wundarzneykunſt. (*Revidirt.*)

HARGENS (Wolf Marquard Friedrich), *Doctor der A. G.,*

G., *auch Stadt- und Stiftsphyſikus zu Eutin* ſeit 1765,
vorher Privatdocent zu Kiel; *geb. zu Preetz den 28*
May 1732. §§. D. inaug. de hydrope pectoris, praeſ.
R. A. Vogel. Goett. 1763. 4. (*Revidirt.*)

(N. 5.) HARRIES (Heinrich), *Paſtor zu Brügge* Amts
Bordesholm ſeit 1794, vorher ſeit 1790 Paſtor zu
Sieverſtedt in der Uggelharde Amts Flensburg; *geb.*
zu Flensburg den 9 Sept. 1762. §§. *Weihnachtsbüch-
lein für die Iugend. Flensb. 1791. 12. Der fromme
Seefahrer. Ein Handbuch zur vernünftigen Erbauung
und nützlichen Unterhaltung. Daſ. 1792. 8. (Auch
däniſch überſetzt; vergl. *Overbeck.*) Der May, ein
Hirtengeſang vom *Ramler,* in Muſik geſetzt. Altona
1793. 4. Proben aus einer neuen Ueberſetzung der
Thomſonſchen Iahrszeiten in Iamben; im Genius
der Zeit May, Iun. und Aug. 1794. (Das Ganze wird
mit vorangeſetzter Biographie und angehängten erklärenden Anmerkungen, auch mit Kupfern, Oſtern
1796 erſcheinen.) — Antheil an dem Flensburgiſchen
Wochenblatte für Iedermann, welches ſeit 1789 exi-
ſtirt und eine Zeitlang von ihm ganz allein herausgegeben wurde. (*Revidirt.*)

HARTMANN (Ernſt Chriſtian), *Doctor der A. G. und*
Phyſikus in der Stadt und dem Amte Hadersleben; *geb. zu*
Eisleben (auf eben dem Zimmer, wo Luther 1546
ſtarb) *den 8 Iun. 1729.* §§. D. inaug. de purpura puer-
perarum ſymptomico ex uteri inflammatione. Halae
175. (?). — (*Mitgetheilt.*)

HARTZ (Johann Tycho), *Compaſtor zu Tönningen* im

Oſter-

Ostertheil der Landschaft Eiderstedt seit 1784; *geb.* *zu Neuenkirchen* in der Kremper Marsch *den 21 Iul. 1756.* §§. Predigten zur Beförderung christlicher Gesinnungen, zum Theil in Beziehung auf Mitbürger des Vaterlandes unter der glücklichen dänischen Regierung. Flensb. und Leipz. 1794. gr. 8. Patriotische Wünsche, die Katechetik betreffend; in den Prov. Ber. 1795. H. 6. (*Revidirt.*)

HASE (Johann Otto), *Oberförster zu Eutin* seit 1788; *geb. zu Schwarzenbeck* im Herzogthum Lauenburg *den 25 März 1759.* §§. Preisschrift über die Vortheile und Nachtheile des Kappens der Bäume, auf Veranlassung der Hamburg. Gesellschaft zur Beförderung der Künste und nützlichen Gewerbe; im 2ten Th. der Schriften dieser Gesellschaft. Beantwortung der Hauptgesichtspuncte vorstehender Preisfrage. Hamb. 1793. 8. wurde besonders gedruckt. (*Mitgetheilt.*) Ueber die Hauptmängel des Holsteinischen Forstwesens; in den Prov. Ber. 1795. H. 3.

HASSE (Heinrich Theophilus Christian), *Doctor der Rechte und Amtsverwalter in der Graffschaft Ranzau, auch königl. dänischer Legationsrath, wohnt zu Ranzau; geb. zu Barkau* Amts Kiel *den 13 Iul. 1748.* §§. Delineatio tabellaria sistens convenientiam et disconvenientiam iuris successionis ab intestato, vulgo Erbgangsrecht, secundum ius civile, Lubecense civicum, Danicum, Iutiae meridionale, nec non ius provinciale Eiderostadiense et Nordstrandicum. .... 1779. 4. De separatione liberorum. .... De processu concursus. ....

∴.. (*Mitgetheilt.*) Vergl. *N. H. Schwarze* Nachrichten von Kiel, durchgesehen von *J. H. Fehse.* S. 403.

HASSELMANN (Carl Friedrich), Sohn des 1784 verstorbenen Grosfürstl. Generalsuperintendenten, Consistorialraths, Probsten und Hauptpastors in Neumünster, *Friedr. Franz II.* Vergl. *Scholz's* Entwurf einer Kirchengeschichte des Herzogthums Holstein S. 282. — *Pastor zu Rahlstedt* Amts Trittau seit 1778, vorher seit 1767 Archidiakonus zu Neumünster und seit 1766 Diakonus zu Oldenburg; *geb. zu Neumünster 174..* §§. Klagen und Empfindungen der zärtlichen Freundschaft. Helmst. 1764. 4. Kurze historische Beschreibung der Feyerlichkeiten, mit welchen die Katharinenkirche zu Grossen-Aspe in Holstein am 27 Febr. 1772 eingeweihet worden, nebst der Einweihungsrede des Generalsuperintendenten *Hasselmann* und der ersten Predigt des Pastor *Scheek.* Zum Druck übergeben. 4.

HASSELMANN (Zacharias), Bruder des vorigen — *Cammerrath und Amtsverwalter in Plön* seit 1792, vorher seit 1786 Landvogt auf Helgoland, zuerst supernumerärer Canzeley- und Regierungssecretair in Glückstadt; *geb. zu Neumünster den 22 Febr.* 1758. §§. *Nachricht von den Tuchmachern in Neumünster; in den Schl. Holst. Prov. Ber. 1787. H. 1. Versuch einer Beschreibung der Insel Helgoland, mit vier Fortsetzungen; das. 1790. H. 1. 3. 1791. H. 5. 6. 1792. H. 1. (*Revidirt.*)

(N. 5.) VON HEDEMANN (Hartwig Johann Christoph), geb.

geb. zu *Schleswig den* 24 Octob. 1756. Seit 1772 in *Hannöverischen Dienften,* da er bey dem 4ten Inf. Reg. Fähndrich und Lieutenant ward. Anfangs 1793 ward er Oberadjutant bey dem Gen. Major v. Muhlius und als diefer im May zu Vilvoorden bey Brüffel ftarb, kam er in diefer Function bey dem Feldmarfchall von Freytag. Er wohnte allen Affairen in diefen Feldzügen bey, bey denen das Hannover. Lager war, bis zum 6 Sept., da er bey Wormhout bleffirt wurde. Den 7 Octob. ward er *Hauptmann und* kam Anfangs des Iahrs 1794 als *Cavalier bey dem Prinzen Adolph von Grofsbritannien,* in welchem Poften er die folgenden Campagnen machte und noch fteht. §§. *Auffätze, Skizzen und Fragmente, dem befondern Publikum gewidmet. Hamb. 1787. 8. *Ueber die Freyheit; ein Zuruf an deutfche Fürften und an deutfches Volk. Altona 1790. 8. Die grofse Revolution; eine Poffe in einem Aufzuge. Hamb. 1791. 8. Karl von Elendsheim, oder Sinnlichkeit und Philofophie. Schlesw. und Leipz. 1792. 8. 2ter Theil 1793. — Einige in Journalen und vorzüglich im Journal aller Journale befindliche Auffätze und Gedichte. (*Nach dem Autographum, oder nach einem von anderer Hand mitgetheilten Auffatze?*)

HEGELUND (Johann Marquard), *Compaftor an der Garnifonskirche in Rendsburg,* vorher Rector zu Friederichsftadt; *geb. dafelbft* 175.. §§. Antrittspredigt in Rendsburg. 1792. 8. (*Mitgetheilt.*)

(M. u. N. 1. 2. 4. 5.) HEGEWISCH (Diederich Hermann),

mann), *Doctor der Philosophie und ordentlicher Professor
derselben zu Kiel seit 1782, vorher seit 1780 ausser-
ordentlicher Professor* daselbst, vor diesem zuerst Hofmeister der Seylerschen Kinder im Andreäschen Hause zu Hannover (vergl. Nekrolog auf 1793. B. 1. S.
166), dann Privatsecretair bey dem sel. Schatzmei-
ster, Grafen von Schimmelmann und königl. dänischer Legationssecretair zu Hamburg; *geb. zu Quaken-
brügge* im Stift Osnabrück *den* 15 *Dec.* 1746. §§.
* Versuch einer Geschichte Kaiser Karls des Großen.
Leipz. 1777, gr. 8. (Die neue Auflage oder vielmehr
Umarbeitung, bey welcher er sich genannt hat, führt
den Titel: Geschichte der Regierung Kaiser Karls des
Großen. Hamb. 1791. gr. 8.) * Geschichte der Frän-
kischen Monarchie von dem Tode Karls des Großen
bis zu dem Abgange der Karolinger. Hamb. und Kiel
1779. gr. 8. Geschichte der Deutschen von Konrad
dem Ersten bis zu dem Tode Heinrichs des Zweyten.
Das. 1781. gr. 8. Geschichte der Regierung Kaiser
Maximilians des Ersten. 2 Theile. Das. 1782. 1783.
gr. 8. Ueber die gegenseitigen Pflichten verschiedener unter einem Oberhaupt vereinigten Nationen,
beym Schlusse eines Collegiums über die vaterländi-
sche Geschichte. Altona 1784. 8. Kleine Schriften.
Flensb. und Leipz. 1786. 8. Charaktere und Sit-
tengemälde aus der teuschen Geschichte des Mittel-
alters, mit Nachrichten, die den Aufzeichner betreffen. Erste Sammlung. Das. 1786. 8. Ueber die ver-
meintlichen seeräuberischen Unternehmungen der so-

ge-

genannten Normänner oder Danen gegen die Franzofen im 9ten und 13ten Jahrh.; im deutſchen gemeinnützigen Magazin (1788) 1ſten Jahrg. 1ſtes Viertelj., vergl. 3tes Viertelj. S. 352. (auch in der 1793
erſchienenen Sammlung wieder abgedruckt.) Die
Zeit wird kommen, oder der nordiſche Prophet im
Gildehauſe zu Bergen 1082; daſ. 2tes Viertelj. Allgemeine Ueberſicht der teutſchen Culturgeſchichte
bis zu Maximilian dem Erſten; ein Anhang zur Geſchichte dieſes Kaiſers. Hamb. 1788. gr. 8. *Das
Seerohr oder die Erfindung der Ferngläſer. Ein Gedicht. *Klopſtocken* gewidmet. Altona 1788. 4. (fehlt
im Repertor.) Hiſtoriſche Merkwürdigkeiten, die
Parlamente in Frankreich betreffend; in der Berlin.
Monatsſchrift 1788. Dec. 1789. Ian. (auch in der
angeführten Sammlung.) Ueber den ſchriftſtelleri-
ſchen Charakter des Tacitus; daſ. 1789. Iul. Ueber
die Toleranz; aus dem Braunſchweigiſchen Journal
beſonders abgedruckt. Braunſchw. 1789. 8. Ueber
die Einführung der chriſtlichen Religion in Schweden; im deutſchen gemeinnützigen Magazin (1789)
Iahrg. 2. St. 2. *Ueber den litterariſchen Charakter Friedrichs II. und einiger ſeiner Werke; im neuen
deutſchen Muſeum 1789. St. 3. 5. und 1790. St. 1.
Ueber ein Athenienſiſches Pſephiſma oder Volksde-
cret, gewiſſe Verbindungen mit den Sidoniern betreffend; in der Berliner Monatsſchrift 1791. St. 2. (auch
in der Sammlung.) *Arnold von Breſcia vor Gericht und auf dem Scheiterhaufen; daſ. St. 6. *Ueber

ber die Alexias der Anna Comnena; daſ. St. 11. Auszüge aus den Debatten der Französischen National-
verſammlung über die Einführung der Geſchwornen;
im deutſchen Magazin 1791. März und Iũl. (auch in
der Sammlung.) Das Lied vom heiligen Anno mit
einer Ueberſetzung und Anmerkungen; daſ. May, Iul.
und Octob. Ueber den richtigen Begrif vom Gelde,
über die Wichtigkeit des Geldes in Abſicht auf Na-
tionalreichthum und über die Schwierigkeit, in Ländern, wo der ſchwere Münzfuſs üblich iſt, den leichten einzuführen; daſ. 1792. Iun. (auch in der Sammlung.) Schreiben an Hrn. Prof. *Büſch* über die Möglichkeit eines allgemeinen Münzfuſſes; daſ. Octob.
(auch in der Sammlung und in der Handlungsbiblio-
thek. B. 2.) *Betrachtungen über den Einfluſs der
deutſchen Staatsverfaſſung auf das Nationalglück der
Deutſchen, in Beziehung auf 2 Aufſätze von *Mirabeau* und *Wieland*; in der Berl. Monatsſchrift 1792.
May. *Ueber die Pflicht der Ergebung in Zeiten,
wenn die Wahrheit verfolgt wird. Eine Predigt
über 2 Tim. 4, 17. gehalten in England unter König
Jakob II; daſ. May. Welche von den Europäiſchen
Nationen hat das Mercantilſyſtem zuerſt vollſtändig
in Ausübung gebracht? daſ. Octob. Die zwey Han-
delsſpeculanten. Ein Pendant zu der Diderotſchen
Erzählung: Jakob und ſein Herr; daſ. 1793. April.
*Ueberſicht der verſchiedenen Meynungen über die
wahren Quellen des allgemeinen Staatsrechts; daſ.
Iul. Syſtem des Sir *Will. Jones* über die älteſte per-

ſiſche

fifche Staats- und Religionsgefchichte; daf. Nov.
Auszug aus des D. *Priefley's* Abhandlung von der
philofophifchen Nothwendigkeit und von feiner mit
D. *Price* über diefe Lehre gewechfelten Schriften; im
deutfchen Magazin 1793. Sept. und 1794. Ian.   An
Deutfchlands Patrioten.   Anzeige von der Art, wie
ein Cenfor in Leipzig ein ihm vorgelegtes Manufcript
hat behandeln wollen. Kiel 1793. 8.   *Ueber die
Neutralität bey dem gegenwärtigen Kriege. Dafelbft
1793. 8. (ift ins *Schwedifche* überfetzt. Stockh. 1793.
8.) Hiftorifche, philofophifche und litterärifche
Schriften. 1fter Theil. Hamb. und Kiel 1793. gr. 8.
*Obfervations d'un Danois fur une brochure qui a
pour titre: Confiderations fur la neutralité des cer-
taines puiffances. à Kiel 1794. 38 S. 8.   *Einige
Anmerkungen über Kaifer Julians Schriften und Charakter; in der Berl. Monatsfchrift 1794. April und
May.   Ueber die Litteratur der Hindus; daf. Aug.
Die Aramäer oder Syrer. Ein Beytrag zur allgemeinen Weltgefchichte; daf. Sept.   *Zweyte Anfprache
der Gefellfchaft freywilliger Armenfreunde an ihre
Mitbürger; in den Prov. Ber. 1794. H. 4.   *Erinnerungen aus einer Reife nach Stockholm; im deutfchen
Magazin Ian. und Febr. 1795. (auch einzeln abgedruckt. Kiel 1795. 8.) *Ueber die Wahrfcheinlich-
keit eines künftigen vollkommenen Zuftandes der
Menfchheit. An Hrn. Prof. *v. Eggers*; daf. Iul. *Zufätze zu diefer Abhandl.; daf. Octob.   *Dritte Anfprache der Gefellfchaft freywilliger Armenfreunde

an

an ihre Mitbürger; in den Prov. Ber. 1795. H. 4.
Amerikanisches Magazin, oder authentische Beyträge
zur Erdbeschreibung, Staatenkunde und Geschichte
von Amerika. Herausgeg. von C. D. *Ebeling* und —
1stes St. Hamb. 1795. gr. 8. Antheil an der Wochenschrift zum Besten der Armen in Kiel und an
der Vorr. zu *Susemihls* Predigten. Vergl. *Reinbold*. —
„In der Berliner Monatsschrift und im deutschen Magazin stehen noch einige Aufsätze von ihm, (die aber
nicht bestimmt angegeben werden können,) theils
ohne seinen Namen, theils mit einem willkührlich
gewählten Buchstaben unterzeichnet, z. E. über die
Wortfolge in der deutschen Sprache; eine gegen den
Hrn. von *Ramdohr* gerichtete Abhandlung über die
Ansprüche des Adels an die wichtigsten Staatsbedie-
nungen; ein Aufsatz, betitelt: die vier Contracte u.
s. w." *(Revidirt.)*

HEILMANN (Johann Ernst), *Pastor zu Kiærteminde und
Dringstrup* auf Fünen seit 1779, vorher seit 1762
Pastor zu Lunde auf derselben Insel; *geb. zu Hadersleben den 29 Ian. 1735.* §§. Opvækkelses Tale i Anledning af en ynkelig Begivenhed. Odensee 1774. 8.
Gellerts aandelige Oder og Sange, paa Danske oversat. Odens. 1775 og 1777. 8. („Hat *Gyldendahl*
ohne mein Wissen nachgedruckt und eigenmächtig
verbessert, aber eigentlich verhunzt. — Tredie forbedrede Oplag. Kbhvn. 1785.") Det huuslige Livs
Lykke, oversat af Tydsk uden Navn, og udgiven
med Dedication og Fortale af Bøghandler Iversen.

Vi-

Viborg 177.. 8. Kongerigerne Danmarks og Nor-
ges, samt Hertugdommene Slesvigs og Holsteens Historie indtil vore Tider ved Professorerne *Christiani*
og *Gebhardi*, paa Dansk oversat. Soroe og Odensee
1776-1783. 4. 8 Bind. („Eigentlich sind nur die
ersten Bände von mir, hernach hatte ich Mitarbeiter.") Forbryderen udes Lige, en Prædiken af *Le-
vater* i Anledning af Giftblandelsen i Zürich, oversat. Odens. 1777. 8. (Fehlt im *Ersch.*) Aandelige
Sange. Odens. 1778. 8. In: Samling af hidtil utryk-
te Poesier eller Nytaarsgaven for 1782. Odens. sind
die letzten von ihm unter dem Namen H. A. (Hans
Alvor, d. i. Johann Ernst.) Tale paa Kongens Fød-
selsdag, den 29 Ian. 1783 holden i det Fynske typo-
graviske Selskab. Odens. 1783. 8.— „Einige kleine
Stücke in Versen und Prosa in *Berings* und *Iversens*
Zeitungen. Verschiedene Fabeln, Erzählungen und
andere historische, politische und moralische Stücke
in: Almeennyttige Samlinger. Odens. 1780 ff. 8.
(woraus: Knud Laward, et Sørgespil. Odens. 1792.
8. und: Goliath og David, et musikalisk Drama i
3 Afdelinger. Odens. 1793. 8. besonders abgedruckt
sind) und in: Samleren, einer Kopenhagner Wochenschrift, die itzt aufgehört hat." — „Ich fahre noch
fort, für *Iversens* Monatsschrift Originale und Ueber-
setzungen zu liefern. Neulich habe ich: Auch etwas
über die neue Politik von Asmus übersetzt, und die
mehresten Stücke aus seinen sämtlichen Werken übersetzt, werde auch fortfahren, so wie neuere Theile
her-

herauskommen." *(Nach dem Autographum.)* Vergl.
Worm 3, 315 f.

VON HEINEN (......), *Major in Schleswig; geb. zu ....*
17... §§. *Bemerkungen über das ſtehende Heer
in Dännemark, veranlaſst durch die patriotiſchen Gedanken eines Dänen über ſtehende Heere, politiſches
Gleichgewicht und Staatenrevolution. .... 1793. 8.

(N. 5.) HEINZE (Friederich Adolf), Sohn des Johann
Michael H. im *Meuſel* — *Doctor der A. G.* ſeit 1790,
ausübender Arzt und Privatdocent in Kiel ſeit 1791; *geb.
zu Lüneburg den 28 May 1768.* §§. Diſp. inaug. de
ortu et diſcrimine polyporum, praecipue polyporum
uteri. Jenae 1790. 4. (deutſch im Taſchenbuch für
deutſche Wundärzte. 1790.) *Fr. Lud. Bangs* mediciniſche Praxis ſyſtematiſch erklärt und mit ausge-
wählten Krankengeſchichten erläutert. Aus dem
Lateiniſchen überſetzt und mit einem Regiſter verſehen. Kopenh. 1791. 8. *(Mitgetheilt.)*

HEINZE (Johann Georg), *Doctor der A. G., auch* ſeit
1777 *Fürſt-Biſchöfl. Iuſtitzrath und Leibarzt in Eutin;
geb. zu Subla* im Henneberzgiſchen *den 23 April 1719.* §§.
Diſp. inaug. praeſide *Mich. Alberti* habitā de extra-
ctione foetus perverſi ex utero poſt aquarum efflu-
xum compreſſo. Halae 1742. 4. (wird im *Adelung*
dem Präſes beygelegt.) Neue elektriſche Verſuche
mit der von dem Hrn. D. von *Marum* erfundenen
neuen Elektriſirmaſchine und dem von dem Hrn. D.
Schäfer bekanntgemachten Elektricitätsträger in einem

nem Schreiben an den Hrn. Gondela. (ohne Druckort) 1777. 4. 1½ Bog. *(Autographum.)*

(M. u. N. 1 - 5.) HEINZE (Valentin Auguſt), Bruder des
Friederich Adolf — *Doctor und ordentlicher Profeſſor
der Philoſophie zu Kiel* ſeit 1787, (vorher ſeit 1782
auſserordentlicher Profeſſor,) auch ſeit 1789 Mitglied
der Churfürſtl. Mainziſchen Akademie der Wiſſenſchaften zu Erfurt; *geb, zu Luneburg den 18 Febr. 1758.*
§§. *Bibliothek der Geſchichte der Menſchheit. 8 Bände. Leipzig 1780 bis 1785. 8. (*däniſch* von Peter
Magnus Trojel. 3 Bände. Soroe 1781 bis 1784. *Holländiſch.* Amſterd. 1784. — Die 4 erſten Bände erſchienen unter *Hirſchfelds* Direction, die 4 letzten aber
haben auch den beſondern Titel: Beſchreibung der
Chineſer, aus den beſten Reiſebeſchreibungen geſammelt. 4 Theile. Leipzig 1784 und 1785. 8.) Diplomatiſche Geſchichte des däniſchen Königs Waldemar III. Daſ. 1781. 8. Hiſtoriſche Abhandlungen
der königl. Geſellſchaft der Wiſſenſchaften zu Kopenhagen; aus dem Däniſchen überſetzt und zum Theil
mit Vermehrungen und Verbeſſerungen ihrer Verfaſſer, auch einigen eigenen Anmerkungen. 5 Theile.
Kiel, Deſſau und Kopenh. 1782 bis 1791. gr. 8. Kieliſches Magazin vor (?) die Geſchichte, Staatsklug-
heit und Staatenkunde herausgegeben. B. 1. St. 1.
Kiel und Deſſau 1783. 8. B. 1. St. 2. 3. 1784. B. 2.
St. 1. Kiel und Leipzig 1784. St. 2. 3. 1785. (Von
ihm iſt: Ankündigung einer gelehrten Geſchichte der
Univerſität Kiel. B. 1. St. 2. und: Zuverläſſige Be-
ſchrei-

ſchreibung des neuen Schleswig-Holſteiniſchen Ca-
nals; daſ. St. 3.) Neues Kieliſches Magazin — B. 1.
St. 1. Kopenh. 1786. 8. B. 1. St. 2. 3. 1787. B. 2.
St. 1. 2. 1787. St. 3. 1788. (Von ihm iſt: Ueber
den Werth des Allegirens in der Geſchichte. B. 1.
St. 1.) Schätzung der verhältniſmäſigen Stärke
von Groſsbritannien während der gegenwärtigen
und der vier vorhergehenden Regierungen, und des
Verluſtes ſeines Handels in einem jeden Kriege ſeit
der Staatsveränderung, von *Georg Chalmers*. Aus dem
Engliſchen, mit einigen Anmerkungen. Berlin und
Stettin 1786. gr. 8. (*Friederich von Buchwalds*) ökonomiſche und ſtatiſtiſche Reiſe durch Mecklenburg,
Pommern, Brandenburg und Holſtein. Aus dem Däniſchen überſetzt, mit einigen Anmerkungen. Kopenh. 1786. 8. Duplik gegen den Hrn. Prof. *Hegewiſch*, die Zuverläſſigkeit in der Geſchichte und den
frühen Gebrauch des Pulvers bey den Chineſern und
Mongolen betreffend; eine vorläufige Beylage zum
1ſten Stück des neuen Kieliſchen Magazins (1786).
Ueber Preuſsens König Friederich II, mit Rückſicht
auf die monarchiſche Regierung und den däniſchen
Staat, von *Tyge Rothe*. Aus dem Däniſchen überſetzt,
mit einigen Anmerkungen. Kopenh. und Leipz. 1787.
8. Ankündigung der Vorleſungen über des ſel. *Ges-
ners* primas lineas iſagoges in eruditionem univerſa-
lem. Kiel 1788. 4. Sammlungen zur Geſchichte
und Staatswiſſenſchaft. B. 1. Götting. 1789. 8. B. 2.
Heft 1. 1791. Einleitung in die allgemeine und be-
ſon-

sondere Europäische Staatskunde. Entworfen von
M. *Eobald Toce* — 4te Auflage, nach dem Tode des
Verfaſſers neu bearbeitet und mit den nöthigen Verbeſſerungen und Zuſätzen verſehen. 1ſter Band, welcher die vorläufigen Grundſätze, Europa überhaupt,
Spanien, Portugal und Grosbritannien enthält. Schwerin und Wismar 1790. gr. 8. (der 2te B. iſt angekündigt.) — Gab in ſeinem und ſeines Bruders Namen heraus: (Seines Vaters) *J. M. Heinze's* Gegen-
fragen auf die (von *Wieland* im deutſchen Merkur auf-
geworfene) Frage: „Sind die Bücher nützlicher, welche den Menſchen darſtellen, wie ſie ſind, oder die,
welche lehren, wie ſie ſeyn ſollen?" Kiel 1793. 8.
16 S. — Recenſionen in dem Kieler Litteraturjournal
und der Kieler Zeitung, deren Director er war, wie
auch in der allgemeinen deutſchen Bibliothek vom
60ſten Bande an und einige wenige in der allgemeinen Litteraturzeitung, an welcher er aber ſchon ſeit
ein Paar Iahren keinen Antheil mehr nimmt. *(Revid.)*
(N. 2. 4. 5.) HEINZELMANN (Johann Chriſtian Friedrich), Sohn des Rudolph Friedrich Otto im Anhange — *Gevollmächtigter in der deutſchen Kammerkanzeley
zu Kopenhagen* ſeit 1793. ſtudierte anfänglich Theologie in Halle, ward 1784 Lehrer am königl. Pädagogium zu Halle, welches er 1789 verließ und in
Göttingen als Führer eines jungen Studierenden ſich
auf die Rechtswiſſenſchaft legte, worauf er ſich 1791
nach Kopenhagen wandte; *geb. zu Meldorf den .....
1762.* §§. Griechiſches Leſebuch für die untern Claſſen.

sen. Halle 1786. 8. 2te Aufl. 1793. Philosophi-
sche Blicke auf Wissenschaften und Menschenleben,
für reisende Iünglinge herausgegeben von — und C.
D. *Voß*. Iften Bandes Iftes und 2tes Stück. Halle
1789. 8. (ist nicht fortgesetzt.) Von den alten cim-
brischen und sächsischen Eidgerichten überhaupt und
von der Dithmarsischen Nemede insbesondere; in
den Schl. Holst. Prov. Ber. 1793. H. 2. (auch einzeln
abgedruckt. Altona 1793. 8.) Historische Berichtigung, eine angebliche Verordnung König Christian
III. betreffend; das. H. 6.   *Ueber die Cultur des
Nadelholzes in Holstein; das. 1794. H. 1.   Rede in
der königl. Landhaushaltungsgesellschaft bey der
vom Kronprinzen geschehenen Prämienaustheilung
den 6 Febr. 1794. gehalten von dem Generalprocu-
reur und Conferenzrath *Cb. Colbiörnsen*, Präsidenten
der Gesellschaft. Aus dem Dänischen; das. Heft 2.
(wird im 5ten Nachtrage einem *Johann Bernbard H.*
beygelegt, welcher gar nicht existirt, wie schon im
Iften Nachtrage richtig bemerkt wurde.) — Ueber
Hrn. von *Kotzebue's* Buch: Vom Adel; im deutschen
Magazin 1793. Aug.   Fragmente aus Plato's Republik. Aus dem Griechischen; das. 1795. März. (*Nach
dem unvollständigen Autographum.*)

(N. 1. 4. 5.) HELLWAG (Christoph Friedrich), *Doctor
der Philosophie* (seit 1774) *und Arzeneygelahrtheit* (seit
1784), *auch* seit 1788 *Herzogl. Oldenburgischer Hofrath und* seit 1782 *Leibarzt zu Eutin*, vorher seit 1781
ausübender Arzt zu Gaildorf; *geb. zu Calw* im Her-

zogthum Würtemberg *den 6 März 1754.* §§. Befchreibung und Gebrauch des Storchfchnabels. (Tu-
bingen) 1776. 4. Befchreib. und Gebrauch des St.
eines mechanifchen Inftruments zum Zeichnen. 2te
vermehrte und verbefferte Ausgabe. (Daf.) 1777. 8.
* Verfuch über das Leibnitzifche Kräftenmaafs; im
Schwab. Magaz. St. 7. 1777. Diff. inaug. phyfiol.
med. de formatione loquelae, praef. *G. C. C. Storr*
(dem fie im 1ften Nachtrage des gel. Deutfchl. fälfchlich als Verfaffer beygelegt wird, worin neulich C.
G. Kuhn in biblioth. med. T. I. p. 271. gefolgt ift).
Tubing. 1781. * Befchreibung und Gebrauch zweyer
Werkzeuge zum fenkrechten Ausziehen eines Zahns
aus feiner Höhle, nebft 2 Kupfertafeln; in *Richters*
chirurg. Biblioth. B. 6. St. 2. Ankündigung der Anftalt für kranke Hausarme zu Oldenburg, gefchehen
in den Oldenburg. wöchentl. Anzeig. im Febr. 1784,
mit Anmerkungen begleitet im Iul. deff. Jahrs; im
Journal von und für Deutfchl. 1784. St. 9. Ueber
die Vergleichung der Farben des Regenbogens mit
den Tönen der mufikalifchen Octave; im deutfchen
Mufeum 1786. Octob. Von Würmern in den Zäh-
nen; in den Blättern vermifchten Inhalts. B. 1. H. 5.
Oldenb. 1787. Vom kalten Bade; daf. B. 2. H. 3.
1788. Vom vielfachen Regenbogen; im neuen
deutfchen Mufeum 1790. April. (*Gröfstentheils Autographum.*)

(M. u. N. 1-5.) HENNINGS (Auguft Adolph Friedrich
— braucht eigentlich nur den erften Vornamen), *kö-*
nigl.

nigl. dänischer Kammerherr (feit 1780), *Obercommerz-
und Handels- Intendant in den Herzogthümern Schleswig
und Holstein, Oberbeamter in den Aemtern Plön und Arensböck* (feit 1787), *beyder Rechte Doctor, wohnt zu Plön*
(nicht: Schleswig), vorher Deputirter im General-
Landes-Oekonomie- und Commerz-Collegium zu
Kopenhagen; *geb. zu Pinneberg den 19 Iul. 1746.* §§.
De legibus Danorum antiquiſſimis atque confuetu-
dine iudiciali, praemiſſis quibusdam de ortu Danorum et Odino non Aſiatico. Alton. 1765. 4. (eine
unter *P. C. Henrici* vertheidigte Diſputation, dem ſie
von *Meuſtl* im gel. Deutſchl. und in der Litter. der
Statiſtik S. 479 irrig beygelegt wird.) .Diſſ. inaug.
de uſu et applicatione legis fextae C. de fecundis nu-
ptiis. Götting. 1766. 4. Ueber die Vernunft. Berlin 1778. 8. *Eſſai hiſtorique für les arts et für leur
progrès en Dannemarc; publié à l'occaſion du Sal-
lon de l'académie royale de Charlottenbourg. à Copenh. 1777. 8. — Neue Aufl. 1784. (?) — (ſteht im
Auszuge *dänisch* in der von *Erſch* übergangenen Ueberſetzung von *Büſchings* Geſchichte der zeichnenden
Künſte. Kopenh. 1783. 8.) Olavides; herausgegeben und mit einigen Anmerkungen über Duldung
und Vorurtheile begleitet. Daſ. 1779. 8. Beantwortung der im allgemeinen däniſchen Litteraturjournal (von *J. C. Schönheyder*) gegen ihn gerichteten
Recenſion. Daſ. 1780. 8. Antwort auf das Bedenken des Hrn. Prof. *Lars Smith.* Daſ. 1780. 8. (Vergl.
Sammlung aller Streitſchriften, ſo das Buch Olavides

in Dännemark veranlafst hat. Kopenh. 1780. 8. und:
Nachricht von der über *Hennings* Olavides entftan-
denen Streitigkeit im 9ten Th. der neueften Religionsgefchichte von *Walch*.) Philofophifche Verfuche.
2 Bände. Daf. 1780. 8. Ueber Duldung. Daf. 1780.
8. (ift aus dem vorigen Werke befonders abgedruckt.) Poëme fur le fentiment. à Copenh. 1780.
8. * Ueber die Cameralverwaltung in Frankreich.
Daf. 1781. Ueber das Schickfal der Tugend, nach
dem 1ften, 2ten und 6ten Buche der Republik des
Plato; im deutfchen Mufeum 1781. Febr. Philofophifche und ftatiftifche Gefchichte des Urfprungs und
Fortgangs der Freyheit in England. Kopenh. 1783.
8. Sammlung von Staatsfchriften, die während des
Seekrieges von 1776-1783, fowol von den krieg-
führenden, als auch von den neutralen Mächten öffentlich bekannt gemacht worden find; infoweit folche die Freyheit des Handels und der Schiffahrt betreffen, herausgeg., mit einer Abhandl. über die Neutralität und ihre Rechte, infonderheit bey einem See-
kriege, begleitet. 2 Bände. Altona 1784. 1785. gr. 8.
Gegenwärtiger Zuftand der Befitzungen der Europäer in Oftindien. 1fter Th. Kopenh. 1784. gr. 8.
(auch unter dem Titel: Gefchichte des Privathandels
und der itzigen Verfaffung der Befitzung der Dänen
in Oftindien, mit königl. Erlaubnifs aus dem Archive gefammelt). 2ter Th. Hamb. und Kiel 1785.
(auch unter dem Titel: Gefchichte des Carnatiks in
Beziehung auf das Tanjourfche Gebiet und der dänifchen

ſchen Colonie, nebſt einer Nachricht von den Pro-
ducten der Coromandelküſte und den Sitten und der
bürgerlichen Verfaſſung der Tamuliſchen Indianer.)
3ter Th. Daſ. 1786. (auch unter dem Titel: Verſuch einer oſtindiſchen Litteraturgeſchichte, nebſt einer kritiſchen Beurtheilung der Aechtheit der Zend-
bücher.) Ueber die wahren Quellen des National-
Wohlſtandes, Freyheit, Volksmenge und Fleiſs, im
Zuſammenhange mit der moraliſchen Beſtimmung
der Menſchen, und der Natur der Sache. Kopenh.
und Leipz. 1785. 8. *Bericht der Unterſuchungs-
und Reviſions-Commiſſion des im Iahr 1783 entdeckten Caſſamangels von dem Zuſtande der königl. däniſchen aſiatiſchen Compagnie. Aus dem Däniſchen
(im Auszuge überſetzt). Hamb. und Kiel 1785. 8.
Oekonomiſche Betrachtungen einer im I. 1779 auf
Befehl unternommenen Reiſe durch Iütland. Kopenh.
und Leipz. 1786. gr. 8. Kleine ökonomiſche und
cameraliſtiſche Schriften. 2 Theile. Kopenh. 1787.
gr. 8. (Daraus überſetzte er däniſch:) Pragmatiſke
Bidrag til Kornpoliets Hiſtorie. Kbhvn. 1787. 8. —
Seine Preisabhandlung über die Einführung einer Nationaltracht in Dännemark findet man in: Drey Abhandlungen über die Frage: Iſt es nützlich oder ſchäd-
lich, eine Nationaltracht in Dännemark einzuführen?
Kopenh. 1791. 8. — Hiſtoriſch-moraliſche Schilderung des Einfluſſes der Hofhaltungen auf das Ver-
derben der Staaten. Aus dem Schlesw. Journ. (April
1792) beſonders abgedruckt. Altona 1792. 8. Vor-

urtheils-

urtheilsfreye Gedanken über Adelsgeist und Aristo-
kratism. Braunſchw. 1792. gr. 8. (auch unter dem
Titel: Kleine ökonomiſche und cameraliſtiſche Schriften, 3te Sammlung — war zuerſt *däniſcb* in die Minerva eingerückt — eine *holländiſche* Ueberſetzung iſt
wenigſtens angekündigt.) *Doctor Martin Luther!
Deutſche geſunde Vernunft von einem Freunde der
Fürſten und des Volks, auch einem Feinde der Be-
trüger der einen und der Verräther des andern. Altona 1792. 8. Zweyte mit Zuſätzen und 2 Abhandlungen vermehrte Auflage. 1793.   Meine Duellge-
ſchichte. Berichtigung der Wahrheit und zum reifen Nachdenken über Duelle überhaupt, denkenden
Männern vorgelegt. Altona 1795. 8.— Verfaſſer mehrerer Aufſätze in der däniſchen Minerva, im neuen
deutſchen Muſeum und im Schleſw. Journale 1792
und 1793. — Herausgeber des *Genius der Zeit, einer Monatsſchrift (Altona 1794. 2ter Iahrg. 1795.)
und der *Annalen der leidenden Menſchheit in zwang-
loſen Heften. Altona 1794. gr. 8. 2tes Heft 1795.
— Zu der ihm hin und wieder beygelegten „philoſophiſchen Schilderung der gegenwärtigen Verfaſſung
von Island. Altona und Leipzig 1786. 8." hat er
ſich *nicht* bekannt, ſo wie er auch *nicht* Herausgeber
der „Materialien zur Statiſtik der däniſchen Staaten"
iſt. Vergl. *Worm* 3, 323 und 940. *(Revidirt.)*

HENNINGSEN (Henning), *Candidat der Theologie zu
Huſum ſeit 1792; geb. zu Grundboff in Angeln den 18
März 1767.* §§. Etwas über den Bärlappen (Lyco-

po-

podium clavat. Linn.), zur Beherzigung für die Hei-
degegenden; in den Schl. Holſt. Prov. Ber. 1794. H.
3. Etwas zur Beherzigung für die Landwirthe in
den Herzogthümern; daſ. H. 4. *(Revidirt.)*

HENRICHS (Hermann), *privatiſirt zu Kiel;* vorher von
1781 bis 1792 hannöveriſcher Officier im Dienſte
der engliſch-oſtindiſchen Compagnie zu Madras auf
der Küſte Coromandel; *geb. zu Bremen den 10 Ian. 1763.*
§§. *Kurze Geſchichte des Prinzen Heraklius und
des gegenwärtigen Zuſtandes von Georgien. Flensb.
und Leipz. 1793. 8. Anweiſung zu neuen Evolutionen, oder Entwurf eines taktiſchen Lehrbuchs für
leichte Infanterie, mit Plans und Kupf. Daſ. 1795. 8.
(Nach dem Autographbum.)

(N. 1. 2. 4. 5.) HENSLER (Chriſtian Gotthilf), Sohn des
folgenden — *Doctor der Theologie* ſeit 1792 *und ordentlicher Profeſſor derſelben zu Kiel* ſeit 1789, vorher ſeit
1786 auſſerordentlicher Profeſſor derſelben, ſeit
1784 Adjunct der philoſophiſchen Facultät und ſeit
1782 Hofmeiſter bey den Grafen von Reventlow in
Kopenhagen; *geb. zu Preetz den 9 März 1760.* §§. Codicum N. T. graecorum, qui Havniae in bibliotheca
regia aſſervantur, notitia, adiecta lectionis varietate.
Specim. I. Havn. 1784. 8. (iſt genutzt von *A. Birch,*
dem Herausg. des N. T., wovon zu Kopenh. 1788.
gr. 4. der 1ſte Theil erſchienen iſt, dem der Verfaſſer auch ſeine zur Fortſetzung geſammelten Materialien hat zukommen laſſen.) *Ueber den Werth der
moraliſchen Beweggründe zur Tugend. Ein philoſo-

phifcher Verfuch von *Andr. Gamborg.* Aus dem Dänifchen überfetzt, mit Verbefferungen des Verfaffers.
Kopenh. und Leipz. 1784. 8. Animadverfiones in
quaedám duodecim Prophetarum loca. Kil. 1786. 4.
Jefaias neu überfetzt, mit Anmerkungen. Hamb. und
Kiel 1788. gr. 8. Bemerkungen über Stellen in den
Pfalmen und in der Genefis. Daf. 1791. gr. 8. *Bemerkungen auf einer neulichen Reife durch die Landfchaft Eyderftedt und einige angränzende Oerter und
Gegenden; in den Prov. Ber. 1792. H. 3. Erläuterungen des 1ften B. Samuels und der Denkfprüche
Salomo's. Hamb. und Kiel 1795. gr. 8. — Gab her-
aus: *G. L. Ablemanns* Sammlung einiger Predigten.
Hamb. 1789. gr. 8. — Nahm Antheil an *Döderleins*
theolog. Journal. — Auffätze in der Wochenfchrift
zum Beften der Armen in Kiel. — Vergl. *Worm* 3, 940.
(Revidirt.)

(M. u. N. 1. 2. 4. 5.) HENSLER (Philipp Gabriel), *Doctor
der A. G. und derfelben ordentlicher Profeffor zu Kiel* feit
1789, *wie auch* feit 1775 *königl. dänifcher Archiater,*
vorher feit 1769 Phyfikus zu Altona und feit 1763
Phyfikus zu Segeberg, nachdem er von 1753-1756
in Göttingen Theologie, nachher aber dafelbft Medicin ftudirt hatte; *geb. zu Oldenswort* in der Landfchaft
Eyderftedt *den 11 Dec. 1733.* §§. *Poetifcher Verfuch
vom Gefühle (ein Glückwunfch an feinen ehemaligen Lehrer, den Rector *Kraft* in Schleswig). London
(Göttingen) 1758. 4. D. inaugur. Tentaminum et
obfervationum de morbo variolofo fatura. Götting.
1762.

1762. 4. * Briefe über das Blatterbelzen, 2 Theile. Altona 1765. 1766. 8. Beytrag zur Geschichte des Lebens und der Fortpflanzung des Menschen auf dem Lande. Daf. 1767. 4. (nachgedruckt auf *Sonnenfels* Veranftaltung und mit einem Anhange von demfelben. Wien 1777. 8.) Anzeige der hauptfächlichften Rettungsmittel derer, die auf plötzliche Unglücksfälle leblos geworden find, oder in naher Todesgefahr schweben. Altona 1770. 8. (neue Ausgabe „nach feinem Plan ausgearbeitet von *J. Ch. Fr. Scherf.* Daf. 1787," worin auch einige Capitel vom Verf. felbft bearbeitet find.) Kurze Nachricht von der letzten Krankheit des Hrn. Grafen von Bernftorff. Daf. 1772. kl. 4. (wieder abgedruckt in: Sammlung einiger über die Krankheit und den Tod des Hrn. Grafen v. Bernftorff an den Hrn. Do&t. *Hensler* abgelaffener Briefe. 1772. kl. 4.) Antheil an: Bericht und Bedenken, die Kriebelkrankheit betreffend, welche von den Schl. Holft. Phyficis an die königl. deutfche Kammer zu Kopenhagen eingefandt worden, nebft dem desfalls von dem königl. collegio medico dafelbft ausgefertigten refponfo und einem Unterrichte für das Landvolk. Kopenh. 1772. 8. Obfervata in cadavere viri ictero variisque morbis lente enecti; in Actis foc. med. Vol. I. Hafn. (1777.) — „Da zwifchen der Calenbergifchen Landfchaft und den Mitgenoffen des Calenberg. Wittweninftituts fich Streitigkeiten erhoben hatten, und er mit *Tetens* und *Büfch* Mandatarius des letztern ward, verfaßte er": Nachricht von

L 5   dem,

dem, was zwifchen der Adminiſtration des Calenbergifchen Wittweninſtituts und einigen Genoſſen
deſſelben verhandelt worden. Hamb. 1782. 8. Leben feines Bruders *Peter Wilbelm*, (welcher im *Adelung* fehlt; vgl. *Ekkard's* Ueberficht S. 132.) vor deſ-
fen Gedichten, deren Herausgabe er mit *J. H. Voſs*
beforgte und felbſt einige Gedichte hinzufügte. Alt.
und Hamb. 1782. 8. — Legte 1782 der königl. Societät der Wiſſenfchaften zu Göttingen eine Abhandlung vor: Ueber die weibliche Krankheit beym He-
rodot und über die κέδματα des Hippokrates (vergl.
Götting. Zeitung 1783, 37 fg.). — Gefchichte der
Luftfeuche, die zu Ende des 15ten Iahrhund. in Europa ausbrach. B. 1. Hamb. 1783. 8. B. 2. Abfchnitt 1. 1789. (auch unter dem Titel: Ueber den
Weſtindifchen Urfprung der Luftfeuche — Neue unveränderte Ausgabe. Daf. 1794.) Ueber Kranken-
anſtalten. Hamb. 1785. 4. Antheil an: Pharma-
copoea Danica, regia auctoritate a collegio medico
Hafnienfi confcripta. Francof. et Lipf. 1786. 8. *Dänifcher Geldcours von 1736 (nicht 1763, wie unrichtig auf dem Titel ſteht) bis 1787, nebſt einigen
Anmerkungen; in den Prov. Ber. 1787. H. 3. (wird
im allgem. Repertor. der Litteratur von 1785-1790.
VIII, 1705 irrig dem O. J. *Fink* beygelegt, obgleich
fchon der Rec. in der allg. Litt. Zeit. den Verf. er-
rieth.) Bedenken über die Bekanntmachung geheimer Arzeneyen in öffentlichen Zeitungsblättern; daf.
H. 6. *Zwey Abhandlungen über Geld und Mün-

zen,

zen, Banken und Banknoten. Altona 1788. 8. (Die
eine: „Ueber Geld, Münze und Banknoten" ist von
ihm, die andere: „Einige Gedanken von Geld und
Banken" vom itzigen Portugief. Generalconful *Joh.
Schuback* in Hamburg. — Beyde Abhandlungen sind
auch abgedruckt in den Prov. Ber. 1788. H. 1.) G.
L. *Ablemanns* Lebensumstände und Charakter, vor
der, von C. G. *Hensler* beforgten, Sammlung einiger
Predigten deffelben. Hamb. 1789. gr. 8. (wieder abgedruckt in *Fedderfen's* 6ter Sammlung der Nachrichten von dem Leben und Ende gutgefinnter Menfchen.)
Nachrichten von einigen Wahrnehmungen an der
Bramftedter Quelle aus den mit dem Mineralwaffer
derfelben im Iahr 1764 angeftellten Verfuchen; in
den Prov. Ber. 1789. H. 6. Vom ausländifchen Aus-
fatze im Mittelalter, nebft einem Beytrage zur Kenntnifs und Gefchichte des Ausfatzes. Hamb. 1790. 8.
Neue unveränderte Ausgabe. Daf. 1794. *Anfprache der Gefellfchaft freywilliger Armenfreunde zu
Kiel an ihre Mitbürger; in den Prov. Ber. 1792. H.
6. Zwo Vorreden zu: Anmerkungen über den Cat-
tunenbau von *J. Ph. B.* von *Rohr.* Th. 1. Alt. 1791.
Th. 2. 1793. 8. — Die im *zweyten* Nachtrage ihm
beygelegte Schrift: „Guter Rath, wie man fich bey
dem Gebrauche des disjährigen nicht recht reif und
trocken gewordenen Getreides verhalten folle? Altona 1784." ift *nicht* von ihm, fo wie das im *fünften*
Nachtr. aufgeführte „Etwas über das neue Londoner
und andere Apothekerbücher" den *Conrad Chriftiani*

zum

zum Verf. hat. — Recenſionen in der allgem. deutſchen Bibliothek. — Sein Bildniſs vor dem 2ten Bande der neuen allg. deutſchen Biblioth. *(Revidirt.)*

HERHOLDT (Johann Daniel), *Diviſionschirurgus in Ko-*
penhagen ſeit 1794; geb. *zu Apenrade den 10 Iun. 1764.*
Seine bisherigen litterariſchen Arbeiten ſind folgende kleine Abhandlungen: 1) Ueber die wichtigſten
Urſachen der Blindheit. 2) Ueber ein neues blutſtil-
lendes Inſtrument (däniſch). Beyde vertheidigt in
Tode's arzeneykundiger Geſellſchaft (aber vielleicht
nicht gedruckt). — 3) Drey Artikel über die Einboh-
rung des Zitzenfortſatzes; in *Tode's* däniſchem Medi-
cinalblatte No. 11, 15, 23. — 4) Eine über denſelben
Gegenſtand; in *Tode's* Annalen St. 13. — 5) Ueber
den Zuſtand der Wundarzeneykunſt in Dännemark
1730. Beytrag zur Geſchichte des Medicinalweſens
des See-Etats; in *Tode's* Geſundheitsjournal 1793.
No. 3, 4, 23, 24, 27, 28 ff. — 6) Gedanken über *Baſt-*
holms Vorſchlag, ein allgemeines Leichenhaus zu er-
richten; in der däniſchen Iris 1793. — 7) Ueber eine
veraltete Steinoperation. 8) Auſsicht über die Geſchichte der Amputation (beyde in der däniſchen phy-
ſiko-medico-chirurgiſchen Bibliothek, an der er ordentlicher Mitarbeiter iſt). — 9) Commentatio de
quaeſtione medica: Num vires medicamentorum of-
ficinalium chemica analyſi, vel organis ſenſuum vel
conſideratione ſimilitudinis in partibus eſſentialibus
rectius cognoſcuntur? . . . . . . (eine 1793 gekrönte
Preisſchrift, welche vielleicht noch nicht gedruckt
iſt.

ift. Vergl. Kiœbenhavns Univerſitets-Journal. Fœrſte
Aargang. S. 12.) — *(Nach dem Autographum)*

HERRMANN (Georg Michael), *Doctor der A. G. und Phy-*
ſikus in den Aemtern Plön, Arensbök und Reinfeld,
wie auch *in* der Stadt *Plön* (wo er wohnt); *geb. zu*
Plön 1735. §§. D. inaugur. de phthiſi. Jenae 1759.
4. *(Revidirt.)* Antheil an dem, unter *P. G. Heusler*
aufgeführten, Bericht, die Kriebelkrankheit betreffend.

HILDEBRAND (Hinrich Adolf), *Paſtor zu Wollsbüll* in
der Wiesharde Amts Flensburg, vorher Diakonus zu
Delve; *geb. zu ...... 17...* §§. Der Tempel des
Geſchmacks ..... (wahrſcheinlich eine Ueberſetzung
aus dem Franzöſ. des *Voltaire.*)

HINTZE (Nikolaus), *Doctor der A. G. und Phyſikus* in
Süderdithmarſchen (ſeit 1787), wohnt *zu Meldorf;*
vorher ſeit 1771 ausübender Arzt in Kopenhagen,
wo er bis 1766 ſtudirte, darauf ein königl. Reiſeſti-
pendium erhielt, und nachdem er ſich drey Iahre in
Berlin aufgehalten hatte, nach Frankreich und England reiſte; *geb. zu Kopenhagen* (wo ſein Vater Diviſionschirurgus war) *den 2 Octob. 1742.* §§. D. inaugur. medico-chirurgica de fungo articulorum praeſ.
Jo. Frid. Cartheuſer (dem *Baldinger* im ergänzten *Bör-*
ner ſie beylegt). Franc. ad Viádr. 1769. 4. — Vergl.
Worm 3, 340. (Autographum.)

HIRSCHFELD (Chriſtian Gottlob), *Doctor der A. G.*
und Poſtmeiſter zu Altona — war vorher ausübender
Arzt daſelbſt von 1762 bis 1766, ging in dieſem I.
nach Lauenburg, wo er 1775 Phyſikus war, und
kehrte

kehrte 1793 als Poftmeifter wieder nach Altona zurück — *geb. zu Altona den 21 Febr. 1738.* §§. D. inaugur. de fcirrho pulmonum praef. *J. G. Roederfr.* Götting. 1762. 4. *(Mitgetheilt.)*

HOEKSTRA (Joannes Albertus Sytfes), Sohn des Sjoerd
Sytfes Hoekftra, der Prediger zu Emden war — ward
Mennonitenprediger 1784 zu Edam, 1785 zu Weft-
zaan, 1786 zu Utrecht, 1793 *zu Altona; geb. zu Em-*
den den 28 Iun. 1763. §§. Leerredenen en Bedefton-
den. Te Utrecht 1786. 8. Plechtige Leerredenen
door *Sjoerd Sytfes Hoekftra,* in Leven Predikant to Emden en J. A. S. H. Te Utrecht 1790. 8. Doop en
Affcheidsleerrede gehouden te Utrecht 1793, met
een vorafgaand Bericht wegens ten tegenwoordigen
Toeftand der Doopsgezinden. Te Utrecht 1793. 8.
Trooft-Zang van Mejufvrouw Katharina Rahufen,
geboren van Hoorn — in der unter *Karsdorp* aufgeführten Schrift. Scholten tegens het Misbruyken
van Gods Naam, uytgegeeven door J. A. S. H. Alt.
1794. 8. Iets ter Handhaaving en Bevordering van
Waarheid en Plicht. Altona 1794. 8. Leerredenen
door *G. Karsdorp, J. de Jager* en *J. A. S. H.,* Leeraaren der Mennoniten Gemeende te Hamburg en Altona, met en vorafgaand Vertoog, waarin getoont
word, dat Genade Plicht de Leer van Iezus en zyne
Apoftelen óok de Leer van Menno en der waare Mennoniten of Doopsgezinden is. Altona 1794. 8. —
Aufserdem befinden fich von ihm verfchiedene *Ab-*
bandlungen und *Gedichte* in folgenden Werken: Men-
ge-

gelingen van het Utrechtsche T. D. en L. Genootschap, Schatkamer van Kunst en Smaak, Godsdienstig
Magazyn, T. D. en L. Magazyn van den Heer G. B.
a Braudis. *(Theils Autographum, theils mitgetheilt.)*

HOLM (Hans), *Mitglied der Schule zu Hadersleben* seit
1795 (?!); *geb. zu ...... 17...* §§. Erbauliche Chri-
stenerwägung des Leidens und Sterbens Iesu Christi.
Hadersl. 1794. 8.

HOLST (Gerhard), *Archidiakonus an der Nikolaikirche zu
Kiel* seit 1792, vorher seit 1789 Pastor zu Enge Amts
Tondern; *geb. zu Flensburg den 10 Octob. 1762.* §§. Beschreibung des Kirchspiels Enge in der Karrharde
Amts Tondern; in den Prov. Ber. 1791. H. 4. Ein
wichtiges Erfordernifs zur Beförderung der Spinne-
reyen in unserm Vaterlande; das. 1792. H. 1. *Wochenschrift zum Besten der Armen in Kiel, deren *ersten* Iahrgang vom 3 April 1793 bis zum 26 März
1794 (Kiel 432 S. 8.) er allein besorgte, itzt aber in
Verbindung mit andern herausgibt. — Aufserdem
hatte er Antheil an dem unter *H. Harries* aufgeführten Wochenblatte, hat einige Gelegenheitsgedichte
drucken laffen und die von *N. B. Lange* angefangene
Ueberfetzung der statistischen Briefe über Dännemark
und Norwegen (Breve til en udenlanfk Ven om Danmark, af *C. Dreyer.* Soroe 1790. 8.) vollendet. *(Revidirt.)*

HOYER (Nikolaus Eberhard), *Pastor zu Kaltenkirchen*
Amts Segeberg seit 1761; *geb.* (zu Grafenwiehe im
Herzogthum Schleswig, nach andern) *zu Drelsdorf*
in

in der Landſchaft Bredſtedt Amts Flensburg (wo ſein
Vater damals Diakonus war) *1729* (?). §§. Rede bey
des Königs Friedrich V. Vermählung mit Juliana Maria von Braunſchweig, gehalten zu Helmſtedt am
5 Auguſt 1752. Helmſt. Fol. *(Mitgetheilt.)*

HUDEMANN (Georg Hinrich), Sohn des Ludewig Friedrich H. im *Adelung — Doctor der A. G. und königl.
däniſcher Iuſtitzrath, privatiſirt zu Heide* in Norderdithmarſchen, (vorher ausübender Arzt, dann Kirchſpiel-
vogt zu Henſtedt und zuletzt Pfenningmeiſter in Norderdithmarſchen;) *geb. zu Henſtedt* in Norderdithmarſchen *den 24 März 1739.* §§. Eine Glückwün-
ſchungsrede an *Adam Struenſee* beym Antritt ſeiner
neuen Aemter. ...... D. inaug. exhibens obſervationes quasdam ad cicutae, mercurii ſublimalis et
phosphori uſum internum pertinentes, praeſ. *P. J.
Hartmann.* Helmſtad. 1763. 4. . Ein Glückwunſch
an *G. H. Frenckel*, in der Sammlung der bey deſſen
Amtsjubiläum erſchienenen Schriften. Hamb. 1771.
4. *(Mitgetheilt.)* Vergl. *Fehſe's* K. G. von Nord. D.
S. 794 f.

(N. 5.) HUDTWALKER (Chriſtian Martin), Bruder
des Johann Michael H. im *Meuſel — Paſtor zu Neukirchen* im Hochſtift Lübeck ſeit 1789, vorher ſeit
1786 Paſtor zu Malent; *geb. zu Hamburg den 15 Octob.
1761.* §§. *Anleitung zu einer vernünftigen Andacht
beym Genuſſe des heil. Abendmahls, für den Bürger
und Landmann, von einem Landprediger. Hamb.
1791. 8. Zweyte verbeſſerte und vermehrte Auflage.

ge. Daſ. 1793. Ueber die Landſchulen in den adelichen Gütern Holſteins, ihre Hauptmängel und die Mittel, ihnen abzuhelfen; nebſt einer Nachricht von einer neuen Schuleinrichtung in dem Gute Rantzau; in den Schl. Holſt. Prov. Ber. 1794. H. 1. Auszug eines Schreibens an den Herausgeber, die Rantzauer Schule betreffend; daſ. 1795. H. 3. Ueber den geringen Nutzen guter Volksbücher und die Mittel, ſie wirkſamer zu machen; daſ. (Mitgetheilt.)

(N. 4.) IAEGER (Johann Gottlob), *Doctor der Philoſophie* ſeit 1758, und Rector zu Meldorf; *geb. zu Werdau in Meißen den 24 Iul. 1732.* §§. De fide iuſtificante ſpecimen ad Phil. 3, 8. 9. praeſ. *J. F. Bahrdt.* Lipſ. 1755. 4. Obſervationes in Proverbiorum Sal. verſionem Alexandrinam. Meldorpi et Lipſ. 1788. 8. (Revidirt.)

DE IAGER (Jan), *zweyter Prediger an der Mennonitenkirche zu Altona* ſeit 1752; *geb. zu Hamburg den 10 März 1719.* §§. Die Aufmerkſamkeit einer Gemeine auf den Tod ihres Lehrers bey dem ſel. Abſterben des *Gerrit Karsdorp* — in Betrachtung gezogen ..... 1750. De zalige hope en verwachting eener godvrugtige ziele in Leven en in Sterven, ter Gelegentheyd van het zalig Overlyden van *J. Ris* overwogen in eene Redevoeringe over Pſ. 39, 8. Hamb. 1784. 8. Overdenkingen ter Gelegentheyd van het Overlyden des Heere *Reinhard Rahuſen*; in der unter *G. Karsdorp* aufgeführten Schrift. Leerredenen — Alt. 1794. 8. (ſ. *Hoekſtra.*) Vergl. *Bolten* 1, 302.

M   IAHN

IAHN (Jakob Dieterich), *Doctor der A. G. und Phyſikus in Norderdithmarſchen* ſeit 1787, *wohnt zu Heide*, vorher ausübender Arzt in Neumünſter und Zuchthaus-medikus daſelbſt; *geb. zu Neumünſter den 1 Ian. 1757.* §§. D. inaugur. de ſitu uteri obliqno, praeſ. *W. F. Cappel* (dem ſie vielleicht richtiger beygelegt wird). Helmſtad. 1785. 4. (*Mitgetheilt.*) — (Wurde ganz neulich wieder abgedruckt in: Sylloge operum minorum praeſtantiorum ad artem obſtetriciam ſpectantium, curante *J. Ch. Fr. Schlegel.* Vol. I. Lipſ. 1795. 8 mai.)

(N. 5.) IAKOBSEN — nicht: IACOBSEN — (Jakob), *Lehrer der Navigation* (ſeit 1793 im Dorfe Tinnum auf Sylt und) ſeit 1794 *in Flensburg* (?), vorher ſeit 1764 Schullehrer zu Tinnum; *geb. zu Klockries* Kirchſpiels Lindholm Amts Tondern im Rieſing-Mohr *den 6 Aug. 1739.* §§. Freundſchaftliche Bewirthung meiner mathematiſchen Brüder mit einem Tractement von 6 Gerichten, oder curieuſe mathematiſche Aufgaben, nebſt ihrer Auflöſung. Schlesw. 1790. 8. mit einem Kupf. (*Nach dem Autographum.*) — Von ihm „der zu den merkwürdigen Männern, deren es in unſerm Vaterlande mehrere giebt, gehört" vergl. *G. S. Francke's* Schreiben in den Prov. Ber. 1792. H. 3. S. 401 ff.

(N. 4. 5.) IANEKE (Otto Benedict), *Rath in der Biſchöflich-Lübeckiſchen Rentekammer zu Eutin* ſeit 1775; *geb. zu Bramſtedt* Amts Segeberg *den 12 May 1727.* §§. * Beſchreibung der holſteiniſchen Landwirthſchaft. Hamb. 1783.

1783. 8. Bemerkungen über einige in der aus dem Dänischen (von ⬤ M. *Heinze*) überfetzten ökonomifchen und ftatiftifchen Reife (*Friederich von Buchwalds*) durch Mecklenburg, Pommern, Brandenburg und Holftein, geäußerte Behauptungen, welche die holfteinifche Landwirthfchaft und den Unterfchied zwifchen derfelben und der Mecklenburgifchen Wirthfchaft betreffen. Daf. 1788. 8. *Ueber die Niederlegung der Domainen und Landgüter in den Herzogthümern Schleswig und Holftein. Flensb. Schlesw. und Leipzig 1790. 8. Verfuch einer wirthfchaftlichen Gefchichte der beyden holfteinifchen Güter Rantzau und Cofelau und der nach und nach erfolgten Verbefferungen in ihrer Cultur und ihrem Ertrage, aus Rechnungen gezogen, die bis 200 Iahre zurückgehen; in den Prov. Ber. 1792. H. 4. 5. Ueber die Anwendbarkeit der Koppelwirthfchaft in der Mark Brandenburg, mit einer Vorerinnerung, die durch die Bemerkungen des Hrn. Grafen von *Herzberg* über die holfteinifche Koppelwirthfchaft veranlaßt worden. Hamb. 1794. 8. *Ueber die Aufhebung der Dienftpflichtigkeit und Leibeigenfchaft; in den Schl. Holft. Prov. Ber. 1795. H. 3. (*Revidirt.*)

IANSSEN (Johann Jakob), *Doctor der A. G. und Phyfikus in den Städten Tönning (wo er wohnt) und Garding, wie auch in der Landfchaft Eiderftedt, Everfchop und Utholm; geb. zu .... 17... §§. ....*

IASPERSON (Johann), *geb. zu Flensburg den 27 Dec. 1744,* war Anfangs Erzieher dreyer Grafen von Ahlefeld

zu Langeland und Rixingen, darauf von 1779 bis
1785 *Profeſſor*, Mitglied der ▮▮▮ection und Bibliothekar am Erziehungsinſtitut zu Deſſau, *lebt itzt zu
Flensburg*. §§. Von 1781 bis 1785 beſorgte er die
Redaction und den Druck der Deſſauer pädagogiſchen
Unterhaltungen, worin ſich, auſſer Proben einer Kin-
derzeitung, Briefen, Gedichten, Ueberſetzungen und
andern Aufſätzen, „die Geburtsfeyer, ein Kinderdra-
ma in 3 Aufzügen,” von ihm befindet. * *Olaus Ola-
vius* ökonomiſche Reiſe durch Island in den nordweſt-
lichen und nordöſtlichen Gegenden. Auf königl.
däniſchen Befehl herausgegeben. Aus dem Däniſchen
überſetzt. Leipzig 1787. 4. nebſt 17 Kupf. und einer neuen Charte. * *Peter Friedr. Suhms* Geſchichte
Dännemarks, Norwegens, Schleswigs und Holſteins,
zum Gebrauch der ſtudierenden Iugend. Umgearbeitete und beſonders in der Geſchichte Schleswigs und
Holſteins ergänzte Ausgabe (vergl. *Jakob Peterſen* im
Anhange). Flensb. 1794. 8. (Der *erſte* Abſchn. wird
auch einzeln verkauft unter dem Titel: *P. F. Suhms*
erſter und kürzerer Auszug der däniſchen, Norwegiſchen und Schleswig-Holſteiniſchen Geſchichte, zum
Gebrauch der Iugend.) — (*Nach dem Autographum.*)
(N. 1. 2. 5.) IENSEN (Friedrich Chriſtoph), *Doctor der
Rechte und derſelben ordentlicher Profeſſor zu Kiel* ſeit
1785, (vorher ſeit 1781 auſſerordentlicher Profeſ-
for,) auch Secretair der fortwährenden Deputation
der Schlesw. Holſt. Ritterſchaft; *geb. daſelbſt den 17
Iul. 1754*. §§. D. inaug. de libera bona avita alie-
nandi

nandi facultate in Holſatia per ſpeculum Saxonicum non reſtricta. Kil. 1778. 4. De patria Romanorum poteſtate pro *Gebauero* adverſus *Robertum* V. C. diſſerit. Suerini, Bützov. et Wismar. 1784. 8. Die Geſchichte der Maurerey, ein Beweis göttlicher Vorſehung. Rede am Tage der Einweihung des neuen Verſammlungshauſes der Ehrwürdigen Loge Louiſe zur gekrönten Freundſchaft in Kiel, den 6 Iul. 1785. gehalten von I** B. R. Kiel. 8. Eine Rede über die Wohlthat einer Lehr- und Arbeitsanſtalt; in: Sammlung der Reden, welche bey Eröfnung der neuen Armenpflege und bey der Einweihung des Freyſchulhauſes in Kiel den 3 Iun. 1793 gehalten worden. Kiel. 8. — Antheil an der Wochenſchrift zum Beſten der Armen in Kiel, z. E.: Iſt es für eine Armenanſtalt nützlich, die Armen durch ein beſonderes Zeichen an ihrer Kleidung bemerklich zu machen? 1793. St. 39. Ueber den im vorigen Heft (der Prov. Ber.) S. 128. erwähnten Vorſchlag zu einer allgemein feſtzuſetzenden vortheilhaften Aufhebung der Leibeigenſchaft auf allen Gütern in etwa zu beſtimmenden Iahren; in den Prov. Ber. 1795. H. 5. — Die Nachtr. 1. ihm beygelegten „obſervationes ex ſententiis facultatis iuridicae Kilonienſis" (1773. 4.) hat er unter dem eigentlichen Verfaſſer *J. H. Fricke* (dem auch *Adelung* ſie richtig zuſchreibt) vertheidigt, ſo wie „de criteriis veritatis partem generaliorem ad praeſcriptum conſtitutionis Fridericianae" (1774. 4.) unter dem Präſes und Verf. *Andr. Weber.* — Vergl. *Weidlich's* biogr.

Nach-

Nachrichten Th. 3 und Th. 4. Nachtrag S. 141. (*Re-vidirt.*)

(N. 1.) IESSEN (Chriftian), *Herzogl. Hofprediger zu Au-guftenburg* feit 1772, vorher feit 1765 Cabinetspre-diger; *geb. zu Apenrade den 29 April 1743.* §§. Rede bey der öffentlichen Confirmation der Prinzeffin zu Schleswig u. f. w., Louife Chriftine Caroline, gehal-ten in der Auguftenburg. Schlofskirche. Flsb. 1778. 4. Gelegenheitspredigten, gehalten in der Schlofs-kirche zu Auguftenburg. Flensb. und Leipzig 1783. gr. 8. (*Revidirt.*)

IOHANSEN (Friedrich), *Paftor zu Husbye* in der Hus-byeharde Amts Flensburg feit 1786, vorher feit 1768 Paftor zu Wanderup in der Wiesharde; *geb. zu Wals-büll* in derfelben Harde *den 15 Iun. 1740.* §§. *Von der brüderlichen Beftrafung (eine Predigt).* Flensb. 1792. 8. (*Mitgetheilt.*)

(N. 4. 5.) IOHANSEN (Nikolai), *Kirchenprobft* (feit 1789) *und* (feit 1776) *Hauptpaftor an der Nikolaikirche zu Flensburg,* zuerft feit 1768 Diakonus dafelbft, feit 1771 aber Paftor zu Hattftedt; *geb. zu Niebüll* in der Bökingharde Amts Tondern *den 12 Aug. 1740.* §§. Quae-dam de divifione librorum V. T. in ufum iuvenum ftudioforum. Flensb. 1780. 4. Vier Leichenpredig-ten. Die erfte über Wilhelm Carl Chriftiani, Diak. zu St. Nikolai in Flensburg. Flensb. 1781. 8. Die zwote über Heinrich Chriftian Moller, fünften Leh-rer an der Flensburger Stadtfchule. Schlesw. 178.. 4. Die dritte über Gotthard Hanfen, Rathsherrn

und

und Kaufmann in Flensburg. Kiel 1786. 4. Die
vierte über Johann Braack, Klostervorsteher und Kaufmann in Flensburg. Schlesw. 1786. 4. Ein kurzer
Abriß der vornehmsten Glaubenslehren und Lebenspflichten unserer allerheiligsten Religion, wie die gewöhnlichen Sonn- und Festtagsevangelien dazu Anleitung geben. Götting. 1786. 4. (erhielten einen
neuen Titel: Predigten über die Glaubenslehren und
Lebenspflichten, nach Anleitung der gewöhnlichen
Sonn- und Festtagsevangelien. Schlesw. 1791.) *Die
Offenbarung Johannis, oder der Sieg des Christenthums über das Iuden- und Heidenthum. Flensb. und
Leipzig 1788. 8. Neue Ueberfetzung der Leidensge-
fchichte Iefu Christi. Hadersl. 1789. kl. 8. Grund-
riße der Predigten, welche an den Sonn- und Festta-
gen in den Iahren 1789 bis 1794 von ihm gehalten
worden sind. Flensb. 8. (*Nach dem Autographum.*)
Arbeitet an . . . . . . vergl. C. A. *Valentiner.*

IPSEN (Carl Friederich), *Pastor zu Grömitz* Amts Cismar
seit 1760, vorher seit 1758 Hofcapellan zu Kiel;
geb. zu Neumünster 172.. §§. Disp. praes. *A. H. Lack-*
mann (dem eigentlichen Verfaffer, zufolge der, auch
besonders abgedruckten, Vorrede des 7ten und letzten Theils der Einleitung *deffelben* zur Schlesw. Holst.
Historie) habita ad Novellam CXLVI de controver-
fia nata ex facrarum litterarum lectione in fynagog:s
Iudaicis compositaque per Iustinianum Imper. Kil.
1758. 4. (*Mitgetheilt.*)

IUERGENSEN (Johann Christian), *Mechanikus in Schles-*

wig; geb. dafelbft den 7 April 1744. §§. Gab in Verbindung mit andern heraus: *Schleswigfche Kunft-
beyträge, vorzüglich in Rückficht auf die königl. dä-
ßnifchen Staaten. 1ftes Heft mit 2 Kupfertaf. Schlesw.
1792. gr. 4. 2tes H. mit 2 Kpftaf. Daf. 1792. —
Kleinigkeiten in C. F. *Cramers* Magazin für die Mufik und in der monatl. Ueberficht. (*Revidirt.*)

(N. 5.) KAMPHOEVENER (Hieronymus), *Amtsverwalter und Hausvogt im Amte Hütten und Hardesvogt in der
Hüttener Harde, im Kirchfpiel Hütten wohnhaft,* feit
1795; vorher Kammerfecretair und Gevollmächtigter bey dem zweyten Holfteinifchen Comtoir der
Rentekammer und Revifor bey der Klaffenlotterie
zu Kopenhagen; *geb. zu Klixbüll* in der Karrharde
Amts Tondern *den* 27 Ian. *1757.* §§. Befchreibung
der bereits vollführten Niederlegungen königl. Do-
mänengüter in den Herzogthümern Schleswig und
Holftein, womit zugleich die Aufhebung der Leibeigenfchaft, wo fie ftatt gefunden hat, verbunden gewefen ift. Kopenh. 1787. 8. (Ein Auszug daraus
fteht in den Provinzialberichten 1788. H. 3.) Etwas
zur Erläuterung über das Münzwefen überhaupt und
über den Urfprung und die Befchaffenheit des dänifchen Münzfufes von *J. Zoëga.* Aus dem Dänifchen.
Daf. 1789. 8. Einige Nachrichten von dem Leben
des verftorbenen Etatsraths *J. Zoëga.* (Aus der dänifchen Urfchrift einer Frau ...... überfetzt;) in
den Schl. Holft. Prov. Ber. 1789. H. 5. (*Revidirt.*)

KARSDORP (Gerrit), *erfter Prediger an der Mennonitenkirche*

kirche in Altona feit 1752, *zu Hamburg wohnhaft; geb.*
zu Altona den 23 May *1729.* §§. Ein Gedicht auf H.
T. de Jager. Hamb. 1749. Lyk- en Gedachtenisre-
den over Gen. 48, 21. toegepaft op het hoogft fmar-
telyk Overlyden van Zyne Kongl. Majefteit Frederik
V. d. 18 Mart. 1766. Hamb. 4. De Zegen van Je-
hovah over Koningen, die na zyn Harte zyn, over
Pf. 127, 5. vergel. met Pf. 91, 14-16. op den dag
der plegtige Gebeeden, om de voorfpoedige Regee-
ringe van Zyne Majefteit Koning Chriftian VII. d.
25 Mai 1766. Hamb. 4. Het Character van Pieter
Beets in zyn Leeven Leeraar der Doopsgezinde Gemeente te Hamburg en Altona, in eene Redevoeringe
Apoc. 2, 19. d. 20 Oct. 1776. Hamb. De vrugt-
bare Nagedachtenis van vereenwigde Leeraaren aan-
gewezen mit Hebr. 13, 7. Hamb. 1776. 8. *Die
Glaubenslehre der wahren Mennoniten oder Taufge-
finnten, aus deren öffentlichen Glaubensbekenntnif-
fen zufammengezogen durch* Cornelius Ris. Mit einem erläuternden Vorberichte und Anhange. (Aus
dem Holländifchen überfetzt.) Hamb. 1776. 4. De
volmaakte Gelukzaligheid der Hemelingen ondert-
beftier van den Opziener harer Ziele Jefus Chriftus,
die zich hunner eertyds outfermde in eene Leerreden
over Ief. 49, 10. na Aanleiding van het Overlyden
van G. Beets — Hamb. 1777. 8. Stand- en Gedag-
tenis-Rede over Abraham Wynands zedert veertig
Jaaren oudfte Leeraar der Mennoniten te Hamburg
en Altona de eerfte op het Kerkhof, d. 3 Sept. 1790.

de tweede in de Kerk der Mennoniten, d. 10 Octob. uitgefprooken. Altona. 8. Lyk-Reden op het falig Afſterven van *Reinkard Rabuſen*, uitgefprooken in de Kerk der Mennoniten te Altona; *in*: Het godfalig Sterven van *R. R.* Leeraar der Mennoniten te Hamburg en Altona. Overwogen en ter godvrugtige Nagedachtenis der Gemeente overgegeven door des overledenen nagelatene Amptgenoten G. *K.* en *Jan de Jager.* Met een bygevoegden Trooſtzang door *J. A. S. Hoekſtra*, thans Leeraar der Mennoniten te Utrecht en een Lyk-Digt (door *Hendrik v. d. Berg*). Altona 1793. 8. Leerredenen — Altona 1794. 8. (Vergl. *Hoekſtra.*) Siehe *Boltens* K. N. von Altona I, 300 ff. *(Revidirt.)*

(M. u. N. I. 5.) KERSTENS (Johann Chriſtian), *Doctor der Philoſophie* (feit 1750) *und A. G.* (feit 1757) *und der letztern ordentlicher Profeſſor zu Kiel* feit 1770, (vorher feit 1757 Profeſſor der praktiſchen Medicin und Chemie, und Arzt des Krankenhauſes der Univerfität zu Moskau,) auch feit 1772 Mitglied der kaiferl. Akademie der Naturforſcher; *geb. zu Stade den 17 Dec. 1713.* §§. Ueberfetzte unter S. J. Baumgartens Aufficht die erſten Theile von *Niceron's* Nachrichten 1750 f. Arbeitete von 1752 bis 1756 an C. G. *Ludovici's* Kaufmannslexicon. * *Joh. Jakob Brulier* von der Ungewißheit der Kennzeichen des Todes. Aus dem Franzöf. 2 Theile. Kopenh. 1754. 8. — Ueberließ dem Bernhard Chriſtoph Breitkopf eine aus *Philemon Lewis Savary* diction. univerfel de commerce gezogene

Ta-

Tabelle von dem verſchiedenen Cours der Mßnzen, in Fol., die vielleicht *nicht* gedruckt iſt. — Verfertigte in Leipzig mehrere Ueberſetzungen, deren er ſich nicht mehr erinnert. — D. de maturatione et cauſſa perfeſtionis corporum organicorum. Lipſ. 1757. 4. (iſt ſeine Habilitationsdiſputation.) De maturatione, ut cauſſa novae valetudinis diſſ. altera. ibid. eod. (iſt ſeine Doſtordiſputat.) Tentamen technologiae foſſilium. Mosquae 1759. 8. Daß die Ehre und die Wohlfahrt eines Landes eine Folge von der Aufnahme der Wiſſenſchaften ſey. Eine Rede am Geburtstage Katharina II. gehalten. Daſ. 1762. 4. Ad augendum incolarum in Ruſſia inſufficientem numerum pro ruricolis plebeiis maxime monita et praecepta. Catharinae II. natali dedicatus ſermo panegyricus. ib. 1769. 4. *Caroli a Linné* genera morborum, in auditorum uſum publicata, edit. iterata. Hamb. 1774. 8. *Tiſſot's* ſämtliche zur Arzeneykunſt gehörige Schriften, nach den neueſten Originalausgaben aus dem Franzöſ. und Latein. überſetzt und mit Anmerkungen begleitet. 2 Theile. Hamb. 1774. 1775. 8. Zweyte Auflage. Leipzig 1779. Dritte Aufl. (welche wider ſein Wiſſen erſchien). Daſ. 1791. Pr. de pleuritide mediaſtini. Kil. 1774. 4. — Beſorgte von 1776-1793 die Kieler gemeinnützigen Nachrichten. Pr. de gangraena a decubitu optimaque eam praecavendi et depellendi methodo. Kil. 1776. 4. Pr. ſiſtens ſedis prociduae refeſtione feliciter ſanatae brevis hiſtoria. ib. 1779. 4. D. novorum

phar-

pharmacorum technicorum Pharmacopoeae Danicae
vires, ufus et dofes. Kil. 1779. 4. D. de ftomachi
debilitate. ib. 1780. 4. D. de tincturae Guayacinae
virtute antarthritica. ib. 1782. 4. (wird im Meufel
irrig dem *J. F. Ackermann*, welcher Präfes war, beygelegt, wo im Gegentheil *ihm felbft* drey Difputatt.,
bey denen er nur präfidirte, zugefchrieben find: **D.**
de febre amphemerina ftipulari (1774), ift vom Refpond. *G. D. Ebio;* D. de branchotome et ad illam
inftituendam commodiffimis inftrumentis (1776),
vom verftorbenen Refpond. *Joh. Rhode;* D. primitiae Florae Holfaticae (1780), von *G. H. Weber.*) —
(Revidirt.)

KERSTENS (Johann Chriftian 2), Sohn des vorigen,
mit welchem er Nachtr. 5. verwechfelt ift — *Doctor
der A. G. und ausübender Arzt zu Itzeboe* feit 1792;
geb. zu Moskau den 28 Ian. 1768. §§. *Matthias Sax-
torph* Auszug der Entbindungskunft, zum Gebrauch
für Hebammen. Mit Kupf. Aus dem Dänifchen überfetzt. Leipz. und Kopenh. 1792. 8. D. inaug. for-
midolofi Rheumatismi biliofi triplici abfceffu meta-
ftatico aegre demum fanati hiftoria. Kil. 1792. 8.
— Mehrere Ueberfetzungen, die nicht angegeben werden können.

KIESBUY (Henning Adolph), *Doctor der A. G. und Phyfikus in den Städten Friedrichsftadt und Hufum* (wo er
wohnt), *wie auch dem Amte Hufum* feit 1789; *geb. zu
Geltingen,* einem adelichen Kirchfpiele in Angeln, *den
14 Ian.*

14 Ian. 1759. §§. D. inaugur. monita et praecepta de ufu vomitorio. Kil. 1785. 4. *(Revidirt.)*

(M. u. N. 1. 2. 5.) KIRCHHOF (Nikolaus Anton Joh.), *Rathsherr (feit 1784) und Kaufmann in Hamburg; geb. zu Itzeboe* (nicht: Glückftadt) *den 23 Sept. 1725.* §§. Befchreibung und Abbildung eines Spinnrades mit zwoen Spulen; in (P. *Fedderfens*) gemeinnützigen Nachrichten aus dem Reiche der Wiffenfchaften und Künfte. St. 18. (1768.) Befchreibung einer Zurüftung, welche die anziehende Kraft der Erde gegen die Gewitterwolken und die Nützlichkeit der Blitzableiter ziemlich beweifet, nebft einer Kupfertafel. Befchreibung verfchiedener nützlicher Mafchinen aus *J. Fergufon's* Vorlefungen überfetzt. Hamb. und Berlin 1781. 8. *J. Watts* Verbefferung der Feuermafchiene, aus *W. Pryce* Mineralogia Cornubienfi überfetzt; im Götting. Magazin 1782. St. 2. Die Aftronomie nach *Newton's* Grundfätzen erklärt, faßlich für die, welche nicht Mathematik ftudieren, nebft einem Anhange vom Gebrauche der Erd- und Himmelskugel, von *J. Fergufon.* Aus dem Englifchen, mit einigen Zufätzen. Berlin und Stettin 1783. 8. Neue vermehrte Auflage. Daf. 1785. 8. Dritte vermehrte Auflage, mit 11 Kupf. Daf. 1793. 8. Die Gefetze des Fallens der Körper, und die daraus hergeleiteten Lehrfätze *Newton's*, imgleichen die Urfache, warum die Fluth und Ebbe an beyden Seiten der Erde zu gleicher Zeit fteigen und fallen, auf eine faßliche Art erklärt mit einer Kupfertafel. Hamb. 1792.

4.

4. Auszug aus *Cook's* und *King's* Reise in den Jahren 1776 bis 1780, nebst einem Verzeichnisse ihrer beobachteten Breiten und Längen. Imgleichen Bemerkungen über die Abweichung der Magnetnadel, zum Beweise, daſs die Länge der Oerter dadurch mit Gewiſsheit nicht beſtimmt werden könne. Berlin u. Stettin 1794. 8.— Von ſeinem mathematiſchen und phyſikaliſchen Cabinet findet man eine Nachricht im Journal von und für Deutſchland 179.. St. ..— Sein Bildniſs von *Beyel* vor dem 68ſten Band der allg. d. Bibl. *(Revidirt.)*

KISS (Chriſtian Friedrich), *Director der Schleswig-Holſteiniſchen Speciesbank in Altona;* geb. zu *Wernigerode 1748.* Schreibt ſeit den 1 April 1793 die Altonaiſchen Addreſs-Comtoir-Nachrichten. *(Mitgetheilt.)*

KLAUSEN (Gottlieb Ernſt), *Profeſſor und Rector des Gymnaſiums zu Altona* ſeit 1794, vorher ſeit 1789 Conrector und ſeit 1786 Subrector; *geb. zu Carlum in der Karrharde Amts Tondern den 6 Sept. 1762.* §§. Blicke in die Vergangenheit. Eine durch Uebernehmung des Conrectorats am Alton. Gymnaſium veranlaſste Rede. Altona 1789. gr. 4. Iugendbildung. Ein Gedicht (womit der Verfaſſer Namens des Alt. Gymnaſ. als öffentlicher Redner des Königs Geburtsfeſt feyerte). Daſ. 1792. gr. 4. Schlummergeſang eines Skalden bey der Wiege der däniſchen Prinzeſſin Marie Louiſe. Daſ. 1793. 4. Te Deum! an die Eroberer. Luc. 23, 34; im Schleſw. Journ. 1793. Iun. Vatereinfalt und der Prieſterſtein; im Genius der

Zeit

Zeit 1794. Febr. Warnung und Lehre; daſ. Die Unſchuld, ein Familiengeſang; daſ. März. Lied für Dänen; daſ Iun. Hymne; daſ. Sept. Grabſchrift auf den ſel. *Henrici*; daſ. Dec. Proben einer metriſchen Ueberſetzung von *Sayer's* dramatiſchen Skizzen der nordiſchen Mythologie. Elegie und Hymne aus der Niederfahrt der Freya (nach der zweyten Ausgabe des Engliſchen Originals. London 1792); im deutſchen Magazin 1794. April. Proben — Mythologie. Bardenchöre aus Moina; daſ. Iun. Proben — Mythologie. Druidenchöre aus Starno; daſ. 1795. März.— Ließ auch ein Gedicht auf *Duſch's* Tod in den Altonaer Merkur (1787) rücken und verfertigte zwey *Lieder*, die bey der Einweihung des neuen Schulhauſes für die Armen- und Waiſenkinder der Stadt Altona (vergl. *N. Funk*) abgeſungen wurden. (*Revldirt.*).

KLOPPENBURG (Jakob), *Gerichtsſchreiber* zu . . . . . . in der Erös- und Calslundharde Amts Hadersleben; *geb. zu* . . . . in Süderdithmarſchen 17. . . §§. Geographie für Iedermann, inſonderheit für die Iugend. Th. 1. Europa. Schlesw. 1785. 8. Th. 2. die übrigen Welttheile. 1786. Die *däniſche* Ausgabe dieſes Buchs, welche theils von einem andern nach dem Original überſetzt, theils von dem Verfaſſer ſelbſt umgearbeitet iſt, hat den Titel: Geographie for Enhver, iſær for Ungdommen, in 2 Deele. Kbhvn. 1787. 8.

KNICKBEIN (Johann Chriſtian), *Diakonus zu Wevelsfleth* in der Wilſtermarſch ſeit 1760; *geb. zu Marne*

in

in Süderdithmarschen *den* 27 *Octob.* 1722. §§. Vernünftige Gedanken von dem Geräusch eines Wortfechters im Lande der Gelehrten. Hamb. 1750. 4. (*Revidirt.*)

(M.) KOCH (Detlef), *Paftor zu Oeverfee in der* Uggelharde. Amts Flensburg feit 1784, vorher feit 1776 ordentlicher Profeffor der Logik und Beredfamkeit an dem akademifchen Gymnafium zu Zerbft; *geb. zu Flensburg den 13 April 1744.* §§. Daß die Religion Iefu die einzige Quelle des Troftes bey dem Verlufte geliebter Perfonen fey. Halle 1769. 4. Das Bild eines grofsen Regenten. Rede am Geburtstage Chriftian VII, den 29 Ian. 1770 in Flensburg gehalten. Hamb. 1770. 4. Vorfchlag und Wünfche an die Herren des königl. danifchen Hofes, die in die unmittelbare allerhöchfte königl. Beförderung zu geiftlichen Bedienungen in den Herzogthümern Schleswig und Holftein einen Einflufs haben. Frankfurt, Leipzig und Kopenh. 1773. 8. Ausführliche Anzeige der öffentlichen und Privatvorlefungen, die künftig gehalten werden follen. Zerbft 1776. 4. *An-leitung und Materialien zu Predigten, die dem aufgeklärten Publicum angemeffen find. Hadersl. 1787. 8. *Ueber die Bildung guter Prediger und die beffere Einrichtung des Canzelvortrags, nach den Bedürfniffen eines erleuchteten Iahrhunderts, nebft einigen Materialien für die Kanzel, zur Probe vorgelegt. Flensb. 1787. 8. — Vergl. *Ruß's* Nachrichten von den itzt lebenden Anhaltifchen Schriftftellern Th. 2.

KOCH

KOCH (Friedrich Wilhelm), *Doctor der A. G. und feit 1786 Phyfikus in den Städten Glückfladt* (wo er wohnt), *Itzehoe, Krempe und Wilfter und in dem Amte Steinburg, wie auch Medicus beym Zucht- und Werkhaufe zu Glück-fladt*, auch feit 1789 Mitglied der königl. medicinifchen Societät in Kopenhagen; *geb. zu Rendsburg den 3 Octob. 1759.* §§. Eine Abhandlung, zwey Kopfwunden und eine die Peripneumonie betreffend. Kopenh. . . . . . . D. medica de miasmate putredinofo, praefide *C. E. Mangor.* Hafn. 1785. 8. D. inaugur. fpecimen medicum, fiftens febrim putridam nervofam, praefide *A. N. Aasheim.* ibid. 1786. 8. *(Autographum.)*

KOEHN (Johann), *Schulhalter in Hamburg,* (*geb. zu Hufum 17..,*) hat die Hamb. 1782. 4. in zwey Theilen erfchienene Ausgabe des Hamburgifchen Comtoiriften von *Jürgen Elert Krufe* mit veranftaltet, wie die Vorrede mit deutlichen Worten zeigt. *(Mitgetheilt.)*

KOELPIN (Alexander), *Iuftitzrath und königl. Hofchirurgus, auch Profeffor an der chirurgifchen Akademie zu Kopenhagen; geb. zu Ueterfen den 9 Iul. 1731.* §§. Verfchiedene Abhandlungen in der 1771 erfchienenen juriftifch-medicinifch-ökonomifchen Zeitung. — Diff. epiftolaris di vitro antimonii cerati ad *Joh. Frid. Wohlfart.* . . . . . 1773. 8, De empyemate obf.; in Actis Soc. med. Hafn. Vol. I. (1777.) De emphyfemate notabiliori obf.; daf. De fiftula perinaei urinaria cum abfoluta vrethrae coalitione obf.; daf. Vol. II. (1779.) De capitis laefionibus meletemata medicochirurchirurgia cum adiectis obf. ..... 1777. 8. (deutfch: Medicinifch - chirurgifche Betrachtungen über die Kopfwunden, nebft einigen Wahrnehmungen — über- fetzt und mit einer neuen Vorrede vermehrt. Leipz. 1779. 8.) De chirurgiae recentioris prae veteri prae- ftantia et progreffu. Oratio inaugur. academ. 1787 habita cum ratione examinum. Hafn. 1788. — Vgl. *Worm* 3, 429. (*Revidirt.*)

KOEPPE (Heinrich Gottlieb), *geb. zu Neukirchen* im Stifte Merfeburg *den 17 April 1730.* *Er hat* in Halle 8 Iahre ftudirt und dafelbft 1756 das examen medi- cum abgelegt, in eben dem Iahre feine diff. inaugur. de vera morborum diagnofi, certo therapiae funda- mento, praefide Joh. Junkero vertheidigt, *fich darauf in Glückftadt als ausübender Arzt niedergelaffen und* 1769 *das Phyfikat* in den Städten Glückftadt, Itzehoe, Wil- fter und *Krempe,* wie auch im Amte Steinburg, *er- halten, bis ihm* 1786 *fein Schwiegerfohn F. W. Koch ad- iungirt wurde.* (*Mitgetheilt.*)

KORDES (Berend), *Doctor der Philofophie* (feit 1786) *und derfelben aufferordentlicher Profeffor in Kiel* feit 1792, wie auch Unterbibliothekar feit 1793, vorher Privatdocent in Jena feit 1787 und Kiel feit 1789; *geb. zu Lübeck den 27 Octob. 1762.* §§. Obfervationum in *Jonae* oracula fpecimen, ratione potiffimum habi- ta verfionis Alexandrinae fragmentorumque Hexa- plarium. Jenae 1788. 4. (wird Nachtr. 5. dem Re- fpondenten *Ch. J. W. Mofche* beygelegt, wozu ohne Zweifel die Erlanger gel. Zeit. Veranlaffung gab.). *M.

AccI

Acc I Plauti, Sarfinatis Umbri, comoediae duae (Capteivei et Trinumus) ex rec. J. F. Gronovii. ib. eod. 8. *Ruth* ex verfione LXX. interpretum fecundum exemplar Vatic⸗num recognitum a Lamb. Bos. Accedit Periocha, in qua de Ruthae hiftoria exponit, in ufum fcholarum, quibus idiomata linguae hebrai⸗ae et genius dictionis N. T. comparantur. ibid. eod. 8. M. Accius *Plautus* und Friedrich Wolfgang *Reiz.* Kiel 1793. 8. (Wiffenfchaftliche und topographifche) Ueberficht der itzt lebenden Schleswig-Holfteinifchen Schriftfteller; in den Prov. Ber. 1793. H. 5. — Recenfionen in der Kieler gelehrten Zeitung vom Jahr 1790 und 1791, im Fache der biblifchen Exegefe und claffifchen Litteratur. — Vergl. *(J. G. Eck's)* Leipziger gel. Tagebuch auf das Jahr 1787.

(M. u. N. 1. 3. 5.) VON KREBS (Heinrich Johann), *Profeffor und Lehrer der Mathematik und der Kriegswiffenfchaften bey der Landcadetten-Akademie und der königl. Artilleriefchule, auch Capitain im Artilleriecorps zu Kopenhagen,* und feit 1794 Mitglied der Gefellfchaft der Wiffenfchaften dafelbft; *geb. zu Fahretoft in der Böckingsharde Amts Tondern den 16 May 1742.* §§. Anfangsgründe der reinen Mathematik. Th. 1. Arithmetik. Th. 2. Geometrie. Kopenh. und Leipz. 1777. 1778. 8. mit Kupf. Zweyte vermehrte und verbefferte Auflage. Kopenh. 1792. 1794. gr. 8. Anfangsgründe der eigentlichen Kriegswiffenfchaften. Aus den beften militärifchen Schriften zufammengetragen. Flensb. und Leipz. 1784. 8. (Dänifch überfetzt

von

von *Chriſtian Friedrich von Heuſner.* Kopenh. 1785. 8.) Taktiſche Grundſätze und Anweiſungen zu militäri-ſchen Evolutionen, von der Hand eines berühmten Generals *(von Saldern).* Von Schreib- und Druckfeh-lern berichtigt und mit Anmerkungen herausgegeben. Kopenh. 1786. 8. mit Kupf. In Erfahrung gegrün-dete Gedanken vom Gebrauch der Mannſchaften, die jungen Officiers anvertraut werden beym Angrif und Vertheidigung kleiner Poſten, von dem Hrn. . . . . . . *la Foſſé* (dem jüngern, den *Adelung,* zufolge dem Ek-kardſchen Regiſter über die Gött. Anz. mit dem Va-ter *Etienne Guillaume* verwechſelt). Aus dem Franzöſ. überſetzt und herausgegeben. Kopenh. und Leipzig 1789. 4. mit 11 groſsen Planen. Abhandlung von der Einrichtung der kupfernen Pontons. In der kö-nigl. Soc. der Wiſſenſch. zu Kopenh. vorgeleſen den 1 Nov. 1793. Mit 1 Kupf. Kopenh. 1794. gr. 8. (Dä-niſch in: Nye Samling af det kongl. danſke Videnſk. Selſk. Skrivter. 5. B. 1. H.) — Noch hat er für ſeine Vorleſungen *Carl Auguſt Struenſee's* Anfangsgründe der Kriegsbaukunſt (3 Theile. 1771-1774. 8.) zuſam-mengezogen und verändert, wovon *Carl Chriſtoph Kalnein* Th. 1. Kopenh. 1778. Th. 2. B. 1. 1780. B. 2. 1781. 8. mit Kupf. aus ſeinem *Manuſcript* däniſch überſetzt und herausgegeben hat. — Vergl. *Worm* 3, 443. *(Revidirt.)*

KRICHOUFF (Johann Gottfried), *Doctor der A. G. und Phyſikus in der Stadt und dem Amte Tondern; geb. zu Görlitz 17. . . §§. D. inaugur. . . . . * Nachrichte von

von der in der Stadt Tondern errichteten Anſtalt zur
Verpflegung und Heilung kranker Armen und dem
damit verbundenen Krankenhauſe; in den Prov. Ber.
1787. H. 4. Gedanken über die Abſtellung der Betteley und die Beförderung der Arbeitſamkeit in der
Stadt Tondern; daſ. 1788. H. 3. (*Konnte* nicht revidirt werden.)

KROYMANN (Hinrich), *privatiſirt in Hadersleben*; geb.
zu Schubye in der Ahrensharde Amts Gottorff *den 1 Iun.*
1748. §§. Der verreiſte Bauer. Ein Wochenblatt.
Flensb. 1776. 1777. 4. Nyttige Anmærkninger for
Danſke Patrioter, angaaende Landvæſenet, om det
dobbelte Bogholderie paa Landgodſer. 1ſte Hefte,
Viborg 1783. 8. Det ynkelige Foraar 1784 og Tanker over Aarſagerne dertil og Raad derimod. Kbhvn.
1784. 8. Præludium til Holſtenerne i Danmark.
..... 1785. 4. Nogle frie Forklæringer over Danmarks Agerdyrknings-Katechiſmus, til vakre Land-
mænds Aere. Odenſee 1786. 8. Et Exempel ved
Landvæſenets Kriſis til ædelmodige Jorddrotter og
godmodige Bonder. Odenſ. 1787. 8. Den bedſte
Methode til Flyveſandets Dæmpning. ..... 17...gr.
8. (Auch eingerückt in Aalborgs patriotiſke Samlinger. 1788.) Prove af Forſoget til en Reiſe i Danmark og Holſteen. Kbhvn. 1789. (Steht auszugsweiſe in den Prov. Ber. 1790. H. 1.) Det Maaneds-
korreſpondent. 1790 May bis 1791 April. Däniſch
und deutſch; unter dem Titel: Der Korreſpondent,
däniſch und deutſch, fortgeſetzt 179.. — Mitheraus-

N 3   geber

geber (?) der unter *J. Boyſen* aufgeführten Haders-
levſke Maanedſkrivt. Vgl. *Worm* 3, 446. *(Revidirt.)*

(N. 5.) KROYMANN (Jürgen), Bruder des vorigen —
Schreib- und Rechenmeiſter am Gymnaſium zu Altona ſeit
1794, vorher zweyter Lehrer der Stadtſchule zu
Eckernförde; *geb. zu Scbubye* in der Ahrensharde Amts
Gottorff *den 10 Iun. 1739.* §§. Anleitung zum gemeinnützlichen Rechnen. Schleſw. 1787. 8. Zweyte
verbeſſerte Auflage. Daſ. 1791. 8. Erſte Anleitung
zur Kenntniſs der gemeinnützlichen Algebra. Daſ.
1787. 8. Mathematiſche Uebungen des Witzes und
Nachdenkens. Daſ. 1792. 8. *(Revidirt.)* — Hat angekündigt: Entwurf einer gemeinnützl. Geometrie.

KRUSE (Ernſt Chriſtian), *Paſtor bey der alten Kirche auf
Pellworm* ſeit 1792 (?); *geb. zu Altona den 26 Aug. 1764.*
§§. Ueber die Abnahme der weſtlichen Küſte Schleswigs und Holſteins; in den Schl. Holſt. Prov. Ber.
1793. H. 3. Nachricht von der doppelten Ueberſchwemmung der Inſel Pellworm. — Glückliche Ausſichten in die Zukunft; daſ. Noch etwas über einige Vorſichtsanſtalten zur Verminderung der Waſſerſchäden, mit Rückſicht auf den Aufſatz des Hrn.
Doctor *Wolf* über dieſe Materie im 1 St. der disjährigen Prov. Ber.; daſ. H. 5. Ueber den Urſprung der
Frieſen auf der Weſtküſte Schleswigs; daſ. H. 6.
Neue Ueberſchwemmung der Inſel Pellworm; daſ.
1794. H. 2. Beſchreibung der Inſel Hoge; daſ. Ueber den Urſprung des Stalleramtes und die Etymologie des Namens Staller; daſ. H. 3. Vom Schlick-
torfe

torfe und dem daraus gezogenen Salze; daſ. See-
hundsfang bey der Inſel Norderog; daſ. König
Abels Zug gegen die Frieſen. Nach einem Extract
aus der alten allgemeinen Eyderſtädtiſchen Chronik;
mit Anmerkungen; daſ. H. 4. Topographie der Inſel Nordſtrand vor der Fluth vom Iahr 1634; daſ.
1795. H. 2. Fehde der Eyderſtädter und Dithmar-
ſcher in den Iahren 1413 und 1416; daſ. H. 3. *Das
Traumgeſicht, nach dem Lat. des *Cunaeus*. Schl. 1755. 8.

KUECK (Johann Heinrich Philipp), *Doctor der A. G. und
ausübender Arzt zu Ueterſen; geb. zu Hamburg den 15
März 1756.* §§. D. inaug. de Emproſthotono, quam
ſub praeſidio *Joh. Guil. Baumer* (dem *Meuſel* ſie beylegt) publico eruditorum examini ſubmittet auctor
et reſpondens. Gieſſae 1776. 4. (*Mitgetheilt.*)

KÜNNIGER (Johann Jakob Hermann), *Auditeur beym
Leibregiment Reuter zu Schleswig; geb. zu Flensburg den
20 Octob. 1753.* §§. Quaeſtiones ſelectae ad ius naturae ſpectantes, quas praeſide *Ludov. Frid. Cellarie* (dem
Meuſel ſie beylegt) defendit. Ienae 1776. 4. Ueber
das Reinigen und Bleichen der *K*upferſtiche; in den
Schleswigſchen *K*unſtbeyträgen H. 1. Sicheres Mittel, das Reiſſen und Ausſpringen der Waſſerfarben
für die Miniatur- und Waſſermalerey zu verhindern;
daſ. Ausführliche Beſchreibung des ſchönen Brüg-
mannſchen Altars im hohen Chore der Schleswigſchen
Domkirche, welcher vormals in der Bordesholmer
Kirche geſtanden; daſ. H. 2. (*Mitgetheilt.*)

KUNZE (Carl Sebaſtian Heinrich), *Rector zu Neuſtadt*

in Wagrien ſeit 1795; *geb. zu Kiel den 2 Febr. 1774.*
§§. Deutſchlands kryptogamiſche Gewächſe, oder
botaniſches Taſchenbuch auf 1795. Hamb. 8. — Von
„Sammlung der gemeinnützigſten Maſchienen, nach
Leupold und andern Schriftſtellern bearbeitet," er-
ſcheint Oſtern 1796 der 1ſte und 2te Theil in gr. 8.
(Revidirt.)

LAEGER (Johann Lotharius), *Kaufmann in Altona; geb.
zu Hamburg den 8 Iun. 1745.* §§. Allgemeine Lebens-
regeln für meine 16jährige Tochter, ein Geſchenk an
ihrem Confirmationstage. Altona im März 1788. 32
S. 8. *(Mitgetheilt.)*

LANGE (Carl Friedrich), *Paſtor zu Oldenburg in Wagrien ſeit 1779,* vorher ſeit 1765 Archidiakonus und
ſeit 1758 Diakonus daſelbſt; *geb. zu Neuſtadt in Wagrien 17...* §§. Predigt nach der in Oldenburg entſtandenen heftigen Feuersbrunſt. Hamb. 1773. 8.
(Mitgetheilt.)

(M. u. N. 1.) LANGE (Johann Heinrich), *Diakonus und
Rector zu Nerva in Eſthland ſeit 1759,* vorher ſeit
1750 Rector zu Dorpat in Liefland; *geb. zu Preetz
den...... 1717.* §§. Gedächtnißpredigt auf die
Kaiſerin *Eliſabet Petrowna,* nebſt einer Trauercantate.
Riga 1762. Etwas Altes, das ſich aber auch recht
gut auf unſere itzige neue Zeit paſſet. Reval 1773.
8. Eine merkwürdige und zuverläſige Nachricht
von der Verbrennung des oberſten Prieſters bey den
Kalmucken. Daſ. 1773. 8. Eine kleine, aber wohl-
bewährte Doſis von Vernunft, allemal ſicher zu ge-
brau-

brauchen, wider den itzigen epidemifchen Paroxys-
mus u. f. w. verordnet im I. 1775. — Vergl. *Gadebufcb* Lieflländifche Bibliothek Th. 2, nach welcher
er feit 1750 mehrere Einladungsfchriften edirt hat.

LANGHOFF (Johann Friedrich), *Doctor der Rechte in
Altona*; *geb. zu Hamburg den 8 März 1749.* §§. D. inaugur. de erroribus problematicorum circa probatio-
nem in perpetuam rei memoriam praef. *C. F. Winck-
lero.* Kil. 1773. 4. (*Mitgetheilt.*)

LASSEN (Erasmus), *Paflor zu Qverndrup* (?), einem Dor-
fe auf Fünen; *geb. zu Heils* in der Tyftrupharde Amts
Hadersleben *den 25 Febr. 1756.* §§. *Spangenberg* om
de evangelifke Brœdres Arbeide blant Hedningerne.
Overfat. Odenf. 1784. 8. (fehlt im *Erfcb.*) Vergl.
Worm 3, 954.

LAU (Johann Chriftian), *Befitzer einer Notenftecherrey in
Altona* feit 1792; *geb. zu Neuftadt* in Wagrien *den 27
Oftob. 1765.* §§. *J. F. Schink* vernünftig-chriftliche
Gedichte, mit Mufik von Lau. Altona 1790. Queerfolio. *Auswahl von Liedern aus Hrn. *J. F. Schink*
vernünftig-chriftlichen Gedichten. Mit leichten Melodien für Liebhaber des Claviers und Gefanges. Neue
Auflage, nebft einem Anhange. Hamb. 1792. Queerfolio. — Von feiner Notenftech. f. Prov. Ber. 1792. H.
5. und 1793. H. 2. S. 20. in der Beyl. (*Revidirt.*)

LAU (Johann Chriftoph), *Pagenhofmeifter in Schleswig;
geb. zu Tötning den 19 Nov. 1752.* §§. Etwas über
ein allgemeines Fufsmaafs; in den Schlesw. Kunft-
beytrügen H. 2. (*Mitgetheilt.*)

LA-

LAWAETZ (Chriſtian Otto), Bruder der drey folgenden
— Iuſtitzrath und Committirter im General-Land-Oeko-
nomie- und Commerz-Collegium zu Kopenhagen; geb. zu
Rendsburg den 31 Ian. 1745. §§. *Om det Aſiati-
ſke Compagnies Handels-Beſtyrelſe. Kbhvn. 1778. 8.

LAWAETZ (Ferdinand Otto Vollrath), Beſitzer des ade-
licben Gutes Bramſtedt oder Stedingshof in Wagrien; geb.
zu Rendsburg den 11 May 1751. §§. Verzeichniß
der verſchiedenen Preiſe, wofür zu Bramſtedt in den
Iahren 1668 bis 1789 der von den Eingepfarrten an
die dortige Kirche gelieferte Rocken jährlich um Faſt-
nacht die Tonne öffentlich verkauft worden, aus den
bey der Kirche befindlichen Kirchenbüchern gezogen; in den Schl. Holſt. Prov. Ber. 1789. H. 3. Von
der Beſchaffenheit der ehemaligen Leibeigenſchaft in
dem adelichen Gute Bramſtedt bis zu ihrer vollende-
ten Aufhebung. Ein Beytrag zur Geſchichte der Bäu-
ernfreyheit in Holſtein; daſ. 1792. H. 5. Artikel
der in dem Dorfe Weddelbrok, im adel. Gute Bramſtedt, errichteten und von der Gutsherrſchaft confirmirten, ſogenannten Windgilde, mitgetheilt; daſ.
1794. H. 1. Gedanken über den Zuſtand der Häuer-
inſten im Kirchſpiel Kaltenkirchen, die Urſachen der
von ihnen geäuſſerten Unzufriedenheit und die Mittel, ihnen aufzuhelfen; daſ. 1795. H. 5.

(M. u. N. 1. 4. 5.) LAWAETZ (Heinrich Wilhelm), Iuſtitzrath und Privatgelehrter zu Altona ſeit 1785, vorher Kloſterſchreiber und Syndikus des adelichen Stifts
zu Ueterſen, zuerſt Secretair und Auſcultant bey der
Groß-

Grofsfürftl. Ruffifchen und Herzogl. Holfteinifchen luftitzcanzeley in Kiel; *geb. zu Rendsburg den 27 April* 1748. §§. *Moralifches Wochenblatt. 4 Theile. Leipz. 1768. 8. *Geiftliche Oden und Lieder. Hamburg 1775. 8. *Ueber die Aufmunterung. Daf. 1775. 8. Epiftel über den Eheftand. Abzugeben an meine Braut. 1776. 8. Verfuch über die Temperamente. Hamb. 1777. 8. *Die Temperamente, ein Luftfp. Daf. 1777. 8. *Beantwortungen, durch den Bericht zur Unterftützung und Revifion des bey der dänifch-afiatifchen Compagnie im I. 1783 entdeckten Caffamangels niedergefetzten Commiffion veranlaffet. Aus dem Dänifchen überfetzt. Altona 1785. 8. Handbuch für Bücherfreunde und Bibliothekare. Des 1ften Theils 1fter und 2ter Band. Von der Gelehrfamkeit überhaupt. Halle 1788. 8. 3ter B. 1789. Dreyfaches Regifter zu den 3 erften Bänden des 1ften Th. feines Handb. für Bücherfr. und Biblioth. 1791. Erfter Nachtrag zu den 3 erften Bänden des 1ften Th. In 2 Abtheilungen. 1791. Des zweyten Nachtrags erfte Abtheilung. 1794. Des 1ften Th. 4ter B. erfte Abtheilung. 1790. Zweyte Abtheil. 1790. (Diefe beyden Abtheilungen haben auch den befondern Titel: Verzeichnifs einzelner Lebensbefchreibungen berühmter Gelehrten und Schriftfteller älterer und neuerer Zeit.) Erfter Nachtrag zum 4ten B. des 1ften Th. 1792. (Das ganze Werk hat aufser dem fchon angeführten allgemeinen Titel auch noch folgenden: Handbuch zum Gebrauch derjenigen, die fich von

der

der Gelehrſamkeit überhaupt einige Bücherkenntniſs
zu erwerben wünſchen.) Handbuch für Bücherfr.
und Biblioth. des 2ten Th. 1ſter B. Statiſtik, Politik
und einige damit verwandte Gegenſtände. Erſte Abtheilung. Mit dem Schattenriſſe des Verf. und einer
Vorr. des D. *Krünitz* in Berlin. Halle 1794. 8. (Hat
auch den Titel: Bibliographie intereſſanter und gemeinnütziger Kenntniſſe.) 2ter B. Daſ. 1795. —
Verſuch einer Litteratur der Roſenkreuzer; im Journal von und für Deutſchland. 1788. St. 5. Ueber
die Tugenden und Laſter, ſo wie überhaupt über die
Neigungen und Leidenſchaften des Menſchen, belegt
und erläutert mit vielen Anekdoten und Beyſpielen
aus der alten ſowohl als der neuern Geſchichte. 1ſter
Th. Flensb. 1789. 8. 2ter Th. 1790. 3ter Th. 1792.
Sammlung vermiſchter Lieder, in Muſik geſetzt von
J. M. König. Altona 1790. Queerfolio. Ueber die
Nothwendigkeit und Möglichkeit eines allgemeinen
Repertoriums der Litteratur und Bücherkunde; im
Journal von und für Deutſchl. 1791. St. 1. *Neues
Journal aller Journale, oder ſkiagraphiſche Ueberſicht
der vorzüglichſten fremden und einheimiſchen Zeit-
ſchriften. 12 Stücke (nicht: *ſechs* St.). Hamb. 1790.
8. Verſuch über die richterliche Billigkeit. Daſ.
1793. 8. Die Diamanten; ein Schauſpiel in einem
Aufzuge, welches eine wahre Geſchichte enthält, nebſt
einer Abhandlung über das Nachſpiel. Daſ. 1793. 8.
— Gedichte im Schwickertſchen Muſenalmanach und
im Wielandſchen Merkur. — Einzelne Auffätze in
den

den Hamburgifchen Addreſscomtoir-Nachrichten,
dem Journal des Luxus und der Moden, dem Journal von und für Deutfchland, der Lemgoer Zeitung
für Rechtsgelehrte und dem anfänglich vom Hrn.
von *Heſs* in Hamburg herausgegebenen Journal aller
Journale. — Seinen Schattenriſs hat D. *Krünitz* durch
S. Halle 1792 in Kupfer ftechen laſſen. *(Revidirt.)*

(N. 5.) LAWAETZ (Johann Daniel), *Etatsrath und Kaufmann in Altona*; *geb. zu Rendsburg den 17 März. 1750.*
§§. *Briefe über den neuen Finanzplan in Dännemark. Hamb. 1786. 8. — werden ihm beygelegt,
wogegen er aber öffentlich in der allgemeinen Litteraturzeitung proteftirt. *Briefe eines alten Holftei-
ners an feinen Sohn im Schleswigſchen über die neue
Münze und Bank. Altona 1788. 8. — follen auch
von ihm feyn, und, zufolge des 5ten Nachtr. *Bemerkungen über die neue Einrichtung des Geldes in
den Herzogthümern Schleswig und Holftein.(Hamb.)
1789. 8.

(M. u. N. 2. 3.) LEHMANN (Adde Johann), *königl. däniſcher würklicher Confiftorialrath* — ward 1753 Subftitut des Hauptpredigers in Plön, 1755 Paftor zu
Arensbök, 1761 fürftl. Schleswig-Holftein-Plöniſcher
Hofprediger, legte aber 1765 fein Amt nieder und
gieng nach Erpach, alsdann *nach Worms, wo er noch
privatifirt; geb. in* der Gegend von Lübeck und Arensbök (*Schwartau?*) 17... §§. Leichenpredigt auf den
Herzog Friedrich Carl in Plön. Plön 1762. Folio.
Traurede bey der Vermählung des Grafen von Erpach

pach mit der Prinzeſſin von Holſtein-Plön. Plön 1764. Wohlgemeinte Vorſchläge zur Aufrichtung des verfallenen Chriſtenthums unſerer Zeit. Frankf. am Mayn 1766. 8. *Tractat über die Leibeigenſchaft, an Graf Cajus von Reventlou gerichtet. Offenbach 1780. 8. Verdienſt der chriſtlichen Offenbarung um die menſchliche Vernunft in Aufhellung der Religionsausſichten. Daſ. 1783. ⸸ Chriſtlicher Religionskatechismus, für ſich allein und abgeſondert oder in Verbindung mit dem Verdienſte der chriſtlichen Offenbarung. 3 Theile. Daſ. 1783. 8.

LEIFHOLD (Chriſtian Leonhard), *Paſtor zu Schwanſen,* einer adelichen Kirche im Lande Schwanſen, ſeit 1763; *geb. zu Preetz 17... —* ſchrieb in der Schleswigſchen monatlichen Ueberſicht der Litteratur, noch früher als *J. Blatt,* ein Paar (unbedeutende) Zeilen gegen *H. P. C. Esmarch,* zur Vertheidigung (!!!) der Leibeigenſchaft. (*Mitgetheilt.*)

LEMPELIUS (Gerhard Wilhelm Amandus), *Paſtor zu Cotzenbüll* in der Landſchaft Eiderſtedt ſeit 1793, vorher ſeit 1784 Conrector der Domſchule zu Schleswig; *geb. zu Kiel den 25 Dec. 1761.* §§. C. Corn. Taciti opera cum ſcholiis in utilitatem juvenum. T. I. Slesv. 1791. 8.—Von ihm *ſoll* auch herrühren: Sarkasmen. Aus einer däniſchen Originalſchrift (des *Jacob Chriſtian Bie* — vergl. *Worm* 1, 106 und 3, 75. wie auch neue allgem. deutſche Bibl. S. 336. des Intellig. Blattes für 1793) überſetzt. Adrian. 1792. 8.

(N.

(N. 5.) LESSER (Johann Andreas), *Enkel* des Philipp Jacob L., Predigers zu St. Nikolai in Nordhaufen, *Sohn* des D. Johann Gottlieb L., königl. dänifchen Iuftitzraths, erften Herzogl. Plönfchen Leibarztes, wie auch ordentlichen Arztes des adelichen Klofters zu Preetz (vergl. *Börner* 1, 441 und 2, 442) und *Bruder* des Johann Philipp L. in *Worm* — königl. *dänifcher Canzleyrath* (feit 1780), *privatifirt* feit 1794 *in Jena*, vorher feit 1789 in Weilburg, feit 1785 in Schlitz bey Fulda, feit 1780 in Kopenhagen, zuerft feit 1767 in Dienften des Friedrich von Hahn, Erbherrn auf Neuhaus u. f. w. im Mecklenburgifchen, anfangs als Secretair, dann als Iuftitzinfpector; *geb. zu Preetz* (nicht: Weilburg) *den 2 Iul. 1746.* §§. *Die natürliche Religion, wie folche in den Schriften der heidnifchen Philofophen gefunden wird, von *Chriftian Baftholm.* Aus dem Dänifchen. Kopenh. 1784. 8. * *Wilhelm Thomas Raynal's* Auffätze für Regenten und Unterthanen. Aus dem Franzöfifchen. Erfter Th. in 2 Abtheil. Nürnb. 1788. 8. Der zweyte wird folgen. — (Die Ueberfetzung der Raynalfchen Gemälde von Europa, welche ihm, wahrfcheinlich aus Verwechfelung, in den Provinzialberichten 1793. H. 6. zugefchrieben wird, ift nicht von ihm. Vergl. *Erfch's* anonymifches Schriftenverzeichnifs. —) Zum Druck liegt fertig: „*Peter Kofod Ancher's* dänifche Rechtsgefchichte, von König Harald Blaatands Zeit an bis auf die Könige aus dem Oldenburgifchen Stamme. Aus dem Dänifchen." (*Nach dem Autographum.*)

(M.)

(M.) LESSER (Wolf Heinrich), Bruder des vorigen —
Paſtor zu Saderſtopel in der Landſchaft Stapelholm ſeit
1772, vorher ſeit 1759 Diakonus daſelbſt; *geb. zu
Preetz den 9 Oktob. 1730.* §§. *Das Lob der aufrich-
tigen Wünſche (ein in fremdem Namen verfertigtes
Gedicht). Helmſt. 1751. Fol. Ein Leichencarmen
auf den Tod ſeines Vaterbruders, *Friedrich Chriſtian
L.,* Paſtors zu St. Jacobi und Martini in Nordhauſen,
für ihn und ſeinen Vater. Plön 1754. Folio. Der
Werth der Liebe (ein Gedicht). Daſ 1754. Fol. Auf
den Tod der Frauen Emilia Friederika L. Daſ. 1754.
Fol. Erneuerte genealogiſche Nachricht von dem
Leſſerſchen Geſchlechte. Daſ. 1755. 4. 2 Bogen. (be-
zieht ſich auf die, von *Lawätz* 1, 726 und 3, 235.
übergangene „genealogiſche Nachricht von dem ge-
ſegneten Leſſerſchen Geſchlecht, von *Friedr. Chriſt.
Leſſer.* Nordhauſ. 1729. 4.") Eine lateiniſche Gra-
tulation an ſeinen Bruder Johann Philipp L., als er
1756 zu Kiel den mediciniſchen Doctorhut erhielt;
hinter der (im *Worm* ausgelaſſenen) Inauguraldiſputation, die der letzte als Auctor de variolis unter *G.
H. Kannegieſſer* gehalten hat. *Erfindung zu Abſo-
lutionsreden aus beſondern Sprüchen der h. Schrift.
(Altona 1760.) gr. 8. Zum Geburtstage ſeiner Eltern (ein Gedicht). Schlesw. 1768. 8. — Vergl. *Boltens* Beſchreibung der Landſchaft Stapelholm S. 366.
(*Revidirt.*)

LEWON (Friedrich Wilhelm), *Doctor der Rechte und
Auſcultant in der Regierung zu Eutin* ſeit 1788; *geb.
da-*

daſelbſt den 14 Iul. *1754.* §§. D. inaugur. (praeſ. *Car.*
Frid. Winckler) de lucro ex confiſcatione an et quatenus vi iurisdictionis patrimonialis percipiatur. Kil.
1778. 4. *(Mitgetheilt.)*

(N. 5.) LIETZEN (Ferdinand), *Rector in Friederichsſtadt*
ſeit 1792; *geb. zu Struxdorf* in Angeln *den* 22 *Nov.*
1759. §§. Bemerkungen über öffentliche Iugendbildung. Flensb. 1794. 8. *(Revidirt.)*

LIHME (Martin Friedrich), *privatiſirt in Plön* ſeit 1777,
war vorher ſeit 1764 Paſtor·zu Töſtrup in Angeln
Amts Gottorff; *geb. zu Hadersleben 1733.* §§. Der an-
genehme·Weg zu Gott. Eine Predigt. 1776. * Wichtiger Brief an *(Riebe)* den glücklichen Verfaſſer der
Schrift, betitelt: Ueber Wahrheit, Denken und Lehren. 1777. * Der liebenswürdige und glückliche
Schullehrer auf dem Lande. 1777. * Die Hofnung
baldiger beſſerer und froherer Menſchen unterm Mor-
de. Ein Leſebuch der menſchenfreundlichen Leſe-
welt und den Leſern der Antoinette oder des Mähr-
chens aus der andern Welt zugeeignet. Hamb. 1777.
8. * Etwas zur Empfehlung der Blatterinoculation.
1778. Erbauungen für Iedermann, für die Bedürfniſſe unſerer Zeiten. 1780. 8. (wird irrig bald dem
Jokob Jochims, bald dem *J. B. Baſedow* zugeſchrieben.)
Neue Auflage: * Allgemeine Glückſeligkeitslehre und
Erbauungsbuch für Iedermann. Flensb. 1786. 8.
(Nach dem Autographum.)

LILIE (Ernſt Gottfried), Sohn des *Ernſt·Philipp L.* im
Anhange — *Doctor der Philoſophie und Subrector des*

Alto-

Altonaiſchen Gymnaſiums ſeit 1795, war ſeit Michaelis 1794 Privatdocent in Göttingen und privatiſirte
vorher ſeit 1792 nach einer durch Italien im Iahr
1791 gemachten gelehrten Reiſe zu Hamburg; *geb.
zu Preetz den 28 Febr. 1767.* §§. (D. inaugur.) Platonis ſententia de natura animi. Goett. 1790. 8. *(Mitgetheilt.)*

LILIE (Wilhelm Gottlob), Bruder des vorigen — *Doctor
der A. G. und Phyſikus in der Stadt Flensburg* und den
Aemtern Flensburg und Bredſtedt, auch Vorſteher
und Lehrer bey der Hebammenſchule in Flensburg;
geb. zu Elmsborn den 22 März 1751. §§. Rede von der
Gröſse der Beherrſcherin aller Reuſſen, gehalten zu
Stettin am Geburtsfeſte der Kaiſerin Katharina II, den
2 May 1771. Stettin. Fol. D. inaugur. de plumbi
virtutibus medicis — — Edinburgi 1775. 8. De
hydrope Aſcite per emeſin curato; in Actis ſoc. medicae Hain. Vol. I. (1777.)—Lieferte dem *H. Harries* Materialien zu dem letzten mediciniſchen Capitel
in *deſſen* frommen Seefahrer. *(Mitgetheilt.)*

LOPPNAU (Carl Friedrich), *privatiſirt* ſeit 1793 *in
Plön* — war anfangs ſeit 1757 Hofprediger bey dem
Marggrafen Friedrich Ernſt, Statthalter in den Herzogthümern Schleswig und Holſtein, nachher ſeit
1762 Paſtor zu Gickau, einem adelichen Kirchſpiele
in Wagrien, unweit Lütjenburg, bis er Kränklichkeit
halber reſignirte; *geb. zu Friederichsort* im Däniſchen
Walde *den 14 Nov. 1732.* §§. Die herrlichen Belohnungen guter Streiter Ieſu Chriſti. Eine Predigt, zum
Ge-

Gedächtniſs des Statthalters Friedrich Ernſt. Glückſt. 1763. Fol. Die Pflichten Dännemarks bey ſeinem Glücke. Daſ. 1760. Catalogus librorum in omni ſcientiarum genere rariorum ac rariſſimorum, quos magnis ſumtibus ſummaque cura per 40 annos collegit, nunc venum exponit unique, ſi Deo ita placuerit, emtori tradit. Lubec. 1791. 8. *(Nach dem Autographum.)*

(N. 4. 5.) LUDEWIG — nicht: LUDWIG — (Nikolaus Matthias), *Paſtor zu Quickborn* in der Herrſchaft Pinneberg ſeit 1789, vorher ſeit 1784 Conrector zu Glückſtadt; *geb. zu Rendsburg den 19 Sept. 1758.* §§. *Aeſopi* griechiſche Fabeln, nach dem Plan des Gedikeſchen Leſebuchs bearbeitet und mit einem griechiſch-deutſchen Wörterbuch verſehen, für die erſten Anfänger der zweyten Claſſe der lateiniſchen Schule in Glückſtadt. Götting. 1789. 8. — Verfertigte auch den Katalog der bibliothecae Weberianae (P. 1. 2. Kil. 1783. 1784. 8.) und ſetzte litterariſche Nachweiſungen hinzu.

LUEDERS (Johann Benedict Franz), *Amtsverwalter auf Gottorff*; *geb. zu ...... den ...... 17...* §§. *Verzeichniſs der däniſchen Künſtler, mit Inbegriff der Fremden, welche in den däniſchen Staaten gearbeitet haben; im 1ſten und 2ten Hefte der Schleswigſchen Kunſtbeyträge (ein zur Berichtigung und Vermehrung des Füeſſlinſchen Künſtlerlexikons beſtimmter Auffatz, der ſich aber nur über die erſten fünf Buchſtaben des Alphabets erſtreckt).

O 2   (M.

(M. u. N. I.) MAASSEN (Nikolaus Heinrich), *Doctor der Rechte und Stadtgerichtsaffeffor zu Regensburg*, vorher von 1770 bis 1782 Prediger an der Collegialkirche zu Eutin; *geb. zu Preetz den 22 Sept. 1739*. §§. Die erhabene Würde der achten chriftlichen Religion. Hamb. 1773. 8. Fünf Reden bey öffentlichen Confirmationen und Segnungen. Daf. 1777. 8. Specimen inaugurale de contractus litteralis natura. Altorf. 1783. 8. (*Mitgetheilt.*)

(N. 5.) MACKENSEN (Wilhelm Friederich Auguft), *Doctor der Philofophie und Privatdocent in Kiel* feit 1795; *geb. zu Wolfenbuttel den 4 April 1768* (nicht: 1767). §§. *Die Brieftafche. Erfter Act eines unvollendeten Luftfpiels; in der Olla Potrida 1790, St. 4. Beyträge zur Kritik der Sprache, insbefondere der deutfchen. 1ftes St. Wolfenb. 1794. 8. *Pfychologifche und phyfiologifche Unterfuchungen über das Lachen. Aus dem Franzöf. überfetzt. Nebft einer Abhandlung, in welcher *Kants* Erklärung des Lachens erläutert und Hrn. D. *Platners* Theorie des Lächerlichen geprüft wird. Daf. 1794. 8. *Unterfuchung über den deutfchen Nationalcharakter, in Beziehung auf die Frage: Warum giebt es kein deutfches Nationaltheater? Daf. 1794. 8. — *Auffätze* in der Berliner Monatsfchrift, in Moritz's Magazin zur Erfahrungsfeelenkunde und in den Beyträgen zur Beförderung der fortfchreitenden Ausbildung der deutfchen Sprache, von einer Gefellfchaft von Sprachfreunden, (nämlich: Bemerkungen über die Bemerkungen des

des Seyns; St. 1. Bemerkung einiger fehlerhaften Ausdrücke; daſ. Ueber den Geſchichtsſtyl; St. 2. Anmerkungen zu Hrn. *Hillmers* Bemerkungen zur Berichtigung der deutſchen Sprache, 31ſtes Cap.; daſ. Ueber den falſchen Witz in der Sprache; St. 3.) *Recenſionen* in Jakobs philoſophiſchen Annalen und *Aufſätze* im philoſophiſchen Anzeiger. — *Gedichte* im Göttinger Muſenalmanach von 1789 und 1790. W. M. unterzeichnet.— In Nachtr. 5. iſt er fälſchlich als Verfaſſer des „letzten Worts über Göttingen und ſeine Lehrer” angegeben worden, welches jedoch gleich im Reichsanzeiger 1795. St. 201. widerrufen wurde. — Seine im Intelligenzblatt der neuen allgem. deutſch. Biblioth. auf 1795. S. 161. und in den Goth. Zeit. 1795. St. .. angeführte D. inaugur. de motu et cauſſa iſt noch nicht erſchienen. (*Revidirt.*)

MAGELSEN (Hinrich), *Handlungs-Committirter* auf dem Comtoir von Hinrich van der Smiſſen's Söhnen *in Altona*; *geb. zu Hamburg den 22 Iul. 1734.* §§. Die erſten Gründe des Buchhaltens. Altona 1770. 4. 2te Auflage. Daſ. 1772. Fol. Anwendung ſeiner erſten Gründe des Buchhaltens auf die gemeinſten Vorfälle der Handlung und Wirthſchaft. Daſ. 1772. Fol. Anleitung zum kaufmänniſchen Buchhalten, oder Anwendung ſeiner erſten Gründe deſſelben, 2ter und letzter Theil. Daſ. 1779. Fol. — Auch findet man Auffätze von ihm in den Fragmenten aus dem Gebiete des Handlungsweſens von *J. C. Sinapius.* (Hamb. 1780. 1781. 8.) nemlich im 3ten Heft: Vom Pari

und

und den Wechfel-Courfen; im 5. 6. 7. und 10ten
Heft: Briefe an einen Freund über den Gebrauch einer Anleitung zum Buchhalten; im 11ten Heft: Etwas für diejenigen, welche etwas zur See verfichern
laffen — in der Wandsbeker kaufmännifch - politifchen Zeitung von demfelben *Sinapius* (daf. 1782):
Einige Handlungsneuigkeiten u. f. w. — im allgemeinen Journal für die Handlung von *J. C. Schedel*
(Schwerin, Wismar und Büzow 1786 fg.), nemlich
in des 1ften Bandes 2 Heft: Bemerkungen über die
Waarenpreiszettel und Courszettel; im 3 Heft: Vollftändige Tabellen über Geldwechfel, Gold- und Sil-
ber-Speculationen; im 4 Heft: Wie viel Tage rechnet man auf ein Iahr bey Wechfel-Difcontiren in
Hamburg? und Bemerkung wegen der in Hamburger Banko zu zahlenden kleinen Poften, die keine
100 m ausmacht; in des 2ten Bandes 1 Heft: Ein
Paar Originalbriefe wegen einer Waarenrechnung,
die zur Abmachung eines Seefchadens beygebracht
werden follte — endlich in *Schedels* neuem allgemeinen Journal für die Handlung (Frankf. am Mayn
1788 fg.), nemlich 1ften Bandes 2 Quartal: Schreiben über die erften Wirkungen der neuen königl.
Münzverordnung. (*Mitgetheilt.*)

MANHARD (Johann Wilhelm), *Doctor der Philofophie
und privatifirender Gelehrter in Altona; geb. zu Heppach
im Herzogthum Würtemberg den 14 Febr. 1760.* §§.
Gefpräche zwifchen einem Prediger und Landmann,
aus dem Holländifchen frey überfetzt. ...... 8. (ift
ge-

genommen aus dem zweyten Bande des Evangelifchen Magazien.) Zeugniffe von Jefu, in zwo Predigten, in Altona in der heil. Geiftkirche öffentlich vorgetragen. Hamb. 1787. 8. Chriftoph Söring und feine Familie. Eine Gefchichte. Daf. 1788. 8. Fragment eines Gefprächs über 1 Joh. 3, 1-10. Altona 1790. 8. 16 Seiten. — Verfchiedene Auffätze in den Bafeler Auszügen der deutfchen Gefellfchaft, unter dem Titel: Etwas für Liebhaber chriftlicher Wahrheit und Gottfeligkeit. (*Mitgetheilt.*)

MARTENS (Johann Lorenz), *Stadtkatechet in Kiel; geb. zu Garding den 15 März 1763.* §§. Vorläufige Nachricht von der Schaafzucht in der Landfchaft Eiderftedt; in den Schl. Holft. Prov. Ber. 1793. H. 4. (*Revidirt.*)

MARTINI (Georg Chriftlieb), *Paftor zu Süfel* Amts Arensböck feit 1741; *geb. zu Hanfühn* einem adelichen Kirchfpiel in Wagrien *den 17 Iun. 1719.* §§. Die Auferftehung der Todten aus dem Wachsthume eines Saamenkorns, erklärt über 1 Kor. 15, 35. 36; in *Friedrich Wagners* Sammlung auserlefener Kanzelreden. Th. 3. 1745. (*Mitgetheilt.*)

MASSMANN (Nikolaus Hinrich), *Paftor an der deutfchen Friedrichskirche auf Chriftianshaven* feit 1793; *geb. zu Heiligenhaven* Amts Segeberg *den 10 März 1766.* §§. Antrittspredigt in der Friedrichskirche am 5ten Faftenfonntage, den 17 März, über Röm. 1, 16: Kann die Lehre Iefu ihre Bekenner glücklich machen? Kopenh. 1793. 8. (wurde ins Dänifche überfetzt.) — (*Revidirt.*)

MATTHIESEN (Johann), *Paſtor zu Bargum* in der Landſchaft Bredſtedt ſeit 1739 (auch Senior des Schlesw.
Holſt. Miniſter.); *geb. zu Behrendorf* (nach andern:
zu Lohnſted) in derſelben Landſchaft *den 12 Febr. 1708.*
§§. Parentation auf den Paſtor und Senior *Jeſſen* in
Langenhorn (unter den Gedächtnifsſchriften auf letztern befindlich. . . . .). Oratio de ſeneҫtute maxime laudabili, quum *C. E. Lundius* 50 ſacrae funҫtio-
nis annum iubilo ſolemni clauderet. Flensb. 1762.
4. (*Mitgetheilt.*)

MATTHIESSEN (Johann Auguſt), *Licenciat der Rechte
und Caſſirer am königl. Bankcomtoir in Altona;* geb. daſelbſt *den 26 Iul. 1741.* §§. D. inaugur. de fiҫto quodam marchionatu Slesvicenſi et in illum inique prae-
tenſo S. R. G. imperii iure — praeſide *Alb. Philippo
Frickio.* Helmſt. 1766. 4. (*Mitgetheilt.*) (wird von
Meuſel, ſowohl im gel. Deutſchlande, als in der Staa-
tengeſch. S. 327. richtig dem *F. D. Häberlin* beygelegt, dem auch *Ekkard* in *Gatterers* hiſtoriſchem Journal Th. 15. S. 195. ſie zuzuſchreiben ſcheint. Vergl.
dan. Journ. 1, 4, 172.) —

MAU (Johann Friedrich), *Gerichtsaҫtuarius in Meldorf*
ſeit 1795, vorher ſupernumerärer Canzeleyſecretair
und Gehülfe im Archiv zu Glückſtadt; *geb. zu . . . . .*
17. . . §§. Einige Gedichte, die nicht eigentlich Gelegenheitsgedichte ſind. (*Mitgetheilt.*)

(N. 3.) VON MECHLENBURG (Ezechias Guſtav), *Oberſter und Generaladjutant des königl. Artilleriecorps zu Kopenhagen,* vorher Major und Lehrer bey der Artille-
rie-

rieakademie dafelbſt; *geb. zu Rendsburg den* 17 Oſtob.
1742. §§. Praktiſk Underviisning for dem, der
ere beſtemte til at betiene Feldt-Artillerie, og iſær
Regiments-Artillerie. Kbhvn. 1786. 8. (*Revidirt.*)

MELDOLA (Abraham), *Mitglied der Portugieſiſchen Synagoge zu Altona,* öffentlicher und geſchworner kaiſerl.
Notar und Translator *in Hamburg; geb. zu Amſterdam* 17... §§. Nova Grammatica portugueza divi-
dida em VI Partes, d. i. neue portug. Grammatik,
in 6 Theilen. Hamb. 1785. gr. 8. — Ueberſetzte *J.
B. Schiff's* hebräiſchen Lobgeſang auf die Vermählung des Kronprinzen. .... Dankſagungsrede für ,
die glückliche Errettung Sr. Königl. Maj. Chriſtian
VII. und deſſen Königl. Familie aus dem Brande des
Schloſſes Chriſtiansburg zu Kopenhagen am 26 Febr.
dieſes Iahrs, gehalten über Jeſ. 43, 1-3. am Sonnabend
den 15 März 1794. zu Altona in der Synagoge der
Portug. jüdiſchen Gemeine. Altona. 20 S. 4. — Vgl.
Boltens Kirchen-Nachr. 2, 220.

(M. u. N. 1-5.) MELLMANN (Johann Dieterich), Bruder des 1795 verſtorbenen Joh. Wilh. Ludw. M.
in Nachtr. 2. vergl. neue allgem. deutſche Bibl. Intell.
Blatt 1795. S. 242 ff. — *Doctor der Rechte und derſelben ordentlicher Profeſſor zu Kiel* ſeit 1773; *geb. zu
Klatz* in Mecklenburg *den* ...... 1747. §§. Meditatio ad l. 5. C. de donatione, qua praelect. in acad.
Chriſtiano-Albertina habendas indicit. Kil. 1770.
4. Commentatio de interpretatione legum Romanarum, praeſertim Cod. repet. praelect.; pars prima

O 5   eaque

eaque generalis, quam pro gradu Doctoris defendit.
Kil. 1770. 4. Pr. Ueber den Geiſt oder die Auswahl
hiſtoriſcher Begebenheiten. Daſ. 1771. 4. Pr. Num
ſemper ius ſuum cuique ſit tribuendum ad Leg. 10.
D. de juſtitia et iure. ib. eod. 4. Pr. Betrachtung
über den behutſamen Gebrauch der Geſchichte. Götting. und Kiel 1772. 4. Commentatio hermeneuti-
ça iuris eccleſiaſtici ad cap. 5. X. de ſententia excom-
municationis. Lubec. 1772. 4. Or. applicationem
iuris ad facta meditationibus quibusdam illuſtrans.
Kil. 1772. 4. Merkwürdige Rechtsfälle, nebſt einer
kurzen Betrachtung über die Geſchichte und den Gebrauch des deutſchen Privatrechts. 2 Stücke. Schwerin 1775. 8. Or. de cauſſis iuris incerti. Kil. 1776.
4. D. de condominio, curae legitimae, quae feminis Lubecenſibus in fratres et ſorores male ſeſe ge-
rentes, competit, unico et vero fundamento. ib. eod.
4. Pr. Spec. 1. cautionum, quae in iuris Germanici
privati ſtudio et applicatione ſunt adhibendae. ib.
eod. 4. Spec. 2. ib. 1783. 4. Spec. 3. pars 1. ib.
1786. 4. Or. de deciſione cauſarum ex legibus ae-
qui atque boni. ib. 1778. 4. Biga orationum aca-
demicarum. ib. eod. 4. Commentatio, qua ſtudium
philoſophiae vitae et popularis commendatur iuris-
prudentiae cultoribus. Deſſav. 1783. 4. De reli-
quiis iuris canonici in regimine ſcholaſtico et academ-
mico. Comment. 1. Kil. 1784. 4. *Aufmunterung
zur Ausübung mauriſcher Tugend. Daſ. 1785. 8.
Lanx ſatura prima, errorum communium in iure

pro-

profectorum ex fallaci argumentatione philofophica et critica fuperftitiofa. Hamb. 1786. 4. De con-curfu perfonaliter privilegiatorum inter fe fpeciatim mutui gratuiti fecundum praxin in primis Lubecen-fem f. fpicilegium pract. ad Art. XII. T. I. l. 3. juris Lubec. ib. eod. 4. Commentatio de politia acade-miarum olim hierarchica atque earum charactere ec-clefiaftico. ib. 1790. 4. Selecta capita doctrinae de fideicommiffis familiarum nobilium ex iure Mega-politano et Slesvico-Holfatico illuftrata. Alton. 1793. 8. Einleitung in das gemeine und Schleswig-Holft. Damm- Deich- Siel- und Schleufenrecht. 1ften Th. 1fter Abfchn. Leipzig und Altona 1795. 8. — Re-cenfionen im hiftorifchen und juriftifchen Fache in den erften Iahrgängen der Kielifchen gelehrten Zei-tung. — Antheil an der von *J. E. Faber* beforgten Ueberfetzung der Beobachtungen über den Orient; an einigen gedruckten Deductionen und proceffuali-fchen Satzfchriften; an *Guftav Ludewig Baden*, Bürger-meifters in Nakfkow auf Laaland, (Bruders des *Tor-kel Baden*) Inauguraldifputation: Silva differentiarum I. R. et danico-germanici circa varias tutelae fpecies. Kil. 1794. 4. Die von *Meufel* aufgeführte Abhand-lung: „Ueber die Litteratur und nothwendige fyfte-matifche Erlernung des holfteinifchen Rechts" ift nicht fertig geworden, weil er über dies Thema ein neues Werk nach einem andern Plane auszuarbeiten willens ift. — Vergl. *Weidlichs* biographifche Nach-richt. 2, 29. Nachtr. 1, 194. Nachtr. 2, 171. (*Revidirt.*)

MEN-

und deren Ausdehnung. Eine Einladungsfchrift zu
Vorlefungen. Kiel 1758. 4. Difp. J. G. univerfalis
de fanctitate legatorum. ib. 1759. 4. Kann ein Ver-
ächter der offenbarten Religion wohl tugendhaft feyn
oder auch nur eine einzige gute Handlung verrich-
ten? Hamb. 1761. 4. Ueber die Belefenheit junger
Frauenzimmer. Daf. 1761. 4. Verfuch einer Auslegung der bekannten Schriftftelle Apoftelg. 15, 11.
Daf. 1761. 4. Standrede bey der Beerdigung des
Paftor Alex. Cafperfen in Neuftadt. Eutin 1764. 4.
Wahlpredigt am dritten Ofterfeyertage. Hamb. und
Kiel 1771. 8. Nachricht von Neuftadt in Holftein;
im 6ten Band des Büfching. Magaz. (1772.) *Des
Hrn. Abt *Millot* Univerfalhiftorie, alter, mittler und
neuer Zeiten. Aus dem Franzöf. 9 Theile. Leipzig
1777-1783. gr. 8. Beyträge zur Beförderung der
häuslichen Andacht, in einer Sammlung von Predigten. Hamb. 1777. gr. 8. Ueber das Monument zu
Raftorf. Daf. 1779. 8. Worte ans Volk geredet,
unmittelbar nach der Enthauptung Detlef Duken auf
dem freyherrl. Gute Depenau am 27 Dec. 1782. Daf.
8. Beytrag zur Beförd. der häusl. Andacht, in einer abermaligen Samml. von Predigten. Deffau und
Leipzig 1783. 8. Gedächtnifspredigt nach Beerdigung des Hrn. Paftor *Joh. Chrift. Krück* in Preetz.
Hamb. 1784. 8. (*Revidirt.*)

(N. 5.) MOLDENHAWER (Johann Jakob Paul), Sohn
des Joh. Heinrich Daniel und Bruder des Dan. Gotthilf im *Meufel — aufserordentlicher Profeffor der Philo-*
fophie

fophie zu Kiel feit 1792, vorher Candidat der Theologie zu Kopenhagen (nicht Doctor der Arzeneygelahrtheit, wie *J. G. Schneider* in der Dedication vor
dem 2ten Th. feiner fcriptorum rei rufticae vermuthet); *geb. zu Hamburg den 11 Febr. 1766.* §§. Tentamen in hiftoriam plantarum Theophrafti. Hamb.
1791. 8 mai. *(Revidirt.)*

(M. u. N. 1. 2.) MOLLER (Olaus Heinrich), Sohn des
Johann M. im *Jöcher* — *Profeſſor* (nemlich honorarius — *Meufels* Ausdruck in der Litteratur der Statiftik S. 475: *ehemaliger*, fetzt entweder voraus, dafs
er es nicht mehr ift, oder fchon geftorben ift) *der Li-
terärhiſtorie bey der königl. Univerſität zu Kopenhagen*
(feit 1744) *und Rector in Flensburg* von 1749-1795,
wo er abdankte, *geb. zu Flensburg den 9 May 1715.* §§.
Commentatio de vita et fcriptis *Joh. Molleri* Flens-
burgenfis, Rectoris quondam fcholae patriae optime
meriti, cura *Bernhardi* et *Olai Henrici Mollerorum.* Slesvici 1734. 4. * Dänifche Bibliothek, oder Sammlung von alten und neuen gelehrten Sachen aus Dännemark. 4-9tes Stück. Kopenh. und Leipz. 1743-
1747. 8. (St. 1-3. find von *Lud. Harboe* und *Jak.
Langebek.*) Nachricht von einer vorhabenden Schleswig-Holfteinifchen Kirchen- Prediger- und Schulge-
fchichte. Schlesw. 1744. 4. (auch eingerückt in: Hamburg. Berichte von den neueften gelehrten Sachen
1744. S. 190 ff.) Hiftorifche Nachricht, fowohl von
den königlichen Pröbften überhaupt, welche den Kirchen der Stadt und des Amts Flensburg feit der Re-

for-

formation vorgeſtanden, als auch inſonderheit von dem Leben und den Schriften M. *Friedr. Dame.* Flensburg 1751. 4. Eine alte merkwürdige Nachricht (*Rnprecht Geyſpatſcher's;* vergl. *Worm* J, 350.) von *Chriſtians III.* letzten Stunden, nebſt einem Verzeichniſſe der Scribenten, welche von dieſem Könige in beſondern Schriften gehandelt. Flensb. 1752. 4. *Martini Ruari* et *Jo. Kirchmanni* epiſtolae ex muſeo O. *H. Molleri;* in: nova Bibl. Lubec. Th. 1. S. 155 ff. Th. 2. S. 144 ff. Th. 4. S. 121 ff. (1753. 1754. 8.) Hiſtoriſcher Bericht von Flensburg, welchen ein dortiger Rathsverwandter (*Jonas Hoyer*) zur Zeit des kaiſerl. Krieges in ſeinem Exilio zu Malmoe 1628 zuſammengetragen hat, aus dem eigenhändigen Aufſatze des Verf. ans Licht geſtellt, nebſt einem Vorbericht von deſſen Vorfahren, Leben und Schriften. Daſ. 1759 und 1760. 4. Bericht von verſchiedenen Ländern, Städten und Gegenden des Herzogthums Schleswig, wie auch von etlichen Freygütern deſſelben, aus dem eigenhänd. Auffatz des Verf. des Berichts von Flensburg, als ein Anhang deſſelben, ans Licht geſtellt. Daſ. 1761. 4. Hiſtoriſche Nachricht von der Kirche zu St. Johannis in Flensburg, wie auch von den Paſtoribus, die vor und nach der Reformation ſeit 300 Iahren derſelben vorgeſtanden. Daſ. 1762. 4. Hiſtoriſche Nachricht von der St. Johanniskirche in Flensburg und den Diakonis, die ſeit 200 Iahren bis hierher derſelben vorgeſtanden. Daſ. 1763. 4. Hiſtoriſche Nachricht von dem uralten

adlichen

adlichen und nunmehr zum Theil hochgräflichen Gefchlecht der *von Hofflein* überhaupt und von der *Möl-
lenbagifchen* Linie, infonderheit. Daf. 1763. 4. Nachricht von dem adlichen Gefchlecht der *Heeften*. Daf.
1764. 4. Drey genealogifche Tabellen, aus welchen
erhellet, welcher Geftalt I. K. H. *Wilhelmine Caroline*,
Erbprinzeffin von Dännemark, und S. H. D. *Wilhelm*,
Erbprinz von Heffen-Caffel, beyderfeits fowohl aus
Königl. Dänifchen, als auch aus dem Hochfürftlich-
Heffifchen Haufe abftammen. Daf. 1764. Fol. Anim-
adverfionum in fcriptores aliquot hiftoriae litterariae
recentiores hiftorico-criticarum erronea emendan-
tium, obfcura illuftrantium, dubiaque de iis vifa vel
confirmantium, vel refellentium fpecimen. Ex fche-
dis paternis collegit, recenfuit et illuftravit. ibid.
(1765.) 4. Genealogifche Nachricht von dem uralten adlichen und nunmehro hochgräflichen Gefchlecht
der von *Baudiffin*. Daf. 1766. 4. Genealogifche Tabelle und Nachricht von dem *Brandeifchen* Gefchlecht.
Daf. 1766. Fol. Sechs genealogifche Tabellen, bey
Gelegenheit der allerhöchften Königl. Vermählung
Chriftian VII. und *Carolina Mathilda* entworfen, aus
welchen erhellet, welcher Geftalt Sie beyderfeits fowohl von den Königen zu Dännemark und Norwegen, als auch den Königen in England, Schottland
und Grofsbritannien auf vielfache Weife abftammen.
Daf. 1766. Fol. Beyträge zur Civil-Kirchen- und
Gelehrten-Gefchichte der Stadt Flensburg. Daf. 1767.
4. (enthalten den hiftor. Bericht von Flensburg nebft

deſſen Anhang, die Nachricht von dem Geſchlecht der *Heeſten*, die Nachr. von den Flensburg. Pröbſten und die Nachr. von der Kirche zu St. Johannis in Flensburg, deren Paſtoren und Diakonen.) Beyträge zur Kirchen- und Prediger-Geſchichte der im Herzogthume Schleswig belegenen Aemter Apenrade, Hadersleben, Tondern, nach Anleitung einer genealogiſchen Tabelle entworfen. Daſ. 1769. Fol. Hiſtoriſche Nachricht von den Königen und Fürſten, inſonderheit aus dem Oldenburgiſchen Stamme, welche die Herzogthümer Schleswig und Holſtein beherrſcht haben, nebſt verſchiedenen genealogiſchen Tabellen von den Nachkommen: 1. *Sveno II*, Königs in Dännemark; 2. *Gerhard II*, Grafen zu Holſtein und Schaumburg; 3. *Chriſtian I*, Königs in Dännemark. — Bey Gelegenheit einer feyerlichen Rede auf das Geburtsfeſt Königs *Chriſtian VII.* aus dem eigenhändigen Aufſatz *Jonas Hoyers* ans Licht geſtellt. Daſ. 1770. 4. Letztes Ehrengedächtniſs, welches ſeinen Eltern aufgerichtet worden, und, außer den bey ihrer Beerdigung und zu ihrem Andenken gehaltenen Leichpredigten, Reden und Abdankungen, eine (im *Lawätz* 2, 76 fg. ausgelaſſene) Nachricht von ihren Leben und Vorfahren in ſich faßt. Daſ. 1771. 4. Hiſtoriſch-genealogiſche und diplomatiſche Nachricht von dem uralten adlichen Geſchlecht der von *Ablefeldt* —. Nebſt zehn genealog. Tabellen. Daſ. 1771. Fol. Sieben genealog. Tabellen, zur Erinnerung der Vermählung der Prinzeſſin *Louiſe* mit dem Landgra-

fen

fen und Prinzen *Carl* von Heſſen-Caſſel entworfen.
Daſ. 1771. Fol. Beyträge zur Adelsgeſchichte überhaupt, inſonderheit aber der Däniſchen und Schleswig-Holſteiniſchen. 1 Th. Daſ. 1772. 2 Th. 1775.
4. Genealogiſche Tabellen von den Vorfahren und
Kindern Hrn. *Georg Friedr.* von *Hölſtein* und Frau *Sophia Magdalena*, Gräfin von *Knuth*. Daſ. 1772. Fol.
Genealog. Tabelle von den väterlichen Vorfahren
und Nachkommen des Cammerraths *Hilmar Meincke*.
Daſ. 1773. Fol. Genealog. Tabelle und Nachrichten von den Vorfahren und Nachkommen *Joh. Gerhard Fedderſen*, Bürgermeiſters in Flensburg, und deſſen Ehegattin *Anna Eliſabet Hallenſen*. Daſ. 1773. Fol.
Erneuertes Andenken des durch milde Stiftungen und
Legate um ſeine Vaterſtadt Flensburg hochverdien-
ten Bürgermeiſters *Gerdt von Merfeldt*. Daſ. 1773. 4.
Ehrengedächtniſs *Peder Fedderſen* dem ältern und dem
jüngern, deputirten Bürgern und Kaufmännern in
Flensburg, errichtet. Daſ. 1773. Fol. Genealogiſche
Tabelle und Nachricht von den mütterlichen Vorfahren und Kindern der Ehegattin *Friedr. Woldſen*,
Rathsverwandten in Huſum, *Lucia Peterſen*. Daſ.
1773. Fol. Genealog. Tabelle von *Anna Peterſen*,
des Flensburg. Hoſpital Vorſtehers, *Matthias Holſt*
Ehegattin. Daſ. 1773. Fol. Genealog. Tab. von
der *Prebniſchen* und andern Flensburg. Familien, aus
welchen entſproſſen ſind *Laurentius Prebn* —. Daſ.
1774. Fol. Genealog. Tab. von *Lorenz Prbn* und
ſeiner Ehegattin *Catharina Strickerin*. Daſ. 1774. Fol.

Genealog. Tab. von *Otto Beyers* Vorfahren. Daſ. 1774.
Fol. Genealog. Tab. von der *Beyeriſchen* Familie, in
ſo ferne aus derſelben abſtammen *Georg Cläden* und
deſſen erſte Ehegattin *Catharina Marie Müllerin.* Daſ.
1774. Fol. Genealog. Tab. von der *Wittemackiſchen,*
Klöckerſchen, Vettiſchen, Timmſchen und andern alten
Flensburg. Familien, aus welchen entſproſſen *Brigitta*
Chriſtina Lüders, geb. *Timmen.* Daſ. 1774. Fol. Genealog. Tab. von *Nikolaus Hallenſen* und deſſen Ehegattin *Catharina Eliſabet Peterſen.* Daſ. 1774. Fol.
Dreyzehn genealog. Tab. von *Peder Fedderſen* und
deſſen Ehegattin *Lucia Sülings.* Daſ. 1774. Fol. Erneuertes Andenken der milden Stiftungen, durch welche ſich der vor 200 Iahren verſtorbene Stifter der
lateiniſchen Schule *Ludolph Naamani* und deſſen Eltern
um Flensburg verdient gemacht. Daſ. 1774. 4. Ver-
miſchte Nachrichten und Urkunden, welche *Ludolph*
Naamani, wie auch den Franciſcanerorden und deſſen
Schickſale in Dännemark, beſonders zur Zeit der Reformation, betreffen. Daſ. 1775. 4. Hiſtoriſche und
genealogiſche Nachricht von dem uralten adlichen
Geſchlechte derer von *Zaum* oder *Subm*, welches im
9ten Iahrhund. in Pommern entſproſſen iſt, und ſich
in den folgenden Zeiten in Holland, Schweden, Polen, Rußland, Mecklenburg, Sachſen und Holſtein,
wie auch in Dännemark und Norwegen ausgebreitet
hat. Daſ. 1775. 4. Genealog. Tabelle und Nachricht von dem alten Geſchlechte derer von *Litten,* inſonderheit von den mütterlichen Vorfahren des Kam-

mer-

merraths *Hilmar Meincke.* Daſ. 1775. Fol. und 4.
Genealog. Tab., und Nachr. von *Gabriel Peter Gade-*
buſch. Daſ. 1776. Fol. Genealog. Tab. und Nachr.
von den Vorfahren der vier Geſchwiſter *Elſabe Mar-*
gareta, Johann, Chriſtian und *Johann Chriſtian Ambders.*
Daſ. 1777. Fol. Genealog. Tab. und Nachr. von
verſchiedenen, inſonderheit Mecklenburgiſchen, Pom-
merſchen und Schleswig-Holſteiniſchen Familien,
aus welchen entſproſſen der Herr *Chriſtian* Freyherr
von *Nettelbladt* und deſſen Wittwe *Maria Amalia Lat-*
kemann. Daſ. 1777. Fol. Ehrengedächtniſs *Niko-*
laus Nummenſen. Daſ. 1777. Fol. Erneuertes Andenken Sr. Ehrw. *Thomas Attzerſen,* Paſtors zu Steinburg
—. Daſ. 1778. 4. Genealog. Tab. und Nachricht
von der *Valentineriſchen* Familie, inſonderheit von
Jürgen Valentiner und deſſen Ehegattin *Helena Fauſt.*
Daſ. 1778. Fol. — von *Hans Hanſen.* Daſ. 1779. Fol.
— von den mütterlichen Vorfahren der Gebrüder
Detlef und *Gabriel Peter Gadebuſch.* Daſ. 1779. Fol.
— von *Georg Cläden.* Daſ. 1779. Fol. — von *Lorenz*
Hanſen. Daſ. 1779. Fol. — von der *Streſowſchen* Familie überhaupt, und insbeſondere von den Vorfahren und Nachkommen, wie auch dem Leben und den
Schriften Hrn. *Conrad Fried. Streſows,* Conſiſtorial-
raths und Kirchenprobſts auf Fehmern, wie auch
Hauptpaſtors in der Stadt Burg. Daſ. 1781. Fol.
(fehlt im *Lawätz.*) Ehrengedächtniſs Frau *Anna Ed-*
dow, geb. *Stricken,* und ihrer zwey Söhne *Heinrich*
Paulſen und *Jakob Chriſtian Eddow.* Daſ. 1782. Fol.

P 3 Er-

MENTEL, (Johann Daniel), *Doctor der Philosophie und Compastor zu Barmstedt* in der Graffchaft Ranzau feit 1785, vorher feit 1781 Miffionair in Tranquebar; geb. *zu Strasiburg den 6 Febr.* 1755. §§. D. inaug. . . . . Argentor. . . . . Schiffergefprache. . . . . Vgl. neuere Gefchichte der evangelifchen Miffionsanftalten in Oftindien in der Vorr. zum 21ften und 22ften Stück, die daraus entlehnte Nachricht in Actis hiftorico-ecclefiafticis noftri temporis. B. 8. S. 179 ff. und *Boltens* Kirch. Nachr. von Altona 2, 396.

MERCIER (. . . . .), ... des *Louis Sebastian M.* — *privatifirt zu Wandsbeck* (?); geb. zu . . . . . . *in Frankreich* 17. . . §§. Antheil an dem unter *H. Würzer* aufgeführten hiftorifchen Journal . . . . . .

MEYER (Johann Heinrich), *Doctor der Philofophie und Privatdocent zu Kiel* feit 1791; geb. *zu Braunschweig den 7 Ion.* 1766. §§. Gerechtigkeit über die Ungerechtigkeiten gegen *Knigge* in der allg. L. Z. u. f. w. Kiel 1793. 8. — Recenfionen in der neuen allgem. deutfch. Biblioth. *Merkwürdigkeiten aus der Lebensgefchichte Tate Wilkinfons, privilegirten Directors der königlichen Theater zu York und Hull, von ihm felbft befchrieben. (Aus dem Engl.) Berlin und Stettin 1795. 8. Verfuch einer neuen Grundlegung zur allgemeinen Rechtslehre. Leipzig 1796. gr. 8. (Autographum.)

(M.) MICHAELSEN (Valentin), *Pastor zu Wilster* feit 1786, vorher feit 1760 Diakonus dafelbft; geb. *zu Hamburg den 3 Dec.* 1733. §§. Die Macht der Religion

gion Iefu, die Thronen der Monarchen ficher zu gründen. Eine Iubelpredigt. Hamb. 1760. 4. Gute Könige find vorzügliche Gefchenke der wohlthätigen
Gottheit. Eine Standrede am Begräbnifstage Königs
Friederich V. Daf. 1766. 8. Eine feyerliche Aufforderung an die ganze Welt zum würdigen Betragen gegen Iefum, dem liebenswürdigften König der
Menfchen. Eine Wahlpredigt, in Hamburg gehalten;
in *J. M. Goeze's* neuer Sammlung auserlefener Kanzelreden Th. 3. Die unfelige Thorheit derer, die
Iefum und feine Lehre freventlich verwerfen und
verleugnen. Eine Wahlpredigt, in Hamburg gehalten. Hamb. 1774. 4. Zwo Predigten auf Veranlaffung des vorzunehmenden Baues einer neuen Kirche zu Wilfter. Mit einem (auch in die Acta hifto-
rico-eccl. noftri temporis B. 3. S. 226 ff. eingerückten) hiftorifchen Berichte von der alten Kirche dafelbft. Hamb. 1775. 4. Von dem Unglücke des Sün-
dendienftes und der Glückfeligkeit im Dienfte Gottes, über Joh. 8, 34-36; in der 1ften Sammlung von
Predigten und Reden, welche von öffentlichen Lehrern in den Herzogth. Schleswig und Holftein gehalten worden. (Heide 1779. 8.) — *(Mitgetheilt.)*

(M. u. N. 1. 2.) MIELCK (Johann Bertram), *Doctor der*
Philofophie und Hauptpaftor bey der Fleckenkirche zu Preetz
feit 1784, vorher feit 1771 Diakonus dafelbft und
feit 1763 Diakonus zu Neuftadt; *geb. zu Kiel den 24*
März 1736. §§. Difp. philof. de divifione in infini-
tum. Kil. 1758. 4. Abhandlung von Metaphern
und

und deren Ausdehnung. Eine Einladungsfchrift zu
Vorlefungen. Kiel 1758. 4. Difp. J. G. univerfalis
de fanctitate legatorum. ib. 1759. 4. Kann ein Ver-
achter der offenbarten Religion wohl tugendhaft feyn
oder auch nur eine einzige gute Handlung verrich-
ten? Hamb. 1761. 4. Ueber die Belefenheit junger
Frauenzimmer. Daf. 1761. 4. Verfuch einer Auslegung der bekannten Schriftftelle Apoftelg. 15, 11.
Daf. 1761. 4. Standrede bey der Beerdigung des
Paftor Alex. Cafperfen in Neuftadt. Eutin 1764. 4.
Wahlpredigt am dritten Ofterfeyertage. Hamb. und
Kiel 1771. 8. Nachricht von Neuftadt in Holftein;
im 6ten Band des Büfching. Magaz. (1772.) *Des
Hrn. Abt *Millot* Univerfalhiftorie, alter, mittler und
neuer Zeiten. Aus dem Franzöf. 9 Theile. Leipzig
1777-1783. gr. 8. Beyträge zur Beförderung der
häuslichen Andacht, in einer Sammlung von Predigten. Hamb. 1777. gr. 8. Ueber das Monument zu
Raftorf. Daf. 1779. 8. Worte ans Volk geredet,
unmittelbar nach der Enthauptung Detlef Duken auf
dem freyherrl. Gute Depenau am 27 Dec. 1782. Daf.
8. Beytrag zur Beförd. der häusl. Andacht, in einer abermaligen Samml. von Predigten. Deffau und
Leipzig 1783. 8. Gedächtnifspredigt nach Beerdigung des Hrn. Paftor *Joh. Chrift. Krück* in Preetz.
Hamb. 1784. 8. (*Revidirt.*)

(N. 5.) MOLDENHAWER (Johann Jakob Paul), Sohn
des Joh. Heinrich Daniel und Bruder des Dan. Gotthilf im *Meufel — aufserordentlicher Profeffor der Philo-*
fophie

fophie zu Kiel feit 1792, vorher Candidat der Theologie zu Kopenhagen (nicht Doctor der Arzeneygelahrtheit, wie *J. G. Schneider* in der Dedication vor
dem 2ten Th. feiner *fcriptorum rei rufticae* vermuthet); *geb. zu Hamburg den 11 Febr. 1766.* §§. Tentamen in hiftoriam plantarum Theophrafti. Hamb.
1791. 8 mai. *(Revidirt.)*

(M. u. N. 1. 2.) MOLLER (Olaus Heinrich), Sohn des
Johann M. im *Jöcher* — *Profeffor* (nemlich honorarius — *Meufels* Ausdruck in der Litteratur der Statiftik S. 475: *ehemaliger*, fetzt entweder voraus, daß
er es nicht mehr ift, oder fchon geftorben ift) *der Li-*
terärhiftorie bey der königl. Univerfität zu Kopenhagen
(feit 1744) *und Rector in Flensburg* von 1749-1795,
wo er abdankte, *geb. zu Flensburg den 9 May 1715.* §§.
Commentatio de vita et fcriptis *Joh. Molleri* Flens-
burgenfis, Rectoris quondam fcholae patriae optime
meriti, cura *Bernhardi* et *Olai Henrici Mollerorum.* Slesvici 1734. 4. * Dänifche Bibliothek, oder Sammlung von alten und neuen gelehrten Sachen aus Dännemark. 4-9tes Stück. Kopenh. und Leipz. 1743-
1747. 8. (St. 1-3. find von *Lud. Harboe* und *Jak.*
Langebek.) Nachricht von einer vorhabenden Schleswig-Holfteinifchen Kirchen- Prediger- und Schulge-
fchichte. Schlesw. 1744.4. (auch eingerückt in: Hamburg. Berichte von den neueften gelehrten Sachen
1744. S. 190 ff.) Hiftorifche Nachricht, fowohl von
den königlichen Pröbften überhaupt, welche den Kirchen der Stadt und des Amts Flensburg feit der Re-
for-

formation vorgeſtanden, als auch inſonderheit von dem Leben und den Schriften M. *Friedr. Dome.* Flensburg 1751. 4. Eine alte merkwürdige Nachricht (*Ruprecht Geyſputſcher's*; vergl. *Worm* I, 350.) von *Chriſtians III.* letzten Stunden, nebſt einem Verzeichniſſe der Scribenten, welche von dieſem Könige in beſondern Schriften gehandelt. Flensb. 1752. 4. *Martini Ruari* et *Jo. Kirchmanni* epiſtolae ex muſeo O. H. *Molleri;* in: nova Bibl. Lubec. Th. 1. S. 155 ff. Th. 2. S. 144 ff. Th. 4. S. 121 ff. (1753. 1754. 8.) Hiſtoriſcher Bericht von Flensburg, welchen ein dortiger Rathsverwandter (*Jonas Hoyer*) zur Zeit des kaiſerl. Krieges in ſeinem Exilio zu Malmoe 1628 zuſammengetragen hat, aus dem eigenhändigen Aufſatze des Verf. ans Licht geſtellt, nebſt einem Vorbericht von deſſen Vorfahren, Leben und Schriften. Daſ. 1759 und 1760. 4. Bericht von verſchiedenen Ländern, Städten und Gegenden des Herzogthums Schleswig, wie auch von etlichen Freygütern deſſelben, aus dem eigenhänd. Auffatz des Verf. des Berichts von Flensburg, als ein Anhang deſſelben, ans Licht geſtellt. Daſ. 1761. 4. Hiſtoriſche Nachricht von der Kirche zu St. Johannis in Flensburg, wie auch von den Paſtoribus, die vor und nach der Reformation ſeit 300 Iahren derſelben vorgeſtanden. Daſ. 1762. 4. Hiſtoriſche Nachricht von der St. Johanniskirche in Flensburg und den Diakonis, die ſeit 200 Iahren bis hierher derſelben vorgeſtanden. Daſ. 1763. 4. Hiſtoriſche Nachricht von dem uralten

adlichen

adlichen und nunmehr zum Theil hochgräflichen Geschlecht der *von Holstein* überhaupt und von der *Möl-
lenbagischen* Linie, insonderheit. Das 1763. 4. Nachricht von dem adlichen Geschlecht der *Heesten.* Das
1764. 4. Drey genealogische Tabellen, aus welchen
erhellet, welcher Gestalt I. K. H. *Wilhelmine Caroline,*
Erbprinzessin von Dännemark, und S. H. D. *Wilhelm,*
Erbprinz von Hessen-Cassel, beyderseits sowohl aus
Königl. Dänischen, als auch aus dem Hochfürstlich-
Hessischen Hause abstammen. Das 1764. Fol. Anim-
adversionum in scriptores aliquot historiae litterariae
recentiores historico - criticarum erronea emendan-
tium, obscura illustrantium, dubiaque de iis visa vel
confirmantium, vel refellentium specimen. Ex sche-
dis paternis collegit, recensuit et illustravit. ibid.
(1765.) 4. Genealogische Nachricht von dem uralten adlichen und nunmehro hochgräflichen Geschlecht
der von *Baudissin.* Das 1766. 4. Genealogische Tabelle und Nachricht von dem *Brandtischen* Geschlecht.
Das 1766. Fol. Sechs genealogische Tabellen, bey
Gelegenheit der allerhöchsten Königl. Vermählung
Christian VII. und *Carolina Mathilda* entworfen, aus
welchen erhellet, welcher Gestalt Sie beyderseits sowohl von den Königen zu Dännemark und Norwegen, als auch den Königen in England, Schottland
und Großbritannien auf vielfache Weise abstammen.
Das 1766. Fol. Beyträge zur Civil-Kirchen- und
Gelehrten-Geschichte der Stadt Flensburg. Das 1767.
4. (enthalten den histor. Bericht von Flensburg nebst

desdeffen Anhang, die Nachricht von dem Gefchlecht der *Heeften*, die Nachr. von den Flensburg. Pröbften und die Nachr. von der Kirche zu St. Johannis in Flensburg, deren Paftoren und Diakonen.) Beytråge zur Kirchen- und Prediger-Gefchichte der im Herzogthume Schleswig belegenen Aemter Apenrade, Haderaleben, Tondern, nach Anleitung einer genealogifchen Tabelle entworfen. Daf, 1769. Fol. Hiftorifche Nachricht von den Königen und Fürften, infonderheit aus dem Oldenburgifchen Stamme, welche die Herzogthümer Schleswig und Holftein beherrfcht haben, nebft verfchiedenen genealogifchen Tabellen von den Nachkömmen: 1. *Sveno II*, Königs in Dännemark; 2. *Gerhard II*, Grafen zu Holftein und Schaumburg; 3. *Chriftian I*, Königs in Dännemark. — Bey Gelegenheit einer feyerlichen Rede auf das Geburtsfeft Königs *Chriftian VII.* aus dem eigenhandigen Auffatz *Jonas Hoyers* ans Licht geftellt. Daf. 1770. 4. Letztes Ehrengedächtnifs, welches feinen Eltern aufgerichtet worden, und, aufser den bey ihrer Beerdigung und zu ihrem Andenken gehaltenen Leichpredigten, Reden und Abdankungen, eine (im *Lawätz* 2, 76 fg. ausgelaffene) Nachricht von ihren Leben und Vorfahen in fich fafst. Daf. 1771. 4. Hiftorifch-genealogifche und diplomatifche Nachricht von dem uralten adlichen Gefchlecht der von *Ahlefeldt* —. Nebft zehn genealog. Tabellen. Daf. 1771. Fol. Sieben genealog. Tabellen, zur Erinnerung der Vermählung der Prinzeffin *Louife* mit dem Landgrafen

fen und Prinzen *Carl* von Heſſen-Caſſel entworfen.
Daſ. 1771. Fol. Beyträge zur Adelsgeſchichte überhaupt, inſonderheit aber der Däniſchen und Schleswig-Holſteiniſchen. 1 Th. Daſ. 1772. 2 Th. 1775.
4. Genealogiſche Tabellen von den Vorfahren und
Kindern Hrn. *Georg Friedr.* von *Hölſtein* und Frau *Sophia Magdalena*, Gräfin von *Knuth*. Daſ. 1772. Fol.
Genealog. Tabelle von den väterlichen Vorfahren
und Nachkommen des Cammerraths *Hilmar Meincke*.
Daſ. 1773. Fol. Genealog. Tabelle und Nachrichten von den Vorfahren und Nachkommen *Joh. Gerhard Fedderſen*, Bürgermeiſters in Flensburg, und deſſen Ehegattin *Anna Eliſabet Hallenſen*. Daſ. 1773. Fol.
Erneuertes Andenken des durch milde Stiftungen und
Legate um ſeine Vaterſtadt Flensburg hochverdien-
ten Bürgermeiſters *Gerdt von Merfeldt*. Daſ. 1773. 4.
Ehrengedächtniſs *Peder Fedderſen* dem ältern und dem
jüngern, deputirten Bürgern und Kaufmännern in
Flensburg, errichtet. Daſ. 1773. Fol. Genealogiſche
Tabelle und Nachricht von den mütterlichen Vorfahren und Kindern der Ehegattin *Friedr. Woldſen*,
Rathsverwandten in Huſum, *Lucia Peterſen*. Daſ.
1773. Fol. Genealog. Tabelle von *Anna Peterſen*,
des Flensburg. Hoſpital Vorſtehers, *Matthias Holſt*
Ehegattin. Daſ. 1773. Fol. Genealog. Tab. von
der *Prehniſchen* und andern Flensburg. Familien, aus
welchen entſproſſen ſind *Laurentius Prehn* —. Daſ.
1774. Fol. Genealog. Tab. von *Lorenz Prehn* und
ſeiner Ehegattin *Catharina Strickerin*. Daſ. 1774. Fol.

Genealog. Tab. von *Otto Beyers* Vorfahren. Daſ. 1774.
Fol.   Genealog. Tab. von der *Beyeriſchen* Familie, in
ſo ferne aus derſelben abſtammen *Georg Cläden* und
deſſen erſte Ehegattin *Catharina Maria Müllerin*. Daſ.
1774. Fol. Genealog. Tab. von der *Wittemackiſchen*,
Klöckerſchen, *Vettiſchen*, *Timmſchen* und andern alten
Flensburg. Familien, aus welchen entſproſſen *Brigitta*
Chriſtina Lüders, geb. *Timmen*. Daſ. 1774. Fol.   Genealog. Tab. von *Nikolaus Hallenſen* und deſſen Ehegattin *Catharina Eliſabet Peterſen*. Daſ. 1774. Fol.
Dreyzehn genealog. Tab. von *Peder Fedderſen* und
deſſen Ehegattin *Lucia Sälings*. Daſ. 1774. Fol.   Erneuertes Andenken der milden Stiftungen, durch welche ſich der vor 200 Iahren verſtorbene Stifter der
lateiniſchen Schule *Ludolph Naamani* und deſſen Eltern
um Flensburg verdient gemacht. Daſ. 1774. 4.   Ver-
miſchte Nachrichten und Urkunden, welche *Ludolph*
Naamani, wie auch den Franciſcanerorden und deſſen
Schickſale in Dännemark, beſonders zur Zeit der Reformation, betreffen. Daſ. 1775. 4.   Hiſtoriſche und
genealogiſche Nachricht von dem uralten adlichen
Geſchlechte derer von *Zaum* oder *Suhm*, welches im
9ten Iahrhund. in Pommern entſproſſen iſt, und ſich
in den folgenden Zeiten in Holland, Schweden, Polen, Rußland, Mecklenburg, Sachſen und Holſtein,
wie auch in Dännemark und Norwegen ausgebreitet
hat. Daſ. 1775. 4.   Genealog. Tabelle und Nachricht von dem alten Geſchlechte derer von *Litten*, inſonderheit von den mütterlichen Vorfahren des Kam-
mer-

merraths *Hilmer Meincke.* Daf. 1775. Fol. und 4.
Genealog. Tab., und Nachr. von *Gabriel Peter Gade-
busch.* Daf. 1776. Fol. Genealog. Tab. und Nachr.
von den Vorfahren der vier Gefchwifter *Elfabe Margareta, Johann, Chriftian* und *Johann Chriftian Ambders.*
Daf. 1777. Fol. Genealog. Tab. und Nachr. von
verfchiedenen, infonderheit Mecklenburgifchen, Pom-
merfchen und Schleswig-Holfteinifchen Familien,
aus welchen entfproffen der Herr *Chriftian* Freyherr
von *Nettelblade* und deffen Wittwe *Maria Amalia Lat-
kemann.* Daf. 1777. Fol. Ehrengedächtnifs *Nikolaus Nummenfen.* Daf. 1777. Fol. Erneuertes Andenken Sr. Ehrw. *Thomas Attzerfen,* Paftors zu Steinburg
—. Daf. 1778. 4. Genealog. Tab. und Nachricht
von der *Valentinerifchen* Familie, infonderheit von
Jürgen Valentiner und deffen Ehegattin *Helena Fauft.*
Daf. 1778. Fol. — von *Hans Hanfen.* Daf. 1779. Fol.
— von den mütterlichen Vorfahren der Gebrüder
Detlef und *Gabriel Peter Gadebufch.* Daf. 1779. Fol.
— von *Georg Cläden.* Daf. 1779. Fol. — von *Lorenz
Hanfen.* Daf. 1779. Fol. — von der *Strefowfchen* Familie überhaupt, und insbefondere von den Vorfahren und Nachkommen, wie auch dem Leben und den
Schriften Hrn. *Conrad Friedr. Strefows,* Confiftorial-
raths und Kirchenprobfts auf Fehmern, wie auch
Hauptpaftors in der Stadt Burg. Daf. 1781. Fol.
(fehlt im *Lawätz.*) Ehrengedächtnifs Frau *Anna Eddow,* geb. *Stricken,* und ihrer zwey Söhne *Heinrich
Paulfen* und *Jakob Chriftian Eddow.* Daf. 1782. Fol.

Erneuertes Andenken des Flensburgischen Bürgermeiſters *Marcus Schröders*, wie auch des Stadtfecre-
tärs *Herman Ritgenberg* —. Daſ. 1782. Fol. Regiae
urbis Flensburgiae chorographia encomiaſtica, con-
ſulibus et ſenatoribus inclutae ejusdem reipublicae
ante annos CXC dedicata, Slesvigae excudubat Nicol.
Wegener 1592, occaſione orationum Gymnaſtica-
rum renovata. ibid. 1782. Fol. Genealog. Tabelle
und hiſtoriſche Nachricht von Sr. Hochgräfl. Excel-
lence, Hrn. *Gregers Chriſtian* Grafen von *Haxthauſen*.
Daſ. 1783. Fol. Erneuertes Andenken des Flensburgiſchen Bürgermeiſters *Heinrich von Merfeldt* und deffen Stiftungen. Daſ. 1783. 4. Kurze hiſtoriſch-genealogiſche Tabelle und Nachricht von dem uralten
adlichen, freyherrlichen und hochgräfl. Geſchlechte
derer *von Haxthauſen*, inſonderheit *Chriſtian Friedrich*
von *Haxthauſen*. Schleswig 1784. Fol. — Für die
Nachrichten vom baltiſchen Meer hat er geliefert: Nachricht von den Paſtoribus, welche der Gemeine zu
Alt-Hadersleben ſeit der Reformation vorgeſtanden.
1765. St. 7. S. 29 fg. St. 13. S. 53. Nachricht von
einer höchſt ſeltenen und merkwürdigen Schrift *Ca-
nuti Brantii*, Paſtors zu Onsbye im Amte Hadersleben.
1766. St. 13. S. 53-71. Nachricht von den Paſtoribus zu Moltrup und Bierning im Amte Hadersleben, 1766. St. 21. S. 85. Nachricht von *Syvert
Rentzau*, Amtmann zu Hadersleben. 1767. St. 33.
34. S. 130-136. — iſt vollſtändiger eingerückt in
die Schl. Holſt. Anzeigen 1770. S. 281-284. In

diefer Sammlung hat er, feit 1758, *zwey und funfzig*
Abhandlungen einrücken laffen, die fowohl zur Schl.
Holft. bürgerlichen, kirchlichen und gelehrten Gefchichte gehören, als auch den Dänifchen und Holfteinifchen Adel betreffen. Die von ihm felbft darin
ausgearbeiteten Schriften find folgende *vierzig*: Nachricht von einem zu Overfee im Amte Flensburg verftorbenen Prediger, welcher 61 Iahre feiner Gemeine
vorgeftanden, und deffen Anteceſſoribus. 1758. S.
253 ff. Lebensbefchreibung des königl. dänifchen
Iuftitzraths und Doct. der A. G. *Burch. Joh. Lembke;*
daf. S. 266 ff. Nachricht von der *Reventlovifchen*
Familie überhaupt, und infonderheit dem königl.
Geheimen Conferenzrath und Ritter vom Elephanten, *Claus Reventlov*; daf. S. 620 ff. Nachricht von
Joh. Laſſ Schriften; daf. S. 635 ff. Anzeige von
der Iubelhochzeit des Bürgermeifters *Loyt* zu Flensburg, und Nachricht von deffen Vorfahren, welche
verfchiedene geiftliche Ehrenämter im Herzogthume
Schleswig verwaltet haben; daf. S. 748 ff. Hiftorifche und genealogifche Nachricht von dem uralten
adlichen Gefchlechte der von *Berckentin*, und infonderheit dem Grafen *Chriftian Auguft* von *Berckentin*,
geh. Rath im geheimen Staats-Confeil und Ritter
vom Elephanten. 1759. S. 120-150. Recenfion
einiger Schriften, welche von Königs *Chriftian III.*
jüngftem Sohne, Herzog *Johann* dem Iüngern, handeln, nebft einer kurzen Nachricht von den Verfaffern derfelben; daf. S. 324 ff. Nachricht von der

Ordi-

Ordination eines Predigers auf Nordſtrand, welche
zu Wittenberg geſchehen iſt. Nebſt dem von den
Theologis daſelbſt desfalls ertheilten Teſtimonio, dat.
1557. den 25 Mart.; daſ. S. 415 ff. Hiſtor. Nachricht
von der auf Sundewitt belegenen Gemeine Ulderup
und deren Paſtoribus; daſ. S. 506 ff. Nachricht von
dem Leben und den Schriften verſchiedener *Hamme-*
riche, die ſeit 200 Iahren in Dännemark, wie auch in
den Herzogthümern Schleswig und Holſtein ſich aufgehalten und verdient gemacht haben; daſ. S. 662-
685. Verzeichniſs der Bredſtedtiſchen Lehrer in der
Kirche und Schule. 1760. S. 1 ff. Bericht vom Herzogthum Schleswig überhaupt, und von verſchiedenen Städten, Ländern und Gegenden deſſelben inſonderheit. Aus einem Manuſcript; daſ. S. 86-284.
Nachricht von dem Leben des Plöniſchen Conſiſto-
rialraths, Superintendenten und Hofpredigers *Peter*
Hanſen; daſ. S. 267-279. Nachricht von dem Geſchlechte der *Farſen,* welches in Hamburg, in Bremen,
wie auch in den Herzogthümern Schleswig und Holſtein bisher geblühet; daſ. S. 341 ff. Nachricht von
den Rectoren zu Schleswig, aus *Dan. Hartnack* Manuſcript; daſ. S. 425 ff. Anzeige der Schriften vom
güldenen Horn, und ein ungedruckter Bericht von
demſelben. 1761. S. 289 ff. Nachricht von verſchiedenen, die vor der Reformation auf der Inſel
Fehmern geiſtliche Bedienungen verwaltet haben;
daſ. S. 373 ff. Ordnung und Folge der Paſtoren und
Inſpectoren der Kirche zu Burg auf Fehmern, ſeit

1592-

1592-1693. Aus *Matthias Lobedantz* Handſchrift;
daſ. S. 470 ff. Zuverläſſige Nachricht von der Vo-
cation nach Kopenhagen, welche der Generalſuperintendent D. *Steph. Clotz* kurz vor ſeinem Tode erhalten hat; daſ. S. 593 ff. Nachricht von den Schriften des Superintend. *Peter Hanſen*, welche die Kirchen-
verfaſſung, den politiſchen Zuſtand und andere Einrichtungen in den Holſtein-Plöniſchen Landen betreffen. 1762. S. 145 ff. Nachricht von einer noch
ungedruckten Holſtein-Plöniſchen Kirchen-Ordnung,
welche Herzog *Joh. Adolph* verfaſſen laſſen, und 1690
beſtätigt und publicirt worden; daſ. S. 709-728.
Anzeige von einer bey Gelegenheit des Souveraini-
täts-Jubiläi in Flensburg herausgekommenen Schrift
und deren Vertheidigung; daſ. S. 791 ff. Anmerkung, woher es gekommen, daß einige berichtet haben, als wenn die Stadt und Veſte Glückſtadt bereits
1604 erbauet worden. 1763. S. 245 ff. Anmerkung von dem gelehrten Diebſtahl, deſſen *Joh. Cluver*
von *Marquard Gudius* und andern ohne Urſache be-
ſchuldigt worden; daſ. S. 353 ff. Zwo Anmerkungen, welche Flensburg betreffen, deren eine das Alter
derſelben beſtimmt, und die andere eine Stelle erläutert in des Freyherrn von *Holberg* däniſcher Reichs-
hiſtorie, in welcher ohne hinlänglichen Grund behauptet wird, daß der König *Erich* den Magiſtrat daſelbſt wegen verübter Untreue hinrichten laſſen. Aus
des Iuſtitzraths *Georg Lobedantz* Manuſcript; daſ. S.
407 ff. Etwas von Schleswig, aus einer alten Hand-

    ſchrift

ſchrift M. *Joh. Holmer's.* 1764. S. 87 ff. Lebenslauf *Balth. Held*, Doct. der Rechte. 1765. S. 21 ff.
Inſcriptionen, welche verſchiedene Holſteiniſche Grafen, die im 13ten und 14ten Iahrh. geſtorben ſind,
betreffen, und in den Kirchen der Stadt Hamburg befindlich geweſen ſind, in einigen Anmerkungen erläutert; daſ. S. 129 ff. Merkwürdige Nachricht von
dem Leben und den Schriften *Andr. Hoyers*, Doct. der
Rechte und Prof. zu Kopenhagen, Königl. Staatsrath.
Aus deſſen Manuſcript; daſ. S. 147-190. Beytrag
zur Hiſtorie der in den Herzogthümern Schleswig
und Holſtein im Gebrauch geweſenen Geſangbücher
und vormaligen Liederdichter. Einem Freunde in
Kopenhagen 1747 in einem Sendſchreiben mitgetheilt
von N.; daſ. S. 201-222. Zweyter Beytrag; daſ.
S. 223-238. Hiſtoriſche Nachricht von der lateiniſchen Schule zu Hadersleben; daſ. S. 255 ff. Hiſtor. Nachr. von der am 1 Iun. 1765 abgebrannten
Kirche zu Hohenfelde, und den Paſtoren, die ſeit der
Reformation das Wort Gottes in derſelben verkün-
diget haben; daſ. S. 393 ff. Nachricht von dem Leben *Friedr. Andr. Peterſen*, welcher zu Neukirchen
über 60 Iahr im Predigtamt geſtanden, und im 90-
ſten Iahr ſeines Alters geſtorben iſt. 1766. S. 21 ff.
Nachricht von verſchiedenen Schriften *Phil. Ernſt Lüders*, Fürſtl. Glücksburg. Probſten und Hofpredigers;
daſ. S. 33 ff. Nachricht von den Predigern zu Moltrup und Bierning im Amte Hadersleben. 1767. S.
130 ff. 135 ff. vollſtändiger 1770. S. 281 ff. Nachricht

richt von der uralten und noch blühenden dänischen
Familie der Herrn von *Rosenkranz*, aus einem Manuscript des Freyherrn *Friedr. Wilb.* von *Hertzberg* vom
Iahr 1730. Mit einigen Anmerkungen. 1770. S.
137 ff. Nachricht von der evangelisch-lutherischen
Kirche in Friederichsstadt und deren Predigern, aus
des Probsten *Peter Petrejus* Manuscript; .das. S. 169 ff.
Nachricht von dem vormaligen Amtmann zu Hadersleben *Syvert Rantzau*; das. S. 281 ff. Nachricht
von D. *Caspar Danckwerths* Landesbeschreibung der
Herzogthümer Schleswig und Holstein; das. S. 295 ff.
und 309 ff. Nachr. von den Privilegien der Schleswig-Holsteinischen Ritterschaft; das. S. 589 ff. —
Vergl. *Worm* Th. 1 S. 59-68. Th. 3. S. 529-532.
und S. 964. wo, nach der Versicherung dieses Schriftstellers selbst, welcher unsere Abschrift seiner hohen
Iahre wegen nicht nachsehen konnte, das Verzeichniß der Schriften und einzelnen Abhandlungen ganz
vollständig ist.

(N. 5.) MOLTKE (Adam Gottlob Detlef), *Exgraf auf
Nör*, einem adlichen Gute im dänischen Walde; *geb.
zu Odensee den 15 Ian. 1765.* §§. Fragment einer Reise
nach der Schweiz; im deutschen Magaz. 1792. St...
Eine Abhandlung aus dem Franz. des *Turgot*; das.
St... Buitenspoorigheeden. Erste Excursion. Auch
unter dem Titel: Reise nach Maynz (zur Zeit des
Bombardements). 1ster Th. Altona 1794. 8. 2ter
Th. Das. 1795. (*Zwey Theile werden folgen.*) —
(*Revidirt.*)

ZUR MUEHLEN (Johann Herrmann Gottfried), *Paftor auf Nordmarfch*, einer kleinen Hallige Amts Hufum; *geb. zu Rendsburg 176.*. §§. *Monatliche Ueberficht der gefamten Litteratur (in Verbindung mit andern herausgegeben)*; Schleswig. Januar und Febr. 1791. 8. (zufammen 8 Bogen.)

MUELLER (Chriftian Auguft Guftav), *Paftor zu Glefchendorf* Amts Ahrensbök feit 1761, vorher feit 1755 Paftor in der Neuftadt vor Plön; *geb. zu Plön 1727.* §§. Gedächtnifspredigt auf den Herzog Friederich Carl zu Holftein-Plön. 1762. Fol. *(Mitgetheilt.)*

(N. 5.) MUELLER (Heinrich), *aufserordentlicher Profeffor der Theologie zu Kiel* feit 1789 (vorher feit 1786 Diakonus an der Nikolaikirche dafelbft) *und feit 1782 Inftitutor und erfter Lehrer des Schulmeifterfeminariums; geb. zu Jörl im Amte Flensburg den 25 Febr. 1759.* §§. Von der Entftehung, Einrichtung und bisherigen Würkfamkeit des königl. Schulmeifterfeminarii in Kiel, nebft einigen Bemerkungen über die vorzüglichften Hinderniffe und Beförderungsmittel diefer Anftalt; in den Schl. Holft. Prov. Ber. 1788. H. 2. (auch einzeln gedruckt. Altona 1788. 8. und eingerückt in *Krüniz's* Encyklopädie im Artikel „Landfchule" Th. 62. und in dem befondern Abdrucke deffelben: „Die Landfchulen, fowohl für Lehr-als auch Induftriefchulen betrachtet. Berlin 1794. gr. 8.") *Cramers* Verdienfte um das Königl. Schulmeifterfeminarium in Kiel. Eine Rede zu feinem Gedächtnifs am 6 Aug. 1788 im Lehrfaal des Seminar. gehalten.

Kiel

Kiel 1788. 8. (dänifch in Fyens Maanedsfkrift. B. 19. 1789. 8.) * Bemerkungen über des Hrn. C. R. *Schwollmann's* Grundfätze, nach welchen die für die Herzogthümer Schleswig und Holftein beftimmte Liturgie fowohl, als das Handbuch der Perikopen ausgefertigt worden; in den Prov. Ber. 1793. H. 5. * Ueber die Stadtwaifenkaffe und die Kurrende in Kiel und deren etwanige Vereinigung mit der neuen Armenanftalt. Ein der Gefellfchaft freywilliger Armenfreunde von ihrer Sehulcommiffion abgeftattetes Bedenken; daf. 1794. H. 2. *(Revidirt.)*

(M. u. N. 1 - 5.) MUELLER (Johann Gottwerth), *Doctor der Philofopbie und Privatgelebrter zu Itzeboe* feit 1772; *geb. zu Hamburg den 17 May 1744.* §§. Gedichte der Freundfchaft, der Liebe und dem Scherze gefungen. 2 Theile. Helmftädt und Magdeb. 1770. 1771. 8. * Der Deutfche (eine Wochenfchrift). Th. 1-4. Magdeb. 1771. (find ganz von ihm, das 4te und 19te Stück, welche von *J. S. Patzke* find und einige eingefandte Beyträge abgerechnet). Th. 5 - 8. Hamb. 1773 bis 1776 (find ganz von ihm). * Siegfried von Lindenberg. Daf. 1779. 8. Zweyte rechtmäfsige und durchgehends geänderte Ausgabe. 4 Theile. Leipzig 1781. 1782. Dritte vom Verfaffer verbefferte Originalausgabe. Daf. 1783. mit 4 Kupf. von Chodowiecki (von dem fich 12 zum Siegfr. v. Lind. gehörige Kupf. im Gött. Tafchenkal. für 1784 befinden). Vierte. Daf. 1785. Fünfte rechtmäfsige, vom Verfaffer durchgehends verbefferte und vermehrte Ausgabe

gabe in 4 Theilen. Auf Druckpapier und Schreibpap.
Daf. 1790. nebſt 28 Kupf. von Chodowiecki, Böt-
ger, Müller und Dornheim, auf feinem Schweizerpa-
pier abgedruckt. *Holländiſch*: Siegfried van Lindenberg. Uit het Hoogduitſch vertaald (follte, nach diefes Schriftſtellers eigener Verficherung, heifsen: „*Ver-
bolländert*; denn ärger iſt nie ein Schriftſteller gemifs-
handelt"). In's Gravenhage, by Jfaac van Cleef.
1787. 1788. 2 Bände. gr. 8 mit Kupf. *Däniſch*
von *Friedrich Andreas* von *Pflueg*. 4 Theile. Kopenh.
1786. 8. — * Der Ring; eine komiſche Geſchichte,
nach dem Spaniſchen. Itſtehoe 1777. 8. *Franzöſiſch*
von *K. L.* von *Bilderbeck* (vergl. *Erfch*). — Zweyte
rechtmäſige Ausgabe, mit Kupf. Götting. 1788. kl.
8. *Holländiſch*: De Ring. Een fchertfende Roman.
Door den Schrÿver van Siegfr. van Lindenb. Naar
de laatſte hoogduytſche Uitgaave. Met Plaaten. Amſterd. by A. Mens. 1790. gr. 8. *Däniſch* von *F. A.*
von *Pflueg*: Ringen. En komiſk Hiſtorie, fkreven
af Forfatteren til S. v. Lindenberg. Kbhvn. 1788. 8.
— * Geſchichte der Sevaramben; aus dem Franzöſ.
2 Theile. Daf. 1783. 8. * Komiſche Romane aus
den Papieren des braunen Mannes und des Verfaſſers
des Siegfr. v. Lindenb. 1ſter Band, welcher den 1ſten
und 2ten Th. der *Waldheime* enthält, (auch unter dem
befondern Titel: die Herren von Waldheim, verkauft wird und *holländiſch* überfetzt iſt: Gefchiednis
van de Heeren van Waldheim. Uit het Hoogduitſch
vertaald. Rotterdam, by Dirk Vis. 1786. 2 Bände. 8.)

Göt-

Götting. 1784. kl. 8. 2ter Band, welcher den 3ten und 4ten Th. der *Waldheime* enthält. Daf. 1785. 3ter Band, welcher den 1ften und 2ten Theil *Emmerichs* enthält. Daf. 1786. 4ter Band, welcher den 3ten und 4ten Th. *Emmerichs* enthält. 1787. 5ter Band, welcher den 5ten und 6ten Th. *Emmerichs* enthält. 1788. 6ter Band, welcher den 7ten und 8ten Th. *Emmerichs* enthält. 1789. (*Holländifch:* Emmerik. Naar het Hoogduitfch van *J. G. Müller.* Amfterd. by A. Mens. 1788 bis 1790. 6 Bände. gr. 8.) 7ter Band, welcher den 1ften und 2ten Th. des Hrn. *Thomas* enthält. 1790. 8ter Band, welcher den 3ten und 4ten Th. des Hrn. *Thomas* enthält. 1791. (*Holländifch:* Gefchiednis van den Heer Thomas. Naar het Hoogduitfch van den Heer Müller. Amfterd. by A. Mens. 1794. 2 Bände. gr. 8. „Eine dänifche Ueberfetzung diefer komifchen Romane begann *F. A.* von *Pflueg,* der jedoch, feitdem er Generalkriegscommiffär geworden, aus Mangel an aller Muffe, die Arbeit einem andern, ich weifs nicht, ob überlaffen oder aufgetragen hat." Kopenh. 1786 bis 1793. — *Strausfedern, (nach *J. C. A. Mufäus* Tode) fortgefetzt vom Verfaff. des Siegfr. von Lindenb. 2ter Band. Berlin 1790. 8. 3ter Band. Daf. 1791. (Alle 3 Theile dänifch. Kopenh. 1795. 8. → Der 4te Band 1795 ift von einem andern.) *Ueber den Verlagsraub, oder Bemerkungen über D. *Reimarus* Vertheidigung des Nachdrucks im April des deutfchen Magazins 1791, vom Verf. des Siegfr. von Lindenb. Leipz. 1791. 8.

*Se-

*Selim, der Glückliche, oder der Subftitut des Ori-
muzd, eine morgenländifche Gefchichte; nach der
Guzurartifchen Urfchrift herausgegeben vom Verf.
des Siegfr. von Lindenb. 3 Theile, mit Kupf. von *J.
W. Meil.* Berlin und Stettin 1792. 8. (Gegen: „der
Orimuzd oder der Subftitut. Eine wahre Gefchichte
vom Verf. des S. v. Lind.", welche C. F. Schneider
in der Oftermeffe 1792 in 2 Th. ankündigte und die
wahrfcheinlich nicht erfchienen feyn wird, proteftirte der Verf. oder vielmehr F. Nicolai mit feinem Vor-
wiffen in der allgem. deutfchen Biblioth.) * Friedrich Brack, oder Gefchichte eines Unglücklichen.
Aus deffen eigenhändigen Papieren herausgegeben
vom Verf. des S. v. Lind. 4 Bände. Berlin 1793 -
1795. 8. — Antheil an verfchiedenen periodifchen
Schriften. — Gedichte im Göttingfchen Mufenalmanach. — Recenfionen. — Vorrede zu: Bemerkungen
über die Fehler unferer modernen Erziehung, von
einer praktifchen Erzieherin. Herausgegeben vom
Verf. des S. v. Lind. Leipzig 1791. 8. *(Revidirt.)*
(N. 1. 2. 4. 5.) MUMSEN (Jakob), *Doctor der A. G. und
Phyfikus in der Herrfchaft Pinneberg und der Graffchaft
Ranzau* (wohnt zu Altona) feit 1789, (vorher feit
1767 in Hamburg und von 1784 bis 1789 in Kopenhagen,) auch Mitglied der königl. Societät zu Kopenhagen, *geb. zu Hamburg den 13 Aug. 1737.* §§ D.
inaugur. de plethorae differentiis. Lipf. 1766. 4. *A.
Pope Verfuch vom Menfchen, neu überfetzt. Hamb.
1782. 8. (wird im *Meufel* irrig dem *J. C. Unzer* bey-
ge-

gelegt.) *Kurze Nachricht von der epidemifchen
Schnupfenkrankheit und der Befchaffenheit der Luft
1781 und 1782. Hamb. 1782. 8. *Gedanken über
die Luft und ihren Einfluß auf Wachsthum und Erhaltung organifcher und belebter Körper; auf einer
Reife gefammelt. Daf. 1787. 8. *Tagebuch einer
Reife nach dem füdlichen Theil von Norwegen im
Sommer 1788. Ein Manufcript für Freunde. Hamb.
und Kiel 1789. 8. *Apologie der Bäume. Der patriotifchen Gefellfchaft zugeeignet von einer alten
abgängigen Ulme. Kiel 1792. 8.— Verfchiedene Abhandlungen und Auffätze in verfchiedenen periodifchen Schriften, namentlich dem teutfchen Mufeum
1777. Ian. . . . , und 1778 April . . . . *(Revidirt.)*
MÜTZENBECHER (Samuel Dietrich), *Docter der A. G.
und ausübender Arzt in Altona*; geb. zu Bourdeaux den
5 Nov. 1766. §§. D. inaug. hiftoriam febris intermit-
tentis exhibens. Kiliae 1790. 4. *(Revidirt.)*
NASSER (Johann Adolf), *Doctor der Philofophie* feit 1788
und derfelben aufferordentlicher Profeffor zu Kiel feit
1789; *geb. dafelbft den 21 Febr. 1753.* §§. *Neue Beyträge zur Lectüre für junge Leute. 1fter Band. Hamb.
1785. 8. Catulli, Horatii aliorumque, veterum poëtarum latinorum carmina lyrica felecta in ufum praelectionum fuarum publicarum edidit. Kil. 1794. 8.
(hat auch den Titel: Catulli — in ufum fcholarum
curavit.) Lyrifche Gedichte, aus dem Lateinifchen
überfetzt. Ein Verfuch für feine Zuhörer. Daf. 1795.
8.— Der erfte Band feiner Briefe über die Gefchichte

der deutſchen Poeſie wird wahrſcheinlich mit dem
Ende des I. 1796 zum Abdruck fertig ſeyn. — Verſchiedene Recenſionen in der Kieliſchen gel. Zeitung
vom I. 1776 und 1777. (Revidirt.)

von NEYNABER (Johann Siegfried Friedrich Wilhelm),
Volontär bey der königl. deutſchen Cauzeley in Kopenhagen
ſeit 1789; *geb. zu Rendsburg den 10 Nov. 1767.* §§. In
der däniſchen Minerva vom I. 1792 und 1793 befinden ſich von ihm folgende Auffätze: Om de Lærdes Befordring i Staten. Om Eeder. Hvorfor det
ſynes at de Lærdes Antal forminſkes (deutſch überſetzt unter dem Titel: Woher kömmt es, daſs ſich
die Anzahl ausgezeichneter Gelehrten in unſern Tagen zu vermindern ſcheint? — in: Sammlung angenehmer und nützlicher Reiſebeſchreibungen und Aufſätze allerley Inhalts. Aus der däniſchen Minerva
(von *J. F. Schütze*) ſorgfältig gewählt. Leipz. 1792.
8.) Om en almindelig Statsmoral. Om Udſnævel-
ferne i Hendſeende til Staten. (Revidirt.) *J. H. Fricke's* Grundſætninger af Haandværkernes Ret. Overſat, med Anmærkninger og Tillæg af de danſke og
holſteenſke Love forœget, ſom ogſaa forſynet med
en Indledning. Kbhvn. 1795. 8.

(N. 5.) NICHELMANN (Gottlob Chriſtoph), *privatiſirender Gelehrter in Altona*, vorher zu Frankfurt am
Mayn; *geb. zu Treuenbrietzen in der Mittelmark den
4 Nov. 1750.* §§. Die Frankfurter Zeitungen der I.
1776-1780. Der Altonaiſche Merkur von 1780
bis itzt. — In Leipzig und Frankfurt am Mayn hat
er

er auch mehrere kleine theatralifche und andere Shrif-
ten aus dem Französifchen und Englifchen ins Deutfche überfetzt. (*Mitgetheilt.*)

(M. u. N. 1-5.) NIEBUHR (Carften), *königl. dänifcher
würklicher Iuftitzrath und Landfchreiber in Süderdithmarfchen zu Meldorf* feit 1778 (vorher feit 1760 In-
genieurlieutenant zu Kopenhagen, von 1762-1767
auf Reifen und feit 1768 Ingenieurhauptmann zu
Kopenhagen); *geb. zu Lüdingwohrt* im Lande Hadeln
den 17 März 1733 (nicht: 1735). §§. Befchreibung
von Arabien, aus eigenen Beobachtungen und im Lande felbft gefammelten Nachrichten abgefaßt. Kopenh. 1772. 4. (Auszug aus N. Reifebefchreibung
von Arabien. Biel. 1790. 8.) — Die Litteratur der
Ueberfetzungen, welche aus *Erfch's* Verzeichniß vermehrt werden können, gibt er felbft fo an: „Defcri-
„ption de l'Arabie. à Copenh. 1773. 4. Ein Nach-
„druck diefer Ueberfetzung. Utrecht 177.. 4. Ein
„anderer Nachdruck. Paris 177.. Eine holländi-
„fche Ueberfetzung. Utrecht 177." (nach *Erfch* 1774).
— Reifebefchreibung nach Arabien und andern um-
liegenden Ländern. 1fter Band. Kopenh. 1774. 4.
2ter B. 1778. — Hier macht er felbft folgende Zufätze, die wieder mit *Erfch's* Angaben zu vergleichen
find: „Voyage en Arabie. T. 1. 2. Utrecht 1776. 4.
„Reize naar Arabien. Utrecht 1776. 4. in 2 Theilen.
„Reife und Beobachtungen durch Aegypten und Ara-
„bien. Bern. 8. ein Auszug aus den vorher benann-
„ten Werken. Voyage de Monfieur Niebuhr en Ara-

„bie.

„bie. Suiſſe 1780. gleichfalls ein Auszug in 8." Spä-
terhin wurde noch bekannt: Travels through Ara-
bia, and other countries in the Eaſt, performed by
Mr. Niebuhr. — Translated into Engliſh by *Robert
Heron*. With Notes by the translator and illuſtra-
ted with Engravings and Maps. Edinbourgh 1792.
2 Voll. 8. Samlingen af de bedſte og nyeſte Reiſe-
beſkrivelſer i et udfœrligt Uddog. D. XI. Kbhvn.
1794. 8. enthält ſeine Reiſe in den Iahren 1762 bis
1766. — Deſcriptiones animalium, auium, amphi-
biorum, inſectorum, vermium, quae in itinere orientali obſervavit *Petrus Forſkål*. Poſt mortem auctoris edidit —. Adiecta eſt materia medica Kahiria-
na, atque tabula maris rubri geographica. Hafniae
1775. 4 mai. Flora Aegyptiaco - Arabica, ſive deſcriptiones plantarum, quas per Aegyptum inferio-
rem et Arabiam felicem detexit, illuſtravit P. *Forſkål*.
Poſt mortem auctoris edidit —. Accedit tabula Ara-
biae felicis geographico - botanica. ib. eod. 4 mai.
Icones rerum naturalium, quas in itinere orientali
depingi curavit P. *Forſkål*. Poſt mortem auctoris ad
Regis mandatum aeri inciſas edidit — ib. 1776.
*Ueber *Irwin's* Reiſebeſchreibung; im deutſchen Muſeum 1781. St. 12. ....; daſ. 1784. St. 3. (zufolge dem allgemeinen Sachregiſter über die wichtigſten deutſchen Zeit- und Wochenſchriften von *J. H.
C. Beutler* S. 17. des Namenverzeichniſſes der Verff.)
Von den Derwiſchen und Santonen der Mohameda-
ner; daſ. St. 4. Ueber die Lage des Tempels zu Ie-
ruſa-

rufalem, in Anfehung der Gefahr bey Gewittern;
daf. St. 5. Ueber den Aufenthalt und die Religion
der Johannesjünger und Naffairier; daf. St. 6. Von
den verfchiedenen Nationen und Religionsparteyen
in dem türkifchen Reiche; daf. St. 7. Zufatz zu den
Bemerkungen über die Lage des Tempels zu Ierufa-
lem; daf. St. 8. Bemerkungen zu Haleb und auf
der Reife von diefer Stadt nach der Infel Cypern;
daf. 1787. St. 3. 4. Von der Hauptfarbe der weif-
fen und fchwarzen Menfchen; daf. St. 5. Von den
chriftlichen und mohamedanifchen Korfaren; daf.
St. 9. Profelytenmacherey verfchiedener Religions-
parteyen, befonders der römifchen Kirche im türkifchen Reiche; daf. St. 12. Bemerkungen über Perfepolis; daf. 1788. St. 3. Bemerkungen über den
Auffatz: Profelytenmacherey verfchied. Religions-
parteyen im Dec. 1787; daf. St. 5. Verfaffung des
Ottomannifchen Reichs; daf. St. 7 und 8. Militai-
rifche Verfaffung des Ottomannifchen Reiches; im
neuen deutfchen Mufeum 1789. St. 1. 2. (dänifch
überfetzt von *H. W. Riber:* C. N. det Tyrkifke Ri-
ges politifke og militairifke Forfatning. Kbhvn.
1791. 8.) Bemerkungen über die Schriften des Hrn.
von *Peyffonel*, gegen den Baron von *Tott* und Hrn.
von *Volney*; daf. St. 6. Das Innere von Africa; daf.
1790. St. 10. Ueber den Urfprung der Pyramiden
in Aegypten und der Ruinen in Perfepolis; daf. St.
12. Noch etwas über die mohamedanifchen Frey-
ftaaten in der Barbarey; daf. 1791. St. 1. 2. Noch

Q 3   etwas

etwas über das Innere von Africa; daf. St. 5. Bemerkungen über die zwey erften Bände der Reifen des Hrn. *Bruce* zur Entdeckung der Quellen des Nils; daf. St. 6. — Polhöhe von Barmftedt; in *Bafchings* wöchentl. Nachr. 1785. S. 325 ff. — Ueber die perfepolitan. Infchriften; in v. *Murr's* Journal Th. 4. S. 122 ff. Ueber arabifche Siegel; daf. Th. 10. S. 299 f. — Vergl. *Worm* 2, 122 und 3, 564. — Sein ihm unähnliches Bildnifs vor dem 45ften B. der allgem. deutfch. Bibl. *(Revidirt.)*

NIELSEN (Georg), *Conferenzrath* feit 1767, und Bibliothekar der königl. Handbibliothek *zu Kopenhagen*; geb. *zu Norburg* auf der Infel Alfen *den 3 April 1710.* §§. * Rede in der Loge Zorobabel zu Kopenhagen gehalten. Hamb. 1746. 4. Relatione degli Stati e Corte di Sua Eccā il Sign. *Antonio Gunthero*, Comte di Oldenbourg, med en Side om Side hostrykt danfk Overfættelfe forfattet, Kbhvn. 1756. 8. — Antheil an: * Befkrivelfe over Danfke Mynter og Medailler i den Kongel, Samling. 2 Deele. Kbhvn. 1791. Fol. (Unter der Züeignung haben fich genannt: G. Nielfen. F. A. Müller, O. P. Källe. L. Spengler.) Tillæg 1794. — Die von *Worm* 3, 565. ihm beygelegte diff, de intellectu humano hat er unter *Joh. Jak. Lehmanns*, des eigentlichen Verf., Vorfitz blos vertheidigt. *(Nach dem Autographum.)*

NIELSEN (Johann), *Doctor der A. G. und Phyfikus zu Chriftiania* (?) in Norwegen; *geb. zu Hadersleben den 23 Ian. 1748.* §§. D. inaugur. de praeftantiffima methodo

thodo illuſtrandi materiam medicam practicam. Hafn.
1778. 8. Vergl. *Worm* 3, 566 und 967.

(M. u. N. 1 - 5.) NIEMANN (Auguſt Chriſtian Heinr.—
pflegt ſich nur des erſtern Vornamens zu bedienen),
Doctor der Philoſophie und ordentlicher Profeſſor derſel-
ben zu Kiel ſeit 1794 (vorher ſeit 1787 auſerordentlicher Profeſſor); *geb. zu Altona den 30 Ian. 1761.* §§.
* Akademiſches Liederbuch. 1ſtes Bändchen. Deſſau
und Leipzig 1782. 8. nebſt dem dazu gehörigen Notenbuche (von *F. L. A. Kunzen*) in Queerfol. 2tes
Bändch. Altona und Leipzig 1795. 8. (auch unter dem
Titel: Geſellſchaftliches Liederbuch,) nebſt dem dazu gehörigen Notenbuche (von *P. Grönland*) in Queerfol. Von der Induſtrie, ihren Hinderniſſen und Be-
förderungsmitteln; ein Bruchſtück aus der Policey-
wiſſenſchaft, zur Anzeige ſeiner Wintervorleſung.
Altona 1784. 8. Vorſchläge, Hofnungen und Wünſche zur Beförderung der Landeskunde, der Natio-
nalbildung und der Gewerbſamkeit in den Herzogthümern Schleswig und Holſtein. Flensb. 1786. 8.
Erſte Grundſätze der Staatswirthſchaft. 1ſter Th.
Altona 1790. 8. Sammlungen für die Forſtgeogra-
phie, oder Nachricht von der wilden Baumzucht und
Forſtwirthſchaft einzelner Länder, aus neuen Reiſe-
und Länderbeſchreibungen entlehnt; ein Leſebuch
für Forſtmänner und Freunde des Waldes. 1ſter Band.
Daſ. 1791. gr. 8. Abriſs des ſogenannten Cameral-
ſtudiums und Beſtimmung ſeines Zwecks für ſich und
in Verbindung mit der Rechtsgelehrſamkeit, für ſeine

Vorlefungen entworfen. Kiel 1792. 8. Hofnungen
befferer Zeit, am Stiftungstage einer beffern Armenpflege vorgetragen in der erften feyerlichen Verfammlung der Gefellfchaft freywilliger Armenfreunde; in
der unter *F. C. Jenfen* aufgeführten Sammlung der
Reden u. f. w.   Ueber den Grundfatz der Armenpflege.   Ein Vortrag in der feyerlichen Verfammlung der Gefellfchaft freywilliger Armenfreunde am
19 März 1794. von dem Wortführer derfelben (aus
dem Wochenblatte zum Beften der Armen in Kiel befonders abgedruckt). Kiel. 20 S. 8. (wird im Katalog der Oftermeffe 1795 unrichtig unter dem Titel:
über Armenverforgungsanftalten, aufgeführt.)—*Giebt
die Schleswig-Holfteinifchen Provinzialberichte heraus.* Altona, Kiel und Kopenhag. Neun Iahrgänge (jeder befteht aus 6 Heften). 1787-1795. *Von ihm find folgende Auffätze:* *Zuftand der Manufacturen und Fabriken in Altona, am Schluffe des Iahres 1786; 1787.
H. 1.   *Beurkundete Gefchichte und gegenwärtige
Lage der Handelsgefellfchaft zu Glückftadt; H. 2.
Ueber Lombarde, ihre Abficht und Einrichtung, mit
beygefügter Nachricht von einigen einheimifchen
Lombarden; H. 3.   *Gedanken und Wünfche, die
Wiederherftellung der einheimifchen Gefundbrun-
nen betreffend, nebft einigen angehängten Nachrichten von dem ehemaligen Bramftedter Gefundbrun-
nen; 1789. H. 6. *Die Kiefer zu Wiemersdorf.
Fragment eines Gefprächs auf einer Reife im Vaterlande; 1791. H. 3. *Bruchftücke aus meinem Ta-
ge-

gebuche auf Holſteiniſchen Wanderungen. N. 1.
Die Scene in der Schenke; H. 5. *Ueber den einheimiſchen Manufacturfleiſs; ein Vorſchlag, allen Ma-
nufacturiſten und Fabricanten in Schleswig und Holſtein zur Erklärung vorgelegt; daſ. *Nachrichten
aus der neueſten gemeinnützigſten Litteratur; H. 6.
(ein ſtehender Artikel.) *Ueber die mit der neuen
Altonaiſchen Armenpflege verbundene Arbeitsanſtalt;
1792. H. 2. *Zweytes Wort über die Anlage der
Induſtrieſchulen in unſerm Vaterlande. Antwort-
ſchreiben an den wohlwollenden Landprediger (Do-
meyer) zu N — ſ.; daſ. *Manufacturberichte: allgemeine Bemerkungen ſtatt einer Einleitung u. ſ w.;
daſ. und 1793. H. 4. *Nachricht von dem im Dorfe Willinghuſen, Amts Reinbeck, im I. 1761 wieder
entdeckten Geſundbrunnen; H. 3. Nähere Erinnerung an die wichtige Frage: wer iſt der erſte Wie-
derherſteller der Bauernfreyheit auf ſchleswig-holſteiniſchen Gütern geweſen? H. 5. Ueber das Strand-
recht in den däniſchen Staaten: eine neuliche Erör-
terung des Hrn. Buſch mit einer frühern des Hrn.
Schrader zuſammengeſtellt; H. 6. Anfrage, den Betrieb der Kölerey in Holſtein betreffend; daſ. *Urtheile und Meinungen wider und für den Schlesw.
Holſt. Canal, aus der Fremde entlehnt und mit einigen berichtigenden Anmerkungen begleitet; 1793.
H. 1. Nachricht vou einigen neuen wirthſchaftlichen
Verbeſſerungen auf dem Holſteiniſchen Gute Rixdorf,
nebſt einer gelegentlichen Bemerkung; daſ. *An-

mer-

merkung zu *Bergers* Abhandlung über das Gefinde-
wefen, befonders in fittlicher Rückficht; 1794. H. 2.
(von diefer Bergerfchen Abhandlung hat *er* auch einen befondern Abdruck mit einer Zueignung an den
Senator *Günther* in Hamburg veranftaltet.) Einige
Bemerkungen, veranlaßt durch *H. Wolf's* Auffatz:
Meine Erfahrungen von öffentlichen Armencaffen;
H. 5. *Luthers und Lathers laute Klagen über den
Wucherunfug in Holftein im 16ten und 17ten Iahrhundert. Zur beliebigen Vergleichung mit dem, was
am Schluffe des 18ten Brauch ift; 1795. H. 1. *Fragen und Erinnerungen über vaterländifche Gegenftände; daf. (ein ftehender Artikel.) *Einige gele-
gentliche Bemerkungen über unfer Poftwefen; H. 2.
Nähere Erklärung über die (im 2ten H. enthaltenen)
Berichtigungen und Erinnerungen und feine neulichen
gelegentlichen Bemerkungen über unfer Poftwefen;
H. 3. Nachrichten und Urtheile über vaterländifche
Gegenftände, aus fremden Schriften entlehnt; daf.
(ein ftehender Artikel.) Rede bey der Verpflichtung
und Einführung einiger neuen Gefchäftführer der
Gefellfchaft freywilliger Armenfreunde in Kiel am
Tage der 2ten Iahresfeyer ihrer Armenpflege, den
3 Iun. 1795. gehalten; H. 4. — *und was fonft in den
Prov. Ber. mit N. unterzeichnet ift.* — Ift Mitarbeiter
an dem, unter *Holft* aufgeführten, Kielifchen Wochenblatt zum Beften der Armen. — Der von *Meufel* angeführte „Grundriß eines vollftändigen Lehrbuchs
der Staatswiffenfchaft, mit beygefügter Bücherkunde"

war

war der Titel, unter welchem die nachmals herausgekommenen „erſten Grundſätze der Staatswirthſchaft" zuerſt im Meſskatalog angekündigt wurden.
Die ebenfalls von M. angeführte Schrift: „Ueber das
Studium der ſogenannten Cameralwiſſenſchaften und
die Mittel, daſſelbe in Ländern, wo es ihm an An-
hängern fehlt, zu befördern" iſt nicht erſchienen, und
die im Meſsverzeichniſſe angekündigte „ſtatiſtiſche
Ueberſicht der Herzogthümer Schleswig und Holſtein nach den in den 1ſten fünf Iahrgängen der Prov.
Ber. geſammelten Nachrichten, nebſt einem vollſtändigen Regiſter dieſer fünf Iahrg." noch nicht herausgekommen. *(Revidirt.)*

NIEMANN (Chriſtian Gottlieb Ditmer), *Adjunct des Miniſteriums der Hauptkirche zu Altona und Nachmittagsprediger zu Ottenſen ſeit 1795, vorher Katechet und
Capellprediger zu Reinbeck; geb. zu Altona den 27 Oct.
1765.* §§. Ueber die Befreyung der Aemter Reinbeck
und Trittau von der Landausſchuſsſtellung und Re-
krutenlieferung und deren Verwandlung in eine jähr-
liche Abgabe; in den Prov. Ber. 1794. H. 5.

(N. 5.) NIEMANN (Johann Carl Nikolaus), Bruder der
beyden vorigen — *Doctor der A. G. und Phyſikus in
den Städten Segeberg (wo er wohnt), Oldesloe, wie auch
in den Aemtern Segeberg und Traventhal ſeit 1793; geb.
zu Altona den 7 März 1764.* §§. D. inaugur. de ame-
norrhoea ſiue de fluxus menſtrui retentione et ſub-
preſſione. Kil. 1787. 4. * Geſchichte Frankreichs
von der erſten Gründung dieſes Staats an bis zu der
ge-

gegenwärtigen Revolution. Aus dem Engl. 1ſter und
2ter B. Altona 1792. 8. (Vgl. *Feldmann.*)

(N. 5.) NISSEN (Hans Friedrich), *Paſtor zu Sarau,* einer
adlichen Kirche in Wagrien ſeit 1790, vorher ſeit
1789 Conrector und ſeit 1787 Collaborator in Kiel;
geb. zu Kiel den 10 Nov. 1767. §§. * Verſuch einer kurzen Ueberſicht des etymologiſchen Theils der griechiſchen Sprachlehre. Kiel 1788. 8. In M. Tullii Ciceronis de finibus bonorum et malorum libros anim-
adverſiones. Lubec. 1791. 8. Curae noviſſimae in
M. T. C. Tuſculanas quaeſtiones. Altonae 1792. 8.
(Revidirt.)

NISSEN (Lars), ... *in Flensburg; geb. zu* . . . . . *17* . . .
§§. Nachricht von einer neuerlich im Schleswig-
ſchen angefangenen Bereitung eines vorzüglichen Tor-
fes aus unbrauchbarer Moorerde; in den Prov. Ber.
1793. H. 6.

NISSEN (Wolder Andreas), Sohn des *E.* . . . *N.* im Anhange — *Doctor der A. G. und Phyſikus in* der Stadt
und dem Amte *Rendsburg; geb. zu Hamburg den 14 Iul.*
1764. §§. D. inaugur. de polypis uteri et vaginae.
Goetting. 1789. 4. cum tabb. aeneis. *(Mitgetheilt.)*

NISSEN (. . . . . . .), *Gevollmächtigter in Segeberg; geb. zu*
. . . . . . *17* . . . §§. Von dem Kalkberge bey Segeberg, ſeiner Bearbeitung und den Einkünften von
denſelben; in den Prov. Ber. 1794. H. 3. Der ſämtlichen Hufner im Amte Traventhal Bitte um Befreyung von Naturalſtellung des Landausſchuſſes gegen eine Geldabgabe, nebſt der königl. Reſolution
auf

auf diese Bitte; daf. H. 4.   Verfuch einer vollftändigen Topographie des Amts Traventhal mit Inbe-
grif Gieschenhagen, in Beziehung auf ältere Nachrichten; daf. H. 5.   * Ueber die Sicherheitsmafsre-
geln gegen lofes Gefindel und Landftreicher, und einige unferer fich darauf beziehenden Landesverord-
nungen; daf. 1795. H. 4.

NOODT (Chriftian Auguft), Canzeleyrath, Bürgermeifter
und Stadtfecretäir in Oldesloe; geb. zu Kiel 173..   §§.
Befchreibung der Stadt Oldesloe; in den Prov. Ber.
1790. H. 4.   Berichtigung einer Anzeige für Reifende; daf. 1795. H. 6.

(N. 4.) OERTLING (Friederich Ernft Chriftian), Paftor
zu Eichede Amts Trittau feit 1793, vorher feit 1784
Paftor zu St. Michaelis Dom in Norderdithmarfchen;
geb. zu Rendsburg 175..   §§. Tabelle über die in der
heiligen Schrift enthaltene Glückfeligkeitslehre Iefu,
mit beygefügter Verweifung auf die Fragen des in
den Herzogthümern Schleswig und Holftein eingeführten Katechismus zur Beförderung des nützlichen
Gebrauchs deffelben beym Religionsunterricht in der
Iugend. Meldorf 1786. 12.   Von den vier Urfachen,
warum die Menfchen bey Widerwärtigkeiten fo oft
muthlos werden.   Eine zu Meldorf am 2ten Oftertage über das Evangelium gehaltene Gnaden-Iahrs-
Predigt. ...... 1792. 4.

(N. 3. 5.) OEST (Johann Friederich), Sohn des folgenden — Director und erfter Lehrer am Schulmeifterfeminarium für Fynen und Langeland feit 1795, wohnt im
                                          Kirch-

Kirchfpiel Brahetrolleburg (hatte fich vorher im Flecken Glücksburg (nicht Damp, wofür N. 5. durch einen Druckfehler Damy) etablirt, und arbeitete an einer Erziehungsanftalt für junge Frauenzimmer); *geb. zu Neukirchen* in Angeln *deu 10 Dec. 1755*. §§. Abhandlung über die Preisfrage : Wie kann man Kinder und junge Leute vor dem Lafter der Unzucht überhaupt und der Selbftfchändung infonderheit verwahren, oder, dafern fie fchon angefteckt feyn follten, fie davon heilen? (Eine gekrönte Preisfchrift.). Im 6ten Theil der Revifion des gefamten Erziehungswefens 1787. (auch befonders gedruckt: Für Aeltern, Erzieher und Iugendfreunde über die gefährlichfte und verderblichfte Iugendfeuche. Wolfenb. 1787. 8. 2te Auflage 1794.) Höchft nöthige Belehrung und Warnung für Iünglinge und Knaben; daf. (auch einzeln. Wolfenb. 1787. 8. 2te Aufl. 1788.) Höchft nöthige Belehrung und Warnung für junge Mädchen; daf. (auch einzeln. Wolfenb. 1787. 8.) — (*Mitgetheilt*.) Ueber Eintheilung der Schulen in Claffen, vorzüglich in Beziehung auf Landfchulen; in C. J. R. *Chriftiani's* Beyträgen 1ften B. 1ftem Hefte.

(M.) OEST (Nikolaus), *geb. den 30 März 1719 zu Uldrup* in Sundewitt, wo fein Vater Johann Georg Oeft als Diakonus ftand. deffen Unterricht er bis in fein 20ftes Iahr genoß, worauf er nach Hamburg gefandt und im Johanneum von dem Rector Johann Samuel Müller zur Akademie vorbereitet wurde. Er ftudirte darauf die Theologie zu Roftock, und nach einem

vier-

vierjährigen Aufenthalt dafelbft kehrte er in fein Vaterland zurück, wo er bald darauf von dem Herzog
zu Glücksburg als *Paftor* adiunctus *in Neukirchen* in
Angeln berufen und um Michaelis 1744 introducirt
wurde.   Aufgefordert von dem Iuftitzrath v. Cronhelm lieferte er verfchiedene Auffätze, die in den
Glückftädtifchen Anzeigen abgedruckt wurden, wie
auch eine Abhandlung vom Magefchifte, die fich im
Glückftädtifchen Magazin befindet. Als Mitglied der
dänifchen Ackerakademie hat er eine (auch auf königl. Koften zu Kopenhagen ins Dänifche überfetzte)
Abhandlung über den Ackerumfatz oder die Aufhebung der Feldgemeinfchaften, (Flensb. 1762. 8.) und
hernach eine ökonomifch-praktifche Anweifung zur
Einfriedigung der Ländereyen, nebft einem Anhange
(daf. 1767. 8.) herausgegeben.   Aus dem Dänifchen
überfetzte er in Verbindung mit *L. Bielefeld* die erfte
Hälfte von *Ove Mallings* guten und grofsen Handlungen der Dänen — (Flensb. 1779. 8.) und *Chriftian
Sommerfelds* Geographie, die er zugleich mit einem
Anhange von der mathematifchen Erdkenntnifs vermehrte. (Flensb. und Leipzig 1784. 8.) Aufserdem
gab er auch eine Liederconcordanz zum bequemern
Gebrauch des neuen allgemeinen Gefangbuches heraus. — Ueber Kirchenagenden, Liturgien und Ritua-
le; in den Prov. Ber. 1794. H. 2. — Etliche kleine
Gedichte von ihm find in dem Flensburgifchen Wochenblatt und fonft einzeln gedruckt worden. — Bey
einer vor mehreren Iahren von der dänifchen Land-

haushaltungs - Gesellschaft ausgestellten Preisfrage
„über die vortheilhaftefte Gröfse eines Bauerhofes"
war er Concurrent. Dafs manche angesehene Gü-
terbefitzer die Vorschläge, die seine Abhandlung ent-
hielt, mit ihrem Privatinterefse nicht vereinigen konnten, war wol allein Schuld daran, dafs diese Schrift
bis itzt noch Manuscript ift. — Ebeh so hat von seiner ausführlichen und dem sel. Kanzler *Cramer* zuge-
fandten Recenfion des Schleswig-Holfteinischen Gefangbuches, das Publicum keine Notiz nehmen können. (Theils *Autographum*, theils *mitgetheilt*.) Vergl.
Worm 3, 576.

(M. u. N. 3.) OLIVARIUS (Holger de Fine), *ausseror-*
dentlicher Profeffor des dänischen Rechts und der dänischen
Sprache zu Kiel feit 1781, (war öfters auf Reifen, zuletzt von 1789 bis 1793, wo er fich am längften in
Italien aufhielt, ohne dafs er fich jedoch in Kiel einen Vicarius gehalten hätte, wie das gelehrte Deutfchland wähnt;) *geb. zu Kopenhagen den 16 Auguft 1758*
(nicht: 1754). §§. Elementa iuris privati Danici
atque Norwegici ex ipfis fontibus deducta. Odenf.
1782. 8. Von der vernünftigen Verehrung Gottes,
von *Peter Kofod Ancher*; aus dem Dänischen überfetzt.
Kiel und Leipz. 1782. 8. Nogle Stykker af tableau
de Paris, fremftillide med Anmærkninger til den,
hvis Indflydelfe paa en Stats-Regiering er betydilig.
Hamb. 1786. 8. England af Hr. v. *Archenholz* overfat. Kbhvn. 1787. 8. 2 Bind. Nogle Reyfe-An-
mærkninger til Læsning, ifær for Ungdommen. 1.
2.

2. Hæfte. Kbhvn. 1794. 8. 3 Hæfte. Kiel 1795.
A letter from Mr. Olivarius to his Countrymen, the
Danes, upon the fubject of Mr. *(Robert) Molesworth.*
Kiel 1794. 8. (Ein Bogen). Ueber einige Mittel,
den Zinsfufs herabzufetzen und dem Ackerbau und
den Manufacturen aufzuhelfen. Daf. 1794. 8. *(Re-*
vidirt.) Vergl. *Worm* 3, 585. und *Weidlichs* biograph.
Nachr. 4, 154.

(N. 4-5.) OLSHAUSEN (Detlef Johann Wilhelm), *D.*
der Philofophie und Diakonus in Oldesloe feit 1794, vorher Hofmeifter, zuerft zu Oelfchau bey Leipzig, dann
in Hamburg, zuletzt in Kopenhagen; *geb. zu Nord-*
heim im Hannöverfchen *den 30 März 1766.* §§. *P.*
Jones geographifch-hiftorifch-ftatiftifches Handbuch
zur Kenntnifs der gegenwärtigen und vergangenen
Zeit. Aus dem Engl. 2 Theile. Leipzig 1789. 1790.
8. Etwas über die neueften Staatsrevolutionen, befonders die französifche; im Archiv für Schwärmerey und Aufklärung B. 3 und 4. (1790.) Prolego-
mene zu einer Kritik aller fogenannten Beweife für
und wider Offenbarungen. Ein Verfuch. Kopenh.
1791. 8. D. inaugur. de immortalitate hominum
fublata doctrina de animi fimplicitate certa. ib. eod.
8. De ufu rationis in religione revelata diff. ibid.
1792. 8. Religion und Tugend, ein Verfuch; im
deutfchen Magazin 1791. Nov. und Dec. Beyfpiel
einer Erinnerung aus den früheften Kinderjahren, als
Beytrag zur Erklärung des Urfprungs individueller
Neigungen und Urtheile der Menfchen; daf. 1792.

　　　　　　　April.

April. Känn denn wirklich der Determinifmus mit
der Moral beftehen? daf. 1793. Febr. Eine Bemerkung, die Kantifche Philofophie betreffend; daf. Dec.
Die chriftliche Theilnahme an den Freuden und Leiden unferer Mitmenfchen. Eine Predigt. Kopenhag.
1793. 8. *Anfrage; im deutfch. Mag. 1794. Febr.
Ueber die Anwendung philofophifcher Syfteme auf
pofitive Religionsfyfteme; daf. März. Erinnerung
zu einer Stelle aus *Schmids* Moralphilofophie; daf.
Iun. Vertraute Briefe. Als Beytrag zur Menfchen-
kenntnifs; daf. 1795. Febr. *Woher das äufserft
unangenehme des Zuftandes der Ungewifsheit; daf.
März. Etwas über den Hang, feinen Ort zu verän-
dern; daf. April. Briefe über die menfchliche Seele;
in C. *J. R. Chriftiani's* Beyträg. 1ften B. 1ftem Heft
(wird fortgefetzt). Lehrbuch der Moral und Religion, vorzüglich für die gebildetere Iugend, nach reinen Grundfätzen. Schlesw. 1796. 8. *(Revidirt.)*

OTTE (Friederich Wilhelm), *erfter Landinfpector der
Herzogtbümer* feit 1791, wohnt *zu Arild*, Kirchfpiels
Norderbrarup in der Struckdorf harde Amts Gottorff;
geb. auf Kriefebye, einem adlichen Gute im Lande
Schwanfen, *den 9 Dec. 1763.* §§. *Bemerkungen über
Angeln, aus der Brieftafche zweener Freunde, bey
einer Fufsreife im Sommer. Schlesw. 1791. 8. *Befchreibung der, nach dem Vorfchlage einer königl.
Commiffion in den Seelandifchen Aemtern Friederichsburg und Cronenburg vorgenommenen Einrichtungen, nebft einigen allgemeinen Bemerkungen über

den

den Feldbau, von .... *Hanſen*; aus dem Dänifchen überſetzt. Altona 1792. 8. (Unter der Vorr. hat er fich genannt.) Etwas über die neue Setzung im Allgemeinen; in den **Prov. Ber.** 1792. H. 6. Ueber die verbeſſerte ökonomifche Einrichtung auf Afchberg; ein Schreiben — daſ. 1793. H. 3. Ueber die Niederlegung des Guts Maasleben und die damit verbundene heilfame Entbindung der Gutsuntergehörigen von der Leibeigenfchaft; daſ. 1794. H. 6. *Ueber die Brandweinbrennereyen in Flensburg und den verbotenen Handel mit Ruffifchem Brandwein auf Norwegen. Flensb. 1794. 8. (Unter der Zueignung hat er fich genannt.) *Ueber die Vortheilhaftigkeit und Zuverläffigkeit der wirkfamen Verhütung des bisherigen Schleichhandels mit Ruffifchem Brandwein auf Norwegen. Daſ. 1794. 8. Schreiben an einen Freund über die befchloffene Niederlegung der Hufen und Verwandlung derfelben in Pachtftellen auf dem Gute Rethwifch in Holftein; in den Prov. Ber. 179̃ H 2. Noch etwas über den Brandweinhandel der Stadt Plensburg. Zur Beantwortung eines im erften Stücke des Genius der Zeit enthaltenen Auffatzes; daſ. H. 3. Berichtigung einer Stelle in dem neulich mitgetheilten Auffatz über die beabfichtigte Einrichtung des Gutes Rethwifch; daſ. Oekonomifch - ftatiftifche Befchreibung der Infel Fehmern. Schlesw. 1796. 8. — Wird Antheil nehmen an C. J. R. *Chriſtiani's* gemeinnützigem Journal. (*Revidirt.*)

R 2. OUTZEN

OUTZEN (Erasmus), *Paſtor auf der Gröde*, einer Hallige in der Weſtſee Amts Huſum ſeit 1787, vorher
ſeit 1782 Prädikant in Büſumworth; *geb. zu Ting-
leff in der Schluxharde Amts Gottorff den 17 Iun. 1753.*
§§. *Pſalme, hauptſächlich zum gottgeweihten Le-
ben, von *E. O., P. a. d. G.* Flensb. 1791. 8. *(Mitgetheilt.)*

OUTZEN (Hans), Bruder des vorigen — *Diakenus zu
Borlum* in der Landſchaft Bredſtedt ſeit 1786, vor-
her ſeit 1785 zu St. Nikolai auf Föhr; *geb. zu Ting-
leff 1755.* §§. Forſœg til en Sundheds-Katechismus.
Overſat af det Tydſke (des *Bernhard Chriſtian Fauſt*).
Flensb. 1794. 8. *(Mitgetheilt.)*

OVENS (Friederich Carl), *Cammerrath und Amtsverwalter in Neumünſter*; *geb. zu ......17.*.. §§. *Nachricht von den Fabriken, Gewerben und Handwerkern
im Flecken und Amte Neumünſter; in den Prov. Ber.
1788. H. 3.

OVERBECK (Georg Hermann), *Cantor, Muſikdirector
und dritter Schulcollege in Flensburg* von 1775-1795,
wo er abdankte; *geb. zu Lagumkloſter den 4 Iul. 1743.*
§§. Gab heraus und verbeſſerte: Aandelige Viſer,
deren Verfaſſer ſein mütterlicher Groſvater *Johann
Friederich Jakobäus* iſt. Haderſl. 1767. 8. Den fromme Soefarer, ved *H. Harries,* overſat. Flensb. 1792.
8. — Gelegenheitsgedichte. *(Revidirt.)*

OYE (Friederich Georg), *Canzeleyaſſeſſor und zweyter
Gouvernements-Secretair in Schleswig*; *geb. zu Hadersleben 17...* §§. *Ueber die einheimiſchen Wollen-
manufacturen, inſonderheit der in den Herzogthümern

mern Schleswig und Holſtein; in den Prov. Ber.
1788. H. 5.

PAAPE (Johann Wilmſen), *Kaufmann zu Altona; geb.
daſelbſt den 29 Aug. 1741.* §§. * Gedanken eines Ungenannten, den einländiſchen Woll- und Rübſaathandel und die mit ſolchen Landesproducten ſich
beſchäftigenden Fabriken des Vaterlandes betreffend,
mit Anmerkungen, vornemlich in Beziehung auf die
Landſchaft Eyderſtedt; in den Prov. Ber. 1787. H.
5. * Einige Erklärungen und Antworten auf die Anmerkungen über die Gedanken, den einländiſchen
Wollhandel betreffend, von dem Verfaſſer dieſer Gedanken; daſ 1788. H. 2. (*Mitgetheilt.*)

PANITZ (Georg Hinrich), *Paſtor zu Hagen* im däniſchen
Walde ſeit 1781, vorher ſeit 1776 Diakonus zu Gettorf; *geb. zu Hemme* in Norderdithmarſchen *den 30
Iun. 1749.* §§. * Der Volksfreund; ein Leſebuch für
den Bürger und Landmann (bis itzt), drey Iahrgänge (wovon der *letzte* auch den Titel führt: „* Aufſätze und Geſchichten, nützlich und lehrreich fürs
Volk, von einem Volksfreunde. 1ſter Th."). Schleswig 1791 - 1795. 8. (*Mitgetheilt.*)

PANNYSON (......), ...

(N. 5.) PAPPENHEIMER (Heymann Salomon), *privatifirender Gelehrter jüdiſcher Nation in Altona; geb. zu
Lüblinitz in Schleſien im May 1770.* §§. Das Leben
des jüdiſchen Gelehrten *Hartwig Weſſely;* im 1ſten
Th. von *Wolfraths* Charakteriſtik edler und merkwürdiger Menſchen. * Die Pariſer Jacobiner aufge-

stellt

ftellt in ihren Sitzungen. Ein Auszug aus ihrem Tagebuche, veranftaltet und mit Anmerkungen begleitet von *J. W. von Archenholz.* Hamb. 1793. 8. (Der
2te Th. ift in der Michaelismeffe 1793 angekündigt
— auch erfchienen?) — Verfchiedene Ueberfetzungen, Recenfionen und andere Auffätze in Journalen,
welche in der *Minerva* zum Theil mit P——r, auch
——r unterzeichnet find. (*Mitgetheilt.*) Die in den
Prov. Ber. (1794. B. 2. S. 129.) und Nachtr. 5. ihm
beygelegten „Beyträge zur Berichtigung der Beweife
vom Dafeyn Gottes aus der reinen Vernunft und
dem Dafeyn der Zeit und des Raums aus der Erfahrung" find von *Salomon Seligmann* Pappenheimer zu
. . . . . . in Schlefien.

PAULSEN (Carl Friederich Ferdinand), *Organift zu St.
Marien in Flensburg;* geb. dafelbft den 11 Febr. 1763. §§.
Clavier- und Singeftücke. Flensb. und Leipz. (1784.)
Qrfol. (*Mitgetheilt.*) Angekündigt ift: „Lieder mit
Melodien, zu fingen am Clavier, in Mufik gefetzt von
C. F. F. P. Erfte Sammlung."

(M.) PAULSEN (Paul), *Paftor zu Oftenfeld* Amts Hufum
feit 1773, vorheit feit 1761 Paftor zu Uelvesbüll in
Eyderftedt; geb. *zu Oldensworth* im Oftertheil der
Landfchaft Eyderftedt *den 26 Ian. 1734* (ift nicht geftorben, wie Nachtr. 5. behauptet wird). §§. Ueber-
zeugender Beweis von der Nothwendigkeit der Wie-
dererftattung. Flensb. 1781. 8. „Nach feiner Abficht follte diefe Schrift nur Bewegungsgründe für Iedermann zur Ausübung diefer Pflicht enthalten. Einem

nem *zweyten* Theile aber, der jedoch itzt schwerlich erscheinen möchte, waren die nähern Bestimmungen und casuistischen Sachen vorbehalten." (*Nach dem Autographum.*)

PETERS (P... J...), *Organist zu St. Nikolai auf Föhr;* geb. zu ...... 17... §§. Leichte Melodien zu Liedern verschiedenen Inhalts. Zwey Sammlungen. ...

PETERS (......), ... *in Friedrichsstadt;* geb. zu ..... 7... §§. ....

PETERSEN (Christian Gottlieb), *Pastor zu Marne* in Süderdithmarschen; geb. zu ...... 17... §§. Milde Stiftungen im Kirchspiel-Marne; in den Prov. Ber. 1794. H. 6.

PETERSEN (Daniel), *Pastor zu Oxenwadt und Iels* in der Grammharde Amts Hadersleben seit 1795, vorher seit 1786 Pastor zu Holebüll in der Lundtoftharde Amts Tondern; geb. zu Broacker in Sundewitt, (wo sein Vater Lorenz P. Prediger war) den 6 Iau. 1758. §§. *Ueber die Mängel einiger unserer Landschulen und die Mittel, denselben abzuhelfen;* in den Prov. Ber. 1791. H. 2. Ueber die Verdienste und den Charakter des sel. *Philipp Ernst Laders,* Hofpredigers und Probsten zu Glücksburg; das. 1792. H. 6. (*Revidirt.*)

PETERSEN (Johann Jakob), *Rathschirurgus, Demonstrator vicarius am Collegio anatomico und* seit 29 Iahren *ausübender Wundarzt in Altona;* geb. zu Hamburg den 3 May 1736. §§. War, so lange Doctor *Uden* (vergl. den Anhang) der Hauptverfasser war, Mitarbeiter

an der Wochenfchrift: Die Aerzte, Altona 1785.
und an der Gefundheitszeitung des Iahrs 1786. Unter dem Namen Heinrich Lehrbegierig aus Spitzen-
haufen hat er befonders in der erften N. 19, vom
Aderlaffen und in der letzten N. 7. über die eifernen
Mafchinen und Schnürleiber bey gebrechlichen Kindern und eine Warnung an das Publicum, fich vor
Spielverfprechern und Anpreifern zu hüten, gefchrieben. (*Mitgetheilt.*)

PETERSEN (Theodorus Francifcus), *Tanzmeifter*, welcher zwar *zu Itzehoe* wohnt, aber doch oft verfchiedene Städte unferer Herzogthümer befucht; *geb. zu
Königsberg* in Preufsen *1763.* §§. Praktifche Einleitung in die Choregraphie oder die Kunft, einen Tanz
durch Charaktere und Figuren zu befchreiben, mit
vier Französifchen Contre- und zwölf Englifchen
Country-Tänzen, für das zweyte und letzte halbe
Iahr 1769. Hamb. 1769. Praktifche (vollftändige?) Einleitung in die Choregraphie oder Tanzzeich-
nungskunft, nach dem Französ. Original (des . . . .).
Mit zwölf vollftändigen Engl. Tänzen, nebft einem
Beytrag zur Aufnahme des geordneten Tanzes. 1fter
Theil. Schlesw. 1791. kl. 8. Mit Kupf. und Touren.
(*Mitgetheilt.*)

(N. 4. 5.) PHILIPSON (Mofes), *geb. zu Altona den 20
Nov. 1761.* Er widmete fich von Kindheit an, unter
Privatlehrern und bey eignem Fleifse, den Wiffen-
fchaften und brachte mehrere Iahre auf dem Chri-
ftianeum zu, wo er an *P. C. Henrici* und *L. H. S.
Jehnz*

Jehne wahre Freunde und Gönner fand. Da ihn
in der Folge mehrere Gründe davon abhielten, eine
Univerſität zu beſuchen und überhaupt auch nie ein
einziges Feld der Wiſſenſchaften ihn ſo ganz an ſich
zog, daſs er innern Beruf gefühlt hätte, ſich ihm ganz
und allein zu widmen: ſo *nahm* er im Dec. 1784
eine Buchhalterſtelle im Fideicommiſscomtoir zu Hannover
an. Seitdem hat er dieſen Ort nicht verlaſſen und
ihm iſt ſchon ſeit mehrern Iahren die Führung aller
Geſchäfte und die Kaſſe anvertraut worden. Nie hat
er aber eigne Handlung getrieben, oder ſich der Kauf-
mannſchaft gewidmet. Auſſer dem „Leben Bene-
dicts von Spinoza" (Braunſchw. 1790. 8.) und den
„Bemerkungen über die Darſtellung der Iuden auf
der Bühne" (in den monatlichen Heften. Hannover
1792.) hat er mehrere kleine *Auffätze* in F. B. Bene-
cken's Iahrbuche für die Menſchheit (1788-1790),
mehrere *Antrits-* Abſchieds- und andere *Gedichte* für
die Groſsmanniſche Bühne und *Ueberſetzungen* aus
dem Engliſchen, welche die Schulbuchhandlung zu
Braunſchweig verlegte, ausgearbeitet, die jedoch beſtimmt anzuführen der Mühe nicht verlohnen möchte. Eben ſo wenig verdient *eine Oper*, die er *aus dem
Italiäniſchen* mit Beybehaltung der Muſik und eine
engliſche Komödie, die er für die Groſsmanniſche Bühne
ins Deutſche überſetzte, in Anſchlag gebracht zu werden. Weniger unbedeutend iſt vielleicht *eine Cantate* auf Leſſings Tod, die Groſsmann in „Leſſings
Denkmahl, eine vaterländiſche Geſchichte, dem teut-

R 5 ſchen

ſchen Publicum zur Urkunde vorgelegt," (Hannov. 1791) hat abdrucken laſſen und die ſein damaliger Muſikdirector, Weber, in Muſik geſetzt hat. Seine jetzige Lage und beſonders ſeine Kränklichkeit ver-hindern ihn, mehr zu ſchreiben, und einzelne Ideen, die er des Aufbewahrens werth achtet, hat er Gele-genheit in ſeinen *Recenſionen für die allgem. Litter. Zei-tung* anzubringen. (*Autographum.*) Gutachten über die Verbeſſerungen des Iudeneides. Neuſtr. 1796. 8.

PIËTER (Joachim), *Doctor der Philoſophie* ſeit 1768, *pri-vatiſirt* ſeit einigen Iahren *zu Gölnitz* bey Calau in der Niederlauſitz, zuerſt Adjunct des Miniſteriums zu Altona und Nachmittagsprediger in Ottenſen von 1750 bis 1766, hierauf bis 1772 Privatdocent in Kiel, dann Rector der Dorotheenſchule zu Berlin und ehdlich Rector zu Baſekov in der Lauſitz; *geb. zu Al-tona den 1 May 1719.* §§. Diſſ. phyſica de terrae con-cuſſionibus a. 1738 in Anglia obſervatis, praeſ. *G. C. Materno de Cilano* ab ipſo a. 1741. d. 13 Sept. defen-ſa. Alton. 4. De poëſi, ſapientiam loquente, D. in-augur. quam praeſ. *IV. E. Chriſtiani* d. 15 Mart. 1768 defendit. Kil. 4. Homerici carminis laudes ex fon-tibus Graecorum Romanorumque derivatae rivulis-que recentiorum deductae, ut inſtar commentarioli in Homerum eſſe poſſint. Berol. 1775. 8. — Seine in der letzten Schrift verſprochenen diſſertt. Home-ricae ſind nicht erſchienen. Vergl. *Boltens* Kirchen-Nachr. von Altona 141 ff.

(N. 5.) PINKVOSS (Chriſtian Gottlieb), *Buchhändler*

oder

oder vielmehr Bücherverleiher *zu Altona*; geb. *zu
.... 17... §§.* *Anekdoten und Geisteszüge von
edlen Menschen, zum Vergnügen und zur Bildung
für alle Stände. Altona 1788. 8. — Mehrere ähnliche
Schriften.

(N. 5.) POLCHOW (Johann David), Bruder des Christian Peter in *Pütters* Gelehrten-Geschichte von Göttingen 2, 244 — *Pastor zu Genin* im Hochstift Lübeck
seit 1765; geb. *zu Parchim* in Mecklenburg *den 13 Nov.
1732.* §§. D. de unctione Christi, praef. *J. C. Köcher*,
Jen. 1754. 4. Die letzten Stunden feines fel. Vaters
Jakob Bernhard P., Superintend. zu Parchim. Rostock 1756. Fol. Zum Andenken des fel. Archidiakonus David Bertram Löscher in Parchim (über die
Frage: ob man mit Recht verstorbene Christen felig
nennen könne?). Lübeck 1769. Fol. Das Leben feines fel. Bruders Christian Peter P., Diakonus in Lauenburg. Lüb, (?) 1770. Fol. Buchstaben - Syllabir-
und Zahlentafel für feine Schulen. Daf. 1784. umgearbeitet 1791. Gemeine Syllabirtafel, nach welcher unfere Kinder die erste Anleitung zum Lefen,
Hochdeutschverstehen und Denken bekommen. Götting. 1785. 8. verbessert Lübeck 1791. und zum Gebrauch für die sämtlichen Capitelschulen eingerichtet. Rostock 1793. Ueber Volk und Fibeln, zum
fruchtbaren Gebrauch in Volksschulen (ein Dialog).
Lübeck 1786. 4. Winke für theologische Bieder-
männer, welche ein neues Gesangbuch für den öffentlichen Gottesdienst sammlen wollen; in *Pratje's* litur-
gi-

gifchem Archiv Fach 3. (1786.) Bemerkungen über
den öffentlichen Gottesdienſt und über die Volksſchu-
len im Herzogthum Oldenburg; daſ. Fach 4. Nachricht von einigen in ſeiner Kirche vorgenommenen
liturgiſchen Veränderungen ; daſ. Fach 5. (1788.)
Geniner Leſefibel. Lübeck 1788. 8. Hat unſere Gegend bey Einführung des Chriſtenthums durch Otto
den Grofsen und Heinrich den Löwen gewonnen?
Daſ. 1789. 4. Inſtruction für die Lehrer an den Ca-
pitularſchulen des Hochſtifts Lübeck, auf Befehl e.
Hochw. Domcapitels verfaſſet. Daſ. 1793. 8. Leſe-
übungen, zum Gebrauch der Capitelſchulen (iſt noch
nicht ausgegeben. Den Anhang, der ſich auch bey
der Geniner Leſefibel befindet, nämlich; „Leſeübun-
gen in verſchiedenen Schriftarten, ein Nachtrag zum
Vorhergehenden,” lieſs der Verfaſſer zuerſt in Göttingen 1785 unter dem Titel: „Zugabe zur Leſefibel
des Hrn. Paſtor *Gladbach* für die Schuljugend des
Kirchſpiels Genin” drucken und vermehrte ihn bey
der zwoten Auflage beträchtlich). — Allerley gedruckte Reimereyen, Recenſionen und Auffätze in periodiſchen Schriften und verſchiedene Beyträge zum Archiv für die neueſte Kirchengeſchichte. — Die oben
aufgeführte Nachricht von ſeinen liturgiſchen Abänderungen zu Genin bis im Sommer 1786 in *Pratje's*
liturgiſchem Archiv, Fach 5. S. 177 bis 230, konnte
noch manches nicht enthalten, ſo nachher erſt hinzugekommen iſt, und die Rechenſchaft vor dem Publicum von den dort vorgenommenen Schulverbeſſe-

rün-

rungen befindet fich auch fchon in *Zerrenners* Händen, welcher fie nächftens in feinem deutfchen Schul-
freunde wird abdrucken laffen. *(Nach dem Autographum.)* Von feinen feit 27 Iahren nach und nach gemachten gottesdienftlichen und Schulverbefferungen
im Hochftift Lübeck wird nächftens auch im Archiv
für die neuefte Kirchengefchichte, zufolge einem B.
I. S. 164. gethanen Verfprechen, Nachricht gegeben
werden. — Erfahrungen über die Unfchädlichkeit
des gemeinfchaftlichen Kelchs im Abendmahl, als eines vorgeblichen Vehikels, die Luftfeuche zu verbrei-
ten; daf. B. 2. St. 4.

POPERT (Jakob Jofeph), *jüdifcher Nation, privatifirt in
Altona*; geb. zu ...... 17... §§. אקרים. Altona
5550 (1790). 8. *(Mitgetheilt.)*

POSCHOLAN (Magnus Chriftoph), *Paftor zu Cropp*
Amts Gottorff feit 1771, vorher feit 1761 Paftor zu
Hollingftedt und feit 1758 königl. dänifcher Feldprediger; *geb. zu Kopenhagen oder Soroe* (?) 17... §§.
En opbyggelig Paffions-Samtale imellem en Lærer
og et Barn. Overfat. Kbhvn. 1752. 8. *Henr. Stäbe-
lins* Betragtning om en fand Chriftens Glade og Be-
drœvelfe. Overfat. Kbhvn. 1753. 8. *Th. Wilcoks*
koftelige Honning-Draaber af Klippen Chrifto. Overfat af Engelfk. Kbhvn. 1761. 8. Prædiken over
Matth. 22, 15-22. Kbhvn. 1766. 8. Ein Wort
der Erweckung zur Herzensvifitation, wurde feinen
lieben Zuhörern nicht ohne Bewegung in einer Pré-
digt am Tage der Generalkirchenvifitation in der

Hol-

Hollingſtedter Kirche den 16 Iul. 1766 vorgehalten, welches ihnen nunmehro ſchriftlich zu einer nähern Prüfung und mehreren Erbauung in die Hände geliefert wird. Flensb. 1766. 8. Vier Zeugniſſe der Wahrheit von Chriſto und dem rechtſchaffenen Weſen in ihm, in drey Predigten und einer Confirmationsrede. Nebſt einem Anhange etlicher erbaulicher Lieder. Minden 1767. 8. *Gedanken eines Wahrheitsliebenden von der Wahrheit der chriſtlichen Religion. Hamb. 1768. 8. Vergl. *Worm* 2, 215, der vielleicht noch durch die Hamburg. Nachrichten aus dem Reiche der Gelehrſamkeit, die man nicht zur Hand hatte, ergänzt werden kann.

VON PRANGEN (Johann Friedrich Auguſt,) *Doctor der A. G. und ausübender Arzt zu Corſör auf Seeland; geb. zu Kiel 176.*. §§. D. inaugur. de morbis ſpaſmodicis, hyſtericis praeſertim. Hafn. 1794. 4.

PRIMON (Carl Friedrich), *ſtudirt ſeit 1787 in Kopenhagen Theologie und Sprachen; geb. zu Schleswig den 13 Aug. 1763.* §§. Mine Luner...... (iſt äſthetiſchen Inhalts). Middagspoſten........ (ein Wochenblatt vermiſchten Inhalts). Einige Gedichte in der däniſchen Minerva und verſchiedene anonymiſche Abhandlungen. (*Nach dem Autographum.*)

RABEN (Nikolaus), *Paſtor zu Stangerup auf Seeland; geb. zu Haderslcben* (?) *17...* §§. ....

Reichsgraf zu RANZAU (Chr....), *auf Aſchberg im Preezer Diſtrict; geb. zu* ..... *17...* §§. Auffätze in

der

der Berliner Monatsfchrift, als: Ueber die einländi-
fchen Colonien der Europäer. Iul. 1792. . . . .

(M.) von RECK (Philipp Georg Friederich), *königl. dä-*
nifcher Regierungsrath zu Ranzau; geb. zu . . . . . . im
Hannöverfchen den 10 Sept. 1710. §§. Nachricht von
dem Etabliffement der Salzburger Emigranten zu
Ebenezer in Georgien. Hamb. 1776. 8.

REICHE (K . . . . . F . . . . .), *Infpector des adlichen Guts*
Rundhoff in Angeln; geb. zu Afchersleben den . . . . . 174..
§§. *Ein Holfteiner an feine Landsleute in den dänifchen Provinzen, um fie gegen den unfinnigen Frey-
heitsfchwindel zu verwahren, und gelegentlich ein
Wort vom Lager zu Oxenwath. . . . . 1793. 8. *Der
todte Zaun. Eine Procefsgefchichte. Kiel 1793. 8.
— *Befchreibung der im dänifchen Walde im Herzogthum Schleswig gelegenen adlichen Güter Sehe-
ftedt und Grünhorft; in den Prov. Ber. 1787. H. 5.
*Witterung des Iahrs 1786 und ihre Wirkung auf
die Landwirthfchaft; daf. H. 6. * Witterung des
Iahrs 1787 und deren Wirkung auf die landwirthfchaftlichen Erzeugniffe; daf. 1788. H. 1. *Nachricht von dem Erfolge der veränderten ökonomifchen
Einrichtung des Guts Ekhof; daf. H. 5. *Epiftel eines empirifchen Landwirths an die Herrn Landprediger in Schleswig und Holftein; daf. 1791. H. 6.
Auch etwas über die Oxenwather und andern Heiden in den Herzogthümern, in militärifch-ökonomi-
fcher Rückficht, veranlaßt durch den (1792. H. 4. ab-
ge-

gedruckten) Auffatz des Hrn. Oberftl. von Binzer;
daf. 1793. H. 2.

REIMER (Georg), *Paftor an der Marienkirche zu Rendsburg* feit 1788, vorher feit 1771 Archidiakonus und
feit 1769 Diakonus, dafelbft; *geb. zu Flensburg den
6 Nov. 1741.* §§. Diff. hiftorico-litteraria de vita,
eruditione et fcriptis Saxonis Grammatici, hiftorici
Dani, patriae ornamenti. Helmftad. 1762. 4. (fehlt
im *Saxe* und *Lawätz*, wird im *Meufel* und felbft von
Klotz in den Prolegom. zu feiner Ausg. des Hiftori-
kers dem Präfes *J. B. Carpzov* beygelegt, richtiger
aber in den Leipz. gel. Zeitungen auf 1762, in *Hielmftiernes* Bogfamling S. 334. und in Catal. Bibl. Thott.
5, 2, 398. dem Refpondenten). Von den Gebräu-
chen der alten nordifchen Völker, infonderheit der
Dänen, in Anfehung des Eheftandes. Flensb. 1764. 4.
(Eine Gelegenheitsfchrift). * Der Verföhnungstag.
Eine Cantate. Schlesw. 1778. 8. Zwey Auffätze
in den Glückftädtifchen Anzeigen: von Flensburg;
1764. St. 12. und: Lob der Gefchichte; 1764. St. 4.
(Nach dem Autographum.)

(N. 3. 4. 5.) REINHOLD (Carl Leonhard), *Doftor der
Philofophie und* feit 1794 *ordentlicher Profeffor derfelben
zu Kiel* (trat 1773 in den Orden der regulirten Prie-
fter des heil. Paulus, insgemein die Barnabiten genannt, wofelbft er 1782 Profeffor der Philofophie
und Novitienmeifter war, wurde darauf 1785 Sach-
fen-Weimarifcher Rath in Weimar, 1787 aufserordentlicher und 1791 ordentlicher Profeffor der Phi-
lofo-

lofophie in Jena)ſ geb. zu *Wien den* 26 Oct. 1758 (nicht
1757). §§. * Allgemeine Damenbibliothek. Eine
freye Ueberſetzung des franzöſ. Werks dieſes Namens, mit zweckmäſsigen Veränderungen und Zuſätzen und einer Vorrede von *Wieland,* Leipz. 1785-
1789. 8. 6 Bände (wurde ins *Holländiſche* überſetzt:
Allgem. Biblioth. vor Damen en jonge Heeren. Amſterdam 1787 ff.). * Herzenserleichterung zweyer
Menſchenfreunde in vertraulichen Briefen über *Lavaters* Glaubensbekenntniſs. Frankf. und Leipz. 1785.
8. * Die hebräiſchen Myſterien oder die älteſte reli-
giöſe Freymaurerey. In zwey Vorleſungen gehalten
in der □ Loge zu *** von Br. *Decius,* Leipz. 1788.
8. (aus dem Journal für Freymaurer, Brüder und
Meiſter abgedruckt.) Ueber die nähere Betrachtung
der Schönheiten eines epiſchen Gedichts, als Erholung für Gelehrte und Studierende; eine akademiſche Rede. Jena 1788. 8. (Aus dem deutſchen Merkur 1788. May beſonders abgedruckt.) Ehrenrettung der Lutheriſchen Reformation gegen zwey Capitel in *J. M. (M. J.) Schmidt's* Geſchichte der Deutſchen, nebſt einigen Bemerkungen über die gegenwärtige kathol. Reformation im Oeſterreichiſchen.
Daſ. 1789. 8. (Aus dem deutſchen Merkur 1786.
Febr., März, April *vermehrter* abgedruckt.) Ueber
die bisherigen Schickſale der Kantiſchen Philoſophie.
Daſ. 1789. 8. (Aus dem deutſchen Merkur 1789....
beſonders abgedruckt.) Verſuch einer neuen Theorie des menſchlichen Vorſtellungsvermögens. Daſ.

       S   1789.

1789. gr. 8. (Das 1ste Buch ist in Bruchstücken im
Merkur, im neuen deutschen Museum und in der Berliner Monatsschrift abgedruckt.)   Briefe über die
Kantische Philosophie. 1ster B. Leipz. 1790 gr. 8.
(stand vorher im deutschen Merkur und wurde so
nachgedruckt unter dem Titel: *Auswahl der besten
Aufsätze über die Kantische Philosophie. Frankf. und
Leipz. 1790. 8.) 2ter B. 1792. Beyträge zur Berichtigung bisheriger Misverständnisse der Philoso-
phen. 1ster B. Das Fundament der Elementarphi-
losophie betreffend. Jena 1790. gr. 8. 2ter B. Die
Metaphysik, Moral, moralische Religions- und Ge-
schmackslehre betreffend. 1794 Ueber das Fundament des philosophischen Wissens. Das. 1791. gr. 8.
Ueber den Begrif der Geschichte der Philosophie; in
Fülleborns Beyträgen zur Geschichte der Philosophie
St. 1. (1791.) Rede bey der Wiederherstellung des
akademischen Ehrengerichts in Kiel. Nach dem Auftrag und im Namen des akademischen Consistoriums
gehalten den 1 Nov. 1794; in den Prov. Ber. 1794.
H. 6. (auch einzeln abgedruckt. Alt. 1795. 8.) —
Schrieb 1781 und 1782 die Recensionen der philosophischen und theologischen Artikel in der Wiener
Realzeitung. — Besorgte von 1785 - 1788 gemein-
schaftlich mit *Wieland* die Herausgabe des deutschen
Merkurs, zu welchem er die meisten in diesen Iahrgängen enthaltenen Recensionen und ausser mehrern
andern, seinen Schriften nachmals eingerückten oder
auch besonders abgedruckten, Aufsätzen folgende

(neu-

(neulich unter dem Titel: „Auswahl vermiſchter
Schriften. Jena 1796. 8." geſammelte) geliefert hat:
* Gedanken über Aufklärung. 1784. Jul. Aug. Sept.
* Die Wiſſenſchaften vor und nach ihrer Secularifa-
tion. Ein hiſtoriſches Gemälde; daſ. Jul. .* Ueber
die neueſten patriotiſchen Lieblingsträume in Deutſchland; daſ. Aug. und Sept, * Schreiben des Pfarrers
zu * * an den Herausgeber des deutſchen Merkurs
über eine Recenſion von *Herders* Ideen zur Geſchichte der Menſchheit. 1785. Febr. * Skizze einer Theo-
gonie des blinden Glaubens. 1786. Jun. Ueber den
Einfluſs des Geſchmacks auf die Cultur der Wiſſenſchaften und der Sitten. 1788. Febr. * Ueber die
Natur des Vergnügens. Oct. Nov. und 1789. Jan.
* Vorbereitung zu den künftigen Preiſchriften über
den Cölibat. 1791. Oct. Die drey Stände, ein Dialog. 1792. März. Die Weltbürger, ein Dialog; daſ.
April. * Ueber die teutſchen Beurtheilungen der franzöſiſchen Revolution. Ein Sendſchreiben an den Herausgeber. 1793. April. An ſeine in Jena zurückge-
laſſenen Zuhörer. 1794. Jul. — Erhielt 1795 den
Preis für eine Abhandlung, welche nachher unter folgendem Titel erſchien: *Reinhold's*, *J. C. Schwab's* und
J. H. Abicht's gekrönte Preiſchriften über die von
der Akad. der Wiſſenſch. zu Berlin vorgelegte Frage:
Welches ſind die wirklichen Fortſchritte der Metaphyſik ſeit Leibnitz's und Wolff's Zeiten in Deutſchland? Berlin 1796. gr. 8. — Ueber den philoſophiſchen Skepticismus, Vorrede zu *Tennemanns* Ueber-

ſetzung der Humiſchen Abhandlung über den menſchlichen Verſtand. Jena 1793. 8. — Ueber den Geiſt
der wahren Religion, Vorrede zu: Sammlung einiger Predigten, welche bey beſondern Veranlaſſungen
gehalten worden von J. Suſemibl. Herausgegeben
und mit einer Vorrede begleitet von den Profeſſoren
M. Ehlers, C. L. Reinbold und D. H. Hegewiſch. Kiel
1795. 8. — Ueber den Einfluſs des geſunden Verſtan-
des auf philoſophirende Vernunft, Vorrede zur deutſchen Ueberſetzung von C. Hornemann's philoſophiſchen Schriften. Altona 1796. 8. (Vergl. C. R. Boie
im Anhang.) — Nimmt ſeit 1787 Antheil an der allgem. Litter. Zeit., zu welcher er insbeſondere die Recenſionen von Kants Kritik der reinen Vernunft 2te
Ausg., von Kants Kritik der Urtheilskraft und von
Kants Religion innerhalb der Gränzen der Vernunft
geliefert hat. — Arbeitet an einer Geſchichte der So-
kratik. — Sein von Henne ſchlecht getroffenes Bildniſs ſteht vor dem erſten Bande von J. W. A. Koſ-
manns allgem. Magaz. für kritiſche und populäre Philoſophie, ein beſſeres lieferte 1794 J. H. Lips. —
(Nach dem Autographum.) — Vergl. einen, lauter Unrichtigkeiten enthaltenden, Auffatz im deutſchen Zuſchauer 178.. und einen andern im Genius der Zeit
1794. St. .. Aus einem Briefe von Jena über ſeinen
Abgang nach Kiel.

(M. u. N. 1. 5.) REUSS (Auguſt Chriſtian), Sohn des
Jeremias Friederich; vergl. auſſer den drey in Scholz's
Entwurfe einer Kirchengeſchichte des Herzogthums

Hol-

Holſteins S. 268. aufgeführten Schriften (Dän. Bibl.; *Moſer's* Lexicon der itzt lebenden Theologen in Deutſchland und *Strodtmann's* Geſchichte itzt lebender Gelehrten) *Worms* Lexicon und *Bökh's* Geſchichte der Univerſität Tübingen S. 209 f. — *Doctor der A. G. und ſeit 1791 Würtenberg. charakteriſirter Leibarzt zu Stuttgard,* vorher ſeit 1784 biſchöfl. Speyerſcher geheimer Rath und Leibarzt zu Bruchſal, ſeit 1783 auſerordentlicher Profeſſor der A. G. zu Tübingen und zuerſt ausübender Arzt zu Stuttgard; *geb. zu Rendsburg den 2 Ian. 1756.* §§. D. de terrae motuum cauſſa. Tubing. 1773. 4. D. de ſale ſedativo Hombergii. ib. 1778. 4. Beſchreibung eines neuen chemiſchen Ofens (nach *Joſ. Black*), nebſt 5 Kupfertaf. Leipzig 1782. 8. Diſſ. inaugur. anatomico-phyſica, ſiſtens novas quasdam obſervationes circa ſtructuram vaſorum in placenta humana et peculiarem huius cum utero nexum. Tub. 1784. 4. — Auffätze in *Crells* neueſten Entdeckungen in der Chemie, z. E. von Verſtärkung der Kohlenhitze durch dephlogiſtiſirte Luft, Th. 8 (1783) und in den Abhandlungen der Böhmiſchen Geſellſchaft der Wiſſenſchaften, z. E. eine Unterſuchung der Aſche von Heu, welche ein Blitzſtrahl entzündet hatte (1785).

(M. u. N. 1. 4. 5.) REUSS (Jeremias David), Bruder des vorigen und des Chriſtian Friedrich im *Meuſel* (nicht des Johann Auguſt, wie *Bougine* 4, 629 behauptet) — *Doctor der Philoſophie ſeit 1768 und ſeit 1785 ordentlicher Profeſſor der Gelehrtengeſchichte, wie auch ſeit*

1789 *Unterbibliotheker in Göttingen;* vorher feit 1782 aufserordentlicher Profeffor der Philofophie und Cuftos der Bibliothek dafelbft; zuerft Privatdocent und Unterbibliothekar zu Tübingen; *geb. zu Rendsburg den 18 Iun. 1750.* §§. Befchreibung einiger Handfchriften aus der Univerfitätsbibliothek zu Tübingen, nebft Anzeige der verfchiedenen Lesarten. Tüb. 1778. 8. Befchreibung merkwürdiger Bücher aus der Univerfitätsbibliothek zu Tübingen vom Iahr 1468-1477 und zweyer hebräifchen Fragmente. Daf. 1780. 8. Lectionum varietas ad Platonis dialogos ex cod. Tubing.; im 2ten Th. der Zweybrücker Ausgabe 1782. Antheil an *J. F. Fifcher's* dritten Ausgabe von *Plato's* Euthyphro, Apologia Socratis, Crito, Phaedo (1783); vergl. die Vorr. S. 7 ff. — Sammlung der Inftructionen des Spanifchen Inquifitionsgerichts, gefammelt auf Befehl des Cardinals Don *Alonfo Manrique,* Erzbifchofs von Sevilla und Generalinquifitors in Spanien. Aus dem Spanifchen überfetzt. Hannov. 1788. 8. Beyträge zur neuen Ausgabe von *J. A. Fabricii* Bibl. graeca. Hamb. 1790 fqq. 4. Das gelehrte England, oder Lexicon der itzt lebenden Schriftfteller in Grofsbritannien, Irland und Nordamerika, nebft einem Verzeichnifs ihrer Schriften. Vom Iahr 1770-1790 (in zwey Hälften). Berlin und Stettin 1791. 8. *(Revidirt.)* *Bruchftücke zur Gefchichte ausländifcher Univerfitäten; in *Meufels* hiftor. litterar. bibliogr. Magazin St. 7. 8. (1794.) Hiftorifche Einleitung zu *J. M. Wansleb's* Befchreibung von Aegypten

ten im Iahr 1664, welche er, gereinigt und lesbarer
gemacht, dem *H. E. G. Paulus* für die dritte Sammlung der merkwürdigsten Reisen in den Orient (1794)
aus einer Göttinger Handschrift mittheilte. — Arbeitet an einer Fortsetzung der regesta chronologico-diplomatica des *Peter Georgisch*. — Sein Bildniß von
Schwenterley 1792. — Vgl. *Pütters* Gelehrtengeschichte von Göttingen 2, 182.

REUTER (Johann Nikolaus), *Rector zu Eckernförde* seit
1784; *geb. daselbst den 2 Febr. 1761*. §§. Nachricht
von der Schule zu Eckernförde; in den Prov. Ber.
1787. H. 4. Pr. Von dem Nutzen öffentl. Schulprüfungen. Schlesw. 1790. 4. Pr. Ermahnung an
Aeltern, über den häuslichen Fleiß der Kinder zu wachen. Kiel 1793. 4. — *(Revidirt.)*

Gräfinn VON REVENTLOW (Julie) auf *Emkendorf* im
Kieler Diſtrict; *geb. zu .... 17...* §§. *Sonntagsfreuden des Landmanns. Kiel 1791. 8. Antheil am
Taschenbuch von *J. G. Jacobi* und seinen Freunden
für 1796.

(N. 4. 5.) REYHER (Johann Georg), Urenkel des Samuel R. im *Jöcher* — *Doctor der A. G., ausübender
Arzt und Privatdocent zu Kiel* seit 1782; *geb. daselbst
den 18 May 1757*. §§. D. inaugur. de venenis. Kil.
1782. 4. *Ueber die Einrichtung kleiner Hospitaler in mittlern und kleinern Städten. Hamb. u. Kiel
1784. 8. (unter der Vorrede hat er sich genannt.)
Etwas über die Versteinerungen. Kiel 1789. 8. Anleitung zur Erhaltung der Gesundheit für den Land-

mann. Schwerin und Wismar 1790. 8. (erſchién zu
Wien 1790 italieniſch, überſetzt von *Aloyſius Careno*
— nicht Carenus, wie er N. 5. heiſſt — einem Sohne
des 176.. verſtorbenen, von *Adelung* übergangenen,
Prof. gleichen Namens zu Pavia.)   Allgemeine pa-
thologiſche Diät oder Lebensordnung für Kranke.
Daſ. 1790. 8.   Auszüge mediciniſcher Probe- und
Einladungsſchriften. B. 1. St. 1. Daſ. 1790. 8. St. 2.
1791. (St. 3. liegt noch im Mſcript.) Gemeinnützige Unterhaltungen aus der Arzeneykunde, Naturgeſchichte und Oekonomie. 2 Iahrgänge (ſeit dem May
1790 erſchien wöchentlich ein halber Bogen). Kiel
1790 bis 1792. 8.   Entwurf einer mediciniſchen
Enkyklopädie und Methodologie. Leipz. und Altona
1793. 8.   Vorſchriften zur Erhaltung der Geſundheit, für Schulen in Städten und auf dem Lande. Kiel
1794. 8.   *(Revidirt.)*

RHINA (Johann), *Häuptpaſtor zu Weslingburen* in Norderdithmarſchen ſeit 1792, vorher ſeit 1756 Diakonus und ſeit 1762 Archidiakonus daſelbſt; *geb. zu
Neumühlen* Amts Kiel *den 24 Febr. 1728.* §§. Eine
Pfingſtpredigt über die Epiſtel des zweyten Feſttages.
Heyde 177.. 8.   Eine Standrede über Apoſtelgeſch.
24, 14-16. am 12 Iun. 1777, als am Tage der Beerdigung des M. *Joh. Heinr. Fehſe* gehalten. .... Vergl.
Fehſe's Nachrichten von den Predigern in Norderdithmarſchen S. 70 ff.

RHUDE (Johann Hinrich), *Paſtor zu St. Annen* in Norderdithmarſchen ſeit 1757; *geb. zu Weslingburen den*

15 März 1729. §§. Ein Glückwunsch an *G. F. Frenkel*; in der Sammlung der bey dessen Iubelfeyer erschienenen Schriften. Hamb. 1771. 4. Vergl. *Febst* am z. O. S. 573 und im Anhange S. 91.

(N. 5.) RICHTER (Johann Leonhard Friederich), *Buchbinder in Altona*; *geb. zu Warnstedt* im Halberstädtischen 17... *§§. Der durch Europa und Amerika aufmerksame Reisende u. s. w. Altona 1777. 8. *Die allersichersten Kennzeichen der nahen Zukunft des Herrn Jesu Christi zum Gericht u. s. w. (Alt.) 1790. 8. — Außer diesen beyden, ihrem vollständigen Titel nach, in *Bolten's* K. N. 2, 20. und daraus in N. 5. angegebenen, Broschüren, erschienen in der Folge: *Die von Christo dem Philadelphischen Engel in der 6ten Kirchenzeit gegebene offene Thür zu dem großen Geheimnisse der heil. Offenbarung. (Alt.) 1790. 8. (unter dem Namen *Gottlieb Lebrecht Hurter*) und: *Einige wichtige und nachdenkliche Prophezeihungen über das Königreich Frankreich, betreffend dessen Sturz und Zerstörung der Monarchie, vorausgesehen im Iahr Christi 1653 und aus bewährten Schriften ausgezogen, werden dem begierigen Publico hiemit bekannt gemacht. Frankf. und Leipz. 1792. 8. (*Mitgetheilt.*)

(M. u. N. 1. 3. 4. 5.) RIST (Johann Christoph Friederich), Ururenkel des bekannten geistlichen Liederdichters Johann Rist; vergl. *Bolten's* K. N. 2, 260 ff. — *Pastor zu Niendorf* in der Herrschaft Pinneberg seit 1770; *geb. zu Hamburg den 3 Iul. 1735.* §§. Anwei-

fung für Schulmeifter niederer Schulen zur pflicht-
mäfsigen Führung ihres Amts. Aus zwey gekrönten
Preisfchriften zufammengetragen und mit vielen Zufätzen herausgegeben. Hamb. 1782. 8. Zweyte
fehr verbefferte Ausgabe 1787. (nachgedruckt zu Bam-
berg 1787. 8. Dänifch überfetzt von *Laurits Haffe,*
Paftor in Friedericia: Anviisning for Skolemæftre i
lavere Skoler til deres Embedes rette Fœrelfe, overfat. ..... 1794.) Vgl. *Bolten* 2, 248.

RIXEN (Claus), *geb. zu Bockel,* Kirchfpiels Nortorf Amts
Rendsburg, *den* 14 *Febr.* 1764, war von 1785-1787
Organift und Schullehrer zu Grofsenflintbeck im
Amte Bordesholm, ift feitdem *Schullehrer im Gute Knop*
Kirchfpiels Dänifchenhagen im Dänifchen Walde.
Schreibt, wenn er Mufse hat, zuweilen einige kleine
Auffätze für die Prov. Ber., wovon folgende die wich-
tigften find: *Gedanken über einige Mittel, die zur
beffern Befoldung der Dorffchullehrer anwendbar
feyn möchten. 1792. H. 6. und 1793. H. 2. *Ue-
ber die Schafzucht in der öftlichen Gegend des Dänifchen Waldes, in Rückficht des Bauern oder kleinern
Landwirthes. 1794. H. 5. und 1795. H. 1. * Für
Freunde landwirthfchaftlicher Verbefferungen. 1794.
H. 6. Etwas über Kenntnifs und Benutzung einhei-
mifcher Gräfer und Kräuter für Landwirthe, befonders über das Honiggras; daf. *Sollte nicht jede
Dorffchule eine praktifche Schule der Landwirthfchaft und jeder Dorffchullehrer Lehrer der Landwirthfchaft feyn? 1795. H. 1. 2. — Von dem Volks-
freun-

freunde (vergl. *Pauitz*) war er anfangs der Herausgeber, aber nicht der Verfaſſer. Ueberhaupt hat er
an dieſer Schrift ſehr wenig Antheil. Ein (vielleicht
nicht mit abgedruckter) Auffatz zum 3ten Iahrgang:
„Ueber Turnipſe, deren Beſchaffenheit, Gebrauch,
Nutzen und Anwendung" iſt von ihm. (*Autographum.*)

ROETTGER (Johann Friederich), *Iuſtitzrath, wie auch
Regierungs- und Obergerichts-Advocat in Glückſtadt; geb.
zu ...... 17...* §§. Beſorgt ſeit 17.. die Schlesw.
Holſt. Anzeigen, wovon unten ein Mehreres.

ROHDE (Johann Nikolaus), *Doctor der A. G. und ausübender Arzt in Glückſtadt* ſeit 1786; *geb. daſelbſt 1752.* §§.
D. inaugur. de praecipuo antimonii uſu medico. Kil.
1785. 4. (*Revidirt.*)

(M. u. N. 4.) VON RUEDINGER (Andreas Chriſtoph),
königl. dän. ſcher geheimer Legationsrath (ſeit 1788), *privatiſirt* ſeit 1790 *zu Altona;* war anfangs 1763 Land-
cadett, 1765 Lieutenant auf der däniſchen Eſcadre
nach Algier, 1774 Capitain von des Königs Regiment, in demſ. Iahr königl. däniſcher Legationsſecretair und Chargé d'affaires zu Berlin, 1789 Amtmann
im Weſteramt Hadersleben mit Obriſtenrang, reſignirte aber 1790 wegen Schwächlichkeit; *geb. zu
Leipzig den 19 Octob. 1746.* §§. *Anmerkungen über
Minorka, als ein Auszug aus Capitain *Armſtrongs* im
Iahr 1740 in engliſcher Sprache herausgekommener
Geſchichte dieſer Inſel. Mit Veränderungen und Zuſätzen. Geſchrieben im Auguſt 1770. Hamb. 1784.
8. *James Beattie's* Verſuch über die Natur und Un-

ver-

veränderlichkeit der Wahrheit, im Gegenſatze der
Klügeley und Zweifelſucht. Aus dem Engl. Kopenh.
und Leipzig 1772. 8. (wird im gel. Deutſchl. Th. 3.
richtig *ihm*, im gel. England und Nachtr. 5. aber irrig dem *H. W. von Gerſtenberg* beygelegt.) Vgl. Pruſſe
littéraire, par *Denina*, T. 3. *(Mitgetheilt.)*

RUEDINGER (Carl Auguſt), *Mitglied der Schleswigſchen
Hofſchauſpielergeſellſchaft* ſeit 1782, ſtudirte vorher zu
Halle; *geb. zu Kelbra im Schwarzburgiſchen den 18 Febr.
1755.* §§. Erich und Abel, Könige von Dännemark; ein
Trauerſpiel in fünf Aufzügen. Schlesw. 1796. 8. —
Nächſtens wird im Druck erſcheinen: Tillmer und
ſeine Familie; ein Schauſpiel in drey Aufz. (*Revidirt.*)

(N. 4.) SALCHOW (Chriſtoph Peter Theodor), Bruderſohn des Ulrich Chriſtoph S. im *Anhange — Candidat der Rechte und Volontair bey der Rentekammer zu
Kopenhagen ſeit 1790; geb. zu Rendsburg den 12 Ian.
1764.* §§. Ueber die Frage: Wie ſoll der Däniſchen
Zettelcirculation geholfen werden und was ſind die
beſten und einzigſten Mittel dazu? Kopenh. 1790.
8. * Octroy und Reglement der Däniſch-Norwegi-
ſchen Speciesbank auf 40 Iahre. Chriſtiansburg, den
16 Febr. 1791. Aus dem Däniſchen. Kopenh. 8.
(Dieſe gleich nach dem Original erſchienene Ueberſetzung fehlt im Repertorium der allgem. Litter. Zeit.
VIII. 1839.) → (*Revidirt.*)

(M. u. N. 1-5.) SANDER (Chriſtian Lävinus — nicht
mehr: Chriſtian Friedrich), *geb. zu Itzehoe den 13 Nov.
1756*; vom Iahre 1779 bis 1783 öffentlicher Lehrer

am

am Deſſauiſchen Erziehungsinſtitute, von 1784 bis
1789 Privatlehrer im Hauſe des Grafen Reventlow
in Kopenhagen, von 1789 bis 1791 Gevollmächtigter
bey der königl. Creditkaſſe, ſeit 1791 *Secretair der
königl. däniſchen General-Wegcommiſſion.* §§. *Golde-
rich und Taſſo; ein Trauerſpiel. Flensb. 1778. 8.
Viele Beyträge zu den pädagogiſchen Unterhaltungen des Deſſauiſchen Philanthropins, unter andern:
Der Iüngling, ein Schauſpiel in 4 Aufzügen, und: Pu-
ſillana, ein Schauſp. in 4 Aufz. (das letzte auch einzeln abgedruckt. Deſſau 1783. 8.) *Burkhard und
Amadine, eine Hexenballade. Hamb. 1783. 8. Proſaiſche Dichtungen. Flensb. und Leipzig 1783. 8.
Friederich Robinſon, ein Leſebuch für Kinder. Daſ.
1784. 8. * Geſchichte meines Freundes Bernhard
Ambroſius Rund, von Chriſtoph Bachmann. 2 Bände.
Hamb. 1784. 8. *Gargantua und Pantagruel, zu-
ſammengeſchmolzen und umgearbeitet nach *Rabelais*
und *Fiſchart* von Doctor Eckſtein. 3 Bände. Hamb.
1785 - 1787. *Die Fiſcher, ein Singſpiel in 3 Aufzügen, nach Ewald, verdeutſcht, mit Kupf. von Chodowiecki. Kopenh. und Leipz. 1786. 8. *Papiere
des Kleeblattes, oder Eckſteiniana, Brandiana und
Andreſiana. Meldorf 1787. 8. Daraus einzeln abgedruckt: *Der Schlaftrunk; ein Luſtſpiel in 3 Aufzügen. Ein Torſo Leſſings; ergänzt von D. *Eckſtein.*
Daſ. 1787. 8. *Aeſthetiſche Blumenleſe aus der allgemeinen deutſchen Bibliothek. Quedlinb. 1789. 8.
*Salz, Laune und Mannigfaltigkeit, in komiſchen Er-
zäh-

zählungen. Hamb. 1790. 8. (von einigen deutschen
Schriftſtellern und drey Dänen, *Jens Baggeſen*, *Chriſtian Pram* und *Knud Lybne Rabbek*.)   *Komiſche Erzählungen oder Scenen aus dem menſchlichen Leben
alter und neuerer Zeiten. Kopenh. und Leipz. 1792.
8. Auswahl däniſcher Luſtſpiele für Deutſche. Herausgegeben.— Nebſt einer Schilderung des däniſchen
Theaters von *K. L. Rabbek*. 1ſtes Bändchen. Zürch
1794. 8. (Auf dem Titel dieſer Schrift hat er ſeinen
zweyten Taufnamen wieder angenommen, welcher,
dem Herausgeber des gel. Deutſchl. unbekannte, Umſtand denſelben Nachtr. 5. bewog, aus Chriſtian *Friedrich* und Chriſtian *Lävinus* Zwey Schriftſteller zu
machen.)—Seit 1789 *Gedichte* mit und ohne Namen
im deutſchen Muſeum, deutſchem Merkur, in Voſſens
Muſenalmanach und in der Berliner Monatsſchrift;
ferner: *Der Eremit*, eine Romanze aus dem Dorfprie-
ſter von Wakefield, metriſch überſetzt, erſt eingerückt in den Wandsbeker Boten, nachher in Bodens
Ueberſetzung des Dorfprieſters; *Conrad und Freyda*,
eine tragiſche Scene, verſtümmelt abgedruckt erſt in
den Hamburg. Addreſscomtoirnachrichten, nachher
im 1ſten Heft der Olla Potrida. — *Däniſche Poeſien*,
zerſtreut in den Clubgeſängen, Poeſier, fierde Samling, Nytaarsgave for Damer. 1794.— Im deutſchen
gemeinnützigen Magazin folgende *Beyträge*: 1ſten
Iahrg. 2tes Quart. S. 224. Brager, ein komiſches
Heldengedicht, nach (*Eduard*) *Storm* und S. 266. Widerlegung einer Stelle in Campens Reiſebeſchreibung.

                                               2 Th.

2 Th. S. 45. —3tes Quart. S. 86. Ein Dutzend pro-
faifcher Fabeln. 2ten Iahrg. 1ftes Quart. S. 278. Widerlegung einer Stelle in *Trapps* Abhandlung über
das Studium der alten claffifchen Schriftfteller. 2tes
Quart. S. 253. Widerlegung einer Stelle von *Campe*
in feinen ftatiftifchen Nachrichten von den Progreß-
fen der Deutfchen in der Versmacherey, im Braunfchweigifchen Journal 3tes St. — 2tes Quart. S. 304.
Duplik gegen *Campens* Beantwortung der im 1 Iahrg.
2 Quart. enthaltenen Rüge. — Im deutfchen Magazin folgende Beyträge: Jan. 1791. Philippus und Me-
nekrates. Iun. An Dännemarks Dichter; Geber mit
einer Compofition von Grönland; die Träume, nach
Baggefen. Iul. Laura, eine Elegie; an Laura, nach
Montreueil. Dec. Warum ich weine? Lied mit
Schulzens Compofition. Iun. 1792. Bittfchrift des
Grafen Mirabeau an den König Auguft. Ueber des
Herrn von Ramdohr Reife nach Dännemark. An
einen auswärtigen Freund (ift, nach *F. Thaarup's* Verfuch einer Statiftik der dänifchen Monarchie Th. 1.
S. 26. auch *dänifch* in die Minerva Aug. 1792. eingerückt): April 1793. Prolog, gehalten am 29 Jan.
1793. in der holfteinifch-dramatifchen Gefellfchaft.
Octob. Herr Löwenherz. Nov. Amor an Dora. Dec.
Bey Münters Grabe. — Dänifche *Recenfionen* in Profeffor Tode's Kritik og Analyfe und in den Kiœben-
havnfke lærde Efterretninger. (*Revidirt.*) Erhielt
1793 einen Preis von der Churfürftl. deutfchen Gefellfchaft zu Mannheim für feine Bearbeitung deutfcher

ſcher Synonyme, welche, nebſt den drey andern Abhandlungen, den 9ten und 10ten Band der Schriften
jener Geſellſchaft ausmachen wird (?). Vollendete C.
R. *Boie's* (vergl. den Anhang) Ueberſetzung von C.
Hornemann's philoſophiſchen Schriften.

(N. 4. 5.) SCHAUMANN (Johann Chriſtian Gottlieb),
Sohn des Peter Sch. im *Anhange — Doctor der Philoſophie und ordentlicher Profeſſor derſelben zu Gieſſen* ſeit
1794, vorher Privatdocent zu Halle und zuerſt ordentlicher Lehrer am königl. Pädagogium daſelbſt;
geb. zu Huſum ? (ſo ſteht wenigſtens in A. C. Borheck's
klpſterbergiſchen Vorleſungen S. 331, obgleich man
im Huſumer Kirchenbuche nur einen Gottlieb Chriſtian Wilhelm finden konnte) *den . . . . . . 176 . .* § §.
Ueber die tranſcendentale Aeſthetik, ein kritiſcher
Verſuch. Nebſt einem Schreiben an Hrn. Hofrath
Feder über den tranſcendentalen Idealismus. Leipzig
1789. 8. Ueber die Wirkſamkeit der Einbildungs-
kraft in Traumerſcheinungen; im 2ten St. der philoſophiſchen Blicke, herausgegeben von *J. C. F Heinzelmann* und C. D. *Voſſ.* (1789). Pſyche, oder Unterhaltungen über die Seele; für Leſer und Leſerinnen.
2 Theile. Halle 1791. 8. D. inaugur. (praeſ. *J. L.
Schulze*) de principio iuris naturalis. ib. eod. 8. Diſp.
de *Jo. Lud. Vive* Valentino Philoſopho, praeſertim
Anthropologo ex libris ejus de anima et vita. ib. eod.
8. Ideen zu einer Criminalpſychologie. Friederich
Wilhelm II, dem weiſen Geſetzgeber und milden
Richter, geweiht. Daſ. 1792. 8. Wiſſenſchaftliches

Natur-

Naturrecht. Daſ. 1792. 8. Verſuch über Aufklärung, Freyheit und Gleichheit; in Briefen. Nebſt einer Prüfung der Rehbergiſchen Schrift über die franzöſiſche Revolution. Daſ. 1793. 8. Philoſophie der Religion überhaupt und des chriſtlichen Glaubens insbeſondere. Zu akademiſchen Vorleſungen geſchrieben. Daſ. 1793. 8. Elemente der allgemeinen Logik, nebſt einem kurzen Abriß der Metaphyſik. Gieſſen 1795. 8. Kritiſche Abhandlungen zur philoſophiſchen Rechtslehre. Halle 1795. 8. Moralphiloſophie. Gieſſen 1796. 8. — Deduction aller falſchen Moraltheorien; im philoſoph. Journal einer Geſellſchaft deutſcher Gelehrten, herausgegeben von *Niethammer*. H. 5. (1795.) Der moraliſche Zweck und die moral. Triebfeder; daſ. H. 9. Verſuch, die Gegenſtände des allgemeinen Naturrechts auf Principien zurückzuführen; daſ. — Hat angekündigt: „Verſuch einer neuen Vorſtellung des natürlichen Rechts."

VON SCHAUMBURG (Leopold Heinrich), *Rittmeiſter und Eſcadronchef beym königl. Feldjägercorps zu Kiel* ſeit 1790 (diente ſeit 1758 bey verſchiedenen Regimentern als Cadet und Officier und ſteht ſeit 1785 bey dem neuerrichteten Iägercorps in Kiel); *geb. zu Oldensworth* in Eyderſtedt *den 28 Iul. 1743.* §§. *Der Soldat als Weltbürger. Hadersl. 1775. 8. (eine Wochenſchrift, welche mit dem erſten halben Iahre aufhörte.) Reiſe von Kopenhagen nach Liſſabon, dem Vorgebürge der guten Hofnung und den Azoriſchen Inſeln; nebſt einer generalen Navigationstabelle und

T   in

in einer Einleitung eine allgemeine Befchreibung des
Seedienftes zum Nutzen der Herrn Landofficiere.
Odenf. 1784. 8. (ein Manufcript für Freunde.) *Erfahrungen zum Nutzen der Hrn. Officiere vom Land-
etat, die zur Flotte commandirt werden, von *L. H.
v. Sch.*, mit einem Auszuge aus der Seetaktik des Hrn.
Bardet de Villeneufe (vergl. *Adelung* zum Jöcher, wo jedoch aus den zuverläffigen Nachrichten von dem gegenwärtigen Zuftande, Veränderung und Wachsthum der Wiffenfch. Th. II. S. 772. *nicht* bemerkt ift,
daſs er Capitain & Ingenieur ordinaire de fa Majefté
le Roi de deux Siciles war) aus dem 4ten St. der gefammelten Beyträge zur Kriegswiffenfchaft. Hamb.
1794. 8.   *(Revidirt.)*

(N. 3. 5.) von SCHEEL (Heinrich Otto), Sohn des Gerhard Heinr. S. im *Anhange — königl. preuffifcher Obrift*
(feit 1793, vorher feit 1790 Obriftlieutenant und
feit 1787 Major) *und Director der Ingenieurakademie*
(vorher der Iägerfchule) *zu Potsdam* (zuerft königl.
dänifcher Kammerherr und Premiermajor beym Artilleriecorps zu Kopenhagen); *geb. zu Rendsburg den
1 Nov. 1745.* §§. Mémoires d'Artillerie, contenant
l'Artillerie nouvelle, ou les changemens faits dans
l'Artillerie Françoife en 1765; avec l'expofé & l'a-
nalyfe des objections, qui ont été faites à ces changemens; avec 28 Planches gravées par l'Auteur. Copenh. 1777. 4. Theoretifche Artillerie-Abhandlun-
gen. 7 St. 1781. 4. (wird im Manufcript in der Bibliothek des königl. Zeughaufes zu Kopenhagen ver-
wahrt.)

wahrt.) Prospectus von einer Kriegshistorie Königs
Friederichs IV. Kopenh. 1782. 4. Almindelige Ud-
kast af Krigens-Skueplads, eller geographisk, topo-
graphisk og historisk Beskrivelse over Kongerigerne
Danmark, Norge og Sverrig, samt deres tydske Pro-
vincer, som Indledning til Kong Fredrik IV. Krigs-
Historie, fordansket ved *Thomas Thaarup*. Kbhvn.
1785. gr. 4. mit einer großen Landcharte. — Sein
deutsches Original wird der Verfasser wahrscheinlich
noch herausgeben. — Eine Uebersetzung der Thaa-
rupschen Arbeit *mit Anmerkungen*, die Herzogthümer
betreffend, findet sich in den Prov. Ber. 1793. H. 4.
und 6. 1794. H. 4. und 1795. H. 4.—Vergl. *Worm*
3, 677.

SCHEEL (Maria Juliana), geb. Franke, *lebt in Kiel; geb.
dafelbft den 17 Sept. 1728.* Sie ließ in frühern Iahren
mehrere Gelegenheitsgedichte drucken, besonders
eins auf den *Ernst Joachim von Westphalen*, weswegen
sie den 23. Dec. 1756. von der philosoph. Facultät
als Dichterin gekrönt ward. (*Mitgetheilt.*)

SCHETELIG (Jakob August), *Doctor der A. G. und ausübender Arzt in Lübeck; geb. zu Schönberg* in der Prob-
stey 176.. §§. D. inaugur. de partu gemellorum.
Kiliae 1789. 8.

SCHIFF (Jsaak Benedict); *Mitältester der hochdeutschen
Iudengemeine in Altona; geb. daselbst den 10 August 1756.*
Ließ bey der Vermählungsfeyer des Kronprinzen
1790 einen von ihm verfaßten und zum Absingen
in seiner Synagoge bestimmten Lobgesang in ebräi-

scher

fcher Sprache und in einer deutfchen Ueberfetzung
(vergl. *Abr. Meldola*) drucken. Vergl. *Bolten's* K. N.
von Altona 2, 200.

(M. u. N. I. 4. 5.) VON SCHIRACH (Gottlob Benedict),
Doctor der Philofophie, königl. dänifcher Etatsrath (feit
1733, vorher feit 1779 Legationsrath) *zu Altona* (feit
1780), war zuerft feit 1765 Privatdocent zu Halle
und Infpector des theologifchen Seminariums, feit
1769 aufserordentlicher Profeffor der Philofophie zu
Helmftädt und feit 1771 ordentlicher Profeffor der
Moral und Politik dafelbft; *geb. zu Holtzkirch* in der
Oberlaufitz *den 13 Iun. 1743.* §§. *Marmontels* Dichtkunft. Aus dem Franzöf. 2 Theile. Bremen 1765.
1766. 8. D. de breuiloquentia. Halae 1765.4. D.
de vita et genere fcribendi *Ifocratis.* ibid. eod. 4. *M.
Tullii Ciceronis* ad M. Brutum orator ex recenfione
Ernefti, cum emendationibus et animaduerfionibus.
ib. 1766. 8. *Beytrag zur Litteratur und zum Vergnügen. 1 St. Dal. 1766. 8. *Verfchiedene Gedichte. Berlin 1766. 8. * Sammlung für den Verftand
und das Herz. Bremen 1767. 8. D. de fympathia
poëtica. Hal. 1767. 4. Tentamen fuper parabolis
facris, aucupium delectationis fabularum expendens.
ib. eod. 4. D. de nonnullis ex antiquitate Graeciae
ad N. T. pertinentibus. ib. eod. 4. *Ueber die Harmonie des Stils, nach dem *Marmontel*, mit Zufätzen
vermehrt. Brem. 1768. 8. Clauis poëtarum claffi-
corum. Pars prior f. index philologico - criticus in
Horatium, Terentium et *Phaedrum.* Hal. 1768. 8. Pars

po-

posterior in *Virgiliam* et *Onidium*. 1769. * Historische Zweifel und Beobachtungen. 1 Sammlung von
Briefen. Das. 1768. 8. *Litterarische Briefe an das
Publicum. Erstes Pacquet. Altenb. 1769. 8. Super
Oedipo *Sophoclis*. Hal. 1769. 4. *Joannis Tzetzae* Carmina Iliaca, nunc primum e cod. Augustano edidit.
ib. 1770. 8. (vergl. *Tb. Cbr. Tychsen*) Histor. Briefe.
Helmst. und Magdeb. 1770. 8. Ephemerides litterariae Helmstad. 6 Voll. 1770-1775. 8. Antiquitatum Romanarum breuis descriptio. Altenb. 1771.
8. Biographie der Deutschen. 6 Theile. Halle 1771-
1774. 8. Ueber die moralische Schönheit und Philosophie des Lebens. . . . . 1772. 8. *Cbr. Ad. Klötzii*
Acta litteraria, continuauit amicus Klotzii G. B. Sch.
Vol. VII. P. 2 et 3. Altenb. 1773. 8. Panegyricus
Carolo, Duci Brunsv. et Luneb., dictus. Helmst. 1773.
∴ Magazin der deutschen Kritik, von ihm mit andern Mitarbeitern ausgearbeitet und herausgegeben.
3 Bände. Halle 1773. 1774. gr. 8. 4ten B. 1 Theil
1775. 4ten B. 2 Th. 1776. Vorrede und Anmerkungen zum 1sten und 2ten Th. von *Pb. C. H. Henke's* Uebersetzung des Quinctilians. Helmst. 1775. 8.
* Historisch-statistische Notiz der grofsbritannischen
Colonien in America, mit politischen Anmerkungen.
Frankf. 1776. 8. Biographie Kaiser Carl VI. Halle
1776. 8. Biographien des *Plutarchs*. Aus dem Griechischen mit Anmerkungen. 8 Theile. Berlin und
Leipzig 1776-1780. 8. * Portrait historique de la
vie de l'Imperatrice *Richenza*, mère de l'auguste mai-

son

ſon de Bronſvic-Lunebourg. Traduit de l'Allemand avec des remarques. à Helmſt. 1779. 8. ⁺Ueber das königl. däniſche Indigenatrecht und einige Gegenſtände der Staatswiſſenſchaft. Hamb. 1779. 4. (*Franzöſiſch* mit Weglaſſung der 7 erſten Kapitel: Memoires pour ſervir à la connoiſſance de l'état actuel du royaume de Danemarc — enrichi des pluſieurs additions et corrections de l'auteur même. Ohne Drukort. 1785. 8.)   Vorrede zu *Eſchels Kroon's* Beſchreibung der Inſel Sumatra. Hamb. 1782. 8. Einleitung zu *J. H. Stöver's* hiſtoriſch-ſtatiſtiſcher Beſchreibung der Staaten des deutſchen Reichs. Daſ. 1785. 8. — Recenſionen in den letzten Stücken der Klotziſchen Bibliothek der ſchönen Wiſſenſchaften und in der Halliſchen gelehrten Zeitung von 1769 bis Michaelis 1772. — Giebt ſeit dem Ianuar 1781 unter ſeiner-Direction heraus: Politiſches Journal, nebſt Anzeige von gelehrten und andern Sachen. 8. (monatlich erſcheint 1 Stück von 6 bis 7 Bogen.) — *(Revidirt.)*   Obſeruationes de Henetis, Venedis atque Vandalis; in actis ſociet. Iablonovianae anni 1773. (Lipſ. 1774. 4.) — Aus dem politiſchen Journal wird vieles *ſchwediſch* und *polniſch* überſetzt, auch erſcheint es ſeit 1790 in einer *ruſſiſchen* Ueberſetzung (vergl. *Erſch.*) — Olivier, ein romantiſches Gedicht, aus dem Engliſchen iſt nicht von ihm. — Zur Vorrede zu (*F. K. von der Lübe's*) Dunciade der Deutſchen hat er ſich nicht bekannt. — Arbeitet ſeit mehrern Iahren, zufolge einer öffentlichen Nachricht in der allgem. deutſchen

ſchen Bibl. 43, 616. mit einer königl. Penſion begna-
digt, an einer „Staatsbeſchreibung des Königreichs
Dännemark."

SCHMID (Gotthelf Johann), *Kirchenprobſt und Hauptpa-*
ſtor zu Sonderburg ſeit 1781, vorher ſeit 1771 Paſtor
zu Emmelsbüll in der Wiedingharde Amts Tondern;
geb. zu Apenrade (wo ſein Vater, der C. R. Johannes
S. Kirchenprobſt und Hauptpaſtor war) 1737. §§.
Entwürfe der an Sonn- und Feſttagen im Kirchen-
jahr 1783 in Sonderburg gehaltenen Hauptpredigten.
1ſter Iahrgang. Schlesw. 8. — im Kirchenj. 1784 —
2ter Iahrg. Daſ. 8. Hielpebog til rigtig at forſtaae
og med Nytte at catechiſere over den nye Catechis-
mus. Schlesw. 1788. 8. (auch *deutſch:*) Hülfsbuch
zum richtigen Verſtehen und nützlichen katechetiſchen Gebrauche des neuen Katechismus. Daſ. 1789.
8. Erbauungsblätter über freye Texte auf alle Sonn-
und Feſttage des Iahrs 1793. Daſ. 8. *(Autographum.)*
SCHMIDT (Carl Friederich), *Hof- und Landgerichtsad-*
vocat in Kiel; geb. *daſelbſt den 28 May 1739.* §§. Verzeichniſs der Gemäldeſammlung des H. und L. A.
C. F. S. in Kiel. Kiel 1795. 8. — „Außer dieſen Ge-
mälden hat deren Beſitzer auch noch eine ſtarke Sammlung von Kupferſtichen und Handzeichnungen in
Portefeuillen, dieſe nach den Nationen und dem Alphabet, jene nach den Schulen und dem Alter der
Maler geordnet. Um von den erſteren einigen Begrif zu geben, darf nur bemerkt werden, daſs dieſe
Collection ſtärker iſt, als die des Hrn. Prof. *Huber* in

Leipzig war, welche vor einigen Iahren allda öffentlich verſteigert worden, und daſs ſich auch das Werk
des *Albrecht Dürer* faſt complet darunter befindet,
nebſt verſchiedenen. Copeien, die Herr *Husgen* ſelbſt
nicht gekannt zu haben ſcheint, ſo wie manche Blätter anderer alten Meiſter, die unter dem Verzeichniſs
ihrer Werke in dem Dictionaire des Artiſtes des ſel.
Hrn. von *Heinecken* nicht ſtehen und über das viele
Künſtler, die in *Füſsly's* allgemeinem Künſtlerlexicon
ganz fehlen. Unter den Handzeichnungen ſind auch
mehrere ſehr ſeltene und ſchöne Blätter, als z. B. wichtige Zeichnungen unſers berühmten *Anton Raphael
Mengs.* Vielleicht erſcheinen auch von dieſen Sammlungen mit der Zeit Verzeichniſſe." Aus dem Vorberichte der obigen Schrift entlehnt.

SCHMIDT (Chriſtian Franz), *Generalinſpector der königl.
Gartenplantagen auf Nyegaard* Kirchſpiels Aaſtrup in
der Haderslebener Harde Amts Hadersleben; *geb. zu*
...... auf der Inſel Alſen 1734. §§. Forſœg til en
Opdagelſe af nærværende Træe og Brændemangels
Aarſager, ſamt nogle Midler imod de ande Fœlger af
diſſe Artiklers Mangel og overmaade høeye Priiſer i
Danmark og beſynderlig i Kiœbenhavn. Kbhvn.
1783... Kort Anviisning til vilde Træers Opelſk-
ning og Skoves rette Anlæg, Behandling og Vedlige-
holdelſe i Danmark; in: Det kongl. danſke Landhuusholdnings Selſkabs Skrifter. 3die Deel. Kbhvn.
1790. 8. (eine mit der zweyten Goldmedaille 1782
gekrönte Preisſchrift.) Forſlag til nogle Forbedrin-
ger

ger i Hauge- og Træfrugtdyrkningen, famt nyttige
inden- og udenlandfke vilde Træers Opelfkning,
hvorved Tœmmer- og Brændemangel kan forekom-
mes, tilligemed en Fortegnelfe over de Arter Frugt-
træer og andere nyttige Træer og Bufkplanter, fom
for nærværende Tid findes ved Nyegaard i Nærhe-
den af Haderslev, hvilke overlades Lyfthavende for
de vedfatte Priifer. Haderfl. 1793. 8. (Daraus ift
von .... *Hagen* überfetzt: Ueber den Mangel unfers
Vaterlandes an Bau- Nutz- und Brennholz, mit Anmerk. vom geh. Rath von *Krogh*; in den Prov. Ber.
1795. H. 1.) — (*Nach dem Autographum.*) Ueber die
befte Aufbewahrung der Renetten; in *Hirfchfelds*
Gartencalender auf 1783. Ueber die befte Arr, den
Hopfen in voller Kraft zu erhalten; im 4ten Th. der
Schriften der königl. dänifchen Landhaushaltungsgefellfchaft 1794. ....

SCHMIDT (Johann Georg), *Doctor der Weltweisheit und*
  Paftor zu Hagen in der Probftey feit 1789, vorher
  Adjunct der philofophifchen Facultät in Kiel; *geb. zu*
  Hamburg den 27 Nov. 1763. §§. D. inaugur., quae,
  expofita librorum ecclefiae noftrae, qui dicuntur fym-
  bolicorum, natura et ad rem chriftianam ratione, in
  quaeftionem inquirit: num hi libri hac noftra aetate
  e re chriftiana fint tollendi? Kil. 1787. 4. Wie
  wichtig für jeden Chriften die Pflicht fey, nach einer
  immer vollftändigern Religionserkenntniß zu ftre-
  ben. Eine Predigt am Sonntage der Confirmation in
  der hiefigen Klofterkirche gehalten. Kiel 1789. 8. —

Hat

Hat auch gemeinfchaftlich mit *J. W. Stuber* den 24-
ften Theil von *J. D. Michaelis* oriental. und exeget.
Biblioth. beforgt, (welcher ein fiebenfaches Regifter
über alle 23 Theile enthält. Frankf. am Mayn 1789.
8.) dem jedoch im 5ten Nachtr. widerfprochen wird.
— Vergl. *W. E. Chriftiani's* Programm: De Johannis
Adolphi erga rem Evangel. reform. lenitate et indulgentia. Kil. 1787. 4.

SCHMIDT (Johann Ludwig), *Paftor zu Weddingftedt* feit
1753 (vorher feit 1747 Diakonus dafelbft) *und feit
1778 Senior in Norderdithmarfchen*; *geb. zu Heide den
6 Octob. 1725.* §§. Eine Rede bey dem Amtsjubiläum
des O. C. R., Kirchenraths und Probften *G. H. Frenkel*, über Pf. 132, 16; in der Sammlung der bey deffen Iubelfeyer herausgekommenen Schriften. Hamb.
1771. 4. Vergl. *J. H. Febfi* Nachricht von den Predigern in Norderdithmarfchen S. 382 ff.

(N. 5.) SCHMIDT (Johann Nikolaus), *Stallmeifter in Hufum*; *geb. zu ...... 17...* §§. Der vollkommene
Pferdearzt, oder praktifches Vieharzeneybuch, worin
die meiften innerlichen und äuferlichen Krankheiten
befchrieben und erklärt werden, mit einem Anhange
von Rindvieharzeneyen verfehen. Altona und Leipz.
1790. 8.

SCHMIDT (Marcus Hinrichfen), *Bevollmächtigter der
Rotbifchen Buchhandlung in Kopenhagen*; *geb. zu Apenrade den 30 März 1745.* §§. Poetifche Gedanken in
der Einfamkeit. Kopenh. 1783. 8. Vgl. *Worm* 3,985.
SCHMIDT

SCHMIDT (Siegfried August Georg), *Kloſterprediger in Preetz* ſeit 1795, vorher ſeit 1776 Paſtor zu Cappeln und ſeit 1772 Paſtor zu Moldenit und Kahlebye; *geb zu Mandelsloh* unweit Hannover *den 6 Ian. 1745.* §§. Einweihungsfeyer der Kirche zu Cappeln. Flensburg 1793. 8. Chriſtliches Verhalten über das Gute, das wir in unſerm Vaterlande haben. Eine Neujahrspredigt. Daſ. 1795. 8. *(Revidirt.)* Predigten bey ſeiner Amtsveränderung gehalten und auf Verlangen herausgegeben. Schlesw. 1796. 8.

SCHNOOR (Heinr. Chriſtian), *Schauſpieler* (?) *zu Prag* (?); *geb.* (im Dorfe Blumenthal Amts Bordisholm, oder) *auf dem Gute Rethwiſch* (?) in Wagrien 176.. §§. Zwölf Lieder der Grafen zu Stollberg in Muſik geſetzt. Hamb. 1788. 4.

(M. u. N. 4.) SCHOENBORN (Gottlob Frieder. Ernſt), *königl. däniſcher Legationsrath und Geſandſchaftsſecretair in London* ſeit 1777, vorher erſt Bernſtorffs Secretair, denn ſeit-1771 ..... zu Hamburg, endlich ſeit 1774 däniſcher Conſulatsſecretair zu Algier; *geb.* (zu Schenefeld in der Herrſchaft Pinneberg, oder wahrſcheinlicher nach andern) *zu Bordelum* in der Landſchaft Bredſtedt, wo ſein Vater Prediger war, *den ..... 174..* §§. *Proben einer deutſchen Ueberſetzung von *Pindars* Oden; in (von *Gerſtenberg's*) Merkwürdigkeiten der Litteratur. * Freyheitsgeſang; im Götting. Muſenalmanach 1774. *Schreiben aus Algier vom 22 Ian. 1776. über die letzte ſpaniſche Expedition; im deutſch. Muſeum 1776. Iuh.

Der

Der Traum, ein Chor mit Flöten; in der Berliner Monatsſchrift 1784. Iul. — Vergl. *Worm* 3, 986.

SCHOENNING (Severin), ſ. SKAANING.

(N. 4.) SCHOLTZ (Peter Chriſtian Heinrich), Sohn des Heinrich Sch., vergl. *Joh. Chriſtoph Strodtmann's* Geſchichte jetzt lebender Gelehrten Th. 10. — *Paſtor zu Bovenau* im holſteiniſchen Gute Oſterrade ſeit 1766; geb. *zu Heiligenhofen* Amts Segeberg *den 21 Iun. 1736.* §§. Meditatio exegetica in 2 Tim. I, 12. qua in verum ſenſum vocis τῆς παραθηκης inprimis inquiritur. Helmſt. 1756. 4. Die Güte und Weisheit Gottes in der Vorſorge für die Wohlfarth rechtſchaffener Eltern. Daſ. 1757. 4. Ein Trauergedicht auf den Tod des Kammerjunkers und Domherrn in Lübek, Peter von Bredal. Ratzeb. 1760. 4. Das Sterbebette eines glüklichen Greiſes geſchildert bey dem Abſterben (ſeines mütterlichen Groſsvaters) des Superintendenten, Conſiſtorialrathes und Hofpredigers Peter Hanſen in Plön. Plön 1760. 4. Entwurf einer Kirchengeſchichte des Herzogthums Holſtein. Schwerin und Wismar 1791. gr. 8. (*Revidirt.*)

SCHORER (Johann Matthias), *Paſtor zu Süderau* in der Kremper Marſch ſeit 1791, vorher ſeit 1788 Paſtor in Wevelsfleth, ſeit 1769 Archidiakonus in Krempe und ſeit 1766 Diakonus daſelbſt; geb. *zu Altona den 12 Nov. 1736.* §§. Ueber den Nutzen der Kirche und deren Lehrer, wenn der Oberaufſeher derſelben ſein Amtsjubiläum feyern kann. ...... 1778. (ein Glückwunſch an Ad. Struenſee, auch in der, unter *J. C. Claus* auf-

aufgeführten, Sammlung eingerückt.) . . . . . . Vergl.
Boltens K. N. von Altona 1, 180.

SCHRADER (Burchard Johann Heinrich), Vater der
beyden folgenden — *königl. dänischer Kammerrath, lebt
seit 1789 in Kiel,* vorher von 1749 - 1769 Herzogl.
Braunschw. Salzverwalter zu Salzdahlum, darauf Be-
sitzer der Saline zu Oldesloe, bis er sie 1783 an den
Grafen von Dernath verkaufte; *geb. zu Eschersbausen*
im Braunschweigischen *den 14 Dec. 1717.* §§. Lieſs
der Versammlung der königl. Gesellschaft der Wiſ-
senschaften zu Göttingen einen Aufsatz vorlegen, eine
Verbeſſerung des Gradirens bey Salzwerken betreffend, welcher, zufolge den Götting. Zeit. 1772. S.
1830, in den 2ten (aber nach Pütters Gelehrtengeschichte von Göttingen 2, 238. noch nicht erschienenen) Band der deutschen Schriften dieser Gesellschaft
eingerückt werden sollte.

(N. 5.) SCHRADER (Johann Gottlieb Friedrich), *Doctor
der Weltweisheit* seit 1790 *und* seit 1792 *derselben auſserordentlicher Profeſſor zu Kiel,* vorher Privatdocent
daselbst, und zuerst Lehrer am Carolinum zu Braunschweig; *geb. zu Salzdahlum* bey Wolfenbüttel *den 17
Sept. 1763.* §§. Beschreibung einer neuen und vollkommnen Einrichtung der Luftpumpe, mit einem
Kupfer. Flensb. 1791. 8. Beschreibung des Mecha-
nismus eines sechs und zwanzigfüſigen Teleskops,
unweit Kiel errichtet. Kiel 1794. 8. mit einer Abbildung des Aufstellungsgerüstes dieses Teleskops (aus
den Prov. Ber. 1794. H. 4. besonders abgedruckt). —

Auf-

Auffätze phyſikaliſchen Inhalts im Hannöveriſchen
Magazin ſeit 1782. — *Recenſionen* in der allgem. deutſchen Bibl. und gel. Kieler Zeitung. — Von ſeinen *Te-*
leſkopen ſ. Prov. Ber. 1792. H. 4. S. 99. und 1794.
H. 3. S. 1. Beylage, *(Revidirt.)*

(M. u. N. 1. 2. 4. 5.) SCHRADER (Ludewig Albrecht
Gottfried), *Doctor der Rechte und derſelben ordentlicher*
Profeſſor in Kiel ſeit 1789, vorher ſeit 1779 Regie-
rungs- und Obergerichts-Advocat zu Pinneberg, zuerſt Advocat zu Elmshorn; *geb. zu Salzdahlum den*
9 Aug. 1751. §§. Des Hrn. *Sage* chemiſche Unterſuchung der Mineralien, aus dem Franzöſiſchen. Götting. 1775. 8. *Ueber den Nutzen und die Möglichkeit, ausſtehende Capitale durch eine Aſſecuranz
zu ſichern. Hamb. 1776. 8. Grundgeſetze der Natur in. der Geburt, dem Leben und Tode der Menſchen, als ein freyer Auszug aus *Süſmilch's* göttlicher
Ordnung. Glückſt. 1777. 8. Handbuch der vaterländiſchen Rechte in den Herzogthümern Schleswig
und Holſtein, oder concentrirte und geordnete Sammlung der merkwürdigſten Rechtsſätze aus den Verordnungen, Placaten, Reſcripten und Landesgewohn-
heiten in den Herzogthümern Schleswig und Holſtein,
der Herrſchaft Pinneberg und Grafſchaft Ranzau;
nebſt deren nöthigen Erläuterung aus der Geſchichte
und den Präjudicaten der höchſten Landesgerichte.
1ſter Theil. Altona 1784. 4. 2ter Th. 1786. 3ter
Th. 1793. (Theil 4. wird folgen.) *Auch Etwas
über die Gewohnheit, Miſſethäter durch Prediger zur

Hin-

Hinrichtung begleiten zu laſſen. Hamb. 1784. 8.
Vorrede zu *J. H. Boden's* berechneten Entwürfen über
Einrichtung der Sterbecaſſen. Zelle 1787. 8.   Pr.
quo de methodo et ordine praelectionum ſuarum ra-
tionem reddit, in primis vero ad collegium iuris privati patrii nec non proceſſus Slesvicenſis et Holſatici
invitat. Kiliae 1791. 4.   Grundriſs und Ordnung
ſeiner Vorleſungen über die Theorie und Ausübung
des Schleswig-Holſteiniſchen Proceſsverfahrens; ſeinen Zuhörern gewidmet. (Kiel) 1792. 4. — *Betrachtungen über das Maaſs der Arbeitsfähigen jungen Mannſchaft in der Herrſchaft Pinneberg, verglichen mit dem Bedürfniſſe des Ackerbaues in dieſem
Diſtricte; in den Prov. Ber. 1787. H. 4.   Beherzi-
gungen über die moraliſchen und politiſchen Folgen
des Ammendienſtes in groſsen Städten für die um-
herliegende Diſtricte; daſ. (*däniſch* in Fyens Maanedſkrivt B. 19.)   Beſchreibung des Fiſcherdorfs Blan-
kenneſe in der Herrſchaft Pinneberg und des daſelbſt
getriebenen Fiſchereygewerbes; daſ. H. 5.   Ueber
das Geſindeweſen in Verhältniſs mit Sittlichkeit, Fleiſs
und Frugalität der Landeseinwohner, in Rückſicht
auf die Herzogthümer Schleswig und Holſtein; daſ.
1788. H. 5.   Ueber die Oldesloer Sülze; daſ. 1790.
H. 4 und 6.   1791. H. 1.   Ueber die Anwendung
der Verſicherungsanſtalten in landwirthſchaftlichen
Geſchäften, in beſonderer Rückſicht auf die Herzogthümer Schleswig und Holſtein; daſ. 1790. H. 6. —
Ueberſetzungen im Naturforſcher. — *Aufſätze* im

Braun-

Braunſchweig. Magazin und im Hannöver. Mag. z. B.
Beyträge zur nähern Kenntniſs einiger im gemeinen
Leben gewöhnlichen Werkzeuge (1777). — Die in
Crell's neueſten Entdeckungen in der Chemie befindliche und im gelehrten Deutſchlande ihm beygelegte
Abhandlung: von Verſtärkung der Kohlenhitze durch
dephlogiſtirte Luft, iſt *nicht* von ihm. — Seine Abhandlung über das Sachenrecht in dem Entwurf eines allgemeinen Geſetzbuches für die preuſſiſchen
Staaten, erhielten in Berlin zweymal den Preis. *(Revidirt.)*

SCHROEDTER (Franz Adolph), *Diakonus zu Oldenburg*
in Wagrien ſeit 1793, vorher Katechet am Schulmeiſterſeminarium zu Kiel ſeit 1789.; *geb. zu Ratkau
Amts Segeberg den 12 Aug. 1767.* §§. Anleitung zu
einem ſokratiſch-katechetiſchen Unterricht über den
Schleswig - Holſteiniſchen Landeskatechismus. Kiel
1793. gr. 8. Die Frage: worin beſteht das Weſent-
liche und die Hauptſache der chriſtlichen Freyheit?
in einer Predigt über Gal. 5, 13. unterſucht und beantwortet. Altona 1793. 8. *(Revidirt.)*

(N. 2. 5.) VON SCHUETZ (Friederich Wilhelm), Sohn
des Julius Ernſt v. Sch. im *Meuſel* — *churfürſtl. ſäch-
ſiſcher Hofrath* ſeit 1793, *privatiſirt* ſeit demſelben Iahr
auf ſeinem Gute Hoyesbattel in Stormarn, vorher mehrere Iahre erſt zu Altona und nachher zu Hamburg,
wo er 1792 und 1793 bey der franzöſiſchen Geſand-
ſchaft als Legationsſecretair angeſtellt war; *geb. zu
Erdmannsdorf* bey Chemnitz *den 25 April 1758.* §§. D.
de

de immunitate fundorum ecclefiafticorum a tribútis.
Lipf. 1779. 4. *Kleiner Beytrag zur Gefchichte der
Phyfiognomik. .... 1779. *Dramaturgifcher Briefwechfel über das Leipziger Theater im Sommer 1779
herausgegeben. Halle 1780. 8. Apologie, *Leffings*
dramatifches Gedicht, Nathan den Weifen, betreffend;
nebft einem Anhange über einige Vorurtheile und
nöthige Toleranz. Leipzig 1781. 8. * Unter allen
die Schlimmfte, eine Tragikokomödie in 5 Aufzügen.
Deffau und Leipz. 1782. 8. *Beyträge zum Archiv
der Lieblingslectüre 1ftes Stück. Daf. 1782. *Der
fanftmüthig lehrende Kinderfreund. 2 Bändchen.
Hamb. 1785. 1786. 8. *Wöchentliche Unterhaltungen für Iünglinge und Mädchen. 2 Bändch. Daf.
1787. 8. (fehlt im Repertorium.) *Leben und Meinungen Mofes Mendelsfohns nebft dem Geifte feiner
Schriften. Daf. 1787. 8. (fehlt im Repert.) * Wilhelm von Althaus, oder fo gehts in Deutfchland zu.
2 Bändchen. Daf. 1787. 1789. 8. *Der Theetifch,
eine Wochenfchrift vermifchten Inhalts. .... (wovon
nicht mehr als 12 Bogen erfchienen find.) *Archiv
der Schwärmerey und Aufklärung. 4 Bände. Daf.
1787 - 1791. 8. *Freymauerifche Reifen durch die
Bayerfchen Lande. .... (fehlt im Repert.) *Auszug aus Friederich II. hinterlaffenen Werken. ....
(fehlt.) *Mirabeau's Gefchichte des Berliner Hofes,
aus dem Franzöf. .... (fehlt.) *Verfuch einer vollftändigen Sammlung Freymaurerlieder, zum Gebrauch deutfcher Logen. Daf. 1790. (fehlt.) Briefe

über London; ein Gegenſtück zu Archenholz England und Italien. Hamb. 1792. 8. *Der Naturleh-
rer, oder Unterhaltung eines Vaters mit ſeinen Kindern über die erſten Elementarbegriffe der Phyſik.
Daſ. 1792. 8. mit Kupf. Zweyte Auflage 1795. *Der
Niederſächſiſche Merkur. 4 Bände. Daſ. 1792 und
1793. 8. *(Nach dem Autographum.)* * Ueber Wahrheit und Irrthum; ein nothwendiger Nachtrag zu
der Schrift: über Aufklärung. Hamb. 1788. 8. Was
iſt, oder vielmehr, was ſoll die Maurerey für uns
ſeyn? Eine Rede bey Gelegenheit der Einweihung
eines neuen Logenſaals, gehalten in der Loge Ferdinand zum Felſen in Hamburg. Daſ. 1790. 8. Kurze
Darſtellung, wie und warum die Altonaer Obrigkeit
einen Unterſuchungsproceſs wider ihn angeſtellt hat.
Daſ. 1790. 8. Oekonomiſcher Auszug aus D. *Krünitz's* Enkyklopädie, in alphabet. Ordnung, bloſs für
deutſche Oekonomen eingerichtet und mit Anmerk.
verſehen, darin des D. Krünitz's Lehrſätze ſowol als
anderer Oekonomen nach der Erfahrung geprüft und
herausgegeben werden. 1 Band. A — D. Altona 1796
(eigentlich 1795). gr. 8.

(N. 1. 2. 3. 5.) SCHUETZE (Chriſtian Heinrich), Sohn
des Gottfried Sch. im *Anhange -- Paſtor zu Barkau*, einer adelichen Kirche in Holſtein, ſeit 1787, vorher
ſeit 1785 Paſtor zu Krummendiek; *geb. zu Altona
den 15 Febr. 1760.* §§. *Shakeſpeare's Geiſt. 1ſte Sammlung. Altona 1780. 8. *Sammlung von Gelegen-
heitsgedichten. Hamb. 1781. gr. 8. (auch unter dem

ver-

veränderten Titel: Beyträge zur Poeſie der Nieder-
ſachſen. 1782.)   Gedächtniſspredigt am 17 März
1786. bey feyerlicher Beerdigung des — Reichsfrey-
herrn Carl von Meurer, Erb- und Gerichtsherrn auf
Krummendiek — über Röm. 14, 8. gehalten. Daſ. 8.
Geſchichte eines ehrlichen Diebes; in den Prov. Ber.
1787. H. 3. * Auszug eines Schreibens aus der Wilſtermarſch, die dortige Sittlichkeit betreffend; daſ.
* Die Verſuchung Ieſu. Ein Empörungsverſuch jüdiſcher Prieſter. Hamb. 1793. 8. An eine aus der
Punſchbohle gehobene Fliege. Mit dem engliſchen
Original von *Peter Pinder*; im deutſchen Mag. 1794.
März. Wechſel; daſ. 1795. May. * Kritik der Ver-
nunftgründe wider die Schrecken des Todes. Schleswig 1795. 8. * Kritik der Hypotheſe einer innern
Verſuchung im Verſtandesvermögen Ieſu. Vom Verfaſſer der Schrift: die Verſuchung Ieſu, ein Empörungsverſuch jüdiſcher Prieſter. Daſ. 1796. 8. — *Gedichte* in Meiſſner's und Canzler's Quartalſchrift: für
ältere Litteratur und neuere Lectüre, und im Journal
aller Journale. (*Revidirt vom Folgenden.*)

(N. 5.) SCHUETZE (Johann Friederich), Bruder des
vorigen — *königl. däniſcher Canzeleyſecretair und ſeit
1794 Officiant beym Lotto in Altona; geb. zu Altona den
1 April 1758.* §§. * Claudians Raub der Proſerpina;
Gedicht in 3 Büchern. Hamb. 1784. 8. (wird N. 2.
ſeinem Bruder beygelegt.) * Neueſter Altonaiſcher
gelehrter Mercurius auf das Iahr 1787 und 1788. 8.
* Weiſe und thörigte Märchen, aus dem Franz. über-

ſetzt. Hamb. 1790. 8. *Witz und Laune. Eine Sammlung charakteriſtiſcher Anekdoten der franzöſiſchen Nation. Aus dem Franzöſ. überſetzt. Leipzig 1790. 8. *Kleine Chronik der Könige von Dännemark. Eine Handſchrift des 16ten Iahrh., mit hiſtoriſch‑etymologiſchen Anmerkungen und einer Vorrede begleitet. Altona 1790. 8. *Erzählungen und Sprichwörter, nebſt einer Nachricht von den Troubadours. Aus dem Franz. des Hrn. von *Cambry* überſetzt. Daſ. 1791. 8. Eimsbüttel, oder die Johannisnacht. Eine komiſche Operette in 3 Aufzügen. Hamburg 1791. 8. *Sammlung angenehmer und nützlicher Reiſebeſchreibungen und Auffätze allerley Inhalts. Aus der däniſchen Minerva überſetzt. Leipzig 1792. 8. *Briefe eines reiſenden Dänen (*Friederich Snedorff's*, † 1792, Sohn des Janus Schelderup S. im *Worm*), geſchrieben im Iahr 1791 und 1792. während ſeiner Reiſe durch einen Theil Deutſchlands, der Schweitz und Frankreich. Aus dem Däniſchen überſetzt. Züllichau 1793. 8. Hamburgiſche Theatergeſchichte. Hamb. und Leipzig 1794. 8. Miſcellaneen zur alten Litteratur und Dichtkunſt; im deutſchen Magazin, Iul. und Dec. 1794. und Iul. 1795. Nachrichten von dem alten Heldenbuche, nebſt einigen Auszügen; daſ. 1795. April. — *Gedichte* und *proſaiſche Auffätze* im deutſchen Muſeum vom I. 1780, im Journal aller Journale vom I. 1786 und 1787. und im neuen Journal aller Journale vom I. 1790, und in den Schleswig‑Holſteiniſchen Anzeigen. —

Recen‑

Recenfionen in den Hamburgifchen Zeitungen. — *Gedichte* in Telonius Singftücken beym Clavier. Hamb.
1788. Fol. *(Nach dem Autographum.)*

SCHUMACHER (B.... G....), *Doctor der Rechte und
Translateur in Hamburg, auch Vicar des Hochftifts Lübeck* (vorher Zollverwalter zu Neuftadt in Wagrien);
geb. zu Kiel 1755. §§. *Johann Elwes, der gröfsefte
Geizhals unfers Iahrhunderts (aus dem Englifchne).
Danzig 1791. 8. Vortrag über die Freude der Tugend, an den geheiligten Altären der Freymaurer gehalten zu Berlin am Johannistage 1793. Als Manufcript für Freunde. 8. — Verfchiedene Gelegenheitsgedichte. *(Mitgetheilt.)*

SCHUMACHER (Johann Friederich), *Doctor der A. G.
und ausübender Arzt zu Hadersleben; geb. auf Trenthorft,*
einem adelichen Gute in Wagrien, *im Nov. 1768.* §§.
D. inaugur. medico-forenfis de fugillationibus. Kil.
1794. 8. *(Revidirt.)*

SCHULZE (Chriftoph), *Paftor an der Domkirche und Probft
zu Roefkilde* auf Seeland; *geb. zu ..... 1713.* §§.....

SCHULZE (Johann Heinrich), *Pafter zu Neuftadt* in
Wagrien feit 1795, vorher feit 1787 Diakonus dafelbft; *geb. zu Elmsborn* in der Graffchaft Ranzau *den
4 März 1756.* §§. Aufmunterungen, fich der Noth
unferer Brüder anzunehmen — Eine Predigt — zum
Beften der Armen. Kiel 1789. 8. Verfuch, einige
Einwürfe, Vorwürfe und Bedenklichkeiten aus dem
Wege zu räumen, welche häufig die wohlthätige Abfchaffung der Betteley hindern und erfchweren —

Eine Predigt — zum Beſten der Armen. Kiel 1792.
8. — Nachrichten von dem Fiſcheramte und der Fi-
ſcherey in Neuſtadt; in den Prov. Ber. 1790. H. 5.
Hans Jochen Stender, Holländer auf dem Gute Bro-
dau, ein Beyſpiel der Abhärtung und Mäſſigkeit, der
Geſundheit und Zufriedenheit und eines ſeltenen hohen Alters; daſ. 1792. H. 2. Ueber die natürlichen
Urſachen eines Iahre lang fortdaurenden Miſslingens
im Brauen und Brennen; ein paar Beyſpiele aus Neuſtadt; daſ. H. 4. Einige allgemeine Nachrichten
von der Stadt Neuſtadt, als Einleitung zu einer vollſtändigen Ortbeſchreibung; daſ. 1793. H. 4. (Revidirt) Auch ein paar Worte über die Krankencom-
munion; im neuen theologiſchen Journal 1795. St. 8.

SCHWARZ (Johann Heinrich), *Archidiakonus zu Crempe*
in der Cremper Marſch; *geb. zu Hadersleben* 175.. §§.
Ein franzöſiſches Lexikon über den Telemach......

SCHWENSEN (Chriſtian), *Paſtor zu Hörup* auf der Inſel Alſen ſeit 1795, vorher ſeit 1793 Paſtor zu Atzbüll und Hofprediger auf Gravenſtein, zuerſt ſeit
1792 Paſtor zu Niebüll; *geb. zu Bommelund* in der
Wiesharde Amts Flensburg 176.. §§. Bemerkungen über das Riſummoor und ſeine Bewohner — erſter Brief; in den Prov. Ber. 1792. H. 4.

(M. u. N. 1. 4. 5.) SCHWOLLMANN (Wilhelm Alexander), *Doctor der Philoſophie* (ſeit 1757), *königl. däniſcher Conſiſtorialrath* (ſeit 1776), *Probſt des Amts Hütten* (ſeit 1791), *Schloſsprediger auf Gottorff* (ſeit 1769)
und Hauptpaſtor an der Friedericbsberger Kirsbe in Schles-
wig

wig (feit 1763, wo er feinem Vater, deſſen Adjunct
er feit 1759 geweſen war, folgte); vorher feit 1757
Privatdocent und bald darauf Adjunct der philoſoph.
Facultät in Roſtock; *geb. zu Schleswig den 26 März 1734.*
§§. Eine Betrachtung über Gal. 2, 9. womit er Hrn.
S. J. Baumgarten zum 49ſten Geburtsfeſt Glück wünſchet. Halle 1755. 4.   Exegetiſche Unterſuchung
der Stelle Hebr. 4, 1 - 3. Daſ. 1756. 4. Philologiſche und kritiſche Unterſuchung von den Cherubim
auf der Bundeslade. Daſ. 1756. 4.   Commentatio,
qua de Joannis in Patmo exilio modeſte dubitat. ib.
1757. 4.   D. inaugur. de Anacreontis carminibus
eorumque legendorum ratione. Roſtoch. 1757. 4.
Sendſchreiben bey Gelegenheit des vergnügten Hém-
pel- und Schwollmanniſchen Hochzeitfeſtes, abgelaſ-
ſen von der Bräut Bruder. Daſ. 1757. 4. Stricturae
hiſtorico-criticae additamentorum introductoriorum
litterariorum in antiquitates Graecorum ſacras et in
primis *L. Boſii* antiquitatum Graecarum, praecipue
Atticarum, deſcriptionem brevem. Partic. I. ib. eod.
4.   Glückwünſchungsſchreiben bey Gelegenheit des
Wachenhuſen- und Quiſtorpſchen Vermählungsfe-
ſtes. . . . . . Commentatio critica et polemica ad Gen.
19, 26. qua de uxore Loti in ſtatuam ſalinam con-
verſa modeſte dubitat. Hamb. 1759. 4.   Die Ver-
bindlichkeit der Chriſten, ſich in dieſem Leben vor
allen Dingen nach dem Ewigen und Unſichtbaren zu
beſtreben, um glücklich zu werden. Schlesw. 1763.
8.   Die lebendige Empfindung der großen Wahr-

heit: Gott ift die Liebe! Predigt — Schlesw. 1763.
4. Die Pflicht der Chriften, den Herrn Iefum Chri-
ftum anzuziehen. Predigt — Daf. 1763. 4. Der
Chrift, grofs durch die Dankbarkeit. Altona 1764.
8. Die Gröfse der Fürften durch die Religion. In
einem Sendfchreiben an das hohe Geburtsfeft der
Prinzeffin Louife zu Dännemark, vermählten Land-
gräfin zu Heffen-Caffel. Flensb. 1773. 4. De Epifco-
pis a Presbyteris diverfis diff. qua — *Adamo Struenfee*
— gratulabundus applaudit. Hamb. 1780. 4. (fteht
auch in der Sammlung der bey Gelegenheit des Amtsjubiläums erfchienenen Schriften. Flensb. und Leipz.
1781. 8.) Diff. epiftol. de imputatione peccatorum
mundi Chrifto, non qua poenas illorum tantum, fed
qua culpam etiam et maculam eorum facta. Quam
J. F. Janfon epifcopatum Aarhuufenfem ipfi delega-
tum, gratulaturus obtulit et contra obiectiones con-
tradicentium Novatorum quorundam vindicavit. ib.
1789. 8. Die feyerliche Einfegnung Sr. Königl. Hoheit, des Kronprinzen Friederich zu Dännemark, mit
der Durchlauchtigften Prinzeffin Maria Sophia Friederica zu Heffen, den 31 Iul. 1790. in der Schlofskirche auf Gottorff. Daf. 1790. 8. Grundfätze, nach
welchen die für die Herzogthümer Schleswig und
Holftein beftimmte Liturgie fowohl, als das Handbuch der Perikopen ausgefertigt worden. Flensb.
1793. 8. (Vergl. *H. Müller*.) — Mitarbeiter an Baumgartens Nachrichten von merkwürd. Büchern, wo feine
Recenf. mit *Schw*. bezeichnet find. *(Nach dem Autograph.)*
                                              SIDON

SIDON (Carl Ludwig Chriſtian), *Doctor der A. G. und ausübender Arzt in Plön*; geb. zu Traventhal in Wagrien den 17 Dec. 1764. §§. D. inaugur. de iuribus, praerogatiuis atque officiis grauidarum. Kiliae 1790. 8. Von der Maulwurfsgrille und den Mitteln zu ihrer Vertilgung; in den Prov. Ber. 1789. H. 5. S. 204. *Ein Wort über Apothekertaxen; daſ. 1795. H. 2. *Zeitungen, Herolde der Quakſalberey; daſ. H. 3. *(Revidirt.)* — Erhielt von der kaiſerl. freyen ökonomiſchen Geſellſchaft in Petersburg für eine Abhandlung auf die Frage: „über den Anbau der Schwaden". ihre groſe ſilberne Medaille.

SIELENTZ (Hans Herrmann), *Doctor der A. G. und ausübender Arzt zu Schleswig*; geb. daſelbſt den 20 May 1753. §§. D. inaugur. de electricitatis Musſchenbroekianae in ſanandis morbis efficacia (praeſide *J. G. Krüger*). Helmſtadii 1757. 4. *(Revidirt.)*

SIEVERS (Georg Johann), *Rector in Glückſtadt* ſeit 1784, vorher ſeit 1782 Corrector in Schleswig, *geb. zu Süderbrarup* in der Schliesharde Amts Gottorff den 8 Oct. 1756. §§. Folgende Glückſtädtiſche Programme: Von der Nothwendigkeit des Privatfleiſſes. 1785. Die nothwendige Prüfung der Jünglinge, die ſtudieren wollen. 1786. Gedanken von der Privaterziehung. 1787. Die Nothwendigkeit, alte Schriftſteller zu leſen. 1788. Von der Einrichtung deutſcher Schulen. 1789. Einige Gedanken vom erſten Unterricht in der Religion. 1790. Einige Gedanken von der Art, Privatfleiß bey Jünglingen zu erwecken. 1791.

De aurea poëtarum aetate. 1793. — Aufserdem eine
Abhandlung, mit welcher er feinem Vater als 50jäh-
rigen Iubelpaftor Glück wünfchte: De Daemoniacis.
Tychopoli 1788. ... (Mitgetheilt.)

(N. 2. 5.) SIEWERSSEN (Franz Matthias), *Diakonus an
der Collegialkirche zu Eutin feit* 1787; *geb. zu Lübeck
den 10 Febr.* 1755. §§. Verfuch einer freyen Ueberfetzung der fieben erften Capittel des erften Briefes
an die Korinther. Jena 1780. 8. Gedanken an aufgeklärte Chriften über Wahrheiten des thätigen Chriftenthums. Lübeck 1783. 8. (Erhielt den neuen Titel: erbauliche Gedanken oder Betrachtungen über
angelegentliche Wahrheiten des thätigen Chriftenthums. Lüb. 1788.) — (Revidirt.)

SKAANING (Severin), *Paftor zu Bölling und Söeding* auf
Laaland feit 1787; *geb. zu Tondern* 175.. §§. *Geander's* Jord i et lidet Rum, det er, geographifke Tabeller, overfat. Odenfee 1776. 8. Vgl. *Worm* 3, 693.

VAN DER SMISSEN (Jacob Gysbert), *Kaufmann in Altona;
geb. dafelbft den* 1 *Ian.* 1746. §§. *Denkmal der Hoch-
fchätzung und Liebe für den am 16 Febr. 1772 ent-
fchlafenen Schullehrer Meinhard Nedderfen zu Hage,
unweit Norden in Oftfriesland, aufgerichtet, (findet
fich abgedruckt bey folgender Schrift:) *Zwo Sammlungen erbaulicher Briefe von Meinhard Nedderfen,
nebft deffelben Betrachtung von der ftündlichen Be-
reitfchaft zum Tode und einem zu feinem Nachruhme
errichteten Denkmal. Halle 1773. 8. (hinter der Vorrede hat fich der Herausgeber J. G. v. d. S. unter-

                                                    fchrie-

ſchrieben.) *Richtſchnur des Lebens oder die Tugenden Ieſu, allen, die gottſelig leben wollen, nach
den lautern Zeugniſſen der Schrift zu. Nachahmung
vorgeſtellt. Geſammlet aus, den nachgebliebenen
Schriften des Nik. Caſp. de Roy, von einem ſeiner
wahren Freunde. Hamb. 1782. 8. *Beyträge zur
Beförderung der nähern Vereinigung mit Gott, für
gläubige Seelen. Aus den nachgebliebenen Schriften
des N. C. de Roy geſammlet. Altona 1784. 8. — Einige Auffätze in den Baſeler Sammlungen der Geſellſchaft zur Beförderung der reinen Lehre und Gottſeligkeit. (*Mitgetheilt.*)

SOERENSEN (Johann), *Doctor der A. G. und ausübender
Arzt zu Flensburg; geb. zu Glückſtadt den 18 May 1767.*
§§. Sange for Claveret componerede. Fœrſte og anden Samling. Kbhvn. 1792. Fol. (wurde 1796 von
Röhſs in Schleswig auf die Meſſe gebracht.) De ſcro-
fuloſa corporis compage. D. inaugur. — Kil. 1794.
8. (wurde 1796 von Röhſs in Schleswig auf die Meſſe
gebracht.) — (*Revidirt.*) Der Veilchenſtrauch, componirt. Schlesw. 1796. Fol.

SPIERING (Hinrich Gottlieb), *Doctor der A. G. und ausübender Arzt in Elmshorn; geb. zu Neuenbroeck in der
Kremper Marſch Probſtey Münſterdorf den 15 Febr.
1761.* §§. D. inaugur. de prognoſi febrium acutarum,
praeſide *J. F. Ackermann.* Kil. 1786. 8.

STANGE (Carl Friederich), *Doctor der A. G. und ausübender Arzt in Flensburg; geb. zu Berlin den 29 Sept.
1734.* §§. D. inaugur. medico-clinica de remediorum

exter-

externorum in variolis ufu falutari generatim et in primis de balneorum vaporoforum in retrogreffis variolis falubritate. Gryphiae 1770. 8. *(Revidirt.)*

STEFFENS (Henrik), *Privatdocent in Kiel* feit 1796; *geb. zu Stavanger* in Norwegen *den 2 May 1773.* §§. Gab während feines Aufenthalts in Kopenhagen mit andern heraus: Phyfifk-œkonomifk og medico-chirurgifk Bibliothek for Dannemark og Norge (welche noch jetzt ordentlich erfcheint), worin fich von ihm Recenfionen und folgende Auffätze befinden: Om de Hypothefer ved hvis Hielp man har fœgt, at forklare Metallernes Forkalkning; B. 1. H. 1. (Kbhvn. 1794. 8.) Om (*Sam.*) *Habnemann's* Weinprobe; B. 1. H. 3. — (*Karl Ludw.*) *Willdenow's* Udkaft til en Lærebog in Botaniken, overfat af det tydfke og forœget med Anmærkninger og et Tillæg om Botanikens Skizben i Dannemark. Kbhvn. 1794. 8. (*Nach dem Autographum.*)

VON STEMANN (Chriftian Ludwig), *Ritter vom Dannebrog-Orden, Gebeimerath, Domprobft zu Hamburg und Oberpräfident der Stadt Altona; geb. zu . . . . 17. . .* §§. *Grundfätze, nach welchen die im Iahr 1785 befchloffene neue Setzung im Amte Haderleben unternommen und mit fechszehn Kirchfpielen bis zum I. 1789 zu Stande gebracht ift, erläutert durch das Beyfpiel des Kirchfpiels Weistrup; in den Prov. Ber. 1792. H. 4.

STEMANN (Hinrich Hirnklow), *königl. däuifcher Etatrath, Amtsverwalter und Branddirector in den Aemtern Hufum*

Hufum und Schwabstedt; geb. zu ∶∶.∶∶.∶ 17.∶. §§.
* Nachricht von den ohngefähren Vorgang beym Ein-
koppeln der bis in die Mitte des Iahrs 1760 in Ge-
meinheit gelegenen Acker- und Wiefenfelder von
den Dorffchaften Mielsdorf, Kleingladdebrüg, Dreg-
gers, Schlamersdorf, Altengörs, Neuengörs und We-
fterade des königl. Amts Traventhal, und was für
Grundfätze ferner bey dergleichen gemeinnützigen
Veranftaltungen beobachtet find; in den Prov. Ber.
1788. H. 2. (wieder abgedruckt in *Gafpari's* Urkunden und Materialien.)

STIELCKE (Johann Auguft), *Paftor zu Heiligenhafen* feit
1769, vorher feit 1762 Diakonus dafelbft und feit
1759 Adjunét des Schlofspredigers zu Glückftadt;
geb. zu Magdeburg 17.∶. §§. Confirmationsreden. .....
(M. u. N. 2. 3.) GRAF zu STOLBERG (Chriftian), *Am-*
mann über Tremsbüttel in Stormarn feit 1777; *geb. zu*
Hamburg (nicht: Kopenhagen, wie von beyden Brüdern nicht nur Meufel, fondern auch Worm und Ekkard S. 107. behaupten), *den 15 Oétob. 1748.* §§. Gedichte der beyden Brüder Chriftian und Friederich
Leopold Grafen zu Stolberg (herausgeg. von *H. C.*
Boie). Leipzig 1779. 8. Gedichte, aus dem Griechifchen überfetzt. Hamb. 1782. 8. Schaufpiele mit
Chören von den Brüdern C. und F. L. Grafen zu St.
1fter Theil. Leipzig 1786. 8. Sophokles, überfetzt.
2 Bände. Daf. 1787. 1788. gr. 8. — Viele Gedichte
im Göttingifchen und Vofsifchen Mufenalmanach, im
Wandsbeker Bothen, im deutfchen Mercur und im

                                              deut-

deutfchen Mufeum, z. B. der Frofch- und Maufekrieg,
aus dem Griechifchen des Homers; 1784. St. 3. Ueberfetzung einer Ode des Sappho; 1786. St. 1. —
Vgl. *Worm* 3, 745 und 992. (*Revidirt vom Folgenden.*)
(M. u. N. 1 - 5.) GRAF zu STOLBERG (Friederich Leopold), *Präfident der Fürft - Bifchöflich - Lübeckifchen Regierung zu Eutin* feit 1791, vorher feit 1789 königl.
dänifcher Gefandter zu Berlin und zuerft feit 1777
Fürft - Bifchöflich - Lübeckifcher bevollmächtiger Minifter zu Kopenhagen; *geb. zu Bramftedt* Amts Segeberg *den 7 Nov. 1750.* §§. Homers Ilias, verdeutfcht.
2 Bände. Flensb. und Leipzig 1778. 8. Zweyte verbefferte Auflage 1781. Dritte verbeff. Aufl. 1793.
Ueber den Tod der Gräfin von Schimmelmann, geb.
von Rantzau (ohne Druckort). 1780. 4. Iamben.
Leipzig 1784. gr. 8. Timoleon; Trauerfpiel mit
Chören. Kopenh. 1785. 8. Die Infel. Leipz. 1788.
8. Reife in Deutfchland, der Schweitz, Italien und
Sicilien. 4 Bände. Königsb. 1794. gr. 8. nebft einem
Heft Kupferftiche und einer Charte von Italien, zufammen 21 Blätter. gr. 4. * Die Wefthunnen. Eutin
1794. 8. 1 Bogen. (am Ende hat er fich genannt.)
Plato's auserlefene Gefpräche, überfetzt. 1fter Band.
(enthält: Phädrus, Sympofium, Jon.) Königsb. 1795.
gr. 8. mit 1 Kupf. 2ter Band. (enthält: . . . . .) 1796.
— Viele Gedichte, von denen einige französifch, eng-
lifch und dänifch überfetzt find; vergl. *Erfch*) und
profaifche Auffätze (die *J. H. C. Beutler* gröftentheils
verzeichnet) in den unter dem vorigen Artikel ange-
führ-

führten periodifchen Schriften, z. B. Hellebeck; im
deutfch. Mufeum 1776. Der 20fte Gefäng der Iliade; daf. Ueber Lavater; daf. und 1777. Begeifte-
rung, was fie ift; 1782. May. Die Dichterlinge;
1783. Die Quelle; daf. Die Götzen; daf. An H.
F. Iacobi; daf. Letzte Scena aus dem gebundenen
Prometheus überfetzt; daf. Auguft. Aus den fieben
Helden gegen Theben den Chor der Iungfrauen überfetzt; daf. Sept. ......! 1788. Aug. — An die Kunft-
liebhaber; im neuen deutfchen Mercur 1793. O&ob.
Auszug eines Briefes aus Sicilien; daf. 1794. März
(eine Probe der oben angeführten Reife). — Antheil
am Tafchenbuch für 1795 von *J. G. Jacobi* und feinen Freunden. Königsb. 12. und an *J. L. Ewald's*
Urania. — Auch gab er mit J. H. Voß *L. H. C. Holty's* Gedichte heraus. Hamb. 1783. 8. Zweyte Aufl.
1795. Vergl. *Worm* 3, 746 und 992. *(Revidirt.)*

GRAEFIN zu STOLBERG (Katharina), ältere Schwefter
der beyden vorigen— *zu Eutin; geb. zu Hamburg?* 17...
§§. Einige Auffätze im deutfchen Mufeum, z. B. Mofes .... Fernando und Mirande; im Tafchenbuch für
1795. von J. G. Jacobi.

VON STOLLE (Johann Wilhelm), *königl. dänifcher Kammerherr und Hof-Iägermeifter zu Kiel; geb. zu* .... 17...
§§. *Ueber die Ausfuhr der Holfteinifchen Butter,
ihre Verfälfchung und die Mittel, diefes Produ&t dem
Lande einträglicher zu machen; in den **Prov. Ber.**
1788. H. 5.

STRAHL (......), *privatifirt in Kiel; geb. zu Fredenwalde*
in

in der Ukermark, 8 Meilen von Berlin, *den 2 Febr.*
1732. §§. Erklärung der menfchlichen Natur. Berlin
und Leipzig 1775. 8. 3 Bog. Theorie der Winde
und Kälte; im deutfchen Mercur. April 1781, im
Hannöv. Mag. .... und in der Dykifchen Sammlung
phyfikalifcher Schriften. .... Offenbarung Gottes
in der Natur; im deutfch. Mercur. May 1781. Erklärung der göttlichen Natur; im deutfch. Mufeum.
Octob. 1784. Briefe, nebft einem Fragment feines
Lebens; im Journal aller Journale. May 1787. *(Mit-*
getheilt.)

(M. u. N. 1. 2. 4.) STRODTMANN (Adolph Heinrich),
Probft in Eyderftedt feit 1795 *und* feit 1785 *Paftor zu*
Sanct Petri im Weftertheil derfelben Landfchaft, vorher feit 1778 Rector zu Hadersleben; *geb. zu Preetz*
den 7 Aug 1753. §§. Die frohe, aber auch warnende,
Nachricht für den Gläubigen: Chriftus fey der Richter der Menfchen, am 2ten Pfingftt. vor der Glück-
ftädter Gemeine gehalten. Glückft. 1777. 8. Einige
gewöhnliche Fehler der Eltern, in Abficht der Beftimmung ihrer Kinder. Eine Rede bey der Uebertragung
des Haderslebener Rectorats, gehalten den 6 April
1778. ... Ueber die Sorge für den Wohlftand in
den lateinifchen Schulen. Flensb. und Leipzig 1779.
8. *Prüfung der Frage: Ob in den lateinifchen Schulen die ebräifche Sprache auch gelehrt werden folle?
nebft einigen Rathfchlägen und der Ueberfetzung einiger Pfalme, als einem Anhange, angeftellt von A.
H. St., R. in H. Flensb. 1781. 8. Die wahre Natur
und

und Befchaffenheit der Erneftifchen Lehrart, entworfen von *C. L. Bauer*; aus dem Latein. überfetzt. Flsb. und Leipz. 1785. 8. Die merkwürdigften Begebenheiten, welche die Reformationsgefchichte der dänifch-deutfchen Staaten in fich fchließt, kürzlich vorgetragen und durch erläuternde Fragen und Anmerkungen zur Bildung der Iugend in deutfchen Stadt- und Landfchulen anwendbar gemacht. Daf. 1791. 8. (eine Predigt über Hof. 11, 7-9.) — Noch verfchiedene deutfche und lateinifche Schuleinladungen, einige deutfche Gedichte, unter des Verfaffers, nie unter fremden Namen bekannt gemacht, und ähnliche Kleinigkeiten. *(Nach dem Autographum.)*

STRUCK (Nikolaus), *Paftor zu Weftenfee,* einer adelichen Kirche im Kieler Diftrict feit 1787, vorher Diakonus zu Marne; *geb. zu Efche* Kirchfpiels Meldorf in Süderdithmarfchen *den 19 März 1755.* §§. Abfchiedspredigt über 1 Kor. 16, 13. zu Marne in S. D. gehalten. Heide 1788. 8. *(Mitgetheilt.)*

(N. 2. 4.) STRUVE (Ernft Friederich), Sohn des Ernft Gotthold Str.; vergl. *N. H. Schwarze* Nachrichten von der Stadt Kiel S. 359 ff. — *Doctor der A. G. und ausübender Arzt zu Neuftadt* bey Stolpe im Meifsnifchen Kreife Sachfens; *geb. zu Kiel den 17 Ian. 1739.* §§. D. inaugur. de ouorum gallinaceorum vfu medico. Kil. 1766. 4. *Das grofse Unglück einer zu frühzeitigen Beerdigung, aus ältern und neuern Gefchichten deutlich erwiefen. Zum Unterricht und zur Warnung, befonders des Landmanns, aufgefetzt. Lpz. 1785. 8.

X   STRUVE

STRUVE (Friederich Gotthold), Bruder des vorigen — *Doctor der A. G. und ausübender Arzt zu Oldenburg* in Wagrien; geb. zu Kiel den 14 Ian. 1742. §§. D. Inaug. de Haemorrhagiis. Kiliae 1766. 4.

(M. u. N. 4. 5.) STRUVE (Jakob), *erster Profeſſor und Director des Gymnaſiums zu Altona* ſeit 1794, vorher ſeit 1791 zweyter Profeſſor und Mitdirector, zuerſt von 1780 - 1783 Conrector an der lateiniſchen Schule zu Harburg, von 1783 - 1784 Profeſſor und Rector am Gymnaſium zu Bückeburg, und von 1784 - 1791 Rector am Lyceum zu Hannover; *geb. zu Horſt* in der Herrſchaft Pinneberg *den 21 Nov. 1755.* §§. Scholia breuiora in Sophoclis Philocteten a Gedikio editum. Hannov. 1786. 8. Leitfaden für den Unterricht in der reinen Mathematik auf Schulen und Gymnaſien. 1ſte Abtheilung. Daſ. 1789. 8. 2te Abtheil. 1790. Verſuch einer erklärenden Ueberſetzung der Pauliniſchen Briefe. 1ſte Abtheil., welche den Brief an die Galater, Epheſer, Philipper, den 1ſten an den Timotheus und den an die Römer enthält. Altona 1792. 8. Berechnungen über die Dunzfelt- Meierſche Tontine, namentlich über den Werth eines Antheils im Aufhebungstermine 1802, über die Adminiſtrationskoſten und über die jährlich aufgeſparten Zinſen. Daſ. 1793. 8. Pr. de loci Paulini ad Theſſalonicenſes Ep. I. 4, 13 — 5, 11 occaſione et indole. ibid. 1794. 4. Pr. interpretationum in Sophoclem propoſitarum Partic. I. ibid. 1795. 4. — Auch hat er die 1792. 4. zu Altona erſchienene „Anzeige der

Vor-

Vorlefungen und des übrigen Unterrichts in dem königl. Chriftianeo zu Altona," nach Rückfprache und
Berathfchlagung mit feinen Collegen, aufgefetzt. (*Re-*
vidirt.)

STUHLMANN (Johann Hinrich), *Doctor der Rechte zu*
Altona; geb. dafelbft den .... März 1744. §§. De do-
minio per contractum aeftimatorium, ante folutio-
nem pretii, in accipientem non translato, fpec. inaug.
Goetting. 1770. 4. (*Revidirt.*)

STUHLMANN (Michael Chriftian), Bruder des vorigen
— *Doctor der_ A. G. und Arzt am Krankenhaufe zu Al-*
tona; geb. dafelbft den 3 Sept. 1748. §§. ·D· inaugur.
fiftens examen remediorum in febribus putridis ad-
hiberi folitorum. Goetting. 1773. 4. ·(*Revidirt.*)

SUADICANI (Carl Ferdinand), *Doctor der A. G. und Leib-*
arzt des Herzogs von Auguftenburg feit **1793**, *auch* feit
1795 *königl. dänifcher Archiater*, vorher Phyfikus in
den Städten Segeberg und Oldesloe und den Aemtern
Segeberg und Traventhal; *geb. zu Preetz* 17... §§.
D. inaug. de remediis praecipuis ad hernias incarce-
ratas. Goetting. 1774. 4.

SUHR (Georg), *Compaftor bey der Altftädter Kirche in Plön*
feit 1795, vorher feit 1790 Katechet am Schulmeifterfeminarium zu Kiel; *geb. zu Marne* im Süderdithmarfchen *den 24 Febr. 1766.* §§. Die moralifchen Vor-
münder der Menfcheit. Berichtigung eines fonderbaren Mifsverftändniffes, nebft einem Fragment über
Verftehen und Nichtverftehen. Hamburg 1794. 8.
Neue Schuleinrichtung im Afchbergifchen Gute; in

den

den Prov. Ber. 1795. H. 6. Ueber die Fortpflanzung der Aale. Ein Schreiben an den Herausgeber;
daſ. Ehrfurcht, heiliger Schauer; im Genius der
Zeit 1795. Nov. *(Nach dem Autographum.)* Von ſeinen vor einigen Iahren angekündigten „Materialien
für den Unterricht in den allgemeinen nothwendigen
Kenntniſſen" erſchien die „erſte Abtheil.: Anatomiſch-
phyſiol. Kenntniſs des Menſchenkörpers". Lüb. 1796.
8. (auch unter dem Titel: Anat. ph. K. des Menſch.
Zum Unterricht-für nichtſtud. Lehrer und Erzieher
der Iugend.)

SVENSEN (Peter Nikolai), *Inſpector und Reviſionschef bey
der Zahlenlotterie, auch Schulhalter bey der deutſchen Pe-
trikirche zu Kopenhagen; geb. zu Huſum den 29 Oct. 1722.*
§§. Die durch eine unvermuthete Erſcheinung ver-
vielfachte Freude bey dem Iubelfeſte (1760) in einem
Algebrai- Geometri- und Cubi-Surdi-Differentiali-
ſchen Problemate frohlockend vorgeſtellt; in den
Huſumſchen Iubelſachen zum Andenken des däniſchen
Erb-Souverainitäts-Iubelfeſtes. Flensb. 1761. Folio.
An Ihro Königl. Majeſtät zu Dännemark — allerunterthänigſte Vorſtellung ſamt Plan und Conditiones
einer combinatoriſchen Zahlenlotterie — beſtehend
aus 100 Nummern — Kopenh. 1769. 4. Tallotte-
rier, deres Natur og Beſkaffenhed ſom giver tydelig
Oplysning om Spillemaaden. Kbhvn. 1771. 8. (iſt
eigentlich nach der deutſchen Handſchrift ins Däniſche überſetzt von *N. Prahl* und vom Verfaſſer ſelbſt
zum Druck befördert.) Berechnung über eine von
dem

dem Hrn. Iuſtitzrath Stephanſen projectirte, beym
Finanzcollegio eingegebene, aber nicht approbirte,
Leibrenten-Tontine, worin gezeigt wird, daß anſtatt
des angegebenen Gewinnſtes von 508, 750 Rthlr.
ſich am Ende der Tontine der Verluſt 2,034,558
Rthlr. betragen würde. Kopenh., den 30 Iun. 1788.
Tabellen aller Factorum der ungeraden Zahlen von
1 bis 500,000. Kopenh. 1791. — Auch hat er verſchiedene mathematiſche Probleme aufgelöſt und in
öffentliche Blätter eingerückt. Vergl. *Worm* 3, 765.
(Revidirt.)

(M.) TELEMANN (Georg Michael), Sohn eines ehemaligen Paſtors zu Arensbök? und Enkel des Georg Philipp T., welcher nicht 1720, wie *J. G. Dahler* behauptet, ſondern erſt 1767 ſtarb; vergl. *Thieſs*·Gelehrten-
Geſchichte von Hamburg Th. 2. S. 238 ff. — *Muſik-
direktor und Singmeiſter an der Domſchule zu Riga; geb.
zu Arensbök oder Plön? 1748.* §§. Unterricht im Ge-
neralbaſsſpielen. Hamb. 1773. 4. Regeln der deutſchen Orthographie. Riga 1779. 8. Vgl. *Gadebuſch*
Liefländ. Bibliothek Th. 3.

(M. u. N. 1. 2. 4. 5.) TETENS (Johann Nikolaus), *geb.
zu Tetenbüll* in der Landſchaft Eiderſtedt *den 16 Sept.
1736*; ſtudirte 1755 bis 1758 zuerſt in Roſtock und
nachher in Kopenhagen, ward 1759 zu Roſtock Magiſter und hielt akademiſche Vorleſungen, ging 1760
mit der neuen Univerſität nach Bützow, als angeſetz-
ter Magiſter legens bey derſelben, ward 1763 ordentlicher Profeſſor der Phyſik, war von 1765 bis

1770

1770 Director des Pädagogiums zu Bützow, ging
1776 als Profeſſor der Philoſophie, nachher auch der
Mathematik, nach Kiel, 1789 aber als Aſſeſſor des
Finanzcollegiums und als Finanzcaſſendirecteur nach
Kopenhagen, ward 1791 *Etatsrath und Deputirter im
Finanzcollegium*, ſo wie ſchon 1787 ordentliches Mitglied der königl. Geſellſchaft der Wiſſenſchaften daſelbſt. §§. („Die meiſten meiner Druckſchriften, deren Verzeichniß ich mir ſelbſt gemacht habe, im Fall
ich einmal eine Reviſion darüber anſtellen und mir
ſelbſt Rechenſchaft davon ablegen würde, ſind unbedeutend, und allenfalls wären nur die mit einem *
bezeichneten inſonderheit aufzuführen.") Gedanken
über die Wirkungen des Klima auf die Denkungsart
der Menſchen; in den Glückſtädtiſchen Intelligenzblättern 1757. Diſp. de cauſa caerulei coeli coloris.
Roſtoch. 1760. 4. Gedanken von den Urſachen,
warum in der Metaphyſik ſo wenig ausgemachte
Wahrheiten ſind. Bützow 1760. 8. Von den Urſachen der Ungleichheit der Menſchen in Abſicht ihrer Denkungsart; in den Hamburgiſchen Nachrichten von gelehrten Sachen. 1761. Von den vorzüglichſten Beweiſen des Daſeyns Gottes. Bützow und
Wismar 1761. 8. D. de vi cohaeſionis, explicandis
phaenomenis, quae vulgo vi attrahenti tribuuntur,
inſufficienti. 1762. 4. Von dem Maaſs der lebendi-
gen Kräfte; in *W. J. G. Karſten's* Beyträgen zur Aufnahme der theoretiſchen Mathematik. St. 4. 1762.
Von der Verſchiedenheit der Menſchen nach ihren

Haupt-

Hauptneigungen; in den Schwerinſchen Intelligenzblättern 1762.   Fortſetzung und Beſchluſs; daſ.
1763.   D. de cauſa fluxus ſiphonis bicruralis in va-
cuum continuati. Bützov. 1763. 4.   Von dem heiligen Damm; daſ. 1763.   * Methodus inveniendi
curvas, Maximum vel Minimum offerentes, univer-
ſaliter et ex analyticis principiis demonſtrata; in Actis
Erudit. 1763.   Verſchiedene Recenſionen philoſo-
phiſcher und mathematiſcher Schriften; in den Ro-
ſtockiſchen, nachher Bützowiſchen gelehrten Nachrichten von 1760 bis 1763.   Ueber die Rangord-
nung der Wiſſenſchaften; in den Glückſtädtiſchen
Intelligenzblättern 1764.   Ueber die Ehrliebe; daſ.
Von der Geſundheit der Oerter; in den Schwerinſchen Intelligenzbl. 1764.   Von einem Mecklenburgiſchen magnetiſchen Stahle; daſ.   Ein Schreiben
über die Eigenſchaften der Zahl 9; in den Nachrichten vom baltiſchen Meere aus dem Reiche der Gelehrſamkeit, der Sittenlehre u. ſ. w. 1765.   Ueber
die Grundſätze und den Nutzen der Etymologie; in
den Schwerinſchen Intelligenzbl. 1765.   Vom Zug-
winde; daſ.   Von dem Nutzen der Etymologie;
daſ. 1766.   Einige Erfahrungen über die Beſchaffenheit der Winde; daſ.   Von der Einpfropfung der
Blattern; daſ. 1767.   Meteorologiſche Beobachtungen; daſ.   Von einem einſchlagenden Blitze; daſ.
1768.   * Commentatio de principio Minimi. Bützov.
1769. 4.   * De via facillima in motu corporum; in
Actis Erudit. 1769.   Schulſchriften von 1765 bis

1770. (von 1765 bis 1769 Programme *) zur Feyer
des Geburtsfestes,) und *Ausführliche Nachricht von
der Einrichtung des herzogl. Pädagogiums zu Bützow 1767. Vorschläge zur Abwendung der Gefahr
des Gewitters; in den Schwerinschen Intelligenzbl.
1770. Zweyter Auffatz; daſ. 1771. Noch drey
Auffätze, wovon die beyden letztern besonders abgedruckt sind: Ueber die beste Sicherung feiner Person
bey einem Gewitter. Bützow und Wismar 1774. 8.
*Ueber den Ursprung der Sprache und der Schrift;
Daſ. 1772. 8. (anonymisch). *Jens Kraftii Mechanica,
latine reddita et aucta. ib. 1773. 4. cum tab. aeneis.
Rede am Vermählungstage des Erbprinzen Friederichs mit der Prinzeſſin Sophia Friederica von Mecklenburg, am 11ten des Weinmonats 1774 auf der
Friederichsuniverfität gehalten. Bützow 1774. 4.
(Handelt von den Vortheilen, welche aus allen den
Eheverbindungen, die schon so oft das königl. dänische Haus mit dem herzogl. mecklenburgischen verknüpften, entsprungen sind.) Ueber den Einfluſs des
Mondes in die Witterung; in den Schwerinschen Intelligenzbl. 1774. Schreiben eines Naturforschers
über die Magnetencuren. 1775. 8. *Ueber die spe-
cula-

---

*) Eins, deſſen das Magazin für Schulen und die Erziehung über-
haupt (5. 195.) gedenkt, führt den Titel: de ratione in scholis
publicis docendi, sic quidem vt, quamquam discipoli adsunt nu-
mero plures, ingenio et profectibus diuerſi, ab uno magistro simul
inſtituendi, non minus tamen singoli proficiant, quam si quisque
priuatim edoceatur. Bützov, 1766.

culative Philofophie. Bützow 1775. 8. *Philofophifche Verfuche über die menfchliche Natur nnd ihre
Entwickelung. 2 Bände. Leipzig 1776. gr. 8. Recenfionen in der Kieler gelehrten Zeitung und dem
Litteraturjournal. 1777 ff. *Ueber die Realität unfers Begrifs von der Gottheit. 1fte Abtheilung über
die Realität unfers Begrifs von dem Unendlichen; im
2ten Theile der Cramerfchen Beyträge. 1778. Auf-
löfung des Problems, betreffend die Friction auf der
geneigten Fläche; im Kieler Litteraturjournal 1780.
*Ueber den Begrif vom göttlichen Verftande; im
4ten Th. der Cramerfchen Beyträgen. 1783. Ueber
die Abhängigkeit des Endlichen vom Unendlichen;
daf. Ueber die Strafgerechtigkeit Gottes; daf. *Einleitung zur Berechnung der Leibrenten und Anwart-
fchaften, die vom Leben oder Tode einer oder mehrerer Perfonen abhängen, mit Tabellen zum praktifchen Gebrauche. 2 Theile. Leipzig 1785. 1786. gr.
8. Oratio de ftudiis academicis ad culturam rationis dirigendis. Kiliae 1785. 4. Nachricht zur Gefchichte der Toleranz in Mecklenburg; in *Heinze's*
neuem Magazin für die Gefchichte. Theil 1. 1786.
Anmerkungen zu D. *Price's* Schrift über die englifche
Nationalfchuld; daf. Nachricht von der am 15 Oct.
1786 vom Grafen von Holck, Excellenz, auf dem
adelichen Gute Eckhof veranftalteten Aufhebung der
Leibeigenfchaft der Bauern, nebft den beygefügten
Erbpachtscontracten; in den Prov. Ber. 1787. H. 1.
(*anonymifcb.*) Ueber den eingedeichten Zuftand der

     Marfch-

Marfchländer, und die demfelben anklebende Gefahr vor Ueberfchwemmungen — eine Vorlefung, gehalten in der Verfammlung der Schlesw. Holft. patriotifchen Gefellfchaft; daf. H. 6. Beweis eines Lehrfatzes von dem Mittelpunchte der Coefficienten; in den Polynomien; in *Bernoulli's* und *Hindenburg's* Leipziger Magazin. 1787. St. 1. (wieder abgedruckt unter dem Titel: Der polynomifche Lehrfatz, das wichtigfte Theorem der ganzen Analyfis, neu bearbeitet und dargeftellt von *Tetens, Klügel, Kramp* und *Hindenburg*. Vom Letztern zum Druck befördert. Lpz. 1796. gr. 8.) Ueber den itzigen dänifchen Geldcurs und die Münzveränderung in den Herzogthümern Schleswig und Holftein. Kiel. (1788.) 8. (fteht auch in den Prov. Ber. 1788. H. 2.) *Reifen in die Marfchländer an der Nordfee zur Beobachtung des Deichbaues; in Briefen. 1fter Theil. Leipzig 1788. gr. 8. mit 5 Kupf. *Integration af logarithmifke Differentialer af den Form $e^z dx$, hvor z er en Function af x; in der neuen Sammlung der Schriften der Kopenhag. Gefellfchaft der Wiffenfch. Th. 3. (1788.) mit einer zur Abhandlung gehörigen Kupfert. Anmerkninger over Anvendelfen af den fynkende Fond; in der Minerva 1790. März. Om Indretningen af en regelmäffig Gieldsafbetaling ved Commüner; daf. 1790. Nov. Arithmetifk Problem angaande Anvendelfen af de fynkende Fonds; in der neuen Sammlung der Schriften der Kopenh. Gefellfchaft der Wiffenfch. Th. 4. (1791.) Om Fleerheden af collective Stem-

Stemmer. og Probabiliteten af famme; daſ. Th. 5.
(179..) Ueber die letzten Veränderungen mit der
Bank und dem Geldweſen in Dännemark. Nebſt einigen allgemeinen Unterſuchungen, betreffend we-
ſentliche Puncte bey Leihbanken, an den Herrn M.
von Drateln. Kopenh. 1793. gr. 8. Hvorledes det
mindre Antal udgicere fleſte Stemmer? tilligmend nogle Anmerkninger over *Rouſſeau's* contract Social og
over den nyere franſke Statsret; in der Minerva
1793. April, Iun., Iul. (iſt noch nicht vollendet. Der
Verf. wird dieſe Materie auch nicht in der Minerva
fortſetzen, ſondern ſie umgearbeitet mit einigen verwandten Materien dem Publicum mittheilen, vielleicht aber erſt nach ein Paar Iahren.) — Ein analy-
tiſcher Aufſaz: Formula Polynomiorum, oder eine
allgemeine Formel für die Coefficienten der Polyno-
mie, iſt den 6 Febr. 1795 in der Geſellſchaft der Wiſſenſchaften vorgeleſen und wird in ihren Schriften
gedruckt werden. — Noch andere Aufſätze in der däniſchen Minerva. (*Gröſtentheils Autographum.*) Anmerkungen zu der im Iſten B. von *V. A. Heinze's*
Sammlung zur Geſch. und Staatswiſſenſch. befindlichen Abhandl. von öffentlichen Credit- und·Natio-
nalſchulden; in *ebendeſſ.* Samml. B. I. (1790.) *C. E.*
Lous Verſuche und Vorſchläge, betreffend die Theorie der Navigation, um ſie vollkommner und ihre
Anwendung auf der See ſicherer zu machen. Aus
dem Däniſchen. Kiel 1795. gr. 8. (*anonymiſch.*) Was
wird erfordert zu einer völlig zweckmäſigen Brand-
anſtalt

anſtalt in gröſſern Städten? in den Prov. Ber. 1795.
Heft 5.

THIBAUT (Anton Friedrich Juſtus), *Doctor der Rechte und Privatdocent zu Kiel; geb. zu Hameln den 4 Ian. 1772.* §§. D. inaug. de genuina iuris perſonarum et rerum indole, veroque hujus diuiſionis pretio. Kilon. 1796. 8. Erklärung der L. 22. §. vlt. und der L. 23. Digeſt. de pignorat. actionè. Nebſt einer Anzeige ſeiner Vorleſungen. Daſ. 1796. 8, *(Revidirt.)*

(M. u. N. 1-5.) THIESS (Johann Otto), Sohn des Johann Peter Th. im 1ſten Nachtr. — *Doctor der Theologie ſeit* 1790 *und der Philoſophie ſeit* 1785, *auſſerordentlicher Profeſſor der Philoſophie in Kiel* ſeit 1795, vorher Adjunct der theologiſchen Facultät daſelbſt ſeit 1793. Privatdocent der Theologie und Philoſophie daſelbſt ſeit 1791, Privatgelehrter in Hamburg ſeit 1790, Nachmittagsprediger an der Paulskirche auf dem Hamburger Berge ſeit 1783, Kandidat der Theologie in Hamburg ſeit 1782, Secretair der Herzogl. deutſchen Geſellſchaft und Mitglied des theologiſchen und philologiſchen Seminariums in Helmſtädt ſeit 1781; *geb. zu Hamburg den 15 Aug. 1762.* §§. Gelegenheitsgedichte von 1775 - 1784, von welchen einige in C. H. *Schütze's* Sammlung (Hamb. 1781) wieder abgedruckt ſind. — Nachricht von dem Leben und Schriften des Herrn *Chriſtoph Chriſtian Sturm's*, iſt nicht im Druck erſchienen; vergl. Hamb. neue Zeitung 1778. St. 127. — *Joh. Chriſtoph Friderici* theologiſche Abhandlung von der wahren und eigentlichen

christ-

chriſtlichen Tugend. Aus dem Lateiniſchen ins Deutſche überſetzt (und mit einigen Anmerkungen und
einer kurzen Nachricht von einigen Lebensumſtänden
des ſel. Hrn. Doctor *Friderici* begleitet). Hamb. 1779.
66 S. gr. 8. Verſuch einer Gelehrtengeſchichte von
Hamburg, nach alphabet. Ordnung, mit kritiſchen
und pragmatiſchen Bemerkungen. Hamb. 1780. 1 B.
404 S. 2 B. 320 S. gr. 8. (Der dritte Band wird nicht
erſcheinen.) Erſtes und letztes Wörtchen zur Vertheidigung des Verſuchs einer Gelehrtengeſchichte
von Hamburg, für die Leſer der Beyträge zum Reichspoſtreuter. Hamb. 1780. 8 S. gr. 8. Vom Geiſt der
Vaterlandsliebe. Eine Rede bey der feyerlichen Aufnahme in die herzogl. deutſche Geſellſchaft in Helmſtädt. Hamb. 1781. 24 S. gr. 4. Helmſt. 1781. 46
S. gr. 8. Ueber die Einwirkung des Patriotismus in
die Cultur der Wiſſenſchaften. Eine Rede, im Namen
der herzogl. deutſchen Geſellſchaft an ihrem Stiftungstage den 20 Iun. 1781. im gröſsern theologiſchen Hörſaale der Iulius-Carls-Univerſität gehalten.
Helmſt. 1781. 56 S. gr. 8. — Das 1782 den 20 Febr.
in der Buchhändlerzeitung St. 11. S. 171 fg. und in
der Hamb. neuen Zeitung St. 45. angekündigte Itzt-
lebende gelehrte Hamburg, oder Verzeichniſs aller
iztlebenden Schriftſteller, die in Hamburg geboren
oder dahin berufen ſind, und ihrer Schriften, iſt nicht
erſchienen. — Zur Biographie Hamburgiſcher Aerzte.
Verſuch eines Beytrags. 1. 2 Partikel. Helmſt. 1782.
71 S. gr. 8. Commentariorum de rebus litterariis

Helmſtadienſibus.Particula 1. Series Profeſſorum in Julia Carolina ordinariorum, qui ad hanc uſque ae-tatem publice docuerunt. Helmſt. 1782. 20 S. gr. 4. De Euangelii Matthaei integritate interpolando non corrupta. Praeſ. *H. P. C. Henke* a. d. 25 Sept. in audi-torio theologico diſp. Helmſt. 1782. 36 S. 4. *Be-hauptung des Satzes: der Sturz des Anſehns Moſis ziehet nicht nothwendig den Sturz des Chriſtenthums nach ſich. Vertheidigung des Hrn. D. und Prof. *Dö-derlein* in Jena gegen einen Angriff des Hrn. (Haupt-) Paſtors *Göze* in Hamburg, von einem warmen Ver-ehrer des Hrn. Doct. *Döderlein* und ſeiner Schriften. Frankf. und Leipzig (Nürnb.) 1783. 48 S. 8. Meine Gedichte für meine Freunde. Hamb. 1783. XVI. 156 S. 8. Gedichte in dem Muſenalmanache: Flora. Hamb. 1784. 12. Zwey Predigten, auf Verlangen und mit einer Vorerinnerung herausgegeben. Hamb. 1784. VIII. 32. 41 S. 8. — Die in der Buchhändler-zeitung 1784. S. 62. angezeigte Anleitung zum Nach-denken über die Wahrheit und Göttlichkeit der Of-fenbarung I. C. und zur eigenen Ueberzeugung von derſelben, für Unſtudirte, beſonders für Katechume-nen, iſt nicht herausgekommen. — *Das gelehrte Ham-burg, oder Verzeichniſs aller itztlebenden Hambur-giſchen Schriftſteller, die in Hamburg geboren, oder dahin berufen ſind, oder daſelbſt leben. 1ſtes Heft, welches das Leben und die Schriften der itzt in Ham-burg lebenden theologiſchen Schriftſteller enthält. Hamb. 1784. 52 S. 8. Geſänge und Lieder an den

ge-

geheiligten Tagen der Chriften, in Weihnacht, am
Neujahrs- und Karfreytage, in Oftern, Pfingften und
am Bußtage, zur Probe herausgegeben. Hamb. 1784.
16 S. gr. 8. — Das im 1ften Hefte des gelehrten Hamburg S. 46. angemerkte Andachtsbuch für chriftliche
Schiffer und Seefahrer 1785 ift nicht erfchienen. —
Vorrede zu dem Erbauungsblatte zur Beförderung
eines vernünftigen häuslichen Gottesdienftes für alle
Stände. Hamb. 1785. VIII S. 8. Drey Homilien.
Hamb. 1785. XLVIII. 98 S. 8. Difpofitionen einiger feiner im Iahre 1784 und 1785 in der Paulskirche auf dem Hamburger Berge gehaltenen Predigten,
zur Probe herausgegeben und gut denkenden chriftlichen Gottesgelehrten und Predigern, zunächft feinem verehrungswürdigften Lehrer, Hrn. D. und Prof.
Henke in Helmftädt zur Beurtheilung ehrerbietigft gewidmet. Hamb. 1785. 51 S. gr. 8. Chriftliche Lieder und Gefänge. Hamb. 1785. XII. 96 S. 8. 2te,
fehr veränderte, Ausgabe. Leipzig 1794. 76 S. 8.
Hauptinhalt feiner von Michael bis Weihnacht 1785
gehaltenen Predigten, nebft Schlufsverfen und Gefängen. Hamb. 16 S. 8. *Was ift, nach den Grundfätzen der Vernunft und des Chriftenthums, vom Spiel,
befonders von Zahlenlotterien, zu halten? Eine Predigt am 17 Trinitäts-Sonntage gehalten, mit freymü-
thigen Anmerkungen herausgegeben und den Vätern
der Stadt zugeeignet von einem eingebornen Hamburgifchen Geiftlichen. Hamb. 1786. 48 S. 8. Dem
Andenken meines verewigten Freundes, des Herrn

Job.

Joh. Klefeker, D. d. R., gewidmet. Hamb. 1786. 50 S.
8. *Klaggefang am Grabe unfers *Sturms*, den 31 Aug.
1786. Voran fteht eine kurze Nachricht von feinem
Leben und feinen fämtlichen Schriften. Hamb. 16 S.
gr. 8. Was lehrt denn die Bibel von der Gottheit
Iefu? oder das Bekenntnifs der Chriften von Iefu
Chrifto, dafs er der Herr fey. Eine Predigt am 10 Trinitäts-Sonntage gehalten. Hamb. 1786. 32 S. gr. 8.
Rettung der Ehre und Unfchuld feiner felbft, gegen
gewiffe, in einer diefer Tage herausgekommenen
Schrift *(Gottlieb Friederich Göze's)*, darauf gerichtete
harte und unbillige Angriffe. Hamb. 1786. 24 S.
gr. 8. Homilie über Pfalm 37, 3 - 5. gehalten am
Neujahrstage. Hamb. 1787. 36 S. 8. Abgenöthigte
Erklärung über eine namenlofe Schandfchrift. Hamb.
1787. 16 S. 8. Vorrede zu den Liedern zur Haus-
andacht. Hamb. 1788. 2te Aufl. nebft Bemerkung
der Melodien. 1791. 6 S. 8. (Von den in diefer Sammlung befindlichen Liedern des Vorredners find verfchiedene aufgenommen in die Auswahl der beften
zerftreuten Troftgefänge für Leidende. Gefammlet
von einem ihrer Brüder. Mit einer Vorrede von *Joh.
Sam. Feft.* Leipzig 1789. 8.) Chriftliche Predigten.
Hamb. 1788. XXXII. 455 S. 8. (Die im 5ten Nachtrage bemerkte 2te Ausgabe. Frankf. 1789. 8. ift, mit
des Verfaffers Wiffen, nicht erfchienen.) *Hamburgifche Literaturzeitung. 1-33 St. Hamb. 1788. 262
S. 8. Variarum de capite tertio Genefeos recte ex-
plicando fententiarum fpecimen I. Lubec. 1788. 18 S.
gr.

gr. 4. *Iſt die Einführung der allgemeinen Beichte oder die Beybehaltung des Beichtſtuhls rathſamer? In beſonderer Hinſicht auf Localumſtände unterſucht von einem Hamburgiſchen Geiſtlichen. Hamb. und Lüb. 1788. 38 S. 8. Nähere Anzeige der neuen Ueberſetzung und durchaus anwendbaren Erklärung des N. T. Hamb. 1788. 16 S. 8. Predigtentwürfe über die an Sonn- und Feſttagen gewöhnlichen Abſchnitte aus den Briefen der Apoſtel und einige andere Texte. 1ſter Iahrg. Hamb. 1788. XVI. 280 S. 2te verb. und verm. Ausgabe 1789. XX. 281 S. 3ter verb. und verm. Ausg. 1792. XXIV. 280 S. 4te Ausg. Leipzig 1795. XXIV. 280 S. gr. 8. 2ter Iahrg. 1789. XVI. 294 S. 2te verb. und verm. Ausg. 1790. XVIII. 294 S. 4te Ausg. Leipz. 1795. XVIII. 294 S. gr. 8. 3ter Iahrg. 1790. XVI. 314 S. 4te Ausgabe. Leipz. 1795. 318 S. gr. 8. 4ter Iahrgang. Leipz. 1794. XVI. 296 S. gr. 8. (Auszüge aus ihnen findet man in dem allgemeinen homilet. Repertorium. Berlin 1794. 1795. gr. 8.) 5ter Iahrg. Leipzig 1795. ... S. gr. 8. Ueber den Werth des Geldes. Gepredigt am dritten Pfingſtfeyertage und herausgegeben zum Beſten zweyer Geldbedürftigen, eines armen Zürchers und einer armen Predigerwittwe bey Hanau. Hamb. 1789. 40 S. gr. 8. Das wahreſte und chriſtlichſte Lob Gottes iſt immer auch das Lob Ieſu Chriſti. Eine Predigt in der groſsen Michaelskirche zu Hamburg gehalten. Hamb. 1789. X. 44 S. 8. Recenſionen in den Annalen der neueſten theologiſchen

Litteratur und Kirchengefchichte. Rinteln 1789. 8.
Ueber die Magier und ihren Stern.   Zur Rechtferti-
gung des Matthäus, zur Beurtheilung feiner Ausleger
und zur Beruhigung für denkende Bibellefer. Hamb.
1790. VI. 117 S. Neue unveränderte Ausgabe. Leipzig 1794. 8. Predigten nach den befondern Bedürfniffen der Zeit und des Orts. Hamb. 1790. 358 S. 8.
Das Neue Teftament, oder die heiligen Bücher der
Chriften.   Neu überfetzt, mit einer durchaus anwendbaren Erklärung. 1 Band: Matthäus. Hamb. 1790.
XLVI. 84. 318 S. 2te neu bearbeitete Ausg. Leipzig
und Gera 1794. mit Kupf. XLVIII. 440 S. 2ten
Bandes 1fte Abtheil.: Marcus. Hamb. 1791. XIV.
222 S. 2te neu bearb. Ausg. und 2ten B. 2te Abtheil.
Lucas. mit Kupf. Leipzig und Gera 1795. XXIV.
592 S.   3ter Band: Johannes Gefchichtsbuch. Leipzig und Gera 1794. mit Kupf. XVI. 416 S. gr. 8.
Kleiner chriftlicher Spruchkatechismus. Stade 1790.
20 S. 8.   Von dem ächtchriftlichen Vertrauen auf
Gott, über 2 Kor. 3, 4. Eine Predigt am 12ten Sonntage nach Trinitat. in der Wilhadi-Kirche zu Stade
gehalten. Stade 1790. 23 S. 8.   Unfer Herr! in den
letzten Tagen feines erften und in den erften Tagen
feines andern Menfchenlebens. Ein chriftl. Andachtsbuch für die Paffionszeit und Ofterfeyer, wie auch
am Beicht- und Communiontage. Hamb. 1790. X.
202 S. 8. Allgemeine Prediger-Zeitung. 1fter Iahrg.
1790. Hamb. und Leipzig. 834 S. 2ter Iahrg. 1791.
528. 305 S. 8. Beylage zur allgem. Prediger-Zeitung.

tung. 1ſter Iahrg. 1790. Hamb. und Leipzig. 438 S.
2ter Iahrg. 1791. 416 S. 8. Ueber die bibliſche und
kirchliche Lehrmeinung von Ewigkeit der Höllen-
ſtrafen. Hamb. 1791. 55 S. 8. D. *Joh. Sam. Sem-*
ler's letzte und einige frühere Aeuſſerungen über re-
ligiöſe Gegenſtände und deſſen letzte Lebenstage, verglichen mit einigen Aeuſſerungen D. *M. Luther's* und
deſſen letzten Lebenstagen. Hamb. 1791. 54 S. gr.
8. Predigt über 1 Kor. 8, 1. 2. am 3ten Sonntage
nach Trinitat. in der Schloſskirche zu Kiel gehalten.
Kiel 1791. 24 S. gr. 8. Ueber den Zweck und die
Einrichtung des theologiſchen Studiums auf Univerſitäten, nebſt Anzeige ſeiner theologiſchen öffentlichen
und Privatvorleſungen von Michaelis 1791 bis Oſtern
1792, ſämtlichen zu Kiel Theologie Studirenden brü-
derlich gewidmet. Kiel 1791. 20 S. gr. 8. Anzeige
und Entwurf ſeiner öffentlichen Vorleſungen über
die Kantiſche Philoſophie. Kiel 1792. 16 S. 8. D.
Martin Luther's Lehren, Räthe und Warnungen für
unſre Zeiten. Geſammlet und (mit Anmerkungen)
herausgegeben. Hamb. und Kiel 1792. 12. 276 S. 8.
Fundamenta theologiae chriſtianae critico-dogmati-
cae. Lipſ. 1792. 98 S. 8. Ueber das Studium der
Dogmatik, beſonders auf Univerſitäten. Leipz. 1792.
39 S. 8. Entwurf einer Handbibliothek für ange-
hende Theologen, zum Gebrauche ſeiner Vorleſungen. Altona 1793. XXIV. 248 S. 8.— Das im Oſtermeſskatalog von 1793 angezeigte Buch: Ueber den
Geiſt des Alten Teſtaments, wird vielleicht gar nicht

er-

erfcheinen. — Thefes theologiae dogmaticae ad di-
fceptandum propofitae. Lipf. 1793. 16 S. gr. 8. Predigt vom tiefften Verfall der Religion und Sittlichkeit unter einem Volke, über das Evangelium am 2-
ten Weihnachtsfeyertage. Kiel 1794. 31 S. 8. Ie-
fus und die Vernunft. Leipzig 1794. 309 S. 8. Chrift-
liches Communionbuch für Aufgeklärtere. Leipzig
1794. 104 S. 8. 2te fehr verm. und verb. Ausgabe 1796. mit Kupf. 184 S. 8. Ephemeriden der
neueften theologifchen Literatur und Kirchengefchichte. 1 und 2 Band 1795. Schlesw. 524 und 414 S. 8.
* Antwort auf die im zehnten der Briefe über Hamburg (Leipzig 1794) aufgeftellte Charaƙeriftik der
Hamburgifchen Geiftlichen: Gerling, Rambach, Bra-
ke, Berkhan, Willerding und Thiefs. Schlesw. 1795.
39 S. 8. Handbuch der neuern, befonders deutfchen
und proteftantifchen, Literatur der Theologie. 1fter
Band. Liegnitz und Leipzig 1795. XLVIII. 678 S.
2ter Band 1796. .... S. gr. 8. Woher noch immer
fo viele fchlechte Prediger? Anzeige der in diefem
Winterhalbenjahre zu haltenden öffentlichen Vorlefungen über die Homiletik. Kiel 1795. 16 S. gr. 8.
Handbuch zum richtigen Verftande und fruchtbaren
Gebrauche der Sonn- und Fefttagsevangel. 2 Theile.
Leipz. 1796. 196 u. 350 S. 8. — Die in den Ephem. 1 B.
S. 424. angekündigte: Einleitung in die neuere Gefchichte der Religion, der Kirche und der theologifchen Wiffenfchaften, kömmt in der Michaelism. 1796
in Schleswig heraus. — *Sein Bildnifs* vor der erften

Aus-

Ausgabe des 2 Band. ſeines N. T. und vor *Beyers* allgem. Magazin für Prediger. 6 B. 3 St. Nachricht
von ſeinem *Leben* und ſeinen *Schriften* in *F. A. Wide-
burg* Progr. an Homerus litteras nouerit, ijsque carmina ſua conſignauerit? Helmſt. 1785. S. XIII ſqq.
in *Beyers* Mag. 6 B. 3 St. S. 336 ff. und im kritiſchen
Verzeichniſs ſeiner Schriften, von *J. F. D.* Hamb.
1791. gr. 8. (*Autographum.*)

THIESSEN (Johann Peter), *Diakonus zu Lunden* in Norderdithmarſchen; *geb. zu Schleswig den 11 Iul. 1759.*
§§. *Nachtrag über den Deichbruch bey Kiebizmoor
in Norderdithmarſchen und die Mäuſe in dieſer Gegend; in den Prov. Ber. 1794. H. 2. *Nachrichten aus Dithmarſchen und der Nachbarſchaft von
dem Sturm am 26 Ian. 1794, nebſt der Frage: ob
auch zu viel Land eingedeicht werden kann? daſ.
H. 3. *Von den chimäriſchen oder Hausmorgen in
den Marſchgegenden; daſ. 1795. H. 6. (*Mitgetheilt.*)

THOMSEN (Hans), *Kirchenprobſt der Landſchaft Fehmern
und Hauptpaſtor zu Burg* ſeit 1789, zuerſt ſeit 1756
Diakonus und ſeit 1771 Archidiakonus daſelbſt; *geb.
zu ..... den 14 Ian. 1730.* §§. Glückwunſchſchreiben
bey *C. Fr. Streſow's* Amtsjubiläum im Namen des ganzen Miniſterii der Landſchaft. Altona 1780. 4. (*Mitgetheilt.*)

THOMSEN (Jürgen), *Candidat der Theologie zu Altona;*
geb. zu Keytum auf Sylt 17... §§. Einzelne Predigten und kleine aſcetiſche Schriften. ......

DE THORANNE (Grand), *französischer Sprachmeister in Schleswig; geb. zu Grenoble den 9 May 1724.* §§. Traité sur la politesse avec de maximes pour se bien conduire dans la societé civile. à Slesvig 1784. 8. *(Mitgetheilt.)*

THOR - STRATEN (Josias), *königl. dänischer Etatsrath und Bürgermeister in Flensburg; geb. daselbst den ...... 1738 (?).* §§. Systematische Abhandlung von den Regierungsformen überhaupt und der uneingeschränkten Monarchie insbesondere; nach den Grundsätzen des Rechts der Natur und der Politik, mit einer Anwendung auf die eigentliche Staatsverfassung der Reiche Dännemark und Norwegen entworfen. Flensburg 1760. 8.

(M. u. N. 1. 2. 4.) TIESSEN (Johann Alexander), ehemals königl. preussischer Kriegsrath zu Magdeburg, auch Generaleinnehmer bey der Provinzial-Accise-Zoll- und Transitocasse; wurde 1779 seines Amtes entsetzt und sass bis 1789 auf der Festung zu Magdeburg, in welchem Iahre er seines Arrestes entlassen wurde und seit 1790 sich zu ...... in Sachsen aufhält; *geb. zu Duvenstede,* einem Dorfe zum adelichen Gute Tankstede Amts Tremsbüttel gehörig, *den 28 Iul. 1733.* §§. Das Chaos, eine vermischte Wochenschrift. Steinfurth 1757. ... — Hat den Menteur und la suite du Menteur des *Pet. Corneille* in Prosa übersetzt. Quedlinb. 1760. 8. — Die nur erhofte Entzauberung; ein französisches Nachspiel. Das. 1769. 8. *Euphemia, oder der Sieg der Religion;* ein Schauspiel, aus dem

Fran-

. Franzöf. (von Fr. Th. Mar. de Baculard *d'Arnaud.*)
Magdeb. und Leipzig 1772. 8.

TIMMERMANN (Conrad Hildemar), *Ober- und Land-*
gericbtsadvocat zu Flensburg; geb. dafelbft 176.. §§.
* Abgedrungene öffentliche Erklärung und Gegen-
nothdurft abfeiten der unterfchriebenen Mitglieder
der Kaufmannfchaft in Flensburg, wider die von dem
Hrn. *F. W.* Otte herausgegebene Schrift: über die
Brandweinbrennereyen in Flensburg und den verbotenen Handel mit ruffifchen Brandwein auf Norwegen. Flensb. 1794. 8.

TIMMERMANN (......), *Doctor der A. G. und ausübeu-*
der Arzt zu Pinneberg; geb. zu ...... 17... §§. D.
inaugur. ......

TOBIESEN (Ludolph Herman), *Doctor der Philofophie,*
Privatdocent auf der Kopenhagner Univerfität und Lebrer
an dem (C. J. R. Chriftianifchen) *Erziehungsinftitut bey*
Kopenhagen, auch Mitglied der phyficalifchen Privat-
gefellfchaft in Göttingen; *geb. zu Hufum 1771.* §§. D.
inaugur. de principiis et hiftoria inventionis calculi
differentialis et integralis nec non methodi fluxionum.
Götting. 1793. 4. cum tab. aenea. Des Hrn. (*Adam*
Wilb.) *von Hauch* Anfangsgründe der Experimental-
phyfik. Aus dem Dänifchen überfetzt und mit einigen Anmerkungen und einer, unter der Auffficht des
Verfaffers entworfenen, kurzen Befchreibung der
vornehmften phyfikalifchen Inftrumente begleitet.
Erfter Theil. Schlesw. 1795. 8. Th. 2. 1796. „Des
Hrn. Iuftitzrath und Profeffors (*Thom.*) *Bugge* Vorle-

fun-

fungen über die gefammte Mathematik, unter der Auflicht des Verfaffers aus dem Dänifchen überfetzt," ift wenigftens in den Kopenh. Addrefsnachr. angekünd. (M. u. N. 2-5.) TRAPP (Ernft Chriftian), *geb. zu Drage*, fonft auch Friederichsruhe genannt, im Holfteinifchen (in Stormarn) *den 8 Nov. 1745.* Ward Rector zu Segeberg 1768, zu Itzehoe 1772, Subrector und gleich darauf Conrector am Gymnafium zu Altona 1776, ging 1777 als Mitarbeiter am Philantropin nach Deffau, von da 1779 als *Profeffor* der Erziehungskunft nach Halle; legte 1783 diefes Amt nieder und fing auf dem Hammerdeiche bey Hamburg eine Erziehungsanftalt an. Von hier ward er 1786 ins Braunfchweigifche als *Mitglied eines* da zu errichtenden *Schuldirectoriums* berufen, wo er noch ift und *zu Wolfenbüttel* wohnt. §§. Unterredungen mit der Iugend. Hamb. 1775. 8. Ueber die Beförderung der wirkfamen Erkenntnifs. 1ſter Theil. Itzehoe und Hamb. 1777. 8. Verfuch einer Pädagogik. Berlin 1780. 8. *David Williams* über die Erziehung, worin die Methoden der öffentlichen Anftalten in Europa, in England die Methode Milton's, Locke, Rouffeau's erwogen und eine ausführbarere vorgefchlagen wird; aus dem Engl. mit Anmerkungen. Berlin 1781. 8. Ueber das Studium der alten claffifchen Schriftfteller und ihrer Sprachen in pädagogifcher Hinficht; im 7ten Theil des Revifionswerks 1787. Ueber den Unterricht in Sprachen; daf. im 15ten Theil 1788. (auch einzeln Braunfchw. 1789. 8.) Debatten, Beobach-

obachtungen und Verſuche. 1ſtes Stück. Braunſchw.
·1789. 8. Ueber die zweckmäſsigſte Einrichtung der
Schulen, Univerſitäten und Erziehungsanſtalten; im
16ten Theil des Reviſionsw. 1792. Auszüge aus
den franzöſiſchen Claſſikern, zur Campiſchen Schul-
enkyklopädie gehörig. Hievon ſind bisher (Wolfenb. 1790-1796. 12.) drey (ſechs) Bände erſchienen. (Erſten Bandes 2te Auflage 1794.) — Mehrere
Auffätze im Braunſchweigiſchen, jetzt Schleswigiſchen
Journal, deſſen Herausgeber er auch Anfangs in Verbindung mit drey andern Männern (J. H. Campe, C.
Heuſinger und J. Stuve), nachher, bis zur Flucht des
Journals ins Däniſche, allein war. (Autographum.) —
Gerh. Schönnings Abhandlung von den Begriffen und
Nachrichten der alten Griechen und Römer von den
nördlichen Ländern, aus dem Däniſchen ins Deutſche
überſetzt; in Schlözer's allgem. nordiſchen Geſchichte.
(Halle 1771. 4.) Sendſchreiben an den Hrn. Doct.
Semler 1780. 8. Rede von der Pflicht der Schullehrer, den Unterricht der Iugend nach den Bedürfniſſen
und Forderungen der Zeit einzurichten. Altona 1773.
8. Vorrede zu C. R. Richter's Anleitung zum Rechnen. Leipzig 1781. 8. Der Erzieher; eine Wochenſchrift für Lehrer und Eltern. (3 Quartale.) Halle
1781. 8. Wochenblatt für die Schulen, in Form
einer Schulzeitung. (6 Quart.) Daſ. 1781 u. 1782.
8. Ueber das Halliſche Erziehungsinſtitut. Daſ.
1782. 8. Ueber Unanſtändigkeit, Renomiſterey und
geſunde Logik; an den Herrn Director der Gothaer

gel. Zeitung. Deſſau 1784. 8. * Tägliches Handbuch für die Jugend. Hamb. 1784. 8. Ueber eine
Erziehungsanſtalt auf dem Hammerdeiche, unweit
Hamburg; in einem Briefe an einen Freund. Daſ.
1784. 8. * Ueber die Gewalt proteſtantiſcher Regenten in Glaubensſachen. Braunſchw. 1788. 8. Ueber
den Zweck, die Gegenſtände, die Erleichterung, die
allgemeinen Methoden und die Grundſätze des Unterrichts; im 8ten Th. des Reviſionsw. 1787. Vorrede zu den Ausſichten zur Feſtſetzung des Elemen-
tar-Unterrichts in den Bürger- und gelehrten Schulen. Züllichau und Freyſtadt 1790. gr. 8. Neue
Sammlung von Reiſebeſchreibungen, zur Fortſetzung
der Campiſchen. 1ſter Theil. Braunſchw. 1794. 8.
und 16. 2ter Th. 1795. — *Soll Verfaſſer ſeyn* von:
* Theologiſcher Beweis, daſs Doct. Bahrdt Schuld an
dem Erdbeben in Calabrien ſey, von Ratzenbergern
dem Iüngern. 1786. 8. *An den König der Britten,
über die Gottheit Chriſti. Berlin 1786. 8. *Freymüthige Betrachtungen und ehrerbietige Vorſtellun-
gen über die neuen preuſſiſchen Anordnungen in geiſtlichen Sachen. Germanien 1791. 8. — Wird Antheil
nehmen an den Beyträgen zur fortſchreitenden Bildung der deutſchen Sprache (vergl. *Mackenſen*). —
Das von W. Heinſius (nach welchem das „Tägliche
Handbuch für die Iugend" *nicht* anonymiſch erſchienen iſt) aufgeführte „Geſangbuch für die Iugend.
Leipzig 1782. 8." iſt wahrſcheinlich nicht erſchienen, oder nicht von ihm, da weder die allgemeine
deut-

deutfche Bibliothek, noch das allgem. Verzeichnifs neuer Bücher, deffelben gedenken.

TREDE (Ludwig Bendix), *Bifchöflich-Lübeckifcher wirklicher Iuftitzrath und geheimer Cabinetsfecretais in Eutin; geb. zu Dahme Amts Cismar den . . . . . 173.. §§.* *Gefpräch über Sittlichkeit und Pflicht; in den Oldenburgifchen Blättern vermifchten Inhalts. . . . . . . Arbeitet an einer philofophifchen Sprachlehre, welche wahrfcheinlich bey feinem Leben nicht erfcheinen wird. (*Mitgetheilt.*)

(M.) TRENDELENBURG (Adolph Friederich), Bruder des Carl Ludwig Friederich T. im *Meufel* — *Doctor der Philofophie* (feit 1761) *und der Rechte* (feit 1760), *der letzten erfter ordentlicher Profeffor in Kiel und königl. dänifcher Etatsrath* (feit 1775), *Ordinarius der Iuriften-Facultät* (feit 1783), *wie auch kaiferl. Hof- und Pfalzgraf* (feit 1768), *und der herzogl. deutfchen Gefellfchaft zu Helmftädt Ehrenmitglied* (feit 1761); vorher feit 1774 Affeffor des königl. fchwedifchen hohen Tribunals zu Wismar, feit 176.. erfter ordentlicher Profeffor der Rechte und Senior der Iuriften-Facultät zu Bützow, feit 1761 zweyter ordentlicher Profeffor der Rechte dafelbft, feit 1761 aufserordentlicher Profeffor derfelben und Beyfitzer der Iuriften-Facultät zu Helmftädt und zuerft Privatdocent zu Göttingen; *geb. zu Neu-Strelitz den 25 May 1737.* §§. In den Iahren 1753, 54 und 55, da er das Gymnafium zu Lübeck frequentirte, gab er folgende kleine Gelegenheitsfchriften heraus: Gedanken über die Frage: ob man den

den Erfolg einer Ehe aus der Gemüthsbeschaffenheit der sich verbindenden Personen schliefsen könne? bey der Verheirathung seines Bruders *Carl Ludw. Fr.*, Doct. der A. G. in Lübeck († 1792). De summa doctorum in scholis dignitate, als der Doct. *Joh. Dan. Overbeck* das Conrectorat erhielt. De poëfi verae ac solidae eruditionis parte, als Doct. *Balthasar Münter* († 1793) das Gymnasium verliefs und nach Jena ging. Reflexions fur la question: s'il est juste, que l'on donne le dessus aux Dames, bey der Verheirathung des Doct. *Overbeck's.* De graecarum litterarum nexu cum theologia et iurisprudentia solidiori, als *Christian Nikol. Carstens*, jetzt Lic. juris zu Lübeck, *Wilh. Christian Balemann* (†), *Anton Heinrich Buchholz*, nachmaliger Lehrer der 6ten Classe zu Lübeck († 1769, vergl. Cenotaphium ipsi positum a J. D. Overbeck) und *Paul Detlef Zietz*, jetzt Prediger an der St. Johanniskirche zu Lübeck, von dem Gymnasium zur Academie nach Jena gingen, zwar ohne seinen Namen, Namens einiger Gymnasiasten; es hat aber der Herr Domprobst *Dreyer* dieser Abhandlung bey der Censur derselben eine Epistel an den von ihm genannten Verfasser hinzugefügt, um demselben darin sein Wohlgefallen über dieselbe zu erklären. Epistola *J. G. Carpzovio* († 1767, vgl. die von *Adelung* nicht benutzte Memoria vitae scripta a J. D. Overbeck und Laudatio funebris dicta ab eodem) scripta. (auch eingerückt in *J. G. Carpzov's* Dank- und Freudenopfer. Lüb. (ohne Iahrszahl) 4.) De causis cur veteres Romani nullos

(nicht:

(nicht: multos) celebrarint dies jubilaeos honorum, an den Senior *Heinrich Scharbau* († 1759, vgl. *J. D. Overbeck's* Leben, Verdienſte und Schriften deſſelben) bey ſeiner Amtsjubelfeyer. Epiſtola ad Jo. Henr. a Seelen, Theologiae Licentiatum et Rectorem Gymnaſii Lubecenſis qua luget obitum filii ejusdem (*Erich Simon Heinrich von Seelen*, † 1756, vgl. de vita, moribus ſcriptis E. S. H. a S., ll. aa. M. Gymn. Lubec. Subrectoris et Bibliothecae publicae praefecti deſignati commentatio, auctore *J. D. Overbeck*). —Commentatio de ſenectutis initio apud veteres quosdam populos. Götting. 1756. 4. De bonarum artium cum medica ſcientia affinitate, epiſtola ad *P. G. Werlhof.* ibid. 1757. 4. Quaeſtiones ex vario iure controverſae pro ſummis in iure honoribus conſequendis ſine praeſide ad diſceptandum propoſitae. ib. 1760. 4. Specimen iuris naturae exhibens genuinam imputationis notionem. Helmſt. 1761. 4. Commentationis ad c. 3. D. de ſupell. leg. ſpec. I. Bütz. 1764. 4. Biga obſeruationum ad tit. digeſt. ſi quis ius dicenti haud obtemperauerit. ibid. 1765. 4. D. de ſequeſtratione curatius finienda. ibid. 1766. 4. Obſeruationes de Iudaeis, eorumque diuerſa conditione ſecundum Ius Romanum et Germanicum, in primis Mecklenburgicum. ibid. 1768. 4. (Iſt die Inauguraldiſputation des Doct. und nachmaligen Bützowiſchen Prof. der Rechte, *Nikol. Georg Bernh. von Löwenſtern,* welcher auch der wahre Verfaſſer iſt. Nur die 5te Obſervation, welche von den Rechten der Iuden in

Meck-

Mecklenburg handelt, gehört dem Präſes.) De iure fructuum in primis poſt Auguſtum matureſcentium in ſeparationes feudi ab allodio ſecundum feuda Longobardica et Mecklenburgica libellus. Bützov. 1771. 4. De fauore piarum cauſarum in Megapoli, tum ratione praelationis inter creditores concurrentes, tum reſpectu appellationis. ibid. 1771. 4. D. de arboribus in feudo ſecundum §. 307. transactionis provincial. Mecklenb. a feminis fructuariis non caedendis. ib. 1772. 4. D. de lucro dotis viduis ob ſecunda vota non auferendo. ib. eod. 4. D. de natalibus principum Romanorum ad illuſtranda iuris ciuilis loca. ib. eod. 4. Oratio ſereniſſ. duci, *Friederico*, vt celebrarentur optimi principis ſacra natalitia, dicata. ib. eod. 4. (exponit de Megapolitanis in exteris Academiis claris.) D. de litis denunciatione actoris ejus- que vſu et applicatione in foro. ib. 1774. 4. (Iſt die Inauguraldiſputation des Doct. *Aug. Wilh. Studemund*, welcher ſie auch ganz allein verfertiget hat.) Noch vertheidigten Doct. *Daniel Chriſtian Jacob Bolte*, jetzt Iuſtitzrath 1765, Doct. *Johann Erich Binſter*, jetzt königl. preuſſiſcher Bibliothekar in Berlin 1773, und Doct. *Clamor Georg Sibeth*, nachmals Aſſeſſor des Hof- und Landgerichts in Güſtrow 1774, unter ſeinem Vorſitz zu Bützow, von ihm aufgeſetzte juriſtiſche Theſes, zum Zweck ihrer Doctorpromotionen. Während ſeines Aufenthalts daſelbſt hat er auch verſchiedene juriſtiſche Abhandlungen für die gelehrten Beyträge zu den Schweriniſchen Intelligenzblättern ge-

lie-

liefert, (welche *J. C. Koppe* unter dem Titel: „Sammlung derjenigen Auffätze rechtswiffenfchaftlichen Inhalts, welche gröfstentheils von Roftockifchen und
Bützowifchen Rechtsgelehrten als gelehrte Beyträge zu den Mecklenb. Schwerinifchen Nachrichten der
Iahre 1749 bis 1788 geliefert find, 2 Bände 8.‟ herausgeben wird.) — D. de honorario ejusque a mer-
cede difcrimine. Kiliae 1775. 4. D. felecta quaedam
capita doctrinae de jure poffeffionis circa fructuum
perceptionem. ib. eod. 4. D. de interceffione femi-
narum fecundum iura Slesvicenfia et Holfatica. ibid.
1776. 4. * Ueber einige Vorrechte der Schleswig-
Holfteinifchen Ritterfchaft (ohne Druckort) 1777. 8.
Pr. de iure retractus gentilicii in praediis nobilibus
Slesvicenfibus et Holfaticis non obtinente. Kil. 1778.
4. — Die unter feinem Vorfitz von *Andreas Wilhelm
Cramer* zu Kiel 1782 zur Uebung vertheidigte D. de
SCto Claudiano ad Taciti annal. XII, 53. ift aus der
Feder des Refpondenten. — Vergl. *Georg. Henr. Ayrer*
programma quo Ern. Lud. Mülleri et Ad. Fr. Tren-
delenburgii follemnia inauguralia indicit praemiffa
breui comment. de pactorum fuccefforiorum inter
conjuges ftabilitate legibus firmius ftabilienda. Gött.
1760. und: *Chriftoph Weidlich's* Lexikon S. 181. und
deffen biograph. Nachrichten 2, 405 ff. (*Revidirt.*)

VON TRESENREUTER (Sophie), geborne ..... Wittwe des Johann Ulrich Chriftoph T. im *Anhang — lebt
zu Pinneberg; geb. zu Kiel den 19 April 1755.* §§. *Geift
der Memoiren der Herzogin Mathilde von Burgund,

in

in den Begebenheiten verſchiedener Perſonen aus dem
12ten und 13ten Iahrhunderte. 1ſter Theil. Altona
1789. 8. 2ter und 3ter Theil. Altona und Leipzig
1790. *Lotte Wahlſtein, oder die glückliche Anwendung der Zufälle und Fähigkeiten. 2 Theile. Kopenhag. 1791. 92. 8. (Revidirt.)

TURRETIN (......), Abkömmling des *Johann Alphons
T. — franzöſiſcher Sprachmeiſter in Altona;* geb. zu ....
17.... §§. Aufſätze, Färberey und Chemie betreffend, in auswärtigen Journalen. .....

TYCHSEN (Nikolai), *Apotheker zu Kongsbjerg,* Stifts
Chriſtiania in Norwegen, ſeit 1788, *auch* ſeit 1796
*Mitglied der Königl. Geſellſchaft der Wiſſenſchaften zu
Kopenhagen,* vorher *Lector und Demonſtrator der Chemie
bey der Königl. chirurgiſchen Akademie zu Kopenhagen;,
geb. zu Tondern den 15 Iun. 1751.* §§. Chemiſk Haand-
bog i 3 Bind. Kbhvn. 1784. ſt. 8. (Auch deutſch:
Kurzes chemiſches Handbuch. Daſ. 1787. gr. 8.) —
Anden meget, forœget og forbedret Oplag 1794.
Franſk chemiſk Nomenclatur, paa danſk udgiven
med Anmærkninger. Kbhvn. 1794. 8. — Antheil an:
Crells chemiſchen Annalen, und: Topographiſk Journal for Norge. Chriſtiania. 1792 ff. — Vergl. *Worm*
3, 824.

(M. u. N. 1-5.) TYCHSEN (Olaus Gerhard), *Doctor
der Philoſophie, Profeſſor der morgenländiſchen Sprachen.
und Bibliothekar zu Roſtock* ſeit 1789, (vorher ſeit 1763
Prof. zu Bützow,) *auch Herzogl. Mecklenburg. Hofrath*
ſeit 1775, *Mitglied der Königl. Societät der Wiſſenſchaften*

ten zu Upſala und der gelehrten Geſellſchaft zu Velletri;
geb. zu Tondern den 14 (?) Dec. 1734. §§. De delectu
veterum Ebraeorum. Butzov. 1763. 4. Dialecti rab-
binicae elementa. ib. eod. 8. A Dialogue between
a learned Jew and a Chriſtian. Bützow 1763. 8. Ca-
talecta arabica ad uſum ſcholarum ſuarum edidit atque de mediis ad ſolidam ebraicae linguae cognitio-
nem perveniendi praefatus eſt. ib. 1765. 8. Diſſ.
de Pentateucho Ebraeo-Samaritano ab Ebraeo eoque
Maſoretico deſcripto exemplari. (ſ. l.) 1765. 4. *Je-*
huda Lebh, die Auferſtehung der Todten aus dem Ge-
ſetz Moſe bewieſen. Aus dem Rabbiniſchen überſetzt
und mit einer Vorrede begleitet. Bützow 1766. 8.
*Bützowiſche Nebenſtunden, verſchiedenen zur mor-
genlandiſchen Gelehrſamkeit gehörigen Sachen gewidmet. 6 Theile. Daſ. 1766-1769. 8. Abbreviatu-
rarum ebraicarum ſupplementum. ib. 1768. 4. Sup-
plem. ſecundum. 1769. Numi orientales ſculpti ab
O. G. *Tychſen*. 1769. Eine Kupfertafel nebſt einer
kurzen deutſchen Erklärung derſelben; im 3ten B.
der kritiſchen Sammlungen zur neueſten Geſchichte
der Gelehrſamkeit, (Bützow 1774 ff.) die auch mehrere *Recenſionen* von ihm enthalten. Tentamen de
variis codicum ebraicorum V. T. manuſcriptorum
generibus, a Iudaeis et Non-Iudaeis deſcriptis eorumque in certas claſſes diſtributione et antiquitatis bo-
nitatisque characteribus. Roſtochii 1772. 8. Vorrede zu *J. G. C. Adler's* Sammlung von gerichtlichen
jüdiſchen Contracten. Hamb. und Bützow 1773. 8.

2te Auflage. Altona 1792. Befreytes Tentamen von den Einwürfen der Herren M. *Brans*, D. *Dathe*, Hofr. *Michaelis* u. a. m., nebſt einer Beurtheilung einiger in des Hrn. D. *Kennicott's* Praenumerations-Avertiſſement vorkommenden paradoxen Sätzen u. ſ. w. Roſtock und Leipzig 1774. 8. Erſter Anhang zu ſeinem befreyten Tentamen, worin eines Ungenannten *(J. M. Haſſencamp's)* ſo betitelte Schrift: Der entdeckte wahre Urſprung der alten Bibelüberſetzungen — geprüft und ihr Ungrund gezeigt wird. Daſ. 1776. (eigentl. 1775) 8. Verſchiedene Lesarten zum Daniel, den 12 kleinen Propheten, dem Hohenliede, Ruth, den Klagliedern Ieremiä, dem Prediger Salamo's, Eſther, Esra und Nehemia, aus *Raſchi's* Commentar geſammelt; in *Eichhorns* Repertor. Theil 1. (1777.) Von den mit künſtlich geſchriebenen Randfiguren gezierten bibl. hebräiſchen Handſchriften; daſ. Th. 2. Von den Urſachen der verſchiedenen Farbe der Dinte in den Conſonanten, Punkten, Maſora u. ſ. w. der bibliſch-hebr. Handſchriften; daſ. Ueber das Alter der hebräiſchen Punkte; daſ. Th. 3. (1778.) Die erſte jüdiſche Ausgabe der Pſalme Davids vom Iahr 1477 beſchrieben und mit der Hooghtiſchen verglichen; daſ. Th. 5. (1779.) Von *Niſſelii* Bibelausgabe; daſ. Die Unächtheit der jüdiſchen Münzen, mit hebr. und ſamaritaniſchen Buchſtaben bewieſen. Roſtock und Leipzig 1779. Kritiſche Beſchreibung des Bononiſchen Pentateuchus v. I. 1482; in *Eichhorns* Repertor. Th. 6. (1780.) Von dem in

den

den Gegenden des Baltifchen Meeres fo häufigen alten arabifchen Silbergelde; daf. Befchreibung und
Vergleichung der Ausgabe der erftern und letztern
Propheten v. I. 1486; daf. Th. 7 und 8. (1781.)
Ueber die Quelle, aus welcher die Handfchrift der
arabifchen Verfion in den Polyglotten gefloffen ift;
daf. Th. 10. (1782.) Unterfuchung, ob R. *Saadjab
Haggaon* Verfaffer der arabifchen Ueberfetzung des
Pentateuchus in den Polyglotten fey; daf. Th. 11.
(1782.) Von der Secte der Sabäer und Naffairier
in Syrien; im deutfchen Mufeum. 1784. Nov. Progr.
Befchreibung der Trauergebräuche der Hebräer, nach
Anleitung der heil. Schrift. Zur Anhörung der feyerlichen Reden auf das Ableben des Herzogs *Friederichs*
und auf den Regierungsantritt des Durchl. Herzogs
Friederich Franz. Bützow 1785. 4. (wird im 2 Nachtrage des gel. Deutfchl. als *zwey* Schriften aufgeführt.)
Beurtheilung der Iahrzahlen in den hebräifch-bibli-
fchen Handfchriften. Roftock 1786. 8. Refutacion
de los argumentos, que el Sr. D. *Francifco Perez Bayer*
ha alegado nuevamente en favor de las monedas Samaritanas. Madrid 1786. 4. (wieder abgedruckt in:
Fr. Perezii Bayerii vindiciae numorum Hebraeo-Sa-
maritanorum. Valent. Edetanorum 1790. 4.) Carta
latina del Sr. D. O. G. *Tychf.* a ad ill. Sr. D. *Fr. P. Bayer*
con fu traduccion Caftellana. Se annade la refutacion de los argumentos de dicho Sr. *Bayer* en favor
de las monedas Samaritanas, attribuida al mismo Sr.
Tychfen. Madrid 1786. 8. Des Don *Ignatio de Affo*

. *y del Rio* Abhandlung von den Heufchrecken und ihren Vertilgungsmitteln; aus dem Spanifchen überf-
fetzt und mit einem Anhange von den biblifchen Heufchrecken begleitet. Roftock 1787 (eigentl. 1786). 8.
Interpretatio infcriptionis Cuficae in marmorea templi S. Petri cathedra, qua fanctus Apoftolus Petrus
Antiochiae fediffe dicitur. Butzov. 1787. 4. Edit. 2.
Roftoch. 1788. 4. (auch eingerückt in opufcula quatuor 1794.) Vindicatio refutationis hifpane fcriptae ab Anonymi Hifpani objectionibus. Butzov.
1787. 8. (wieder aufgelegt mit beygefügter *fpanifcher*
Ueberfetzung unter dem Titel: Vindicacion de la refutacion, efcrita en Caftellano por el Sr. Don O. G.
Tychfen — traducida fielmente del Latin por D. *Thomas Fermin* de *Arteta.* Madrid 1787. 8. (auch eingerückt in *Bayerii* eben aufgeführten vindiciis.) Nachtrag zu des Hrn. O. C. R. *Teller's* Beytrag zur neuef-
ften jüdifchen Gefchichte über die Streitfrage: Ob
der Ausdruck, nicht bey der jüdifchen Religion bleiben, nach jüdifchem Sprachgebrauch heiße: die chriftliche Religion annehmen. Roftock 1788. 8. Meck-
lenburgifch - Sicilianifcher Briefwechfel mit dem Fürften *Torremuzza,* dem Erzbifchof *Airoldi* und Abt *Vella*
zu Palermo; in der Monatsfchrift von und für Mecklenburg. Schwerin 1788 ff. 4. (fortgefetzt, nach einer Angabe in *Eichhorn's* Biblioth. der bibl. Litter. B.
7. S. 377. in der neuen Monatsfchrift von und für
Mecklenburg 1791. S. 807. und 1794. S. 37 ff.) Ex-
plicatio Cuficae infcriptionis, quae in columna lapi-

dea

dea Mufei Societatis Antiquariorum Londinenfis cón-
fpicitur. Adjecta eft Marmoris Meffanenfis interpretatio. Roftoch. 1789. 8. (auch eingerückt in opufc.
4.) Gefchichte der öffentlichen Univerfitätsbibliothek und des Mufeum zu Roftock. Daf. 1790. (auch
in *Burchard's* und *Koppe's* Roftock. Monatsfchr. 1791.
St. 1.) Erfte Fortfetzung, welche die freywilligen
Gefchenke enthält. Daf. 1793. 4. Appendix ad infcriptionis Cuficae Venet. in marmorea templi Pa-
triarch. S. Petri cathedra confpicuae interpretationem.
ib. 1790. 4. (auch eingerückt in opufc. 4.) Elementale Arabicum, fiftens linguae Arabicae elementa, analecta maximam partem anecdota et gloffarium ara-
bico-latinum. Roftoch. 1791. 8. De numis ebrai-
cis diatribe, qua fimul ad nuperas ill. *Fr. Per. Bayefii*
objectiones refpondetur. ib. eod. 8. De initiis mo-
netae arabicae; im 5ten Th. der noua Acta Reg. Soc.
fcient. Upfal. 1792. 4. Elementale Syriacum, fiftens
grammaticam, chreftomathiam, et gloffarium, fubjun-
ctis 9 tabulis aere impreffis. Roft. 1793. 8. Intro-
ductio in rem numariam Muhammedanorum, fub-
junctis 6 tabulis aere expreffis. Roft. et Lipf. 1793.
8. Additam. primum. ibid. 1796. c. 2 tabul. aen.
Etwas über die fyrifchen Naffairier und ihre Itame,
und über arabifche und famaritanifche Münzkunde;
in *Paulus* Memorabil. Th. 4. (1793.) Affertio epiftolaris de peregrina numorum Hasmonaeorum origine, cum tab. aenea et epimetro du Perfepoli floren-
tiffima fiea poft Chr. n. 8. Perfiae metropoli eius-

que

que officina monetaria. Roſt. 1794. 4. (gegen Abt
Fabricy in Rom — auſſer den *drey* ſchon genannten
Auffätzen auch eingerückt in:) Opuſcula quatuor,
antiquitates orientales illuſtrantia. ib. eod. 4. cum
3 tab. aeneis. Phyſiologus Syrus ſeu hiſtoria animalium 32 in S. S. memoratorum, ſyriace. E cod. Bibl.
Vatic. nunc primum edidit, vertit et illuſtravit. ib.
1795. 8. — Auſſerdem kommen noch von ihm vor,
theils folgende Abhandlungen in den gelehrten Beyträgen zu den Mecklenburgiſch-Schweriniſchen Nachrichten: Von der erſten Ankunft der Wenden in
Mecklenburg. 1762. Von dem erſten in Deutſchland gedruckten arabiſchen Buche. 1763. Nachricht
von einer höchſtſeltenen hebr. Handſchrift des *Raſchi.* 1763. Von zwey Handſchriften des Alcorans.
1764. Ueberſetzung eines türkiſchen Reiſepaſſes.
1764. Von dem Urſprung der Zigeuner. 1765.
Von den dreyen über die Iuden in Mecklenburg ergangenen Verfolgungen. 1765. Anmerkungen über
die Herleitung der Namen der Städte u. ſ. w. in Mecklenburg aus dem Wendiſchen. Ein jüdiſches Gedicht
auf den D. *Marcus Moſes*, nebſt deſſen kurzen Lebensbeſchreibung. 1766. Erklärung der zu Parchim
vorhandenen uralten jüdiſchen Leichenſteine. 1766.
Fortſetzung der Lebensgeſchichte des D. *Marcus Moſes.* 1767. Reiſebeſchreibung eines Iuden von Polen nach Ieruſalem. 1767. Ein jüdiſches Gedicht
auf Ludewigsluſt. 1768. Von den Sudes Mizvah
oder verdienſtlichen Mahlzeiten der Iuden. 1768.
Ueber-

Ueberſetzung einer von dem jüdiſchen Gericht zu Altona in Druck gegebenen Achtserklärung des Rabbi
Aadon Hardenka. 1769. Von einer türkiſchen Handſchrift des 1 B. Moſe. 1770. Verſuch einer richtigen Geſchichte der älteſten Ueberſetzungen der heiligen Schrift. 1771. Antwort auf einen Brief, betreffend eine chaldäiſche Handſchrift des Propheten
Daniel. 1773. Von jüdiſch-deutſchen Ueberſetzungen der Bibel. 1774. Erklärung verſchiedener mit
arabiſchen Aufſchriften verſehenen Münzen, welche
in ältern Zeiten von Chriſten geprägt wurden. 1785.
Abhandlung von arabiſchen Siegelringen. 1788. —
theils viele Briefe und Erklärungen alter orientali-
ſcher Inſchriften in C. G. v. *Murr* Journal zur Kunſtgeſchichte Th. 10 ff. Nürnb. 1781 ff. 8. (vgl. *Eiſch's*
Repertorium über die Journale.) Principis Turris
Mutii Siciliae et adiacentium inſularum veterum in-
ſcriptionum nova collectio. Panormi 1784. Folio.
Franc. Dan. J. Regali ſepolcri del Duomo di Palermo
riconoſciuti e illuſtrati. In Napoli 1784. Fol. Codice diplomatico di Sicilia ſotto il Governo degli
Arabi. Palermo 1789 f. *Sim. Aſſemani* globus cae-
leſtis cufico-arabicus. Patavii 1790. 4. C. G. v. *Murr*
inſcriptio arabica in infima fimbria pallii imperialis.
Norimb. 1790. 4. *Georg Höſt* den Marokanſke Kaiſer *Mohamed Ben Abdallah's* Hiſtorie. Kbhvn. 1791. 8.
Collectio monumentorum Maurorum Siciliae. Panormi 1791. Fol. (*Größtentheils Autographum.*) Seine
Silhouette vor dem erſten (und einzigen) Bande der

Z 4 von

von *J. F. T. Burchard* und *J. C. Koppe* herausgeg. Roftockifchen Monatsfchrift 1791.

(M. u. N. 1-5.) TYCHSEN (Thomas Chriftian), Sohn
des Paftors und Interimprobftes *J. St. T.* zu Hors-
bûll — *Doctor der Philofophie* feit 1783 *und ordentlicher
Profeffor derfelben zu Göttingen* feit 1788, *wie auch au-
ßerordentliches Mitglied der Societät der Wiffenfchaften
dafelbft* feit 1789, vorher feit 1785 aufserordentlicher
Profeffor der Theologie dafelbft, reifete zuerft 1783
und 1784 auf königl. dänifche Koften durch Frank-
reich und Spanien und durch die Lombardey nach
Wien; *geb. zu Horsbull* in der Widingharde Amts
Tondern *den 8 May 1758.* §§. Ueber den Luxus der
Athenienfer und deffen Einfluß auf den Staat; eine
Abhandlung, welche bey der Heffen-Caffelfchen Gefellfchaft der Alterthûmer das Acceffit erhalten hat.
Göttingen 1781. 8. Preisfchrift über die älteften
Gottheiten der Römer, die ihren Urfprung aus den
Religionen der benachbarten Italifchen Völker hatten (ift bisher noch nicht gedruckt, vergl. Gött. Anz.
1782. S. 1008). Commentatio de Quinti Smyr-
naei Paralipomenis Homeri, qua novam carminis
editionem indicit. Götting. (1783.) 8. Progr. de
παρουσία Chrifti et notionibus de adventu Chrifti in
N. T. obuiis. ib. 1785. 4. — Gab in einem Briefe
aus Madrid an den Rath *Cafparfon* Nachricht von einem kleinen Fragment Gothifcher Gloffen in der Bibliothek des Efcurial; in den Heffifchen Beyträgen
zur Gelehrfamkeit und Kunft. B. 2. St. 1. (1785.)

De

De Iofephi auctoritate et ufu in explicandis libris facris V. T. Gött. 1786. 4. Pr. quo ad praelectiones
de litteratura Hebraeorum habendas commilitt. invitat. ib. eod. 4. Pr. cui ineft illuftratio vaticinii
Joëlis cap 3. ib. 1788. 4. Grundrifs einer Archäo-
logie der Hebräer, zum Gebrauch in Vorlefungen.
Daf. 1789. 4. Ueber den gegenwärtigen Zuftand
der fpanifchen Litteratur; im 2ten Th. der neuen Reifen des Ritters von *Bourgoing* durch Spanien (1789).
Ueber das Alter der arabifchen Vocalpuncte und dia-
kritifchen Zeichen; ein Beytrag zur arabifchen Pa-
läographie; in *Paulus* neuem Repertor. Th. 2. (1790.)
Nachricht von *Jofeph Scaligers* thefaurus linguae Arabicae, nach einem Mfcr. der Göttinger Univerfitätsbibliothek; daf. Th. 3. (1791.) — Lieferte antiquarifche und philologifche Noten zum 5ten Th. der *J.*
J. Volkmannfchen Ueberfetzung von *Bruce's* Reifen.
Leipzig 1791. gr. 8. (fo wie auch wahrfcheinlich *J.*
F. Gmelin für feine in den Goth. Zeit. 1796. St. 15.
angekündigte deutfche Ueberfetzung von *Ruffel's* na-
türlicher Gefchichte von Aleppo, für den hiftorifchen
und philologifchen Theil diefes Werks erläuternde
Anmerkungen von *ihm* erhalten wird) imgleichen eine
Beylage zu *A. H. L. Heeren's* Ideen über die Politik —
der alten Welt Th. 2 (Götting. 1796. 8.): Erläuterungen aus dem Perfifchen über den Namen Pafar-
gada. — Beforgte die Vollendung der 2ten Ausgabe
von *J. B. Koppe* N. T. perpetua annotatione illuftratum. Vol. 6. Epiftolae Pauli ad Galatas, Ephefios,

Z 5   Theffa-

Theſſalonicenſes. Gött. 1791. 8. und des 4ten Th.
von J. D. Michaelis Anmerkungen für Ungelehrte zu
deſſen Ueberſetzung des N. T. Daſ. 1792. 4. ſo wie
des 6ten Th. von deſſen ſupplementa ad lexica hebrai-
ca. ib. eod. 4. — Wird, öffentlichen Nachrichten zufolge, zu der Döderleinſchen hebräiſchen Bibel den feh-
lenden ſyllabus, worin die codd. gewürdigt ſind, herausgeben. *) — In den commentationes ſocietatis regiae ſcientiarum Göttingenſis finden ſich von ihm
folgende Abhandlungen in der hiſtoriſchen und philologiſchen Abtheilung: De numis Hebraeo-Sama-
ritanis ignotis charaſteribus inſcriptis; im 8 Th. S.
122 ff.   De numis Cuficis in bibliotheca regia Göt-
tingenſi aſſervatis.   Commentatio prior, numos Chalifarum et principum Sammanidarum compleſtens;
im 9 Th. S. 108 ff.   Comment. altera, numos dyna-
ſtiarum compleſtens; im 10 Th. S. 3 ff.   Comment.
tertia, numos Turcicos, Tataricos, Perſicos, Georgia-
nos, Indicos aliosque compleſtens; daſ. S. 21 ff. (Alle
drey Abhandlungen ſind auch zuſammen erſchienen.
Gött. 1791 und 1792.)   De religionum Zoroaſtricarum apud exteras gentes veſtigiis, comment. prior
obſſ. hiſtorico-criticas de Zoroaſtre ejusque ſcriptis
et placitis exhibens; im 11 Th. S. 112 ff.   De numis Hasmonaeorum Paralipomena; daſ. S. 152 ff.
De religionum Zoroaſtricarum apud exteras gentes
veſti-

*) welches Geſchäft er jedoch, nach dem letzten Meſskatalog
    Oſtern 1796, dem Heinrich Friedrich Pfannkuche
    überlaſſen zu haben ſcheint.

veſtigiis, commentatio *altera*; im 12 Th. S. 1 ff. —
Auch legte er 1788 der Societät einige Abdrücke von
den Münzen des damals ſo viel Auffehen machenden
Codice diplomatico di Sicilia vor, nebſt einer Probe
der Handſchrift ſelbſt. Die Bemerkungen darüber
ſind in den Göttingiſchen Anzeigen 1788. S. 2057.
eingerückt, vergl. S. 1162. und 1789. S. 582. — In
der Bibliothek der alten Litteratur und Kunſt, mit
ungedruckten Stücken aus der Eſcurialbibliothek und
andern, wovon er die zwey erſten Stücke in Verbindung mit C. *W. Mitſcherlich*, die folgenden St. 3-8.
mit *A. H. L. Heeren* herausgab (Gött. 1786-1791),
finden ſich, auſſer mehrern Recenſionen, folgende
Abhandlungen von ihm: *Ueber den Proceſs des So-
krates; St. 1 und 2. *Ueber alte Kunſtwerke in Spanien; St. 1.   Ueber die Buchſtabenſchrift der alten
Aegyptier; St. 6.   Beſchreibung der Handſchriften
vom Homer in der Eſcurial- und königl. Madriter
Bibliothek; daſ. *Ueber einige Symbole und Gottheiten der alten Aegyptier, aus dem Werke des Hrn.
Zoëga: Numi Aegyptii Imperatorii (mit Anmerkungen und Zuſätzen von *Th. Chr. Tychſen*); St. 7. — ſo
wie folgende Inedita von ihm herrühren: *Πρόκλου
περὶ Ὁμήρου und: τᾶ αὐτοῦ περι τῶν Κυπρίων λεγομένων
ποιημάτων, nebſt andern Stücken der Chreſtomathie
des Proklus mit einem Commentar von C. G. *Heyne*
(aus einem Eſcurialcodex); St. 1. *Procli hymni
duo (aus einem Madritercodex *nach* Joh. Iriarte
ſorgfältiger abgedruckt); daſ. *Iſaei oratio de Me-
neclis

neclis hereditate (eigentlich ein Abdruck der aus einem Medic. Cod. Londini 1785. 8 mai. bey John Nichols veranstalteten Ausgabe); St. 3. * Joannis Tzetzae carminum Iliacorum initium. E cod. Vindobonensi nunc primum editum; St. 4. (den *dritten* von ihm aus Wien mitgebrachten Theil dieses Gedichts hat *F. Jacobs* Leipzig 1793. 8. herausgegeben. Vergl. auch *G. B. v. Schirach.*) *Recensionen* in den Göttinger gelehrten Anzeigen und einem bekannten gelehrten Journal, ferner in *Michaelis* neuer orientalischer Bibliothek seit dem 6ten Th. (Gött. 1789. 8.) auf deren 8ten Th. (1791) er sich zuerst genannt, den 9ten aber (1793) nach Michaelis Tode allein herausgegeben hat, unter dem Titel: J. D. Michaelis neue orientalische und exegetische Bibliothek, fortgesetzt von *Th. Chr. T.* — Vergl. *Pütter's* Gelehrten-Geschichte von Götting. 2, 184. *(Revidirt.)*

UKERT (Georg Heinrich Albrecht), *Hochfürstlicher Hofprediger* (seit 1772) *und Confessionarius* (seit 1787) *in Eutin; geb. daselbst den 10 Iul. 1745.* §§. * Das neue Testament, nach der deutschen Uebersetzung D. Martin Luthers, mit Berichtigungen, Erläuterungen und Anmerkungen für Ungelehrte. 1ster Theil (enthält den Matthäus und Marcus). Lübeck 1786. 8. — War nebst dem verstorbenen Superintend. *Wolff* vorzüglicher Herausgeber des neuen Eutinischen Gesangbuchs. 1784. *(Mitgetheilt.)*

(M.) ULICH (Johann), *Compastor zu Grube* Amts Cismar seit 1780, vorher Zuchthausprediger zu Glückstadt

ſtadt ſeit 17..; *geb. zu Flensburg den 25 Ian. 1741.* §§.
Abhandlung einer bisher unbekannt gebliebenen
Weiſſagung vom Kreuzestode unſers Erlöſers, Pſalm
118, 27; nebſt Gedanken über eine andere Schrift-
ſtelle, Pſ. 49. 8. Flensb. 1769. 4.

(M. u. N. 1. 4. 5.) UNZER (Johann Auguſt), *Doctor der*
A. G. und ſeit 1750 ausübender Arzt zu Altona; geb. zu
Halle im Magdeburgiſchen den 29 April 1727. §§. Neue
Lehre von den Gemüthsbewegungen. Halle 1746.
8. Gedanken vom Schickſale der Gelehrten. Daſ.
1746. 8. Gedanken vom Schlafe und den Träu-
men, nebſt einem Sendſchreiben, daſs man ohne Kopf
empfinden könne. Daſ. 1746. 8. Gedanken vom
Einfluſs der Seele in den Körper. Daſ. 1746. 8. Abhandlung vom Seufzen. Daſ. 1747. 8. D. de ſter-
nutatione. ib. 1748. 4. D. de nexu methaphyſices
cum medicina generatim. ib. 1749. 4. Philoſophi-
ſche Betrachtungen des menſchlichen Körpers überhaupt. Daſ. 1750. 8. Der Arzt, eine mediciniſche
Wochenſchrift, 12 Theile. Hamb. 1759-1764. 8.
(Noch zwey Auflagen im Iahr 1769 — iſt überſetzt
ins Schwediſche, Däniſche und Holländiſche.) Sammlung kleiner phyſikaliſcher Schriften. 2 Theile. Rinteln 1766. 8. Lüneb. und Hamb. 1768. (Der 2te
Th. hat auch den Titel: Phyſikaliſche Unterſuchung
von der Structur der Erdfläche und den Urſachen
der Erdbeben.) (Dritte) Sammlung zur ſpekulativi-
ſchen Philoſophie. Wittenb. und Leipzig 1766. 8.
Hamb. 1767. (Alle *drey* ſind ins Holländiſche überſetzt.)

fetzt.) Grundriſs eines Lehrgebäudes von der Sinnlichkeit der thieriſchen Körper. Lüneb. und Rinteln
1768. 8. Mediciniſches Handbuch. Hamb. 1770.
8. (Die Ausgabe Bern 1772 iſt ein bloſser Nachdruck.)
Viel vermehrte Ausgabe. Leipzig 1776. gr. 8. Neue
viel vermehrte Ausgabe. Daſ. 1780. 8. Viel vermehrte und verbeſſerte Auflage. 3 Theile. Daſ. 1789.
gr. 8. Neue, ganz umgearbeitete und viel vermehrte
Auflage in 3 Theilen. Daſ. 1794. gr. 8. (iſt nach frühern Ausgaben ins Däniſche von *Urban Bruno Aa-
ſkow* Kbhvn. 1771. 8. und ins Holländiſche überſetzt.) Erſte Gründe einer Phyſiologie der eigentlichen thieriſchen Natur thieriſcher Körper. Leipzig
1771. 8. Phyſiologiſche Unterſuchung auf Veranlaſſung der Götting. Frankf. Leipz. und Halliſchen
Recenſionen ſeiner Phyſiologie. Daſ. 1773. 8. Ueber
die Anſteckung; beſonders der Pocken, in einer Beurtheilung der neuen Hofmanniſchen Pockentheorie.
Daſ. 1778. 8. (Franzöſiſch im Auszuge in *Pichler's*
memoire ſur les maladies contagieuſes — Strasburg
1786. 8.) Einleitung zur allgemeinen Pathologie
der anſteckenden Krankheiten. Daſ. 1782. 8. (Die
Einleitung dazu, franzöſiſch im Auszuge daſelbſt.)
Vertheidigung ſeiner Einwürfe gegen die Pockentheorie des Hrn. G. R. Hofmann. Daſ. 1783. gr. 8. (Franzöſiſch im Auszuge daſelbſt.) — Antheil an dem Hamburgiſchen Magazin und andern periodiſchen Schriften. Herausgeber der geſellſchaftlichen Erzählungen. 4 Theile. Hamb. 1752 und 1753. 8. und des
phy-

physikalischen und ökonomischen Patrioten. 3 Theile. Daſ. 1756-1758. 4. Auch Verfaſſer oder Ueberſetzer der meiſten Auffätze in dieſen beyden Werken.
— Vergl. *Börner's* Leben der Aerzte. B. 3. (*Revidirt*.)
(M. u. N. I. 4.) UNZER (Johann Chriſtoph), Sohn des Gräflich-Wernigerodiſchen Hofraths und Leibarztes und Neffe des vorigen — *Doctor der A. G. und ſeit 1775 Profeſſor der Phyſik und Naturgeſchichte am Gymnaſium zu Altona, ſeit 17... aber Profeſſor honorarius, auch ſeit 1789 Phyſikus der Stadt Altona; geb. zu Wernigerode den 17 May 1747.* §§. D. inaugur. cur feminis Europaeis et illuſtribus prae aliis gentibus et ruſticis partus ſunt laborioſiores? Götting. 1771. 4.
*Diego und Leonore, ein Trauerſpiel. Hamb. 1775. 8. (*Holländiſch*. Amſt. 1782. 8. *Franzöſiſch* im nouveau theatre allemand T. 5.) Beſchreibung eines mit dem künſtlichen Magneten angeſtellten mediciniſchen Verſuchs. Daſ. 1775. 8. (*Holländiſch* von *J. R. Deimann*. Amſterd. 1775. 8.) *Anmerkungen zu der Schrift des Hrn. *Dohm* über die bürgerliche Verfaſſung der Iuden. Altona 1782. 8. Geſchichte der Brüder des grünen Bundes. 1ſter Th. enthält Lambergs Geſchichte. Berlin 1782. 8. Rede am königl. Geburtsfeſte; im deutſchen Muſeum 1784. St. 5. Diätetik der Schwangern, in pädagogiſcher Rückſicht; in der allgem. Reviſion des Schul- und Erziehungsweſens Th. 3. 1785. (iſt nicht von *Joh. Aug.* Unzer, und wurde wieder abgedruckt unter dem Titel: *J. C. Unzer's* und *C. F. Uden's* Diätetik der Schwangern
und

und Säugenden. Braunſchw. 1796. 8.) Einzelne
Gedichte und Recenſionen in mancherley Journalen
und gelehrten Zeitungen, auch Herausgeber des Altonaer gelehrten Mercurs von 1772-1780. — Die im
gel. Deutſchl. ihm beygelegte Ueberſetzung des Verſuchs über den Menſchen von *A. Pope* iſt von *J. Mum-*
ſen. (*Revidirt.*)

(M. u. N. 5.) VALENTINER (Chriſtian Auguſt), *Probſt*
und Paſtor zu Elmshorn in der Graffchaft Ranzau ſeit
1786, vorher ſeit 1749 Paſtor zu Boren in Angeln;
geb. *zu Sörup* in Angeln *den 3 Ian. 1714.* §§. Viris ge-
neroſiſſ. — felix anni 1746 auſpicium gratulatur, de
coactione conſcientiae circa religionem ſimul paucis
differens. Roſtoch. 4. Betrachtung über die Abgabe
und Annahme eines Predigerdienſtes auf dem Lande.
Schleswig 1766. 4. (wird *Nikolai Johannſen* wieder
abdrucken laſſen in einer Schrift, betitelt: ....)
Vgl. *Bolten's* Kirchen-Nachr. von Altona 2, 367 fg.

(N. 5.) VALENTINER (Friederich), des vorigen Sohn
— *Doctor der Philoſophie und* ſeit 1787 *auſſerordent-*
licher Profeſſor derſelben in Kiel, auch Branddirector
der königl. däniſchen Aemter Kiel, Bordesholm und
Cronshagen; *geb. zu Boren* in Angeln *den 25 Aug. 1756.*
§§. (D. inaugur.) Commentatio in muniendi for-
mam a *Montalembert* excogitatam. Pars prior. Kiliae
1783. 4. Beſchreibung der Sternenbilder. Daſ.
(1785.) 8. Berechnungen über den Werth der Zu-
nahme des Vermögens. Daſ. 1787. 8. Ueber die
Möbelgilden in den Herzogthümern Schleswig und
Hol-

Holſtein. Daſ. 1791. 8. Nachricht von den Beyträgen zur allgemeinen Landbrandcaſſe, in Vergleichung mit der Verſicherungsſumme der Gebäude vom
Anfange des Iahrs 1777 bis Oſtern 1793; in den
Prov. Ber. 1794. H. 1. Nachricht von der allgemeinen Vertheilung der Brandſchäden in den Land-
diſtriſten der Herzogthümer Schleswig und Holſtein
im Iahre 1794, nebſt einigen Bemerkungen über die
Entſtehung dieſer Schäden; daſ. 1795. H. 2. Vergl.
Bolten am angef. Orte. *(Revidirt.)*

(N. 4. 5.) VALETT (Johann Jakob Meno), *Doctor der*
Philoſophie und Privatdocent in Kiel ſeit 1794 (vorher
zuerſt Privatdocent in Erlangen, darauf ſeit 1790
Privatgelehrter zu Bayreuth); *geb. zu Hamburg den*
3 März 1758. §§. D. Num Theſpis tragoediae auctor
haberi poſſit? Sectio I et II. Erlang. 1788. 4. *Mu-*
radgea d'Ohſſon's vollſtändige Beſchreibung des Ott-
manniſchen Reiches — Aus dem Franzöſiſchen. 1 Th.
2ter Band (der 1ſte iſt von J. C. J. Wucherer, vergl.
Nachtr. 4). Bayreuth 1791. 8. Engliſches Leſebuch,
nebſt einer Sprachlehre für Anfänger. Daſ. 1791. 8.
*Geheime Lebensgeſchichte des Marſchalls von Ri-
chelieu, oder Erzählung ſeiner Abentheuer, Liebſchaf-
ten, Intriguen und all desjenigen, was auf die verſchiedenen Rollen Bezug hat, die dieſer merkwürdige
Mann in einem Zeitraume von mehr als 80 Iahren
ſpielte. Aus dem Franzöſ. überſetzt. 3ter Band (der
1ſte und 2te iſt von J. F. L. Menzel, vgl. Nachtr. 5).
Daſ. 1792. 8. * Neue Reiſe durch die vereinigten

Staaten von Nordamerika im Iahr 1788. Aus dem Französ. des Herrn *Briſſot von Warwille.* 3ter Theil (vergl. A. C. Kayſer Nachtr. 5). Daſ. 1793. 8. *Ja-mes Pickbourn's* Abhandlung über das engliſche Ver-bum — Aus dem Engliſchen überſetzt. Daſ. 1793. 8. *Das gerettete Venedig; ein Trauerſpiel in 5 Aufzü-gen. Nach dem Engliſchen des *Otway.* Daſ. 1794. 8. *(Autographum.)*

VENT (Alexander), *geb. zu Satrup* in der Struxdorfhar-de Amts Gottorff *den 14 Oktob. 1764.* Kam 1784 als Schullehrer nach Tarsballig, wo er eine algebraiſche Aufgabe drucken ließ, die ihm einen ganzen Feder-krieg zuzog, bis er 1785 eine andere kunſtvollere herausgab. Dieſe verrieth ſeine guten Kenntniſſe in der Mathematik und Algebra, und ſeine ehemaligen Gegner ſchwiegen. 1786 wurde er Schullehrer zu Satrup-Rade, wo er 1787 ein geiſtliches Gedicht drucken ließ, das wegen ſeiner gefälligen Manier vie-len Beyfall fand. Darauf ward er 1787 als *Orga-niſt, Küſter und Schullehrer an ſeinem Geburtsorte* beſtellt. In demſelben Iahre gab er eine Sammlung von Ge-beten für Schulkinder heraus, die reiſſend abgegan-gen iſt, weil ſie in verſchiedenen Schulen eingeführt iſt. Wahrſcheinlich muß bald eine zweyte revidirte Auflage folgen. Ein ſehr kleines Gedicht, die Beichte genannt, fand ſehr vielen Beyfall und ward 1790 ge-druckt. 1793 ließ er einige Schäfer- und Frühlings-lieder unter dem Titel: Natur ohne Kunſt, oder Lie-der nach meiner Laune, drucken. *(Mitgetheilt.)*

VIBORG

VIBORG (Erik Niſſen — bedient ſich ſeit einigen Iahren nur des erſten Vornamens), *zweyter Profeſſor der Veterinär-Schule und Lector der Botanik bey der Univerſität zu Kopenhagen* ſeit 1783, *auch* ſeit 1792 *ordentliches Mitglied der königl. Geſellſchaft der Wiſſenſchaften daſelbſt; geb. zu Bedſtede* in der Süderrangſtrupper Harde Amts Apenrade *den 5 April 1759.* §§. Tentamen Eudiometriae perfectioris, in publico Acad. Regiae Scientiar. Haunienſis conventu d. 25 April 1783, praemio coronatum. Hafn. 1784. 8. Botaniſk-œkonomiſk Afhandling om Bygget. Et i Fœlge de grevelige Thottiſke Legatum af det kongl. danſke Videnſkabers Selſkab den 22 Iun. 1787 kronet Priisſkrift. Kbhvn. 1788. 4. med 4 K. Efterretning om Sandvæxterne og deres Anvendelſe, til at dæmpe Sandflugter paa Veſterkante af Jytland, udgivet efter Kongel. Befalning, til Brug for Klitbeboerne. Kbhvn. 1788. 8. med 7 K. (Ueberſetzt unter dem Titel: Beſchreibung der Sandgewächſe und ihrer Anwendung zur Hemmung des Flugſandes auf der Küſte von Iütland, zum Gebrauch der Sanddünen-Bewohner, auf königl. Befehl herausgegeben von *E. V.* — Aus dem Dän. von *J. Peterſen.* Daſ. 1789. 8. mit 7 Kpf.) Schädlichkeit und Unſchädlichkeit des Eibenbaums; in den Schriften der Leipziger ökonomiſchen Geſellſchaft Th. 7. S. 18 ff. Efterretning om Trommeſygens Behandling hos Hornqvæget. Kbhvn. 1792. 8. med 1 K. Forſœg og Erfaringer om adſkillige Gifters Virkning paa Dyr. Kbhvn. 1792. 4.

Efter-

Efterretning om den kongl. danſke Veterinærſkoles
Indretning. Kbhvn. 1792. 8. Forſœg til ſyſtema-
tiſke danſke Navne af indenlandſke Planter, forfattet til Brug for Lærlingerne ved den kongl. Veteri-
nærſkole. Kbhvn. 1793. 8. — Mehrere dieſer Abhandlungen erſchienen deutſch unter dem Titel: Sam-
lung von Abhandlungen für Thierärzte und Oekonomen. Aus dem Däniſchen. 1ſtes Bändch. Kopenh.
1795. 8.— Vergl. *Worm* 3, 851. *(Revidirt.)*

VIBORG (Nikolaus Chriſtian), des vorigen Bruder —
Commerzconſulent und Director der königl. däniſchen Tuch-
manufactur in Fridericia, vorher Director der königl.
Tuchmanufactur auf dem Blauhofe zu Kopenhagen;
geb. zu Bedſtede den 22 May 1747. §§. Eraſt eller den
lykkelige Dyd, et Forſœg efter Hr. *von Kleiſt* Irin.
Kbhvn. 1772. 8. Q. *Dijonval's* Oplœsning og the-
miſk Underſœgning af Indigoen og dens Anvendelſe
i Farvekunſten, af Franſk overſat med den originale
Text og Overſætterens Anmærkninger. Kbhvn. 1778.
8. En Efterretning om Anvendelſen af en ny Tin-
Oplœsning til Skarlag i Farveriet. Kbhvn. (1779.)
8. Danſk Muſen-Almanak, for kvilket Aar man vil.
Kbhvn. 1781. 8.— Einige anonymiſche Abhandlungen in der däniſchen Monatsſchrift Minerva. — Vgl.
Worm 3, 852. und *Brünniche* bibl. ſcientt. natural.
S. 229.

DE VICQ THOLEN (Jan), *Doctor der A. G. und ausüben-*
der Arzt, anfangs zu Franeker, dann im Sachſen-Lauen-
burgiſchen, itzt *zu Huſum; geb. zu Leeuwaarden in Fries-*
land

land den 29 Ian. 1761. §§. Mehrere anonymifche Auffätze, die nicht angegeben werden können.

(M.) VOGEL (Jakob — nicht Johann — Leonhard), Bruder des Adolf Friedrich V. im *Meufel*, vgl. memoria
vitae eius litteris confignata a *J. D. Overbeck.* Lubéc.
1785. Fol.) — *Superintendent und Hauptpaftor zu Eutin* feit 1787, vorher Paftor zu Bofau im Hochftift
Lübeck feit 1770, zuerft feit 1762 Diakonus in Eutin; *geb. zu Lübeck den 20 Sept. 1729.* §§. Alterthümer der erften und älteften Chriften. Hamb. 1780.
8. *(Revidirt.)*

VOIGT (C... F... J...), *Compaftor zu Süderftapel* in
der Landfchaft Stapelholm feit 179..; *geb. zu Heide*
176.. §§. Hülfsbuch für Prediger. 1ften Bds. 1ftes
St. Hamb. 1795. 8.

VOLKMAR (Friedrich Carl), *Rector zu Garding* in Eiderftedt feit 1791; *geb. zu Kurau* Amts Arensbök den
16 Febr. 1766. §§. *Verfuch einer Befchreibung von
Eiderftedt. In Briefen an einen Freund im Holfteinifchen. Garding und Hamb. 1795. 8. *(Mitgetheilt.)*

(M. u. N. 1-5.) VOSS (Johann Heinrich), *Fürft-Bifchöfl.
Lübeckifcher Hofrath* feit 1786 *und Rector zu Eutin* feit
1782, vorher feit 1778 Rector zu Otterndorf im
Lande Hadeln, zuerft feit 1775 Privatgelehrter zu
Wandsbeck; *geb. zu Sommersdorf* in Mecklenburg *den
20 Febr. 1751.* §§. *Alembert's* Verfuch über den Um-
gang der Gelehrten und Grofsen, über den Ruhm,
die Mäcenen und die Belohnungen der Wiffenfchaften. Aus dem Franzöf. Leipzig 1775. 8. Unter-

fuchun-

ſtichungen über Homers Leben und Schriften. Aus
dem Engliſchen des *Blackwell.* Leipzig 1776. 8. Homers Odyſſee, 14ter Geſang, überſetzt; im deutſch.
Mercur 1779. St. 2. Ueber Homers Ocean; im Götting. Magazin 1780. St. 2. Die tauſend und eine
Nacht; arabiſche Erzählungen. Aus dem Franzöſ. des
Anton Golland überſetzt. 6 Theile. Bremen 1781-
1785. 8. Homers Odyſſee. Hamb. 1781. gr. 8.
Luiſe. An Schulz; im deutſch. Mercur 1784. St. 11.
Gedichte (Originalausgabe). 1ſter Band. Hamburg
1785. 8. 2ter B. Königsb. 1795. Virgils Land-
bau, 4 Geſänge, überſetzt und erklärt. Hamb. 1789.
gr. 8. Aenderungen verſchriebener Stellen im Livius; im humaniſtiſchen Magazin B. 3. St. 4. (1790.)
Fortſetzung; im philologiſch-pädagog. Mag. B. 2.
St. 3. (1793.) Ueber des Virgiliſchen Landgedich-
tes Ton und Auslegung. Altona 1791. kl. 8. Daph-
nis; Virgils 5te Ekloge, überſetzt und erklärt; im
deutſch. Mercur 1792. St. 1. Ueber den Gebrauch
des ὁδε und beyläufig des γαρ; im neuen Magaz. für
Schullehrer B. 1. St. 1. S. 159 ff. (1792.) Ein Aufſatz, die alte Weltkunde betreffend; im Intelligenzblatt der allgem. Litteraturzeitung 1792. N. 42. Homers Werke, überſetzt. Die Ilias neu, die Odyſſee
umgearbeitet. Auf Schreibpap. und auf Velinp. 4 Bände, mit 3 Karten und einem Titelkupf. Altona 1793.
gr. 4. und gr. 8. Mythologiſche Briefe. 2 Bände.
Königsb. 1794. 8. (*Drey* waren vorher eingerückt
im deutſch. Mercur 1794. März, im Genius der Zeit
1794

1794. April und May.) Virgils 4te Ekloge, überfetzt und erklärt. Probe einer neuen Ausgabe (welche
in der Mich. M. 1796 mit einer neuen Bearbeitung
des *Landbaues* erfcheinen wird). Angehängt ein Abfchied an Hrn. *Heyne.* Altona 1795. 8. Luife; ein
ländliches Gedicht in drey Gefängen. Königsb. 1795.
kl. 8. mit drey Kupferftichen und einer Vignette von
Chodowiecky. — Für das teutfche Mufeum lieferte
er folgende Auffätze: Plato's Vertheidigung des So-
krates, mit kritifchen Anmerkungen. 1776. St. 10.
11. (wieder abgedruckt in *Dillenius* chreftomathia
Platonica. Winterthur 1792. 8., in der von C. *H.
Jördens* veranftalteten Sammlung der beften zerftreuten Ueberfetzungen der Griechen und Römer. 1fter
Band. Berlin und Stralfund 1783. 8. und in der un-
rechtmäfsigen Sammlung, welche *Krieger* in Giefsen
unter dem Titel: J. H. V. vermifchte Gedichte und
profaifche Auffätze. Frankf. und Leipzig 1784. 8.
gemacht hat.) Pindar's erfter pythifcher Chor, mit
kritifchen Anmerkungen. 1777. St. 1. Odyffeus Erzählung von den Kyklopen; aus dem 9ten Gefang
der Odyffee. 1777. St. 5. Wiederhergeftellter Vers
im Sophokles (Oedip. Col. v. 1626 - 1649). 1778.
St. 3. Der englifche Homer, daf. Verhör über den
Recenfenten der Bodmerfchen und Stolbergifchen Ilias
in der allgem. deutfch. Bibl. (B. 37. S. 131 ff.) 1779.
St. 8. 1780. St. 3. 11. Ueber Ortygia. 1780. St. 4.
Nachricht von der deutfchen Odyffee; St. 7. Ueber
eine Recenfion in den Götting. Anzeigen vom Hrn.

Hofr. *Heyne*; St. 9. Verhör über die Recenfenten
der Klopftockifchen Fragmente über Sprache und
Dichtkunft. 1781. St. 3. 4. Ueber die deutfchen Mo-
natsnamen; St. 5. Ueber einen witzigen Einfall des
Hrn. Prof. *Lichtenberg* im Götting. Magaz.; daf. Vertheidigung gegen Hrn. Prof. *Lichtenberg*. 1782. St. 3.
Virgils Landleben erfter Gefang. 1783. St. 1. *Das
Wort eines Dritten zu der Vertheidigung des neueften Ueberfetzers der Iliade; daf. Ehrenrettung gegen Hrn. Prof. *Lichtenberg*; St. 4. * Vertheidigung
einer Stelle im Virgil (Ekl. 3. 109). 1786. St. 1. Zur
Erklärung Virgils zweyter Beytrag (Georg. 2, 273);
St. 2. Dritter (Georg. 1, 281); St. 4. Vierter (Georg.
3, 157); St. 5. Fünfter (Georg. 1, 193); St. 6.
Sechster (Ekl. 1, 52); St. 7. Siebenter (Georg. 1,
316 - 327); St. 9. * Ueber die Geftalt der Erde nach
den Begriffen der Alten; im *neuen* deutfchen Mufeum.
1790. St. 8. Probe der Ilias. 1791. St. 1. — Gedichte, *theils* im Götting. Mufenalmanach oder der
poetifchen Blumenlefe feit 1772; deren Herausgabe
er 1776 unter dem Druckort Lauenburg, von 1777
bis 1779 unter dem Druckort Hamburg, von 1780
bis 1787 in Verbindung mit *Göckingk* ebendafelbft
und endlich feit 1788 allein beforgt hat; darin: 1786
eine Anmerkung, Tibull's Gedichte betreffend, 1789
ein Abrifs der Homerifchen Weltkunde, 1790 Anmerkungen zur 6ten und 10ten Idylle Theokrits und
1791 Anmerkungen zur Virgils 7ten Ekloge und deffen Copa — *theils* im zweyten Iahrg. des Genius der
Zeit

Zeit (1795), *theils* im Taſchenbuch von J. G. Jacobi
und ſeinen Freunden für 1795 und 1796.— Einige
Idyllen *däniſch* überſetzt in der Minerva von 1787
und 1788, vergl. *Erſch.* — Hat einige Auffätze in
Holty's Kenner überſetzt. Leipzig 1775. und auch an
(H. C. Baie's) Ueberſetzung von *Chandler's* Reiſen in
Griechenland. Daſ 1777. gearbeitet. — Die lateiniſche Ueberſetzung nebſt mehreren kritiſchen Anmerkungen zu Homers Hymnus an die Ceres; in der Ausgabe deſſelben von *Ruhnkenius.* Leiden 1782. 8. und
in der von *Mitſcherlich.* Leipzig 1787. 8.— Hatte Antheil an P. G. Hensler's Ausgabe von des verſtorbenen *P. W. Hensler's* Gedichten. Altona und Hamb.
1782. 8. und gab mit F. W. Graf zu Stolbergs L. H.
C. *Holty's* Gedichte heraus. Hamb. 1783. 8. 2te Auflage 1795.— Seinen bekannten Freyheitsmarſch findet man däniſch in *Baggeſen's* Reiſen und ſchwediſch
im menſchlichen Leben St. 11. ſo wie ſeine „Hymne,
nach dem Däniſchen des Hrn. *Thaarup*, im Clavier-
auszuge. von *J. A. P. Schulz.* Kopenh. 179.." herausgegeben iſt. — Vergl. *J. C. Koppe's* itzt lebendes
gelehrtes Mecklenburg. St. I. S. 164-170. *(Revidirt.)*
(M.) VOSS (Marcus Detlef), *Hauptpaſtor zu Garding* in
Eyderſtedt ſeit 1781, vorher ſeit 1769 Diakonus daſelbſt; *geb. zu Tetenbull* in derſelben Landſchaft *den
15 Dec. 1741.* §§. Kurze und tabellariſche Einleitung
in das ſtudium theologicum, zur Belehrung junger
Theologen aufgeſetzt. Kiel 1778. 8. Kurze — aufgeſetzt und gegenwärtig zum zweyten Mal verbeſ-

ſert.

fort. Flensb. und Leipzig 1779. 8. Eine Standrede
bey dem Sarge des Bürgermeisters Peter Christianſen
hieſelbſt, am 21 Nov. 1777 gehalten; in der erſten
Sammlung der Predigten und Reden, welche von öffentlichen Lehrern in den Herzogth. Schleswig und
Holſtein gehalten worden. (Heide 1779. 8.)—Gedanken eines Ungenannten, den einländiſchen Woll-
und Rübſaathandel und die mit ſolchen Landesproducten ſich beſchäftigenden Fabriken des Vaterlandes
betreffend, *mit Anmerkungen, vorzüdmlich in Beziehung
auf die Landſchaft Eyderſtedt*; in den Schl. Holſt. Prov.
Ber. 1787. H. 5. Etwas von den Stallern, und den
beſondern Geſetzen und Freyheiten der drey Lande
Eyderſtedt, Everſchop und Utholm; daſ. 1790. H.
1 ff. (noch nicht geendigt.) Meteorologiſches Tagebuch vom Ianuar bis Dec. 1790; daſ. 1790. H. 2 —
1791. H. 1. Hiſtoriſche und topographiſche Nachrichten von der Stadt und dem Kirchſpiel Garding
im Weſtertheile der Landſchaft Eyderſtedt; daſ. 1791.
H. 5. Lob- und Dank-Ode am Neujahrstage 1794,
öffentlich vor ſeiner Gemeinde von der Kanzel dekla-
miret. Schlesw. 8. Fragen an meine Konfirmanden
bey ihrer Konfirmat., mit einem Schluſswunſch. Daſ.
. . . . 8. Erklärung derjenigen Schriftſtellen des A. T.,
welche man bisher gewöhnl. die Meſſianiſchen Weiſſa-
gungen genannt hat, mit philolog. krit. Anmerk. 1r B.
Flensb. 1795. gr. 8. Erklärung des in den Herzogth.
Schleswig und Holſtein eingeführten neuen Landeskatechismus. Daſ. 1796. 8. *(Revidirt.)*

VOSS

VOSS (. : : . . .), *Doctor der A. G. und ausübender Arzt zu*
Eutin; geb. zu Hohenweſtedt Amts Rendsburg 175'..
§§. D. inaugur. praeſ. *P. B. C. Graumann* habita .....
Bützov. 17...

N. 1. 2. 4. 5.) Baron von WALTERSTERN (Anton
Heinrich — nicht: A... H... W...), *privatiſirt zu Al-*
tona; geb. zu Lemgo den 31 Aug. 1727. §§. *Des M.
T. Cicero's* Lälius, oder Unterredung von der Freundſchaft, mit beygefügten Anmerkungen. Altona 1780.
8. *Des Hrn. *Addiſon's* Entwurf von der Wahrheit
der chriſtlichen Religion, nebſt des Hrn. *Correvon*
darüber herausgegebenen Anmerkungen und weit-
läuftigen Abhandlungen, überſetzt und zum Theil in
einem Auszug gebracht, mit einer Vorrede des Hrn.
Abt *Jeruſalem.* Hamb. und Leipzig 1782. 8. * Die
Bekehrung des Kaiſers Conſtantin des Großen, nach
ihren Urſachen und Wirkungen, nebſt einer Abſchil-
derung des Charakters dieſes Fürſten. Aus dem Engliſchen des Hrn. *Edward Gibbon* Eſq. überſetzt. Altona
1784. 8. *Fragmente der alten Geſchichte und Philoſophie, aus den Attiſchen Nächten des *A. Gellius* geſammelt und überſetzt, mit beygefügten Anmerkungen. Lemgo 1785. 8. * Das Leben des Attila, Königs der Hunnen. Aus dem Engl. des *E. Gibbon.* Lüneburg 1787. 8. * Die Ausbreitung des Chriſtenthums aus natürlichen Urſachen. Aus dem Engl. des
E Gibbon überſetzt und mit einer kurzen Prüfung begleitet. Hamb. 1788. 8. (fehlt im *Reuſs.*) *Des Hrn.
S. Hollingsworth's* Abhandlung von den Sitten, der Re-
gie-

gierungsart und dem Geift der Völker in Africa, nebft deffen Anmerkungen über die Abfchaffung des Sclavenhandels in dem Brittifchen Weftindien. Halle 1789. 8. — Antheil an den gelehrten Beyträgen zu den Braunfchweigifchen Anzeigen. — Einige Auffätze in der neuen Litteratur- und Völkerkunde des Hrn. *von Archenholz* (namentlich 1788. St. 5: Zenobia, berühmte Königin von Palmyra, ein Fragment; aus dem Engl. des *E. Gibbon*). — (*Revidirt.*)

WARNCK (Johann Hinrich), *Paftor zu Wöbrden* in Süderdithmarfchen feit 1782, vorher feit 1761 Diakonus dafelbft, zuerft feit 1753 Rector zu Brunsbüttel; *geb. zu Marne* in Süderdithmarfchen *den 8 April 1724.* §§. Ein Glückwünfchungsfchreiben an den Confiftorialrath und Probften von Ancken in Melldorf ..... 176.. (*Mitgetheilt.*)

WEBER (Friedrich), Sohn des folgenden — *Mitglied der Naturforfchenden Gefellfchaft in Jena; geb. zu Kiel den 3 Aug. 1781.* §§. Nomençlator entomologicus fecundum Entomologiam fyftematicam ill. *Fabricii,* adiectis fpeciebus recens detectis et varietatibus. Kil. et Hamb. 1795. 8 min. (*Revidirt.*)

(M. u. N. 1. 3.) WEBER (Georg Heinrich), Sohn des Andreas W. im Anhange — *Doctor der A. G. und Chirurgie, der erften und der Botanik ordentlicher Profeffor zu Kiel* feit 1780 (vorher feit 1777 aufserordentlicher Profeffor der A. G. und Profector dafelbft); *geb. zu Göttingen den 27 Iul. 1752* (nicht: 1751 — wird im dritten Nachtrage als geftorben aufgeführt, welches

im

im vierten oder fünften aus der allgem. deutschen
Bibliothek 67, 610. hätte berichtiget werden können).
§§. Mehrere ehemals in Göttingen für Andre verfaßte medicinische Probeschriften.   Commentatio
botanico-medica, sistens vires plantarum cryptoga-
micarum medicas (praes. Frid. Christ. Struve). Kil.
1773. 4. Abhandlung von dem Ursprung der Ve-
nusseuche, worin bewiesen wird, daß dieses Uebel
nicht aus Amerika gekommen sey, sondern in Europa durch eine Epidemie seinen Anfang genommen
habe. Aus dem Französ. Bremen 1775. 4. Vollstän-
dige Auszüge aus neuen Dissertationen medicinischen
und physischen Inhalts. 2 Bände. Daf. 1775. 1776.
8. Spicilegium Florae Goettingensis, Plantas in primis cryptogamicas Hercyniae illustrans. Goth. 1778
(eigentlich 1777). 8 mai.   D. primitiae Florae Holsaticae. Kil. 1780. 8. (vertheidigt von F. H. Wiggers
unter J. C. Kerstens, dem Mensel sie beylegt.)   D. de
nonnullorum febrifugorum virtute et speciatim Gei
vrbani radicis efficacia. ibid. 1784. 4. Supplemen-
tum Florae Holsaticae. ibid. 1787. 8.   Neun Nachrichten von dem Zustande der Krankenanstalt zu Kiel.
1785-1795. 8. (Die erste ist wieder abgedruckt in
den Prov. Ber. 1787. H. 1.   Die zweyte bis neunte
aber in den verschiedenen Iahrgängen dieser Zeit-
schrift im Auszuge mitgetheilt.)   Anfrage an das Publicum über die Errichtung eines Arbeitshauses; in
den Prov. Ber. 1787. H. 1.   Bitte an das Publicum
um Unterstützung zu dem in Kiel zu errichtenden

Kran-

Krankenhaufe. 1788. 8. Der Landmann Marx Nil-
fen; in den Prov. Ber. 1792. H. 2. — Antheil an der
unter *Holft* aufgeführten Wochenfchrift zum Beften
der Armen in Kiel. — *Recenfionen* in der auserlefenen
Bibliothek der neueften deutfchen Litteratur (Lemgo
1772 ff.) in der Kieler gel. Zeitung, im Kieler Litteraturjournal und in andern. *(Revidirt.)*

WEGENER (Johann Ernft Friedrich), *Doctor der A. G.
und Phyfikus in der Stadt Eckernförde und dem Amte Hütten; geb. zu Eckernförde den 13 Iul. 1763.* §§. D. inaugur. de febre catarrhali maligna per Holfatiae loca
maritima graffante. Kil. 1788. 4. *(Revidirt.)*

(M.) WEINMANN (Eberhard), *Advocat zu Süderftapel* in
der Landfchaft Stapelholm; *geb. zu Altona den 3 Dec.
1714.* §§. *Sammlung einiger juriftifchen Abhandlungen, beftehend in Erläuterung einiger Artikel des
jütifchen Lowbuches. Schlesw. 1772. 4. *(Mitgetheilt.)*

WEINMANN (Otto), Sohn des vorigen — *Candidat (?)
der Rechte zu Süderftapel; geb. dafelbft den 3 Ian. 1766.*
§§. *Nachricht von dem Schaden, welchen die Landfchaft Stapelholm, insbefondere die darin belegene
Dorffchaft Süderftapel, durch die hohe Fluth am 21
März d. I. erlitten hat; in den Prov. Ber. 1791. H.
6. *Ueber den Betrieb in der Landfchaft Stapelholm;
daf. 1793. H. 5. *Ueber den Schaden, welchen die
Landfchaft Stapelholm von den wüthenden Stürmen
des vorigen Winters erlitten hat; daf. 1794. H. 1.
*Berechnung eines fürftlichen Gaftmahls vom Iahre
1533; daf. *Wetterbeobachtungen von dem Iahre
1793

1793, mit befonderer Rückficht auf die Landfchaft Stapelholm; daf. H. 2. *Wetterbeobachtungen von dem Iahre 1794; daf. 1795. H. 6. (Mitgetheilt.)

(M.) WEISSER (Johann Nikolaus), *Doctor der A. G. und Profeffor derfelben, wie auch der Naturlehre und Mathematik am Gymnafium zu Zerbft; geb.* (nicht zu Brodersbye, wie in den Prov. Ber. 1787. H. 4. fteht, fondern) *zu Rüllfchau* in der Husbyeharde Amts Flensburg (wo fein Vater erft Prediger war, ehe er nach Brodersbye kam) *den 7 Febr. 1729.* §§. Gedanken über die Erweiterung der Erkenntniffe des Landmannes zur Aufnahme der Landwirthfchaft, nebft einer Anzeige feiner Vorlefungen. Halle 1773. 4. Specimen de fanguinis in pulmonibus condenfatione haud defendenda. ibid. 1774. 4. (*Mitgetheilt.*)

(M. u. N. 4.) WESTENHOLZ (Johann Dieterich Wilhelm), *Paftor der Seyerslever, Eyerslever und Jordbyer Gemeinden* im Stift Aalborg feit 1776, vorher feit 1775 Paftor zu Solberg und Sundbye, feit 1772 Privatgelehrter, feit 1766 Adjunct und Compaftor zu Gierlev und Enslev; *geb. zu Wilfter 1731.* §§. Hvorledes de Vanfkeligheder beft kan hæves, der hindre vedkommende Ere at lede Vandet fra Agre, Enge og Moefer. Kbhvn. 1772. 8. Om de Aarfager, der hindre Folke - Mængdens Tiltagelfe i Bondeftanden. Kbhvn. 1772. 8. (Beyde Preisfchriften find auch eingerückt in: Oekonomifke Priis - Skrifter over de af forrige General - Landvæfens - Commiffion udfatte Spœrsmaale. Med Kaaber. Kbhvn. 1774. ft. 8.) Bondede-Speil, hvori kan fees, hvor vidt Landmanden felv er Aarfag til den graſſerende Sygge iblandt Hornqux- get, ſaa og til den hœie *Kornpriis* og den deraf fly- dende dyre Tid. *K*bhvn. 1772. 8. — Verſchiedene Gedichte (?). — Vgl. *Worm* 2, 572 und 3, 849.

(M.) WESTPHALEN (Johann Heinrich), *königl. däni-* *ſcher Kanzeleyrath zu Tönningen*; *geb. zu Hamburg den* *31 Ian. 1724.* §§. Fabeln und Erzählungen. Leipzig 1763. 8. — Recenſionen in den Hamb. Nachrichten aus dem Reiche der Gelehrſamkeit und in andern pe- riodiſchen Schriften.

WIBEL (.....), *Canzeleyſecretair zu Eutin*; *geb. zu Glück-* *ſtadt* 177... Ueber die Seidenhaſenzucht; einige ge- ſammlete Bemerkungen und Erfahrungen; in den Prov. Ber. 1795. H. 3.

WIBORG ſ. VIBORG.

(N. 5.) WICHMANN (Georg Friedrich), *Paſtor zu We-* *del* in der Herrſchaft Pinneberg ſeit 1781, vorher ſeit 1772 Diakonus an der Marienkirche zu Rendsburg; *geb. zu Bramſtede* Amts Segeberg *den 24 Iun. 1748.* §§. Das Gottgefällige Gebet chriſtlicher Unterthanen um das allgemeine Wohl. Eine Predigt an den höchſt verordneten auſſerordentlichen Dank- und Bettage, den 1 Dec. 1773. über den vorgeſchriebenen Text (Pſ. 90, 15. 17.) gehalten. Hamb. 1774. gr. 8. Von der Würde und den Vorzügen des Alters. Daſ. 1778. 8. (Eine Iubelſchriſt bey *Struenſee's* Amtsjubelfeyer; auch der, unter Joh. Caſ. Clauſſen aufgeführten, Sam- lung eingerückt.) Vgl. *Boltens* K. N. von Altona 2, 274 fg.

VON WICKEDE (Friedrich Bernhard), *privatifirt in Plön,* wo er vorher, fo wie zuerft in Lübeck, Director einer Erziehungsanftalt war; *geb. zu Lübeck den 31 Dec.* 1747. §§. Plan und Methode der Erziehungsanftalt in Plön; im Genius der Zeit 1794. März. — Zufolge den Gött. Anzeigen (1786, 568.) erfchien fchon früher eine einzeln gedruckte Nachricht. Lüb. 1786. (M. u. N. 1. 2. 3.) WIGGERS (Johann Georg); *Agent der Hanfeftädte* Lübeck, Hamburg und Bremen *zu St. Petersburg* feit 1787, vorher feit 1782 aufserordentlicher Profeffor der Philofophie zu Kiel, zuerft ....! zu ...... in Rufsland; *geb. zu Bredftedt* (nicht: Hufum) *den* .... 1749. §§. Ueber die Biographie und das Studium der Menfchen. Mitau 1776. 8. Die Moral der Klio; ein Verfuch über den Einflufs der hiftorifchen Lectüre in die Befferung des Herzens. Frankf. und Leipzig (1780). 8. Chriftian IV; eine panegyrifche Skizze. (Kiel 1782.) 8. (Zwölf) vermifchte Auffätze. Leipzig 1784. kl. 8. *Hume's* Verfuch über die bürgerliche Freyheit, verdeutfcht und mit Anmerkungen begleitet; in *Heinze's* Kiel. Mag. 2 B. 1 St. 1785. — Auffätze im Petersburg. Journal. (*Mitgetheilt.*)

WILKENS (Jacob), *Schulkollege in Preetz* feit 1789; *geb. zu Marne* in Süderdithmarfchen *den 27 Ian. 1760.* §§. Predigt über die glückfeligen Folgen eines tugendhaften und Gott wohlgefälligen Verhaltens. Altona 1786. 8. ✝Das grofse Verdienft Chrifti, als die wichtigfte Sache in der Welt. Jena 1787. 8. (eine holländifche

Ueber-

Ueberſetzung wurde in der allgem. Litterat. Zeitung wenigſtens angekündiget.) — *(Revidirt.)*

(N. 4. 5.) WITT (Johann Gottfried), *Hauptpaſtor bey der Stadtgemeine in Glackſtadt* ſeit 1792, vorher ſeit 1771 Paſtor zu Morſum auf Sylt; *geb. zu Huſum den 19 Apr. 1753.* . §§. Verſuch eines Beweiſes, daß Ieſu Leiden ſtellvertretend für uns ſey. ..... 1780. ... (anch in der Sammlung der bey *Struenſee's* Iubelfeyer erſchienenen Schriften. Flepsb. 1781.) Erläuterung des neuen Katechismus. Nebſt einer Tabelle über ihren Inhalt. Zur Erleichterung für die Schuljugend und ihre Lehrer herausgegeben. Mit einer vollſtändigen Anzeige der hauptſächlichſten Druckfehler des Katechismus. Altona 1787. 8. Unterricht in den nöthigſten Sachkenntniſſen für die bürgerliche Iugend u. ſ. w. (vergl. *G. S. Francke.*) 2 ſtarke Theile nebſt 3 Anhängen. Schlesw. 1792 und 1793. gr. 8. *(Nach dem Autographum.)*

VON WITZENDORFF (Adolph Friedrich), *Erbherr auf Weſtenbrügge und Greſſow im Meklenburgiſchen, königl. däniſcher Kammerherr* ſeit 1773 *und Domherr in Lübeck; geb. zu* ..... (in den Herzogthümern?) 17... §§. Rede von der Glückſeligkeit unter einem vollkommnen Monarchen. Altona 1762. 4. Unterricht von den Vorzügen (?) einer Standesperſon. Leipz. 1763. 8. *(Mitgetheilt.)*

VON WITZENDORFF (Friedrich Auguſt Wilhelm), des vorigen Vetter — *Doctor der Rechte, königl. däniſcher Kammerherr* ſeit 1777, *Vicekanzler der Landesregierung und*

und Landkänzler bey dem adelichen Landgerichte zu Glück-
stadt seit 1795, vorher seit 1762 Regierungsrath daselbst; *geb. zu Coldiz* in Obersachsen *den 1 Ian.* 1737.
§§. D. inaugur. de exhaereditatione liberorum sine
consensu parentum nuptias contrahentium. Götting.
1757. 4. (*Mitgetheilt.*)

WOELDIKE (Andreas), Sohn des Peter W., Kirchen-
probsten in Hadersleben, der sich wegen der lateinischen Schule zu Sommerstedt berühmt machte — *Pa-*
stor zu Storehedinge auf Seeland seit 1789, vorher seit
1787 Schloss- und Garnisonsprediger an der Marienkirche zu Helsingör und zuerst seit 1777 Stifts-
prediger auf Walloe; *geb. zu Hadersleben den 27 Ian.*
1751. §§. Dissertat. III. de Clementis Romani vita
et scriptis. Hafn. 1771-73. 4. D. de Assyriorum
clade. ibid. 1774. 4. D. de precum vtilitate. ibid.
1775. 8. (Tree) Prædekener. Kbhvn. 1775. 8. Diss.
ostendens, ecclesiae antiquissimae opinionem de statu
animae post mortem non fauere pontificiorum de
purgatorio dogmati. ibid. 1776. 8. Prædekener
over adskillige af de anordnede Søn- og Festdags-
Evangelia, samt andere Texter. 1ste Samling. Kbhvn.
1779. 2de Samling. Soroe 1787. 8. Vier Predigten. Soroe 1780. 8. *J. Jochims* Forsøg til at for-
bedre Underviisningen i Landsbye Skoler; oversat.
Soroe 1781. 8. (fehlt im *Ersch.*) (*Daniel*) *Langhans*
om de Laster, som hævne sig selv paa Menneskene
Helbred, oversat. Soroe 1783. 8. (fehlt im *Ersch.*)
De som saae med Graad, skulde høste med Fryde-

fang; en Prædiken paa Nytaarsdag. Soroe 1785. 8.
Liigprædiken over Julius Wöldike. Kbhvn. 1786. ...
Ved min Kones Grav, i Mariekirke i Helfingör.
Kbhvn. 1788. 8. Tvende fidfte danfke Prædikener
i Helfingör, og Indtrædelfer Prædiken i Storehedinge.
Kbhvn. 1789. 8. I Anledning af den gyfelige 26
Februar efter Prædiken Feftelavns Sœndag 1794. i
Storehedinge Kirke. Kbhvn. 1794. 8. Vgl. *Worm*
3, 872 ff. (*Nach dem Autographum.*)

(M. u. N. 1. 2. 4. 5.) WOLF (Heinrich), *Doctor der Theologie* feit 1791 *und Paftor zu* Oldesloe Amts Segeberg
feit 1792, (vorher Confenior des Minifterium in Nor-
derdithfmarfchen und Hauptpaftor zu Weslingburen
feit 1766, zuerft Diakonus dafelbft feit 1762,) auch
Mitglied der lateinifchen Gefellfchaft in Jena feit 1755
und Ehrenmitglied der deutfchen Gefellfchaft in Bremen feit 1774, bey Ueberfendung eines 12 Bogen
ftarken Manufcripts von „Wörtern und Redensarten,
welche theils in Dithmarfchen üblich find, theils gar
fehr vom Hochdeutfchen abweichen, famt Bemerkungen über die plattdeutfche Sprache" — *geb. zu
Krummenteich* im Stifte Bremen *den 15 Nov. 1733.* §§.
Ein latein. Gedicht in elegifchen Verfen, als Glückwunfch an den Rector *Job. Sam. Müller,* als Primaner
1754 herausgegeben. Oratio de laudibus Jenae.
Jen. 1755. 1½ B. 4. (Eigentlich ein carmen hexame-
trum, recufum in eius carminibus. Hamb. 1782. 4.)
De funere Stephani in acta App. 8, 2. (eigentl. vom Präfes *J. E. J. Walch,* der fie feinen diaff. in acta App. ein-
ver-

verleibt hat.) ibid. 1756. 4. Difp. praef. *Job. Gerbero*
(dem *Adelung* zum *Jöcher Hauptmann* notit. auct. p. 157.
und *v. Blankenburg* zum *Sulzer* fie beylegt) habita de Romanorum Satira. ib. eod. 4. Pietas divis manibus
Nicolai v. d. Decken praeftita (in Hexametern). Hamb.
17... 3½ B. Fol. Eine Wahlpredigt über Pf. 68,
12-17. feinem Vater *Baltbafer Wolf* gewidmet bey
deffen Eintritt ins 75fte Iahr. Daf. 1766. 4. Gedenkfprüche, famt dem Inhalte feiner neulichft gehaltenen Predigten, feinem Vater *B. W.* bey deffen Eintritt ins 76fte Iahr gewidmet. Daf. 1767. 8. Glückwunfch an feinen Vater beym Eintritt ins 79fte Iahr,
famt einigen Gedenkfprüchen und dem Inhalt von
Predigten. Daf 1770. 8. Die Schuldigkeit erwachfener Kinder, ihre Eltern zu ehren; als feine Mutter
50 Iahre im Eheftande gelebt hatte. Eine Predigt
über 2 B. Mof. 20, 12. Daf. 1771. 4. Worte kindlicher Pflicht, an feinen Vater *B. W.* bey feinem Eintritt ins 81fte Iahr. Daf. 1772. 4. Denkworte bey
den Gräbern, famt dem Inhalte einiger dabey gehaltenen Reden; den Anverwandten der Verftorbenen
zugeeignet. Flensb. 1774. 4. Der erneuerte Bund
eines Lehrers mit feiner Gemeine, über die Epiftel
am Sonntage Exaudi. Dem Herrn Statthalter, Prinzen, Landgrafen von Heffen zugeeignet. Daf 1776.
4. Carminum latinorum feorfim editorum collectio.
Hamb. 1782. 16 B. 4. (Dem geheimen Rath und
Großvoigt *v. d. Bufche* in Hannover zugeeignet.) Genethliacum in regem, principi Friderico, regis filio,

a. d. 28 Ian. 1783. oblatum. Heidae 1783. 1½ B. 4.
Denkworte und Inhalt feiner über die Epifteln 1782
gehaltenen Predigten, famt einem Anhange des Inhalts von allen feit 1777 bey Confirmation der Kinder gehaltenen Reden und Denkworte. Den Herren
Kirchenvifitatoren zugeeignet. Hamb. 1783. 4 B. 4.
Epinicium ad Superint. general. *Job. Henr. Pratje*
diem Iubilaeum celebrantem. ibid. 1784. 4. Ad
triumviros *Ad. Struenfee*, *Job. Henr. Dan. Moldenba-
wer* et *Job. Henr. Pratje* uno fere tempore Iubilaeum
officiale celebrantes. Hamb. 1784. in forma patente.
(in elegifchen Verfen.) Rede über 1 Kor. 15, 42.
bey Einweihung des neuen Kirchhofes zu Weslingburen. Sr. Majeftät, dem Könige, den 29 Ian. zugeeignet. Daf. 1785. 4. Ueber die Feldmäufe, infonderheit in Norderdithmarfchen, famt einem Anhange
über die bekannteften Arten des Unkrauts. Sr. Majeftät, dem Könige, zugeeignet. Daf. 1786. 280 S. 8.
Auf das Krönungsfeft des Königs von Preußen, *Friderich Wilhelm*; ein lateinifches Gedicht in fapphifchen
Verfen (weswegen er mit einer königl. Zufchrift be-
gnadigt ward). Daf. 1786. 4. Der Eindruck, den
die Reife Sr. Königl. Hoheit, des Kronprinzen *Frid-
rich*, nach den dänifchen und deutfchen Provinzen
im I. 1787 auf das Herz aller königl. Unterthanen
machte. Iedem Unterthan zugeeignet. Daf. 1788. 8.
5 Bog. Erweckungsgründe zum pflichtmäßigen Verhalten bey Entrichtung der Kriegsfteuer — eine Predigt über die Epiftel 1 Petri 2, 11-20. Kiel 1789.
5 B.

5 B. 4. Ein lateinisches Gedicht in elegischen Verfen auf die Vermählung des Kronprinzen. Daf. 1790. 4. Lebenslauf feines fel. Vaters *Belthafer W.*, Kaufmann zu Krummenteich; im 6ten Th. der Nachrichten vom Leben und Ende gutgefinnter Menfchen (1790). Verfuch zur Beantwortung der Frage: Warum die Menfchen fo wenig und fo felten in ihrem Umgange und in ihren Gefellfchaften von Gott reden, da doch ihre Unterredungen keinen nützlichern Gegenftand haben können? bey Gelegenheit der Preisaufgabe entworfen und feiner bisherigen Gemeine bey der Abreife nach Oldesloe zum Andenken gewidmet. Kiel 1792. 42 S. 4. Genethliacum in regem. Hamb. 1793. 4. Ueber Ief. 43, 1-3. bey der verordneten allgemeinen Andacht am Sonntage Reminifcere. Kiel 1794. 8. Verfuche, die Feldmäufe zu vertilgen, wie fie vom I. 1786 bis 1793 in Norderdithmarfchen, und infonderheit im Kirchfpiele Weslingburen, angeftellt find. Daf. 1794. 356 S. 8. — Für die Schlesw. Holft. Prov. Ber. lieferte er folgende Auffätze: Nachricht von der Eindeichung des Marner Auffendeiches; H. 4. 1788. H. 4. 1789. H. 6. 1790. Vom Fange der Seehunde mit Fangeifen; H. 4. 1788. Von der Einfammlung des Bernfteins an den Dithmarfifchen Auffendeichen und den damit verbundenen Gefahren; H. 5. 1788. H. 5. 1790. H. 4. 1791. Verfuche, Ertrunkene zu retten, in Norderdithmarfchen angeftellt; H. 5 1788. Nachricht vom neuen Kirchhofe im Kirchfpiel Wesling-

Bb 4.   buren

buren und den daſelbſt gemachten Verſuchen zur Beförderung der Baumzucht; daſ. Berichte aus Norderdithmarſchen und der Nachbarſchaft; H. 6. 1788.
H. 4. 1789. H. 6. 1790. Ueber den Kaland, ein
Kinderfeſt in Norderdithmarſchen, und die Folgen
deſſelben für den Fleiſs und die Sittlichkeit der Gegend; H. 1. 1789. Ueber das Maaſs der Sterblich-
keit im Kirchſpiel Weslingburen; H. 3. Erinnerungen und Zuſätze zu den vorhergehenden Aufſätzen; H. 5. Ueber den Zungenkrebs des Viehes;
H. 2. 1790. Nähere Erklärung über die Urſachen,
warum die Verſuche, Ertrunkene zu retten, bisher
vergeblich waren; daſ. Ueber die letztjährige Kir-
chenliſte des Kirchſpiels Weslingburen, nebſt einigen
Anmerkungen; H. 3. Verzeichniſs aller in den Iahren 1788 und 1789 von der Kanzel zu Weslingburen publicirten königl. Verordnungen, Befehlen, aus
der Landvoigtey zu Heide und ſonſtigen Bekannt-
machungen; H. 6. Ein merkwürdiger Vorfall; daſ.
Nachricht von Teſtamenten; daſ. Nachricht von
einem merkwürdigen Vorfall an den Wilſtermarſch-
deichen und von den Wirkungen der letzten hohen
Fluth am 21 März d. I., beſonders in Norderdithmarſchen; H. 3. 1791. Apologie für Wittwen und
Waiſen, begleitet mit einigen Anmerkungen von einem Rechtsgelehrten; H. 3 und H. 4. Ueber die
Redensart: *mit den Iuden käſen*, in Beziehung auf die
Wilſtermarſch; H. 5. Von dem Sinken der Brock-
dorfer Elbdeiche, eine Fortſetzung der Nachricht von
einem

einem merkwürdigen Vorfall an den Wilſtermarſch-
deichen; daſ. Ergänzung und Berichtigung der vor-
ſtehenden Nachricht nach einer auf der Stelle unternommenen Beſichtigung der beſagten Deichſtrecken;
daſ. Unmaſsgebliche Gedanken über die weitere
Anwendung der Verſicherungsanſtalten bey den wi-
drigen Zufallen der Landwirthſchaft, in Beziehung
auf einen Aufſatz des Hrn. Prof. (L. A. G.) Schrader;
H. 6. Dithmarſiſche Nachrichten. Erſte Lieferung:
ökonomiſche Bemerkungen auf einer Reiſe nach dem
neuen Kronprinzenkoege; daſ. Zweyte Lieferung:
ökonomiſcher Bericht von dem Kirchſpiel Weslingburen; Nachricht vom Kuhdenſee; Wünſche für
die Baumzucht und Waldcultur in Dithmarſchen;
H. 2. 1792. Nachricht von dem Lotſenweſen bey
der Bäſch im St. Margrethener Auſſendeiche; H. 3.
Ueber das Gewerbe und Verkehr im Flecken Heide
in Norderdithmarſchen, nebſt einem alphabetiſchen
Verzeichniſſe ſeiner Handwerker und ſonſtigen Hand-
thierungen; H. 4. Auch ein Wort über Induſtrieſchulen, mit beſonderer Rückſicht auf Dithmarſchen;
H. 5. Gedanken und Erinnerungen über einige Vor-
ſichtsahſtalten zur Verminderung der Waſſerſchäden
an den Marſchdeichen; H. 1. 1793. Klaus Boie
von Joſenburg, ein reicher Landmann in Dithmarſchen; daſ. Fürſprache für die Landärzte; H. 3.
Meine Erfahrungen von öffentlichen Armencaſſen; H.
5. 1794. Einige Beyſpiele aufgehobener Leibeigenſchaft in der Nähe um Oldesloe; H. 6. 1795. Nach-

richt

richt von einigen Kupfer- und Meſſingmühlen in Holſtein; daſ. — Einzelne lateiniſche Gedichte ſind in
Zeitſchriften abgedruckt, z. B. im Hamb. Correſpondenten: Auf den Tód des Prof. *Schütze* in Hamburg;
auf drey junge Doctoren der Medicin, *Adolph Frider.*
Vogel in Lübeck, *Herm. Dieder. Reimarus* und *Joach.*
Frider. Bolten in Hamburg, welche faſt in einer Wo-
che ſtarben; auf den Doctor *Gerling* in Hamburg,
wie er Senior ward. — Auſſer einigen, in den ehemaligen Hamburg. gel. Zeitungen befindlichen, Aufſätzen, findet man auch von ihm *theils* Verſchiedenes
in *Pratje's* liturgiſchem Magazin, z. B. im dritten Fache 1786. S. 211. von dem neuen Schleſw. Holſt.
Geſangbuche und S. 221. von dem neuen Katechismus — *theils* Beyträge zu der allgem. Predigerzeitung, z. B. Nachrichten von der itzigen Kirchen- und
Schulverfaſſung in Holſtein; 1790. St. 16. der Beyl.
S. 241. und: von dem Uebertritt eines Chriſten zum
Iudenthume; daſ. St. 17. S. 257. — Die mehrſten
ſeiner frühern Arbeiten ſind angeführt und beurtheilt
von *J. H. Pratje* in ſeinen Herzogthümern Bremen
und Verden, oder vermiſchten Abhandlungen zur Erläuterung der politiſchen, Kirchen- Gelehrten- und
Naturgeſchichte, wie auch Geographie dieſer Herzogthümer, und in *deſſen* Altem und Neuem aus den Herzogth. Bremen und Verden, wie auch von *J. H. Febſe*
in ſeiner Predigerhiſtorie von Norderdithmarſchen
(S. 85. und Anh. S. 31.) erwähnt. — (*Gröſſtentheils*
Autographum.)

WOLFF

WOLFF (Johann), *Paſtor zu Lütjenburg* in Wagrien ſeit
17... vorher Diakonus zu Segeberg; ſb. zu ......
den .... *17* ... §§. *Salomo's Denkſprüche, herausgegeben von *Johann Chriſtian Schönheider*. Aus dem
Däniſchen überſetzt. Flensb. und Leipzig 1784. 8.
(unter der Zueignung hat er ſich genannt.)

(N. 1-5.) WOLFRATH (Friedrich Wilhelm), *Kirchenprobſt und Schulinſpector zu Huſum, wie auch Hauptpaſtor
daſelbſt* ſeit 1794, vorher ſeit 1789 zweyter Paſtor
zu Rellingen, zuerſt ſeit 1781 Adjunct an der Hauptkirche in Altona und Nachmittagsprediger in Ottenſen; *geb. zu Glückſtadt den* 3 Sept. 1757. §§. Freuden
der einſamen Andacht für denkende Chriſten. 3 Theile.
Hamb. und Kiel 1784-89. 8. Predigten über die
Beſtimmungen des Menſchen zum ewigen Leben, Altona 1785. 8. Ausſichten in die unſichtbare Welt,
ein Beytrag zu den Predigten über die Beſtimm. des
M. zum ew. Leben. Meldorf und Leipzig 1787. 8.
Nachrichten von dem Leben und Ende gutgeſinnter
Menſchen, mit praktiſchen Anmerkungen. Zum Theil
aus des ſel. *J. F. Feddersen* hinterlaſſenen Papieren
herausgegeben. 6te und letzte Sammlung. Halle 1790.
8. (Die von ihm beygefügte Lebensbeſchreibung des
J. F. Feddersen iſt auch Halle 1790. 8. beſonders abgedruckt.) Predigt am 10ten Sonntage nach Trinitatis, auf Veranlaſſung einer höchſt verordneten öffentlichen Dankſagung für die glückliche Vermählung
unſers geliebten Kronprinzen mit der Prinzeſſin Maria von Heſſen. Altona 1790. 8. (ſteht auch in der

fol-

folgenden Sammlung feiner Cafualpredigten.) Charakteriſtik edler und merkwürdiger Menſchen, nebſt
einzelnen ſchönen Charakterzügen. Eine Fortſetzung
der Fedderſenſchen Nachrichten vom L. und E. gut-
geſ. M. Th. 1. Halle 1791. 8. Th. 2. 1792. Geiſtliche Reden bey beſondern Gelegenheiten gehalten.
Altona 1791. 8. Zwey Abſchieds- und eine Antritspredigt. Daſ. 1791. 8. (aus der vorigen Sammlung
beſonders abgedruckt.) Zum Andenken des C. R.
und Probſt *Lange*; im deutſch. Magazin 1791. März.
Predigten über die Sonntagsevangelien durchs ganze
Iahr, von *Chph. Chſt. Sturm* Nach deſſen Tode herausgegeben. Th. 1. Hamb. 1791. gr. 8. Th. 2. 3. 1792.
Th. 4. Berlin 1794. (Th. 5. und letzter iſt in der
Mich. M. 1795 angekündigt — ſind eigentlich *von ihm*
nach Sturms Predigtentwürfen *ausgearbeitete* Predigten.) Fragen über liturgiſche Gegenſtände, mit beſonderer Rückſicht auf unſere Schleswig-Holſteiniſchen Verfaſſungen, zur nähern Prüfung aufgeſtellt
und vorläufig beantwortet; nebſt einem Anhange
einiger Formulare zu Kirchengebeten, Beichten und
Anreden bey Privatcommunionen, aus dem ſchriftlichen Nachlaſs des ſel. C. R. *Lange.* Hamb. 1792. 8.
(Der 1ſte Theil des Werks hat den veränderten Titel: Fragen über liturg. Gegenſt., mit Rückſicht auf
die gegenwärtigen Zeitbedürfniſſe. Leipzig 1794. 8.)
F. C. Lange Predigten über alle Sonn- und Feſttage
des ganzen Iahrs. Herausgegeben nebſt der Lebensbeſchreibung des ſel. Verfaſſ. 2 Bände. Altona 1792.
8.

8. Plan eines Verfuches über die Lehre von pofiti-
ven göttlichen Strafen und deren zweckmäfsigem Gebrauche beym Volksunterricht; im Journal für Prediger. B. 26. St. 3. (1792. — Ein größeres Werk über
diefen Gegenftand hat er unter Händen.) Anweifung für Schullehrer, mit ihren Lehrlingen die Bibel
zu lefen; daf. B. 27. St. 2. (1793.) Ueber die höchftnöthige Verbefferung der Landfchulen, in Rückficht
auf das Seminarium in Kiel; im deutfch. Mag. 1793.
Iul. und 1794. Febr. *Katharina Margareta Götgens*,
eine Kindermörderin, nebft einigen allgemeinen Bemerkungen über Geiftesfähigkeiten und Moralität
der Inquifiten; daf. 1793. Octob. (auch abgedruckt
im Journal für Prediger. B. 27. St. 3.) Ueber die
Vertreibung fremder Bettler aus den Schlesw. Holft.
Gegenden; daf. Dec. Predigt am allerhöchftverord-
neten öffentlichen Dankfefte für die glücklicke Errettung der königl. Familie bey Einäfcherung des königl.
Schloffes Chriftiansburg in Kopenhagen, gehalten
über Jef. 43, 1 - 3. Altona 1794. 8. Wörterbuch
für Theologen, Moraliften und Denker aller Claffen,
in Beziehung auf des Hrn. *von Rochow* Berichtigungen. 1fte Probe: Schlesw. 1794. gr. 8. — Recenfionen in der neuen Hamburg. Zeitung und in der Predigerzeitung. — Vergl. *Boltens* Kirch. Nachr. von Altona I, 144 und 225. *(Revidirt.)*

(M. u. N. 2-5.) WOLSTEIN (Johann Göttlieb), *der
Arzeney und Wundarzeney Doctor* von der hohen Schule
in Jena; *geb. zu Flinsberg* in Schlefien *den 14 März 1738.*

War

War von 1777 bis Ende 1794 Director und Profeffor im kaif. königl. Thierfpital in Wien; *privatifirt*
feit Oftern 1795 *in Altona.* — Im 15ten Iahre feines
Alters widmete er fich der Chirurgie. Seine erften
Lehrer waren *Sigismund König* in Wirgandthal und
Aug. Volkart in Görlitz. Im Frühjahr 1760 beglei-
tete er als Wundarzt einen fchwer verwundeten kaif.
kön. Officier, Namens *Braad,* von Görlitz bis Wien,
conditionirte hernach bey dem Wundarzt *Ziegler*
und ftudirte dabey 9 Iahre Chirurgie, Geburtshülfe
und Medicin, unter *Jauß, Lebmacher, Leber, Cranz,*
Gebhardt und *de Haen.* In der praktifchen Arzeneykunde bildete er fich im Spital der barmherzigen Brüder, unter der Leitung des berühmten *Quarin,* und
im heiligen Dreyfaltigkeits-Spital, unter dem grofsen
Wundarzt *Ritter.* — Im Auguft 1769 wurde er durch
Auswahl feines ehemaligen Lehrers, dem dermaligen
Freyherrn v. *Cranz* und dem Leibwundarzte Iofeph
II. Ritter von *Brambilla,* dem jetzigen kaif. k. Kriegs-
minifter, Feldmarfchall, Grafen von *Lacy* als ein Mann
vorgeftellt, der fich durch Talente und Fleifs auf feiner Laufbahn ausgezeichnet hatte und bald als kaif.
kön. Penfionär nach Paris in die königl. Veterinär-
fchule gefchickt, um allda unter den berühmten *Bour-*
gelat, Fragonard und *Chabert* die Thierarzeney zu ftudieren. — Unter diefen Lehrmeiftern ftand er 2 Iahre;
da zeichnete er fich in der Heilkunft der Thiere zum
erftenmal bey einer Hornviehfeuche aus, die im
Herbft 1771 in Champagne und Bourgogne auf eine

grau-

graufame Weife die Thiere verheerte. Sein Beneh-
men dabey wurde hernach in verfchiedenen franzöfifchen Journalen und Zeitungen von feinen Lehrmeiftern bekannt gemacht. — 1772 verliefs er die kön.
Thierarzeneyfchule in Alfort, ging von da nach Paris, um fich unter dem berühmten Hippiater *de la
Foffe* in der Heilkunde der Thiere weiter auszubil-
den. Unter ihm übte er fich vorzüglich in allen großen Operationen, die ins Gebiet der Chirurgie der
Pferde gehören. Die zahlreichen kranken Thiere,
die er von diefem Meifter in diefer großen Stadt beurtheilen und behandeln fah, verfchaften ihm Gelegenheit, viele todte eröffnen zu fehen und die Krankheiten, die unter den Parifer Pferden herrfchten, kennen zu lernen. — Mit dem Studium der Thierarzeney verband er zugleich das Studium der Chirurgie
und Medicin, als Hauptmittel zu feinem Zwecke.
Seine Lieblingsmeifter in diefen beyden Wiffenfchaften waren: *Louis, Tenon, la Faye, Sabatier, Bordenave,
Levret, Portal, Maquer, Roffel, Roux* und *Moreau* im
hôtel de Dieu. Diefen folgte er, fo wie dem Hrn.
de la Foffe, vom Anfange 1772 bis zur Hälfte von
1773. — Im Auguft des ebengenannten Iahres reifete
er nach London, um allda unter *Pott, Jean* und *William Hunter* zu ftudieren und dabey die Wintermo-
nate hindurch das St. Bartholomäus-Spital zu befu-
chen, im Sommer hingegen in die Provinzen zu gehen, und fein Hauptaugenmerk auf die Kenntnifs und
Zucht der englifchen Pferde und Schaafe zu richten.—

Im

Im März 1775 verließ er England, durchreifete den
gröfsten Theil von Holland, das Churfürstenthum
Hannover, die Provinzen Holstein und Seeland, um
auch in diefen die Pferde- und Hornviehzucht kennen zu lernen. Im königl. dänifchen Geftüt zu Frie-
derichtsburg hielt er sich 6 Wochen auf; da war es,
wo er die beyden Kapittel vom Alter der Pferde und
von der Geburt der Füllen vollendete. Seine Rück-
reife nahm er durch Iütland, ging von da, an einer
andern Seite, durch Holstein ins Mecklenburgifche,
um auch dort das Land und die vorzüglichften Ge-
ftüte zu fehen. Dann reifete er über Berlin nach Iena, wo er Doctor der Medicin und Chirurgie ward.
Dies gefchah im Sommer 1775. — Im Herbfte eben
diefes Iahres ging er, nach einer fechsjährigen Reife,
nach Wien zurück, wo er nicht allein von dem kaif.
kön. Hofkriegsrathe, fondern auch von Iofeph II.
und Maria Therefia gut aufgenommen ward. Bey
feiner erften Audienz gab ihm der Kaifer den Auftrag, einen Plan zur Errichtung einer Thierarzeneyfchule zu entwerfen und dann ihm felbft zu übergeben. Diefen vollendete er in einem Zeitraum von
6 Wochen; allein erft 2 Iahre nachher, d. h., erft
1777 wurde er zur Ausführung gebracht, weil fowol das Kriegsdepartement als die übrigen hohen
Landesftellen darüber ihr Urtheil fällen mufsten. Von
allen hatte dies Werk Beyfall erhalten, dem ungeachtet war es den Neidern des Verfaffers gelungen,
Mittel zu finden, die Ausführung deffelben bis dahin

zu verhindern. — Endlich kam es, nach einem neuen Vorschlage, den der Verfaſſer des Plans dem Kaiſer überreichte, unter dem Namen Thierſpital, 1777 zu Stande. Unter dieſer Benennung war vorher kein Thierarzeneyliches Inſtitut bekannt. Die erſte Anlage deſſelben wurde für 50 kranke Pferde, 12 Stück Hornvieh und 20 Schaafe gemacht. — Die Departements dieſes Inſtituts beſtanden aus dem Spital, der Apotheke, dem Kräutergarten, der Anatomie, der Schmiede, der Bibliothek, der Kanzeley, den Wohnungen für die Beamten, die Militairſchüler und Thierwärter, und einem ſehr groſsen Raſengärten, mit vier Weidenplätzen, die mit Alleen umzogen waren. Iedes Departement hatte ſeinen Vorgeſetzten; unter dieſen ſtand eine gewiſſe Anzahl Schüler, welche Tag und Nacht die vorfallenden Geſchäfte verrichteten und wöchentlich abgelöſt wurden. — Von 6 bis 7 Uhr des Morgens wurden den kranken Thieren die verordneten Arzeneyen gereicht. Von 7 bis 8 Uhr die Verwundeten und Schadhaften verbunden und von dem Profeſſor die Hülfsmittel und das Verfahren angegeben, wie ſie behandelt werden muſsten. — Alle groſsen Operationen machte der Profeſſor Wolſtein ſelbſt, und zwar von 8 bis 9 Uhr früh, wenn die Kranken verbunden waren; die kleinen wurden von ſeinen Gehülfen oder von andern geübten Schülern bey dem Verbinden der Kranken unter ſeiner Aufſicht gemacht. — Von neun bis halb ein und von drey bis fünf Uhr wurden die Vorleſungen gegeben,

C c   und

und alle Schüler bis auf die Aerzte und Fremden täg-
lich wenigſtens eine Stunde geprüft. — Die Lehre
von der Kenntnifs der Pferde, vom Hufbeſchlag, der
Pferdezucht, den äuſserlichen und innerlichen Krankheiten und den damit verbundenen chirurgiſchen
Operationen, nebſt der Lehre von den Seuchen und
Krankheiten des Hornviehs, der Schaafe und Schweine, erklärte der Profeſſor Wolſtein; die Anatomie
und Phyſiologie Hr. *(Martin Albert) Tögl*; und die
Arzeneymittellehre und Pharmacie Hr. *Mengmanx*,
der Apotheker. — Nach den Ioſephiniſchen Geſetzen
muſsten alle Aerzte, die Anſprüche auf Phyſikate machen wollten, den Lehrcurſus über die Seuchen und
Krankheiten des Hornviehs, der Schaafe und Schweine, vollendet haben, und darüber ihre Zeugniſſe auf-
weiſen können; ohne dieſe wurde bis zu ſeinem Tode keiner als Phyſikus im Lande angeſtellt. So muſsten auch alle Cavallerie-Regimenter, von einem Lehrcurſus zum andern, einen oder zwey Fahnenſchmiede zum groſsen Lehrcurſus abgeben; auch die Mei-
ſterſöhne der Schmiede konnten nicht Meiſter werden, die dieſen Curſus nicht ordentlich vollendet hatten. Im gewöhnlichen Gange, d. h. in Friedenszei-
ten, dauerte derſelbe zwey und ein halbes Iahr, und
der über die Seuchen und Krankheiten des Hornviehs und der Schaafe, ſieben Monate. Der letzte
wurde alle Iahr gegeben. — So war die Hauptein-
richtung in dieſem Inſtitute beſchaffen, als ich da ſtudierte. Nach genauen Nachrichten, die ich darüber

ein-

eingezogen habe, ist sie von der ersten Emtstehung, d.
h. von 1777-1794. wo der Prof. Wolstein, bey dey
Verfolgungen, welche dazumal politische Meynungen
erregten, arretirt wurde, geblieben. Die Geschichte
davon ist unbekannt. Er war der erste Protestant,
der unter der Regierung von Maria Theresia als Pen-
sionär aufgenommen, auf Reisen geschickt und als
Professor von katholischen Schülern angestellt wurde.
Er ist auch der erste, der unter Ioseph II. die Stelle
eines ordentlichen Vormunds über katholische Kinder in Wien verwaltete. — Nach dem Protokoll, welches ich im Thierspital im Iahr 1791 gesehen habe,
bestand die Zahl der Schüler, die unter diesem Lehrer gebildet wurden und Zeugnisse erhalten hatten,
aus 1180. Unter denselben befanden sich 144 Aus-
länder. — Folgende Bücher sind von ihm im Druck
erschienen: Unterricht für Fahnenschmiede, über die
Verletzungen, die den Pferden durch Waffen zugefügt werden. Wien 1788. gr. 8. Dies Buch hat drey
deutsche Auflagen gehabt—(die neueste erschien Wien
1796) — und ist in die hungarische und russische
Sprache übersetzt. Anmerkungen über die Viehseuchen in Oesterreich, nebst einer Abhandlung wider
das Todtschlagen der Thiere in Seuchen. Wien 1781.
gr. 8. Davon existiren 5 Auflagen in deutscher Sprache — (die neueste erschien Wien 1796) — und eine
spahische, böhmische, hungarische, illyrische, polnische, flamändische, holländische, schwedische, französische, italienische und lateinische Uebersetzung.

C c 2   Das

Das Buch von Viehseuchen für die Bauren. Wien 1783. gr. 8. hat 6 deutsche Auflagen — (die neueste erschien Wien 1796) — steht Auszugsweise in einigen Kalendern und ist in die polnische, hungarische, illyrische, mährische und zweymal in die italienische Sprache übersetzt. Bruchstücke über die Leisten und Nabelbrüche der Menschen und einiger Gattungen Hausthiere. Wien 1784. 8. Dies Werkchen ist *vermehrt*, der neuen Auflage der Bücher der Wundarzeney der Thiere von 1793 einverleibt, und macht das fünfte Buch aus. Von Menschen, von ihren Arten und ihrer Zucht. Leipzig 1784. 16. Bericht über die Auferziehung der Füllen von der Geburt bis ins dritte Iahr. Wien ..... Med. Fol. ist in die polnische Sprache übersetzt. Mark Fugger, Herr von Kirchberg und Weissenborn, von der Zucht der Kriegs- und Bürgerpferde; aus dem Altdeutschen, mit Anmerkungen und einem 2ten Theil *vermehrt*. 1ste Auflage. Wien 1786. gr. 8. 2te *vermehrte* 1788. ist in die hungarische Sprache übersetzt. Das Buch von den innerlichen Krankheiten der Füllen, der Kriegs- und Bürgerpferde. Wien 1787. gr. 8. (Braunschw. 1796. gr. 8.) — ist in die hungarische Sprache übersetzt. Das Buch für Thierärzte im Kriege, über die Verletzungen, die den Pferden durch Waffen zugefügt werden. Wien 1788. gr. 8. (Braunschw. 1796. gr. 8.) — Dies macht den 2ten Theil zu den fünf Büchern der Wundarzeney der Thiere aus, es enthält zugleich *vermehrt und verbessert* alles, was der Unterricht für

Fah-

Fahnenſchmiede in kurzen Sätzen enthält. Das Buch
von den Seuchen und Krankheiten des Hornviehs,
der Schaafe und Schweine, für die Einwohner auf
dem Lande. Wien 1791. gr. 8. (Braunſchw. 1796.
gr. 8.) — In dieſes Werk iſt das Buch von den Vieh-
ſeuchen für die Bauren eingeſchaltet. Anmerkungen
über das Aderlaſſen der Menſchen und der Thiere.
Wien 1791. gr. 8. (Braunſchw. 1796. gr. 8.) — Ueber das Verhalten der Kriegspferde in Winterquar-
tiren nach ſchweren Sommer- und Herbſt-Campag-
nen. Wien 1793. gr. 4. iſt vom kaiſ. kön. Hofkriegs-
rath zum Druck gegeben und dann unter die öſter-
reichiſche Armee ausgetheilt worden. — Vorrede zu
(*Johann*) *Knobloch's* Ueberſetzung des Lehrbegriffs der
Pferdearzeneykunſt von de la Foſſe. Prag 1787. gr.
8. Vorrede nebſt Einleitung zu (*M. A.*) *Tögl's* Anfangsgründe der Anatomie der Pferde. Wien 1791.
gr. 8. (*Mitgetheilt.*) Bücher der Wundarzeneykunſt
der Thiere. 2te (?) verb. Aufl. Braunſchw. 1796. gr. 8.
(M. u. N. 1. 4. 5.) WUERTZER (Heinrich), *Doctor der*
Philoſophie, privatiſirt in Altona ſeit 1793, vorher ſeit
1788 zu Berlin, ſeit 178.. zu Hamburg, zuerſt ſeit
1779 Privatdocent in Göttingen; *geb. zu Hamburg*
den 28 Ian. 1751. §§. D. inaugur. de origine et natura poëſeos. Götting. 1780. 4. Ankündigung einer
lang vermißten Werkes über die neuere Litteratur,
beſonders in Deutſchland, von Hermann Erdwin Teut-
ſon herausgegeben und mit Vorrede und Anmerkungen begleitet von H. W. Daſ 1782. 8. *Deutſche*

Annalen. 6 Stücke. Hamb. 1784. 8. Bemerkungen
über das preuſſiſche Religionsedict vom 9 Iul., nebſt
einem Anhange über die Preſsfreyheit. Leipz. (nach
dem angeblichen Druckorte Berlin) 1788. 8. Be-
herzigungen verſchiedener wichtiger Gegenſtände,
oder: Etwas gegen die Langeweile an Feyertagen.
(Eine Wochenſchrift.) Berlin 1789. 8. (wurde mit
dem 9ten Stück wieder geſchloſſen.) *Die Ueberſetzung der vier letzten Bände der Geſchichte der Königin Eliſabet, von Mademoiſ. *Keralio*, die in ſechs
Bänden zu Berlin 1789-1792. 8. herausgekommen.
(vgl. .... *Forkel*, geb. Wedekind, im 4ten Nachtr.)
Revolutionskatechismus. Berlin 1793. 8. Wür-
tzers Proceſs vor dem königl. Kammergerichte zu
Berlin, nebſt deſſelben Appellation an das aufgeklärte
Publicum. Altona 1793. 8. *Hiſtoriſches Journal,
5 Stücke. Daſ. 1794. 8. (Eine Wochenſchrift, deren Herausg. er war.) *Das Revolutionstribunal
durch ſich ſelbſt geſchildert in dem groſsen Proceſſe
Briſſots und ſeiner Mitangeklagten. (Aus dem Franzöſiſchen überſetzt.) Daſ. 1794. 8. Schilderung Friedrichs II.; im 1ſten B. des Pantheons der Deutſchen.
Chemnitz 1794. gr. 8. mit Kupf. Briefe eines ſchle-
ſiſchen Grafen (*von Burghauſen*; ſ. Goth. gel. Zeit.
1796. St. 35.) an einen Kurländiſchen Edelmann, den
Adel betreffend. Herausgeg. von — Altona 1795. 8.
Neue hyperboreiſche Briefe, oder politiſche Träume-
reyen und Aufſätze aus meines Vetters Brieftaſche.
Herausgeg. von — Daſ. 1795. 8. — Giebt ſeit dem
An-

Anfang des Iahres 1796 eine Wochenſchrift heraus, unter dem Titel: „Der patriotiſche Zuſchauer," oder, nach Angabe des letzten Meſskatalogs: „der patrio-tiſche Volksredner. Hiſtoriſch-politiſchen Inhalts. Al-tona. 8."— Vergl. *Pütters* Gel. Geſch. von Göttingen 2, 113. und von ſeinem Proceſſe *Kleins* Annalen der Geſetzgebung und Rechtsgelehrſamkeit in den preuſ-ſiſchen Staaten, B. 4. S. 134. und allgem. deutſche Bibl. B. 114. St. 2. S. 98. *(Zum Theil mitgetheilt.)*

(N. 5.) ZAHLE (Chriſtian Gottlieb), *Prediger am Klo-ſter zu Wemmetofte* auf Seeland; *geb. zu Hollingſtedt* Amts Gottorff 17... §§. Warum reden die Men-ſchen im Umgange und in Geſellſchaften ſo wenig und ſo ſelten von Gott, da doch die Unterredungen keinen lehrreichern Gegenſtand haben können? Ver-faſst von *Friedr. Ludw. Bang.* Ins Deutſche überſetzt. Kopenh. 1791. 8. Auserleſene Stücke aus dem A. T., nach der Grundſprache überſetzt und mit Anmer-kungen erläutert von C. *Baſtholm.* Ins Deutſche über-ſetzt. Flensb. und Leipzig 1794. 8. (Die Erklärun-gen des N. T. werden in 2 Theilen folgen.)

ZINK (Bendix Friedrich), *Organiſt an der Domkirche zu Schleswig* ſeit 1771, vorher ſeit 1742 Stadtmuſikus in Huſum; *geb. zu Schwabſtedt* Amts Huſum *den 21 Iun. 1715.* §§. Kurze Duette für 2 Flöten oder andere beliebige Inſtrumente. Flensb. und Leipzig 1771.... Schleswig-Holſtein. Choralbuch. Schlesw. 1785.... *(Nach dem Autographum.)*

(N. 4.) ZOËGA (Georg), iſt *den 20 Dec. 1755 zu Mögel-*

sondern in der Graffchaft Schackenborg Stifts Ripen (aber doch innerhalb der geographifchen Gränzen des Herzogthums Schleswigs) *geboren,* wo fein Vater als Prediger angefetzt und zugleich Probft der Mögeltonderfchen Harde war. Nachdem er zu Haufe Privatunterricht genoffen hatte und ein Iahr auf dem Gymnafium zu Altona gewefen war, ging er im Frühjahr 1773 nach Göttingen, wo er bis 1776 ftudierte. Im Sommer 1776 machte er auf eigene Koften eine Reife durch den füdlichen Theil Deutfchlands, in die Schweitz und nach Italien, wo er bis Rom kam. Im Herbft reifete er zurück und blieb den Winter über in Leipzig, wovon er im Frühjahr 1777 wieder in fein Vaterland zurückkehrte. Nach einigem Aufenthalt in feiner Heimath und nachher in Kopenhagen, ging er 1779 als Führer eines jungen Herrn von Heinen nach Deutfchland und in Italien. Von den zwey Iahren, die er auf diefer Reife zubrachte, hielt er fich den gröfsten Theil in Italien auf. 1782 ging er wiederum, und zwar auf königliche Koften, auf Reifen, und die Numismatik war der Hauptzweck feiner Sendung, da ihm auch Hofnung gemacht war, nach feiner Rückkehr Auffeher des königlichen Münzkabinets zu werden. Allein veränderte Umftände in Kopenhagen, und freylich zu frühes Verzweifeln an Erreichung feiner in Dänemark gehoften Ausfichten, veranlafsten ihn, 1784 von Paris, wo er fich damals befand, nach Rom zurückzukehren, weil er hier bey feinem langen und wiederholten Aufenthalt fich

viele

viele Gönner erworben hatte. Unter letzterer Zahl
war befonders der Cardinal Borgia, der fich feines
fehr thätig annahm. Er bekam entweder 1784 oder
1785 eineBedienung als *Auffeher eines päbftlichenMünz-
kabiuets*, welche er, meines Wiffens, noch immer hat.
Seit den letzten Iahren ift er correfpondirendes Mitglied der Gefellfchaft der fchönen Wiffenfchaften in
Kopenhagen. Im Iahre 1787 gab er folgendes Werk
heraus: *Numi Aegyptii Imperatorii, proftantes in
Mufeo Borgiano Velitris; adiectis praeterea, quot-
quot reliqua huius claffis nnmismata ex variis mu-
feis atque libris colligere obtigit. Romae 1787. 4 mai.
cum XXII tabb. aeneis.* (Vgl. Prov. Ber. 1789. H. 6.
S. 300.) Seit ein paar Iahren arbeitet er an einem
grofsen Werke über die Obelifken, welches jetzt unter der Preffe ift und wahrfcheinlich im Frühjahr
herauskommen wird. *(Mitgetheilt* vom Bruder des
Schriftftellers, welcher als Paftor zu Mögeltondern
fteht.) Noch lieferte er, den Göttingifchen Zeitungen zufolge, kurze, die Kunft betreffende, Anmerkungen zu: Foffilia Aegyptiaca Mufei Borgiani Velitris
defcriptit *Greg. Wad.* Velitris 1794. 4. Vgl. auch
Efemeridi letterarie di Roma 1795. No. 7-9, einen
Brief aus Rom den 25 Febr. 1796. im Intell. Blatt der
allg. Litt. Zeit. 1796. No. 66. und italiänifche Litteratur, Erfte Ueberficht; daf. St. 86. S. 724.

TOPOGRAPHISCHE UEBERSICHT.

I. Schleswig.

1) Das eigentliche Herzogthum.

Stadt und Amt Apenrade.

Apenrade. *Bargum.* — Warnitz. *Bernth.*

Amt Bredstedt und Stiftsvoigtey Borlum.

Bargum. J. Matthiesen. — Borlum. H. Outzen. — Bredstedt. Ahlmann.

Stadt Eckernförde.

v. Ewald. Fürsen. Repter. Wegener.

Landschaft Eiderstedt.

Cotzenbüll. Lempelius. — Garding. Breding. Volkmar. M. D. Voß. — Oldensworth. Fehse. — St. Petri. Strodtmann. — Tönningen. Hartz. Janßen. (?) *Westphalen.*

Landschaft Fehmern.

Burg. H. Thomsen. (?) — Petersdorf. Gundelach.

Stadt und Amt Flensburg.

Bau. Chr. Clausen. — Flensburg. Bischof. (?) *Eybel.* Fries. Frise. Greif. *Hanke.* Jakobsen. Jasperson. N. Johannsen. W. G. Lilie. Moller. L. Nißen. (?) Overbeck. C. F. F. Paulsen. Sörensen. *Stange.* Thorstraten. C. H. Timmermann. — Grundhoff. Frölich. — Husbye. F. Johannsen. — Kielsenge. *Albrecht.* — Oever-

Oeverſee. D. Koch. — Steinburg. *Bechſtedt.* — Sterup. Bielefeld. — Walsbüll. Hildebrand. (?)

Feſtung Friederichsort.

Greve.

Amt Glücksburg und Landſchaft Sundewitt.

Glücksburg. Friderici. *Giſeke.* — Neukirchen. N, Oeſt.

Amt Gottorff.

Arild. Otte. — Böhl. J. A. Bendixen. — Cropp. *Poſcholan.* — Hollingſtedt. H. C. Hanſen. — Satrup.
Vent. — Ulsnis. J. J. Claſen.

Stadt und Amt Hadersleben.

:..... Kloppenburg. (?) — Hadersleben. J. Boyſen.
Brinken. v. Harboe. (?) *Hartmann.* Holm. (!) H.
Kroymann. J. F. Schumacher. — Nyegaard. Chr.
F. Schmidt. — Oxenwadr. Böhme. D. Peterſen. —
Ries. Grauer. — Schottburg. Biörenſen. — Wittſtedt.
Damm. (?)

Amt Hütten und Landſchaft Stapelholm.

Bargenhuſen. *Hälſen.* — Fleckebye. Flensburg. (?) —
Friederichsſtadt. Ebio. Lietzen. .... Peters. (?) —
Hohn. *J. C. Claus.* — Hütten. Kamphövener. —
Seeth. Hagge. (?) — Süderſtapel. W. H. Leſſer.
Voigt. E. und O. Weinmann.

Amt Huſum mit der Landſchaft Schwabſtedt und den dazu gehörigen Inſeln.

Gröde. E. Outzen. — Huſum. Forchhammer. G.
S. Francke. Henningſen. Klesbuy. J. N. Schmidt. (?)
H. H. Stemann. (?) *de Vicq Tholen.* Wolfrath. —

Mild-

Mildſtedt. J. H. Bolten. — Nordmarſch. zur Mühlen. — Oſtenfeld. P. Paulſen. — Pellworm. Kruſe. —
Schobüll. *Greygaard.*

Stadt Schleswig.

J. J. Bendixen. Bruyn. *Carl.* Cornielſen. Detleſſen.
E. v. *Döring.* F. L. v. Eggers. Esmarch. J. Francke.
D. N. Hanſen. v. Heinen. (?) Jürgenſen. Kunniger.
J. Chph. Lau. Lüders. (?) Oye. C. A. *Rüdinger.*
Schwollmann. Sielenz. *Thoranne.* Zink.

Stadt und Amt Sonderburg.

Düppelberg. L. Clauſen. (?) — Hörup. Schwenſen. —
Sonderburg. *J. v. Döring.* G. J. Schmid.

Stadt und Amt Tondern.

Föhr. P. . . . J. . . . Peters. (?) — Sylt. Ambroſius. —
Tondern. J. G. C. Adler. Garmſen. *Krichorff.*

2) Länder des Herzogs von Auguſtenburg.

Auguſtenburg. Friederich Chriſtian. Jeſſen. Suadicani. — Kettingen. Burchardi.

3) Adeliche Diſtricte.

Hagen. Panitz. — Knop. *von Baudiſſin.* Rixen. —
Loitmark. Blatt. — Nör. *Moltke.* — Rundhoff. Reiche. — Schwanſen. Leifhold.

II. Holſtein.

1) Das eigentliche Herzogthum.

Amt Arensböck.

Gleſchendorf. C. A. Müller. — Saſel. Martini.

Amt

Amt Bordisholm.

Bordisholm. Behrens. Erhardi. — Brügge. Harries.

Amt Cismar.

Grömitz. Ipsen. — Grube. Ulich.

Glückstadt.

Adami. (?) C. Callisen. *Carthenser*. W. R. Christiani. E. A. F. v. Eggers. F. W. Koch. *Köppe*. Röttger. (?) Rohde. Sievers. Witt. F. A. W. v. Witzendorf.

Heiligenhafen.

Stielcke.

Itzehoe.

Burdorf. Bussaus. Dierks. *Kersten* 2. *J. G. Müller.* Th. Fr. Petersen.

Stadt und Amt Kiel.

Kiel. *Ackermann.* Appenfelder. *Baden.* *Binzer.* C. F. *Brockdorff.* C. und J. W. Christiani. *Coopmans.* A. W. *Cramer.* Danielsen. *Demangebn.* *Dieck.* *Eckermann.* Ehlers. *Eimbke.* J. C. Fabricius. *Fischer.* Fock. *Geyser.* v. Gössel. C. F. *Hargens.* *Hegewisch.* F. A. und *V. A. Heinze.* *Henrichs.* C. G. und P. G. Hensler. Holst. Jensen. *Kerstens* 1. *Kordes.* *Mackensen.* Martens. *Mellmann.* Meyer. *Moldenhawer.* Müller. Nasser. A. C. H. Niemann. *Olivarius.* *Reinhold.* Reyher. v. Schaumburg. M. J. Scheel. C. F. Schmidt. B. J. H., J. G. F. und L. A. G. *Schrader.* Steffens. v. Stolle. (?) *Strahl.* *Thibaut.* *Thiess.* *Trendelenburg.* Valentiner. *Valett.* F. Weber. *G. H. Weber.* — Schönkirchen. Bay.

Krempe.

Krempe.

Schwarz.

Lütjenburg.

C. D. Claudius, J. Wolff. (?)

Amt Neumünster.

Neumünster. Ovens. (?)

Neustadt.

Kunze. J. H. Schulze.

Oldenburg.

C. F. Lange. Schrödter. F. G. Struve.

Oldesloe.

Noodt. *Olshausen.* H. *Wolf.*

Amt Plön.

Plön. Z. Haffelmann. Hennings. Hermann. Lihme. Loppnau. Sidon. Suhr. *v. Wickede.*

Amt Rendsburg.

Nortorf. *Domeier.* — Rendsburg. J. L. Callifen. Hegelund. *W. A. Niffen.* Reimer.

Amt Segeberg.

Bornhövet. *J. E. Claus.* — Bramftedt. F. O. V. Lawätz. — Kaltenkirchen. B. Fedderfen. (?) Hoyer. — Segeberg. J. C. N. Niemann. .... Niffen. (?)

Amt Steinburg.

Süderau. Schorer. — Wevelsfleth. Knickbein.

Amt Tremsbüttel.

Tremsbüttel. *Chr. zu Stolberg.*

Amt Trittau.

Eichede. Oertling. — Rahlftedt. C. F. Haffelmann. — Trittau. *Cellarius.*

Wil-

Wilſter.

Michaelſen.

2) Die Landſchaften Süder- und Norderdithmarſchen.
St. Anna. Rhude. — Heide. Hudemann. Jahn. —
Kronprinzenkoeg. G. W. v. Eggers. — Lunden. Thieſ-
ſen. Marne. C. G. Peterſen. (?) — Meldorf. Boie.
Hinze. Jäger. Mau. (?) *Niebuhr.* — Neukirchen.
Flor. — Tellingſtedt. E. F. Claſen. — Weddingſtedt.
J. L. Schmidt. — Weslingburen. Rhina. — Wöhr-
den. Warnck.

3) Herrſchaft Pinneberg.
Niendorf. *Riſt.* — Pinneberg. ... Timmermann. (?)
von Treſenreuter. — Quickborn. Ludewig. — Ueterſen. *Alers.* Knck. — Wedel. Wichmann.

4) Grafſchaft Ranzau.
Barmſtedt. *Mentel.* — Elmshorn. Spiering. Valentiner. — Ranzau. H. F. v. Eggers. Haſſe. *v. Reck.*

5) Stadt Altona.
G. C. *Adler.* Anderſen. *Becker. v. d. Berg.* J. A.
Bolten. Bong. *Cohen.* Dau. *Eckhardt. Eckſtein.*
Eckſtorf. M. S. Eggers. Evers. P. Fedderſen. Feld-
mann. *Fidalgo.* Fink. Funk. Gehrt. *Gercken.*
v. Gerſtenberg. *Güldenzopf. v. Hager.* Hirſchfeld.
Hoekſtra, de Jager. Kiſs. Klauſen. J. Kroymann.
Läger. Langhoff. J. Chſt. Lau. H. W. und J. D.
Lawätz. E. G. Lilie. *Magelſen. Manhard.* J. A.
Matthieſſen. *Meldold.* Mumſen. Mutzenbecher. *Ni-
chalmann,* C. G. D. Niemann. Paape. *Poppenhei-
mer.*

mer. *J. J. Peterſen.* Pinkvoſs. Popert. (!) *Rich-*
ter. *A. C. v. Radinger.* Schiff. *Schirach.* J. F.
Schütze. v. d. Smiſſen. C. L. v. Stemann. (!) J.
Struve. J. H. und M. C. Stuhlmann. J. Thomſen.
Turrétin. (!) *J. A.* und *J. C. Unzer. v. Walter-*
ſtern. Wolſtein. Würtzer.

6) Adeliche Diſtricte.

Aſchberg. zu Ranzau. (?) — Barkau. C. H. Schütze.
— Bovenau. Scholz. — Breitenburg. Glaſemeyer. —
Ehmkendorf. v. Reventlow. (?) — Hagen. *J. G.*
Schmidt. — Haſſelburg. v. Dernath. — Hoyesbüttel.
v. Schatz. — Preetz. Block. Chemnitz. Mielck. S.
A. G. *Schmidt.* Wilkens. — Sarau. H. F. Niſſen. —
Wandsbeck. M. Claudius. *Mercier.* — Weſtenſee.
Struck.

(Anm. 1. Das Fragzeichen zeigt an, daſs der Geburtsort des Schriftſtellers nicht bekannt iſt, welches auſserdem auch von C. L. und C. H.
J. v. Brockdorf, Frahm, Floris, Pannyſon, K. zu Stolberg und A. F. v. Witzendorf gilt.

Anm. 2. Die Curſiv gedruckten Namen bezeichnen
die im Auslande gebornen Schriftſteller, deren Anzahl in Vergleichung mit dem im
Auslande lebenden Landeskinder aus folgender Fortſetzung der topographiſchen Ueberſicht noch deutlicher erhellen wird.)

L.

I. Deutſchland.

1) Niederſächſiſcher Kreis.

Herzogthum Magdeburg.

Aus .... Bechſtędt. Aus Halle. Cartheuſer. J. A. Unzer. Aus Magdeburg. Stielcke.

Fürſtenthum Halberſtadt.

Aus Aſchersleben. Reiche. Aus Warnſtedt. Richter.

Herzogthum Braunſchweig-Wolfenbüttel.

Aus Braunſchweig. Meyer. Aus Eſchershauſen. B. J. H. Schrader. Aus Salzdahlum. J. G. F. und L. A. G. Schrader. Aus Wolfenbüttel. (?) E. v. Döring. Mackenſen. — In Helmſtädt. P. J. Bruns. In Wolfenbüttel. Trapp.

Chur-Braunſchw. Lüneburg. Länder.

Aus ..... v. Reck. Aus Göttingen. G. H. Weber. Aus Hameln. Thibaut. Aus Krummenteich. H. Wolf. Aus Lüdingsworth. Niebuhr. Aus Lüneburg. J. v. Döring. F. A. und V. A. Heinze. Aus Mandelsloh. S. A. G. Schmidt. Aus Moringen. J. C. Claus. Domeier. Aus Nordheim. Olshauſen. Aus Schwarzenbeck. (Haſe.) Aus Stade. Kerſtens. r. — In Göttingen. Eberhard. J. D. Reuſs. Th. Ch. Tychſen. In Hannover. Philipſon. In Stade. (?) v. Hedemann.

Herzogthum Mecklenburg.

Aus Klütz. Mellmann. Aus Neſe. Güldenzopf. Aus Neuſtadt. (Eckard.) Aus Neuſtrelitz. Trendelenburg. Aus Parchim. (Polchow.) Aus Schwerin. Becker.

Becker. *Aus* Sommerdorf. (J. H. Voſs.) *Aus* Wedendorf. Eckermann. — *In* Remplin. v. Hahn. *In* Roſtock. O. G. Tychſen. *Auf* Weſterbrügge. (?) A. F. v. Witzendorf.

Reichsſtädte.

Aus Bremen. Henrichs. — *Aus* Hamburg. Albrecht. Alers. Eimbke. Fidalgo. (Hudtwalker.) de Jager. Klick. Läger. Langhoff. Magelſen. Michaelſen. Moldenhawer. J. G. Müller. Mumſen. W. A. Niſſen. J. J. Peterſen. Riſt. J. G. Schmidt. Chr. zu Stolberg. (K. zu Stolberg?) Thieſs. Valett. Weſtphalen. Würzer. — *In* Hamburg. J. F. Bolten. Bornholt. C. F. Cramer. Gerſon. Goſch. A. und N. Grüning. Karsdorp. Kirchhoff. Köhn. B. G. Schumacher. — *Aus* Lübeck. Gercken. Kordes. (Siewerſſen.) (Vogel.) v. Wickede. — *In* Lübeck. F. B. Bruns. Danzmann. Schetelig.

Hochſtift Lübeck.

Nur Balemann und C. F. Hargens giengen aufserhalb Landes. Lewon und Ukert blieben. Im Hochſtift ſelbſt leben: 1) aus den Herzogthümern W. M. F. Hargens. Janeke. Fr. L. zu Stolberg. Trede. .... Voſs. Wibel. 2) aus andern Ländern, alle die, deren Namen in dieſer topographiſchen Ueberſicht parentheſirt ſind.

2) Oberſächſiſcher Kreis.

Mark Brandenburg.

Aus .... Hälſen. *Aus* Alt-Brandenburg. G. C. Adler.

ler. *Aus* Berlin, Stange. *Aus* Fredenwalde. Strahl.
Aus Potsdam, Dieck. *Aus* Treuenbritzen. Nichelmann. — *In* Berlin, Bremer. *In* Potsdam. H. O.
v. Scheel.

Fürstenthum Anhalt.

In Zerbst, Weißer.

Oberfächsiche Kreisländer des Churhauses Sachsen.

Aus Colditz. F. A. W. v. Witzendorf. *Aus* Dres-
den. v. Baudiffin. *Aus* Erdmansdorf. v. Schütz.
Aus Leipzig. A. C. v. Rüdinger. *Aus* Neukirchen.
Köppe. *Aus* Werdau. Jäger. — *In* ..... Tieffen.
In Neuftadt. E. F. Struve.

Voigtland.

Aus ...... Eybel. *Aus* Waldkirchen. Ackermann.

Fürstenthum Weimar.

In Iena. J. A. Leffer.

Graffchaft Schwarzburg.

Aus Kelbra. C. A. Rüdinger. *Aus* Rudolftadt, Cellarius.

Graffchaft Wernigeroda.

Aus Wernigeroda. Kifs. J. C. Unzer.

Graffchaft Mansfeld.

Aus Eisleben. Eckhardt. Hartmann. *Aus* Gerbftätt.
J. E. Claus.

Abtey Quedlinburg.

Aus Quedlinburg. C. F. Cramer. Gifeke.

3) Oberrheinifcher Kreis.

Aus . . . . . v. Binzer. Aus Caffel. Carl. v. Ewald.
Aus Gelnhaufen. Eckftein. Aus Laubach. v. Hager. — In Gieſsen. Schaumann. In Wetzlar. Balemann. In Worms. Lehmann.

4) Weftphälifcher Kreis.

Aus Emden. Hoekftra. Aus Lemgo. v. Walter-
ftern. Aus Quackenbrügge. Hegewifch.

5) Schwäbifcher Kreis.

Aus Calw. (Hellwag.) Aus Heppach. Manhard.
— In Stutgard. C. H. J. v. Brockdorf. A. C. Reuſs.

6) Oefterreichifcher Kreis.

Aus Wien. Reinhold,

7) Bayerfcher Kreis.

In Regensburg. Maaſsen.

8) Fränkifcher Kreis.

Aus Culmbach. Fifcher. Aus Suhla. (J. G. Heinze.)

9) Böhmen.

In Prag. (?) Schnoor.

10) Mähren.

Aus Roswalde. Hanke.

11) Laufitz.

Aus Görlitz. Geyfer. Krichouff, Aus Holzkirch.
Schirach. — In Gölnitz. Pieter.

12) Schlefien.

Aus Croſſen. Buffäus. Aus Flinsberg. Wolftein.
Aus Lublinitz. Pappenheimer.

II.

II. Italien.

In Rom. Zoëga.

III. Frankreich.

Aus . . . . . , Mercier.   *Aus* Bordeaux. Mutzenbecher.
Aus Grenoble. Thoranne, *Aus* Hadigni. Demangeon.
Aus Strasburg. Mentel. — *In* Strasburg. (?) Butenſchön.

IV. Spanien.

In . . . . . Carſtens.

V. Holland.

Aus Amſterdam. Meldola. *Aus* Franeker. Coopmans.
Aus Leeuwaarden. de Vicq Tholen. *Aus* Rotterdam,
van den Berg.

VI. England.

In London. Schönborn.

VII. Dännemark und Norwegen.

Aus Friederichsburg. Baden.   *Aus* Kopenhagen. Bargum. Bernth. A. W. Cramer. Hinze. Olivarius. Poſcholan. (?) *Aus* Odenſee. Moltke. *Aus* Soroe. (?) Poſcholan.   *Aus* Stavanger. Steffens. *Aus* Thumoes. C.
F. Brockdorf.   *Aus* Wisbye. Grangaard. — *In* And-
wortſkow. v. Dernath.   *In* Bölling. Skaaning.   *Auf*
Bornholm. F. W. P. Fabricius.   *In* Brahetrolleburg.
J. F. Oeſt.   *In* Chriſtiania. (?) J. Nielſen.   *In* Corſör.
v. Prangen.   *In* Friedericia. N. C. Viborg.   *In* Kiär-
teminde. Heilmann.   *In* Kongsbjerg. N. Tychſen.   *In*
Kopenhagen. Abrahamſon. C. L. v. Brockdorf. H.
Calliſen. Capito. C. J. R. Chriſtiani. H. F. C. Clauſ-

fen. C. U. D. und H. P. v. Eggers. F. und H. E. Ekkard. C. A. Fabricius. Grönland. Heinzelmann.
Herholdt. Kólpin. v. Krebs. Ch. O. Lawätz. Maſsmann. v. Mechlenburg. v. Neynaber. G. Nielſen.
Primon. Salchow. Sander. M. H. Schmidt. Svenſen. Tetens. Tobieſen. E. N. Viborg. *In* Odenſee. Eichel. *In* Qverndrup. Laſſen. *In* Roeſkilde.
Chph. Schulze. *In* Seyerslev. Weſtenholtz. *In* Slan-
gerup. Raben. *In* Söborg. Falleſen. *In* Storehedinge. Wöldike. *In* Tönnerup. Dame. *In* Veſterborg.
P. D. Boyſen. *In* Wemmetofte. Zahle.

VIII. Preuſsen.

Aus Königsberg. Th. Fr. Peterſen.

IX. Pohlen.

Aus Druis. Cohen.

X. Ruſsland.

Aus Moſkau. Kerſtens. 2. — *In* Nerva. J. H. Lange.
In Petersburg. Grot. Wiggers. *In* Riga. Telemann.

(Anm. Ungewiſs iſt der Aufenthaltsort von: Dahl.
Floris. Frahm. Pannyſon.)

WISSENSCHAFTLICHE UEBERSICHT.

1) Philologie.

Claſſiſche Litteratur.

G. C. Adler. Baden. Esmarch. Heinzelmann.
Kordes. Lempelius. E. G. Lilie. Ludewig. Moldenhawer. Naſſer. H. P. Niſſen. Pieter. Schirach. Schwollmann. J. Struve. Th. Ch. Tychſen. J. H. Voſs. Zoëga.

Orientaliſche Litteratur.

J. G. C. Adler. J. A. Bolten. P. J. Bruns. Cohen. O. G. und Th. Ch. Tychſen.

Lebende Sprachen.

Albrecht. Demangeon. Mackenſen. Schwarz. Valett.

2) Schöne Wiſſenſchaften.

Abrahamſon. Albrecht. Alers. Boie. Breding. Bremer. Burchardi. C. F. Brockdorf. (?) Butenſchön. M. Claudius. C. F. Cramer. J. v. Döring. C. U. D. v. Eggers. H. E. Ekkard. Feldmann. Fidalgo. Friſe. v. Gerſtenberg. Giſeke. v. Harboe. Harries. v. Hedemann. Heilmann. Jaſperſon. Clauſen. H. W. Lawätz. Mackenſen. Mau. J. G. Müller. Naſſer. Primon. Rüdinger. Sander. Scheel. Schirach. M. H. Schmidt. Schönborn. v. Schütz. C. H. und J. F. Schütze. Ch. F. L. und K. zu Stolberg. Tieſſen. v. Treſenreuter. J. C. Unzer. Vent. N. C. Viborg. Weſtphalen.

3) Schöne Künſte (mit Ausſchluſs der Muſik).

Baden. Bremer. Eckhardt. Jürgenſen. Kunniger.
Lüders. Th. F. Peterſen. C. F. Schmidt.

Muſik.

C. F. Cramer. Grönland. Hanke. Harries. J. Chſt.
Lau. C. F. F. Paulſen. P. J. Peters. Schnoor. Sö-
renſen. Telemann. Zink.

4) Philoſophie.

Albrecht. H. F. v. Eggers. Ehlers. v. Gerſtenberg.
Hennings. H. W. Lawätz. Mackenſen. Meyer.
Olshauſen. Philipſon. Reinhold. Schaumann.
C. H. Schütze. Strahl. Tetens. Thoranne. Thor-
ſtraten. Trede.

Pädagogik und Schulſchriften.

v. d. Berg. Biörenſen. Böhme. Brinken. Cellarius.
Danielſen. Eckermann. Ehlers. Forchhammer. G.
S. Francke. Friderici. Friſe. Geyſer. A. Grü-
ning. H. C. Hanſen. Jaſperſon. Läger. Lietzen.
H. Müller. J. F. Oeſt. Polchow. Reuter. Riſt.
Sievers. Strodtmann. Suhr. Tetens. Trapp. v.
Wickede.

Volksſchriften.

Appenfelder. v. Baudiſſin. J. Boyſen. Breding.
Bremer. Carſtens. E. v. Döring. P. Fedderſen.
Friſe. Harries. H. Kroymann. H. W. Lawätz.
Lihme. Panitz. Pinkvoſs. v. Reventlow. Rixen.
v. Schütz. Würzer.

5)

5) Staatswiſſenſchaften.

Dieck. C. U. D. v. Eggers. Ehlers. J. C. Fabricius.
Fink. Goſch. v. Heinen. Hennings. Ph. G. Hens-
ler. C. O. und J. D. Lawätz. v. Neynaber. A. C.
H. Niemann. Otte. Salchow. L. A. G. Schrader.
Thorſtraten. F. Valentiner.

6) Iurisprudenz.

Balemann. Behrens. C. L. v. Brockdorf. Chr.
Calliſen. H. F. C. Clauſſen. A. W. Cramer. C.
U. D., E. A. F., F. L., G. W. und H. F. v. Eggers.
Gercken. Haſſe. Jenſen. Langhoff. Lewon. Maaſ-
ſen. J. A. Matthieſſen. Mellmann. Olivarius. L.
A. G. Schrader. J. H. Stuhlmann. Thibaut. Tren-
delenburg. E. Weinmann. F. A. W. v. Witzendorf.

7) Mathematik

(mit Ausſchluſs der Kriegswiſſenſchaften).
Anderſen. J. W. Chriſtiani. L. Clauſſen. Dieck.
Eberhard. Hahn. Jakobſen. J. Kroymann. J.
Chph. Lau. J. Struve. Svenſen. Tetens. Tobie-
ſen. F. Valentiner. Vent.

Kriegswiſſenſchaften.

Abrahamſon. v. Binzer. Carl. v. Ewald. Henrichs. v. Krebs. v. Mechlenburg. v. Schaumburg.
v. Scheel.

8) Naturgeſchichte und Phyſik.

Ackermann. J. F. Bolten. Coopmans. Eſmarch.
J. C. Fabricius. Hellwag. Kirchhof. Kunze. Moldenhawer. J. G. F. Schrader. Steffens. Tetens. To-

Tobiefen. J. A. Unzer. N. C. Viborg. F. und
G. H. Weber.

9) Gewerbskunde.

Bechftedt. C. H. J. Brockdorf. Erhardi. C. A.
und J. C. Fabricius. ѵ. Hager. Hafe. Janeke.
Kamphövener. Köhn. H. Kroymann. Magelfen.
A. C. H. Niemann. N. Oeft. Otte. Reiche. Rixen. Ch. Fr. und J. N. Schmidt. B. J. F. Schrader. E. N. Viborg. Weiffer. Weftenholz. Wibel.. Wolftein.

10) Medicin.

Ackermann. Becker. J. J. Bendixen. J. F. Bolten. Bong. Bornholt. H. Callifen. Capito. Car-
theufer. Chemnitz. C. Chriftiani. C. D. Claudius. Coopmans. Dahl. Danzmann. Ebio. Eichel. Eimbke. » F. W. P. Fabricius. Fifcher. J.
Francke. Fries. Garmfen. Gehrt. Gerfon. Güldenzopf. C. F. und W. M. F. Hargens. Hartmann. F. A. und J. G. Heinze. Hellwag. Ph. G.
Hensler. Herholdt. Hermann.- Hinze. Hirfch-
feldt. Hudemann. Jahn. Kerftens 1. 2. Kiesbuy. F. W. Koch. Kölpin. Köppe. Kück. W.
G. Lilie. Mumfen. Mutzenbecher. J. Nielfen.
J. C. N. Niemann. W. A. Niffen. J. J. Peterfen.
v. Prangen. A. C. Reufs. Reyher. Rhode. Schetelig. J. F. Schumacher. Sidon. Sielenz. Sörenfen. Spiering. Stange. E. F. und F. G. Struve.
M. C. Stuhlmann. Suadicani. Turretin. N. Tychfen.

fen. J. A. und J. C. Unzer. ..... Voſs. G. H.
Weber. Wegener. Weiſſer.

11) Theologie.

Biblische Philologie und Kirchengeschichte.

J. G. C. Adler. Bernth. J. A. Bolten, P. J. Bruns.
J. J. Claſen. Eckermann. Friederici. Geyſer.
Grangaard. Greve. Hälſen. C. G. Hensler. Ja-
ger. N. Johannſen. Kordes. v. Reck. Scholz.
C. H. Schütze. Schwollmann. Strodtmann. J.
Struve. Thieſs. O. G. und Th. Chr. Tychſen.
Ukert. Ulich. Vogel. M. D. Voſs. Wöldike.

Syſtematiſche Theologie.

J. L. Calliſen. Cellarius. Eckard. Eckermann.
Eckſtein. Geyſer. P. Paulſen. Schwollmann. Siewerſſen. Thieſs. Ulich. Zahle.

Asketik, ſowohl reine als ausgeartete.

J. L. Calliſen. C. J. R. Chriſtiani. Holm. Hudt-
walker. Läger. Lehmann. Lihme. H. Outzen.
Richter. Siewerſſen. v. d. Smiſſen. J. Thomſen.
Wilkens, Wolfrath.

Paſtoralwiſſenſchaften.

Böhme. C. J. R. Chriſtiani. Ch. Clauſen. Falleſen. D. Koch. Oertling. Polchow. G. J. Schmid.
Schrödter. C. A. Valentiner. Voigt. Witt.

Predigten.

G. C. und J. G. C. Adler. Alers. Bay. J. A. Bendixen. v. d. Berg. Bernth. Block. J. H. und
J. A. Bolten. P. D. Boyſen. F. B. Bruns. Burdorf.

dorf. Buſſäus. C. J. R. und W. R. Chriſtiani. J.
C. und J. E. Claus. Chr. Clauſen. Cohen. Det-
leſſen. Eybel. Falleſen. B. Fedderſen. Fock.
G. S. Francke. Funk. Glaſemeyer. Greif. Grot.
Gundelach. D. N. Hanſen. Hartz. C. F. Haſſel-
mann. Hegelund. Hoekſtra. Hoyer. de Jager.
Jeſſen. F. und N. Johannſen. Karsdorp. D. Koch.
C. F. und J. H. Lange. Lehmann. W. H. Laſſer.
Loppnau. Maaſsen. Martini. Maſsmann. J.
Matthieſen. Meldola. Michaelſen. Mielk. C.
A. Müller. Poſcholan. Rhina. Rhude. Schiff.
G. J. Schmid. J. G., J. L. und S. A. G. Schmidt.
Scholz. Schorer. Schrödter. J. H. Schulze. Schwoll-
mann. Stielcke. Strodtmann. Struck. Thieſs.
H. und J. Thomſen. Warnck. Wichmann. Wil-
kens. Wöldike. H. Wolf. Wolfrath.

Theologiſche Miſcellaneen.

Flor. Manhard.

12) Geſchichte und Geographie.

Albrecht. P. J. Bruns. C. U. D. und H. P. v. Eggers. D. H. Hegewiſch. V. A. Heinze. Heinzelmann. Hennings. Henrichs. Kiſs. Kloppenburg. Mercier. Moltke. (?) Niebuhr. G. Nielſen. zu Ranzau. v. Rüdinger. v. Schaumburg.
Schirach. v. Schütz. Skaaning. O. G. und Th.
Chr. Tychſen. Wiggers. Wurtzer.

Landeskunde.

Adami. Ambroſius. J. A. Bendixen. v. Binzer.
Blatt.

Blatt. J. A. Bolten. J. Boyſen. Brinken. Bruyn.
Burchardi. Cornielſen. Damm. v. Dernath.
Diercks. Domeier. Erhardi. Esmarch. Fleſs-
burg. G. S. Francke. Friederici. Fürſen. Hag-
ge. Z. Haſſelmann. Heinzelmann. Henningſen.
Holſt. Hudtwalker. Kamphövener. Krichouff.
Kruſe. F. O. V. Lawätz. Leifhold. Martens.
Moller. H. Müller. A. C. H. und C. G. D. Nie-
mann. L. und .... Niſſen. Noodt. Otte. Ovens.
Oye. Paape. C. G. und D. Peterſen. Reiche.
Röttger. Salchow. Scholz. J. F. Schütze. J. H.
Schulze. Schwenſen. Ch. L. und H. H. Stemann.
v. Stolle. Thieſſen. C. H. Timmermann. Volk-
mar. M. D. Voſs. O. Weinmann. H. Wolf.

Litterärgeſchichte.

Eckſtorff. (?) F. Ekkard. P. Fedderſen. Fehſe.
Knickbein. H. W. Lawätz. Moller. zur Mühlen.
Reimer. J. D. Reuſs. Thieſs.

Gelegenheitsreden.

M. F. Eggers. Evers. Friederich Chriſtian. B.
G. Schumacher. A. F. v. Witzendorf.

13) Miſcellanſchriften.

Fidalgo. A. Grüning. Mentel.

14) Ueberſetzer.

Ahlmann. Bargum. Bielefeld. Biſchof. Bremer.
Dame. Dau. P. Fedderſen. Feldmann. Frö-
lich. *Heilmann.* *V. A. Heinze.* *Hildebrand.*
Holſt.

Holſt. Jaſperſon. Kamphövener. Kerſtens 2. Kirchhof. Laſſen. J. A. Leſſer. Nichelmann. J. C. N. Niemann. E. Outzen. Overbeck. Pappenheimer. Tobieſen. N. C. Viborg. v. Walterſtern. J. Wolff. Zahle.

ERSTER

ERSTER ANHANG

von SCHRIFTSTELLERN,

die *theils* verftorben find, deren Artikel aber im
Meusel, Worm und Ekkard noch berichtigt und
ergänzt werden konnten, *theils* aus andern Urfachen in die obige alphabetifche Reihe nicht
aufgenommen werden durften.

(N. 5. od. vielm. A. usg. 5.) Graf von AHLEFELDT-LAURWIG
(Jens Juel), *geb. auf* dem Gute *Biörnemöfe* auf Fühnen *den
10 Iul. 1764* (nicht: 1760, wie in den Prov. Ber. 1795.
H. 1. angegeben ift), *ftarb* zu Schleswig *den 20 Nov.
1794.* Von feinen vier im gel. Deutfchl. aufgeführten Schriften wurden drey ins Dänifche überfetzt:
Tanker om Regiering (von C. C. Fabricius). Odenfee
1791. 8. — En daufk Borgers Skrivelfe til Kronprind-
fen. Kbhvn. 1794. (Dagegen erfchien: Beurtheilung des Schreibens eines dänifchen Bürgers an den
Kronprinzen. Schlesw. und Leipzig 1793. 8. Auch
dänifch: Bedommelfe over en d. Borg. Skriv. til Kr.
. . . . . .) En danfk Borgers Tanker om Danmarks
nærværende Politik. Kbhvn. 1794. 8.

(M. u. N. 2. 4. 5. E. 153.) AHLEMANN (Georg Ludwig), *ftarb den 4 Dec. 1787,* vergl. Prov. Ber. 1787.
H. 6. S. 728. Sein von *Ph. Gabr. Henfler* verfafstes
und

und der Sammlung einiger Predigten von ihm (Altona 1788. 8.) vorgeſetztes Leben, findet man ganz abgedruckt in der 6ten Samml. der Pedderſenſchen Nachrichten vom Leben und Ende gutgeſinnter Menſchen S. 43 ff. und auszugsweiſe in den Prov. Ber. 1789. H. 1. Vergl. auch außer *Boltens* Kirchen-Nachrichten von Altona 1, 86, die von *Lawärz* aufgeführte kurze Lebensbeſchreibung im Journal von und für Deutſchland 1788. St. 2.

(M. 4 u. 5 Ausg.) VON ARCHENHOLZ (Johann Wilhelm), welcher in unſerer doppelten Ueberſicht (Prov. Ber. 1793. H. 5. aufgeführt wird, ift in dem genannten Iahre wieder nach Hamburg gezogen. Er ift, welches im gel. Deutſchl. noch nicht bemerkt ift, *geb. zu Danzig den 3 Sept. 1745.*

(W. 3, 894.) AUGUSTIN (Johann Samuel), *königl. däniſcher Etatsrath und Kriegsrath; geb. zu Oldensworth in Eyderſtedt den 31 März 1715, ſtarb zu Kopenhagen den 26 März 1785.*

AXEN (Peter), im *Jöcher* — Sein Leben findet man auch in J. Laſs's Sammlung Huſumſcher Nachrichten, 2te Fortſetzung. St. 8 (1757.)

(N. 4. 5. oder vielmehr Ausg. 5.) BAEHRENS (Johann Heinrich), *geb. zu Kopenhagen,* wurde in der doppelten Ueberſicht (Prov. Ber. 1793. H. 5.) irrig als Landeskind aufgeführt. Er erſtand die große juriſtiſche Diſputationsſammlung des Grafen *Thott* von 15013 Nummern.

(E. 134.) BALHORN (Benedikt Friedrich Daniel), Sohn des

des Achates Ludwig B. in *Boltens* K. N. 2, 314. und Bruder des Ludwig Wilhelm B. im *Ekkard* S. 131. und im *Adelung* — *ſtarb,* nach *Pütter* 2, 68. als Prediger zu Hannover 17..: §§. D. de interceſſione Chriſti ſacerdotali. Götting. 1775. 4.

(W. 1. u. 3. E. 150.) BERGER (Chriſtian Johann), Doȝ. *der A. G.*, *königl. däniſcher Etatsrath* (ſeit 1776) *und Leibarzt, der Medicin, wie auch der Chirurgie und Hebammenkunſt ordentlicher Profeſſor zu Kiel* (ſeit 1774), Mitglied der königl. Geſellſchaft der Wiſſenſchaften, wie auch Ehrenmitglied der Maler-, Bildhauer- und Bauakademie zu Kopenhagen; *geb. zu Wien den 14 Aug. 1724, ſtarb den 2 April 1789.* Zu den im Worm aufgeführten Schriften gehören noch: Schema inſolentis morbi; in collect. Societ. med. Hafn. Vol. II. und: *Olympia, die Hebamme, ein Fragment. Leipzig 1785. 8. Vergl. (Wilh. Ernſt Chriſtiani's)* Einladung zu einer Gedächtniſsrede auf C. J. Berger — mic beygefügter Nachricht von ſeiner erſten Bildung und ſeinen Fortſchritten bis zu der ihm ertheilten mediciniſchen Doctorwürde. Kiel 1789. 4. ü. Prov. Ber. 1789. H. 3. S. 272, wo es unter andern heiſst: Seinen Verdienſten um die Univerſität Kiel hat er noch das Vermächtniſs ſeiner auserleſenen Bücherſammlung und eines Capitals von 4000 Rthlr. beygefügt, und auch dadurch ſich ein würdiges Gedächtniſs geſtiftet.

BIRKNER (Gottlieb), der itzt als Paſtor zu Corſör ſteht, wird zwar in den Prov. Ber. (1792. H. 6. S. 279.

und 1793. H. 6. S. 311.) aufgeführt; allein er lebt auf dem, nicht zum Herzogthum Schleswig gehörigen, Theile der Infel Föhr.

(M. u. N. 1. 5.) BLENDERMANN (Martin Burchard), schrieb noch: Heilsame Lehren zur Befestigung des Glaubens und süße Tröstungen für das Herz des Christen, aus dem Namen Immanuel, Gott mit uns, hergeleitet und am 20 März 1774 in der Schloßkirche zu Kopenhagen vorgetragen. Hadersl. 8. *(Mitgetheilt.)*

(M. u. N. 5. E. 146.) BOESSEL (Georg Daniel), *starb zu Flensburg 17...*

BOIE (Christian Rudolph), Bruder des Heinrich Christian B. — Conrector zu Eutin seit 1789; *geb. zu Flensburg den 17 Octob. 1757, starb den 16 April 1795.* §§. * Ueberfetzung des erften Buchs der Republik des Plato; im deutschen Museum 1787. Nov. Noget om salig Profeffor (*Andr. Chrift.*) *Hwiid*; in der dänischen Minerva 1788. Octob. *(Revidirt.)* Seine Ueberfetzung von C. *Hornemann's* philosophischen Schriften vollendete C. F. *Sander* (vergl. oben). Seine Ueberfetzung der Republik des Plato wird *Friedr. Carl Wolff* (Conrector zu Glückstadt seit 1796, vorher seit 1790 Collaborator zu Eutin; geb. zu Eutin den ...... 176..) überarbeiten, und, zufolge dem Oftermeßkatalog für 1796, in Altona herausgeben.

(W. 1.) BORCH (Hinrich Carl), *Doctor der A. G. zu ..... geb. zu Haderleben 17... starb 17...*

(N. 4. 5.) BOYE (Moritz), *königl. preussischer Hofcammerrath und Rentmeister zu Bayreuth; geb. zu Tondern den*

26 *Ian. 1740, ſtarb den 12 Inn. 1792.* — Lieferte auch Beyträge zum Journal von und für Franken. — Das im
Oſtermeſskatalog 1795 als fertig aufgeführte „Bay-
reuther Schriftſteller-Lexikon," in welchem er vorkommen müſste, iſt höchſt wahrſcheinlich noch nicht
erſchienen.

(E. 144.) BROECKEL (Georg), *Doctor und ordentlicher
Profeſſor der Rechte zu Kiel* ſeit 1772 (vorher, nach
Pütter 2, 100. Privatdocent zu Göttingen); *geb. zu
Hannover den 4 März 1744*, ſtarb als Prorector *den 20
Sept. 1788.* §§. De uſuris pretii, an et a quonam tem-
pore mercator illas exigere poſſit? Götting. 1770. 4.
Vergl. *Weidlich's* biograph. Nachrichten 1, 100. das
daſ. angeführte Pütterſche Programm, und Prov. Ber.
1788. H. 6. S. 387.

(M. u. N. 5. W. 1 u. 3. E. 150.) CAMERER (Johann
Friedrich), *Kriegsrath zu Wodder* Amts Hadersleben;
geb. zu Oettingen im Ries *1720, ſtarb den 6 Nov. 1791.*
Vergl. Intell. Bl. der neuen allgem. d. Bibl. auf 1793.
S. 19. und Prov. Ber. 1792. H. 5. S. 202 fg., wo es
heiſst: „Der Bernſteinfall an der Weſtküſte und der
gemeine Gewinn, den er von deſſen Benutzung hofte,
war einer ſeiner Lieblingsgegenſtände, den er durch
mannigfaltige Nachforſchungen über die Bernſteinküſte der Alten und durch neuere Nachrichten in dieſen und ſelbſt in auswärtigen Blättern aufzuklären
bemüht war." Zu ſeinen Schriften gehören noch:
* Schleswigſches Wochenblatt. Im Iahr 1755. 4.
(Mit *Duſch* und andern; vgl. Nachrichten von dem

Zuſtande der Wiſſenſchaften in den däniſchen Staaten 2, 709.) Verſuch eines vollſtändigen Regiſters und Repertorii aller königl. däniſchen allerhöchſten Verordnungen, in ſo weit ſie den Militairetat angehen, ſammt einem Anhange von vielen andern ungedruckten Reſcripten, Mandaten, Hochfürſtl. Marggräfl. Befehlen, Canzeley- und Commiſſariatſchreiben. Schleſw. 1760. 4. * Erſter Brief von der Stiftung des Erziehungshauſes für die Kinder des königl. Leibregiments Dragoner, gerichtet an das denkende Publikum. Hadersl. 1766. 4. * Auch Gedanken von dem Bernſtein an den däniſchen und ſchwediſchen Küſten; im neuen Kiel. Magazin B. 1. St. 3. (1783.) *Einige Gedanken über die Bernſteinküſte der Alten; daſ. B. 2. St. 3. (1788.) * Bemerkungen auf Reiſen über die frieſiſchen Inſeln in der Nordſee an der weſtlichen Küſte der Herzogthümer Schleswig und Holſtein; im 4ten B. der Reiſenden für Länder- und Völkerkunde. Nürnb. 1790. 8. (vergl. Prov. Ber. 1791. H. 4. S. 84. und 1792. H. 1. S. 99.) * Oederiana. Schleſw. und Leipz. 1792. 8. (vgl. Prov. Ber. 1792. H. 4. S. 95.) — *In den Prov. Ber. finden ſich von ihm folgende, mit — n — bezeichnete, Abhandlungen:* * Etwas über die Grabhügel in den Herzogthümern. 1787. H. 4. * Muthmaſsungen und Gedanken über die Beförderungen des häuslichen Lebens der an den Küſten der Herzogth. Schleswig und Holſtein in der Weſtſee liegenden Inſuln. (Ein Auszug aus (J... F... D...: *Ulrich's*) hiſtoriſch-politiſchen Beyträgen zur nähern

Kennt-

Kenntniſs unſerer Zeit. Hamb. und Leipzig 1787;) daſ. H. 5. *Bedenken über die Verkleinerung der großen Güter; 1788. H. 5. *Ueber die Einſammlung des Bernſteins an der weſtlichen Küſte des Herzogthums Schleswig, veranlaſst durch die Nachricht des Hrn. Paſtor *Wolf* im 2ten Iahrg. H. 5; 1789. H. 4. *Ueber den Bernſtein an der däniſchen und ſchleswig-holſteiniſchen Küſte. Sätze und Folgerungen, Nachweiſungen und Fragen von einem Liebhaber dieſes Produckts; H. 6. (wo er hauptſächlich ſeine früheren Arbeiten über dieſen Gegenſtand regiſtrirt.) *Beytrag zu den neueſten Nachrichten von dem Bernſtein an der ſchleswig-holſteiniſchen Weſtküſte, in Beziehung auf die fortgeſetzten Nachrichten des Hrn. Paſtor *Wolf* im 2ten diesjährigen Heft; 1790. H. 5. *Noch einige Gedanken über Flachsbau und Leinwandbereitung und beyder Hinderniſſe; daſ. *Noch etwas vom Bernſteinfall in der Weſtſee; 1791. H. 3. *Antwort auf das Schreiben an den Verfaſſer des Etwas über die Stadt Hadersleben (*A. R. v. Brinken*); 1792. H. 1. *Ein Wort für Inſten; daſ. H. 2. — *außer mehrerern kleinern Auffätzen in derſelben periodiſchen Schrift*, unter welchen der 1787. H. 6. S. 726. eingerückte, betreffend die *nicht* ausgeſtorbene alte Friſiſche oder Sächſiſche Sprache gegen die Behauptungen eines Anonymen (*T. D. Wiarda*), vielleicht den Sprachforſcher intereſſirt. — Nach ſeinem Tode erſchien noch: Einige Bemerkungen über die Verfaſſung der Kriegsgerichte in Dännemark; im d. Mag. 1795. Nov.

(M. 4 u. 5 Ausg.) CARRACH (Johann Philipp), Sohn des Joh. Tobias C. im *Adelung* (nach Schwarze S. 349.) *ſtarb* (?) 17....

(M. u. N. 3. 4. 5. W. 1 u. 3.) CARSTENS (Adolph Gotthard), *königl. däniſcher Gebeimerath, Ritter vom Dannebrog-Orden und Director der königl. deutſchen Kanzeley in Kopenbagen*, auch ſeit 1753 Mitglied der königl. Geſellſchaft der Wiſſenſchaften daſelbſt; *geb. zu Kopenbagen* (nicht: Schleswig, wie in den Prov. Ber. 1787. H. 4. S. 498. ſteht) *den 31 März 1713, ſtarb den 10 März 1795.* (Denn in den Erlanger gel. Zeitungen 1795. St. 20. und im 5ten Nachtr. des gel. Deutſchl. Abth. 2. S. 610. wird er mit ſeinem, als Schriftſteller nicht bekannten, im Februar 1795. verſtorbenen, Bruder *Chriſtian Gottfried*, Ritter vom Dannebrog-Orden und Geheimerath, wie auch Kanzler des Obergerichts zu Gottorff, verwechſelt.) Vergl. Kiœbenhavns Univerſitets-Journal (von *Jakob Baden*) 1795. S. 54 ff., *deutſch* überſetzt (von *Torkel Baden*) in den Prov. Ber. 1795. H. 5. §§. *Neuer Erweis des Daſeyns eines einigen Gottes und Schöpfers aller Dinge, der vernünftigen Welt zur Prüfung vorgelegt und in den Druck gegeben von D. *Eberhard Dav. Hauber.* Kopenh. 1751. 8. Zweyte und verbeſſerte Ausgabe, zu welcher eine Vorrede des Verfaſſers, wie auch ein Anhang von dem zureichendem Lichte der Vernunft in Abſicht auf die Lehre von der Einheit Gottes hinzugekommen iſt. Altona 1756. 8. Carmina amicis ſ. l. et a. (Hafn. 1790.) 28 S. 8. Alle Exempl. ſind verſchenkt

und

und nicht in den Buchladen gekommen.) Folgende
Abhandlungen in den Kiœbenhavnſke Selſkabs Skrifter: Beviis paa trik Hertug i Slesvig Hans Aegteſkab
med Margareta, en Dotter af Jermer II, Fyrſte paa
Rygen; im 6ten Theil. — Oplysning angaaende Euphemia's af Dannemark Herkomſt, ſom har været
Kong Chriſtoph II. Gemal; im 7ten Th. — Hiſto-
riſk diplomatiſk Efterretning om den i de danſke
Hiſtorie forekommende Soſter til Grev Gert den Sto-
re i Holſteen, ſom i en kort Tiid var gift med Kong
Erik, Kong Chriſtopher den 2de Sœn og Medregent,
hendes Perſon og Tildragelſe; daſ. — Beviis, at Gert
den Stores Gemal har været Sophie af Werle; im
8ten Th. — Chriſtiani I. Nedſtemmelſe af de vorige
danſke Kongens Blod; daſ. — Oplysning angaaende
det Sporgsmaal: om det kan regnes Dronning Mar-
grete til Laſt ſom en Stats-Feil, ad Grev Gert til Holſteen blev i Aaret 1386 forlænet med Hertugdom-
met Slesvig; im 10ten Th. — Alle dieſe Schriften ſtehen deutſch und von dem Verfaſſer aufs neue durch-
geſehen und verbeſſert in *Heinze's* Ueberſetzung der
hiſtoriſchen Abhandlungen der Kopenhagener Geſellſchaft, und zwar die erſte und dritte im 1ſten Bande,
die zweyte und ſechste im 3ten, und die vierte und
fünfte im 5ten. — Noch im 1ſten Theile der Nye Samling af det Kiœbenhavnſke Selſkabs Skriſter: Det
Norſke Vaabens Opkomſt og Forandringer beſtemle,
og dels Skioldmerke forklaret ved Sigillers, Mynters,
gamle Breves og hiſtoriſke Efterretningers Hielp.

Wah-

Wahrer Begriff von der in Kaiser Friederich II. Ue-
berlaſſungs-Briefe vom Iahre 1214 enthaltenen neuen
Gränzbeſtimmung für das deutſche und däniſche
Reich; im neuen Kiel. Magaz. B. 1. St. 2. (1786.) —
Brev til min Klædning; in Forſœg i de ſkipnne Videnſkaber St. 4. Om aabne Vocalers Medvirknings
i det poëtiſke Udtryks Styrke og Livagtighed; daſ.
St. 5. (ſteht überſetzt und mit des Verfaſſers eigenen
Znſätzen verſehen in der Bibliothek der ſchönen Wiſſenſchaften. Th. 4 und 5.) Samtale om Vocalernes
Sammenſted i danſke Vers; daſ. St. 5. — „An *Mal-
let's* Hiſtoire de Dannemarc habe ich einigen Antheil
gehabt, nach ſeinem Zeugniſſe in der Vorrede, das
jedoch nur von dem erſten, in der Ausgabe in 4. bis
zur Regierung des Odenburgiſchen Stammes reichen-
den Bande des Werks, zu verſtehen iſt, nicht aber
an ſeiner introduction à l'hiſtoire de Dannemarc.
Die Abhandlungen, die ich in den Schleswig-Holſteiniſchen Anzeigen habe einrücken laſſen, ſind: Wahre
Bedeutung der Wörter Selland und Warland; 1751.
St. 5. Merkwürdige Verbeſſerung einer Stelle in *Leer-
beck's* Mindiſchen Chronick; daſ. St. 7. Entdeckter
Urſprung der alten Reinholdsburg, die Graf Adolf
III. zu Holſtein im I. 1200 wieder hergeſtellet und
dadurch das Aufkommen der Stadt Rendsburg ver-
anlaſſet hat; daſ. St. 48. Nachricht von den erſten
Hamburgiſchen Dompröbſten nach der Reformation;
1753. St. 21. Bericht von Sophien, Henrich's des
Eiſernen, Grafen zu Holſtein, Tochter, und ihrer Ver-
mäh-

mählung mit Bogislaf VIII, Herzogen in Pommern;
1755. St. 12." (*Revidirt.*)

(M.u.N. 1. S. 96 u. 731. N. 2-5. E. 132.) CHRISTIANI
(Wilhelm Ernſt), *Doctor der Philoſophie* ſeit 1757,
königl. däniſcher wirklicher Iuſtitzrath ſeit 1777, (vorher ſeit 1770 Grofsfürſtlicher Kanzeleyrath,) *ordentlicher Profeſſor der Philoſophie* ſeit 1763, *namentlich der
Geſchichte* ſeit 1770, *der Beredſamkeit und Dichtkunſt*
ſeit 1766, *des Rechts der Natur und der Politik,* (vorher
ſeit 1761 auſserordentlicher Profeſſor des Rechts der
Natur und der Politik,) *und Bibliothekar der Univerſitätsbibliothek zu Kiel* ſeit 1763, *auch ſeit 1790 einhei-
miſches Mitglied der königl. Geſellſchaft der Wiſſenſchaften zu Kopenhagen;* geb. *zu Kiel den 23 April 1731,* ſtarb
den 1 Sept. 1793. Vergl. Prov. Ber. 1793. H. 5. S. 229;
Intellig. Blatt der neuen allgem. deutſch. Biblioth. für
1793. S. 371; *J. C. Koppe's* Lexikon der jetzt in
Deutſchl. lebenden juriſtiſchen Schriftſteller und akademiſchen Lehrer B. 1. S. ... und *deſſen* juriſt. Almanach auf 1794. S. 431-449. (Denn im Nekrolog
auf 1793 ſucht man, ſelbſt B. 2. S. 424, ſeinen Namen vergebens. Ob er aber im Supplementbande
der vier erſten Iahrgänge einen Plaz finden werde,
muſs die Zeit lehren.) §§. Reden und Gedichte; in
den Schriften der Kieliſchen Geſellſchaft der ſchönen
Wiſſenſchaften. Kiel und Altona 1757. 8. Diſp. philoſoph. de αυτοχειρία. Kil. 1757. 4. (reſp. Car. Frid.
Sarauw, Kilonienſi.) Diſp. philoſoph. de teſtamen-
tis iure naturali validis. ib. 1758. 4. (reſp. Frid. Rud.

Sarauw, Kiloñienſi.) Diſp. iuris publici vniuerſalis de poteſtate ſummi imperantis circa legem naturae. ib. eod. 4. (reſp. Car. Frid. Krüger, Kiloñienſi.) Unterſuchung der eleatiſchen Gottesleugnung. Eine Einladungsſchrift. Kiel 1760. 4. Diſp. ethica qua demonſtratur, unicam tantum eſſe virtutem et vnicum vitium. ib. eod. 4. (reſp. Joach. Alb. Bay, Holſato.) Diſp. iuris naturalis de palmariis quibusdam probabilitatis in iure naturae effectibus. ib. 1761. 4. (reſp. Ott. Herm. ab Howen, Equite Curlando.) Diſp. philoſoph. de definiendis iuſtis partium philoſophiae practicae limitibus. Pars prior. ib. 1764. 4. (reſp. Jac. Podwiſozki, Vkrania-Rutheno.) Pr. ad *Jo. Nic. Milow* diſp. inaug. de logicis quibusdam artis criticae ſubſidiis. 1764. 4. (Gedruckte?) Rede auf das Geburtsfeſt der Kaiſerin, betreffend ..... 1764. 4. (?) Rede auf das Geburtsfeſt der Kaiſerin Katharina II, am 4 May 1765 gehalten. 4. Pr. quo Memoriam *Amandi Chriſtiani Dorn* ciuibus commendat. 1765. 4. Pr. Pentecoſt. num viri boni diuinitus fiant? 1765. 4. Pr. Mich. opiniones veterum de mediis inter Deum et hominem naturis. 1765. 4. Weihnachtspr. vom Frieden im Gewiſſen. 1765. 4. Pr. Paſch. nihil habere reſurrectionem mortuorum quod rationi non exacte reſpondeat, nihil quod non cum illa optime conciliari poſſet. 1766. 4. . Pr. quo ſibi demandatam profeſſoris eloquentiae et poëſeos ordinarii prouinciam indicit, praemiſſa breui commentatione de praeſtantia et vſu eloquentiae populari. 1766. 4.

Pr.

Pr. Pentecoſt. de eo, quod diuinum eſt in propaga-
tione euangelii per totum orbem. 1766. 4. Pr. Mich.
virtutis cauſſa omnia onera ferenda, omnia laboris
et moleſtiae genera ſuſcipienda eſſe. 1766. 4. Pr.
Nat. de teſtimoniis veterum, ethnicorum praecipue,
circa eos, qui Chriſtum natum vel proxime praeceſſe-
runt, vel concomitati, vel denique proxime ſubſecuti
ſunt, euentus, hiſtoriae ſacrae optime reſpondentibus.
1766. 4. Die gute Sache der Diſſidenten in Polen,
nach den Gründen des natürlichen und allgemeinen
Staatsrechts und der Politik. (ohne Druckort) 1767.
4. Zweyte verm. und verb Auflage, nebſt einer Rede von dem wahren Begriff der herrſchenden Religion eines Staats. Leipzig 1775. 8. Pr. quo memoriam *Guſt. Chſtph. Hoſmanni* ciuibus commendat. 1767.
4. Theſes inaugurales mathematicae et philoſophi-
cae. 1767. 4. (reſp. Dav. Herm. Piehl, Hamburgenſi.)
Pr. ad eiusdem Piehl diſp. inaugur. quis locus in di-
ſcendi ordine conueniat matheſi. eod. 4. Pr. Paſch.
particulas cuiuscunque corporis humani eſſentiales
ab accidentalibus diſtinguendas eſſe atque illas cum
alio quodam corpore neutiquam eſſentialiter atque
intime commiſceri, allatis Athenagorae rationibus,
oſtenditur. 1767. 4. Pr. Pentec. de Spiritu diuino
in hominibus Senecae loca explicantur. 1767. 4. Pr.
quo memoriam *Friderici Koſii* commendat. 1767. 4.
Pr. Mich. de gloriae honorumque cupiditate ab iis
ſaepius maxime exoptata, qui ſpernere eandem ſimu-
labant. 1767. 4. Rede auf das Geburtsfeſt des

Groſs-

Grofsfürften Paul Petrowitz, am 2 Octob. 1767. gehalten. 4. (wieder abgedruckt in der 2ten Aufl. der guten Sache der Diffidenten in Polen.) Pr. Nat. de fumma qua Deus homines Chrifti natalibus beauit beneficii magnitudine. 1767. 4. *Commentariorum Kilonienfium de rebus memorabilibus libelli XX. 1768. 8. Pr. Pafch. de Chrifto pro genere humano fe deuouente. 1768. 4. Pr. Pentec. de pulchritudine mentis. 1768. 4. Pr. Mich. Lutherus a fyncretismo ipfi imputato defenfus. 1768. 4. Rede auf das Geburtsfeft Paul Petrowitz, bey der Einweihung des neuen akademifchen Gebäudes am 3 Octob. 1768. gehalten. 4. Pr. Nat. de dignitate hominis fiue naturae humanae. 1768. 4. Rede auf die glückliche Wiederherftellung I. K. H. Paul Petrowitz aus den eingeimpften Blattern, am 14 Ian. 1769. gehalten von Carl Aug. v. Bredal. 4. Quaeftiones literariae ex philofophiae bonarumque artium ftudiis felectae. 1769. 4. Pr. Pafch. de exemplo Chrifti, egregia ad lenitatem animi et amorem erga inimicos incitamento. 1769. 4. Pr. Pentec. de eo quod diuinum eft in fapientiae ftudio. 1769. 4. Pr. Mich. de vitando offendiculo. 1769. 4. Pr. Nat. de vaticiniorum et oraculorum facrorum prae ethnicorum oraculis praeftantia. 1769. 4. Difp. de ftudiis *Jordani Bruni* Nolani mathematicis. 1770. 4. (refp. Jul. Lud. Carftens, Jeverano.) Progr. zu der Kaiferin Geburtsfeft, von der Nothwendigkeit guter Sitten für das Wohl des Staats. 1770. 4. Progr. zu des Grofsfürften Geburtsfeft,

Feſt; daſs die Tugenden des Staats nicht bloſs pollti-
ſche, ſondern auch moraliſche ſeyn müſſen. 1770. 4.
(?) Rede auf das Geburtsfeſt I. K. M., am 5 May 1770
gehalten von Pet. Wolchowsky. 4. Das enge Band
der Gerechtigkeit und Klugheit. Eine Rede auf I. K.
M. Geburtsfeſt, im Namen der groſsfürſtl. Akademie
zu Kiel am 2 Octob. 1770 öffentlich gehalten. kl. 8.
Pr. Paſch. Glorioſum Chriſti in vitam reditum, reme-
dium aduerſus terrores mortis longe excellentius prae-
bere, quam omne quod a gentilium philoſophis huius rei cauſſa diſputatum nouimus. 1770. 4. Pr.
Pentec. de voluptate moderate appetenda. 1770. 4.
(Pr. Mich. auctore ...... Pr. Nat. auct. J. E. Faber.)
Rede auf I. K. M. zu Dännemark Geburtsfeſt, den
31 Ienner 1771 gehalten von Chph. v. Buchwaldt. 4.
Pr. auf der Kaiſerin Geburtsfeſt, von den vernünftigen Gründen öffentlicher Feyerlichkeiten, beſonders
der Geburtsfeſte der Regenten. 1771. 4. (?) Pr. Pentecoſt. de ingenti, quam in mundo, obſeruare licet,
bonorum copia. 1771. 4. Orat. parentalem in ho-
norem ac memoriam *Godofredi Henrici ab Elendsheim*
habendam indicit. 1771. 4. Pr. Unterſuchung der
Regierungsjahre der holſteiniſchen Fürſten aus dem
Billingiſchen Stamme. 1771. 4. Memoriam Magd.
Eliſ. e Lembekiis in matrimonio *Jo. Frid. Ackermanni*
ad Superos translatae commendat. 1772. 4. Pr.
Entwurf einer Gelehrten-Geſchichte Friederichs des
Dritten, Herzogs zu Schleswig-Holſtein. 1772. 4.
Pr. Pentec. de eo quod diuinum eſt in emendatorum

in

in Cimbria noſtra ſacrorum initiis. 1772. 4. Pr.
Nachrichten von dem Alter und der urſprünglichen
Verfaſſung der Stadt Kiel. 1772. 4. Pr. Nat. commentat., quae defenſam exhibet a variis maxime in
doctrina de Chriſto erroribus, a tempore emendatorum ſacrorum Cimbriae noſtrae ecclefiam. Pars I.
1772. 4. Pr. Nat. commentat. — Pars II. 1773. 4.
Pr. Nat. commentat. — Pars III. et vltima. 1774. 4.
D. (reſp. Jo. Petr. Müller, Bredſtadienſi) de formulae
concordiae in Dania et Cimbria fatis enuntiationes
ſelectae. 1773. 4. (Letztes) Progr. (zum Geburtsfeſt
der Kaiſerin) litterariſche Nachrichten von den Ausgaben der gemeinſchaftlichen Schleswig-Holſteiniſchen Landgerichts-Ordnung. 1773. 4. Geſchichte
der Glaubensreinigung in Deutſchland und in den
Herzogth. Schleswig und Holſtein. Hamb. 1773. 8.
Pr. Pentec. hiſtoria controuerſiae de proceſſione Spiritus Sancti a filio Dei inter theologos, Holſatum alterum (Joannem Reinboltium), alterum Alſatum (Joan.
Conradum Dannhauerum), faeculo ſuperiori agitatae.
1773. 4. (Letztes) Pr. (zum Geburtsfeſt des Grofs-
fürſten) Unterſuchung der Streitfrage von der Errichtung und Fortdauer der Schleswigſchen Mark zur
Zeit der deutſchen Kaiſer und Könige aus dem ſäch-
ſiſchen Stamme. 1773. 4. (Erſtes) Pr. (zum Geburtsfeſt Chriſtian VII.) Diſputatiúncula qua oſtenditur
memorabilis quae Daniae, Noruagiaeque regibus cum
Ruſſorum imperantibus antiquitus interceſſit, amici-
tiae, foederum, connubiorum commerciorumque con-
iunctio.

iunctio. 1774. 4. Pr. Pentec. de varia religionis in terris Cimbricis fortuna. 1774. 4. Das Andenken verdienstvoller Prinzen, welche die dänische Geschichte in denkwürdigen Beyspielen aufstellt, in einer Rede (wozu, den Kieler Zeitungen 1774, 557. zufolge, Er oder *Hirschfeld* ein Pr. schrieb) am Geburtsfeste des Erbprinzen Friederich in der Versammlung der hiesigen litterarischen Societät erneuert. 1774. 8. Pr. von der ältesten Staats- und Gesetzverfassung Schleswig und Holstein. 1775. 4. Pr. Pentec. historia controuersiae de processione Spiritus Sancti a Filio, in colloquio Constantinopolitano coram Manuele Imperatore Graeco et Henrico Leone Duce agitata. 1775. 4. Geschichte der Herzogthümer Schleswig und Holstein. 4 Theile. Flensb. und Leipzig 1775-79. 8. (dänisch übersetzt; vergl. *J. E. Heilmann.*) Pr. Nat. de variis natalem domini celebrandi modis. 1775. 4. Pr. Untersuchung der Frage: ob jemals eine Lehnsverbindung zwischen Sachsen und Holstein gewesen sey? 1776. 4. (wieder abgedruckt in C. F. *Zepernik's* Miscellaneen zum Lehnrecht. B. 3.) Pr. ad Disp. inaug. *Francisci Show* vestigia doctrinae elegantioris in media medii aeui barbarie inter Danos Cimbrosque obuia. 1776. 4. Zusätze und Berichtigungen zu *J. B. Mielck's* deutschen Uebersetzung von *Millot's* Universalhistorie. Leipzig 1777-87. gr. 8. 9 Theile. (*dänisch* mit Zusätzen des Verfassers in der dänischen Uebersetzung dieses Werks. 17 Theile. Kbhvn. 1784(?) — 1795. gr. 4. und *hol-*

län-

ländifch. 12 Theile. Haarlem 17... ff. gr. 8.) Pr. Ueber die Zeitbeſtimmung des vom Kaiſer Otto dem Groſsen gegen den König der Dänen Harald Blaatand unternommenen Feldzuges. 1777. 4. Pr. zum Geburtsfeſte der Königin Juliana Maria. Einige Aufklärungen und Berichtigungen der Holſtein-Schaumburgiſchen Geſchichte. 1777. 4. Rede von dem Einfluſs berühmter Königinnen in die Glückſeligkeit Dännemarks, auf Juliana Maria Geburtsfeſt, den 4ten Sept. gehalten, von Friedr. Jul. v. Kaas. Kiel 1777. 4. Signe und Habor, oder Liebe ſtärker als der Tod. Aus dem Däniſchen des Kammerherrn *Suhm* überſetzt und mit einer Einleitung und einigen Erläuterungen verſehen. Leipzig 1778. 8. Pr. Hiſtoriſche Betrachtung des holſteiniſchen Wapens. 1778. 4. Pr. Hiſtoriſche Betracht. des ſchleswigſchen Wapens. 1779. 4. (Dieſe beyden Programme ſind auch dem 4ten Theile der Schlesw. Holſt. Geſchichte beygedruckt.) Dännemarks ſtets freye Königskrone, ungekränkt in dem Ablauf aller Iahrhunderte, und durch das ſchwache Beſtreben des Herrn *Ludwig von Heſs*. Flensb. 1780. gr. 8. Pr. de anno Alberti, Suecorum regis, ducis Megapolenſis, emortuali. 1780. 4. Pr. exhibens emortualem Chriſtiani I, regis annum diemque, vtrumque temporum rationibus mathematicis et diplomatum fide aſſertum. 1781. 4. Geſchichte der Herzogthümer Schleswig und Holſtein unter dem Oldenburgiſchen Hauſe, und im nähern Verhältniſſe gegen die Krone Dännemark. Theil I. Hamb. 1781.

Theil

Theil 2. Deſſau 1784. 8. (Die Fortſetzung kündigte
er in den Prov. Ber. 1795. H. 2. Beylage gerade in
ſeinem Todesjahre an.) Zeitrechnung der Geſchichte
Waldemar I, Königs von Dännemark, ſo wie *Saxo*
ſie erzählt hat. Eine Auflöſung der von der königl.
Akademie der Wiſſenſchaften in Kopenhagen ausge-
ſetzten Aufgabe; in: Abhandlungen, die von der königl. däniſchen Geſellſchaft den Preis erhalten haben.
rfte (und einzige) Sammlung. Kopenh. 1781. 4. Pr.
de anno dieque Friderici I, Daniae Noruegiaeque regis, Cimbriae ducis, natali. 1782. 4. Lieder zum
Zeitvertreib für däniſche Seeleute; aus dem Däniſch.
(vergl. *W. H. F. Abrahamſon*) überſetzt. Deſſau und
Leipzig 1782. 8. Gedächtnisrede — wegen des Ab-
ſterbens der Prinzeſſin Charlotte Amalia, gehalten am
14 Dec. 1782. Kiel und Deſſau 1783. 8. Pr. de
Friderico I, Daniae, Noruegiaeque rege, Joanne Con-
ſtante, Saxone, S. R. I. Septemuiro et Philippo Ma-
gnanimo, Haſſiae Landgrafio, ob tumultum Faccia-
num foedere ſociatis. 1783. 4. Einladung zu einer
Gedächtnisrede auf den verewigten Curator der Kieliſchen Univerſität, *Detlev* Grafen *von Reventlov*. Mit
beygefügter Nachricht von dem Anſehen des Revent-
loviſchen Geſchlechts ſchon in ältern Zeiten. 1783. 4.
(Iſt mit Zuſätzen und Verbeſſerungen des Verfaſſers
wieder abgedruckt in *V. A. Heinze's* Kieliſchem Magazin B. 1. St. 2.) Pr. Exhibens antiqua Femariae
inſulae inſignia, monumentis hiſtoricis et tabularii
regii diplomatum fide aſſerta. 1784. 4. Pr. Nach-

F f richt

richt von einer fehr feltenen Ausgabe des Virgils vom
erften Druck (Lovanii per Jo. de Paderborne in Weft-
phalia 1475 et 1476 Fol.). 1785. 4. Rede bey der
Einweihung der neu vermehrten Univerfitätsbibliothek, den 29 Ienner 1785 gehaken. Mit vorange-
fchickter Einleitung von der gegenwärtigen Verfaffung der Univerfität Kiel. Kiel und Deffau. 8. Pr.
Rettung der Kenntniffe und Gelehrfamkeit Friederich
III, Herzog zu Schleswig-Holftein, gegen die unwür-
dige Art über ihn zu denken und zu fchreiben, die
fich *Ifaak Voffius* und *Nikolaus Heinfius* erlaubt haben.
1786. 4. Pr. illuftrans memorabile medii aeui mo-
numentum, quod ad Medicinam Forenfem fpectat,
refponfum Iurisconfultorum Moguntinorum datum
in cauffa illuftri, elogii Medicorum aliorumque naturae fcrutatorum habito refpectu. 1786. 4. (wieder
abgedruckt in: Acta folemnitatis faecularis in honorem
Gottlieb Henrici Kannegießeri. 1786. 8. und *deutfch* mit
Abänderungen und genauern Beftimmungen des Verfaffers *überfetzt* in *Heinze's* neuem Kiel. Magaz. B. 1.
St. 2.) Pr. Materialien zur Gefchichte Herzogs Johann des Jüngern, Stammvaters des Schleswig-Hol-
ftein-Auguftenburgifchen Haufes. 1786. 4. Rede
auf das Vermählungsfeft der Kronprinzeffin Louife
Aguste und des Erbprinzen Friederich Chriftian, am
27 May 1786 gehalten. Kiel. 8. Pr. Fortfetzung
der Materialien — 1787. 4. Pr. Zweyte Fortfetzung
der Materialien — 1788. 4. Pr. Befchluß der Materialien — 1789. 4. Pr. ad difputat. inaugur. *Jo.*
Georg.

Georg. Schmidt de Joannis Adolphi I, Slesvici et Hol-
satiae Ducis erga rem euangelico - reformatam lenitate atque indulgentia. 1787. 4. Geschichte der
neuesten Weltbegebenheiten, von 1748 oder dem
Aachner-Frieden an bis auf die gegenwärtige Zeit.
3 Theile. Leipzig 1788-1791. gr. 8. (wird auch als
der 10te, 11te und 12te Theil der deutschen Uebersetzung von *Millot's* Universalhistorie verkauft. Von
der dänischen und holländischen Uebersetzung s. oben.)
Allgemeines Register über des sel. Hrn. Abt *Millot* Universalhistorie, nach der deutschen Uebersetzung und
den derselben beygefügten Anmerkungen und Zusäz-
zen *übersehen und herausgegeben.* Das. 1788. gr. 8. Pr.
Einladung zu einer Gedächtnißrede auf den verewigten Canzler *Johann Andreas Cramer.* Mit beygefügter Nachricht von der Würde eines akademischen
Canzlers und Procanzlers, vorzüglich in Rücksicht
auf die königl. Universität zu Kiel. 1788. 4. Gedächtnißrede auf — *J. A. Cramer*, am 23 Iul. 1788
gehalten. 8. Pr. Einladung zu einer Gedächtnißrede
auf den sel. Etatsrath C. J. *Berger.* Mit beygefügter
Nachricht von seiner ersten Bildung und seinen Fort-
schritten bis zu der ihm ertheilten medicin. Doctorwürde. 1789. 4. Vergleichung der Nachrichten von
dänischen Begebenheiten von 1182-1209, welche
bey Arnold von Lübeck anzutreffen sind, mit andern
Schriftstellern desselben Zeitalters und Berichtigung
der dazu gehörigen Zeitrechnung. Eine Preisschrift.
Kopenh. 1789. 4. (1790 erschien kein Programm

zum

zum Geburtsfeſt des Königs, ſondern blos ein Anſchlag
auf einem Foliobogen.) Pr. Einladung zu der Rede
auf des Kronprinzen und der Prinzeſſin von Heſſen
Vermählungsfeſt. Mit vorangehender Unterſuchung
des eigentlichen Vermählungs- und auch des Sterbe-
tages der Herzogin Chriſtina, Gemahlin Adolphs,
Herzogs zu Schleswig-Holſtein, des Königs von Dännemark Friederichs I. dritten Sohnes. 1790. 8. Rede
auf das Vermählungsfeſt des Kronprinzen Friederich
und der Prinzeſſin Maria Sophia Friederica, am 31
Jul. 1790 gehalten. 8. Pr. Unterſuchung über das
Geburtsjahr Johann Friederichs, Herzogs zu Schlesw.
Holſtein, Erzbiſchofs zu Bremen und Biſchofs zu Lübeck. 1791. 4. Pr. Betrachtung über die Natur der
Dyarchie und Triarchie und derſelben ehemalige Beſtimmung in den Herzogthümern Schleswig und Holſtein. 1792. 4. * C. C. L. *Hirſchfeld*; in *Schlichte-*
groll's Nekrolog. 1792. B. I. Pr. Unterſuchung der
entferntern Urſachen aller ehemaligen Streitigkeiten
des königl. daniſchen und herzogl. holſtein - gottor-
piſchen Hauſes. 1793. 4. Pr. ad diſp. inaug. filii
Joannis Wilhelmi Chriſtiani, quo oſtenditur, eandem
fere in hiſtoria, quam in matheſi, vim habere contextum rerum. 1793. 4. Gab heraus: *N. B. Lange*
ſtatiſtiſche Briefe über Dänemark, Norwegen, Schleswig und Holſtein. Altona 1793. gr. 8. Die Natur
der uneingeſchränkten Monarchie überhaupt und der
daniſchen insbeſondere, und das Verhältnis der Preß-
freyheit zur uneingeſchränkten Monarchie überhaupt

und

und der dänischen insbesondere; 2 Reden. Kiel 1793. 8. — Ueber den ins Berlin. Mag. der Künste und Wissenschaften 1sten Jahrg. 3tes St. gerückten Auffatz des Prof. *Schummels*: Schlimme, mitunter gar schwarze Seite Heinrichs IV; in *Heinze's* Kiel. Mag. B. 1. St. 1. (1783.) Ueber Herzog Friederichs III. (von Holstein) Vorhaben, die Ost- und Westsee durch einen schiffbaren Canal zu vereinigen, mit einiger Erlauterung der Geschichte seiner Gesandschaft nach Persien; das. B. 1. St. 3. (1784.) *Die Chimäre eines Todtschlages aus indirectem Vorsatze; das. (wieder abgedruckt in *J. C. Koppe's* niedersächsischem Archiv für Iurisprudenz und juristische Litteratur. B. 1.) Ueber des R. R. *Schlettwein* Lehrbuch: Rechte der Menschheit, oder der einzige wahre Grund aller Gesetze, Ordnungen und Verfassungen. Nebst einem vorangeschickten Auszuge eines Auffatzes aus dem Leipziger Magazin für Rechtsgelehrte; im neuen Kiel. Magazin B. 1. St. 1.2.3. (1786. 87.) Ueber des Prof. *Eschenbach's* in Rostock Versuch einer Widerlegung des im 1sten B. des Kiel. Mag. enthaltenen Auffatzes: die Chimäre eines Todtschlages aus indirectem Vorsatze; das. B. 2. St. 3. (1788. — wieder abgedruckt in *J. C. Koppe's* Mag. für die gesammte Rechtsgelahrtheit. B. 2.) — Ueber die Leibeigenschaft, nach Grundsätzen des Naturrechts; in den Prov. Ber. 1787. H. 2. (*dänisch* in almeennytt. Samlinger.) — Ein kleiner Beytrag zu *Ernesti Joachimi de Westphalen* schediasma de fatis rei diplomaticae Cimbricae, welches *Joh. Carl*

Hein-

Heinrich Dreyer in den monumentis anecdotis virorum poft fata illuftrjum et clarorum. T. I. (Lubec.
et Alton. 1760. 4.) mitgetheilt hat; in *Heinze's* Sammlung zur Gefchichte und Staatswiffenfch. B. 1. (1790.)
— *Bemerkungen über *Greulich's* Vorherfagungen
der zeitherigen Vorgänge in Frankreich (in Arnolds
Kirchen- und Ketzerhiftorie Th. 3. Cap. 26.); in den
Kieler gemeinnützigen Nachrichten 1793. St. 19 und
20. — Recenfionen in der Kiel. gel. Zeitung, vom Anfange 1771 an als Mitarbeiter, feit 1774 aber, nach
J. E. Faber's und *J. H. Fricke's* Abgange, als gemein-
fchaftlicher Redacteur mit *C. C. L. Hirfchfeld*, dann
wieder unter *V. A. Heinzes* Direction als Mitarbeiter,
dem Kieler Litter. Journal von 1779-1783. und in
der Kiel. Zeitung von 1787-1791 (als dem letzten
Iahrgange), wie auch in der allgem. deutfchen Bibliothek und allgem. Litteratur-Zeitung. — *Nach feinem
Tode erfchien:* Von der ehemaligen Befugnifs der Schleswig-Holfteinifchen Landftände, fich ihre Landesherrn
zu erwählen, und von der Einführung des Rechts
der Erftgeburt in Schleswig und Holftein; im deutfchen Magaz. 1794. Iun. Hiftorifke og chronolo-
gifke Underfœgelfe af Skilsmifletretten imellem Philip II. eller Philip Auguft, Konge i Frankerig, og hans
Gemalinde Ingeborg, fœd Prindfeffe af Danmark; 1fte
Affnit, fra Philips og Ingeborgs Eormæling til Pave
Cœleftins II. Dœd, d. e. fra 1193-1198; im 1ften
Heft des 5ten Theils der Nye Samling af det konge-
lige danfke Videnfkabers Selfkabs Skrifter. S. 28 bis
70.

70. — Sein Bildniß vor dem 13ten Bande der neuen allgem. deutſch. Bibliothek.

(M. u. N. 4. E. 140.) CHRYSANDER (Wilhelm Chriſtian Iuſtus), *ſtarb* den 10 Dec. 1788. Vgl. Prov. Ber. 1789. H. 1. oder vielmehr *Schmerſabl's* Geſchichte jetzlebender Gottesgelehrten. St. 6., *Strieders* heſſiſche Gelehrten-Geſchichte. B. 2. und recenſio ſcript. a *W. C. J. Chr.* Helmſt. 1748. 4. edit. 2. Rintel. et Herſf. 1761. 4.

(E. 119.) CLAEDEN (Georg), *ſtarb* 1781. Vergl. *Adelung* zum Jöcher. — Von den monumentis Flensburgenſibus erſchienen 5 Stücke 1765-67. 4. mit fortgehenden Zahlen 657 S.

(E. 152.) CLASEN (Chriſtian Peter), *Rector in der Altſtadt Rendsburg;* geb. zu ..... 17... *ſtarb* 17... §§. Schrieb, nach *Ekkard,* exegetiſche Programme.

CLEFFEL (Johann Chriſtoph), im *Adelung* ſ. KLEFFEL.

CONRADI (Georg Johann), im *Adelung.* Vergl. auſſer dem daſelbſt angeführten *Gadebuſch* den Lebenslauf deſſelben der von *Gerhard Langreuter* gehaltenen Leichenpredigt (Altona und Flensb. 1749. 4.) S. 60-78. angehängt, und die von *Scholz* (Kirchengeſch. Holſteins S. 267.) angeführten Beyträge zu den Actis hiſtorico-eccleſiaſticis I, 153.

(M. u. N. 1-5. W. 1. u. 3. E. 147.) CRAMER (Johann Andreas), *ſtarb* den 12 Iun. 1788. Vergl. auſſer den im *Meuſel* angeführten Schriften, welche bey dem Aufſatze im 6ten Theil der Nachrichten von dem Leben und Ende gutgeſinnter Menſchen zum Grunde liegen, Prov. Ber. 1788. H. 3. S. 379. H. 4. S. 89.

F f 4 und

und H. 6. S. 381. und *Cbph. Saxii* Onomasticon VII,
102. — Nach seinem Tode erschien noch: Kurze Bemerkungen über die Einleitung und den ersten Abschnitt von *Kant's* Metaphysik der Sitten; im deutschen Magazin 1793. Sept.

VON CRONHELM (Friderich Detlef Carl), *Regierungs-*
rath und Iustitzrath in Glückstadt; geb. zu 1709,
starb den 8 Sept. 1758. — Fehlt im *Adelung.*

VON CRONSTERN (Gabriel Christian), f. SCHREIBER.

(M. Ausg. 4 u 5.) CURTIUS (Gottlieb Gottlob), *Doctor*
der A G. zu Kiel; geb. zu ..... in Thüringen 17...
starb 178... §§. Disp. inangur. Rostochii praeside
G. C. Derharding habita de ...... Die im Meusel aufgeführte Schrift erschien Eutin (1774).

DAMEN (Werner), *Prediger an der röm. katholischen Kir-*
che in Altona, dessen *Bolten* in seinen Kirchennachrichten 1, 395. gedenkt, *starb* 179...

DORN (Amandus Christian), vergl. *Adelung,* der das
Programm des *W. E. Christiani* (1765) wahrschein-
lich nicht benutzen konnte, *Weidlich's* zuverlässige
Nachrichten (2, 421 ff.) aber nicht benutzen wollte.

(M. u. N. 1. 5. E. 143.) DUSCH (Johann Jakob), *königl.*
dänischer Iustitzrath (seit 1780), *Professor* (seit 1756)
und seit 1771 *zweyter Director des Gymnasiums zu Al-*
tona; starb den 18 Dec. 1787. Vergl. Prov. Ber. 1787.
H. 6. S. 728. Journal von und für Deutschl. 1788.
St. 2. und 12. 1791. St. 11. 1792. St. 9. und, si tan-
ti, *Hirsching's* historisch-litterarisches Handbuch berühmter und denkwürdiger Personen, welche im
18ten

18ten Iahrhundert geſtorben ſind; von ſeinem ſchrift-
ſtelleriſchen Charakter aber (C. A. Küttner's) Charaktere deutſcher Dichter und Proſaiſten 2, 348. — Zu
ſeinen Schriften gehört noch: Antheil an der Schleswigſchen Wochenſchrift: der Buchdrucker (vergl.
Nachrichten von dem Zuſtande der Wiſſenſchaften
in den däniſchen Staaten 2, 707). *Schleswigſches
Wochenblatt. Im Iahr 1755. 4. (mit J. F. Gamerer
und andern.) Aedon und Themire. Ein epiſches Gedicht. Altona 1767. 8. (auch in ſeinen poetiſchen
Werken.) Pr. Apologie für Lehrer an öffentlichen
Schulen. Daſ. 1768. 4. *Sam. Baurn's* Uebereinſtimmung der natürlichen und geoffenbarten Religion.
4 Theile. Altona 1770 ff. 8. (gemeinſchaftlich mit
Friederich Ekkard überſetzt, ſo wie deſſelben geiſtliche
Reden.) Pr. Vergleichung einiger Lehrinſtitute zur
Berichtigung verſchiedener Meinungen. Daſ. 1784.
4. Pr. Verſuch über den letzten Zweck der Schö-
pfung. Daſ. 1786. 4. — Von ihm ſind auch viele
Iahre hintereinander einzelne Bogen *Neujahrswünſche*,
meiſtens in Hamburg, erſchienen. — Vgl. auch *Erſch's*
Verzeichniſs von Ueberſetzungen.

(M. u. N. 4.) ECKHOFF (Wilhelm), *ſtarb* den 2 Ian.
1795. Vergl. *Michaelſen's* Nachrichten von den Predigern in Wilſter.

ENDTER (Chriſtian Friederich), ſeit 1759 *Organiſt an
der evangel. luther. Hauptkirche in Altona* (vorher Organiſt zu Buxtehude); *geb.* in Hamburg im März 1731,
ſtarb den 26 März 1793. bey ſeinem Bruder, dem Arzt

zu Buxtehude, wohin er, feine zerrüttete Gefundheit
wieder herzuftellen, gereifet war. §§. Lieder zum
Scherz und Zeitvertreib, in Mufik gefetzt. Hamb.
1757. gr. 4. Beantwortung der im 35 Stück der
Hannöverfchen nützlichen Sammlungen von 1756
befindlichen Aufgabe: „Woher es komme, dafs ein
mufikalifches Stück aus Dis oder E dur, imgleichen
aus F oder Fis moll, unfer Gehör auf eine weit ange-
nehmere Weife rühre, als aus dem gewöhnlichen D
oder Cdur, oder aus dem Emoll?" in eben diefen
Sammlungen. — Viele Compofitionen im MfT, z. E.
eine von *Paul Chr. Henrici* gedichtete lateinifche Cantate, die am Krönungsfefte Chriftian VII. im grofsen
Hörfaal des Gymnafiums aufgeführt ward. *(Mitgeth.)*
ERDMANN (......), der in unfrer Ueberficht (Prov.
Ber. 1793. H. 5.) vorkömmt, ift von Eutin nach Oldenburg (im Herzogthum gleichen Namens) gezogen.
(M. u. N. 1. 2. 5.) ESCHELS-KROON, (Adolph), *ftarb*
den 18 Octob. 1793 in Kiel. Er wurde *geboren* den
9 März 1736 zu Nieblum, im Weftertheil der Infel
Föhr; lebte 18 Iahre in Oftindien, theils als Kaufmann, theils von 1766 bis 1777 als Refident der
holländifchen oftindifchen Compagnie des Comtoirs
Ayarbangies auf der Infel Sumatra, privatifirte hierauf in Hamburg, lebte von 1782 bis 1784 wiederum
als königl. dänifcher Agent in Oftindien und privatifirte feitdem in Kiel. *(Mitgetheilt.)* — Die Befchreibung
der Infel Sumatra. Hamb. 1782. (auch in der neuen
Sammlung von Reifebefchreibungen B....) erfchien
hollän-

holländisch, Haarlem 1783. 8. — Seine ins politische
Journal (1781, 82, 83 und 86.) eingerückten Aufsätze, regiſtrirt *Erſch* im 1ſten B. des Repert. über
die allgem. deutſch. Journale. — Einige Nachrichten
von der Inſel Ceylan; in Hamb. Addr. Comt. Nachrichten 1796. St. 6 - 8. — Die von ihm in der Oſter-
und Michaelis-Meſſe 1787 angekündigte Schrift: „Das
jetzige Oſtindien, 1ſter Theil." iſt nicht erſchienen.

FABER (Johann Ernſt), vergl. *Adelung* und das von dieſem nicht angeführte Leben deſſelben von *Chr. Gottfr.*
Gruner vor Jo. Jac. Reiſkii et Jo. E. Fabri opuſculis
medicis — Halae 1776. 8. — Gab mit *J. H. Fricke*
und C. C. L. *Hirſchfeld* die Kiel. gel. Zeitung für 1771
heraus.

(M. u. N. 1-5. E. 121.) FEDDERSEN (Jakob Friedrich),
ſtarb den 31 Dec. 1788. Vergl. *Wolfrath's* Lebensbeſchreibung aus der von ihm herausgegebenen 6ten
Sammlung der Nachrichten von dem Leben und Ende gutgeſinnter Menſchen beſonders abgedruckt. Halle
1790. 8. und den Auszug daraus in den Prov. Ber.
1790. H. 3. Von den Ueberſetzungen ſeiner, von
Meuſel vollſtändiger als von *Wolfrath* aufgeführten,
Schriften ſ. *Erſch*.

(E. 136.) FEHSE (Johann Heinrich), *ſtarb den 28 Iul.*
1777. Vergl. *Adelung* nach *Meuſel*, oder vielmehr des
Verfaſſers Nachricht von den Predigern in Norderdithmarſchen. S 635 ff. (Von dieſem Werke erſchienen nicht, wie *Adelung* behauptet, ſechs, ſondern zwölf
Stücke 1769-1772. und ein Anhang 1773.) Denn
ob

ob die oben vom Sohne dieses Schriftstellers angeführte Schrift auch *litterarifch* fey, kann nicht angegeben werden.

(W. I.) VON FEIST (...:.:..), *Fähndrich bey dem holftein-*
fchen Infanterie-Regiment zu ..... gab zu .... 1759.
8. Reime eines dänifchen Officiers heraus; allein ihn
kennt keiner in Kopenhagen, und wahrfcheinlich war
er kein Schleswig-Holfteiner. *(Mitgetheilt.)*

FLESSA (Johann Adam), im *Adelung*, welcher ihn *erft*
zum Generalfuperintendent in Oldenburg, *dann* zum
Generalfuperint. in Altona macht, und überhaupt aus
G. W. F. Fikenfcher's Nachrichten von Zöglingen des
Gymnafiums zu Bayreuth (S. 187-99.) ergänzt und
berichtigt werden kann.

FLOHR (Johann Chriftian), wurde 1760 Diakonus und
1765 Paftor zu Beyenfleth in der Wilftermarfch;
ftarb 1787 als ein Agraph. M. u. N. 4. 5. wird er
verwechfelt mit *Matthäus Johann Flor*; vergl. oben.

(N. I. 5.) FLUEGGE (Benedict Gilbert), *ftarb* den 9 Apr.
1792; vgl. Prov. Ber. 1792. H. 3. S. 409. Die „Beyträge zur oriental. und exeget. Bibl. des Hrn. Hofr.
Michaelis. Hamb. 1787. 8." worin die Bearbeitung
des Zacharias von diefem Verfaffer vertheidigt werden, find nicht von ihm, fondern von *J. L. Holft* in
Hamburg.

(M. E. 154.) FOERSTER (Chriftian Gottlieb). Ihn
kennt Niemand in *Wandsbeck*; nach andern foll er
todt feyn. *(Mitgetheilt.)*

FRI-

FRICKE (Johann Heinrich), vergl. *Adelung.* Seine commentat. de noctambulis ift wieder abgedruckt in *A.
F. Woitt's* Sammlung kleiner akademifcher Schriften
über Gegenftände der gerichtlichen Arzeneygel. und
medicinifchen Rechtsgel. B. II. St. 2. (Altenb. 1795.
8.) — Sein „Recht der Handwerker" überfetzte von
Neyraber (f. oben) ins Dänifche. — Gab anfangs mit
J. E. Faber und *C. C. L. Hirfchfeld,* hernach mit Letz-
tem allein, die Kiel. gel. Zeitung für 1771, 72 und
73 heraus. Von ihm find die juriftifchen Artikel.
(M.) FRIEDRICHS (Andreas Köhn), *ftarb* 1787 oder
1788. Zufolge der Nördlinger allgem. Biblioth. für
das Schul- und Erziehungswefen 2, 182. hat er fich
unter der Vorrede feiner Schrift genannt.
(E. 154.) FUHRMANN (Johann Wilhelm), wird im
Adelung gar zu kurz abgefertiget; der fich nicht einmal *Carl Chriftian Bel's* Programm (Laus filentii. Lipf.
1775. 4.) zu verfchaffen fuchte — *Doctor der Philofophie* feit 1775 und feit 1778 *aufferordentlicher Profeffor der Theol.* zu Kiel; geb. zu Oftermonra bey Cölleda
in Thüringen *1750, ftarb* an einer auszehrenden Krankheit den 27 Aug. 1780 zu Strahlendorf im Mecklenburgifchen, wohin er fich zu feiner Erholung und
Aufmunterung einige Wochen vorher begeben hatte.
— Zu den beyden von Adelung aufgeführten *Leipziger* Gelegenheitsfchriften, deren erfte neulich in commentatt. theolog. editis a J. C. Velthufen, Ch. Th.
Kuinöl et G. A. Ruperti (Vol. I. p. 461 ff.) wieder
abgedruckt ift, gehört noch ein *Kieler* Programm:
.Sub-

Subtilitatem interpretis N. T. in verborum notionibus ex contexta oratione definiendis commendat Scho-
lasque suas habendas aperit. Kiliae 1778. 4. — Antheil am Kiel. Litteratur-Journal.

(M. u. N. 2. 3. 4. W. 3, 244 u. 933. E. 133.) GEUSS
(Joachim Michael), *Präfident der königl. Landhaushal-
tungs-Gesellschaft* feit 1779, *Profeffor der Mathematik
zu Kopenhagen* feit 1782, Mitglied der königl. Gesellschaft der Wiffenschaften zu Kopenhagen und Tron-
hiem, so wie der physiographischen zu Lund; *geb.
zu Krummendiek* in der Wilftermarsch den 23 Aug.
1745, *starb* den 29 Nov. 1786. Vergl. die kurze, in
Ansehung des Schriftenverzeichniffes aber vollftändige, Lebensbeschreibung von *P. Peterfen* vor dem
Bücherverzeichniffe diefes Schriftftellers (Hafn. 1787.
8.) und Tale til Erindring om J. M. G. af *Ove Malling*. Kbhvn. 1787. 8. (überfetzt und mit einigen Zufätzen begleitet von *Fr. Ekkard*. Daf. 1787. 8.) welche beyden Auffätze den in den Prov. Ber. 1787. H.
3. mitgetheilten Nachrichten zum Grunde liegen, wo
es unter andern heifst: Minirofficiere in Dienften der
vereinigten Staaten und aus Friedrich's des Großen
Schule, überfetzten feine „ausführliche Abhandlung
der Minirkunft. Erfter theoretifcher Theil" ins Franzöfifche. Die eine von diefen Ueberfetzungen ift gedruckt (Théorie de l'art des Mineurs par J. M. G.
traduite par *M. A. L. Smeets*. Mæftricht 1778. 8.);
die andere, die zu Geuffens Beurtheilung nach Kopenhagen gefchickt wurde, ruht in der Handfchrift (La
science

ſcience des Mihetrʒ de Mr. Geuſs, trad. par Mr. *d'Al-bert*). — Eine Nachricht von ſeinen hinterlaſſenen wiſ-ſenſchaftlichen und litterariſchen Handſchriften ſ. in Kioebenhavn's Univerſ. Journal 1795, 72. — Aus ſei-nem ſchriftlichen Nachlaſſe iſt herausgegeben : Be-gyndelſesgrunde af Arithmetik, Geometrie og Plan-Trigonometrie af Profeſſor J. M. G., ſamlet og udgi-vet af hans efterladne Manuſkripter ved *Johannes Chr. Linderup*. Kbhvn. 1794.

(M. u. N. 2.) GEUSS (Nikolaus Friedrich), Vater des vorigen — *Paſtor zu Krummendiek* in der Wilſtermarſch ſeit 1737, *ſtarb* 1785. Vgl. *Fehſe's* Prediger in Nor-derdithmarſchen 2, 133. und Anhang S. 40.

(M. u. N. 4.) GRIES (Johann Adolph Peter), *ſtarb* den 22 Octob. 1790. Vgl. Prov. Ber. 1791. H. 1. S. 98. und *Schlichtegroll's* Nekrolog auf 1790. Th. 2. S. 344.

GROSSHEIM (Georg Wilhelm Auguſt), den *Bolten* (K. N. von Altona 1, 181.) anführt, war *geboren zu Nobra* in der Grafſchaft Hohenſtein *den 20 April 1731*, ſtand zuletzt *zu Witzworth* in Eiderſtedt ſeit 1780 als Dia-konus, ſeit 1786 als *Paſtor*, ſtarb den 7 Octob. 1789. — Noch eine Wahlpredigt, gehalten zu Heide über Spr. Sal. 29, 18. ...... 1772. (*Mitgetheilt.*)

GROSSHEIM (Otto Hinrich), *geb. zu* ...... war anfangs Collaborator in Altona, ward 1745 *Diakonus an St. Margarethen* in der Wilſtermarſch, *ſtarb* ..... §§. Die Schickſale von Altona. Altona 1743. 4. Gedan-ken, ob ſich die Religion mit der Staatskunſt verbin-den laſſe. Leipzig 1749. 8.

(N.

(N. 4. 5.) GUDE (Johann Chriſtian), *Iuſtitcrath in Frie-*
drichsſtadt, vorher Beamter auf Glücksburg (nicht
Glückſtadt); *geb. zu* ...... 17... fehlt im *Adelung*;
denn er *ſtarb* ſchon 1778. Seine von *Meuſel* aufgeführte Schrift erſchien anonymiſch 1778 und erhielt
1788 nur einen neuen Titel, ſo daſs ſelbſt die Dedication an den 1779 verſtorbenen Herzog von Glücksburg wieder abgedruckt iſt.

(W. 3.) HAABER (Andreas Lowſon), *Küſter zu* ......
ſtarb 17...

(M. E. 120.) HANSEN (Johann Friedrich), *geb. zu Flens-*
burg im Febr. 1722, *ſtarb als Bürgermeiſter und Stadtſe-*
cretair zu Sonderburg den 19 Nov. 1789; und gab nur die
beyden von *Meuſel* verzeichneten Schriften heraus.

HANSEN (Peter), *ſtarb den 23 März* 1760. Vergl. *Ade-*
lung (welcher den *Moſer* und *Neubauer* anführt), *Strode-*
mann's Geſchichte jetztlebender Gelehrten Theil 10,
zwey oben S. 232 fg. angeführte Auſſätze, welche
O. H. *Moller* in die Schleswig-Holſtein. Anzeigen 1760
und 1762 einrücken lieſs, und *E. L. F. Behms* Schrift
von P. H. Leben ...... welches Adelung Th. 1. S.
1601. anführt.

HASSE (Benedict Hinrich), Vater des Hinr. Theoph. Chr.
H. (ſ. oben) — *Conſiſtorialaſſeſſor und ſeit* 1743 *Paſtor*
zu Barkau Amts Kiel; *geb. daſelbſt den 25 Febr. 1712, ſtarb*
1786. Vgl. *Schwarze's* Nachrichten von Kiel S. 403.
— Nach ſeinem Tode erſchien: Von dem Urſprung
und der Beſchaffenheit des Barkauiſchen Kirchenge-
richts; in den Prov. Ber. 1788. H. 3. Hiſtoriſche

Nach-

Nachrichten von dem adelichen Guthe Bothkamp in Holſtein (ein ſehr abgekürzter Auszug aus einer Hand-ſchrift: Bothkampiſche Nachrichten. 134 S. 4.), daſ. 1790. H. 4.

(M.) von HEIMBRUCH (......), iſt in *Altona* unbe-kannt; wahrſcheinlich ein Zugvogel oder Pſeudo-nym. *(Mitgetheilt.)*

(M. u. N. 1. 5.) HEINZELMANN (Rudolph Friedrich Otto), war Conrector zu Meldorf bis 1764, in wel-chem Iahre er nach Salzwedel kam.

(M. u. N. 3. 5.) HEMPEL (Johann Gottfried), *Regiments-Feldſcherer beym holſteiniſchen Infanterie-Regiment zu Rendsburg; geb. zu Eisleben im Dec. 1736, ſtarb im Aug. 1787.* — Hatte auch eine Streitigkeit mit *Joh. Georg Zimmermann*, in welcher Sache er wenigſtens *einen* Brief drucken ließ. *(Mitgetheilt.)*

(M. u. N. 4. 5. W. 3.) HENNINGS (Wilhelm), *ſtarb den 26 Ian. 1794.* Vergl. Prov. Ber. 1794. H. 1. S. 299. Sein Werk erſchien nach ſeinem Tode zum dritten-mal, und wurde nach der 2ten Auflage (1777) zu Wiborg 1778 ins Däniſche überſetzt. (Fehlt im *Erſch.*)

(M. u. N. 1. 3. 5. E. 138.) HENRICI (Paul Chriſtian), *Iuſtitzrath, Profeſſor der Beredſamkeit und Dichtkunſt, Auffeher der öffentlichen Bibliothek und Director des Chri-ſtianeums zu Altona; ſtarb den 7 Sept. 1794.* Er wurde den 1 May 1715 zu Stralſund geboren, genoſſ zuerſt den Unterricht ſeines Vaters, eines Predigers zu Pre-row (wofür im *Meuſel* durch einen Druckfehler Perau ſteht) auf der Halbinſel Darſs, 5 Meilen von Stralſund

auf

auf der Mecklenburgifchen Gränze; frequentirte von
1731-34 das dafige Gymnafium, ftudirte zu Iena
und ward hierauf Repetent in der Philofophie, fo
wie in alten und neuen Sprachen. Im Iahr 1741 erhielt er den Ruf als Adjunct der Profefforen an dem
damals neuangelegten akademifchen Gymnafium zu
Altona, bey deffen Einweihung zum akademifchen
Chriftianeum 1744 er die Profeffur der philofophifchen Moral und der Alterthümer, im I. 1746 aber
die der Beredfamkeit und Dichtkunft erhielt. 1771
wurde er erfter Profeffor, Bibliothekar und zugleich
im jährigen Wechfel mit *Dufch* (fo wie nach deffen
Tode mit *J. Struve*) Director des Chriftianeums, erhielt auch 1780 den Charakter eines Iuftitzraths. (Entlehnt aus dem Lebenslauf deffelben, gröftentheils
nach Datis von feiner eignen Hand; in den Altonaer
Addreß-Comtoir-Nachrichten 1794. No. 80, wo es
zuletzt heifst:) Seine Schriften find zum Theil im
gelehrten Deutfchlande angeführt. Mit einigen feiner Collegen fchrieb er von 1745 einige Iahre hindurch (eigentlich bis 1748 incl. 4 B. 8.) die Altonaer
gelehrte Zeitung. 1761 (und 1762) gab er eine lateinifche Zeitung im Verlage des damaligen Kanze-
leyraths *Heuß* heraus, die mit vielem Beyfall aufgenommen ward (im Iul. 1761 anfing, im Sept. 1762
aufhörte, und wovon wöchentlich 2 Stücke in gr. 8.
erfchienen). Aufser vielen Sinngedichten, (Singge-
dichten, Cantaten?) theils deutfchen, theils lateinifchen, die bey öffentlichen Feyerlichkeiten aufgeführt

wur-

wurden, find auch viele feiner poëtifchen Reden an königlichen Geburtsfeften und dergl. (z. E. Oratio in facra fecul. Auguft. Domus Oldenb. 1749. c. progr. inuit. Alt. Fol.) von ihm gedruckt worden; imgleichen ein lateinifcher Panegyricus über das Ableben des *Frdr. Hirfchfeld* (Alt. 17...) und ein lateinifches Programm beym Tode des Doct. und Prof. *Profe* (Memoria *Godofr. Profe*, phil. ac math. Prof. Alt. 1770. Fol.); eine Menge in Altona gewöhnlich gewefener Thefen und *Sätze* zu Difputirübungen (z. E. thefes ex litteratura humaniori. Alt. 1753. Propofita ex arte oratoria. ib. 1756. Propofita ex philologia recentiori. ib. 1766); verfchiedene Difputationen (die jedoch zuweilen den Refpondenten zugehören, vergl. oben *A. A. F. Hennings*) und mehrere lateinifche Programme (nämlich folgende *dreyzehn*: Imperii Romani vt mores, ita tempora fuerunt. 1748. De indole carminis Anacreontici. 1752. De poëtis poëtice legendis interpretandisque. 1757. Artis poëticae Horatianae defcriptio. 1762. De bibliotheca Gymnafii Altonani narratio. 1772. De Bibliothecae publicae ex Cilaniana incrementis. 1775. De aemulanda fcriptorum feculi XVI in imitandis veteribus follertia. 1779. De poëtarum quorundam feculi XVI in fcribendis Elegis praeftantia. 1782. De difputandi exercitiis. 1785. De ftudio Homerico prolufiones III. 1787. 89. 91. De Ariftotelicorum in fyllogismis formandis et reducendis ratione. 1792. — Alle zu Altona in 4. gedruckt).

HENS-

HENSLER (Hieronymus Friedrich Philipp), Sohn des
Philipp Gabriel H. — *Doctor der A. G. und* feit 1792
Leibarzt des Herzogs von Augaftenburg, vorher feit 1790
ausübender Arzt und Privatdocent in Kiel; *geb. zu
Segeberg den 10 Aug. 1756, ftarb den 21 Iun. 1793.* §§. D.
inaugur. de exploratione obftetricia breuis disquifi-
tio. Alton. 1791. 8.

(M.) HESSE (Johann Heinrich), *geb. zu* ...... in Ober-
fachfen, *ftarb zu Eutin 178*.. Denn felbft E. L. *Gerber's*
Lexikon der Tonkünftler Th. 1. S. 632. giebt keine
biographifche Nachrichten.

(M. u. N. 1. 4. 5. E. 133.) HIRSCHFELD (Chriftian
Cai Lorenz), *ftarb den 20 Febr. 1792.* Vergl. Prov. Ber.
1792. H. 2. S. 321; *Schlichtegroll's* Nekrolog auf 1792.
B. 1. S. 39 ff. (v. *W. E. Chriftiani*) und Denkmal oder
Lebensbefchreibung des C. C. L. H. von *W. G. Becker*
in deffen Tafchenbuch für Gartenfreunde auf das I.
1794. (Denn der Auffatz: „auf Hirfchfeld von *De-
nis*" im Tafchenbuch für Natur- und Gartenfreunde
auf 1795. Tübing. 12. ift höchft wahrfcheinlich ein
Gedicht.) — Um das Schriftenverzeichnifs im Meufel zu ergänzen, bemerke man: „Gedanken über die
moralifche Bildung eines jungen Prinzen" find unter
dem Titel: von der fürftlichen Erziehung, wieder abgedruckt in den holfteinifchen Beyträgen zur Litteratur, welche *Heinfius* (der 2 Theile anführt ftatt B.
I. St. 1. 2.) *ihm felbft* zufchreibt, wogegen aber fchon
in der Kiel. Zeitung 1771. S. 691. proteftirt wurde.
— „Anmerkungen über die Landhäufer und Garten-
kunft,"

kunſt," ſollen zu Leipzig 1779 neu aufgelegt ſeyn. — „Rede von der moraliſchen Einwirkung der bildenden Künſte auf den Menſchen," erſchien Kiel 1774, vgl. *W. E. Chriſtiani* und Kiel. Zeitung 1774. S, 557. — „Anweiſung zu den ſchönen Wiſſenſchaften," (angekündigt in der Kiel. gel. Zeitung 1771. S. 367.) iſt nicht erſchienen. — Redigirte die Kiel. gel. Zeitung von ihrem Anfange 1771 an, erſt mit *J. E. Faber* und *J. H. Fricke*, nachher mit *W. E. Chriſtiani*, bis er unter *V. A. Heinze's* Direction bloſs als Recenſent noch Antheil nahm. — Von ſeinen Aufſätzen in Journalen ſ. *Erſch's* Repertorium und von den Ueberſetzungen ſeiner Schriften *denſelben*, der jedoch noch nicht bemerken konnte, daſs *A. Svendſen* auch den 2ten Theil des Handbuchs der Fruchtbäumzucht. Kbhvn. 1794. überſetzt hat.

HOIER (Andreas), im *Adelung* mit dem Beynamen des *Dritten* — vergl. auſser *D. F. Clauſens* Progr. (im Catal. Bibl Bunau.) Nachrichten vom Zuſtande der Wiſſenſch. in den däniſchen Staaten 3, 71 ff.

HOLST (......) wird in den Prov. Ber. 1794. H. 4. S. 130. durch ein Verſehn als Landeskind aufgeführt.

HOSMANN (Guſtav Chriſtoph), vergl. *Adelung*, das von ihm nicht genutzte Progr. des *W. E. Chriſtiani* (1767) und *Scholc's* Kirchengeſch. Holſteins S. 281 fg.

(M. u. N. 4. 5. E. 133.) IEHNE (Leberecht Heinrich Samuel), *ſtarb den 18 März 1794.* Vgl. Prov. Ber. 1794. H. 2. Zu ſeinen von *Bolten* (2, 290) und *Meuſel* aufgeführten Schriften gehört noch: Vom ſeligmachen

den

den Glauben; eine Predigt am 1 Sonntage nach Oſtern
über Joh. 20, 19-31. in der lutheriſchen Hauptkirche zu Altona gehalten. Altona 1791. gr. 8. — Das
Pr. über 1 Kor. XV. iſt in den unter *J. G. Fuhrmann*
angeführten commentatt. theolog. (Vol. 2. p. 233 ff.)
wieder abgedruckt.

(W. 1. 3. E. 119.) IESSEN (Erich Johann), *ſtarb den
16 Aug. 1783.* — Fehlt im *Adelung.*

INGWERSSEN (Broder), *Archidiakonus zu Huſum;* geb.
daſelbſt den 1 Iun. 1720, ſtarb den 23 Dec. 1793. Vgl. *G. S.
Francke's* Mich. Progr. 1796. Gab im Namen aller
übrigen Prediger der Stadt Huſum heraus: Bibliſches
Leſebuch des A. T. Schlesw. 178.. 8. und hatte den
meiſten Antheil an: *Kleines Schulbuch für Anfänger im Leſen und Denken. Huſum 1792. 8. Vgl.
Prov. Ber. 1792. H. 3. S. 397.

(M. u. N. 1. 2. 4. 5. E. 131.) IOCHIMS (Jakob), kam
1772 von Borg in Süderdithmarſchen nach Meldorf
und *ſtarb den 8 Nov. 1790.* Vergl. *Wolfrath's* Charakteriſtik. Theil 2. und Nekrolog auf 1790. B. 2. S.
347. — Von ſeinen Predigtentwürfen erſchienen drey
Iahrgänge. Heide 1783-85. — Die N. 1. aufgeführten Predigten und Reden mit ſeiner Vorrede. Flensb.
und Leipz. erhielten 1784 nur einen neuen Titel und
erſchienen zuerſt, mit dem Zuſatze: 1ſte Sammlung,
zu Heide 1779. Seinen Verſuch zur Verbeſſerung
des Unterrichts in den Landſchulen überſetzte *A. Wöldike* (ſ. oben) ins Däniſche. — Deſſen Portrait von .....
IOCHIMS

IOCHIMS (Peter Nikolaus), Sohn des vorigen — *Paſtor
zu Barlt* in Süderdithmarſchen ſeit 1784; *geb. zu St.
Michaelis-Dom* in Süderdithmarſchen *den 11 März 1761,
ſtarb den 25 Aug. 1794.* §§. De variis τοῦ νόμου ſigni-
ficationibus in epiſtolis Paulinis obuiis. Meldorpii
1788. 8. — Edirte auch ſeines Vaters Abhandlung
vom Werth der bibliſchen Exegeſe. *(Revidirt.)*

(N. 4. W. 3, 405 u. 948.) IUNGE (Barthold), *Doctor
der A. G. und Regiments-Feldſcherer* beym dritten jüt-
ländiſchen Regiment, welches *in Aalborg* liegt; *geb.
zu Wevelsfleth* (nicht: Werelsfleth) 172.. *ſtarb* 178..
oder 179... Sein ſpecimen inaugur. erſchien 1753.
Vergl. Nachrichten von dem Zuſtande der Wiſſenſch.
in den däniſchen Staaten 1, 263 und 2, 345.

(M. u. N. 5. E. 148.) KANNEGIESSER (Gottlieb Heinrich), *geb. zu Gotha den 22 Iul. 1712, ſtarb den 26 Aug.
1792.* Vergl. *Börner's* Leben der Aerzte I. S. 563. II.
S. 444. 768. III. S. 400. 710. *Baldinger's* Ergänzungen S. 88. und Acta per opportunitatem ſolemni-
tatis ſecularis, quam academia Kilonienſis in honorem G. H. K. celebrauit, partim antea ſeparatim,
omnia nunc iunctim edita. Kiliae 1786. 8. wo er
ſelbſt S. 25 - 31. in ſeiner „oratio" von ſeinem Leben
Nachricht giebt.

KIRCHHOFF (Anton Carl), *Prediger bey der reformirten
Gemeine iu Altona*, ein Agraph, wurde in den Prov.
Ber. 1791. H. 2. S. 199. und H. 3. S. 342. mit dem
Chriſt. Aug. Ludw. K. (ſ. N. 4. 5. und Neueſtes ge-
lehrtes Berlin) verwechſelt.

(M. E. 142.) KIRCHHOFF (Johann Heinrich), *ſtarb
auf Föhr den 14 Ian. 1788* (denn ohne Zweifel iſt es ein
Verſehen, wenn er in den Prov. Ber. 1789. H. 1. S.
115. als Iuſtitzrath zu Heide aufgeführt und ſein Tod
auf den 12 Octob. 1789. geſetzt wird). — Seine juriſtiſche Abhandlung von dem, was die Rechte bey Erziehung der Kinder erfordern, erſchien 1745 und
1771 zum 2ten und 3ten Mal, inſofern derſelbe Gegenſtand vorher in der „commentatio iuridica 1741"
abgehandelt war. Seine Abhandlung von den beſondern Soldatenrechten, Vorzügen und Freyheiten
erhielt 1771 nur einen neuen Titel; denn die vielen
offenbaren Fehler und Irrthümer, welche ihm *Selchow*
in ſeiner juriſtiſchen Bibliothek 1, 27. gezeigt hatte,
ſind nicht verbeſſert.

(M. u. N. 5.) KIRCHHOFF (Johann Hieronymus), *geb.
zu ...... 1717, ſtarb den 12 Octob. 1791.*

(E. 137.) KIRCHHOFF (Peter Gottlieb), Sohn des Joh.
Heinr. K. — *Advokat zu Heide; geb. zu Hamburg 1754,
ſtarb den 25 Ian. 1777.* §.§. Die Glückſeligkeit des ruſſiſchen Staats unter dem ſanften Scepter Katharina II.
Kiel 1771. 8. Ode auf die den großfürſtl. Theil
von Holſtein betreffende Veränderung. Heide 1774.
8. Zufällige Gedanken über die zu Büſum bevor-
ſtehende Rectorwahl, auf Veranlaſſung des an die
Hrn. Kirchenvorſteher und übrigen Einwohner zu
Büſum ergangenen Sendſchreibens (deſſen Verfaſſer
E. C. *Trapp* ſeyn ſoll). Daſ. 1775. ... *Die Beförderung Veithahns, oder die Kunſt, jemand ein Amt zu-
zu-

zuſchanzen. Daſ. 1776. . .· (Satyre auf eine gewiſſe Organiſtenwahl in Meldorf.)

(M. W. 1. 3. E. 106.) KIRKERUP (Johann), *geb. zu Kopenhagen den 22 Iul. 1722, ſtarb 17* . . . und hätte ohnehin in der alphabetiſchen Reihe nicht aufgeführt werden können, weil er auf dem zu *Iütland* gehörigen Theile der Inſel Föhr lebte.

KLEFFEL — im *Adelung* CLEFFEL (Johann Chriſtoph), Sohn des Andreas Cleffel im *Jöcher* — *geb. zu Tangermünde* 1704(?), wurde 1724 Conrector in ſeiner Vaterſtadt, 1733 aber *Rector zu Tönningen*, wo er noch 1755 ſtand. Vergl. Leben deſſelben in den Nachrichten von dem Zuſtande der Wiſſenſchaften in den däniſchen Staaten. Theil 2. S. 531 ff., wo ſeine, beſonders die Alterthümer des Nordens betreffenden Schriften verzeichnet werden. (Die *vierte* Abhandl. von den Vorzügen der alten nordiſchen Seekunſt vor den Römern und Griechen, erſchien 1755. 4. ſ. daſ. Th. 3. S. 569.) — Sein Bruder *Johann Andreas Cleffel* (richtiger *Kleffel*) im *Jöcher*, war geb. zu Tangermünde den 1 Febr. 1698, erhielt 1716 von der philoſophiſchen Facultät zu Wittenberg die Doctorwürde, 1718 aber die Adjunctur und wurde 1722 als *Rector in Schleswig* angeſtellt, wo er aber ſchon *den 15 Iun. 1724 ſtarb*. Vergl. ejus vita in biblioth. Lubec. Vol. III. p. 479 ff. und D. F. Clauſſen Pr. de vita ejus. Sleſuici 1722. 4. — Er machte ſich zu ſeiner Zeit beſonders als einen Gegner *Mosheim's* durch die vom Jöcher angeführte Diſp. bekannt; vgl. Notitia ſcriptt. et disſ. a *Mos-*

bemio

bemio vel aufpiciis ejus editorum. (Helmft. 1731. 8.)
p. 28. — Ein dritter diefes Namens, *Friedrich Wilhelm
Cleffel*, (Bibl. Lubec. Vol. IV.) ift nicht weiter bekannt.

(M. u. N. 3.) KOELPIN (Alexander Bernhard), wird
in den Prov. Ber. 1787. H. 4. S. 501. irrig als Landeskind aufgeführt.

(M. u. N. 5.) KOENIG (Johann Chriftian), *Archidiakonus zu Kiel*, *geb. zu* ..... 17.., *ftarb im Jan. 1792.*

(E. 153.) KOENIG (Johann Gerhard), *Miffionsarzt zu
Trankebar* auf Coromandel, *geb.* (nicht in den Herzogthümern), fondern *zu* .... in Liefland, *ftarb* 17 ...
Vgl. *H. Steffens* (f. oben) Tilläg zur dänifchen Ueberfetzung der Willdenowfchen Schrift.

(W. I.) KOENIGSMANN (Andreas Ludwig). Vgl. *Jöcher*, *Peter Hanfen's* Leben deffelben vor des Verfaffers Vertheidigung der wahren Religion. Lübek 1749.
8. und wenn die *mitgetheilte* Nachricht richtig ift:
Leben A. L. K., v. *Joachim Langemark.* 17 .....

KOENIGSMANN (Otto Ludwig), Sohn des Vorigen —
ftarb 1760 als Paftor zu Süderau Amts Steinburg.
Vgl. .....

KOSE oder KOSIUS (Friederich), *ftarb den* 25 *Sept.* 1766.
Vgl. *Schwarze's* Nachrichten von Kiel. S. 383. oder
vielmehr *W. E. Chriftiani's* Programm (1767).

KRAFFT (Carl Friederich), war nach *Mafch's* Bibliotheca facra le Longiana P. 2. Vol. 3. pag. 327. Sohn
des Johann Melchior K. im *Jöcher* — *Rector zu Schleswig* feit 1756, vorher Rector zu Hufum; *geb. zu Hufum* 17.., *ftarb* 1778. (?) Vgl. Nachrichten von dem
Zu-

Zuſtande — 3, 479 u. 575. §§. Schrieb nichts (?) als
Programme, von denen nur zwei angegeben werden
können: Lutherus Lutheranorum primus verusque
Hieronymus, h. e. Commentatio Hiſtorico - Theologico - Critica de verſione Bibliorum Latina, Witte-
bergae 1529. typis exſcripta neque Melanchthoni neque Munſtero, ſed Luthero vere vindicanda. Hamburgi 1742. 4. Modeſta diſputatio de emendationibus quibusdam ſcholiorum ad nubes *Ariſtophanis* ſus-
ceptas a viris clariſſimis (*L. Küſter* et *J. A. Erneſti*)
nec non de audacia aliqua critica (*J. D. Michaelis* in
Kritiſch. Collegium) in diuino Pſalmorum libro.
Pſ. 16, 2. 3. Flensburgi 1773. 4. (fehlt in *G. C. Harles*
Ausgabe von *Fabricii* Bibliotheca Graeca. l. 2. c. 21.)
KRAMER (Chriſtian Hieronymus), *Conſiſtorialrath* (ſeit
1783), *Kirchenprobſt des Münſterdorfiſchen Conſiſtoriums
und Hauptpaſtor zu Itzehoe* (ſeit 1772). *ſtarb den 28 Jul.*
1794. Er war der Sohn des Hauptpaſtors der Flek-
kenkirche in Preetz, Hieroymus Kr., wurde den
12 Mai 1721 zu Buxtehude gebohren, und war anfangs ſeit 1751 Diakonus zu Geltingen, und ſeit 1753
Paſtor zu Lebrade. §§. Wahres Alter der Sterbenden.
Leichpr. Hamburg 1763. 4. Befeſtigung des Glaubens zu ſehen, welch ein Heil Gott an uns thun werde,
zum Gedächtniſs ſeiner ehelichen Freundinn. Hamb.
1766. 4. Die überſchwängliche Gnade reichlich
geprieſen unter der Krone des Alters; in den kleinen
Schriften, zum Gedächtniſs des Amts- und Ehejubels,
welchen Hieronymus Kramer und Marg. Eliſ. geb.

Remftorp heiligten. 4. (Auch einzeln. Altona 1767.
4.) Rede von dem Reichthum des Landes in wohl-
eingerichteten Schulen bei der Einführung des Rector
Trapp in Itzehoe. Itzehoe und Hamb. 1773. 8. Sein
Bildniß vor den nach feinem Tode erfchienenen Predigten. 2 Bände. Altona 1796. 8. — Vgl. *Hellmann's*
Süderdithmarfifche Kirchenhiftorie. S. 108.

LACKMANN (Adam Hinrich). Vgl. aufser *Schwarze's*
Nachrichten von Kiel. S. 384. und dem, von Lawätz
angeführten *Götten*, befonders die oben (S. 183.) angeführte Vorrede vor dem 7ten Th. feiner Schleswig-
Holfteinifchen Gefchichte.

(M. u. N. 1. 2. 4. 5. E. 153.) LANGE (Friederich Con-
rad), *ftarb den 9 Jan.* 1791. Vgl. aufser den von
Meufel verzeichneten Auffätzen im *Bolten* (Kirchen-
Nachrichten), *Schlichtegroll* (Nekrolog) und *Wolfrath*
(Charakteriftik — auch im deutfchen Magazin 1791
März und vor den von ihm 1792 herausgegebenen
Predigten des Verfaffers) Prov. Ber. 1791. H. 1. S. 107.
— Seine Rede am Geburtstage des Königs 1774 ge-
halten, erfchien zu Altona. 8. Das von ihm 1785 ano-
nymifch herausgegebene Glücksftädtifche Lefebuch
wurde 1791 von *M. Ehlers* umgearbeitet. Einige
Formulare zu Kirchengebeten, Beichten und Anreden
bey Privatcommunionen edirte *Wolfrath* (f. S. 396.)
1792 aus feinem fchriftlichen Nachlaß. Vgl. *Erfch's*
Verzeichniß von Ueberfetzungen.

(N. 3. 4. 5.) LANGE (Nikolai Bendix), *Diakonus an der
Nikolai-Kirche* feit 1789, *auch Privatdocent in der Philologie*

Iologie und dänifchen Litteratur zu Kiel; vorher feit
1778 Conrektor der Stadtfchule dafelbft; *geb. zu Hadersleben den* 16 März 1747, *ftarb den* 4 Dec. 1791. —
„Von der Reinigung der Alten durch Waffer und Feuer
bei ihren Hochzeiten, als einem Bilde der Glückfeligkeit. Hamburg 1772. 4." ift als *vierte* antiquarifche
Abhandlung wieder abgedruckt in den N. 5 aufgeführten: * Erzählungen zur Kenntnifs des Nordifchen
Heidenthums. Aus dem Dänifchen. Nebft einigen
(*vier*) antiquarifchen Abhandlungen von dem Ueber-
fetzer. Hamb. u. Kiel 1778. 8. (Die erften *drei* find
überfchrieben: Die Genien und Parzen der Nordifchen Völker. — Von der grofsmüthigen Verachtung
des Todes der Nordifchen Helden. — Gedanken über
den Urfprung und die Bedeutung einer dänifchen Gefundheit, God Thor und den Ausruf o Jemini! Vgl.
Kiel. Zeit. 1778. S, 156. (denn die *allgemeine deutfche
Bibliothek* nahm von diefer Schrift keine Notiz.) —
Statiftifche Briefe über Dänemark, Norwegen, Schleswig und Holftein (eine Umarbeitung von *C. Dreyer's*
Breve til en üdenlandfk Ven om Danmark: Soröe
1790. 8.) Nach dem Tode des Verfaffers (von *G.
Holft* — f. oben) fortgefetzt und mit einer Vorrede
und einigen Anmerkungen herausgegeben von *W. E.
Chriftiani.* Altona 1793. 8. — Als Conrector fchrieb
er abwechfelnd mit *E. Danielfen* (f. oben) folgende
Programme: Nachricht von den lateinifchen Claffen
der Kielifchen Stadtfchule. 2tes Stück: Von der An-
nehmlichkeit und Würde des Schulftandes. Kiel
1780.

1780. 4. 4tes Stück: Prüfung der beiden pädagogi-
schen Grundsätze: die Jugend kann nicht zu viel Unterricht, kann nicht zu viel Aufsicht haben. 1782. 4.
6tes Stück: Was ist von den Belohnungen in öffentlichen Schulen: durch Orden, Geld, Denkmünzen,
Bücher oder wöchentliche Zeugnisse des sittlichen
Wohlverhaltens oder des Fleisses, zu haken. 1784.
4. 8tes Stück: Von der nöthigen Vorsicht in Bestim-
mung des Berufs der künftigen gelehrten Bürger des
Staats. 1786. 4. 10tes Stück: Sind die Schulbücher
zum glücklichen Fortgang der Lehrlinge nothwendig oder ganz unentbehrlich? 1788. 4.

LANGELOTZ (C. ... L.....), *Candidat der Theologie,
aus dem Hannöverschen,* der einigemal in den Provinzial-Berichten, namentlich 1793. H. 5. S. 143. so
wie oben S. 56. vorkömmt, hält sich nicht mehr in
den Herzogthümern auf.

(M. E. 120.) LASS (Johann), *geb. zu Husum* 17.., *starb*
17... Vgl. *O. H. Moller's* S. 281 angeführten Aufsatz.
Der Titel seiner ersten im gelehrten Deutschlande
verzeichneten Schrift ist: Sammlung einiger Husumi-
schen Nachrichten von Anno 1089 bis Anno 1700,
aus unterschiedenen Manuscripten und Documenten
zusammengetragen und dem Druck übergeben. Flensburg 1750. 4. Forsetzung der Sammlung einiger H.
N., welche de Anno 1701-1750 aus vielen Nachrichten zusammengetragen worden. Das. 1750. 4.
Sammlung H. N. 2ter Fortsetzung 8 Stücke, nebst
Register. Das. 1752-1758. 4. — Die Nachricht von
der

der Infel Helgoland erfchien Flensburg 1753 vermehrt und verbeffert (f. Nachrichten von dem Zuftande der Wiffenfchaften in den dänifchen Staaten.
B. 3. S. 140.) und aufs neue in *J. F. Camerer's* vermifchten hiftorifchen Nachrichten. B. 1. (f. Göttinger
Zeitung 1758. S. 1415.)

(N, 5.) LICHT (Johann Friederich), *Rector zu Schleswig*
von 1752 bis 1756, wo er zufolge den Nachr. v. d.
Zuftande der Wiffenfch. in den dän. Staaten, B. 3.
S. 478. refignirte, vorher feit 1727 Conrector dafelbft; *geb. dafelbft den* 28 *März* 1699. Vgl. auffer
dem von *J. M. Franke* angeführten Leben in Actis
fcholafticis *Bidermanni* (welches den J. F. Noodt zum
Verfaffer hat) fortgefetzte Nachr. v. d. Zuftande der
Wiffenfch. in den dän. Staaten, B. 1. S. 176.ff. — *ftarb*
17... — Die in der Oftermeffe 1793 angekündigten
„fyntaktifchen Briefe, nach *Schellers* Grammatik um-
„gearbeitet von *G. W. A. Lempelius*," find nicht erfchienen.

LILIE (Ernft Philip), *geb. zu Diesdorf* im Magdeburgi-
fchen *den* 18 *Febr.* 1714, *ftarb den* 24 *Apr.* 1795. Vgl.
Prov. Ber. 1795. H. 3. S. 353. und *Bolten's* Kirchen-
Nachrichten 2, 372 fg.

(M. u. N. 1. W. 1 u. 3. E. 119.) LORK (Jofias), *geb.*
zu Flensburg den 3 *Jan.* 1723, *ftarb den* 8 *Febr.* 1785.
Von den auch in *Meufel's* Litteratur der Statiftik
S. 477 angeführten Beiträgen zu der neueften Kirchengefchichte in den dänifchen Reichen und Ländern, erfchien B. 1. in 4 Stücken, u. des 2ten B. 1 u.

2tes

2tes Stück. Kopenhagen 1757 — 1762. — Ob *Job. Cbr. Schönbeider's* ihm gehaltene Trauerrede auch *biographifcbe* Zufätze enthalte, kann nicht angegeben werden.

(M. u. N. 2. 3. 4. E. 120.) LUEDERS (Philipp Ernſt), Vgl. auffer dem S. 234. aufgeführten Auffatze des *O. H. Moller's*, auch: über die Verdienſte und den Charakter des *Pb. E. L.* von *Dan. Peterfen*; in den Prov. Ber. 1792. H. 6. wo in einer Note folgende biographifche Nachricht hinzugefetzt iſt: Sohn eines Guthsbefitzers in Angeln, ward *geboren auf* dem Guthe *Freienwillen den 6* Oâ. 1702. Er ſtudierte die Theologie zu Wittenberg und Jena in den Jahren 1721 bis 1724. Im J. 1728 ward er Prediger zu Munkbrarup, im J. 1730 aber *Hofprediger zu Glücksburg, und* 1755 *Probſt*. Er ſtarb den 20 Dec. 1786. — Sein Bildnſs gemalt von J. Ipfen 1784 und geſtochen von Fr. Carſtens; vgl. Prov. Ber. 1795. H. 1. S. 92.

LUNDIUS (Chriſtian Ernſt). Vgl. Nachr. von dem Zuſtande der Wiſfenfch. in den dän. Staaten B. 3. S. 270, aus *O. H. Moller's* Nachricht von den Paſtoren der Johanniskirche in Flensburg, welche auch im Neuen Gel Europa, Theil 20. S. 1069, fo wie in Nye Samling af Danfke, Norfke og Islandfke Jubel-Lærere af *Cbpb. Gieffing*, 3 Deels 1 B. (Kbhvn 1786. 4.) S. 49 — 66. benuzt iſt.

(M. u. N. 1 — 5. W. 3, 507 u. 960. E. 153.) MARTINI (Ferdinand), *Feldfcherer in Kopenhagen* beim Regimente des Kronprinzen (vorher zu Ripen), *ſtarb den*

21 *März* 1794. — Die N. 2. und Repertor. der Litter. Zeit. V, 1972 f) aufgeführte "Recension„ — ift von *N. Riegel's* und von ihm nur überfetzt. — Zu feinen Schriften gehört noch: Svar paa Prof. *Colliſen's* Svar efter Lovre. Kbhvn 1785.8. (erfchien nicht, wie im Repertor. der Litter. Zeit. V, 1072 d) behauptet wird, anonymifch, und wird im Regifter deff. S. 67 durch ein Verfehn dem H. *Colliſen* beigelegt.) Wecker Nro. 2. in Geftalt eines Sendfchreibens an den Hrn. *Friederich Nicolai.* Kopenhagen (1789). 8. ° Sendfchreiben eines Mitarbeiters an der allgem. deutfchen Bibliothek an den Hrn. Regimentsfeldfcherer Martini. Daf. 1789. 8. — Noch überfetzte er die im Repertor. V, 1072 *) aufgeführte Tillæg til de ftridbare No. 40 og 41. af de nyefte Kiœbenh. Efterretninger om lærde Sager for 1785. (von *Pet. Chr. Abildgaard*) ins Deutfche unter dem Titel: . . . . — Die zwei am gelehrten Deutfchlande ihm beigelegten Schriften: Neue chirurgifche (nicht chemifche) Verfuche — und: Gedanken über den Streit wegen der Leibeigenfchaft in Dännemark, find nicht von ihm. (*Revidirt.*)

(M. u. N. 1-3. E. 121.) MATTHIÆ (Wolf Chriftian), *geb. zu Dänifchenhagen den 26 Jan. 1734,* ward 1762 königl. dänifcher Feldprediger, 1762 Hofprediger zu Friedrichsruhe, 1770 Compaftor und 1778 *Paftor der Chriftkirche zu Rendsburg; ftarb den 29 Jan.* 1787. Schrieb noch: Ueber die königl. dänifchen Witwencaffen und die Calenbergifche Verpflegungsgesellschaft; einige Briefe. Flensburg ..:.. 8. Anweisung für die Schulmeister auf dem Lande und in den Städten. Flensburg 1776. 8. *Kurzer Lebenslauf des D. *Adam Struensee*, nebst sämmtlichen bei dessen Amts - Jubiläum herausgekommenen Schriften. Daf. 1781. 8. Der dort abgedruckte und N. 1. angeführte Auffatz: Ueber die Toleranz in den dänischen Staaten, erschien auch, wie in Meusels Litteratur der Statistik S. 477 richtig bemerkt wird, einzeln. Flensburg 1780. 20 S. 8.

(M. u. N. 2. 5. E. 121.) MAYER (Johann Andreas), *starb den 12 Aug.* 1793. Vgl. *O. H. Moller* von den Diakonis der Johanniskirche in Flensburg, und *G. S. Franke* S. 127 verzeichnete: „Memorie." Die N. 2. aufgeführte Schrift ist gegen M. F. Lihme (f. oben).

(M. u. N. 5. E. 140.) MEYCKE (Christoph Andreas), *starb den 8 März* 1794. Zu dem im *Meusel* aus *Goldbeck* (S. 176.) und *Weidlich* (biogr. Nachrichten 2, 32.) und in den Prov. Ber. 1794. H. 2. S. 300. aus den Alton. Addr. Comtoir - Nachrichten entlehnten Schriftenverzeichnisse gehört noch: Pr. de auditoribus JCtorum. Altonae 1739. 4. Prol. de felicitate hominum ingenio quaesita. Ibid. 1751. 4. Pr. ad legem XII tabb. de iure crediti persequendi aduersus confessum et judicatum. Ibid. 1764. 4. Rede von der vorzüglichen Würde der dänischen Krönung. Daf. 1767. Fol.

(M. u. N. 1 - 3. E. 154.) MEYER (Johann Hermann), *geb. zu Hamburg den* 6 Oct. 1737, wurde 1766 Nachmit-
tags-

tagsprediger an der Hamburger Bergkirche. 1768 Archidiakonus in Rendsburg, 1771 Diakonus, 1778 Archidiakonus, 1786 *Hauptpaſtor in Kiel, ſo wie* 1776 *auſſerordentlicher Profeſſor der Theologie* (aber nicht Doctor der Theol., wozu ihn blos die Herrn Velthuſen, Kuinoel und Ruperti creirten); *ſtarb den* 26 *Aug.* 1795. Auſſer mehrern einzelnen Predigten erſchien die neueſte in der unter *F. C. Jenſen* aufgeführten Sammlung von Reden — betitelt: Die Hoffnung einer beſtändigen Fortdauer der neuen Armenanſtalt und der Freude an derſelben, über Sirach 14, 13. 14.

MIELK (M...., C.... B.....), wurde in den Provinz. Ber. 1792. H. 5. S. 199. und 1793. H. 5. S. 139. als Landeskind aufgeführt. Allein der Schriftſteller heiſt eigentlich Magiſter *Chriſtian Benedict Milke.*

(M. u. N. I. E. 153.) MILOW (Johann Nikolaus), *geb. zu Hamburg den* 31 Oct. 1738, *ſtarb den* 10 *Jun.* 1795. Vgl. *W. E. Chriſtiani's* Programm: de logicis quibusdam artis criticae ſubſidiis (wo der 2 Nov. durch ein Verſehn als ſein Geburtstag angegeben iſt). *Thieſs's* Hamburgiſche Gelehrten-Geſchichte, B. 2. S. 30. und *Deſſen* Ephemeriden der theologiſchen Litteratur auf 1795. B. 2. S. 53. — Schrieb noch: Rede bei der Einſenkung der Leiche des Grafen Carl von Schimmelmann in der Schloſskirche zu Wandsbeck den 24 Oct. 1785. Hamburg. 8. * Verſuch über die Stellen im N. Teſt., die vom Sohne Gottes, vom Sohne der Menſchen, Chriſtus u. ſ. w. reden; in *Henke's* Magazin

H h 2 für

für Religionsphilofophie, Exegefe und Kirchengefchichte. B. 1. S. 129-208. — erfchien nachher voll-
ftandiger: Ueber diejenigen Stellen des N. Teft., die die
Perfon Chrifti betreffen. Helmftädt 1794. gr. 8.

(N. 3. 5.) MUELLER (J..,. W...., L...), *Deputirter
bei der königl. Cenfur-Commiffion zu Liffabon* feit 1791,
vorher königl. dänifcher Legationsprediger dafelbft.
(Vgl. theologifche Annalen 1791. S. 782. und 1792.
S. 108 u. 750), foll kein geborner Schleswig-Holfteiner feyn.

(M. u. N. 1. 2.) MUELLER (Marcus Wilhelm), *geb. zu
Wevelsfleth* in der Wilftermarfch *den 5 Sept. 1753,
ftarb 1785 den 5 Oct.* Vgl. Prov. Ber. 1787. H. 3.
S. 357. und (daraus entlehnt) *Feddersen's* Nachrichten
von gutgefinnten Menfchen. Theil 6. — Ueberfetzte
Beaufobre's Abhandlung, worin gezeigt wird, dafs die
Apokryphifchen Schriften aus den erften chriftlichen
Jahrhunderten die Gewifsheit der chriftlichen Religion nicht fchwächen, fondern beftätigen; in *J. A.
Cramer's* Beiträgen. Theil 1. (Kiel u. Hamburg 1777.)
— Seine Materialien für eine neue Ausgabe des *Ara-
tus* erhielt *J. G. Buhle*, der aber nicht Gebrauch davon gemacht zu haben fcheint. — Seine Ueberfetzung
von *F. Hemfterhuis* Ariftée ou de la divinité, liegt
noch in der Handfchrift.

MUSAEUS (Peter), im *Jöcher*. Vgl. auffer den dafelbft
angeführten Schriften und dem Pechlinfchen Programm im Bünauifchen Katalog, *Strieder's* Grundlage
zu einer Heffifchen Gelehrten- und Schriftfteller-Ge-
fchichte. Theil 9. (Caffel 1794.) NIS-

NISSEN (Erasmus), *geb. zu Struxdorf* in Angeln *den*
13 *Jun.* 1726. §§. Vertheidigungs- und Erläuterungs-
fchriften des Dir: N., in Betreff der Eckertifchen Un-
terfuchungsfache, nebft den königl. Verfügungen wegen des Separatproceffes des Dir. N. wider die königl.
Hauptnutzholzsadminiftration, veranlaßt durch die
im vorigen Monat durch den Druck bekannt gemachten Gutachten und Erkenntniffe des Oberappellations-
Senats des königl. preuff. Cammergerichts zu Berlin.
Altona 1788. Fol. — Originalacten in Sachen meiner des königl. preuff. Hauptnutzholzhandlungs-Di-
rector E. N. gegen die Hauptnutzholzhandlungs-
Adminiftration, zu noch gehofter höherer Einficht,
demnächft aber zum Urtheil des Rechts- und Wahrheit liebenden Publicums dargelegt. Hamburg 1789.
8. (fehlt im Repertorium der allgem. Litterat. Zeit.,
wird aber eben fo wie die vorige Fach IV, 1574.
aufgeführte Schrift in den nicht benutzten Leipziger
gelehrten Anzeigen 1789. No. 101. recenfirt.)— Der
Verfaffer war ein Mann von großer Rechtschaffen-
heit, ausdaurendem Fleiße und unermüdeter Thätig-
keit. Er widmete fich der Handlung, erwarb fich
eine folche Sprachkenntniß, daß er die mehreften
todten Sprachen verftand, und faft alle lebenden mit
vieler Fertigkeit fchrieb und fprach. Seine Hand-
lungskenntniffe waren fehr ausgebreitet, fo daß der
preußifche Hof ihn aus Holland, wo er fich damals
Handlungsgefchäfte wegen aufhielt, nach Berlin be-
rief, und ihm das durch den Tod des Hauptnutz-

holzhandlungs - Directors Neudi erledigte Directorat
am königl: preuff. Holzcomtoir dafelbft, mit 3000
Rthlr. Gehalt antrug. Seiner ftarken Familie wegen
trug er kein Bedenken, ein feftes Gehalt gegen das
Ungewiffe der Handlung zu vertaufchen, und feine
übrigens damals vortheilhaften Handlungsgefchäfte
niederzulegen. Doch nur zu bald hatte er Urfache,
es zu bereuen. Nicht gewohnt, felbft unrecht zu
handeln, konnte er auch da nicht fchweigen, wo er
Unrecht fah; daher fprach er laut gegen die Betrü-
gereien der Minifter, feiner Chefs, und da man fah,
daß er der Mann nicht fei, den man durch Befte-
chungen gewinnen konnte; fo ward er ein Opfer der
minifteriellen Cabale und Gewalt. Man entfetzte
ihn feines Poftens, und da er feine Unfchuld behaup-
tete, machte man ihm den Procefs, der natürlich zu
feinem Nachtheil ausfallen mufte, da feine Gegner
feine Richter wurden. Alle feine Verfuche, dem
höchftfeligen und itztregierendem Könige fein Unglück vorzuftellen, waren fruchtlos; doch die Welt
von feiner Unfchuld zu überzeugen, konnte man nicht
hindern. Er ließ feine Acten und alle dahingehöri-
gen Papiere drucken, und *ftarb* bald darauf *den 9 Nov.*
1789 aus Gram über fein unverdientes Schickfal.
(*Mitgetheilt.*)

NOODT (Johann Friederich), *königl. dänifcher Confiftorialrath, Prediger an der Klofterkirche zu Schleswig* feit
1737, *und* feit 1735 *in der Landgemeine zu Haddebye*
(wird in *Hielmftiernes* Bogfamling fälfchlich Bürgermeifter

meifter in Schleswig genannt), *geb. zu Schleswig den*
9 Aug. 1705, *ftarb den* 17 *Mai* 1756. Vgl. außer dem
von *J. M. Franke* angeführten *Strodtmann* die fortge-
fetzten Nachrichten, B. 2. S. 84, wo es heißt: er hat
ein Idioticon Slesuicenfe gefammlet und völlig ausgearbeitet hinterlaßen, welches des Druckes werth
wäre.

(N. 2.5.) OFFERMANN (Peter), *Rechenmeifter und Land-*
meffer zu Meldorf in Süderdithmarfchen; *geb. zu Odde-*
rade im Kirchfpiel Meldorf *den* 28 *Aug.* 1743, *ftarb*
im Febr. 1795. Die erfte Ausgabe feiner neuen Fibel
erfchien (nach *Wilbelm Heinfius*) 1789, die 2te 1792,
die 3te 1794. — Ungünftiges Verhältniß der Sterb-
lichkeit in der Landfchaft Süderdithmarfchen, aus
einer Kirchenlifte erwiefen, nebft einer Vorerinnerung; in den Prov. Ber. 1792. H. 2. — Einige Beiträge zur dithmarfifchen Wochenfchrift: Etwas für
alle Stände. Meldorf(?) 1784. — Sein in der Oftermeffe 1792 angekündigtes Rechenbuch für das gemeine Leben ift nicht erfchienen.

(E. 130.) PAULSEN (Hermann Chriftian), *ftarb* 1780.
Vgl. *Bolten's* Kirchen-Nachr. von Altona 2, 272. —
Schrieb noch: Trauerpredigt über das Ableben Kö-
nigs Friederich V., gehalten zu Wedel. Hamb. 766. 4.
(W. 2.) PAULSSON (Johann Hinrich), *ftarb* 17...
PERCIN (Chriftoph Gabriel), *Lector der französischen*
Sprache auf der Univerfität Kiel, deffen S. 96 gedacht
wird, war *geb. zu Paris, und ftarb den* 31 Oct. 1787 im
36ften Jahre. Vgl. Prov. Ber. 1787. H. 6. S. 727.

PETERSEN (Anton), *geb. zu Bafum* 1717, feit 1751 Diakonus, und feit 1771 *Paftor zu Grube*, *ftarb im März* 1778. Vgl. Sein Leben von ihm felbft befchrieben. Eutin 1740. 8. *(Mitgetheilt.)*

(M. u. N. 2. 3.) PETERSEN (Balthafar), *geb. zu Tondern den 7 Mai* 1703, wurde 1729 Paftor zu Leck, Amts Tondern, 1739 Probft und Paftor in Sonderburg, 1746 aber *Confiftorialrath*, *Probft und Paftor zu Tondern*, *ftarb den* 1 *Jan.* 1787. Vgl. Prov. Ber. 1787. H. 3. S. 403.

PETERSEN (Jakob), *Landfchreiber in Bredftede* (vorher Revifor bei der Finanzcaffen-Direction in Kopenhagen), *geb. auf Föhr* 17.., *ftarb* 1792. §§ * *P. F. Suhm's* Gefchichte Dännemarks, Norwegens und Holfteins, in zweien Auszügen, zum Gebrauch der ftudirenden Jugend. (Aus dem Dänifchen.) Flensburg 1778. 8. (Vgl. oben *Jasperfon*) — Soll auch *Ove Malling's* grofse und gute Handlungen der Dänen überfetzt haben, woran jedoch zu zweifeln ift, woferne nicht von diefem Werke *drei* Ueberfetzungen vorhanden find (Vergl. oben *Abrahamfon*). — Höchftwahrfcheinlich hat nicht er, fondern ein anderer *J.* .... *Peterfen* (N. 4.), welcher in Kopenhagen leben foll, *Viborg's* Schrift (f. oben S. 371.) überfetzt.

(M. u. N. 3.) PETERSEN (Ingwer), *geb. zu* ... 17..., *ftarb* 1787.

(W. 3.) PETERSEN (Johann Dieterich), ift oder war wahrfcheinlich kein Schleswig-Holfteiner.

(M. u. N. 1.) PETERSEN (Philipp Ernft), *Organift auf* Glücks-

Glücksburg, auch Mitglied und Secretair der von Pb. E. Lüders gestifteten Ackergesellschaft; geb. zu ..., starb 1793 im 78sten Jahre. Seine Schrift erschien 1779 (nicht 1769).

PETRAEUS (Nikolaus), im *Jöcher* — *geb. zu Husum den 10 Sept. 1569, starb (als Superintendent zu Stralsund?) den 7 Jan. 1641.* Vgl. Memoria ejus auctore C. Fr. *Stresow.* Flensburgi 1799. 8.

(M. u. N. 2. 5.) PRAETORIUS (W..... C.....), *dänischer Prämierlieutenant zu Hamburg; geb. zu .... im* Holsteinischen (?) 17.., *starb* 17... §§. * Merkwürdigkeiten der Stadt Altona, nach chronologischer Ordnung nebst dabei gehörigem Grundrisse der Stadt auf einem Elephantenbogen abgedruckt. Altona 1780. 8. Erhielt nach dem Tode des Verfassers 1792 einen neuen Titel, auf welchem er genannt ist.

PRALL (........), *Justitzrath in Tönningen, geb. zu .... 17.., starb 1793.* §§ Epistola gratulatoria de vtilitate quam concionis in aedibus sacris auditus praestare valet. Jenae 1749. 4. (*Mitgetheilt.*)

(M.) PRANGE (August Diederich Gottlieb). „Ein Doctor Medic. dieses Namens ist *in Altona* nicht und schwerlich je gewesen." (*Mitgetheilt.*)

von PREINDL (Joseph), war k. k. Chargé d'affaires am dänischen Hofe, hielt sich demnächst *zu Schleswig* auf (wo er drucken liess: Essay d'une Grammaire Turque. à Schleswigue 1787. 8. Vgl. Prov. Ber. 1788. H. 3. S. 370.), lebt aber wahrscheinlich nicht mehr in den Herzogthümern.

(E. 540.) PROFE (Gottfried). Vgl. Memoria ejus auctore P. Chr. Henrici. Altonae 1770. Fol.

(E. 120.) von QUALEN (Josias), starb 17...

(N. 1. 2. 4. 5.) RAHUSEN (Reinhard), geb. zu Hamburg den 23 Aug. 1735, starb den 8 März 1793. Vgl. Bolten's Kirchen-Nachr. von Altona. 1, 305 ff. Schrieb noch: Handboek over den heil. Doop en het heilige Avondmaal. Altona 1790. 8. De beste en veiligste Troostgronden waardoor wy ons den anderzins hoogstsmarte lyk en dood onzer naestbestaande Bloedsverwanten verzagten en verligten kunnen. Altona 1790. 8. Denkmal der Hochschätzung und Freundschaft der im Herrn entschlafenen Frau Wittwe Alida van der Smissen, geb. Veen, errichtet. Das. 1790. 8. Väterliche Empfindungen bei dem frühzeitigen Tode seines einzigsten Sohnes H. G. Rahusen. Das. 1790. 8. Freundschaftliches Trostschreiben an Hrn. J. G. v. der Smissen bei dem schmerzlichen Tode seiner Ehegattinn Helena v. d. S. 1790. 8. (Autographum). Hat auch verschiedene Stücke zu den Baseler Auszügen der deutschen Gesellschaft geliefert. — Kurz vor seinem Tode erschien noch: Etwas über den jetzigen politischen Zustand Europens. Altona 1793. 8. — Die schwedische Ueberfetzung der einen Schrift erschien nach Ersch zu Gothenburg 1787.

Graf zu RANZAU (Hans), Vater (?) des Chr ... zu R., (s oben) — auf Aschberg, geb. zu .... 17.., starb 17... Ist Verfasser des von Ekkard S. 193 anonymisch aufgeführten Schreibens eines holsteinischen Guts-

Gutsherrn, die Abſchaffung der Hofdienſte auf ſeinem Gute und die Folgen dieſer Veränderung betreffend. Hamburg 1775. 8. Vgl. Prov. Ber. 1787.
H. 3. S. 308. und 1791. H. 5. S. 207.

(M. u. N 1-5.) REICHARDT (Johann Friederich),
kaufte 1793 das Gut Rethwiſch in Wagrien, und
privatiſirte in Altona (weswegen er auch einen Platz
in den Prov. Ber. erhielt), zog aber 1795 wieder
nach Giebichenſtein bei Halle.

(M. u. N. 1, 515 u. 751. 2. 3, 5.) REICHENBACH (Friederich Chriſtian), geb. zu Rieſebye im Lande Schwanſen den 31. Mai 1740, ſtarb den 15 März 1786. Vgl.
auſſer Bolten und Wolfrath, welche das gelehrte
Deutſchland anführt, (G. L. Ablemann's) Auffatz in
den Prov. Ber. 1787. H. 3. S. 366.

REICHENBACH (Johann Gotthilf), Vater des Vorigen
— Vgl. Bolten's Kirchen-Nachr. von Altona 1. S. 85.
und die daſelbſt angeführten Schleswig-Hollſteini-
ſchen Anzeigen 1768. St. 6., den Lebenslauf des J.
G. R. gröſtentheils von ihm ſelbſt geſchrieben (und
von ſeinem Sohne Fr. Chr. vollendet) .... 2 Bogen
in 8. (ſiehe däniſches Journal B. 2. S. 291.) und Leben, Charakter und Amtsführung ſeines Vaters —
von Fr. Chr. R. Altona 1767. 8.

REIN (Johann Balthaſar), geb. zu Breitungen im Stoll-
berg-Roslaiſchen den 14 Dec. 1713, war vormals
preuſſiſcher Berginſpector zu Freienwalde in der Mittelmark, privatiſirte zuletzt in Altona, ſtarb den 24 Aug.
1794. §§. Vierſtimmiges Choralbuch, worinn alle
Me-

Melodien des Schleswig-Holsteinschen Gesangbuchs enthalten sind, mit königl. priuilegio exclusiuo herausgegeben. Altona 1755. in Verlag des Verfassers. 104 Seiten in Notenquart. — Soll auch ehemals eine alchymist. Schrift herausgegeben haben. (*Mitgetheilt.*)

(N. 5.) REINHARD (. . . . .), welcher S. 75. angeführt wird, lebt nicht mehr *in Altona.*

RHODE (Johann), dessen S. 188. gedacht wird, *starb als Leibarzt* des Herzogs von Augustenburg 179: (?), *geb. zu* . . . . 17 . . .

(N. 5.) ROHLFS (Matthias), *Schreib- und Rechenmeister zu Buxtehude, starb* 179 . . , wird nicht nur dort (Th. 1. S. 190. und Th. 2. S. 162.), sondern auch in *Sprengel's* Grundriss der Staatenkunde (Halle 1793) S. 306. als Verfasser des dänischen und Schleswig-Holsteinischen Kalenders aufgeführt, da bekanntlich von ihm nur die mathematischen Berechnungen herrühren.

(M. u. N. 1. 3. 5. E. 139.) SALCHOW (Ulrich Christoph), *starb den* 20 Apr. 1786. Vgl. den von *Meusel* und *Lawätz* aufgeführten *Baldinger.* — Die N. 4. angeführte neue Auflage der chirurgischen Beobachtungen hat bloss einen neuen Titel mit der Jahrszahl 1791 erhalten. (s. allg. deutsche Biblioth. Band 112. S. 384.) — Eine Schrift von ihm wurde nach *Ersch* ins Dänische übersetzt.

von SALDERN (Caspar-Salomon), *geb. zu Hadersleben den* 13 *Jun.* 1770, *starb in der Schweitz den* 6 *Aug.* 1794. Vgl. *Brinken's* S. 35. angeführten Aufsatz.

SAUPE (G . . . . C . . . .), wurde aus dem Katalog der

Oster-

Oftermeſſe von 1793 iñ die Prov. Beſ. 1793. H. 3:
S. 336. und nachher ſelbſt H, 5. S. 139 u. 145 aufgenommen, weil man ihn mit dem .... Saupe, Cantor
in Hadersleben, der aber ein Agraph iſt, verwechſelte.
(N. 5.) SCHADE (Georg), *Regierungs- und Obergerichts-
Advocat zu Kiel* ſeit 1775, faſs von 1760-1775 auf
der Inſel Chriſtiansoe bei Bornholm gefangen, und
war zuerſt Ober- und Landgerichts-Advocat zu Altona, *geb. zu Apenrade* (nicht: Sonderburg) *den 8 Mai
1712, ſtarb den 10 April 1795.* Vgl. auſſer den Nachrichten von dem Zuſtande — B. I. S. 620 ff. und 689
ff. *Bolten's* Kirchen-Nachr. von Altona 2, 129-131.
und die daſelbſt angeführten Schriften, wo aber aus
C. W. F. *Walch's* Grundſätzen der Kirchengeſchichte
des N. T. im 18ten Jahrh. (Göttingen 1774) S. 128.
die Noua. Acta hiſtorico-ecclef. B. 6. S. 88 ff. hinzuzuſetzen ſind, ſo wie auch einige, ihn betreffende
Nachrichten in: Luxdorphiana eller Bidrag til den
danſke Litterær-Hiſtorie — Kbhvn. 1791 (Theil I.
S. 4-21.) und *Thieſs's* Ephemeriden der neueſten
theol. Litteratur und Kirchengeſchichte B. I. S. 499.
vorkommen. Auch ſoll *ſein Leben*, zu Kopenhagen
beſonders gedruckt, erſchienen ſeyn (und *Aug. Friedr.
Cranz* in einer gewiſſen Schrift, welche ſeine Befreiung
veranlaſste, von ihm gehandelt haben), woran jedoch
zu zweifeln iſt, da man es in keinem von *den* Bü-
cherkatalogen, welche hier Auskunft geben würden
— den Hielmſtierneſchen, Lorckiſchen, Luxdorphi-
ſchen, Seyelſchen, Thottiſchen — gefunden hat.

Wahr-

Rector zu Salzwedel 1771, und bald darauf Prediger
an der Marienkirche daselbst. §§. Prol. scholastica,
qua veram in litteris sacrosanctis esse poësin ex aliquot poëseos propriis characteribus ad hymnum
Dauidicum XLV. accommodatis probare studet. Salt-
quellae 1754. 4. Vorstellung der Pflichten eines
rechtschaffenen Schülers gegen die Schulwissenschaf-
ten. Flensb. 1757. 4. Breuis exemplorum collectio,
qua studiorum liberalium in respublicas et religionem vim atque vtilitatem docet. Ibid. 1758. 4. Das
Schulprogramm von 1759 handelte von der Methode, wornach die Schullectionen getrieben wurden,
hauptsächlich in der Geschichte. Beigefügt ist eine
Regententafel des 15ten Jahrhunderts, nebst einer
Erläuterung derselben in Versen. 4. Das Schulprogramm von 1760 (welches, wie das vorige, keinen
besondern Titel hat) handelt von den vornehmsten
Jubelfesten unter Heiden, Juden und Christen. 4. Von
dem reellen Nutzen lateinischer Schulen. 1762. 4.
*Erneuerte Husumische Schulordnung. Flensb. 1763.
158 S. in 8. (s. Fortgesetzte Nachrichten 3, 144.)
Erläuterung einiger Punkte aus der erneuerten Husu-
mischen Schulordnung. Das. 1764. 40 S. 8. Untersuchung der Frage, in wieferne eine gründliche Schul-
gelehrsamkeit bei dem Unterricht in lateinischen
Schulen nöthig und nützlich sei? Das. 1765. 8.
Lectionsanzeige nebst Nachricht von dem Anwachs
der (1763 von ihm gestifteten) Schulbibliothek.
Flensb. 1766. 8. Einladung zum Krönungsfeste des

Kö-

Königs Chriſtian VII. Daſ. 1767. 4. Kurze Vertheidigung des göttlichen Worts gegen die Anmaſſun-
gen der Philoſophie, in Abſicht der wahren Beſſerung
der Welt. Daſ. 1770. 8. De neceſſitate et vtilitate
ſtudii hebraïci quaerit P. Sch. qui rectoris Huſumen-
ſis prouinciam, quam tria luſtra geſſit, oratione vale-
dictoria deponet. Ibid. 1771. 8. — Auſſer dem finde
ich: Defenſio Zimmermannianae de Gen. II, 17. ſen-
tentiae aduerſus Bibliothecam Germanicam vniuer-
ſalem, loco programmatis ſcholaſtici. Flenopoli 1 10 S.
8. ohne Jahrzahl, vermuthe aber, daß ſie in das Jahr
1761 (ſoll wahrſcheinlich heiſſen 1767, vgl. *Thieſs's*
Handbuch der neuen Litteratur der Theologie, B. 1.
S. 615 fg.) fällt. (*Mirgetheilt.*) *ſtarb den* 14 *Mai* 1793.
Die erſte Periode ſeines Lebens findet man beſchrieben in *J. Laſs's* Huſumiſchen Nachrichten, 2te Fortſetzung, Stück 8.

(W. 2.) von SCHEEL (Gerhard Heinrich), *geb. zu
Glückſtadt* (?) 17.., *ſtarb zu* ... 17...

(M. u. N. 1-5.) SCHINK (Johann Friederich), wurde
1795 in die Prov. Ber. aufgenommen, wohnt aber
noch immer in *Hamburg*, ob er gleich im Sommer auf
einem holſteiniſchen Dorfe ſich aufzuhalten pflegt.
Vgl. Berliner Archiv der Zeit und des Geſchmacks.
Sept. 1795. S. 255.

(M. u. N. 1-5.) SCHINMEIER (Johann Adolph), wurde
in die Prov. Ber. 1788. H. 6. S. 386. als ein in *Tönningen* Geborner aufgenommen, wo ſein Vater einige
Jahre als Prediger ſtand, war aber aus *Stettin* gebür-

tig. Vgl. Lebensbeſchr. preuſſiſcher Gottesgel., allg.
Magazin für Prediger, von *J. R. G. Beyer*, B. 8. wieder abgedruckt und ergänzt in der kurzen Schilderung des Lebens, des Charakters und der Verdienſte
des *J. A. S.* — von *H. F. Niemeyer.* Lüb. 1796. Fol.
(M. u. N. 1.) SCHMALZ (H.... A....), war in den
Jahren 1768 und 69 Hofmeiſter eines jungen Grafen
von Ahlefeldt zu Biörnemöſe auf Führnen, *ging* 1770
nach Amerika, wo er bald darauf ſtarb. Daſs er auſſer
der Ueberſetzung des patriotiſchen Zuſchauers (von
Janus Schelderup Sneedorff) noch ſonſt etwas ge
ſchrieben hat, iſt mir nicht bekannt. Sein Verleger
weiſs gar nichts von ihm anzugeben; was ich aber
hier angeführt habe, iſt ganz zuverläſsig, denn er
war als Hofmeiſter mein unmittelbarer Vorgänger
auf Biörnemöſe. (*Mitgetheilt von Johann Jasperſen*).
Geb. nach einigen *zu Tondern*, nach andern *auf Gravenſtein.* Vom patriotiſchen Zuſchauer überſetzte er
nur die beiden erſten Theile (1769 und 1770), die
beiden letzten aber (1771 und 1772) *C. D. Ebeling.*
(N. 1 - 5. W. 3, 686 u. 985.) Graf von SCHMETTOW
(Woldemar Friederich), *ſtarb den 7 Jul.* 1794. Vgl.
Tod des Grafen Schmettow in Plön; im Genius der
Zeit Aug. 1794. Bruchſtück zur Charakteriſtik des
verſtorbenen Grafen Schm., von H (ennings), daſ.
Jun. 1795. Prov. Ber. 1794. H. 5. S. 269 ff. und
Koppe's juriſt. Almanach auf 1795. S. ... Das in den
Prov. Ber. eingerückte *Autographum*, welches er eigentlich für dieſes Werk beſtimmte, verdient auch hier
eine

eine Stelle: „*W. Fr.* Graf *v. Schm.*, *geb. zu Zelle* im Hannöverifchen *den* 25 *Febr.* 1749, *hält fich feit* 1778 *in Plön auf*, ift aber verfchiedenemal auf lange Zeit abwefend gewefen, unter andern 1787 und 1788 zu Speyer am Rhein. — Im Jahr 1767 ernannte ihn der König von Dännemark zum Gefandfchaftsfecretair in Madrit, wo er während der Abwefenheit des Gefandten bis zum Sommer 1769 als Gefchäftsträger blieb. 1769 ernannte ihn der König zu feinem Generaladjutanten, und fchickte ihn als Gefandfchafts-fecretair nach Warfchau; 1771 als Gefchäftsträger nach Dresden. Zu Anfang des 1772ften Jahres ernannte er ihn zum außerordentlichen Gefandten am Churfächfifchen Hofe. Im Jahr 1773 bat der Graf um feinen Abfchied, erhielt ihn und trat völlig aus dänifchen Dienften. — In demfelben Jahre 1773 erhielt er den Churpfälzifchen Löwenorden, und trat als Geheimerrath in Churpfälzifche Dienfte, verließ felbige im folgenden Jahre, reifete und zog 1778 nach Plön, wo fich fein am 24ften Oct. verftorbener Vater, der königl. dän. General der Cavallerie und Ritter des Elephantenordens, Hermann Woldemar (Meufel: Wold. Herm.) Graf v. Schm. von Holdorp aufhielt. Im Jahr 1781 ertheilte ihm der König von Dännemark eine Penfion. 1788 wurde er von der königl. Societät der Wiffenfchaften zu Drontheim zum Mitgliede aufgenommen. Durch ein königl. Refcript vom 11ten Jun. 1790 erhielt er den Auftrag, im Plönfchen Landgerichte und dem Plönfchen Con-

fifto-

fiſtorium zu ſitzen, welches auch jetzt ſeine einzige
öffentliche Beſchaftigung ausmacht. — Seine Schriften ſind: Lettre à Monſ. *Aubri* ſur la litterature alle-
mande, welche als Vorrede von der Ueberſetzung
der Leiden Werthers (Les paſſions du jeune Wer-
ther, traduit par *Aubri*) 1777 zu Paris in 8. erſchien.
* Der Egoismus, ein Luſtſpiel in 5 Aufzügen, von
dem Herrn *Cailhava*, aus dem Franzöſiſchen überſetzt.
(Hamburg) 1778. 8. * Abregé du droit public d'Al-
lemagne. Amſterdam 1778. 8. * Ueber Empfindelei
und Kraftgenies, Modevorurtheile und Schimpf-
reden, auch einige ernſte Gegenſtände. 1s Heft. Deſſau 1783. 2s Heft. 1784. 8. * Ein kleiner Beitrag zur
Kenntniß des franzöſiſchen Staats, von einem Nor-
derdeutſchen, als ein Anhang zu den beiden Schriften: „Finanzzuſtand des franzöſiſchen Staats," und
„Necker in Briefen an Iſelin." (1784. 8. ohne Druckort). Beantwortung der Frage: „welches ſind die
ſicherſten, leichteſten und wohlfeilſten Mittel, die
Heerſtraſsen wider Räubereien und Gewaltthätig-
keiten zu ſichern?" Eine von der königl. Societät der
Wiſſenſchaften zu Göttingen im Jahre 1788 gekrönte
Preisſchrift. Hannover 1789. gr. 4. * Patriotiſche
Gedanken eines Dänen über ſtehende Heere, politiſches Gleichgewicht und Staatenrevolution. 2te ſehr
vermehrte Auflage. Altona 1792. 8. — Zu *Schlözer's*
Briefwechſel und zu deſſelben Staatsanzeigen hat er
verſchiedene Beiträge geliefert, unter andern: *a*) eine
Beſchreibung der Stiergefechte in Spanien; *b*) über
die

die Jagd; c) über das dänische Finanzwesen. 1787;
d) Erklärung über den Cardinal und Fürst Bischof
von Strasburg, Prinz *Louis von Rohan,* veranlaßt durch
eine Schrift, betitelt: „Wiederhall aus der deutschen
Lesewelt." 1790. u. f. w. — Vom Anfange des
1793sten Jahres ist er Mitarbeiter am Schleswigschen
Journal. Sein erster Aufsatz im Januar ist betitelt:
„Ohnmaßgeblicher Vorschlag, veranlaßt durch N....
der allgem. Litt. Zeit." Die folgenden Aufsätze von
ihm sind unterzeichnet S. — Die ihm zugeschriebene
Schrift: An Dännemark und seine braven Bürger.
Hamburg 1786. wogegen er öffentlich in der allgem.
Litt. Zeit. protestirte, ist sicher nicht von ihm. — Er
arbeitet jetzt an einem Buche, über den Adel und
besonders über die Frage: ob man ihn abschaffen
müsse. Plön den 25 März 1793.   Schmettow."—
Von den patriotischen Gedanken erschien eigentlich
die erste Ausgabe (Altona) 1792, die 2te verbesserte
und vermehrte Auflage daselbst 1793, die 3te aber
nicht mehr *anonymisch,* 1795. — *Dänisch* übersetzt:
En dansk Mands patriotiske Tanker om staaende
Heere, politiske Ligevægt og Statsrevolutioner —
Kbhvn 1794. 8. — Von den Gegenschriften, welche
dieses Werk veranlaßte, s. Prov. Ber. 1793. H. 5.
S. 203. 1794. H. 1. S. 88. H. 2. S. 294 und 299. H. 3.
S. 395. — Schrieb noch: Aufsätze im Hannöverschen
Magazin von 1789, welche *Beusler* verzeichnet. —
Erläuternder Commentar zu den patriotischen Ge-
danken eines Dänen — von dem Verfasser derselben

—; veranlaſst durch ein bei J. F. Schulz in Kopenhagen erſchienenes anonymiſches Pasquill, betitelt: Gedanken eines Norwegiſchen Officiers über die patriotiſchen Gedanken eines Dänen, mit Beilagen. (Altona)
1793. 8. (Däniſch überſetzt: Oplyſende Commentar
til en danſk Mänds patriotiſke Tanker — Kbhvn.
1794. 8.) — An Se. Königl. Majeſtät zu Dännemark
und Norwegen alleruñterthänigſte Erklärung abſeiten W. F. Grafen von Schm., in Betref angeſchuldig-
ten Miſsbrauchs der Preſsfreiheit. (ohne Druckort)
1794.— wieder abgedruckt im März des hiſtor. polit.
Magazins, S. 262-284, und in den Annalen der leidenden Menſchheit, 1794. — Däniſch überſetzt: Grev
W. F. v. Schm. Erklæring til Hans Maj. Kongen angaaende Beſkyldningen for Miſsbrug af Trykkefri-
heden. Kbhvn. 1794. — An Ihro Königl. Majeſtät
zu Dännemark und Norwegen alleruñterthänigſte
Erklärung abſeiten W. F. Grafen v. Schm., betreffend das allerhöchſte Reſcript vom 4ten Mai dieſes
Jahrs. (ohne Druckort) 1794 — wieder abgedruckt
in den Annalen der leidenden Menſchheit 1794. —
Nach ſeinem Tode kam heraus: Kleine Schriften. 1ſter
und 2ter Theil. Altona 1795. 8 (Theil 3, welcher
vielleicht Oſtern 1797 erſcheint, wird zufolge der
Vorrede zum 1ſten Theil vornemlich eine kurze
Nachricht von dem Leben dieſes Schriftſtellers geben.)
Sein Bildniſs von Lips vor dem erſten Theile ſeiner
kleinen Schriften. — Ein zweites, für dieſes Werk
von ihm beſtimmte Autographum, mag den Schluſs
dieſes

dieſes Artikels machen: Ein in den Herzogthümern geborner *F... W... C...* Graf *von Schmettau* iſt mir gar nicht bekannt. (Zufolge dem 4ten Nachtrage war er hiernach befragt; allein der 5te giebt itzt Auskunft: Es iſt der nachher als Obriſter oder Generalmajor aufgeführte.) Alle *Schmettow, Schmettau, Schmettaw,* Grafen, Edelleute und Bürger, ſind übrigens von einer Familie. Warum ſie ſich verſchieden ſchreiben, iſt mir ſelbſt unbekannt. — Mein ſeeliger Vater, *Hermann Woldemar*, der aber nicht in Holſtein geboren war (M u. N. 1. 2. W. 1. u. 3.), hat außer einigen kleinen militairiſchen Schriften geſchrieben: *a)* Blätter aus Liebe zur Wahrheit; *b)* auch Fragmente. Philadelphia. Beide theologiſchen Inhalts. — Mein noch lebender Bruder, *Carl Jacob Woldemar*, Generalmajor in Drontheim, hat meines Wiſſens gar nichts geſchrieben. — Der Obriſte oder Generalmajor *Schmettau* in Berlin (Sohn des verſtorbenen Preuſſiſchen Generalfeldmarſchalls und Generalfeldzeugmeiſters), der wegen ſeiner Carten- und Plan-Sammlung bekannt iſt, auch Carten gemacht hat, hat verſchiedenes im militairiſchen Fache geſchrieben. Er iſt aber gewiſs nicht in Holſtein gebohren. (Vgl. Neueſtes gel. Berlin 2, 136 fg.) — Es lebt aber ein Graf *Schmettau* im Oldenburgiſchen, wo er meines Wiſſens eine Bedienung hat, der vorher Cavalier bei dem jetzigen Fürſt Biſchof von Lübek, in Eutin war, und der vieleicht etwas geſchrieben hat. Gewiſs weiſs ich es nicht, ſo wenig als ſeinen Geburtsort. (Es wird gemeint,

Reichs-

PETERSEN (Anton), geb. zu Bafum 1717, feit 1751
Diakonus, und feit 1771 Paftor zu Grube, ftarb im
März 1778. Vgl. Sein Leben von ihm felbft befchrie-
ben. Eutin 1740. 8. (Mitgetheilt.)

(M. u. N. 2. 3.) PETERSEN (Balthafar), geb. zu Tondern
den 7 Mai 1703, wurde 1729 Paftor zu Leck, Amts
Tondern, 1739 Probft und Paftor in Sonderburg,
1746 aber Confiftorialrath, Probft und Paftor zu Tondern, ftarb den 1 Jan. 1787. Vgl. Prov. Ber. 1787.
H. 3. S. 403.

PETERSEN (Jakob), Landfchreiber in Bredftedt (vorher
Revifor bei der Finanzcaffen-Direction in Kopenhagen), geb. auf Föhr 17.., ftarb 1792. §§ * P. F. Suhm's
Gefchichte Dännemarks, Norwegens und Holfteins,
in zweien Auszügen, zum Gebrauch der ftudirenden Jugend. (Aus dem Dänifchen.) Flensburg 1778.
8. (Vgl. oben Jasperfen) — Soll auch Ove Malling's
grofse und gute Handlungen der Dänen überfetzt
haben, woran jedoch zu zweifeln ift, woferne nicht
von diefem Werke drei Ueberfetzungen vorhanden
find (Vergl. oben Abrahamfon). — Höchftwahrfcheinlich hat nicht er, fondern ein anderer J.... Peterfen
(N. 4.), welcher in Kopenhagen leben foll, Viborg's
Schrift (f. oben S. 371.) überfetzt.

(M. u. N. 3.) PETERSEN (Ingwer), geb. zu ... 17...,
ftarb 1787.

(W. 3.) PETERSEN (Johann Dieterich), ift oder war
wahrfcheinlich kein Schleswig-Holfteiner.

(M. u. N. 1.) PETERSEN (Philipp Ernft), Organift auf
Glücks-

*Glücksburg, auch Mitglied und Secretair der von Ph. E.
Lüders gestifteten Ackergesellschafe.; geb. zu ..., starb
1793 im 78sten Jahre.* Seine Schrift erschien 1779
(nicht 1769).

PETRAEUS (Nikolaus), im *Jöcher* — geb. *zu Husum den
10 Sept. 1569, starb* (als Superintendent zu Stralsund?)
den 7 Jan. 1641. Vgl. Memoria ejus auctore C. *Fr.
Stresow.* Flensburgi 1799. 8.

(M. u. N. 2. 5.) PRAETORIUS (W..... C.....), *dänischer Prämierlieutenant zu Hamburg; geb. zu .... im
Holsteinischen* (?) 17.., *starb* 17... §§. * Merkwürdigkeiten der Stadt Altona, nach chronologischer
Ordnung nebst dabei gehörigem Grundrisse der Stadt
auf einem Elephantenbogen abgedruckt. Altona 1780.
8. Erhielt nach dem Tode des Verfassers 1792 einen
neuen Titel, auf welchem er genannt ist.

PRALL (........), *Justitzrath in Tönningen, geb. zu
.... 17.., starb 1793.* §§ Epistola gratulatoria
de vtilitate quam concionis in aedibus sacris auditus
praestare valet. Jenae 1749. 4. (*Mitgetheilt.*)

(M.) PRANGE (August Diederich Gottlieb). „Ein Doctor Medic. dieses Namens ist *in Altona* nicht und
schwerlich je gewesen." (*Mitgetheilt.*)

von PREINDL (Joseph), war k. k. Chargé d'affaires
am dänischen Hofe, hielt sich demnächst *zu Schleswig*
auf (wo er drucken ließ: Essay d'une Grammaire
Turque. à Schleswigue 1787. 8. Vgl. Prov. Ber. 1788.
H. 3. S. 370.), lebt aber wahrscheinlich nicht mehr
in den Herzogthümern.

(E. 140.) PROFE (Gottfried). Vgl. Memoria ejus auctore P. Chr. Henrici. Altonae 1770. Fol.

(E. 120.) von QUALEN (Josias), starb 17...

(N. 1. 2. 4. 5.) RAHUSEN (Reinhard), geb. zu Hamburg
den 23 Aug. 1735, starb den 8 März 1793. Vgl. Bolten's Kirchen-Nachr. von Altona. I. 305 ff. Schrieb
noch: Handboek over den heil. Doop en het heilige
Avondmaal. Altona 1790. 8. De beste en veiligste
Trooftgronden waardoor wy ons den anderzins
hoogstsmarte lyk en dood onzer naestbestaande
Bloedsverwanten verzagten en verligten kunnen.
Altona 1790. 8. Denkmal der Hochschätzung und
Freundschaft der im Herrn entschlafenen Frau Wittwe Alida van der Smissen, geb. Veen, errichtet. Daf.
1790. 8. Vaterliche Empfindungen bei dem frühzeitigen Tode seines einzigsten Sohnes H. G. Rahusen.
Daf. 1790. 8. Freundschaftliches Troftschreiben an
Hrn. J. G. v. der Smissen bei dem schmerzlichen Tode
seiner Ehegattinn Helena v. d. S. 1790. 8. (Autogra-
phum). Hat auch verschiedene Stücke zu den Baseler
Auszügen der deutschen Gesellschaft geliefert. —
Kurz vor seinem Tode erschien noch: Etwas über
den jetzigen politischen Zustand Europens. Altona
1793. 8. — Die schwedische Ueberfetzung der einen
Schrift erschien nach Erfch zu Gothenburg 1787.

Graf zu RANZAU (Hans), Vater (?) des Chr... zu R.,
(f. oben) — auf Aschberg, geb. zu.... 17.., starb
17... Ist Verfasser des von Ekkard S. 193 anonymisch aufgeführten Schreibens eines holsteinischen

Guts-

Gutsherrn, die Abſchaffung der Hofdienſte auf ſeinem Gute und die Folgen dieſer Veränderung betreffend. Hamburg 1775. 8. Vgl. Prov. Ber. 1787.
H. 3. S. 308. und 1791. H. 5. S. 207.

(M. u. N 1-5.) REICHARDT (Johann Friederich),
kaufte 1793 das Gut Rethwiſch in Wagrien, und
privatiſirte in Altona (weswegen er auch einen Platz
in den Prov. Ber. erhielt), zog aber 1795 wieder
nach Giebichenſtein bei Halle.

(M. u. N. 1, 515 u. 751. 2. 3, 5.) REICHENBACH (Friederich Chriſtian), geb. zu Rieſebye im Lande Schwanſen den 31. Mai 1740, ſtarb den 15 März 1786. Vgl.
auſſer Bolten und Wolfrath, welche das gelehrte
Deutſchland anführt, (G. L. Ablemann's) Auffatz in
den Prov. Ber. 1787. H. 3. S. 366.

REICHENBACH (Johann Gotthilf), Vater des Vorigen
— Vgl. Bolten's Kirchen-Nachr. von Altona 1. S. 85.
und die daſelbſt angeführten Schleswig-Hollſteini-
ſchen Anzeigen 1768. St. 6., den Lebenslauf des J.
G. R. gröſtentheils von ihm ſelbſt geſchrieben (und
von ſeinem Sohne Fr. Chr. vollendet) . . . . 2 Bogen
in 8. (ſiehe däniſches Journal B. 2. S. 291.) und Leben, Charakter und Amtsführung ſeines Vaters —
von Fr. Chr. R. Altona 1767. 8.

REIN (Johann Balthaſar), geb. zu Breitungen im Stoll-
berg-Roslaiſchen den 14 Dec. 1713, war vormals
preuſſiſcher Berginſpector zu Freienwalde in der Mittelmark, privatiſirte zuletzt in Altona, ſtarb den 24 Aug.
1794. §§. Vierſtimmiges Choralbuch, worinn alle
Me-

Melodien des Schleswig-Holsteinschen Gesangbuchs
enthalten sind, mit königl. priuilegio exkluſiuo herausgegeben. Altona 1755. in Verlag des Verfaſſers.
104 Seiten in Notenquart. — Soll auch ehemals eine
alchymiſt. Schrift herausgegeben haben. (*Mitgetheilt.*)

(N. 5.) REINHARD (. . . . . . .), welcher S. 75. angeführt wird, lebt nicht mehr *in Altona.*

RHODE (Johann), deſſen S. 188. gedacht wird, *ſtarb
als Leibarzt des Herzogs von Auguſtenburg* 1792 (?),
geb. zu . . . . 17 . . .

(N. 5.) ROHLFS (Matthias), *Schreib- und Rechenmeiſter
zu Buxtehude, ſtarb* 179 . . , wird nicht nur dort (Th. 1.
S. 190. und Th. 2. S. 162.), ſondern auch in *Sprengel's* Grundriſs der Staatenkunde (Halle 1793) S. 306.
als Verfaſſer des däniſchen und Schleswig-Holſteiniſchen Kalenders aufgeführt, da bekanntlich von ihm
nur die mathematiſchen Berechnungen herrühren.

(M. u. N. 1. 3. 5. E. 139.) SALCHOW (Ulrich Chriſtoph), *ſtarb den* 20 *Apr.* 1786. Vgl. den von *Meuſel*
und *Lawätz* aufgeführten *Behdinger.* — Die N. 4. angeführte neue Auflage der chirurgiſchen Beobachtungen
hat bloſs einen neuen Titel mit der Jahrszahl 1791
erhalten. (ſ. allg. deutſche Biblioth. Band 112. S. 384.)
— Eine Schrift von ihm wurde nach *Erſch* ins Däniſche überſetzt.

von SALDERN (Caſpar-Salomon), *geb. zu Hadersleben
den* 13 *Jun.* 1770, *ſtarb in der Schweitz den* 6 *Aug.*
1794. Vgl. *Brinken's* S. 35. angeführten Aufſatz.

SAUPE (G. . . . C. . . .), wurde aus dem Katalog der
Oſter-

Oſtermeſſe von 1793 iñ die Prov. Beſ. 1792. H. 3.
S. 336. und nachher ſelbſt, H. 5. S. 139 u. 145 aufgenommen, weil man ihn mit dem .... *Saxpe*, Cantor
in Hadersleben, der aber ein Agraph iſt, verwechſelte.
(N. 5.) SCHADE (Georg), *Regierungs- und Obergerichts-
Advocat zu Kiel* ſeit 1775, ſaſs von 1760-1775 auf
der Inſel Chriſtiansoe bei Bornholm gefangen, und
war zuerſt Ober- und Landgerichts-Advocat zu Altona, *geb. zu Apenrade* (nicht: Sonderburg) *den 8 Mai
1712, ſtarb den 10 April 1795.* Vgl. auſſer den Nachrichten von dem Zuſtande — B. 1. S. 620 ff. und 689
ff. *Bolten's* Kirchen-Nachr. von Altona 2, 129-131.
und die daſelbſt angeführten Schriften, wo aber aus
C. W. F. *Walch's* Grundſätzen der Kirchengeſchichte
des N. T. im 18ten Jahrh. (Göttingen 1774) S. 128.
die Noua, Acta hiſtorico - ecclef. B. 6. S. 88 ff. hinzuzuſetzen ſind, ſo wie auch einige, ihn betreffende
Nachrichten in: Luxdorphiana eller Bidrag til den
danſke Litterær-Hiſtorie — Kbhvn. 1791 (Theil 1.
S. 4-21.) und *Thieſs's* Ephemeriden der neueſten
theol. Litteratur und Kirchengeſchichte B. 1. S. 499.
vorkommen. Auch ſoll *ſein Leben*, zu Kopenhagen
beſonders gedruckt, erſchienen ſeyn (und *Aug. Friedr.
Cranz* in einer gewiſſen Schrift, welche ſeine Befreiung
veranlaſte, von ihm gehandelt haben), woran jedoch
zu zweifeln iſt, da man es in keinem von *den* Bü-
cherkatalogen, welche hier Auskunft geben würden
— den Hielmſtierneſchen, Lorckiſchen, Luxdorphi-
ſchen, Sevelſchen, Thottiſchen — gefunden hat.

Wahr-

Wahrſcheinlich iſt gemeint, die im Verzeichniſſ der
nachgelaſſenen Bücher dieſes Schriftſtellers ſelbſt aufgeführte „Merkwürdige Vorſtellung, Deduction und
Bitte eines wegen der vernünftigen natürlichen Religion verfolgten und in elf Jahren verwieſen geweſenen Weltweiſen und Rechtsgelehrten. Kopenhagen
1772. 4.‟ — Zu den im Bolten befindlichen Schriftenverzeichniſſe gehört *theils* eine ältere Schrift:
* Die unwandelbare und ewige Religion der älteſten
Naturforſcher und ſogenannten Adepten, oder geo-
metriſcher Beweiß, daß die Metaphyſik die wahre
theoretiſche, und die Moral die wahre praktiſche
Gottesgelahrheit ſei, beſtehend in einigen freien Anmerkungen und Erinnerungen über das in dem 1ſten,
2ten und dem Vorbereitungstheile zum 3ten Stück
der höhern Weltweisheit enthaltene Syſtem der allgemeinen Geſellſchaft der Wiſſenſchaften und deren
Einrichtung und Plan, zur gründlichen Ueberfüh-
rung aller Seichtdenkenden und Köhlerglaubigen
Deiſten und Naturaliſten, aufgeſetzt von einem Liebhaber der Wahrheit an ſeinen Freund. Berlin und
Leipzig 1760. 8. — *theils* eine neuere, von der jedoch
nur einige Bogen abgedruckt ſind, und die folgenden Titel hätte erhalten ſollen: Kurzer vorbereiten-
der Auszug eines nach und nach heftweiſe zu edi-
renden größern Werks oder Syſtems der durch die
Streitigkeiten über die Newtoniſche, Leibniziſche und
Kantiſche Philoſophie berichtigten und zur völligen
und mathematiſchen Gewißheit gebrachten höhern,
                                             oder

oder allgemeinen Naturkunde der wahren innern und
eigenthümlichen Grundkräfte, aller und jeder für
sich bestehenden einfachen Dinge oder Substanzen,
nach den Graden ihrer Kräfte und Vollkommenheit
zur wahren augenscheinlichen Verbefferung und Vervollkommnung von vorne her oder a priori aller
zur wahren Weisheit oder zum zeitlichen und ewigen Wohlfeyn und Glückfeligkeit gereichenden ver-
nünftig - theologifchen, wie auch chemifch - phyfifchen, theils durch die Erfahrungen des Herrn *Lavoi-
fier's*, theils des Herrn *Green's (Friedrich Albrecht Carl
Gren's?)* beftätigten Wiffenfchaften, nicht weniger
der medicinifchen und ökonomifchen, fürnemlich
aber und hauptfächlich aller moralifchen, jurifttfchen,
politifchen und hiftorifchen Wiffenfchaften, nebft den
Wiffenfchaften der extenfiven und intenfiven Größen
oder der Mathematik und der Kriegskunde, nebft
einem hiftorifchen Vorbericht von der höhern Naturkunde überhaupt und dem angenehmen Anfang und
Urfprung derfelben, fehr wichtig für die letzten 10
Jahre des jetzigen 17ten (?) Jahrhunderts, und noch
wichtiger für die Zukunft; von einem vieljährig
verfuchten Gott und Menfchen liebenden Weltbürger, und dahero auch Beförderer des wahren, vernünftigen und thätigen, nicht aber blofs Namens-
und Modechriftenthums. 1ftes Heft. Kiel 1795. 4.
(E. 120.) SCHAUMANN (Peter), *geb. zu Süderbrarup*
im Kirchfpiel Jörl Amts Flensburg 1725, ward Conrector zu Salzwedel 17.., Rector zu Hufum 1756,
Rector

Rector zu Salzwedel 1771, und bald darauf Prediger
an der Marienkirche daselbst. §§. Prol. scholastica,
qua veram, in litteris sacrosanctis esse poësin ex aliquot poëseos propriis characteribus ad hymnum
Dauidicum XLV. accommodatis probare studet. Solt-
quellae 1754. 4. Vorstellung der Pflichten eines
rechtschaffenen Schülers gegen die Schulwissenschaf-
ten. Flensb. 1757. 4. Breuis exemplorum collectio,
qua studiorum liberalium in respublicas et religionem vim atque vtilitatem docet. Ibid. 1758. 4. Das
Schulprogramm von 1759 handelte von der Methode, wornach die Schullectionen getrieben wurden,
hauptsächlich in der Geschichte. Beigefügt ist eine
Regententafel des 15ten Jahrhunderts, nebst einer
Erläuterung derselben in Versen. 4. Das Schulprogramm von 1760 (welches, wie das vorige, keinen
besondern Titel hat) handelt von den vornehmsten
Jubelfesten unter Heiden, Juden und Christen. 4. Von
dem reellen Nutzen lateinischer Schulen. 1762. 4.
* Erneuerte Husumische Schulordnung. Flensb. 1763.
158 S. in 8. (s. Fortgesetzte Nachrichten 3, 144.)
Erläuterung einiger Punkte aus der erneuerten Husu-
mischen Schulordnung. Das. 1764. 40 S. 8. Untersuchung der Frage, in wieferne eine gründliche Schul-
gelehrsamkeit bei dem Unterricht in lateinischen
Schulen nöthig und nützlich sei? Das. 1765. 8.
Lectionsanzeige nebst Nachricht von dem Anwachs
der (1763 von ihm gestifteten) Schulbibliothek.
Flensb. 1766. 8. Einladung zum Krönungsfeste des

Kö-

Königs Chriſtian VII. Daſ. 1767. 4. Kurze Vertheidigung des göttlichen Worts gegen die Anmaſſun-
gen der Philoſophie, in Abſicht der wahren Beſſerung
der Welt. Daſ. 1770. 8. De neceſſitate et vtilitate
ſtudii hebraici quaerit P. Sch. qui rectoris Huſumen-
ſis prouinciam, quam tria luſtra geſſit, oratione vale-
dictoria deponet. Ibid. 1771. 8. — Auſſer dem finde
ich: Defenſio Zimmermannianae de Gen. II, 17. ſen-
tentiae aduerſus Bibliothecam Germanicam vniuer-
ſalem, loco programmatis ſcholaſtici. Flenopoli 110 S.
8. ohne Jahrzahl, vermuthe aber, daſs ſie in das Jahr
1761 (ſoll wahrſcheinlich heiſsen 1767, vgl. *Thieſs's*
Handbuch der neuen Litteratur der Theologie, B. 1.
S. 615 fg.) fällt. (*Mitgetheilt.*) ſtarb *den* 14 *Mai* 1793.
Die erſte Periode ſeines Lebens findet man beſchrieben in *J. Laſs's* Huſumiſchen Nachrichten, 2te Fortſetzung, Stück 8.

(W. 2.) von SCHEEL (Gerhard Heinrich), *geb. zu*
Glückſtadt (?) 17.., *ſtarb zu* ... 17...

(M. u. N. 1-5.) SCHINK (Johann Friederich), wurde
1795 in die Prov. Ber. aufgenommen, wohnt aber
noch immer in *Hamburg*, ob er gleich im Sommer auf
einem holſteiniſchen Dorfe ſich aufzuhalten pflegt.
Vgl. Berliner Archiv der Zeit und des Geſchmacks.
Sept. 1795. S. 255.

(M. u. N. 1-5.) SCHINMEIER (Johann Adolph), wurde
in die Prov. Ber. 1788. H. 6. S. 386. als ein in *Tön-*
ningen Geborner aufgenommen, wo ſein Vater einige
Jahre als Prediger ſtand, war aber aus *Stettin* gebür-

tig. Vgl. Lebensbeschr. preussischer Gottesgel., allg.
Magazin für Prediger, von *J. R. G. Beyer*, B. 8. wieder abgedruckt und ergänzt in der kurzen Schilderung des Lebens, des Charakters und der Verdienste
des *J. A. S.* — von *H. F. Niemeyer*. Lüb. 1796. Fol.
(M. u. N. 1.) SCHMALZ (H.... A....), war in den
Jahren 1768 und 69 Hofmeister eines jungen Grafen
von Ahlefeldt zu Biörnemöse auf Fühnen, *ging* 1770
nach Amerika, wo er bald darauf starb. Daß er außer
der Ueberfetzung des patriotifchen Zufchauers (von
Janus Schelderup Sneedorff) noch fonft etwas gefchrieben hat, ist mir nicht bekannt. Sein Verleger
weiß gar nichts von ihm anzugeben; was ich aber
hier angeführt habe, ist ganz zuverläßig, denn er
war als Hofmeister mein unmittelbarer Vorgänger
auf Biörnemöse. (*Mitgetheilt von Johann Jaspersen*).
Geb. nach einigen *zu Tondern*, nach andern *auf Gra-
venstein.* Vom patriotifchen Zufchauer überfetzte er
nur die beiden erften Theile (1769 und 1770), die
beiden letzten aber (1771 und 1772) C. D. *Ebeling.*
(N. 1-5. W. 3,686 u. 985.) Graf von SCHMETTOW
(Woldemar Friederich), *starb den* 7 *Jul.* 1794. Vgl.
Tod des Grafen Schmettow in Plön; im Genius der
Zeit Aug. 1794. Bruchftück zur Charakteriftik des
verftorbenen Grafen Schm., von H (ennings), daf.
Jun. 1795. Prov. Ber. 1794. H. 5. S. 269 ff. und
Koppe's jurift. Almanach auf 1795. S. ... Das in den
Prov. Ber. eingerückte *Autographum*, welches er eigent-
lich für diefes Werk beftimmte, verdient auch hier
eine

eine Stelle: „*W. Fr.* Graf *v. Schm.*, *geb. zu Zelle* im Hannöverifchen *den* 25 *Febr.* 1749, *hält fich feit* 1778 *in Plön auf*, ift aber verfchiedenemal auf lange Zeit abwefend gewefen, unter andern 1787 und 1788 zu Speyer am Rhein.— Im Jahr 1767 ernannte ihn der König von Dännemark zum Gefandfchaftsfecretair in Madrit, wo er während der Abwefenheit des Gefandten bis zum Sommer 1769 als Gefchäftsträger blieb. 1769 ernannte ihn der König zu feinem Generaladjutanten, und fchickte ihn als Gefandfchaftsfecretair nach Warfchau; 1771 als Gefchäftsträger nach Dresden. Zu Anfang des 1772ften Jahres ernannte er ihn zum außerordentlichen Gefandten am Churfächfifchen Hofe. Im Jahr 1773 bat der Graf um feinen Abfchied, erhielt ihn und trat völlig aus dänifchen Dienften.— In demfelben Jahre 1773 erhielt er den Churpfälzifchen Löwenorden, und trat als Geheimerrath in Churpfälzifche Dienfte, verließ felbige im folgenden Jahre, reifete und zog 1778 nach Plön, wo fich fein am 24ften Oct. verftorbener Vater, der königl. dän. General der Cavallerie und Ritter des Elephantenordens, Hermann Woldemar (Meufel: Wold. Herm.) Graf v. Schm. von Holdorp aufhielt. Im Jahr 1781 ertheilte ihm der König von Dännemark eine Penfion. 1788 wurde er von der königl. Societät der Wiffenfchaften zu Drontheim zum Mitgliede aufgenommen. Durch ein königl. Refcript vom 11ten Jun. 1790 erhielt er den Auftrag, im Plönfchen Landgerichte und dem Plönfchen Con-

fifto-

fiſtorium zu ſitzen, welches auch jetzt ſeine einzige
öffentliche Beſchäftigung ausmacht. — Seine Schriften ſind: Lettre à Monſ. *Aubri* ſur la litterature alle-
mande, welche als Vorrede von der Ueberſetzung
der Leiden Werthers (Les paſſions du jeune Wer-
ther, traduit par *Aubri*) 1777 zu Paris in 8. erſchien.
* Der Egoismus, ein Luſtſpiel in 5 Aufzügen, von
dem Herrn *Cailbara*, aus dem Franzöſiſchen überſetzt.
(Hamburg) 1778. 8. * Abregé du droit public d'Al-
lemagne. Amſterdam 1778. 8. * Ueber Empfindelei
und Kraftgenies, Modevorurtheile und Schimpf-
reden, auch einige ernſte Gegenſtände. 1s Heft. Deſſau 1783. 2s Heft. 1784. 8. * Ein kleiner Beitrag zur
Kenntniß des franzöſiſchen Staats, von einem Nor-
derdeutſchen, als ein Anhang zu den beiden Schriften: „Finanzzuſtand des franzöſiſchen Staats," und
„Necker in Briefen an Iſelin." (1784. 8. ohne Druckort). Beantwortung der Frage: „welches ſind die
ſicherſten, leichteſten und wohlfeilſten Mittel, die
Heerſtraſſen wider Räubereien und Gewaltthätig-
keiten zu ſichern?" Eine von der königl. Societät der
Wiſſenſchaften zu Göttingen im Jahre 1788 gekrönte
Preisſchrift. Hannover 1789. gr. 4. * Patriotiſche
Gedanken eines Dänen über ſtehende Heere, politiſches Gleichgewicht und Staatenrevolution. 2te ſehr
vermehrte Auflage. Altona 1792. 8. — Zu *Schlözer's*
Briefwechſel und zu deſſelben Staatsanzeigen hat er
verſchiedene Beiträge geliefert, unter andern: *a)* eine
Beſchreibung der Stiergefechte in Spanien; *b)* über
die

die Jagd; c) über das dänifche Finanzwefen. 1787;
d) Erklärung über den Cardinal und Fürft Bifchof
von Strasburg, Prinz *Louis von Roban*, veranlafst durch
eine Schrift, betitelt: „Wiederhall aus der deutfchen
Lefewelt." 1790. u. f. w. — Vom Anfange des
1793ften Jahres ift er Mitarbeiter am Schleswigfchen
Journal. Sein erfter Auffatz im Januar ift betitelt:
„Ohnmafsgeblicher Vorfchlag, veranlafst durch N....
der allgem. Litt. Zeit." Die folgenden Auffätze von
ihm find unterzeichnet S. — Die ihm zugefchriebene
Schrift: An Dännemark und feine braven Bürger.
Hamburg 1786. wogegen er öffentlich in der allgem.
Litt. Zeit. proteftirte, ift ficher nicht von ihm. — Er
arbeitet jetzt an einem Buche, über den Adel und
befonders über die Frage: ob man ihn abfchaffen
müffe. Plön den 25 März 1793.   Schmettow."—
Von den patriotifchen Gedanken erfchien eigentlich
die erfte Ausgabe (Altona) 1792, die 2te verbefferte
und vermehrte Auflage dafelbft 1793, die 3te aber
nicht mehr *anonymifch*, 1795. — *Dänifch* überfetzt:
En dansk Mands patriotifke Tanker om ftaaende
Heere, politifke Ligevægt og Statsrevolutioner —
Kbhvn 1794. 8. — Von den Gegenfchriften, welche
diefes Werk veranlafste, f. Prov. Ber. 1793. H. 5.
S. 203. 1794. H. 1. S. 88. H. 2. S. 294 und 299. H. 3.
S. 395. — Schrieb noch: Auffätze im Hannöverfchen
Magazin von 1789, welche *Beufler* verzeichnet. —
Erläuternder Commentar zu den patriotifchen Ge-
danken eines Dänen — von dem Verfaffer derfelben

—; veranlaßt durch ein bei J. F. Schulz in Kopenhagen erſchienenes anonymiſches Pasquill, betitelt: Gedanken eines Norwegiſchen Officiers über die patriotiſchen Gedanken eines Danen, mit Beilagen. (Altona)
1793. 8. (*Däniſch* überſetzt: Oplyſende Commentar
til en danſk Mands patriotiſke Tanker — Kbhvn.
1794. 8.) — An Se. Königl. Majeſtät zu Dännemark
und Norwegen allerunterthänigſte Erklärung abſeiten W. F. Grafen von Schm., in Betref angeſchuldig-
ten Mißbrauchs der Preſsfreiheit. (ohne Druckort)
1794. — wieder abgedruckt im März des hiſtor. polit.
Magazins, S. 262-284, und in den Annalen der leidenden Menſchheit. 1794. — *Däniſch* überſetzt: Grev
W. F. v. Schm. Erklæring til Hans Maj. Kongen angaaende Beſkyldningen for Mißbrug af Trykkefri-
heden. Kbhvn. 1794. — An Ihro Königl. Majeſtät
zu Dännemark und Norwegen allerunterthänigſte
Erklärung abſeiten W. F. Grafen v. Schm., betreffend das allerhöchſte Reſcript vom 4ten Mai dieſes
Jahrs. (ohne Druckort) 1794 — wieder abgedruckt
in den Annalen der leidenden Menſchheit 1794. —
Nach ſeinem Tode kam heraus: Kleine Schriften. 1ſter
und 2ter Theil. Altona 1795. 8 (Theil 3, welcher
vieleicht Oſtern 1797 erſcheint, wird zufolge der
Vorrede zum 1ſten Theil vornemlich eine kurze
Nachricht von dem *Leben* dieſes Schriftſtellers geben.)
Sein Bildniß von *Lips* vor dem erſten Theile ſeiner
kleinen Schriften. — Ein *zweites*, für dieſes Werk
von ihm beſtimmte *Autographum*, mag den Schluſs
dieſes

diefes Artikels machen: Ein in den Herzogthümern
geborner F... W... C... Graf von Schmettau ist mir
gar nicht bekannt. (Zufolge dem 4ten Nachtrage war
er hiernach befragt; allein der 5te giebt itzt Auskunft:
Es ist der nachher als Obrister oder Generalmajor
aufgeführte.) Alle Schmettow, Schmettau, Schmettaw,
Grafen, Edelleute und Bürger, find übrigens von
einer Familie. Warum fie fich verfchieden fchreiben,
ist mir felbst unbekannt. — Mein feeliger Vater, Hermann Woldemar, der aber nicht in Holstein geboren
war (M u. N. 1. 2. W. 1. u. 3.), hat aufser einigen
kleinen militairifchen Schriften gefchrieben: a) Blätter aus Liebe zur Wahrheit; b) auch Fragmente. Philadelphia. Beide theologifchen Inhalts. — Mein noch
lebender Bruder, Carl Jacob Woldemar, Generalmajor
in Drontheim, hat meines Wiffens gar nichts gefchrieben. — Der Obriste oder Generalmajor Schmettau in
Berlin (Sohn des verftorbenen Preusfifchen General-
feldmarfchalls und Generalfeldzeugmeifters), der
wegen feiner Carten- und Plan-Sammlung bekannt
ist, auch Carten gemacht hat, hat verfchiedenes im
militairifchen Fache gefchrieben. Er ist aber gewifs
nicht in Holstein gebohren. (Vgl. Neueftes gel. Berlin
2, 136 fg.) — Es lebt aber ein Graf Schmettau im
Oldenburgifchen, wo er meines Wiffens eine Bedienung hat, der vorher Cavalier bei dem jetzigen Fürst
Bifchof von Lübek, in Eutin war, und der vieleicht
etwas gefchrieben hat. Gewifs weifs ich es nicht, fo
wenig als feinen Geburtsort. (Es wird gemeint,

Reichs-

Reichsgraf *von Schmettau*, Fürſtl. Biſchöfl. Reichsmar-
ſchall und Landvogt zu Oldenburg, auch Domherr
zu Lübek, welcher 1794 im 45ſten Jahre ſeines Lebens ſtarb, und wenigſtens im gelehrten Deutſchlande
fehlt) — In der *Schmettauiſchen* Familie iſt mir ſonſt
kein Schriftſteller bekannt. — Ob mich gleich der
König 1769 zum General-Adjutanten ernannt hat,
um mir einen Titel zu geben, weil der verſtorbene
Miniſter Graf von Bernſtorf den König bat, mich zu
belohnen, ſo bin ich gleichwol nicht Officier. Theils
verſtehe ich vom Militair nichts, theils iſt der Ge-
neral-Adjutanten-Titel mehr eine Hof- als Militair-
Charge, theils bin ich 1773 ganz auſſer Dienſt getre-
ten, und kann jetzt als Mitglied zweier Gerichte,
wovon das Eine noch dazu geiſtlich iſt, nicht wohl
das in jüngern Jahren, um an der Kleidung zu ſpa-
ren, getragene Port d'Epee wieder hervorſuchen,
noch mir, der ich auf allen Rang Verzicht gethan
habe, wieder aufbürden laſſen.

(M. u. N. 3.) SCHMIDT (Matthias), *ſtarb* 1787.

(M. u. N. 1. 2. 4. 5.) von SCHOLTEN (Johann Andreas),
wurde in den Prov. Ber. 1787. H. 4. S. 502. und
nachher noch ein paarmal als *Holſteiner* aufgeführt,
war aber nach N. 5. geb. zu *Hamburg*.

SCHOLTZ (Heinrich), *geb. zu Weigelsdorf* im Schleſi-
ſchen Fürſtenthum Oels *den 20 Aug.* 1696, ward
1733 Rector in Plön, 1737 Profeſſor in Altona, 1741
Paſtor zu Heiligenhafen, ſtarb den 23 Febr. 1769. Vgl.
den von *J. M. Franke* angeführten *Stradtmann.*

SCHREI-

SCHREIBER von Cronſtern (Gabriel Chriſtian), *geb. zu*
...., ſtarb zu Schlenvig 1769. Vgl. *Ekkard's* Regiſter
über die Göttinger Anzeigen 2, 1419.

(N. 1. 2. 5. W. 3.) SCHROEDER (Carl Franz), *Candidat*
der Medicin zu Kopenhagen, geb. zu Rendsburg 1756 *den*
22 Oct., *ſtarb* 1787. Er hat in der chirurgiſchen und
mediciniſchen Diſputirgeſellſchaft ein paar Aufſätze
vertheidigt. Es ſteht auch in *J. C. Tode's* medici-
niſch - chirurgiſcher Bibliothek eine Beobachtung von
ihm. Er ward einmal von dem collegium medicum
nach Wadſoe in Lappland geſchickt, um eine Seuche
zu heilen, die ſich da verbreitet hatte. (*Mitgetheilt.*)

(W. 3.) SCHROEDER, nach andern SCHROEDTER
(Hans Chriſtoph), *Buchdrucker des Waiſenhauſes in Ko-*
penhagen, ſtarb den 31 *Mai* 1788. Er war eigentlich
ein Pommeraner, gab ſich aber des Indigenatsrechts
wegen für einen Holſteiner aus. (*Mitgetheilt.*) Daher
heiſt es in Worm: *geb. zu Plön den* 26 *Apr.* 1729.

(M. u. N. 1.) SCHUETZE (Gottfried), Sohn des Euſta-
ſius Friederich Sch. Vgl. *Bolten's* Kirchen - Nachrichten 1, 118 ff. und die daſelbſt angeführten Schriftſteller — *ſtarb den* 2 *Jul.* 1784. Vgl. *Bolten* 1, 139 ff.
und die daſelbſt angeführten Schriftſteller. — Schrieb
noch: Beurtheilung der heftigen Schreibart Lutheri.
Eine Einladungsſchrift zu einer öffentlichen Rede-
übung in dem königl. Pädagogio am 5ten März 1760.
Altona 4. Aus der 2ten Sammlung des 2ten Bandes
ſeiner Schutzſchriften für die alten nordiſchen und
deutſchen Völker, wurde eine Abhandlung *franzöſiſch*

über-

überſetzt: Les eſprits forts de l'antiquité germanique
et ſeptentrionale comparés aux incredules modernes.
à Bruſſelle 1755. kl. 8. (fehlt im *Erſch*.)

(W. 1. 3.) SCHUMACHER (Andreas), fand nie einen
Platz im gelehrten Deutſchlande — *geb*. nicht in den
Herzogthümern, ſondern (obgleich er in *Gatterer's*
hiſtoriſchen Journal 12, 185 ein Deutſcher heißt)
wahrſcheinlich *in Dännemark* 17.., ward 1757 deutſcher Canzeleyſecretair zu Kopenhagen, 1760 Legationsſecretair zu Petersburg, 1762 Legationsrath,
1765 *Etatsrath*, 1767 geheimer Cabinetsſecretair,
1768 *Doctor der Rechte* in Cambridge, *Conferenzrath*
und Deputirter des General - Landes - Oeconomie-
und Commerz-Collegium, 1771 Deputirter der däniſchen Canzelei, 1773 *Amtmann in Segeberg*, und 1783
Ritter von Dannebrog, ſtarb den 22. Febr. 1790. §§.
Ueberſetzungen von ein paar däniſchen Reiſebeſchreibungen (nur eine hat Worm: * *W. F. Raun's* zuver-
läſiger Bericht von dem, was während ſeiner Gefan-
genſchaft zu Marokko vorgefallen — Kopenh. 1754.
8. wie auch *Meuſel* Bibl. hiſt. 3, 1, 150 bemerkt).
Gelehrter Männer Briefe an die Könige von Dännemark, vom Jahr 1522 bis 1663 zum Druck befördert. Erſter Theil. Kopenh. 1758. gr. 8. Gelehrter —
Dännemark vom Jahr 1545 bis 1582. 2ter Theil. Daſ.
1758. — Vom Jahr 1522 bis 1587. 3ter Theil. Daſ.
1759. — Zufolge dem hiſtoriſchen Journal von *J. C.
Gatterer* 12, 184. lieferte er auch 1772 eine œcono-
miſche Abhandlung in die Bibliothek for nyttige
Skrifter. (M.)

(M.) SCHWABE (Johann Stephan), *Hardesvogt über Sü-
derrangstruxbarde im Ante Apenrade* (vorher königl.
dänischer Capitain und Regimentsquartiermeister zu
Rendsburg); *geb. zu Roſtock den 6 Aug.* 1710, *ſtarb
den 2 Oct.* 1789.

(M. u. N. 1. 4.) SEYLER (Friederike Sophie), geborne
Sparmann, — *geb. zu Dresden* 1738, *ſtarb den 22 Nov.*
1789 als Schauspielerinn zu Schleswig. §§. Der Hin-
kende und Stotternde. Ein Luſtſpiel . . . . (war dem
Journal von und für Deutſchland, 5ter Jahrg. St. 2.
zufolge, 1788 noch ungedruckt.) Die Familie auf
dem Lande. Ein Schauſpiel. Braunſchweig. 1770. 8.
(Im Wiener Theater, unter dem Namen: Die Ent-
führung oder die zärtliche Mutter.) Hyon und Aman-
de, ein romantiſches Singſpiel in 5 Aufzügen, nach
Wielands Oberon. Flensburg 1789. 8. Auch iſt eine
ungedruckte franzöſiſche Ueberſetzung von ihr da:
das Stück heiſst: Melanide. (*Mitgetheilt.*) Oberon oder
König der Elfen; ein romantiſches Singſpiel nach
Wieland. 3te? Auflage. Hamb. 1792. 8. Vgl. auch
Meuſel's Künſtler - Lexikon. Theil 1.

(N. 4. W. 3. E. 131.) SIBBERN (Friederich Gabriel Gottlieb), *Chirurgus am Zucht- und Verbeſſerungshauſe zu
Chriſtianshafen, geb. zu Segeberg den 7 Dec.* 1743, *ſtarb
den 4 Nov.* 1794. Zum Schriftenverzeichniſſe im
Worm gehört noch: *Obſervationes medicae in ſo-
cietate exercitatoria. Haſniae* 1776. 4. (ſ oben *Capito.*) — In *Tode's* mediciniſch-chirurgiſcher Bibliothek findet ſich von ihm: Bemerkung einer Mund-
und

und Rückenſperre, durch den Biſam geheilt; Th. 2.
Von dem extracto aconiti in der Gift. Daſ. Einige
anatomiſche Beobachtungen; Th. 3. Erleichterte
Einrichtung einer verrengten Armſpindel; Th. 9.
(*Revidirt.*)

von SIXTEL (Peter), *Secretair der deutſchen Kanzeley in
Kopenhagen*, wurde in die.Prov. Ber. 1793. H. 5. als
Landeskind aufgeführt, allein er iſt *geb. zu Petersburg.*

(N. 4. 5.) STOEVER (Dieterich Heinrich), *Doctor der
Philoſophie*, lebte zu Altona, zog aber 1793 *nach Hamburg*; *geb. zu Verden den* 19 *Jul.* 1767.

(M. u. N. 1. 2. 5.) STOEVER (Johann Hermann), Bruder
des Vorigen — *Doctor der Philoſophie*, lebte ſeit 1786
zu Altona, bis er 1792 als Rector nach Buxtehude
berufen ward, wo er den 24 Febr. 1796 ſtarb. Vgl.
Theol. Annalen 1796. S ....

(M. u. N. 1. 2. 4. 5. E. 120.) STRESOW (Conrad Friederich), *geb. zu Sandberg* in der Graffchaft Reventlow
in Sundewitt *den* 15 *Febr.* 1705, *ſtarb den* 17 *Dec.* 1788.
Vgl. Prov. Ber. 1789. H. 1. S. 117. die oben S. 229
angeführte Schrift des O. *H. Moller's* (welche *Chpb.
Gieſſing* am a. O. S. 481 - 490 benutzt hat) und die
Nachricht von ſeinem Amtsjubiläum in den Actis hiſtor. ecclef. noſtri temporis 8, 452. — Schrieb noch:
Die Schulen, als Werkſtätte des heiligen Geiſtes,
bei Gelegenheit der Einführung des *Pet. Schanmann*
zum Rectorate der Schule zu Huſum, in einer Einladungsſchrift kürzlich beleuchtet. Flensburg 1756.
4. (wieder abgedruckt zu Halle 1767. 8. vgl. *Menſel*).

* Er-

* Erinnerungen an die Katechumenen, die ihren Taufbund erneuern wollen. Flensburg 1773. 8. Entwurf einer Theodicee der göttlichen Offenbarung, oder Darlegung der hohen Weisheit und allgemeinen Menschenliebe Gottes, in Kundmachung seines Worts und Willens. Lübeck 1770. 8. — Die N. 5. aufgeführte Schrift steht schon N. 2, wo nur durch einen Druckfehler „fortgesetzte" ausgelassen ist. — Seine Hauspostille erschien *dänisch* .... 1752. 4. (fehlt im *Ersch.*)

(M. u. N. 1. 4. 5. E. 139.) STRUENSEE (Adam), *starb den 20 Jan. 1791*. Vgl. Prov. Ber. 1791. H.3. S. 346. Acta hist. eccl. nostri temporis 8, 326. *Scholze* Kirchengesch. Holsteins, S. 268 fg. und die im Gel. Deutschlande angeführten Schriften: v. *Dreyhaupt's* Geschichte des Saalkreises, (W. C. *Matthiä's* von Cöph. *Giessing* am a. O. S. 425 - 466 genutzte) kurze Lebensgeschichte desselben (nebst vollständigem aber nicht genauem Verzeichniss seiner Schriften) bei Gelegenheit seines Amtsjubiläums, *Denina's* Prusse litteraire. T. 3. *Bolten's* Kirchen-Nachr. 1, 81 ff. und *Schlichtegroll's* Nekrolog auf 1791. B. 2. S. 331 — Sein Bildniss von *Fritsch* in Hamburg (s. fortgesetzte Nachrichten 1, 375.) und von *L. Nissen* (s. Prov. Ber. 1792. H. 3. S. 401).

STRUVE (Ernst Gotthold), Vater des Ernst Friederich und Friederich Gotthold St. s. oben — *starb zu Petersburg den* 21 *Nov.* 1743. Vgl. *Schwarze's* Nachrichten von Kiel. S. 359 ff.

(E.

(E. 140.) STRUVE (Friederich Chriſtian), *geb. zu* . . . . in der Ukermark 17 . ., *ſtarb den* 21 *Jul.* 1780 in einem Alter von beinahe 83 Jahren. (ſ. Schwarze S. 363 und Kiel. Litterat. Journal 1780. S. 668.)

STRUVE (Friederich Gottlieb), Sohn des Georg Adam und Bruder des Burkhard Gotthelf St. im *Jöcher* — *geb. zu Jena den* 10 *Nov.* 1676, *ſtarb den* 23 *Jul.* 1752. Vgl. auſſer dem *Götten* beim *J. M. Franke*, *Schwarze* S. 345, der unter andern (*Sebaſt.?*) *Kortholt's* Leichen-programm anführt.

(W. 2.) STRUVE (Joachim Ludwig), *geb. zu* . . . 17 . ., *ſtarb* als Exauditeur zu Schleswig oder Rendsburg 17 . . .

(M. u. N. I. 9. 4.) TIMME (Chriſtian Friederich), *ſtarb den* 7 *Jun.* 1788; ſoll den Prov. Ber. 1788. H. 4. S. 93 zufolge aus der Nachbarſchaft von Huſum ge-bürtig geweſen ſeyn.

TIMME (. . . . .), *Landvogt auf Sylt* (vorher Rent-ſchreiber zu . . . .) *geb. zu* 17 . ., *ſtarb* 17 . . . §§. *. Von der Fruchtbaumzucht in den Herzogthümern, in den Prov. Ber. 1787. H. 3.

(M. u. N. I.). TRESENREUTER (Johann Ulrich Chri-ſtoph), fehlt im *Pütter*, obgleich er nach *Ekkard's* Regiſter zu den Götting. Zeitungen Mag. leg. zu Göt-tingen war — *ſtarb den* 13 *Aug.* 1783. Vgl. *Weidlich's* biogr. Nachrichten 3, 325.

(N. 5.) VENTURINI (C. . . . , H. . . . , G. . . .), wurde in den Prov. Ber. 1795, H. 6. S. 349 aufgeführt, weil er 1795 nach Altona zog, welchen Ort er jedoch ſchon 1796 mit Kopenhagen verwechſelte.   (M.

(M. u. N. I. E. 114.) VOLQUARTS (Georg), *ſtarb den 29 Jan.* 1784. Vgl. *Fehſe* Norderdithmarſiſche Pre-diger-Nachr. S. 503. Die gelehrten Artikel in den Schleswig-Holſtein. Anzeigen (Glückſtadt 1750 ff. 4.) ſind mehrentheils G. V. unterſchrieben und zei-gen ihn an. — Auch hatte er Antheil an den Hamburgiſchen Nachr. aus dem Reiche der Gelehrſamkeit.

(M. u. N. I.) VOTHMANN (Johann Georg), *geb. zu Sonderburg* 17.., *ſtarb den* 12 *Febr.* 1788 im 33ſten Jahre. Vgl. Prov. Ber. 1788. H. 2. S. 288. Von ihm finden ſich noch *drei* Aufſätze in *Hirſchfeld's* Gartenkalender für 1783; auch lieferte er Beiträge zu der Flora Danica. — Seine Preisabhandlung über Zubereitung, Aufbewahrung und Benutzung des Apfel- und Birnmoſtes wurde aus der deutſchen Handſchrift abge-kürzt ins *Däniſche* überſetzt: Afhandling om Aeble-og Pæremoſter Tilberedning, Bevahring og Använ-delſe. Kbhvn. 1792. 8. med 1 Kobb. (auch eingerückt in: Det kongel. danſke Landhuusholdnings Selſkabs Skrifter. Deel 4. 1794.)

(E. 147.) WEBER (Andreas), Vater des Georg Heinrich W. (ſ. oben) — *ſtarb den* 26 *Mai* 1781. Vgl. *Pütter's* Gelehrten-Geſchichte von Göttingen 1, 172. u. 2, 52.

(M. u. N. 2.) WEGENER (Otto Auguſt), *geb. zu Eutin den* 9 *Febr.* 1727, *ſtarb* 17...

(W. 3.) WEINBRENNER (Chriſtian Friederich), *geb. zu Kopenhagen* 17.., *ſtarb zu Schleswig* 179...

(M.) WIEGMANN (Conrad Friederich), ſtarb 17...

WINCKLER (Carl Friederich), *ſtarb* 178.. Vgl. *Weidlig's* biograph. Nachr. 2, 463 ff.   (N.

(N. 1. 5.) WOLF (D.....H.....), ist von Altona nach
Hamburg gezogen.

(N. 1. 752. 2-4.) WOLLER (Johann Ludolph Heinrich), *geb. zu* ..... 17.., *starb als Hofmeister zu
Kiel* 179...

(E. 148.) ZACHARIÆ (Gotthilf Traugott), wird von
Dahler S. 760. zu den Reformirten Dogmatikern gerechnet — *kam 1775 nach Kiel als Kirchenrath und ordentlicher Professor der Theologie, und starb daselbst* in
der Nacht vom 7ten auf den 8ten *Febr.* 1777. Vgl.
R. Stosch's neues gelehrtes Europa, Th. 18. S. 403 ff.
Pütter's Gelehrten-Geschichte von Göttingen 2, 29.
Dessen Charakter, entworfen von *J. J. Ch. Pertschke.*
Bremen 1777. 8. und desselben Charakter seit 1775,
geschildert von *Wolfrath* im 2ten Theil seiner Cha-
rakteristik.

(M. u. N. 5. E. 152.) ZEISE (Heinrich). *starb den 16 März*
1794. Vgl. *Bolten's* Kirchen-Nachrichten von Altona 1, 168. und Prov. Ber. 1794. H. 2. S. 301.

(E. 141.) ZIEGLER (Johanne Charlotte), *starb als J. A.
Unzer's Gattin zu Altona* 1782.

(M. u. N. 3.) ZIMDAR (Carl Friederich), *geb. zu Berlin*
1753. debütirte 1776, *kam nach Schleswig im November 1789, starb im Novemb.* 1792. §§. Der glückliche
Bettler. Lustspiel ..... Die Braut. Lustspiel ......
Die totale Mondfinsterniß. Oper ...... Argwohn,
Freundschaft und Liebe. Trauerspiel ...... Verschiedene kleine Gedichte. (*Mitgetheilt.*) Hinterließ
als Wittwe die im *Meusel's* Künstler-Lexikon (2, 9.)
auf-

aufgeführte *Augusta Benda*, welche nicht, wie dort
behauptet wird, zu Hamburg 1782 ftarb.

(E. 122.) ZOËGA (Johann— nicht: Georg), fand nie
weder im *Meuſel* noch im *Worm* einen Platz — *Etats-*
rath und Deputirter im Finanzcollegium zu Kopenhagen;
geb. zu Raabſtedt in der Schluxharde Amts Tondern
den 7 *Oct.* 1742, *ſtarb den* 29 *Dec.* 1788. Vgl. den
oben S. 184 angeführten Auffatz: Einige Nachrichten von dem Leben deſſelben; in den Prov. Ber. 1789.
H. 5. (auch *däniſch*: in der Minerva 1789 ... — Jener
deutſche Auffatz ift das Original, wornach S. 184 zu
berichtigen ift) und die Schilderung ſeines Charakters
(von *F. G. Oye*, nach *D. H. Stöver's* Angabe in *Linné's*
Leben Th. 2. S. 99, welches oben S. 260 nicht bemerkt ift); in *D. H. Stöver's* hiſtoriſch-ſtatiſtiſchen
Beiträgen zur Kenntniſs der Staaten und der neuern
Weltbegebenheiten. Hamb. 1789. §§. Diſſ. de natura (praeſ. *G. Proſe*) Alton. 1762. 4. — Gab heraus
(die S. 2. angeführte): *Bibliothek for nyttige Skrifter. Kbhvn. 1772. 4. — Von ihm ſelbſt ift bloſs die
Recenſion von *O. F. Müller's* Schrift: Von Würmern
des ſüſsen und ſalzigen Waſſers. Kopenh. 1771. 4. —
Lieferte Beſchreibungen von Pflanzen in *Linné's* Man-
tiſſa plantarum altera. Holmiae 1771. 8. — Machte
die kurze Beſchreibung zu den in Kupfer geſtoche-
nen: Icones rerum naturalium quas in itinere orientali depingi curauit *P. Forskahl.* Editore *C. Niebuhr.*
Hafniae 1776. Beſchreibung des Zeoliths, ſeiner
Arten und Abänderungen nach dem äuſsern Anſehen;

Kk   in

in den Befchäfrigungen der Berlinifchen Gefellfchaft
Naturforfchender Freunde. B. 4. S. 254. (1779) . . .
. . . . . Kbhvn. 1787. 8. (*Deutfch* überfetzt unter dem
Titel: Verfuch zur Entwicklung fefter Begriffe von
Arbeit und Handel, als den Mitteln zur Beförderung
des Wohlftandes; wie auch vom Geld und Vermögen, Münzen; der in den Herzogthümern einzufüh-
renden Speciesmünze; Banken und der in Altona zu
errichtenden Bank; veranlafst durch einige Schriften über den am 8ten Nov. v. J. approbirten Plan
zur Veränderung der Münze in den Herzogthümern
und Errichtung einer Bank in Altona. Kopenh. und
Altona 1787. 8. — *Auszug* daraus in den Prov. Ber.
1787. H. 3. S. 378 ff. und in *Schedel's* Journal für
die Handlung. B. 3. H. 2. S. 89. ff.) . . . . . Kbhvn.
1787. 8. (*Deutfch* überfetzt unter dem Titel: Anmerkungen zu des Hrn. Prof. *Bang* fernerem Bedenken
über die neue Münzeinrichtung in Holftein. Aus dem
Dänifchen. Kopenh. 1787. 8.) — Vertheidigung gegen Hrn. Prof. *Tode's* Befchuldigung in der Kritik og
Antikritik; *dänifch* in der Minerva. Nov. 1787. Ueber
die dänifche kupferne Scheidemünze und die für die
Herzogthümer beftimmte vom gleichen Werthe und
Gehalt. In Anleitung der Schrift (des *J. H. Wiebe*):
Bemerkungen über Banken u. f. w. Daf. Dec. (*Deutfch*
in den Hamb. Addr. Comtoir-Nachrichten 1788.
St. 20-22. und *im Auszuge* in den Prov. Ber. 1787.
H. 6. S. 715 ff.) . . . . Daf. März 1788. (Auch
einzeln — und *deutfch* überfetzt: Etwas zur Erläute-
rung

rung des Münzwefens überhaupt und über den Urfprung und die Befchaffenheit des dänifchen Münz-
fufses. Aus dem Dänifchen von *H. Kampbövener*. Kopenhagen 1789. 8.) Noch *zwei* kleine Schriften ohne
Namen, betitelt: . . . . . . und . . . . . . Kopenh. 17 . . .
— Nach feinem Tode erfchien: Berichtigung einer
in den niederrheinifchen Unterhaltungen für den
März 1787. S. 187. beiläufig gegebenen Nachricht
von der Wirkung des bei der letzten Graffation der
Hornviehfeuche in den dänifchen Staaten in den Jahren 1774-1782 verfuchten Erfchlagens; in den
Prov. Ber. 1789. H. 2. *Nachricht von dem Erfolg
eines durch die königl. dänifche Viehfeuchecommif-
fion in Kopenhagen veranftalteten Verfuchs mit der
Inoculation der Seuche; daf H. 6.

DER
ZWEITE ANHANG,

welcher zur Ergänzung des Künſtler-Lexikons von *Meuſel* dienen ſollte, wird ſehr dürftig ausfallen, da die Nachrichten, welche man von Schleswig-Holſteiniſchen Künſtlern, Kabinettern und Biblotheken erhielt, nicht nur minder zahlreich, ſondern auch zu unvollſtändig ſind, als daſs ſie eine hinlängliche Ueberſicht der genannten Gegenſtände gewähren könnten. Es kann daher 1) in Anſehung der *Künſt-ler* bloſs theils eine aus Altona mitgetheilte Nachricht genützt, theils das, was in den bisher erſchienenen Jahrgängen der Provinzial-Berichte hieher gehörig bemerkt iſt, zuſammengeſtellt und durch eingezogene Nachrichten nothdürftig ergänzt werden.

An Altonaiſchen Künſtlern wären wol vorzüglich zu merken:

ECKHARDT (Johann David Adam), — (vgl. S. 81.) — Auch iſt ſeine Fertigkeit, in allerley fremden Sprachen zu drucken, groſs, wie *J. A. Bolten's* Ueberſetzung des Matthäus, Marcus und Lucas bezeugen kann.

HANSEN (Chriſtian Friederich), *Profeſſor der Architektur und Landbaumeiſter* im Herzogthum Holſtein, *zu Altona* wohnhaft (*geb. zu* ..... in Dännemark), iſt wegen ſeiner groſsen Kenntniſſe in der Architektur bekannt.

HORNEMANN (Bothilde), eine herrliche Künftlerinn
in der Stickerei *zu Altona*; geb. *zu* Tönningen (?).

LAU (Johann Chriftian) — vgl. S. 201.

Cb auch der Tifchler *Mann*, ein grofser Mechaniker, der
Portraitmaler *Pinkvofs* und der in Landfchaftsmale-
reien fehr erfahrne Maler *Wefphalen* mitzunehmen
find, weifs ich nicht recht. *(Mitgetheilt.)*

   In den Provinzial-Berichten find folgende Schleswig-Holfteinifche Künftler verzeichnet oder vielmehr gelegentlich angeführt:

Die Brüder CARSTENS, deren 1792 H. 3. S. 397. aus-
zugsweife aus dem 2ten Heft der Schleswig. Kunft-
beiträge gedacht wird.

CARSTENS (Asmus Jakob), *Profeffor der Berliner Kunft-
akademie*, lebt jetzt in Rom auf Koften des Königs von
Preuffen; vgl. über einige neue Kunftwerke des Prof.
Carftens; im deutfchen Mercur 1795. Jun., im Auszuge in den Prov. Ber. 1795. H. 3. S. 244, geb. *zu
Schleswig* 17... Er hat die Kupfer zu C. *Ph. Moritz's*
Götterlehre nach Antiken gezeichnet, und einige im
antiken Stil felbft erfunden. — Wegen: *Idyllen
(unter dem Namen Jakob) Schwerin 17... hätte er
auch fchon S. 53 aufgeführt werden müffen, welches
unterblieb, da man durch „Neueftes gelehrtes Berlin"
auf ihn *als Schriftfteller* nicht aufmerkfam gemacht war.

CARSTENS (Friederich Chriftian), *privatifirt in Berlin*,
geb. *zu Schleswig* 17.., hat fich aufser der Malerei
auch auf Bildhauerei und Kupferftecherkunft gelegt.

       PFING-

PFINGSTEN (Georg Wilhelm), *Organiſt zu Hamberge* im Hochſtift Lübek ſeit 1791, *geb. zu Kiel den 5 März* 1746, hat die finnreiche Zeichen- und Signalſprache zu gleicher Zeit mit dem *Joh. Andr. Benignus Berg-ſträſſer* erfunden, und widmet ſich ſeit Jahren, durch dieſe Erfindung geleitet, mit edlem Eifer dem Unterrichte taubſtummer Perſonen. Die periodiſchen Schriften, welche von ihm, ſeiner Erfindung und dem Fortgange ſeiner Unterrichtsanſtalt für Taubſtumme handeln, giebt er ſelbſt in einem *Autographum* (welches zur Ergänzung des Repertoriums über die Journale von *Erſch,* wo ſeiner Th... S...., ſo viel man ſich erinnert, beiläufig gedacht wird) folgendermaſſen an: *C. F. Cramer's* muſikaliſches Magazin. St. 2 u. 3. S. 363. und St. 4. S. 534. Lübekiſche Anzeigen 1786. St. 17. Hamburg. Addreſscomtoir-Nachrichten 1786. St. 46 u. 70. Berliner Monatsſchrift 1786. September. Hamburg. Addreſscomtoir-Nachrichten 1786. St. 82 u. 84. Journal aller Journale 1786. Nov. Lübekiſche Anzeigen 1787. St. 3. Kieliſche gemeinnützige Nachrichten 1787. St. 12. Journal aller Journale 1787. Jun. Lübekiſche Anzeigen 1788. St. 15. 1789. St. 35. und 1790. St. 32. Schleswig-Holſtein. Prov. Berichte 1793. H. 6. S. 276 ff. Hamb. Addr. Comtoir-Nachrichten 1794. St. 69.

VOIGTS (Carl Daniel), *Geſchicht-Bildniſsmaler und Kupferſtecher zu Kiel,* (geb. zu Braunſchweig 175..) kündigte in den Prov. Ber. 1795. H. 1 u. 2. in der Beilage, colorirte Kupferſtiche von Schlesw. Holſtein. Gegenden an, wovon einige bereits erſchienen ſind.

WUNDERLICH (Johann Chriftoph Wilhelm), *Maler und Modeller zu Kiel* feit 1787; geb. zu *Gotha den* 30 *Jul.* 1759. Malt Landfchaften für Cabinette in einer ganz neuen Manier, welche man mit Recht Mofaique moderne nennen kann. Im Reichsanzeiger (1795 Jul.) ward die Frage aufgeworfen, ob man noch keine Mittel habe, die fo vergängliche Steinarbeit zu befeftigen. Derfelbe befitzt diefe Kunft, und fandte fchon 1793 eine fleisfig ausgemalte Landfchaft in der Manier des *Wilb.* Romeyn 2 Fufs 2½ Zoll hoch und 2 Fufs 8½ Zoll breit, an den Herzog von Gotha, welcher felbige mit Wohlwollen in fein Cabinet aufnahm. Auch erhielt Sophia Maria, Kronprinzeffinn von Dännemark, den paffant davon, welcher aber wahrfcheinlich in dem unglücklichen Brande zu Kopenhagen auf Chriftiansburg mit aufgebrannt ift. Derfelbe Künftler hat es darin zu einer befondern Fertigkeit gebracht, worin er befonders zu excelliren fcheint. Auch find mehrere gut bearbeitete Stücke fchon in verfchiedenen Privatcabinetten, fo wie auch der Hof- und Landgerichtsadvokat *Schmidt* in Kiel eins 14 Zoll hoch und 21 Zoll breit befitzt. Er malt im Gefchmack verfchiedener Meifter, befonders in *Ruisdael's* Gefchmack. Seine tableaux zeichnen fich vorzüglich in Baumfchlag und Wollenvieh aus, auch find ihm braufende Seeftücke in diefer Manier fehr wohl gelungen, auch hat er alte Köpfe fo bearbeitet, welche fich fehr gut auszeichnen. Er portraitirt in Paftell, en profil und en face. In Wachs und Gips hat er die (einige der)

hie-

hiefigen Profefforen mit Beifall geliefert. Auch mo-
dellirt er Epitaphien und Hiftorien und Büften in
Lebensgröße, verfertigt feft beftreute Plateaus, bearbeitet für Fabriken feine Deffeins (*Autographum*). Vgl.
Anzeige feiner in Wachs pouffirten Bildniffe und andern Kunftfachen, in der Beilage zum 3ten Heft der
Prov. Ber. 1795.

Was 2) das Verzeichnifs fehenswürdiger Bibliotheken, Gemälde- und Kupferftichfammlungen, Münz-
Gemmen- und Naturalienkabinetter in Schleswig-
Holftein betrift; fo lehrt der Augenfchein, daß auch
diefes fehr unvollkommen und mangelhaft ift. Nachrichten von *Bibliotheken* ift man nur von zwei Städten zu geben im Stande, welches auch wol die einzigen feyn möchten, wo, zumal öffentliche, fehens-
würdige Bibliotheken angetroffen werden. Wenigftens verdient die in Rendsburg vorhandene Bücher-
fammlung, ungeachtet ihres Namens „Gudiusfche
Bibliothek” keinesweges jenes Beiwort, da fie ein Aus-
fchuß der von *Marquard Gudius* nachgelaffenen, zu
Kiel 1706 öffentlich verkauften Bibliothek zu feyn
fcheint, fo wie man im Gegentheil von der im Fache
der Jurisprudenz, politifchen und gelehrten Gefchichte ausgefuchten Bibliothek des gelehrten *Wedels* auf
Freudenholm, welcher auch mehrere Paläotypen befitzt, keine Nachricht zu geben im Stande ift.

ALTONA, 1) die Bibliothek des Gymnafiums, welche
jetzt über 9000 Bände enthält, und deren Auffeher
nach

nach *P. C. Henrici's* Tode der erſte Profeſſor und Director *Jac. Struve* iſt. Vgl. *P. C. Henrici* Pr. de Biblioth.
Gymnaſii Altonani. Alton. 1772. 4. und daraus *F. C.
G. Hirſching* im Verſuch einer Beſchreibung ſehens-
würdiger Bibliotheken, B. 2. Abth. 1. (Erlangen 1787.
8.) S. 1-26, im Auszuge in den Prov. Ber. 1788. H. 3.
S. 365 ff. (wo eine vollſtändigere Beſchreibung dieſer Bibliothek verſprochen wird), und *P. C. Henrici*
de Biblioth. publicae ex Cilaniana (vgl. *Ekkard* S. 155
fg.) incrementis proluſio. Alton. 1775. 4. (blieb dem
Hirſching unbekannt). 2) Die Bibliothek des Compaſtor *J A. Bolten* iſt bedeutend im Fache der bibliſchen
Kritik und der morgenländiſchen Litteratur, wie auch
im Fache der Schlesw. Holſt. Landesgeſchichte, und
enthält manche ſeltene Bücher, auch von den erſten
Drucken, wie auch manche, beſonders vaterländiſche,
Handſchriften. 3) Die Bibliothek des Bürgermeiſters
Caſpar Siegfried Gäbler im juriſtiſchen Fache — enthält
eine vorzüglich ſtarke Sammlung juriſtiſchet Diſpu-
tationen. (*Mitgetheilt.*)

KIEL. 1) Die Bibliothek der Univerſität. Vgl. die beiden im Catal. Biblioth. Bunauianae (T. 1. pag. 845.)
aufgeführten Schriften: *Seb. Kortholti* Diſſ. de Biblioth.
Academiae Kilonienſis. Kil. 1705. 16 S. 4. (iſt genutzt
von *J. F. Jugler* in Bibliotheca hiſtoriae litterariae
Struviana. T. 1. p. 510 ſq. deſſen Nachrichten *H. F.
Köcher* im Supplementbande p. 105 bis 1784 nothdürftig ergänzt hat) und: *Eiusd.* Pr. de Biblioth. Aca-
demica Kilonienſi, inſigni ſupellectilis librariae acceſ-

ſione

fione aucta. Ibid. 1709. 8 S. 4. — *Schwarze's* Nachrichten von Kiel. S. 252 ff. und 312 ff. — Kieler gel. Zeitung 1775. S. 223 u. 448. — Nachrichten von der von Sr. Majeſtät geſchenkten Bibliothek, im Journal von und für Deutſchland, 1784. St. 12. — Rede bei der Einweihung der neu vermehrten Univerſitätsbibliothek am Geburtsſeſte des Königs — gehalten von *W. E. Chriſtiani.* Kiel und Deſſau 1785. 8. (im Auszuge allgem. deutſche Bibliothek B. 70. S. 218 fg.) — Ueber die Kieler Univerſitätsbibliothek, von *C. F. Cramer.* Kiel 1792. 8. Altona 1795. (vgl. Prov. Ber. 1793. H. 1. S. 108.) — Prov. Ber. 1793. H. 2. S. 203 und H. 6. S. 329. — Nach dem am 1ſten Sept. 1793 erfolgten Tode des *W. E. Chriſtiani,* welcher ſeit 1763 als Bibliothekar angeſtellt war, und deſſen *acht* unmittelbare Vorgänger *Schwarze* S. 257 namhaft macht, beſorgt deſſen Geſchäfte eine Commiſſion, welche aus dem Kirchenrathe *Geyſer,* Archiater *Henſler* und Profeſſor *Hegewiſch* beſteht. Unterbibliothekar und erſter Cuſtos iſt Profeſſor *Kordes,* 2ter Cuſtos Profeſſor *Baden.*

2) Bedeutende Privatbibliotheken beſitzen: Profeſſor *A. W. Cramer* in der Jurisprudenz, beſonders im römiſchen Rechte. — K. R. *Geyſer* in der Kirchengeſchichte, Patriſtik, bibliſchen Kritik und Philologie, claſſiſchen Litteratur und Litterärgeſchichte. — Archiater *Henſler* in der Medicin, Geſchichte, claſſiſchen Litteratur und der neuern ſchonen Litteratur. — Profeſſor *Jenſen* in der Jurisprudenz, beſonders im

Staats-

Staatsrecht. — Proféſſor *Mellmann* in der Juriſprudenz (beſonders im Staats- und deutſchen Rechte) und Geſchichte. — Profeſſor *Naſſer* in der Kunſtgeſchichte und Litteratur der deutſchen Dichtkunſt. — Profeſſor *Thieſs* in der Litterär- und Kirchengeſchichte. — Etatsrath *Trendelenburg* in der Jurisprudenz, namentlich im römiſchen und deutſchen Rechte.

Kabinetter:

1) zur Ergänzung des *Meuſelſchen* Künſtlerlexikons, Th. I. S. 209. „Conchylien-Kabinet des Doct. *Bolten*" iſt uns folgendes noch beim Leben des Beſitzers mitgetheilt: „Die Conchylienſammlung von *J. F. Bolten,* enthält 9000 wohl erhaltene Stücke, worunter die ſeltenſten und ſchönſten ſowol einſchaligten als zweiſchaligten ſelbſt viele aus der Südſee, wie auch Linkshörner, ſo daſs hier nicht leicht ein Rangſtück fehlt, ſelbſt der Zodonulli nicht. Hiemit ſtehen mehrere Sammlungen, die zur Naturgeſchichte gehören, in Verbindung, an Verſteinerungen, Mineralien, im Weingeiſt aufbehaltenen Stücken des Thierreichs und ausgeſtopften Vögeln und Inſekten. Ueberdies hat er nicht nur eine zahlreiche, die wichtigſten und rareſten Bücher der Naturgeſchichte, Anatomie und Medicin, enthaltende Bibliothek, ſondern auch herrliche Sammlungen ſowol von anatomiſchen und chirurgiſchen, als von phyſikaliſchen Inſtrumenten, und von praeparatis anatomicis; imgleichen eine ſtarke Gemäldeſammlung, worin ganz vorzügliche Stücke, z. B. von Denner, Berghem, Wouvermann, Both, Loth.

Loth, Joh. Steen u. f. w."— Zur genauern Kenntnifs
diefer Schätze, auf welche fchon das Intelligenzblatt
der allgem. deutfchen Bibl. 1796. S. 93 ff. aufmerkfam gemacht hat, dienen folgende drei, nach dem
Tode ihres Befitzers gedruckte Katalogen: Biblioth.
Bolteniana f. Catalogus librorum rariffimorum ex
omni genere fcientiarum, praecipue autem hiftoriae
naturalis, anatomiae, chirurgiae et artis medicae J. F.
B.— Hamburgi 1796. 190 S. 8. Mufeum Anatomi-
cum Boltenianum. (Ib. eod.) 80 S. 8. Verzeichhifs
der vortreflichen Sammlung chirurgifcher, phyfikalifcher und optifcher Infttumente des verftorb. Phyf.
B., welche von den berfihmteften Meiftern in London, Paris und Berlin, und Hrn. *Braafch* in Hamburg
verfertigt worden. Daf. 1796. 15 S. 8. Der Katalog
von den Naturalien, den *Aus. Aug. Heinr. Lichtenftein*
gemacht hat, ift noch nicht abgedruckt. — 2) *Heinr.*
Ludw. Domeier befitzt eine Sammlung von Naturalien,
wie auch Seltenheiten und Kunftfachen u. f. w. f. S. 77.
3) Von *Joh. Chriftian Fabricius* Naturalienfammlung
kann wegen feiner itzigen Abwefenheit nichts Be-
ftimmtes angegeben werden. Vgl. *Marr. Thrane Brün-*
nichii Litterat. Dan. fcientiarum natural. p. 119, wo es
heifst: Mr. le Prof. *Fabricius*, qui préfide aux études de
l'hiftoire naturelle de l'Univerfité de Kiel où l'on eft
fur le point d'ériger un cabinet public de cette fcience,
(welche Prophezeiung bis jetzt wenigftens noch nicht
auf eine wünfchenswerthe Weife in Erfüllung gegangen ift), poffede lui-même une collection confidé-
rable

rable de minéraux et d'Infectes. — 4) *Gerhard Holst's*
Naturaliencabinet, befonders in der Mineralogie. —
5) *N. A. J. Kirchhof's* mathematifches und phyfika-
lifches Cabinet ift fchon S. 190 angeführt. Die dort
befindliche Lücke ift auszufüllen: 1792. St. 4 u. 5.
S. 451 ff. — 6) Von *Joh. Gottfr. Krichauff's* (f. S. 196)
Kabinette mangeln nähere Nachrichten. — 7) Von
J. A. Naffer's Kupferftichfammlung und deffen eben
kurz charakterifirten Bibliothek verdient folgendes
Autographum hier eine Stelle: „Die Bibliothek, die aus
ungefähr drittehalbtaufend Banden beftebt, enthält
unter andern einen fchätzbaren Vorrath für die Gefchichte der alten und neuern Kunft und eine beträchtliche Sammlung deutfcher Dichter, von den älteften
Zeiten an bis zu dem Ende des 18ten Jahrhunderts.
Aus diefer Sammlung verdienen vorzüglich folgende
bemerkt zu werden: Der *Theuerdank* vom Jahr 1517
zu Nürnberg; derfelbe vom Jahr 1519 zu Augsburg;
Brands's Narrenfchiff v. J. 1509. *Hans Sachs's* Gedichte.
Kempen 1611 in 5 Quartbänden; *Reineke Vofs.* Roftok
1592. *Burkard Waldis.* Frankf. am Mayn 1565; der
Frofchmeufeler v. J. 1600, und die 2te Ausgabe v. J.
1621. *S. von Golau* deutfcher Sinngedichte dreitau-
fend u. f. w. — Seine feit etwa anderthalb Jahren
zum Behuf feiner Vorlefungen angelegte, nach Nationen abgetheilte und alphabetifch geordnete Kupferftichfammlung, ift jetzt auf nah an 6000 Blätter an-
gewachfen. Bei diefer Sammlung ift mehr auf die
Anzahl der Meifter und auf den wahren Werth der
Blät-

Blätter, als auf Seltenheit oder Menge derfelben nach
oder von einzelnen Meiftern Rückficht genommen.
Daher findet man unter den Italienern z. B. nur ungefähr 50 Blätter nach *Raphael*; unter den Deutfchen
nur einige 40 von *A. Dürer*, einige 30 nach und von
Dieterich, eben fo viel nach und von *A. von Oftade*,
aber dagegen gewiß 20-30 Meifter mehr als in der
berühmten Brandesfchen Sammlung. — Unter den,
vorzüglich für die Gefchichte der alten Kunft wichtigen, Werken befindet fich die Originalausgabe der
Gemälde und Bronzen aus Herkulanum — die Rac-
colta von *D. de Roffi* — die Büften und Statüen aus
der Markusbibliothek u. f. w. zu Venedig — *Pafferii*
picturae Etrufcorum in vafculis. T. I-III. — Recueil
des Marbres de Dresde — das Florentinifche und Capi-
tolinifche Mufeum — die Monumenta Matteiana und
viele andere ähnliche Sammlungen, auch das erfte und
zweite Taufend der Lippertfchen Abdrücke. — —
Noch befitzt derfelbe eine Sammlung von Abgüffen
nach antiken Statüen und Büften, z. B. die Medizeifche
Venus, den Florentinifchen Apoll, den fogenannten
Borghefifchen Flötenfpieler, den Faun mit der Ziege,
die Köpfe des Vatikanifchen Apoll, des Laokoon und
feiner Söhne, des Antinous, des fterbenden Fechters
u. f. w." — 8) Der Kammerherr und Landrath *Reven-*
feld auf Dänifchnienhof befitzt nach *Brünnich* (S.119):
„une collection d'hiftoire naturelle avec des inftruments de phyfique et des chef-d'oeuvres rares," —
welche jedoch nächftens nach dem Tode ihres Befi-

tzers

tzers verkauft wird. — 9) Juſtitzraths *Reyber's* in Kiel
(Vaters des Johann Georg R.) Naturalienſammlung.
— 10) Von *Carl Friederich Schmidt's* Gemäldeſammlung und Sammlung von Kupferſtichen und Handzeichnungen iſt ſchon S. 265 fg. das Nöthige bemerkt.
— 11) *J. G. F. Schrader's* phyſikaliſcher Apparat. —
12) *F. Weber's* entomologiſches Cabinet. — 13) *G.
H. Weber's* Naturalienſammlung.

Anm. Von *F. W. B. v. Ramdohr's* Studien findet man,
inſofern in dieſem Werke von *Holſtein* die Rede iſt,
einen berichtigenden Auszug in den Prov. Ber. 1792.
H. 3. S. 380 ff., ſo wie der Inhalt der mit dem 2ten
Hefte geſchloſſenen Schleswigſchen Kunſtbeiträge,
(welche *J. C. Jürgenſen* mit *J. B. F. Lüders*, *C. A.
Rüdinger* und andern herausgab,) daſelbſt 1792. H. 3.
S. 397, und 1793. H. 2. S. 186 angezeigt iſt.

DER
DRITTE ANHANG,

welcher den Verfuch einer Litterärgefchichte der
Herzogthümer Schleswig und Holftein nach *J. M.
Franke's* noch immer nicht übertroffenen Plan, ergänzt und fortgeführt, enthalten follte, kann auch
vor der Hand aus mehreren Gründen keinesweges
zu der beabfichtigten Vollftändigkeit gebracht werden, und muſs daher noch mehr als alles vorige auf
die Nachficht derer, welche jetzt fchon etwas voll-
ftändigeres zu liefern im Stande feyn möchten,
Anfpruch machen.

Die beiden erften hieher gehörigen Abfchnitte des
Catalogi Bibliothecae Bünauianae

   I. *Ephemerides vniuerfales latina et Germanica lingua
   fcriptae* (p. 488 ſſ.) und

   II. *Ephemerides litterariae de (Germanorum fine potius) Sles-
   uico-Holfatorum fcriptis et actis litterariis* (p. 566 ſq.)

werden hier nach *Ekkard's* Vorgange (S. 209) füglicher
mit einander verbunden:

   *Einheimifche und fremde Litteraturwerke, zur Kenntniſs
   unferer und fremder Litteratur.*

Um jedoch *Ekkard's* Verzeichniſs nicht abzufchreiben,
werden hier bloſs theils folche Werke angeführt, von
                          denen

denen beſtimmtere Nachrichten, als dort befindlich find,
gegeben werden können, theils ſolche, die erſt nach der
Zeit, da *Ekkard* ſchrieb, erſchienen find. Im Nothfalle
iſt man auch wol, des Zuſammenhangs wegen, in
frühere Zeiten zurückgegangen, als ihm nach ſeiner
Abſicht, nur „däniſche Litteratur unter Chriſtian VII.‚
zu liefern erlaubt war.

    1) Eigentlich litterariſche Werke, welche in unſern
Herzogthümern (zu Altona, Kiel und Schleswig) herauskamen. Denn die däniſch geſchriebenen, welche
ſich gewöhnlich auch über Schleswig und Holſtein er-
ſtrecken, werden hier übergangen. Vgl. *Ekkard* am a.
O.; ganz vorzüglich aber *Gatterer's* hiſtoriſches Journal, im 12ten Theile beſonders von S. 152 an. „„An
gelehrten Zeitungen (ſo lautet *die* uns *mitgetheilte Nachricht,* welche nicht nur *Köcher's* Supplement S. 168 ergänzen, ſondern auch als Antwort auf die im Journal
von und für Deutſchland 1788. St. 9. S. .... aufge-
worfenen Fragen dienen kann,) find in *Altona,* ſo viel
mir bekannt, auſſer dem im ehemaligen Reichs-Poſt-
reuter (welcher von 175 ;. bis 17.. exiſtirte) geweſenen gelehrten Artikel erſchienen. 1) *Altonaiſche gelehrte
Zeitung,* 1ſter bis 4ter Band. 1745-48. 8. In *Fabricii*
Abriſs einer allg. Hiſt. der Gelehrſ. I, 939. wird ihrer
erwähnt, aber kein Verfaſſer genannt. Allein ich weiſs,
daſs ſie von einigen Profeſſoren des hieſigen Gymnaſiums
geſchrieben wurden. In *P. C. Henrici's* Lebenslauf (in
den hieſigen Addreſs-Comtoir-Nachrichten von 1794
N. 80 heiſſt es; „mit einigen ſeiner Collegen ſchrieb er

L l   von

von 1745 einige Jahre hindurch die Alton. Gel. Zeitung."— 2) *Altonaische gelehrte Anzeigen*, anderthalb
Jahrgänge. Sie kamen bei *Iverfen* wöchentlich zweimal
in 8. heraus, fiengen mit dem Anfange des Jahres 1757
(f. Nachr. v. d. Zuftande — 3, 704) an, und hörten im
Sommer 1758 (mit dem 25ften Stücke; f. fortgef. Nachr.
4, 476.) wieder auf. *Maternus de Cilano*, welcher in
einer auf der Gymnafien-Bibliothek befindlichen Handfchrift, *Altona litterata* betitelt, Schriften von Altonaern
verzeichnet hat, fchrieb darin von diefen Anzeigen: „—
— daran aber die Profeffores Gymnafii keinen Antheil
haben." (Diefe Anzeigen erhielten wahrfcheinlich in der
Folge den Titel: Beiträge zur neueften Gefchichte der
Litteratur vom Jahre 1757 und 1758, welcher wenigftens im *Heinfius* vorkömmt.) — 3) *Altonaifcher gelehrter
Mercurius*, ward von *Profe* 1763 angefangen und
bis 1770 fortgefetzt. Noch das 22fte Stück diefes Journals, das an feinem Sterbetage heraus kam, und von
ihm feinem Sohne in die Feder diĉtirt war, hatte ihn
zum Verfaffer, wie in Memoria *God. Profe* publice com-
mendata a *P. C. Henrici* p. XVI. gefagt wird; darauf
wurden fie von Paftor *Pläer* bis an deffen am 22ften Apr.
1772 erfolgtes Ableben beforgt, nachher von *J. C. Unzer* bis Ausgang des Jahres 1779, hierauf von unbekannten zum Theil auswärtigen Gelehrten bis 1786 (man
will mir fagen, daß nach *Unzer'n* anfangs ...... und
nachher ...... ihn gefchrieben hätten, aber nicht bekannt feyn wollten), endlich von *Joh. Friedrich Schütze*
in den Jahren 1787 und 1788.— Es find diefs alfo *drei*

ver-

verſchiedene Werke mit verſchiedenen Titeln. (Eigentlich *vier*, nemlich: ſeit *Unzer's* Direction unter dem Titel: *neuer* Alton. gel. Mercur. *Schütze* ſchrieb ihn 1787
und 1788 in Verbindung mit ſeinem Bruder *Chriſtian
Heinrich* und dem itzigen Prediger *Bernhard Kleſeker* (damals Candidat) in Hamburg, unter dem Titel: *Neueſter*
Alt. gel. Mercur 1 r u. 2r Band, und 1789 unter dem Titel: *Neuer* Alt. gel. Mercur, welcher Jahrgang mit deutſchen Lettern gedruckt, aber nicht zur Hälfte vollendet
iſt.) — Noch gab hier in den Jahren 1761 und 1762
P. C. Henrici (den auch *Ekkard* im Regiſter zu den Göttinger Zeitungen Th. 1. S. 271 namhaft macht) heraus:
De rebus politicis et litterariis Commentarii Altonani,
ſo theils eine politiſche, theils auch eine gelehrte lateiniſche Zeitung war, die im Jul. 1761 anfing und im
Sept. 1762 aufhörte, und wovon wöchentlich 2 Stücke
in gr. 8. erſchienen. Der erſte Theil enthält 416, der
2te 560 Seiten."" — (Schon früher erſchienen: Commentarii Altonani ſiue continuatio seriesque rerum in
rebus publicis ciuium litteratorumque virorum ſecen-
ter geſtarum atque memoriam maxime dignarum latine
ante oculos propoſita. 8. (libellus 1. die 1 Apr. 1751.
libellus 53. die 30 Mart. 1752.), unter weſſen Direction
aber *dieſes* Werk erſchien und ob es mit dem erſten
Jahrgange aufhörte, kann nicht angegeben werden.)

   In *Kiel* ſcheint eine gelehrte Zeitung ſpäter in den
Gang gekommen zu ſeyn; als auf irgend einer andern
Akademie; daher denn auch nicht *Jugler*, ſondern erſt
Köcher (S. 172) derſelben gedenkt; ohne auf ihren erſten

Urfprung zurück zu gehen. *Zuerft* nämlich erfchien, fo viel wir wiffen, (*W. E. Chriftiani*) Commentariorum Kilonienfium libelli XX. de rebus memorabilibus (quum politicis tum litterariis) 1768. 8 ; — *darauf:* Gelehrte Zeitungen, herausgegeben zu Kiel. Erfter Jahrgang 1771 (unter der Vorrede nennen fich: *J. H. Fricke* — bis 1773. — *J. E. Faber* — bis 1772. — C. C. L. *Hirfchfeld*) — 1772. St. 1 bis 80. (21 Nov.) — 1773 - 1774. (*Chriftiani*? und *Hirfchfeld*) — 1775 (*Chriftiani* u. *Hirfchfeld*) — 1776-1777. 1778. St. 1-24. — *hierauf:* Litteraturjournal für 1779. 12 Stücke. 1780. 12 Stücke. 1781. 9 Stücke. 1782. 8 Stükke. 1783. 7 Stücke. — *endlich* wiederum: Kielifche gelehrte Zeitungen vom Jahr 1787 bis 1791. (welche fo wie das Litteraturjournal *V. A. Heinze* dirigirte.) — Im October 1796 ift angekündigt: „*Neue Kielifche gelehrte Zeitung* (für die Herzogthümer Schleswig und Holftein und die Königreiche Dännemark und Norwegen) 1797."

In *Schleswig* (nachher aber in Rendsburg) erfchien feit 1771 (nicht 1772, wie *Ekkard* und *Heinfius*, der nur drei Jahrgänge angiebt, behaupten): Sammlung einiger litterarifchen Nachrichten, welche aus den bekannteften gelehrten Zeitungen und andern fremden Journalen die brauchbarften Artikeln liefern. Der 13te Jahrgang 1783 ift der letzte. Von der Fortfetzung, welche jedoch auch eigne Recenfionen enthält, und 1791 unter dem Titel: „Monatliche Ueberficht der gefammten Litteratur" verfucht wurde, ift nur ein Jahrgang erfchienen. Vgl. vom Jan. und Febr. Prov. Ber. 1791. Heft 1. S. 103. Herausgeber war *cur. Mühlen* (f. S. 236), Mitarbeiter *Esmarch, Lempelius* und andere.   2)

2) Werke, welche nicht einzig und allein neu erfchienene Schriften recenfiren, aber doch mehr oder
weniger eine Ueberficht der Schleswig-Holfteinifchen
Littoratur gewähren.

Schleswig-Holfteinifche Anzeigen, welche F. D. C.
v. *Cronbelm* den 4ten Mai 1750 anfing, nach deffen Tode . . . . . darauf . . . . beforgte, jetzt aber der
S. 283 genannte *J. F. Röttger* herausgiebt. — „Von den
herauskommenden neuen Büchern wird (wenigftens in
den erften Jahrgängen) bisweilen (wie es in den Nachrichten von dem Zuftande — 3, 702 ff. heifst) eine Anzeige von *G* (*eorg*) *V* (*olquarts*) mitgetheilt." Allein um
für andere, nicht litterärifche, Artikel Platz zu gewinnen, kündigte *von Cronbelm* felbft den 31 Aug. 1756 (f.
Nachrichten v. d, Zuftande — 3, 726.) unter dem Titel:
Schleswig-Holfteinifches Magazin oder Sammlung ver-
mifchter Schriften zur Aufnahme der Wiffenfchaften und
Künfte. Glückftadt — eine neue periodifche Schrift an,
in welcher auch „allerlei Bücher und Schriften, die in
den Herzogthümern, Graffchaften und Kopenhagen herausgekommen, wenn fie von Wichtigkeit find oder fel-
tene und vorzügliche Materien betreffen, ausführlich
recenfirt werden follten u. f. w." Die wirkliche Erfcheinung diefes Werks ift jedoch wahrfcheinlich wegen des
bald erfolgten Todes feines Herausgebers nicht erfolgt.
— Hamburgifche Nachrichten aus dem Reiche der Gelehrfamkeit. 1758-1763. 6 Bände (f. *Jugler* S. 889.
und *Köcber* S. 164 fg.) — verdienen hier auch einen Platz,
nicht fowol, weil *J. A. Bolten, J. H. Weftphalen* und *G.*

Volquarts Antheil hatten, (in welcher Hinficht fie von *Ekkard* S. 211 angeführt werden) als vielmehr, weil fie befonders die Schleswig-Holfteinifche Litteratur mitnahmen, wie fchon oben S. 270 bemerkt wurde. — Schleswig-Holfteinifche Provinzial-Berichte feit 1787 — müfsten in Hinficht der Schleswig-Holfteinifchen Litteratur ganz vollftändig feyn, wenn ihr Herausgeber, wie er oft gewünfcht hat, thätiger unterftützt würde.

III. *Hiftoria Litteraria Holfatiae* (p. 572). Diefer Abfchnitt leidet fehr viele Zufätze, zumal wenn man nicht blofs eigentlich litterarifche Werke, (welche im Schriftftellerlexikon und im erften Anhange am gehörigen Orte gröfstentheils angeführt find) fondern auch hieher gehörige litterarifche Abhandlungen, die fich in mehr allgemeinen, z. B. topographifchen Schriften, wie *J. F. Noods's* Beiträgen zur Erläuterung der Civil- Kirchen- und Gelehrtenhiftorie der Herzogthümer Schleswig und Holftein, 10 Stücke. Hamburg 1744-1756. 4., *Schwarze's* Nachrichten von Kiel, *Bolten's* Befchreibung von Stapelholm, den Schleswig-Holfteinifchen Provinzial-Berichten (nicht blofs unter der Rubrik „litterarifche" fondern auch „vermifchte Nachrichten" wo z. B. 1787. H. 3. S. 497 ff: „Namenverzeichnifs Schleswig-Holfteinifcher Schriftfteller, welche gegenwärtig aufserhalb der Herzogthümer leben," und 1792 H. 3. S. 415 ff., wo: „Alphabetifches Namenverzeichnifs jetzt im Vaterlande oder in der Fremde lebender, im Flecken *Preetz* geborner oder erzogener Gelehrten und Staatsbediente" verfteckt ift) befinden, nach *J. M. Franke's* Vorgange zugleich

gleich regiftriren wollte. Allein hier ift man noch nicht im Stande, etwas vollftändiges zu liefern, und bemerkt blofs, dafs *Adelung*, in feinen Zufätzen zum *Jöcher* nur (*J.D.Winckler's*) Nachrichten von niederfächfifchen Leuten und Familien B. 1. 2. genützt, und dagegen andere Schriften und Abhandlungen, welche vieleicht mehr Ausbeute gegeben hätten, gar nicht gebraucht hat, fo wie *E. J. Koeb* im erften Semeftre des litterarifchen Magazins für Buchhändler und Schriftfteller S. 19. in Anfehung Holfteins nur *P. C. Heurici*, *W. E. Chriftiani* und *J. F. Camerer* nennt, zu denen wenigftens *O. H. Moller* (der jedoch unter Dännemark genannt ift) und *J. A. Bolten*, vieleicht auch noch andere, mit gleichem Rechte gefetzt zu werden verdienen.

IV. *Scriptores biftoriae artis typographicae fingularum quarundam regionum et vrbium* (p. 668).

Hier verdient bemerkt zu werden, dafs fich in *Adami Henr. Lackmanni* Annalium typographicorum felectis quibusdam capitibus (Hamb. 1740. 4.) ein befonderes Kapittel, betitelt: initia typographiae *Kilienfis* (p. 14-20) befindet. Dafelbft wird als die *erfte* gedruckte Schrift angeführt: Dat erfte Capittel des Evangeliften St. Mattheus, geprediget unde uthgelecht thom Kyll door Melchior Hoffmann — Gedrückt thom Kyll, ym Jahre M.D.XXVIII. 4. — fehlt im *Maittaire*, wird aber wahrfcheinlich, wenn *G. W. Panzer* auf diefen Zeitraum kömmt, von demfelben aufgeführt werden.

V. De *Bibliothecis publicis et priuatis Slefwice-Holfat.* (p. 840 ff. et 858 ff.)

　　　　　Was

Was man hier anzumerken hatte, fand nach *Meusel's* Vorgange schon im 2ten Anhange seinen Platz.

VI. *De scholis et Gymnasiis Slesuico-Holsatorum* (p. 895 ſL)
Altona (auſſer Flensburg, wo nichts ergänzt werden
kann, der einzige Ort, deſſen *J. M. Franke* gedenkt).
Die lateiniſche Schule wurde 1682 angelegt (vgl. den
S. 896 angeführten *Crusius* — fehlt im *Adelung* — geb. zu
..... im Brandenburgiſchen, Prediger zu Perleburg,
darauf Conrector zu Altona, seit 1725 Rector daſelbſt,
endlich seit 173.. Paſtor zu Neuenbrook, *ſtarb den 25 Sept.*
1750), 1738, noch mehr aber 1744, unter dem Namen
Chriſtianeum in ein akademiſches Gymnaſium verwan-
delt (vgl. die a. a. O. genannten Schriften und *Bolten's*
K. N. von Altona 1, 64.), bis dieſe Einrichtung 1771
wieder aufgehoben wurde, von welcher Veränderung,
ſo viel man hat erfahren können, eigentlich nichts, als
die neue Gymnaſium-Verordnung heraus iſt. — Jährlich
erſcheint zu Oſtern eine „Anzeige der Vorleſungen und
des übrigen Unterrichts in dem königl. Chriſtianeum
zu Altona," welche 1792 einen neuen Lehrplan enthält,
der auszugsweiſe in den Prov. Ber. 1792. H. 2. S. 276 ff.
befindlich iſt, und den *Jacob Struve* (ſ. S. 322 fg.) zum
Verfaſſer hat. — Möchte doch *J. A. Bolten* uns auch mit
hiſtoriſchen *Schul*-Nachrichten von der Stadt Altona be-
ſchenken! — Von den übrigen Schulen der Herzogthümer geben die Prov. Ber. zuweilen einige Nachricht,
und zwar namentlich 1) von *Eckernförde* 1787. H. 4. S.
491; 2) von *Glückſtadt* 1791. H. 5. S. 198; 3) von *Hadersleben* 1787. H. 4. S. 487. 1788. H. 3. S. 361. 1791.
H.

H. 2. S. 195. und H. 4. S. 45. 1792. H. 1. S. 79. und
H. 2. S. 268. 1795. H. 2. S. 140. und H. 3. S. 234. 1796.
H. 3. S. 310; 4) von *Hufum* bei Anzeige der Hufumfchen
Schulfachen von *G. S. Franke*; 5) von *Kiel* bey Gelegen-
heit der Programme von *E. Danielfen.*

　VII. *Hiftoria Academiae Kilonienfis* (p. 942).

Um mit einigen allgemeinen Werken anzufangen, fo
find die drei *neueften* Schriften diefer Art, in welchen
auch von Kiel die Rede ift (*Friederich Samuel Murfinna's*),
akademifches Tafchenbuch auf das Jahr 1791. S. 52 ff.
und — auf das Jahr 1792. S. ...., *Karl Heun's* vertraute
Briefe an alle edelgefinnte Jünglinge, die auf Univerfitäten gehen wollen, 2, 148 ff. (gröfstentheils aus *Murfinna* entlehnt) 2, 148 ff. und (*Wilhelm Albert Wilmerding's*,
welcher die Univerfität Kiel über die Eider hinaus zu
verlegen für gut fand) Verzeichnifs der Univerfitäten,
Akademien, gelehrten Gefellfchaften, in — Dännemark
— S. 172 fg. (ganz unbedeutend). — Des *J. G. Eck's*
Leipziger gelehrtes Tagebuch vertritt nicht das Intelligenzblatt der allgem. Litteraturzeitung, ja nicht einmal
das der jetzt in Kiel erfcheinenden neuen allgem. deutfchen Bibliothek, fondern blofs und allein (feit 1787)
die faft in jedem Hefte der Prov. Ber. befindliche „Chronik der Univerfität Kiel." — Noch verdient bemerkt zu
werden: *V. A. Heinze's* (der im *Köcherfchen* Supplement
S. 302. mit *S. Seemiller* verwechfelt wird) Ankündigung
einer Gelehrtengefchichte der Univerfität Kiel, in *deffen*
Kielifchen Magazin B. 1. St. 2. (1784.); *W. E. Chriftiani*
von der gegenwärtigen Verfaffung der Univerfität Kiel,

als Einleitung der Rede bei der Einweihung der neu
vermehrten Univerſitätsbibliothek gehalten, vorausge-
ſchickt (1785); *deſſelben* Nachricht von der Würde eines
akademiſchen Canzlers und Procanzlers, vorzüglich in
Rückſicht auf die königliche Univerſität zu Kiel (1788);
Ueberſicht der ſeit der Stiftung der Univerſität zu Kiel
(am 5 Oct. 1665) halbjährig unter jedem Prorectorate
eingezeichneten Zahl neu angekommener Studirenden,
in den Prov. Ber. 1791. H. 4. S. 31 ff. — Uebrigens wird
J. O. *Thieſs* nächſtens in den Prov. Ber. eine „Literär-
geſchichte der Univerſität zu Kiel" ankündigen, und
darinn die Folge der Profeſſoren nebſt Anzeige der
von ihnen handelnden litterariſchen Schriften, als
Anfrage bekannt machen.

VIII. *De ſocietatibus litterariis Germanorum* (p. 981 ff.).

J. M. *Franke* gedenkt S. 987 theils des Vorſchlages
an die ſtudirende Jugend in Kiel wegen anzuſtellender
gelehrten Unterredungen von J. B. *May,* theils (*ejusdem*)
leges (23) ſocietatis ſcrutantium, welche Societät nach
J. *Moller* (in Cimbria litterata 2, 521.) *Jugler* (S. 2025)
und *Joh. Andreas Fabricius* (1, 859.) auch Actorum litterariorum Spec. 1. herausgab. — Aus den neuern Zeiten iſt uns folgendes hieher Gehörige bekannt: Schriften der Kieliſchen Geſellſchaft der ſchönen Wiſſenſchaften. Kiel und Altona 1757. 8. (fehlt im *Beutler* S. 53-
55, wird aber, nicht in *Gottſched's* Neueſtem, wo man
vergeblich nachſuchte, wol aber in der Bibliothek der
ſchönen Wiſſenſchaften und freien Künſte 6, 87 ff. —
vielleicht auch in den Altonaiſchen gelehrten Anzeigen

für

für 1757 oder 1758 — hinlänglich charakterifirt, wo
es unter andern heifst: „Die Gefellfchaft ift ohne Vor-
fitzer, und befteht blofs aus einigen Studirenden, die
fich in den fchönen Wiffenfchaften zu üben fuchten."
Allein Mitglieder waren doch *J. M. Schwanitz* und *W.
E. Chriftiani*, wie fchon aus dem im erften Anhange be-
merkten Antheil, den letzterer an diefer Sammlung hatte, zu erhellen fcheint.) — In der Kieler gelehrten Zeitung wird *theils* einer orientalifchen Gefellfchaft gedacht
(1771. S. 102.), welche von *J. E. Faber* geftiftet wurde, der mit feinem Abgange nach Jena, wo fie ihr Ende
erreicht zu haben fcheint, eine kleine, aber brauchbare,
Anzahl Bücher, welche ein Eigenthum diefer Gefellfchaft
waren, der Univerfitätsbibliothek fchenkte, *theils* einer
litterarifchen Gefellfchaft (1773. S. 512. und 1774. S.
557.), welche unter *W. E. Chriftiani* und *C. C. L. Hirfchfeld* (vgl. beide Artikel im erften Anhange) bis 17 . . .
fortdaurte, gewiffermafsen aber noch jetzt unter *V. A.
Heinze* befteht.

IX. *Scriptores vitarum eruditorum particulares*
(p. 1003-1724).

Leidet natürlicherweife die allermeiften Zufätze, welche jedoch auch nur in relativer Vollftändigkeit zu liefern, jetzt unmöglich ift. Was die Hülfsmittel, welche
man benutzen könnte, an die Hand gaben, findet fich
in Anfehung der noch lebenden Schriftfteller, in dem
Schriftftellerlexikon-felbft, fo wie auch im erften Anhange, wo von verftorbenen die Rede ift, und die litterarifchen Werke, welche *Heinrich* Graf *von Bünau* entweder

weder gar nicht hatte, oder noch nicht haben konnte,
wenigſtens nothdürftig, und beſonders, ſo viel es unſre
Abſicht, den *Meuſel, Worm* und *Ekkard* zu ergänzen er-
forderte, genützt find.   Allein um das Ganze, ſo viel
als möglich zu erſchöpfen, iſt mehrere Zeit nöthig, da
nur in Anſehung Dithmarſchens *Bolten* (in der Geſchichte dieſes Landes Th. 1. S. 157 ff.) einen Verſuch
gemacht hat, und überhaupt nur in wenigen Schriften,
beſonders in den unter G. *Schade* (im 1ſten Anhange)
angeführten Katalogen, auf eine zweckmäſsige und das
Geſchäft erleichternde Art vorgearbeitet iſt.

ZUSÄTZE und VERBESSERUNGEN.

S. 6. Z. 6. med Kobb. (Der 2te Jahrgang erſchien 1795 — wird fortgeſetzt.)

— Z. 22. *Phyſik* (ſeit 1760 auſſerordentlicher, ſeit 1762 aber) *ordentlicher Profeſſor.*

S. 13. Gräfinn von AHLEFELD (......) *lebt zu* ...; *geb. zu* ..... 17.... §§. Telemach und Kalypſo; Operballet, in Muſik geſetzt — Klavierauszug. Altona 1794 ....

S. 13. letzte Z. (*Revidirt.*) Wahrſcheinlich überſetzte auch er (aus *P. F. Suhm's* ſamlede Skrifter 4, 301.) einen *Holberg* charakteriſirenden Aufſatz im deutſchen Mercur 1795. Oct.

S. 14. Z. 7. von unten. 8. (Holländiſch überſetzt: Proeve over het Patriotismus, door *H. C. A.* Eerſte Deel. Uit het Hoogduitſch vertaald en med Anmerkningen vermerderd. Te Amſt. 1794. — Th. 2. des Originals iſt angekündigt.)

S. 15. Z. 2. April 1795 (vom Werke ſelbſt erſchien Oſtern 1796 der erſte Theil unter dem doppelten Titel: „Leben und Tod König Carl I. von Engeland" und: „Die Revolution in England. Ein hiſtoriſches Schauſpiel. Schleswig. 8. mit Kupfern." — Theil 2. iſt angekündigt.)

S. 16. Z. 5. ſtatt: (Flensburg und Leipzig 1784. 8.) lies: (Heide 1779.) Doch iſt auch die andere Lesart richtig, nur minder genau. Vgl. Jochims S. 470.

S. 17. Z. 10. v. u. in Göttingen, auch feit 1796 Ehrenmitglied der königl. Maler- Bildhauer- und
Bauakademie zu Kopenhagen; geb.

S. 17 u. 18. lies: Befkrivelfe over Normalfkolen i Wien;
in der dänifchen Minerva 1792. Jul.

S. 18. Z. 13. (*Nach dem Autographum*) Einige Recenfionen
in Kbhvns Univerf. Journal und Auffätze; z.
E. En vigtig critifk Biedrag til Vitruvius, paa
Univerfitæts-Bibl. i Kbhvn; Tredie Aargang.
(1795) S. 23. und: En Codex paa det Kongel.
Bibl. i Kbhvn, indeholdende Corp. Jur. Be-
fkrevet og forfynet med Anmærkninger af
A. W. Cramer. S. 75.

S. 18. Z. 19. *Seelen's*, von *Scholz* in der Kirchengefchichte
Holfteins S. 266 übergangenes, Ehrenge-
dächtniß.

S. 19. Z. 4. 1780. 4. Vgl. *Weidlich's* biogr. Nachr. 3, 11.

S. 19. BARTELS (......), *Hauslehrer in Flensburg*, geb.
zu .... 17.... §§. * Verfuch eines Gebetbuchs für
kleinere und größere Kinder. Schleswig 1795. 8.
(*Mitgetheilt*.)

S. 20. BECHSTEDT. Auf dem Titel des Küchengarten-
baues nennt er fich *Handelsgärtner zu Schwensbuy*
unweit Flensburg.

S. 21. BENDIXEN (J. J.), *ftarb den 3 Mai 1796.*

S. 22 u. 23. lies genauer: * En god Samvittigheds fafte
Borg — fœrft fkreven i det Engelfke Sprog
ved *Johann Sheffield*, fiden overfat i det Tydfke og nu *af det Tydfke* overfat i det danfke
Sprog. Kbhvn. 1742. 8.

S. 23. Z. 11. Daſ H. 4. *Ueber den Geruch und den kleinen Kiel; Daſ. 1794. H. 4. — Einige ihn betreffende Nachrichten ſiehe in den Prov. Ber.
1792. H. 3. S. 389 fg. (konnte

S. 25. BOEHME *ſtarb den 22 Aug.* 1795.

S. 26. BOLTEN (J. F.), *ſtarb den 6 Jan.* 1796, welches
im litterariſchen Anzeiger noch nicht bemerkt iſt.

S. 30. BORCHERT (Heinrich Gottfried), *Rector zu Itzeboe, geb. zu* .... 17... §§. Publicam Daniae tran-
quillitatem in maximis Europae motibus ligata
oratione paucis perſequitur. Tychopoli 1795. 4.
Die Gegend um Itzehoe, metriſch beſchrieben im
Nov. 1795. Daſ. 4.

S. 31. wo P.... D...... und *Jacob Boyſen* verſetzt werden müſſen, iſt beiden vorzuſetzen: BOYSEN
(Dieterich), *Diakonus zu Garding* in Eyderſtedt;
geb. zu Flensburg 176... §§. *Verſuch über die
zweckmäſigſte Methode, liturgiſche Verbeſſerungen einzuführen. Mit vorzüglicher Rückſicht
auf die Herzogthümer Schleswig und Holſtein.
Altona 1795. 8.

S. 31. BOYSEN (Peter Anton — nicht P... D...) *Paſtor*
— ſeit 1787! *geb.* — 1764? — Giebt itzt ein pä-
dagogiſches Buch heraus: Praktiſcher Unterricht
in der Religion, mit katechetiſchen Anmerkungen.

S. 31. Z. 8. v. u. *Landſchreiber* (ſeit 1781 auf Pellworm, ſeit
1795 aber) *zu Garding,* im W. der L. E. vorher.

S. 36. BROCKDORFF (Cai Lor.), *königl. dän. Kammerherr ſeit 1796 und dritter Deputirter.*

S.

S. 37. Z. 12. Forſtarchiv. — Hat in einer „Bekanntma-
thung," die zu Kiel 1795 auf einem Foliobogen
gedruckt iſt, eine Abhandlung angekündigt:
Ueber den Urſprung, die Befugniſs und Ausübung der Jagdgerechtigkeit der Holſteiniſchen Ritterſchaft in den klöſterlichen Gütern
Preetz, Itzehoe und Ueterſen.

S. 41. Z. 12. Daſ. 1794. 8. 2ten B. 2ter Th., welcher Africa von *ihm* und Egypten von *Th. J. Ditmer*,
letzteres revidirt und verbeſſert von *H. E. G.
Paulus*, nebſt Regiſter enthält. Daſ. 1793. 8.
Entwurf —

S. 43. Z. 16. Südindien, nach dem engliſchen Werke *Col-
lyer's* und *Hervey's* völlig umgearbeitet und
berichtigt. Th. 1. —

S. 44. Z. 7. (1795) Bemerkungen zu *G. L. Bauer's* Einleitung ins A. T., beſonders über *R. Meir's*
Maſoreth Sijug Lethorah; im neuen theolog. Journal 1795. St. 8.

S. 45. Z. 2. 1790 ff. (wo ein Auffatz vorkömmt „Geſchichte der alten Erdbeſchreibung ſeit 1760,"
welcher wieder abgedruckt iſt in: Ueberſicht
der Fortſchritte verſchiedener Theile der
geographiſchen Wiſſenſchaften ſeit dem letzten Dritttheil des jetzigen Jahrhunderts bis
1790; von *A. G. Käſtner*, *P. J. Bruns* und
E. A. W. Zimmermann. Braunſchw. 1795. 8.

— Z. 5. Die Sammlung erſchien in der Oſtermeſſe
1796. Helmſtädt 4.

S.

S. 46. Z. 7. ift das (?) hach Probft" nunmehr wegzuftreichen.

—— Z. 20. (B. 2. ift noch nicht erfchienen.)

S 49. Z. 4. Anonymen (*J. Ad. Schmidt*) —

—— Z. 5. 2te ganz umgearbeitete rechtmäfsige Ausgabe. 1fter Theil. Daf. 1786. 8.

S. 51. Z. 3. erfcheinen, welches zumTheil fchon gefchehen
ift in einer *andern* früher erfchienenen Schrift:
„Merkwürdige Krankengefchichten und fel-
tene praktifche. Beobachtungen berühmter
Aerzte. Ein Auszug aus den Abhandlungen
der königl. medicinifchen Societät zu Kopenhagen. Halle 1795. 8."

S. 51. Z. 8. Die Abhandlung hat folgenden Titel: Anmærkninger over den animalfke Varmes be-
ftandige Tab og Frembringelfe i det dyri-
fke Legeme.

S. 53. ift CARSTENS (Asmus Jakob) aus dem 2ten Anhange einzufchieben.

S. 54. Z. 23. *Dritte* (im Archiv für die ausübende Erziehungskunft Th. 4. wieder abgedruckt)

S. 57. Z. 11. Das dritte und vierte Heft erfchien erft 1796,
womit der erfte Band gefchloffen ift.

—— —— —— CHRISTIANI (C.), *ftarb den* 22 *Dec.* 1795,
war *geb. den* 9 *Aug.* — Vgl. Erinnerungen aus
dem Leben deffelben, von *P. G. Henslcr*, in
den Prov. Ber. 1796. H. 3.

S. 58. CHRISTIANI (W. R.), ward 1796 als Diakonus
nach St. Margarethen Amts Steinburg verfetzt.

S. 60. Z. 4. lies 1794.

CLAUS (J. C.) hiefs eigentlich *Clauʃʃen* — ʃtarb den 25 *Aug.* 1796.

S. 62. CLAUSEN (Hans) *der Theologie Befliʃʃener zu Kiel*; geb. *zu Groten·Dannewerk* Amts Gottorff 17···· §§. Anweiʃung zur zweckmäʃigen Behandlung des Schleswig-Holʃteiniʃchen Landeskatechismus, Ir Theil, enthaltend die 24 Einleitungsʃätze. Kiel 1795. 8.

—— CLAUSSEN (H. F. C.), *Doctor der Rechte zu Kopenhagen*; geb. *zu Kiel den* 26 Oct. 1770, wie aus *A. W. Cramer's* Pr. bei deʃʃen Doctorpromotion erhellt, wo er ʃelbʃt ʃeine Abhandlungen ʃo angiebt: „*Stanislaus Leʃcziuski* Meinung über Rouʃʃeau, im deutʃch. Magaz. 1794. Dec. Litterariʃche Nachricht, betreffend *Adam Smith*, Verfaʃʃer des Werks: Inquiry into the nature and cauʃes of the wealth of nations. Daʃ. 1795. Jun. *Gaetana Filangieri* Prüfung der engliʃchen Conʃtitution, aus dem erʃten Theil ʃeines Werks, betitelt: La ʃcienza della legislazione überʃetzt, mit Anmerkungen; im Genius der Zeit 1795. Jul." — D. inaug. de vltimis ʃuppliciis in homicidii reos iure conʃtituendos. Kiliae 1796. 4. — Das recueil — erʃchien Berlin 1796. gr. 8.

S. 64. Z. 28. Schrift, welche 179··· eine neue Auflage erlebte, nachher in den Katalog der Oʃtermeʃʃe 1796 kam, und darauf irrig in die Prov. Ber. 1796. H. 3. S. 367 eingetragen wurde, iʃt zufolge —   S.

S. 65. Z. 6. v. u. (*Revidirt*) Anmerkungen zu *T. Baden's*
zu St. 18 angeführten Auffatz. — Wird zufol-
ge der Erfurter Zeitung 1796. St. 14. Auffätze
liefern zu: Mannigfaltigkeiten rechtswiffenfchaftlichen Inhalts, herausgeg. von *J. C. Koppe.*

—— letzte Z. gieng 1795 nach Paris, wo er grade den
5 Oct. ankam; vgl. Frankreich im Jahr 1795.
B. 2. S. 360 fg. u. 1796. B. 2. S. 66, wo er
Citoyen français, imprimeur libraire de Paris
genannt wird.

S. 66. Z. 7. v. u. Daf. 1793. (Aus diefem 5ten Theile find
die Anmerkungen zum Meffias und Briefe fei-
nes Vaters an *Klopftock*, im 5ten St. des menfchlichen Lebens befonders abgedtuckt.)

S. 69. Z. 15. St. 13. wird nur ausgegeben unter dem Titel: Kritifche Acten —

—— Z. 21 ff. mufs es nach der uns jedoch zweifelhaften
Angabe des Verlegers felbft heifsen: 14 St.
1794. (oder: Baggefen — 4 St. oder: Wandsbeck und Pyrmont) 15 St. 1795. (oder: Baggefen — 5 St. oder: Einbek bis Bafel.) 16 St.
1795. (oder: über mein Schickfal.) 17 St.
1795. (oder: Louvet's Schickfal, oder: Ehrenrettung der Gironde.)

S. 70. Z. 3. ift nach 8. *einzufchieben*: Altona 1795. dann
zu *lefen*: Louvets Schickfal. Nebft andern Auffätzen — gefammlet und überfetzt. 1 - 5s St.
Altona und Leipzig 1795. 8. (macht auch das
18 St. des menfchlichen Lebens aus) und end-

lich *binzuzufetzen*: Auszug eines Tagebuchs
eines Deutfchen in Paris; in: Frankreich
1795. St. 9 ff. in welcher periodifchen Schrift
(1796. St. 1.) er felbft eine Ueberfetzung von
den Memoiren des Repräfentanten · *Mellian*
über die Revolution, und von *Diderot's* nach-
gelaffenem Werke über die Malerei, angekündigt hat (welches einer neuen Nachricht von
J. F. Hartknoch zufolge, den erften Theil der
deutfchen Ueberfetzung von den *fämmtlichen*
Werken ausmachen wird), fo wie er auch
andern Nachrichten zufolge,, an einer franzöfifchen Ueberfetzung von *Ebeling's* America arbeiten foll.

S. 71. Z. 2. Kongelig Landdelings Forordning af 26de
Jan. 1770 og Schlesv. Holft. Landcommiff.
Refolutioner fat paa Siden af hinanden. Ha-
dersleben 1794. 8. Fortfættelfe angaaende
Landdelingen i Sept. 1794. Hadersleben. 8.

S. 72. Z. 17. verfchoben wird. Tafchenbuch über die
Richtigkeit der deutfchen Sprache im Spre-
chen und Schreiben. 1fter Theil. Kiel 1795. 8.

——— DAU (C. U.), *ftarb den 16 Apr. 1796.*

S. 74. Z. 10. (*Nach dem Autographum*). Lehrbuch der franzöfifchen Sprache, enthaltend eine ausführliche Abhandlung über die Ausfprache, Gefpräche mit Erläuterungsnoten, und eine kurzgefafste Entwicklung der allgemeinen und befondern Sprachregeln. Kiel u, Hamb. 1796. 8.

—— Z. 13. *geb. zu Kiel.*   S.

S. 77. EBERHARD *ſtarb* mündlichen Nachrichten zufolge ſchon 1795, welches nicht einmal durch die Göttinger Zeitung bekannt wurde, wahrſcheinlich, weil er nur Privatdocent war.

S. 78. Z. 26. lies *A. Riem* ſtatt J. H. Schulz.

S. 79. Z. 1. 1789. 8. (erhielt einen neuen Titel: *Die Religion der Feueranbeter in Indien, und Perſien.* Altona 1796. gr. 8.

——— ECKERMANN, Dr. der Theol. u. Philoſ. ſeit 1784.

S. 80. Z. 15. lies: B. 1 u. 2. 2te verbeſſ. Auflage. 1794 ff.

——— unten. Sein Bildniſs vor dem 25ſten Bande der neuen allgem. deutſchen Bibl.

S. 82. Z. 12. (1793), auch ordentliches beſtändiges Mitglied der königl. Landhaushaltungsgeſellſ. zu Kopenhagen (1796);

S. 89. Z. 16. Geſetzbuchs. Nov. und Dec. Ueber den Wucher u. die Mittel, denſelben Einhalt zu thun.

——— letzte Z. Sein Bildniſs vor dem 70ſten Theile der *Krünitzſchen* Encyklopädie.

S. 91. Z. 3. (*Revidirt*) *Chriſtian Siegfried Eggers,* königl. dän. Conferenzrath, *geſt.* 1790; in *Wolfrath's* Charakteriſtik edler und merkwürdiger Menſchen. Th. 2. (1792.)

S. 91. vorl. Z. Vicekanzler u. ſ. w. hätte mit Ciceroſchrift gedruckt werden müſſen, ſo wie 1.

S. 92. in der Note Adminiſtrator — Grönland mit Curſivlettern.

S. 98. Z. 5. v. u. lies: D. inaug. de experimentis cum ſanguine humana inſtitutis. Erfordiae 1742. 4.

S. 100. Z. 8. v. u. lies: *Achenwall's.*

S. 103. Z. 16. med Kobb. * Catalogus Biblioth. *Martini Hübneri,* Hafniae 1795. 8. Nytaarsgave for Fædrelands - Elſkere og deres Bœrn, eller en liden Naturbeſkrivelſe over de Nordiſke Lande. Kbhvn. 1796. 12.

S. 109. Z. 10. v. u. Dieſe praecepta erſchienen anony-miſch. Slesuici 1796. 8.

S. 110. EVERS (.....), *lebt auf Hoyesbüttel* in Stormarn, *geb. zu* .... im Hannöverſchen 17... §§. Eine Freimäurerrede.... 1795.........(*Mitgetheilt.*)

— — Z. 10. 1795, auch Ritter des Heſſiſchen Ordens pour la vertu militaire, vorher —

— — Z. 8. v. u. 1790. 8. (erhielt einen neuen Titel. Schleswig 1796. 8.)

— — EYBEL *ſtarb* 1796.

S. 112. FABRICIUS. Auf dem Titel ſeiner neueſten Schrift: Ueber Akademie, inſonderheit in Dannemark. Kopenhagen 1796. 8. nennt er ſich: Der Naturgeſchichte, der Oekonomie und der Cameralwiſſenſchaften Lehrer, der kaiſerl. Naturf. der königl. dän. Norweg. Berlinſch. Naturf. Leipz. Oekonom. Lundenſch. Phyſiogr. Petersb. Oekonom. Turinſch. Jenaiſch. Londonſch. Naturf. und Pariſ. der Agricult. und der Naturgeſ. Geſellſchaft Mitglied.

S. 113. Z. 12. v. u. 2 D. Eine franzöſiſche Ueberſetzung von *Aubin - Douis Millin* iſt angekündigt im Magazin Encyclop. Tom. 4. p. 54.

S. 114. Z. 5. v. u. statt Daf. l. im historischen Portefeuille.

S. 116. FEDDERSEN (Berend), *erster Bürgermeister und Stadtsecretair in Husum, geb. zu* .... 17... §§.
* Der Küster Ch. Ahrendt in der Gegend von Husum, an seinen Pastor, betreffend die Einführung der Speciesmünze in den Herzogth. Schleswig und Holstein. Husum 1788. 8.

S. 119. Z. 10. statt Daf. lies Altona.

— — FISCHER (Jakob Heinrich Herman), *Doct. der A. G. und ausüb. nder Arzt in Altona* (vorher Chirurgus daselbst); *geb. zu Hamburg, den* 22 *Jan.* 1754. §§. (D. inaug,) libellus academicus solemnis de scrofulis. Helmst. 1795. 4. (*Mitgetheilt.*)

S. 120. Z. 14. statt ib. lies Lipsiae.

S. 121. FISCHER (.....), *königl. dän. Etatsrath in Hadersleben, geb. zu* .... 17 .... §§. D. de *principiis iuris naturae* .... (*Mitgetheilt.*)

— — FLESSBURG *starb den* 11 *Sept.* 1796 im 82 Jahre.

S. 122. FLORIS (Doct. d. A. G. zu ...., geb. zu Tönningen) fällt weg, da seine D. inaug. de stomachi debilitate richtiger S. 188 unter *J. C. Kerstens* angeführt ist.

— — Z. 11. fg. Superintendent — Wien hätte Cicero seyn müssen. — Den längst abgedruckten Artikel hat dieser Schriftsteller selbst nach seiner Ankunft in Kiel folgendermafsen revidirt:

— — Z. 10. lies: seit 1796.

— — Z. 16. geb. — *den* 1 *Nov.* —

S. 123. Z. 3. * Ordnung der Handlungen und Gebete

beim öffentlichen Gottesdienſte der Kirchen-
gemeinen A. C. in den kaiſ. königl. deutſchen
Erblanden. Wien 1785. 8. (iſt von ihm mit
ſeinem verſtorbenen Collegen E. A. Cropf
gemeinſchaftlich verfaſst.)

—— Z. 7. Rede über die Freiheit, die Jeſus ſeinen Be-
kennern in Anſehung der äuſsern Religions-
übungen gelaſſen hat; gehalten am Sonntage
Lätare über die Epiſtel. Wien 1789. 8.

S. 121. Z. 12. Eine neue Auflage iſt bereits erſchienen.
(Wien 1796.)

—— Z. 7. v. u. Abſchiedspredigt bei Niederlegung des
Predigtamtes in Wien über Act. 20, 25 - 27.,
gehalten den 19ten Jun., als am 4ten Sonntage
nach Trinit. Wien 1796. 8. — In Verbindung
mit ſeinem Collegen Georg Chriſtian Schmidt
hat er aus dem Engliſchen überſetzt: Johann
Drysdal's Predigten. 2 Theile. Wien 1796. 8.

S. 130. Z. 7. (Mitgetheilt) Noch hat er in Göttingen über
eine altteſtamentliche Stelle diſputirt, wie
man bloſs aus Bibl. Lüder. Kulenkamp (S. 99.)
vermuthet, da die Göttinger Zeitungen ſelbſt
darüber keinen Aufſchluſs geben.

—— FROELICH (Friedrich Heinrich Wilhelm)

S. 143. von GRUNER (Carl Auguſt Andreas), wurde in
der alphabetiſchen Reihe ausgelaſſen, weil er in
Dännemark leben ſollte. Allein er ſtarb als däniſcher Obriſtlieutenant zu Apenrade den 17 Jan. 1796;
geb. zu Klein - Ilſe im Bisthum Hildesheim 17···
§§. ······   S.

S. 143. GUTFELD (Fr... C...), *erſter reſidirender Capel-*
lan an der Hulmkirche zu Kopenhagen ſeit 1796, vorher Prediger zu Hirſchholm; *geb. zu Beſtoft* in der
Norderrangſtrupharde Amts Hadersleben 176..
§§. Kleine Abhandlungen in Kopenhagener periodiſchen Schriften .... (*Mitgetheilt.*)

— — GUTFELD (Peter), Vater des Vorigen — *Paſtor*
zu Skiærbeck in der Huidingharde Amts Hadersleben ſeit 1790, vorher ſeit 1755 Prediger zu St.
Croix, ſeit 1758 Prediger zu Toftlund Amts Hadersleben, ſeit 1760 zu Beſtoft und Tiislund deſſelben Amts, ſeit 1788 zu Solleröd auf Seeland,
geb. zu .... in den Herzogthümern? 17 ... §§...
..... (*Mitgetheilt.*)

S. 145, Z. 3. v. u. 1792, 4. *Kurzer Abriſs der vornehmſten Weltbegebenheiten nach *Schroeckh's* Lehr-
buche der allgemeinen Weltgeſchichte und
zur Vorbereitung auf daſſelbe für die Jugend
eingerichtet, auch mit einigen hiſtoriſchen
Tabellen verſehen. Glückſtadt 1793. 8.

S. 147. Z. 8. v. u. wurde. — Wird herausgeben (?) Gotthold des Jüngern zufällige Andachten.

S. 150. Z. 10 v. u. 3r Theil. 1796. 2te Aufl. Th. 1.2. 1796.

— — HEGELUND ward 1796 nach Struxdorf und
Thumbye in der Struxdorfharde Amts Gottorf
verſetzt.

S. 153. Z. 8. v. u. Daſ. Mai. (wieder abgedruckt in *Lorens*
Sterne's Reden an Eſel. Thorn (1794) 8.)

— — Z. 7. v. u. 1791. gr. 8. 6ter Theil. Altona 1796.

S. 159. Z. 5. v. u. 8. (Auszug daraus im Neuen Kiel. Magaz. B. 1. St. 2.)

S. 160. *Heinzelmann* wurde 1795 zum Cammerſecretair
bei der Rentekammer in Kopenhagen ernannt. —
Vorher war er Gevollmächtigter, aber nicht in
der deutſchen Kammercanzeley, ſondern in der
Rentekammer.

S. 172. Z. 3. (*Revidirt.*) Einige ſeiner lateiniſchen Abhandlungen findet man deutſch in der zu S. 51. Z. 3.
angeführten Schrift. — Wird Antheil nehmen an *J. C. W. Junker's* neulich angekündig-
tem Archive der Aerzte wider die Pockennoth.

S. 181. l. Z. lies : Vgl. *Trendelenburg's* Pr. de iure retractus
gentilicii. Kil. 1778. 4. und *Weidlich's* —

S. 182. Z. 2. (*Revidirt.*) Wird Auffätze liefern zu den zu
S. 65. Z. 6. angeführten Mannigfaltigkeiten.

S. 193. KOCH (Ferdinand Georg), Bruder des Folgen-
den — *Kanzeleiſecretair zu Glückſtadt; geb. zu
Rendsburg 175.., ließ .... Wolter's* allgemeine
Grundſätze zum ordnungsmäsſigen Verfahren in
Deich- und Abwäſſerungsſachen der deutſchen
Marſchprovinzen. Glückſtadt 1795. 4. mit Zu-
ſätzen von *R. Woltmann* und eigenen geſetzlichen
Erläuterungen abdrucken.

S. 194. Z. 1. obſ. Hafniae 1777. 8.

— — *Köppe* ſtarb den 6 Sept. 1796.

S. 196. Z. 6. Die 2te verbeſſerte Auflage erſchien unter
dem Titel : des Gen. Lieut. *F. C. v. Saldern* taktiſche Grundſätze und Anweiſungen zu mili-
tairi-

tairiſchen Evolutionen mit Anmerkungen
herausgegeben. Kopenh. 1796. gr. 8.

S. 197. l. Z. 179.. Für Bürger und Bauer No. 1. Ueber
Waſſermangel und Mergel und Ackerleim.
Eutin 1795. 8. —

S. 206. l. Z. Antheil an der monatlichen Ueberſicht (ſ.
zur Mühlen) und an dem Schleswiger Wochenblatte, deſſen Jahrgang „die Schleuder"
er ganz allein ſchrieb. Vgl. noch *Licht* im
erſten Anhange.

S. 207. l. Z. (*Nach dem Autographum.*) Das ebengenannte
Manuſcript hat dieſer Schriftſteller ſelbſt jetzt
im Intell. Bl. der allg. Litt. Zeit. (1796. St. 107.)
auf Subſcription abgekündigt.

S. 209. Z. 8. v. u. müſſen die Erbauungen ein * haben.

S. 212. *Maaſſen* ſtarb zu Anfang des Jahres 1796.

— — l. Z. ſtatt Bemerkungen l. Bezeichnungen.

S. 217. MECHLENBURG (Jürgen), *Probſt der Norderrangſtrupharde* (ſeit 1790) *und ſeit* 1789 *Paſtor zu
Beftoft und Tüslund* in derſelben Harde AmtsHa-
dersleben (vorher Adjunct des Predigers und Har-
desprobſten zu Aggerſkov *Cbr. Otto Rieſe* ſeit 1768,
darauf ſeit 1779 Prediger zu Hoyrup in der Hüi-
dingharde Amts Hadersleben); *geb. auf der Inſel
Amrum* Stifts Ripen *den* 21 *Sept.* 1741. §§. Ufor-
gribelige Tanker til naermere Eftertanke om
Midler til Land-Alumens bedre Oplysning, iſær
formedelſt Skolevæſehet Forbedring. Kbhvn.
1788. 8. Eine Abhandlung von Erſparung der
Feue-

Feuerung auf Feuerheerden und in Heitzöfen,
welche von der Landhaushaltungsgefellschaft
den Preis der größsten filbernen Medaille erhielt
(und noch nicht gedruckt ist?) Einige kleine Auffätze in der Haderslebenfchen Monatschrift.
(*Nach dem Autographum.*)

S. 220. *Mentel* ftarb den 9 April 1796.

— — Z. 4. v. u. (*Autographum*) Grammaticae vniuerfa-
lis elementa, Brunsuici 1796. 8.

S. 223. Z. 7. (*Revidirt*) Wird den *botanifchen* Theil der
naturhiftorifchen Chreftomathie aus dem
Griechifchen, welche J. G. Schneider heraus-
zugeben willens ift, ausarbeiten.

— — *Moller* ftarb den 5 Apr. 1796.

S. 236. *Müller* (C. A. G.), ftarb den 23 Jul. 1796.

S. 237. MUELLER (Johann Chriftoph), *Schulhalter am
Waifenhaufe in Altona; geb. zu ....* §§. Auffätze in
den Altonaifchen Addr. Comt. Nachrichten, ... —

S. 241. *Naffer's* lyrifche Chreftomathie fowol, als deren
Ueberfetzung, erhielt in der Folge die Auffchrift:
Altona 1796. — Der erfte Band feiner Vorlefun-
gen (nicht Briefe) über —

S. 246. *Nielfen* (G.), war zuerft Hofmeifter des *Barthold
Nikolaus Krohn*, wie aus der Vorrede (p. VII.),
welche J. J. *Rambach* der 2ten Ausgabe des Catal. Bibl. Krohnianae (Hamb. 1796.) vorgefetzt
hat, erhellt.

S. 252. Z. 12. v. u. lies: Sohn des Erasmus N.

S. 254. Z. 8. v. u. lies: Beiträgen Iftep B. Iftem, 2tem,
3tem und 4tem Hefte.   S.

S. 258. Z. 15. lies: Beiträge 1ften B. 1ftem, 2tem und 4tem Hefte.

S. 260. Oye fchilderte auch des *Georg Zoega's* Charakter; vgl. S. 513.

S. 261. *Pannyfon* (Andreas Siegfried). Diefer Künftler und Schriftfteller, den man fich aus *Meufel's* Künftler-lexicon (1, 102.) notirt hatte, ohne dafs man fich zur rechten Zeit wieder daran erinnerte, ift wahr-fcheinlich fchon feit einigen Jahren todt.

—— *Pappenheimer* ging fchon 1795 mit C. F. *Cramer* nach Paris, und hätte daher gar nicht aufgenom-men werden müffen.

S. 263. *Peters* (......) *Maler?* — §§. *Allerhand aus der linken Tafche eines Malers. Nicht für Kritiker, nur für Liebhaber entwickelt und ans Tageslicht gebracht von einem Freunde der Wahrheit in Friederichsftadt an der Eider. Schlesw. 1794. 8.

—— *Peterfen* (D.), ward 1796 nach Fieldftrup Amts Hadersleben verfetzt.

S. 264. PHILIPP (......), *Doct. der A. G. zu Altona*, geb. zu .... §§. D. inaug. ...... Gieffae ......

S. 267. Z. 2. geb. zu *Altona*.

S. 268. Z. 2. v. u. Die Rechenfchaft — ift jetzt im eilften B. des Schulfreundes (1795) abgedruckt.

S. 270. PRAHL (Peter), *Paftor zu Wittftedt* in der Gram-harde Amts Hadersleben, *geb. zu* .... 17.... §§. Fortællinger for Bœrn til Brug ved Oevelfer i Indenadslæfninger i Skoleren paa Landet famlede — Hadersleben 1795. 8.

S.

S. 276. *Reinbold's* Bilduiß von *J. H. Lips* findet sich auch vor dem 57ften Bande der neuen Bibl. der schönen Wiſſenſch. und freien Künfte.

S. 279. *Reuter* wurde 1796 als Paftor nach Horsbüll in der Widingharde Amts Tondern verſetzt.

S. 279. Z. 12. v. u. Kiel 1791. 8. *Kinderfreuden oder Unterricht in Gefprächen. 1ſter Theil. Kiel und Leipzig 1793. 8. (*P. N. Nyegaard* hat unter dem Titel: Bœrnegleder eller Skolenunderviisning i Samtaler, eine dänifche Ueberſetzung angekündigt.)

S. 288. Z. 1. Synonyme, welche den 10ten B. der Schriften jener Gefellſchaft (Frankf. u. Leipzig 1794. 8.) ausmacht, („Kritik verwandter Begriffe oder Erklärung einiger ähnlich bedeutender Wörter") und auch unter dem Titel: Deutſche Synonymen oder Sinnverwandte Wörter, 2ter B., verkauft wird.

S. 289. Z. 18. des natürlichen Rechts." — Wird zufolge der Gothaer Zeitung 1796 St. 37. Antheil nehmen am Journal für Philofophie, herausgegeben von *K... S... Zacbariä* und *J. C. A. Grohmann.*

S. 289. fg. find einzufchieben: von SCHAUMBURG (Johann Heinrich Auguft), Sohn des *zu Altona* privatifirenden Legationsrath Johann Gottfried Ernſt v. Sch. — *geb. zu Amſterdam den* 13 Febr. 1779. §§. Neerlandfche Gefchiedenifs. To Leyden 1792. 3 Tabellen. gr. Fol. — von SCHAUMBURG (Maria Jeannette), Schwefter des vorigen — *geb. zu Maarſen* bey Utrecht *den* 1 *Jun.* 1780. §§. Hiftoire ecclefiaftique politique ou fouverains contemporain.. Leyden 1792. auf 8 Charten in gr. Fol.

S. 293. Z. 5. (wieder abgedruckt in Novis Actis Erudit. a. 1770. p. 257 ff.)

S. 295. Z. 8. v. u. Kiel 1795. 8. Auch Hamburg 1796. 8.

S. 297. Z. 13. v. u. 1794... Vgl. *Worm* 3, 687.

S. 298. *Schmidt* (J. N.), iſt wegzuftreichen, da er fchon 12 Jahre von Hufum entfernt iſt, und *zu Hildesheim* geboren feyn foll. Sein jetziger Aufenthalt iſt unbekannt.

S. 309.

S. 309. *Schulze* (Chph.), auf Seeland feit 1756 (vorher
Prediger zu Mögeltondern) *ftarb den* 14 März 1796.

S. 310. SCHWARZ (N.... D.....), *Paftor zu.....,
geb. zu* .... §§. Das Böfe mit Anftand; eine Ca-
fualpredig:. Heide 1794. 8.

S. 323. *Telemann* ift nach *Gerber's* Lexikon der Tonkünftler (2, 628.) *geb. zu Plön.*

S. 343. *Tobiefen* ift 1796 nach feiner Vaterftadt gegangen, wo er privatifirt.

S. 352. Z. 14. Lector — Kopenhagen, müfste Cicero-
Schrift feyn.

S. 372. Z. 5. *E. N. Viborg's* Abhandlungen, welche fich in
der S. 316 unter *H. Steffens* angeführten Phy-
fifk Oeconomifk og Medico-Chirurgifk Bibliothek for Dannemark og Norge befinden,
wurden uns fpäter mittelft eines *Autographums*
bekannt, deffen Abdruck oben vergeffen wurde. „Beretning om den nærværend Landftut-
terie-Anordning i de Hannoverfke Lande;
B. 1. 1794. S. 31. Om fvetrigs forbedrede
Faareavel; S. 129. Om den ved Spanfke Faar
forbedrede Faareavel i Sachfen; S. 242. Bemærkninger over nogle Ranunkel — Arters
Ufkadelighed for Huusdyrene; B. 2. S. 276.
Om Blodftal hos de Drœvtyggende Dyr; S.
371. Tanker over Herr Birch's Raad imod
Sygdomme hos Faar og Hefte; S 98 u. 201.
Bemærkninger over tvende Faar med Ringe-
fyge; B. 3. S. 1. Botanifk Beftemmelfe af de i
den danfke Lov omtalde Sandvexter, famt
Efterretning om Sandflugtens Dæmpning
(eine von der königl. Gefellfchaft der Wiffenfchaften gekrönte Preisfchrift); B. 3. S. 241 u.
365. (ift auch befonders unter demfelben Titel. Kbhvn. 1795. 8. erfchienen.) Om Kron-
benetsbrud hos Heften og Mueligheden af at
lege det; S. 319. Efterretning om Tromme-
fygens heldige Operation ved Hjelp af en
Kniv; S. 211. Om det forHefte fkadeligeHœe,
fom bjerges Langs med Glaamen i Norge;
S. 343. Om Kjernemelks Skadelighed for
Hefte;

Hefte; 1795. B. 1. S. 73. Kort Efterretning om Snive, Heftekopper og Quærke, oplyft ved nyere anftillede Forfœg med diffe Sygdoms Smitter; S. 113. (ift auch einzeln in demfelben Jahre erfchienen)" — Mehrere diefer Abhandlungen —

S. 372. Z. 9. (Revidirt) Erhielt 1795 die gröfste Prämie der Landhaushaltungsgefellfchaft für eine vollftändige Abhandlung über alle Arten von Pappeln und Weiden, befonders der, mit deren Anpflanzung in Dännemark Verfuche gemacht worden. — Wird dem allgem. litterarifchen Anzeiger 1796. S. 59 fg. zufolge den Text zu dem 2ten und den folgenden Theilen von „Beata ruris otia, a (Theodoro) Holmfkiold fungis Danicis impenfa" ausarbeiten.

S. 384. Wihel ftarb im Nov. 1796.

S. 413. Z. 13. Th. Fr. Peterfen hätte Curfiv gedruckt werden müffen.

S. 416. Anm. 1. find die beyden Namen: Floris, Pannyfon auszuftreichen.

— — — 2. lies: mit den — — Landeskindern.

S. 422. Anm. find die eben aufgeführten Namen: Floris und Pannyfon auszuftreichen.

S. 428. Z. 8 l. leffer.

S. 433. Z. 2. l. Ekkard.

S. 434. Z. 1. l. lebte.

S. 435. BROECKEL hinterließ ein Compendium der Pandekten, welches bis auf einige Bogen abgedruckt ift, aber fchwerlich in den Buchladen kommen möchte.

S. 436. Z. 7. v. u. l folgende, mit — e —

S. 439. Z. 3. ftatt trik l Erick, und ftatt Hens lies hans.

— — Z. 14. lies: Nedftammelfe.

— — — 17. ftatt ad lies et.

— — — 27. ftatt beftemle lies beftemte.

— — — 28. ftatt dels lies dets.

S. 440. Z. 11. lies fammenftoed.

S. 446. Z. 11. v. u. lies: Reinbohtium.

S. 459. FABER, Bruder des Johann Melchior F. im Meufel.

S. 470. Ingwerffens Schriften giebt Francke an a. O. vollftändiger an, deffen Programm man damals, als jener Artikel abgedruckt wurde, noch nicht erhalten hatte.

S. 481. Z. 3. lies Riegels ohne Apoftroph.